主　编　袁行霈　陈进玉

本卷主编　吴福环

中国地域文化通览

新疆卷

中华书局

图书在版编目(CIP)数据

中国地域文化通览.新疆卷/袁行霈,陈进玉主编;吴福环本卷
主编.—北京:中华书局,2014.6(2015.11 重印)
　ISBN 978 - 7 - 101 - 08996 - 7

　　Ⅰ.中…　Ⅱ.①袁…②陈…③吴…　Ⅲ.文化史 - 新疆
Ⅳ.K203

　中国版本图书馆 CIP 数据核字(2012)第 258686 号

题　签　袁行霈
篆　刻　刘绍刚

书　　名　中国地域文化通览·新疆卷
主　　编　袁行霈　陈进玉
本卷主编　吴福环
责任编辑　许旭虹
美术编辑　毛　淳　许丽娟
出版发行　中华书局
　　　　　(北京市丰台区太平桥西里 38 号　100073)
　　　　　http://www.zhbc.com.cn
　　　　　E-mail:zhbc@ zhbc.com.cn
印　　刷　北京瑞古冠中印刷厂
版　　次　2014 年 6 月北京第 1 版
　　　　　2015 年 11 月北京第 2 次印刷
规　　格　开本/700×1000 毫米　1/16
　　　　　印张 39¾　插页 10　字数 585 千字
国际书号　ISBN 978 - 7 - 101 - 08996 - 7
定　　价　178.00 元

《中国地域文化通览》组委会、编委会

组织工作委员会

主　　任：陈进玉　袁行霈

副主任：陈鹤良

委　　员：（以姓氏笔画为序）

丁绍祥　于来山　王君　王立安　王宪魁　王晓东

王祥喜　孔玉芳　石憔巍　布小林　卢美松　尼玛次仁

多托　刘智　阳盛海　杨继国　李康　李少恒

李明远　李联军　李福春　肖志恒　吴刚　邱江辉

何天谷　宋彦忱　沈祖炜　张庆　张正锋　张作哈

张杰辉　张建民　张建华　张建国　张俊芳　张炳学

张晓宁　陈桦　林声　范晓军　周义　郑继伟

屈冬玉　赵雯　赵安东　胡安平　柳盛权　咸辉

娄勤俭　贾帕尔·阿比布拉　　　顾久　徐振宏

曹萍　曹卫星　韩先聪　程红　谢茹　谢庆生

詹文宏　谭力　滕卫平　魏新民

编撰工作委员会

主　　编：袁行霈　陈进玉

执行副主编：陈鹤良　陈祖武

副　主　编：（以姓氏笔画为序）

王尧　王蒙　方立天　白少帆　杨天石　陈高华

赵仁珪　程大利　程毅中　傅璇琮　樊锦诗　薛永年

《中国地域文化通览·新疆卷》组委会、编委会

组织工作委员会

主　　任：贾帕尔·阿比布拉

副 主 任：帕尔哈提·贾拉勒　张晓宁　阿尔斯兰·阿布都拉　吴福环

　　　　　居来提·卡德尔

编撰工作委员会

主　　编：吴福环

执行主编：仲　高

副 主 编：刘国防

编　　委：王　平　巴哈尔古丽·买买提尼亚孜　刘学堂　刘国防

　　　　　艾莱提·托洪巴依　阿布都热扎克·沙依木　　仲　高

　　　　　那木吉拉　西仁·库尔班　李行力　　李文英　张晓宁

　　　　　吴福环　李晓霞　阿尔斯兰·阿布都拉

　　　　　迪木拉提·奥马尔　周　轩　居来提·卡德尔　贺　灵

　　　　　贾丛江　贾合甫·米尔扎汗　铁来克·依布拉音　崔延虎

距今3800年前的小河墓地　刘玉生摄

伊犁河流域汉代乌孙土墩墓　刘玉生摄

切木尔切克喀依纳尔石人 刘玉生摄

汉代楼兰聚落遗址 刘玉生摄

世纪交河故城　刘玉生摄

清代伊犁将军府　刘玉生摄

库车清代加满清真寺　刘玉生摄

喀什艾提尕尔清真寺　刘玉生摄

阿尔泰山岩画　刘玉生摄

新源县巩乃斯河南岸出土的公元前5—公元
前4世纪铜武士俑　刘玉生摄

哈密焉不拉克文化出土的史前彩陶
刘玉生摄

伊犁河流域出土的公元前5—公元前1世纪
青铜方盘　刘玉生摄

尼雅出土的"五星出东方利中国"织锦　刘玉生摄

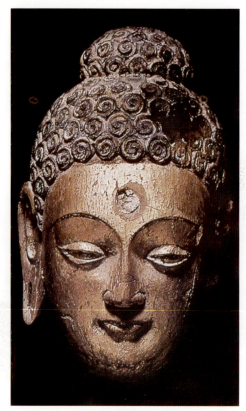

图木舒克出土的5—6世纪木雕佛首　刘玉生摄

昭苏县波马古墓出土的6世纪前后镶
嵌红宝石金面具　刘玉生摄

焉耆锡克沁出土的7—8世纪坐佛像

4—5世纪克孜尔石窟第76窟乐舞供养天像　刘玉生摄

8世纪库木吐喇石窟第16窟伎乐飞天壁画　刘玉生摄

9世纪吐鲁番柏孜克里克石窟第20窟供养礼佛图　刘玉生摄

维吾尔族刺绣　据《维吾尔族装饰图案》

和田地毯　楼望皓摄

木卡姆演唱　楼望皓摄

麦西莱甫　楼望皓摄

总绪论

袁行霈

　　早在《尚书·禹贡》和《山海经》中已有关于中国地域的描述，包括九州的划分，各地的土地、山川、动物、植物、农产、矿产，还记载了一些神话，这两部书可以视为地域文化的发轫之作。此后出现了许多地理书籍，其中以东汉班固的《汉书·地理志》和北魏郦道元的《水经注》影响最为深远。前者记载了西汉的区划、户口、物产、风俗等，后者通过对《水经》的注解，记录了许多河流及沿岸的风物，保存了丰富的地理和人文信息。

　　本书对中国地域文化的研究，重视古代的传统，但就观念、方法、论述的范围、传世文献和考古资料的运用诸方面而言，都跟古代的舆地之学有很大区别。本书注重中国文化的空间分布和地域差异，将历时性的考察置于地域之中，而重点在于各地文化的特点和亮点，以及各地文化资源的开发利用。

　　近二十年来国内学术界出现了不少新的学术生长点和热点，地域研究便是其中之一。本书仅从"地域"这个特定的角度切入，至于中国文化的一般问题则不在本书探讨的范围之内。本书限于传统文化的范围，然而希望以古鉴今，面向未来，有助于当前和今后的文化建设。

第一节　多源同归与多元互补

中国文化的多个发源地　多源同归　以汉族为主体的各民族文化
多元互补

中国文化明显地呈现出地域的差异，这些差异乃是统一的中国内部的地域差异①，是中国文化多样性的表现。

中国文化具有多个发源地：

黄河流域。黄河发源于青海巴颜喀拉山脉西端卡日扎穷山的北麓，其干流流经四川、甘肃、宁夏、内蒙古、陕西、山西、河南、山东，全长5464公里，流域面积75.24万平方公里②。黄河有众多的支流，这些支流为中华民族的先民提供了优越的生存环境，特别重要的有渭河、汾河、伊洛河、湟水、无定河，在这些支流的两侧分布着数量众多的古文化遗址，例如黄河上游的马家窑文化，黄河中游的仰韶文化—中原龙山文化，黄河下游的大汶口—龙山文化，证明黄河是中国文化最重要的发祥地③。标志着中国文化肇始的夏代④，文化已相当发达的商代和周代，这三个王朝的疆域均位于黄河流域，可见黄河在中国文化史上的重要地位。

长江流域。长江发源于青海唐古拉山脉最高峰各拉丹东峰的西南麓，其干流流经四川、西藏、云南、重庆、湖北、湖南、江西、安徽、江苏、上海，全长6397余公里，流域面积达180.85万平方公里⑤。其间分布着许许多多古文化遗址。20世纪以来新的考古资料证明，长江上游的三星堆文化，长江中游的屈家岭文化，长江下游的河姆渡文化和良渚文化，在陶器、青铜器、玉器的制作，以及城市的建筑等方面都已达到相当发达的程度⑥。老子、庄子、屈原的出现，以及近年来在湖北、湖南出土的大量秦汉简帛和其他文物，证明了当时的楚文化已达到可以与黄河流域的文化并驾齐驱的辉煌程度。毫无疑问，长江跟黄河一样，是中国文化的摇篮。

　　此外，辽河流域文化、珠江流域文化，都可以追溯到很早，而且特点鲜明，对中国文化的发展起了重要的作用，这两大流域也应视为中国文化的发祥地。

　　总之，黄河、长江是中国文化的主要发祥地，在历史长河中，又广泛地吸取了其他地区的文化因素，逐渐交融，深度汇合，就像"江汉朝宗于海"一样，随着中国大一统局面的建立、巩固和发展，发源于不同地区的文化先后汇为中国文化的大海，我们称之为多源同归⑦。

　　中国文化又是多元互补的文化，以汉族为主体，自周、秦到明、清，在各个历史阶段随着民族间的交往、融合，吸取了少数民族的文化因素，56个民族共同创造出中华民族灿烂辉煌的文化。中国的疆域是各族共同开拓的，少数民族对东北、北部、西北、西南边疆的开发做出了重要的贡献⑧。

　　汉族的先民主要生活在黄河中下游地区，一般说来仰韶文化和龙山文化是汉族先民的文化遗存。传说黄帝之后的尧禅让于舜，舜或出自东夷⑨；舜禅让于禹，禹或出自西羌⑩，这表明了上古时期民族融合的趋势。汉朝以后，"汉"遂成为民族的名称，汉族的文化也成为中华民族文化的主体。

　　汉族在发展过程中，吸取了各少数民族的文化成分以丰富自己。赵武灵王推行胡服骑射，唐代吸取今新疆一带少数民族的音乐歌舞，都是很好的例证。中国古代的政治家、作家、书法家、画家中，出身少数民族的可以举出不少。例如唐代的宰相长孙无忌其先出自鲜卑拓跋部，元代著名作家萨都剌是回回人，元代著名书法家康里巎巎是色目康里部人，清代的著名词人纳兰成德是满族人，他们为中国文化的发展做出了重要贡献。另一方面汉族又对各少数民族文化产生重大的影响，有的少数民族入主中原时托黄帝以明正朔，如鲜卑拓跋部建立北魏，自称是黄帝之子昌意之后⑪。北魏孝文帝推行的改革，促进了鲜卑人与汉人的融合⑫。一些曾经入主中原的少数民族，如蒙古人在很大的程度上自觉学习汉人的文化。元朝至元四年（1267）正月，世祖下令修建曲阜孔庙，五月又在上都（今属内蒙古自治区）新建孔子庙⑬。元朝开国功臣耶律楚材，为保存汉族典章制度与农耕文化做出卓越的贡献⑭。满人入主中原前，努尔哈赤、皇太极在政权建设、社会发展等方面就已注意吸收汉文化，学习儒家典籍⑮，入关以后对汉族文化的吸取就更多、更自觉了，《全唐诗》和《四库全书》的编纂就是最好的证明。

各民族的文化互补，是中华文化不断发展的重要动力，也是形成中华民族凝聚力的重要因素。例如，内蒙古等北方草原的游牧文化雄浑粗犷，与汉族的农耕文化可以互补⑯。新疆各族的文化，以及新疆在丝绸之路上对中外文化交流所起的作用十分重要。藏传佛教影响广泛，藏族文化丰富多彩，在中华民族文化中的地位值得充分重视。壮族在少数民族中人数最多，其文化品格和文化成就同样值得充分重视。

总之，各地的文化交融，以及汉族与少数民族的文化交融，使中国文化既具有多样性又具有统一性。多元互补，乃是中国文化的一大特点，也是中国文化进一步发展繁荣的坚实基础。

第二节　文化中心的形成与转移

地域文化发展的不平衡　中心形成与转移的若干条件：经济的水平　社会的安定　教育、藏书与科技　文化贤哲的引领作用

某一地区在某一时期内文化发展较快，甚至居于中心地位，对全国起着辐射作用。而在另一时期，则发展迟缓，其中心地位被其他地区所取代。地域文化发展的不平衡，文化中心的转移，是常见的现象。下面举例加以说明：

陕西西安及其附近本是周、秦、汉、唐的政治文化中心，这几个统一王朝的辉煌，在不胜枚举的文化遗址和出土文物中都得到证实，周原出土的青铜器，秦始皇陵的兵马俑，众多的汉家陵阙和唐代宫阙、墓葬遗址，都是中国的骄傲。包括正史在内的各种文献资料，如诗歌、文章、书法、绘画，也都向世人诉说着曾经有过的辉煌。司马迁、班固等则是这片土地哺育出的文化巨人。但到了元代以后，特别是明清以来，这里的文化已经难以延续昔日的光彩。

河南原是商代都城所在，殷墟出土的甲骨文，证明了那时文化的

兴盛。东周、东汉、曹魏、西晋等朝定都洛阳,河南成为全国文化的中心。到了唐代,河南则是文学家集中涌现的地方,唐代著名诗人几乎一半出自河南,杜甫、韩愈、岑参、元稹、李贺、李商隐等人,为唐诗的繁荣发展做出了重大贡献。北宋定都开封,更巩固了其文化中心的地位,张择端的《清明上河图》反映了汴梁的繁华。但在南宋以后,河南的文化中心地位显然转移了。

由上述陕西与河南的变化,可以看出政治中心与文化中心之间的关系。政治中心的迁移,特别是那些维持时间较长的政治中心的迁移,往往造成文化中心的迁移。

山东在先秦是中国文化的中心。曲阜是孔子的故乡,邹城是孟子的故乡,对中国文化影响至深至巨的儒家即植根于此。虽然经过秦始皇焚书坑儒,山东在两汉仍然是儒家思想文化的中心之一,伏生、郑玄这两位经学家都是山东人。但魏晋以后,山东的文化影响力逐渐衰落,儒学的中心也逐渐转移到别的地方。唐代高倡儒学复兴建立儒家道统的韩愈,北宋五位著名的理学家周敦颐、张载、邵雍、程颢、程颐,南宋将理学推向高峰的朱熹、心学家陆九渊,以及明代的心学家王阳明,均非出自山东。

北京一带在春秋战国时期是燕国都城所在,汉唐时称幽州,是边防重镇,与陕西、河南相比,文化显然落后。后来成为辽、金、元、明、清的首都,马可波罗记载元大都之繁华,令人赞叹。元杂剧前期便是以元大都为中心的,元杂剧的杰出代表关汉卿、王实甫,以及其他著名剧作家马致远、杨显之、纪君祥、秦简夫都是大都人。明清两代建都北京,美轮美奂的紫禁城、天坛、圆明园、颐和园,标志着中国古代建筑的辉煌成就。朝廷通过科举、授官等途径,一方面吸纳各地人才进京,另一方面又促使精英文化向全国各地辐射,北京毫无争议地成为全国文化的中心。

上海原是一个渔村,元代开始建城,到了近代才得到迅猛的发展,19 世纪中叶已经成为国际和国内贸易的中心,随后又一跃而成为现代国际大都会。各种新兴的文化门类和文化产业日新月异地建立起来,并带动了全国文化的发展。

　　广东文化的发达程度原来远不及黄河与长江流域其他地方，但到了唐代，广州已成为一个大都会，到了近代，广东在思想文化方面呈现明显的优势，黄遵宪、康有为、梁启超、孙中山等人都出自广东。

　　文化中心形成和转移的原因十分复杂，需要从多方面探讨。

　　首先，是由经济发展的水平所决定的。

　　经济的发达虽然不一定直接带来文化的繁荣，但经济发达的地区文化水平往往比较高。最突出的例证便是江苏和浙江。这两个地区在南朝已经开发，宋代以后以太湖为中心的地区，乃至浙江东部的宁波、绍兴，成为重要的粮食产区。到明清两代，随着精耕细作的农业技术广泛应用，粮食产量大幅增加。在松江、太仓、嘉定、嘉兴等地，棉花耕种面积扩大，棉纺织业迅速发展；植桑养蚕缫丝成为新兴的副业，湖州成为丝织品最发达的地区⑰。农副业的发展带动了商业和市镇的繁荣，以及新兴市民的壮大。经济的发展与经济中新因素的成长，促成了江苏和浙江文化的繁荣，以及文化中新气象的出现。明代王阳明后学中的泰州学派开启了早期启蒙思想的潮流，明末以"公""正"为诉求的东林党具有代表江南地区士人和民众利益的倾向，其领袖顾宪成、高攀龙都是江苏无锡人。明中叶文人结社之风颇盛，如翟纯仁等人在苏州的拂水山房社，汪道昆、屠隆等人在杭州的西泠社，以及张溥在常熟、南京的复社，都在政治文化领域开启了新的风气，社会影响很大。至于文学方面，明清两代江苏和浙江文风之盛更是人所熟知的。著名的文人，明代有文徵明、徐渭、冯梦龙、施耐庵、吴承恩，清代有钱谦益、顾炎武、朱彝尊、沈德潜、郑燮、袁枚、龚自珍、李渔、洪昇等。江浙也是明清以来出状元最多的地方。

　　然而，文化的发展与经济的发展不一定同步，文化的发展除了受经济的制约外，还有其自身的规律。例如，在清代，晋商特别活跃，金融业发展迅猛。但是在这期间山西文化的发展却相对迟缓，如果与唐代的辉煌相比，已大为逊色。又如，北宋时期，关中的经济已经远不如唐代，但张载却在这里教授生徒，传播儒学，"为关中士人宗师"⑱，关中成为儒学的中心之一。

　　其次，与社会稳定的程度有很大关系。

东汉首都洛阳，经过一百六十多年的经营，是当时的文化中心。中平六年（189），东汉灵帝病死，并州牧董卓借机率军进入洛阳，废黜少帝刘辩，立九岁的陈留王刘协为帝，是为汉献帝。献帝初平元年（190），在东方诸侯的军事压力下，董卓迁天子于西都。迁都之时，图书文献遭到了极大破坏⑲，东汉王朝在首都积累的文化成果毁于一旦⑳。

南朝齐梁二代文学本来相当繁荣，分别以齐竟陵王萧子良、梁武帝萧衍和昭明太子萧统、梁简文帝萧纲为首的三个文学集团，对文化的发展起了很大的推动作用。齐永明年间周颙发现汉语有平上去入四种声调，"竟陵八友"中的沈约等人根据四声以及双声叠韵，研究诗句中声、韵、调的配合，创制了"永明体"，进而为近体诗的建立打下基础。成书于齐代末年的刘勰所著《文心雕龙》则是中国文学批评史上最系统的著作。由于萧衍、萧统、萧纲父子召聚文学之士，创作诗歌，研究学术，遂使建康成为文化中心。萧统所编《文选》影响尤为深远。可是经过侯景之乱，建康沦陷，士人凋零，江左承平五十年所带来的文化繁荣局面遂亦消失㉑。

与此类似的还有唐朝末年中原一带的战乱对文化的破坏。唐代的首都长安是当时最大的国际都会，居住着许多外国的留学生、商贾、艺术家。在宗教方面，除了道教和佛教，祆教、景教和摩尼教也都得以传播，长安显然是当时的文化中心。到了五代，长安的文化中心地位消失了，而四川因为相对安定，士人们相携入蜀，文化也随之发达起来，俨然成为一个新的文化中心。后蜀主孟昶时镌刻石经㉒，后蜀宰相毋昭裔在成都刻印《九经》《文选》《初学记》《白氏六帖》，对四川文化的发展影响很大㉓。尤其值得注意的是词的繁荣，后蜀赵崇祚所编《花间集》，选录18家"诗客曲子词"，凡500首，其中14位作者皆仕于蜀。《花间集》是最早的文人词总集，奠定了以后词体发展的基础㉔。

我们也要看到，社会变革期往往伴随着社会的不稳定，以及各种思想和主张的激荡，这反而会促进文化的发展，并形成若干文化的中心，如在春秋战国时期，鲁国是儒家的中心，楚国是道家的中心。这从另一个方面提醒我们文化发展的复杂性。

复次，文化中心的形成与教育水平、藏书状况、科技推动有很大关系。

书院较多的地区，私人讲学之风兴盛的地区，蒙学发达的地区，往往也成为文化中心，突出的例子是明代的江西、浙江。据统计，明代江西有书院51所，浙江有书院36所，这些地方也就成为文化中心㉕。

文化的发达离不开书籍，书籍印刷和图书收藏较多的地区，往往会形成文化中心。例如四川成都是雕版印刷最早流行的地区之一，唐代大中年间已有雕版书籍和书肆㉖。唐末成都印书铺有西川过家、龙池坊卞家等㉗。此后，一直到五代、宋代，成都都是印刷业的中心之一，这对成都文化的发展起了重要作用。又如浙江、福建也是印刷业的中心，到了五代、宋，达到繁盛的地步。这两个地区在宋代人才辈出，显然与此有关。明清两代私家藏书以江浙一带为最盛，诸如范钦天一阁、毛晋汲古阁、黄虞稷千顷堂、钱谦益绛云楼、徐乾学传是楼、朱彝尊曝书亭、瞿绍基铁琴铜剑楼、陆心源皕宋楼、丁丙八千卷楼都在江浙，这对明清时期江浙文化的发展无疑起了巨大作用。

科技带动地域文化发展的例子，可以举李冰父子在四川修建都江堰为例。这项工程创造性地运用了治水的技术，将蜀地造就为"天府之国"，文化也随之发达起来㉘。

最后，要提到文化贤哲或学术大师的引领作用。

山东曲阜一带，如果没有孔子就难以形成文化中心，这是显而易见的。北宋思想家邵雍之于洛中，也是一个显著的例子，《宋史·邵雍传》曰："人无贵贱少长，一接以诚，故贤者悦其德，不贤者服其化。一时洛中人才特盛，而忠厚之风闻天下。"㉙南宋思想家朱熹长期在福建、江西讲学，"诸生之自远而至者，豆饭藜羹，率与之共"㉚。此外，宗教史上如慧能之于广东；思想史上如王阳明之于贵州，王艮之于泰州，都有重大的影响。文学史上也是如此，黄庭坚之于江西，杨慎之于云南，也都有重大影响。明代吴中出现了文徵明等一批兼通诗文、书画的著名文人，形成文化中心㉛。

第三节　地域文化的差异、交流与融合

南北之间的差异　东西之间的差异　沿海与内地之间的差异　文化
交流融合的途径：移民、交通与商贸、科举与仕宦

　　《诗经》与《楚辞》代表了先秦北方与南方两种不同的文化风格，
《诗经》质朴淳厚，《楚辞》浪漫热烈。关于先秦南北思想文化的差异，
王国维的论述具有启发性："我国春秋以前，道德政治上之思想，可分之
为二派：……前者大成于孔子、墨子，而后者大成于老子。故前者北方
派，后者南方派也。"②关于南北朝文风的差异，《隋书·文学传序》已
经给我们重要的提示："江左宫商发越，贵于清绮；河朔词义贞刚，重乎
气质。"③这种差异在南朝民歌和北朝民歌之间表现得十分清楚。唐代禅
宗有"北渐"、"南顿"二派。中唐时期第一批学习民间词的作家，他们
的作品往往有一种南方的情调。晚唐五代，词的两个中心都在南方。宋
代理学的四个主要学派：以周敦颐为首的濂学，以程颢、程颐为首的洛
学，以张载为首的关学，以朱熹为首的闽学，都带有地域性。在元代盛
行的戏曲，无论就音乐而论还是就文学风格而论，都显然存在着地域的
差异。四折一楔子的杂剧是在北方兴起的一种文艺形式，杂剧创作与演
出的中心在大都。稍晚，南方有一新的剧种兴盛起来，这就是南戏。它
在两宋之际产生于浙江温州一带，先流传到杭州，并在这里发展为成熟
的戏曲艺术，至元末大为兴盛。由宋元南戏发展出来的明代传奇，有所
谓四大腔：海盐腔、余姚腔、弋阳腔、昆山腔，都是南方的唱腔。由苏
州地区兴起的昆曲，在明末清初达到成熟阶段，成为全国最大的剧种。
清中叶至鸦片战争前后，形成五大声腔，除原有的昆腔外，还有高腔（由
弋阳腔演变而成，湘剧、川剧、赣剧、潮剧中都有此腔）、梆子腔（即秦
腔，源于陕西和山西交界处，流行于北方各地）、弦索腔（源于河南、山
东）、皮黄腔（西皮、二黄的合流，西皮是秦腔传入湖北后与当地民间曲
调结合而成，二黄是由吹腔、高拨子在徽班中演变而成），这些声腔都具
有明显的地方特色。乾隆年间四大徽班入京，与来自湖北的汉调艺人合
作，同时吸收昆曲、秦腔的因素，又部分地吸取京白，遂孕育出风靡全

国的京剧㉞，这是地域文化交融的绝佳例证。

东北三省与关内相比，也有自己的特色：粗犷、雄健、富于开拓性。内蒙古的草原文化自然、粗犷，在狩猎、畜牧中形成的与马有关的种种文化很有特色。宁夏回族的宗教、建筑、瓷器等等，都具有独特的民族风情。

东西之间文化的差异首先表现为民族的差异，西部多有少数民族聚居，这些民族的文化各有自己的特色，为中华民族文化增添了亮丽的色彩。其质朴、自然的风格，其文化与大自然的融合，都令人向往。在歌曲和舞蹈方面，更是多姿多彩，显示出少数民族独特的天赋。一些大型的民族史诗，如藏族的《格萨尔王传》、蒙古族的《江格尔》、壮族的《布罗陀经诗》、柯尔克孜族的《玛纳斯》等；还有一些创世纪神话叙事诗，如彝族的《阿细的先基》、瑶族的《密洛陀》、侗族的《侗族祖先从哪里来》、苗族的《苗族史诗》、拉祜族的《牡帕密帕》、阿昌族的《遮帕麻与遮米麻》、哈尼族的《奥色密色》、佤族的《西冈里》等等㉟，都是非常珍贵的文化遗产。

沿海与内地的文化差异也值得注意。早在秦汉时期，齐地多方士，他们讲神仙方术、海外三山，徐福被秦始皇派遣，率领童男童女数千人出海求仙，是颇有象征性的事件。东南沿海与国外的交往较早，南朝、隋唐时期这一地区与印度洋的商旅往来已相当频繁。宋元时期，江苏、浙江、福建、广东都有对外口岸，经这一带出口的瓷器，远销南亚、西亚，直到东非。而明代以后成为中国重要粮食的玉米、马铃薯、番薯等美洲作物，以及在中国广泛种植的烟草，一般认为都是经由东南沿海传入的。明万历年间意大利的耶稣会传教士利玛窦首先到达澳门，再进入内地传教，同时带来西方的科学技术。近代以来，广州、上海、天津等对外口岸在中外文化交流中发挥了重要作用。和内地相比，沿海地区的文化更具开放性和创新性。

文化交流融合有几种途径。

首先是移民，特别是大规模的移民潮。西晋末年、唐末五代以及北宋末年，大批中原的汉族迁徙到江南，对江南经济、文化产生了巨大的作用，移民所带来的文化与当地原有的文化交流融合，使当地文化出现新的特色。闽西和广东梅州客家人聚族而居的土楼（围龙屋），成为当地文化的独特景观。河北、山东一带人民闯关东，推动了东北原住民文化的发展。清代初年"湖广填四川"，促进了西南文化的发展，巴渝会馆的发达，川剧的形成都与移民有关。广西的文化与来自外地的移民和文化名人如柳宗元有关。台湾的文化与闽、粤的移民有极其密切的关系，这表现在民间信仰、建筑风格、生活习惯等许多方面。明末清初是移民台湾的高潮。香港的文化与广东移民有密切的关系，考古发掘证明了香港、澳门与珠江下游地区古代居民之间的关系和交往[36]。

交通与商贸也是各地文化交流融合的重要渠道。汉代以后丝绸之路的开通，对于所经中国内地之间的文化往来，以及中国与中亚、南亚、西亚，乃至欧洲、北非的文化往来，所起的作用显而易见。仅就甘肃河西走廊而言，那是丝绸之路上十分繁忙的一段，在汉唐时的地位类似近代的珠江三角洲和长江三角洲。隋代开通了纵贯南北的大运河，对沟通南北经济、文化起到巨大的作用。唐朝的政治中心在长安，但其经济却在很大程度上依赖江南，运河就成为其经济命脉。沿着运河出现了诸如杭州、苏州、扬州等经济与文化的中心。至于长江航道在交通运输上的作用，及其在文化传播方面的作用更是明显。李白离开家乡四川，沿长江而下，在一生中几乎走遍大江上下，留下许多诗篇。长江沿岸的重庆、武汉、九江、南京、扬州之所以文化发达，得益于这条大江者实在不少。长江流域的洞庭湖与鄱阳湖，以及湖边的黄鹤楼、岳阳楼，还有长江支流赣江边上的滕王阁，成为凝聚着浓厚诗意的地方。明清时期，随着徽商、晋商、粤商、宁波帮等几个活跃的商帮的足迹，文化也得以交流、传播。

科举与仕宦是文化融合的另一条重要渠道。各地的举子进京赶考，考中的或留京任官，或外放任职，考不中的则返回家乡，大批的举子往来于京城和各地之间，成为传播文化的使者。清代钱塘人洪昇，在北京做了约二十年太学生，与京中名流王士禛、朱彝尊、赵执信等人互相唱和。康熙二十七年（1688），其《长生殿》在京城盛演，轰动一时。清代北京的宣南成为进京举子汇聚之地，举子的来来往往，形成文化凝聚与辐射的局面，造就了独特的宣南文化。官员的升迁和贬黜也是文化交流融合的渠道，最突出的例子便是韩愈和王阳明。韩愈贬官潮阳，给当时文化尚不发达的潮州带来了中原文化。王阳明贬官贵州龙场驿，创办龙冈书院，开创了贵州一代学风，他的"知行合一"学说便是在贵州提出来的。此外，李德裕、苏轼等人贬官海南，对当地的文化教育影响巨大。再如清代黑龙江、新疆有许多被流放的官员，其中不乏高级文化人士，他们对当地文化的发展起了重要作用。

第四节　研究地域文化的意义与本书的宗旨

保护地域文化的多样性　地域文化与区域经济　按行政区划分卷文献考订与田野调查　与地方志的区别　学术性、现实性与可读性的统一　本书的宗旨与体例

地域文化是按地域区分的中国文化的若干分支。研究地域文化，实际上就是研究文化的空间分布及其特征。研究中国文化如果忽视对其地域性的研究，就难以全面和深入。地域性是中国这个幅员辽阔的大国的特点，是中国文化丰富多彩的重要表现。热爱祖国不是空泛的，首先要热爱生于斯长于斯的家乡。如果对自己家乡的历史文化都不清楚，那么热爱祖国就会落空。有些地区的传统文化正在逐渐削弱甚至濒临消亡，亟待政府采取切实措施加以保护。在文化建设的过程中切忌抹杀地域的特点，避免千城一面、万村一形。如果不论走到哪里看到的是同一种建筑，听到的是同一种戏曲，品尝的是同一种口味，体验的是同一种民俗，既没有关西大汉的铜琶铁板，也没有江南水乡的晓风残月，我们的生活将多么单调，中国展现给世界的形象将多么苍白！在坚定维护国家政治上统一的同时，必须保护各地文化的多样性，保护地域文化的特点，尊重人民群众多种多样的文化需求。这可以视为中国文化发展的战略性举措。地域文化又是港、澳、台人民以及海外华侨、华人寻根的热点，弘扬传统的地域文化有助于祖国的和平统一。从全球的眼光看来，中国这样幅员广阔的大国，如果失去了文化多样性，必然会减弱中国对世界的吸引力。

　　我们提倡文化的大局观，要站在全国看各地。只有将各地文化放到全国之中，才能更清楚地认识各地文化的特点；只有清楚地看到各地文化的特点，才能更深刻地认识中国文化的面貌。在弘扬地域文化特点的同时，要促进地域之间的文化交流，以推动各地文化共同繁荣。各地文化是互相联系互相渗透的，是在互动中发展的。如果画一幅中国地域文化地图，其中每一板块的变化都会造成整幅地图的变化。没有孤立的安徽文化，没有孤立的河北文化，没有孤立的云南文化，也没有孤立的西藏文化。某一地域文化的发展，都要依靠其他地域，并牵动其他地域。政府在致力于地域经济均衡发展的同时，也要致力于地域文化的均衡发展。再放大一点，在经济全球化的趋势下，国内某一地域文化的发展，也会受到国际因素的影响，上海、天津、福建、广东等沿海地区文化的发展，足以证明这一点。

　　地域文化的发展对地域经济的依赖和促进是十分明显的，但文化与经济不是搭台与唱戏的关系，应当互相搭台，一起唱戏。发展文化不仅是发展经济的手段，其本身就是目的，因为人民群众的需求以及社会的进步，不仅表现为经济的发展，也表现为文化的繁荣。文化长期滞后于经济快速发展的现状必须改变。发展经济与推动文化，要双管齐下，相互促进。小康社会的指标不仅是经济的，也是文化的。保护地域文化不可追求形式，不可急功近利，要吸取精华剔除糟粕。那种不管好坏，盲目炒作地方名人（包括小说中的人物），简单地打文化牌以拉动经济的风气不可助长。

　　区域经济的发展已经引起各级领导和全社会的注意，地域文化的发展也应提到日程上来。各地还存在大量文化资源有待开发、研究、利用。《中国地域文化通览》的编撰，就是对我国文化资源的一次普查。我们考察的重点在于各地文化的历史进程、特点、亮点及其形成的原因，各地文化发展的有利条件和制约因素，并力图说明各地文化在整个中国文化发展中的地位、作用，其与邻近地区相互交流相互影响的关系，并着重描述那些对本地和整个中华民族的进步产生过重大影响的标志性成果，彰显那些对本地和中国文化的发展做出重大贡献的人物。我们希望本书能为各地文化建设确立更明确、更自觉的目标提供一点帮助。

关于地域文化，目前已有许多研究成果，但大多是将全国分为几个区域，以先秦的诸侯国名或古代的地名来命名，如河洛文化、燕赵文化、吴越文化、齐鲁文化、荆楚文化、关陇文化、岭南文化等等。也有从考古学的角度，将中国文化分为几个大文化区系的[①]。以上的研究都有学术的根据，也都取得了可观的成就，是我们重要的参考。

本书拟从另一个角度切入，即立足于当前的行政区划，每一个省、自治区、直辖市各立一卷，港、澳、台也各立一卷。本书可以说是中国分省的文化地图。按照行政区划来写《中国地域文化通览》，也是有学理根据的。中国从秦代开始实行郡县制，大致确立了此后两千多年行政建置的基本框架。这既有利于维护大一统的局面，也因为一个行政区划内部的交流比较频繁，从而强化了各行政区划的文化特点。按行政区划分卷，对各地更清楚地认识本地的文化更为方便。其实，今日的行政区划是历史沿革的结果，这种分卷的体例与上述体例可以相互补充，相得益彰。大体说来，所谓齐鲁文化就是山东文化，燕赵文化就是河北文化，三秦文化就是陕西文化，蜀文化就是四川文化，徽文化就是安徽文化，晋文化就是山西文化，吴文化就是江苏文化，越文化就是浙江文化，仍然是与行政区划吻合的，只不过用了一个古代的称呼而已。如果从考古学的角度，研究文化的起源，当然不必顾及目前的行政区划；然而要对包括全国各地的文化分别加以描述，并且从古代一直讲下来，则按照当前的行政区划更为便利。何况，内蒙古、新疆、西藏是中国领土不可分割的一部分，研究中国的地域文化必须包括在内，按照当前的行政区划就不会将这些地区忽略了。

按行政区划编纂当地的文献早已有之，这属于乡邦文献。有的文献所包括的区域比省还小，如汉晋时期的《陈留耆旧传》、《汝南先贤传》、《襄阳耆旧传》等，记录了一郡之内的耆旧先贤。唐人殷璠所编《丹阳集》只收丹阳人的作品，属于地域文学集的编纂。宋人董弅所编《严陵集》，是他任严州（今浙江建德、淳安一带）知州时所编与当地有关的文集。宋人孔延之所编《会稽掇英总集》也属于这一类。近人金毓黻所编《辽海丛书》，张寿镛所编《四明丛书》都是如此。

研究地域文化，必须重视文献资料，特别是乡邦文献，包括各地的方志、族谱、舆图等。文献的搜集、考订和分析，是必不可少的基础性工作。编撰地域文化通览的过程，也就是搜集和整理有关文献的过程。然而文化绝不仅仅体现在文献中，还体现在人们的日常生活中，那是活生生的、每日每时都显现着的。文化除了思想、学术、文学、艺术等内容之外，还包括风俗习惯、衣食住行的方式等等，这乃是社会的各个阶层，尤其是广大民众所创造的。研究地域文化不仅要重视宫廷文化、士大夫文化、精英文化，还要重视平民文化、民间文化、民俗文化。研究地域文化在重视文献的同时，必须注重实地考察，从日常生活中寻找资料。只有将文献资料和实地考察结合起来，并利用新的考古资料，才能见其全貌。

本书跟地方志不同，地方志虽有历史的回顾，但详今略古，偏重于现状的介绍，包括本地当前的自然环境、资源、物产、社会、政治、经济、文化等方面的情况和数据，是资料性的著述。《中国地域文化通览》则是专就传统文化进行论述，下限在1911年辛亥革命，个别卷延伸到1919年"五四运动"。地方志偏重于情况的介绍，注重资料性、实用性、检索性，《中国地域文化通览》则是研究性著作，强调在大量可信资料的基础上，纵横交错地展开论述，要体现历史观、文化观，总结文化发展的历史经验和规律，史论结合。

《中国地域文化通览》以学术性、现实性、可读性三者的统一为目标。

所谓学术性，简单地说就是符合学术规范，立足学术前沿，注重多学科的交叉融合。本书是一部学术著作，而不是通俗读物，更不是旅游手册。要以实事求是的态度，在认真钻研资料的基础上，力求对事实做出准确的描述、分析与概括。概括就体现为理论。

所谓现实性，就是立足现实，回顾历史，面向未来，希望能对本地文化的发展提供启发。立足现实，是从实际出发，关注当前经济社会文化的发展；回顾历史，是总结经验，以史为鉴；面向未来，是注意文化的发展方向，促进文化建设，促使中国文化以丰富多彩的姿态走向世界。地域文化是国情的重要部分，希望这套书能够成为中央和地方各级政府了解各地历史文化、风土人情的参考，成为因地制宜发展文化的参考。文化的主体是人，以人为本离不开对文化的深入理解。为政一方，既要了解当地的经济资源，也要了解当地的文化资源；既要了解现状，也要了解历史，这样才能最大限度地发挥地域的优势。

所谓可读性，就是要吸引广大读者，让一般读者看了长知识，专家学者看了有收获，行政领导看了受启发。在文字表达上，力求准确、鲜明、生动。

本书各卷都分为上下两编，上编对本地文化作纵向的考察，下编则对本地文化分门别类重点地作横向的论述，纵横结合，以期更深入细致地阐明各地文化的状况。各卷还有绪论，对本地文化从理论上加以探讨。本书随文附有大量插图，图文并茂，以增加直观的感受。

本书的编撰带有开拓性和探索性，我们自知远未达到成熟的地步，倘能对中国地域文化的研究，对中国文化的健康发展，起一点促进作用，参加编撰的大约 500 位学者将会深感欣慰。

> 2010 年 6 月 2 日初稿
> 2010 年 9 月 10 日第 7 次修改
> 2010 年 12 月 12 日第 11 次修改
> 2011 年 12 月 26 日第 12 次修改

【注释】

① 参见《世界地图集》中华人民共和国概况，中国地图出版社 2004 年版，第 228 页。

②《中国自然地理图集》，中国地图出版社 2010 年版，第 221 页。

③ 参见侯仁之主编《黄河文化》第一编第一章第四节，华艺出版社 1994 年版，第 29 页。袁行霈、严文明、张传玺、楼宇烈主编《中华文明史》第一卷第一章《中华文明的曙光》，北京大学出版社 2006 年版，第 67—73 页。

④ 20 世纪的考古发现，特别是二里头文化的发现，证实了夏朝的存在。参见袁行霈、严文明、张传玺、楼宇烈主编《中华文明史》第一卷第二章《中华文明的肇始》，北京大学出版社 2006 年版，第 95—127 页。

⑤《中国自然地理图集》，中国地图出版社 2010 年版，第 222 页。

⑥ 关于长江流域旧石器和新石器时期的遗址，考古学界有许多发掘报告和研究成果。季羡林主编《长江文化研究文库》中《长江文化议论集》收有陈连开、潘守永《长江流域是中华文明的重要发源地》一文，对此有简明的综合介绍，湖北教育出版社 2005 年版，第 21—41 页。另外，此文库中严文明《长江文明的曙光》、李天元、冯小波《长江古人类》，赵殿增、李明斌《长江上游的巴蜀文化》，张之恒《长江下游新石器时代文化》均有综合性的介绍，本文均有参考。关于这些文化的年代，考古界的说法不尽一致，大致距今都在三千年以上，早的可达五六千年以上或更早。

⑦ 苏秉琦有"多源一统"的说法，见其《关于重建中国史前史的思考》，《考古》1991 年第 12 期。此所谓"多源同归"的提出受其启发，又与之不尽相同，更强调各个源头的文化之间动态的交融、汇合。

⑧ 参见《中国大百科全书·民族》"中华民族"条，中国大百科全书出版社 1986 年版，第 573—574 页。

⑨《孟子·离娄下》："孟子曰：舜生于诸冯，迁于负夏，卒于鸣条，东夷之人也。"杨伯峻《孟子译注》，中华书局 1960 年版，第 184 页。

⑩ 汉陆贾《新语·术事第二》："大禹出于西羌。"中华书局《诸子集成》本，1954年版，第 4 页。《史记·六国年表》："禹兴于西羌。"中华书局点校本，1962 年版，第 686 页。

⑪《魏书》卷一《帝纪第一·序纪》："昔黄帝有子二十五人，或内列诸华，或外分荒服。昌意少子，受封北土，国有大鲜卑山，因以为号。……黄帝以土德王，北俗谓土为托，谓后为跋，故以为氏。"中华书局点校本，1974 年版，第 1 页。

⑫ 参见田余庆《北魏孝文帝》，《中华文明之光》上，北京大学出版社 2004 年第 2版，第 338—344 页。

⑬《元史》卷六《世祖本纪》：至元四年正月"癸卯，敕修曲阜宣圣庙"，"五月丁亥朔，日有食之，敕上都重建孔子庙"。中华书局点校本，1976 年版，第 113、114 页。

⑭ 见《元史》卷一百四十六《耶律楚材传》，中华书局点校本，1976 年版，第3455—3464 页。

⑮ 参见史革新《略论清朝入关前对汉文化的吸收》，《炎黄文化研究》第 2 辑，大象出版社 2005 年版，第 158—169 页。

⑯ 参见苏秉琦《苏秉琦考古学论述选集》，文物出版社 1984 年版。

⑰ 参见袁行霈、严文明、张传玺、楼宇烈主编《中华文明史》第四卷，北京大学出版社 2006 年版，第 26—33 页。

⑱ 《宋史》卷四百二十七《张载传》，中华书局点校本，1977 年版，第 12724 页。

⑲ 《后汉书》卷七十二《董卓传》云：董卓"尽徙洛阳人数百万口于长安，步骑驱蹙，更相蹈藉，饥饿寇掠，积尸盈路。卓自屯留毕圭苑中，悉烧宫庙、官府、居家，二百里内无复孑遗。又使吕布发诸帝陵及公卿已下冢墓，收其珍宝"。中华书局点校本，1965 年版，第 2327—2328 页。

⑳ 《后汉书》卷七十九上《儒林列传》云："初，光武迁还洛阳，其经牒秘书载之二千余两，自此以后，参倍于前。及董卓移都之际，吏民扰乱，自辟雍、东观、兰台、石室、宣明、鸿都诸藏典策文章，竞共剖散，其缣帛图书，大则连为帷盖，小乃制为縢囊。及王允所收而西者，裁七十余乘，道路艰远，复弃其半矣。后长安之乱，一时焚荡，莫不泯尽焉。"中华书局点校本，1965 年版，第 2548 页。

㉑ 关于侯景之乱，参见《梁书》卷五十六《侯景传》，中华书局点校本，1973 年版，第 841—861 页。

㉒ 宋范成大《石经始末记》引《石经考异序》云："按赵清献公《成都记》：伪蜀相毋昭裔捐俸金，取九经琢石于学官……依太和旧本，令张德钊书。国朝皇祐中田元均补刻公羊高穀梁赤二传，然后十二经始全。至宣和间，席文献又刻孟轲书参焉。"见孔凡礼辑《范成大佚著辑存》，中华书局 1983 年版，第 159—160 页。

㉓ 参见张秀民著、韩琦增订《中国印刷史》上，浙江古籍出版社 2006 年版，第 32 页。

㉔ 参见袁行霈主编《中国文学史》第二卷，高等教育出版社 1999 年版，第 450 页。"诗客曲子词"之说见于欧阳炯《花间集叙》。又，《四部丛刊》影宋抄本《禅月集》昙域《后序》曰："众请昙域编集前后所制歌诗文赞，日有见问，不暇枝梧。遂寻检稿草及暗记忆者约一千首，乃雕刻成部，题号《禅月集》。"《四库全书总目提要》卷一百五十一《禅月集》曰："昙域《后序》作于王衍乾德五年，称'检寻稿草及暗记忆者约一千首，雕刻成部'。则自刻专集自是集始。"（中华书局影印本，1965 年，第 1304 页）亦可见蜀地文化的发展状况。

㉕ 参见曹松叶《宋元明清书院概况》（续），《国立中山大学语言历史学研究所周刊》第 10 集第 113 期，1930 年版，第 7 页。

㉖ 柳玭《柳氏家训序》："中和三年癸卯夏，銮舆在蜀之三年也。余为中书舍人，旬

休，阅书于重城之东南，其书多阴阳杂记、占梦、相宅、九宫、五纬之流，又有字书、小学，率雕板印纸，浸染不可尽晓。"见《旧五代史》卷四十三《唐书》十九《明宗纪》附《旧五代史考异》引，中华书局点校本，1976 年版，第 589 页。

㉗ 参见张秀民著、韩琦增订《中国印刷史》上，浙江古籍出版社 2006 年版，第 22 页。

㉘《史记》卷二十九《河渠书》曰："蜀守冰凿离碓，辟沫水之害，穿二江成都之中。……至于所过，往往引其水益用溉田畴之渠，以万亿计，然莫足数也。"中华书局点校本，1962 年版，第 1407 页。

㉙《宋史》卷四百二十七《邵雍传》，中华书局点校本，1977 年版，第 12727 页。

㉚《宋史》卷四百二十九《朱熹传》，中华书局点校本，1977 年版，第 12767 页。

㉛《明史》卷二百八十七《文徵明传》云："吴中自吴宽、王鏊以文章领袖馆阁，一时名士沈周、祝允明辈，与并驰骋，文风极盛。徵明及蔡羽、黄省曾、袁袠、皇甫冲兄弟稍后出。而徵明主风雅数十年，与之游者王宠、陆师道、陈道复、王穀祥、彭年、周天球、钱穀之属，亦皆以词翰名于世。"中华书局点校本，1974 年版，第 7363 页。

㉜《屈子文学之精神》，见《王国维遗书》第五册《静安文集续编》，商务印书馆，1940 年版，第 31—32 页。

㉝《隋书》卷七十六，中华书局点校本，1973 年版，第 1730 页。

㉞ 参见袁行霈主编《中国文学史》第四卷，高等教育出版社 1999 年版，第 342—343 页。

㉟ 参见《中国大百科全书·中国文学》，中国大百科全书出版社 1986 年版，第 697 页。

㊱ 香港特别行政区民政事务局与中国社会科学院考古研究所联合，在新界与大屿山岛之间的马湾岛东湾仔北，发现新石器时代中晚期至青铜时代早期的居址、墓葬和大批文物。被评为 1997 年全国十大考古新发现之一。见邹兴华、吴耀利、李浪林《香港马湾东湾仔北史前遗址发掘简报》，《考古》1997 年第 6 期。关于澳门的考古发现，参见邓聪、郑炜明《澳门黑沙》，香港中文大学出版社 1996 年版。

㊲ 苏秉琦把现今人口分布密集地区的考古学文化分为六大区系：以燕山南北长城地带为重心的北方，以山东为中心的东方，以关中（陕西）、晋南、豫西为中心的中原，以环太湖为中心的东南部，以环洞庭湖与四川盆地为中心的西南部，以鄱阳湖—珠江三角洲一线为中轴的南方。见《中国文明起源新探》，三联书店 1999 年版，第 35—36 页。

目　录

上　编

第二章　追寻两汉魏晋南北朝时期文化

第三章　隋唐时期文化的耀光

第四章　转型期的五代宋元明时期文化

第五章　清代文化的多元格局

下　编

第五章　纷呈的新疆非物质文化遗产

图片目录

彩　页

插　图

绪　论

新疆独特的生态环境和区位优势孕育并产生了具有鲜明地域特色和民族特色的多元交融的新疆文化。新疆采集狩猎文化出现在旧石器时代，而到了新石器时代后期开始出现绿洲农耕文化和草原游牧文化，到青铜时代，这两种文化类型基本定型。由于地处中亚、西亚、南亚、东亚的交汇处，新疆自古以来就是一个多人种地区，是不同族群、民族频繁迁徙和生活之地，因此新疆文化是一种多源发生、多维发展、多元交融的复合型中国地域文化。新疆具有丰厚的历史文化遗产和非物质文化遗产，对这些文化遗产的传承与保护，应该提到议事日程，并采取有力措施进行文化遗产保护工程的实施。

第一节　新疆文化生态

新疆生态环境与文化的关系　　文化遗址的分布　　文化的孕育与发生

新疆文化的发生、发展与其生态环境有着千丝万缕的联系。就新疆的自然生态特征而言，首先，由于处在亚洲腹地，远离海洋，新疆地区空气干燥、降雨量少、冬冷夏热、昼夜温差大，生态环境脆弱，但是由于日照充足，特别适宜农作物和林果业发展；其次，戈壁、沙漠和高山占据新疆的主要面积，而适合人类生存的绿洲、草原不过占新疆总面积的 5%，然而正是这些绿洲和草原孕育了新疆的文明；再次，新疆的水资源主要来自冰川雪水，所形成的河流都是内陆水系，时空分布不均，因此，极容易发生洪涝和旱灾；最后，新疆地域辽阔，地貌地形复杂多变，自然景观各异，矿产和物产丰饶，形成地大物博的特点。

新疆，古称西域，1884 年建省后改称新疆，有"故土新归"之意。无论是古代西域文化，还是近代以后的新疆文化，都与其生态环境之间形成与生俱来的天然对应关系，采集狩猎文化、绿洲农耕文化、草原游牧文化、屯垦文化本身就是一种文化与生态的对应关系。从一定意义上讲，所有的人类文化都可以称之为河流文化，新疆文化也是同样。伊犁河、额尔齐斯河、塔里木河水源均来自天山、阿尔泰山、喀喇昆仑山和昆仑山等几大山系冰川，这些河流流经的地方出现的绿洲和草原地带，正是西域文化起源、发生和演进的地带。尽管它们只占新疆面积的 5%，但正是这些绿洲和草原催生了新疆文化。

新疆的采集狩猎文化发生在旧石器时代，到了中石器时代则开始广泛分布。新疆旧石器时代的遗址主要是三处：塔什库尔干吉日尕勒遗址、乌鲁木齐遗址、吐鲁番交河遗址，这些遗址均属于旧石器时代晚期遗址。帕米尔高原上的吉日尕勒遗址地处人类和动物活动的孔道，同样，乌鲁木齐和交河旧石器时代遗址也是天山与吐鲁番盆地之间的通道，极适宜人类和动物的迁徙。于是，这些地方的人群就随着动物的迁徙而流动，以猎获足够的食物。人群即使有时会在一个地方停留较长时间（通常不会超过一个季节），但随动物的迁徙而移动是经常发生的，而且面对行踪不定的动物群，主要采取群体性的围猎活动。这些旧石器时代的石器类型主要是打制石器，包括刮削器、石核、石叶、锯齿状器、尖状器、圆盘状石刀器、砍砸器等。无疑，这些石器都和狩猎、切割动物肉、加工兽皮有关。在吉日尕勒遗址，"主要是人工用火的遗迹。烧火堆残迹在剖面上呈透镜体状，埋藏于阶地表面以下五米多深处。灰烬中发现有少量烧骨，灰烬周围的沉积物中亦有零星的动物骨骼发现"[①]。这表明，西域旧石器时代的先民，在这样一些高寒地区用简单的石器打猎、切割肉块、加工兽皮，并用火取暖、烤熟肉食，这是他们为了生存，长期适应环境，熟谙动物迁徙，进行狩猎活动的结果。

随着狩猎等生存工具的改进，生存状态的改观，西域细石器文化出现如下一些特征：一是西域先民的生存方式仍以狩猎经济为主，农耕和游牧经济只是在后期显露端倪；二是细石器出现，但磨制石器并不占主导地位，石核（圆锥形、圆柱形、楔形、船底形等）、刮削器、尖状器等都是细石器文化的重要特征，特别是在一些遗址发现的石镞，表明这个时期的先民已经开始使用弓箭，这大大提高了猎获动物的几率；三是从细石器文化遗址看，人群呈现出辐射状分布，而且每一个群体人口也多起来。新疆细石器文化的遗址分布较广泛，天山以南的塔里木河南缘遗址、乌帕尔遗址，天山以北的柴窝堡遗址、准噶尔盆地东部遗址、克拉玛依遗址，以及阿尔泰山以南额尔齐斯河河畔遗址等。

在新疆绿洲农耕文化和草原游牧文化之间还广泛存在一种畜牧兼营农业的文化阶段，它应该是绿洲农耕文化和草原游牧文化之间的过渡性文化。尽管这种文化类型仍然保留在近世文化中，但比起绿洲农耕文化、草原游牧文化，已经不占主导地位，而在新石器时代和青铜时代，它是一个主导性的文化类型。

如果从现已发现的新石器时代文化遗址看，它较之旧石器时代和细石器文化分布更广，是西域绿洲农耕文化和草原游牧文化的雏形期。天山以东的哈密地区焉不拉克遗址、哈拉墩遗址、石人子乡遗址、卡尔桑遗址、木垒的四道沟遗址、奇台的半截沟遗址、吐鲁番地区的阿斯塔那遗址，天山以南的尉犁辛格尔遗址、疏附的阿克塔拉遗址、和硕的新塔拉遗址、罗布泊一带遗址，以及天山以北的博罗霍洛北坡遗址和昭苏遗址等都是新石器时代的重要遗址。这些地方恰好是西域早期的绿洲农耕文化和草原游牧文化发生的区域。这个时期的文化特征至少表现在四个方面：一是磨制石器出现，特别是农业生产工具渐占上风，如石磨、石臼、石杵、石镰、石锄等；二是彩陶的出现，尽管较之中原彩陶晚出，从新石器时代晚期到青铜时代广泛分布，但应视为西域农耕文化起源的标志；三是纺织工具的出现，如出土有石纺轮、骨锥、骨针等；四是原始村落出现，表明畜牧兼营农业的定居生活已经基本形成。为什么说这个时期的文化类型是畜牧兼营农业型呢？这是因为这个时期随着动物数量的减少，人们已经不可能纯粹以狩猎为生，饲养家畜和从事农业成为适应环境的必然选择，这是一种再生产的谋生方式。在木垒县四道沟遗址出土的除谷物、农业生产工具之类外，还有马牛羊等家畜的遗骸，表明当时农业和畜牧业处在同等重要的地位。即使在现代，绿洲农耕区兼营畜牧业，在草原地带耕种农作物的情况也屡见不鲜。西域新石器时代的遗址基本上分布在山前坡地、冲积扇平原或山前草原地带，这无论是对农业还是畜牧业都是两利。这些地方既有充足的水源和肥沃的土地利于农业生产，又有丰腴的草场便于放牧。如伊吾军马场新石器时代遗址就在哈密、巴里坤、伊吾三市县交界的山前草原地带，这里三面环山，柳条河贯穿其间，属于西域畜牧业兼营农业的发源地之一。奇台半截沟新石器时代遗址同样处在天山北麓山前地带，有河流通过，是孕育西域早期农耕文明的地区之一。

新疆属于干旱、半干旱区，绿洲的分布极不平衡，其基本类型为两类：一种是自然绿洲，主要分布在山区，是靠较多的大气降水自然形成的。这类绿洲，有森林，更多的是草地。另一种是灌溉绿洲，它是人类通过水利设施形成的灌溉农业区。这两种绿洲孕育了西域早期的草原游牧文化和绿洲农耕文化。这是因为，前者更适合放牧，成为草原游牧文化的摇篮；而后者适宜耕作，成了绿洲农耕文化的沃土。

塔里木盆地周缘的绿洲属于灌溉绿洲。天山南部的库车绿洲是新疆农耕绿洲中面积较大者，其总面积在15000平方公里，而绿洲面积约占53.8%。现在的库车绿洲和周边地区是历史上的龟兹国所在地。对于龟兹的自然环境，《水经注》记载，龟兹境内有东川水、西川水（即现在的库车河和渭干河），其他还有白马河、赤河、浑思河、中河等。充足的水资源极有利于农业生产，所以龟兹的农业是典型的灌溉农业。对此，《大唐西域记》记载："屈支国……宜穈麦，有粳稻，出葡萄、石榴，多梨、奈、桃、杏，土产黄金、铜、铁、锡、铅。"[②]龟兹倚其独特的自然资源，有较发达的农作物种植业和林果业。这与现在库车的物产也能一一对应上。《库车县志》记载："（库车）平原西部是一个近似直角三角形的绿洲，南北边长约60千米，东西边长55千米，总面积约1700平方公里，这里是库车县灌溉农业区的集中地带，村落密布，绿洲毗连，水渠道路纵横。"[③]而其东南部由于塔里木河的漫溢和渭干河下游的弃水灌溉，生长着茂盛的胡杨林、红柳丛和牧草，是天然的牧场，其面积在 2500 平方公里左右。其他还有山区的林木、植被区，也适于放牧。就库车的人工绿洲和天然绿洲相比，虽然前者面积小于后者，但人口却基本分布在人工绿洲，也就是在农业区，这是龟兹农耕文化的发祥地。这种生态环境产生的是龟兹农耕文化，而不是草原游牧文化，因为在天山以南绿洲农耕文化中，同时还有家畜养殖业，它只是作为农业生产的补充，而不是主导性产业，所以龟兹文化是典型的绿洲农耕文化，而不是草原游牧文化。其实在西域南部绿洲农业兼营畜

图绪 -1 库车绿洲 据《龟兹古都—库车》

牧业的情况比比皆是，但它不像天山以北地区，其生产生活方式以畜牧业为主，因此这种文化就不属于草原游牧文化类型。

从一定意义上讲，天山以南的绿洲农耕文化也可以称之为塔里木文化，因为这种文化类型几乎全部发生在环塔里木盆地周缘的绿洲地区，只有这里的自然生态适合于西域绿洲农耕文化的生长。

西域的草原游牧文化与生态环境的关系十分密切。天山和阿尔泰山历来被称为游牧部族迁徙的历史走廊，因此这个走廊也就成了游牧部族的生命线。

新疆草原地带主要沿天山、阿尔泰山、帕米尔高原等地区呈阶梯形分布。自下而上依次是荒漠半荒漠草原缓坡地、荒漠半荒漠低山丘陵地、中山草原地、中山森林草原地、亚高山草原等。尤勒都斯草原、伊犁那拉提草原、巴里坤草原、阿尔泰草原等就坐落在这些崇山峻岭间，游牧民族赖以生存的牧场分布在这些辽阔的区域，自然它们也就有了夏牧场、春秋冬牧场、夏秋牧场、冬春牧场、冬春秋牧场之分，这完全是

顺应自然进行轮换放牧的生存法则决定的。草原对于游牧民族来说犹如
土地之于农民一样重要，因为，这些草场可以使游牧者从东到西，或从
西到东，连续地迁徙。草原民族不可能像农耕民族那样，躬耕守土，而
是不断地迁徙，逐水草而居几乎是他们的天性。无论是寻找更适合生存
的草场，还是鞍马劳顿的征战，他们始终处在一种变动不居的迁徙中。
塞人、吐火罗人、匈奴人、乌孙人、突厥人、蒙古人、哈萨克人、柯尔
克孜人无不如此。不同的是，有些游牧部落是从东向西迁徙，而另一些
则是从西向东迁徙，他们的会合处正是天山、阿尔泰山的草原地带。

　　从历史上看，这些草原地带正是史前狩猎民的狩猎区域，野生动物
是他们理想的食物，这些地方生活着诸如马鹿、野马、野驴、瞪羚、盘
羊、鹅喉羚等众多的野生动物，世界上最早的驯马和饲养牛羊也首先是
出现在这些草原地带。德国人类学家利普斯认为："马、牛、羊的饲养，
是在有大量野生品种分布的地方发展起来的。中亚山区及其北的高原地
区，具备着有利的条件。……最早驯的牛著名品种是长角类型，它可
以上溯到亚洲牛的野生品种。山羊的驯养后于绵羊的驯养，它们看来都
起源于这个特殊的地区。……最早养牛地区之北的阿尔泰山和吉尔吉斯
及巴蜡宾草原，是养马和养骆驼的这种发展地区。"④这起码表明，最早
的游牧文明是发生在这一区域的，这里得天独厚的自然生态环境提供了
产生这种文化的必要条件，草原游牧文化应运而生是顺理成章之事。

　　发端于西汉时期的西域屯垦文化从发生那一天起，就和西域的自

图绪-2　阿尔泰草原
据《新疆文物古迹大
观》

然生态有了生生不息的关系。新疆早期的屯垦区域几乎都在灌溉绿洲地区，也有少部分分布在丰美的草原地带，但是这是一些未开垦的土地，并非本土农耕民的农田。汉代及其前后的屯垦就如此，而且基本在天山以南地区。我们现在知道的眩雷、轮台、渠犁、伊循、赤谷、车师、北胥鞬、焉耆、姑墨、楼兰等地的屯田除少数以外，均在塔里木盆地周缘和罗布泊地区，这些地方的自然生态环境虽然不十分优越，但是开凿灌溉渠后是完全能够屯田的。汉武帝时期，置校尉屯田之处在轮台以东。当时的搜粟都尉桑弘羊就奏报汉武帝说："故轮台东捷枝、渠犁皆故国，地广，饶水草，有溉田五千顷以上。处温和，田美，可益通沟渠，种五谷，与中国同时熟。"⑤自西域都护府设立之后，屯田区域扩大，这些地方成了新的绿洲。伊循屯田的具体位置虽然还有争议，但在罗布泊地区是无疑的，至今屯田遗址还依稀可辨。若羌县境内的米兰屯田遗址很可能就是伊循屯田的遗存。引进中原先进的灌溉技术、犁耕技术在万古荒原修渠造田是西域屯垦的主要特征，它催生了新疆屯垦文化的诞生。

唐代的屯垦除天山以南的龟兹、于阗、疏勒等地外，主要分布在天山以东以北的西州、伊州、庭州、轮台、清海、碎叶等处屯田。这些地方都是汉代还没有进行屯田的区域。为什么此时的屯田中心转移到了天山以东以北地区？一方面是唐朝先后在西域设立安西、北庭两都护府，所辖区域分布天山南北，屯田规模适应政治军事需要所致；另一方面这些区域得天独厚的自然生态环境有利于大规模屯田，这也是西域屯垦区逐渐北移的始端。

清代屯田中心偏移，其屯垦区域主要分布于天山以东以北地区，如巴里坤、乌鲁木齐、伊犁、塔尔巴哈台、阿尔泰、吐鲁番等。清代屯田区域较之汉唐时期的自然生态环境更为优越，水资源充沛、土地肥沃，而且清朝的政治经济军事中心在天山以北地区，这些新开垦的处女地可以提供更多的粮食。

纵观唐代和清代西域屯垦，其屯田区域以天山以北为主后，屯田扩展到了草原地区，有些还延伸到了草原核心区域，但是天山以东以北地区的屯垦主要还是在草原的边缘地区，清康熙年间的巴里坤屯垦就如此。巴里坤北山的中央盆地是水草丰美的天然草场，而其边缘地区则是屯垦区域。但是屯垦区域北移的结果，对草原生态平衡留下了无可挽回的一抹伤痕，在政治利益和经济利益大于生态意义的当时，这是当权者始料未及的。不过，由于西域屯垦是一种中原生产生活方式顺应西域自然生态环境的重大举措，导致中原汉文化在西域扎下了根，这给西域多元文化平添了更加绚丽的色彩。

与其说这是一种适应生态环境的生存空间的拓展，毋宁说是一种文化的扩散。绿洲农耕居民为了生存的需要，已经把绿洲农耕文化的边界扩散到了草原文化的边缘，更遑论屯垦开发的军民了；同样，草原游牧民族为了扩大生存空间，频频南下，定居于绿洲农耕区，在西域几乎所有的绿洲农耕民都是草原游牧部族南下的结果。在西域这样特殊的自然生态环境中，各种文化类型不存在自我隔绝的机制，因此各种文化之间可能处在一种彼此胶着状态，这样才有利于共同的生存和发展。文化扩散的结果是，各种文化都在进行互为边缘的尝试。如果以一种文化去取代或消除另一种文化为代价，那么只能是两败俱伤，对任何一种文化都是灾难性的。

第二节　人种、部族与民族

新疆的主要人种　古代游牧部族的迁徙与活动　近代民族的形成

自古以来，新疆就是一个多人种、多族属、多民族繁衍生息的地方。从人种来看，早在距今 4000 年—3000 年间就有印欧人种、蒙古人种，以及他们的混合型人种的族群自西向东或自东向西迁徙，分布在天山南北和罗布泊地区，因此新疆也被称之为人种博物馆。距今 2000 年前后是塞人、羌人、汉人、大月氏人、乌孙人、乌揭人、匈奴人等的迁徙；隋唐以后突厥人、吐蕃人、回鹘人、蒙古人等形成了新的迁徙浪潮；清代之后，在不断的民族迁徙和融合过程中，形成了近代的维吾尔族、汉族、哈萨克族、回族、柯尔克孜族、蒙古族、塔吉克族、锡伯族、满族、乌孜别克族、俄罗斯族、达斡尔族、塔塔尔族的新的多元民族格局。

　　古代新疆不同人种的来源和分布各不相同。如果从体质人类学去探究，天山以南地区的早期人种既有印欧人种，也有蒙古人种，这些人种既有变异，也有融合。其分布范围大致划分为罗布泊地区人种、塔里木盆地南北缘人种和天山东部一带人种。发展到后来，这些不同的人种越来越呈现出融合的趋向。

　　比照文献和出土文物发现，公元前的几个世纪，活动在中亚和伊犁河流域的塞人集团迁徙到了塔里木盆地南缘，成了于阗绿洲的定居民；罗布泊地区的楼兰居民也主要是这个集团；而活动在中亚和天山草原地带的吐火罗人入驻了塔里木盆地北缘的龟兹绿洲；在公元前后先后有羌人、车师人成为天山以南以东地区绿洲的居民；屯田的西汉官兵分布在天山以南地区，同时，匈奴人征战到天山南北的广大区域；魏晋以后则是河西汉人成了高昌地区的主人。除汉人、羌人、匈奴人属于蒙古人种外，其他都属于印欧人种或主要有印欧人种的特征，不过是后来的地中海型的印欧人种和先期到来的高加索型的印欧人种发生了融合。天山以南以东地区和罗布泊地区的早期农耕者除汉人外，无一例外都是由草原游牧生活转向农耕定居生活的，他们大多都是由北向南迁徙，于是在他们的文化中或多或少都保留着草原文化的记忆。随着时间的推移，分别定居在不同绿洲的这些人群组成了不同的族群，出现了不同的文化表征，尽管他们以共同的地域和共同的农耕经济和生活方式为前提。

　　自两汉以来，塔里木盆地南北缘的各个绿洲居民使用的是不同的语言文字，于阗的塞人使用塞语文，而龟兹人使用的是吐火罗语文，到了塔里木盆地东缘的鄯善国则使用犍陀罗语和佉卢文，高昌地区的汉人使用汉语文。这是自汉代以来到隋唐时期各城郭国使用不同语言文字的大致情况。

　　从族属的分布不难看出，新疆早期的居民主要是印欧语系的塞人、吐火罗人，而自公元前开始，一直到13世纪，阿尔泰语系和汉藏语系的羌人、汉人、匈奴人、柔然人、悦般人、铁勒人、高车人、吐谷浑人、突厥人、吐蕃人、回鹘人、蒙古人等先后登上了西域历史舞台。它带来的是新一轮的民族大融合。

　　先秦时期羌人的生活和活动区域在我国的西部地区，主要是现在的青海省东南部、甘肃省甘南一带。羌人的形成是当地的土著居民和从江淮一带迁徙来的"三苗"长期融合的结果。那么,"羌"是何意呢?据《说文解字》的解释是:"西戎牧羊人也。"羌人有头戴羊角的习俗,很可能殷人就将其称之为"羌"了。先秦时期,河西羌人的势力强大起来,于是他们向东、南、西三个方向迁徙,但是由于秦国崛起以后,阻断了羌人的东迁,故羌人开始向天山以南地区迁徙。这表明,羌人至少在汉代以前就已经迁入天山以南地区了。汉文文献留下了羌人迁徙到天山以南地区以后分布情况的记载,《汉书·西域传》所记载的婼羌、西夜、子合、蒲犁、依耐、无雷诸国都是羌人所建。羌人在西域生活和活动的范围自塔里木盆地东缘沿阿尔金山、昆仑山、喀喇昆仑山,西至帕米尔高原的地区。羌人的语言属于汉藏语系,其生产方式主要是畜牧业。两汉时期的西域屯田中,除官兵外,还从河西地区征调羌人从事西域屯垦,这部分羌人主要从事农业生产。从人口看,羌人较之于阗塞人、龟兹人等印欧人种族群人口少,但分布区域广,这些不同族群的经济和文化上的互补性愈来愈明显。

　　中原汉民交通西域,以及对西域的山川地貌及风土人情的了解,远在先秦时期已经开始了。如果说轩辕黄帝的昆仑墟、穆天子西行还只是传说时代的记忆的话,那么,距今近4000年的小河墓地发现的近500粒海菊类贝壳、殷墟妇好墓出土的750余件和田玉随葬品、阿尔泰山巴泽雷克距今2500年左右墓葬出土的织锦和铜镜、天山阿拉沟战国晚期墓葬出土的中原丝织品和漆器等足以表明,中原地区和东南沿海地区与西域的文化联系已经十分密切。而到了西汉时期,随着西域屯田的开始和西域都护府的设立,汉民族正式成为西域居民中的一员。自汉代以来,历代中央王朝的屯田官兵、河西的汉族居民,一直到清代内地汉族等移民的大规模迁入,两千多年间,汉民族及其汉文化已经深深地扎根于西域大地。

图绪-3　楼兰城郊古墓出土东汉时期漆器　刘玉生摄

北方草原的匈奴人进入西域完全是和西汉王朝争夺西域的结果。西汉初，西汉王朝曾经和匈奴和亲，但是匈奴屡扰汉境，导致征战不断，特别是匈奴右贤王进入河套以南地区为寇，受到汉文帝的谴责，匈奴单于一怒之下"故罚右贤王，使至西方求月氏击之"，结果，右贤王打败月氏，占据西域。据《汉书·匈奴传》记载："楼兰、乌孙、呼揭及其旁二十六国皆已为匈奴。"匈奴征服西域后，其地先为右贤王属地，后为日逐王统辖，期间西汉王朝与匈奴争夺西域的战争愈演愈烈。其后，匈奴统治集团内部发生分裂，日逐王归汉，西汉王朝统一西域，于汉神爵三年（前59）设立西域都护府。虽然，西汉王朝与匈奴长期处于战争状态，匈奴给西域各族人民带来灾难，但是，匈奴在西域文化和中原文化之间搭起了一座文化交流的桥梁，西域文化正是由匈奴作为媒介，传入中原地区，而中原汉文化也经过匈奴传入西域。

这表明，至少在汉代或更早，汉藏语系的羌人、汉人，以及阿尔泰语系的匈奴人已经与印欧语系的塞人、吐火罗人等在西域人口分布上处于胶合状态，其文化也出现了融合的趋势。

阿尔泰语系的突厥人原先是生活和活动于叶尼塞河上游的游牧部落，其先祖以阿史那为姓，其氏族以狼为图腾，后被柔然征服，迁至金山以南。6世纪中叶，突厥吞并铁勒，灭柔然，征服漠北诸部，建立了强大的突厥汗国。到了6世纪末由于统治集团内部的纷

图绪-4 乌鲁木齐南山出土公元前5—公元前1世纪青铜镬 刘玉生摄

争和分散的游牧经济的制约，突厥汗国分裂成为东西两部，以阿尔泰山为界，以东为东突厥汗国，以西为西突厥汗国。但是，突厥人对西域的统治，早在突厥汗国时期的室点密西征后就开始了，室点密平定了西域诸国。到了达头可汗时期，西突厥势力处于极盛，控弦数十万，《新唐书·突厥传》说其："遂霸西域诸国。"西突厥的统治区域包括现今的新疆、中亚和西亚的广大地区。西突厥汗国叶护阿史那贺鲁于贞观二十二年（648）降唐，被安置在庭州莫贺城（今新疆吉木萨尔县西部），设立瑶池都督府，任命阿史那贺鲁为都督，让其招抚西突厥各部。但唐太宗死后，阿史那贺鲁叛唐，于是，唐朝于显庆二年（657）征讨西突厥，结果西突厥大败，阿史那贺鲁被生擒，西突厥灭亡。西突厥虽然只存在了70余年时间，但是它在西域统治区域广，对西域文化有一定影响。

9世纪以后西域居民成分发生重大变迁："各绿洲城邦和诸游牧民族，经过重新整合，于9世纪中后期以后，形成了高昌回鹘王国、喀喇汗王朝、于阗国三个我国西北地方政权。以前语言文化各异、人种种属多样的西域居民，在以回鹘为代表的操突厥语族语言的大批游牧民迁入定居以后，开始了长时间的民族融合过程。"⑥回鹘原是漠北草原的游牧部落，曾经在漠北草原建立了游牧的回鹘汗国，但是由于内讧和被黠嘎斯打败，回鹘汗国灭亡。余部于840年分两支南迁和西迁，其中西迁的一支攻占北庭、高昌一带，在首领仆固俊的率领下建立了高昌回鹘王国，其时为866年。回鹘人的另一支在庞特勤的率领下，翻越天山，进入塔里木盆地北缘，即现在的库车、焉耆一带，这部分回鹘人被称之为"龟兹回鹘"。起码在成吉思汗西征以前，操突厥语的回鹘人已经扎根于天山以东以南地区了。回鹘西迁标志着回鹘人适应高昌、龟兹地区的绿洲农耕生产生活方式，由游牧部族变成了农耕定居民，并且和当地的操印欧语的原居民逐渐发生了融合；高昌回鹘王国和喀喇汗王朝这两个操突厥语部族建立的政权，正在对塔里木盆地周缘的操印欧语人的绿洲城郭国形成南北夹击之势，从语言、风俗习惯、信仰等方面逐渐动摇着诸绿洲城郭国的文化根基。

13世纪，成吉思汗的西征是阿尔泰语系蒙古语族的蒙古人对西域的统一，蒙古族文化开始了西域本土化进程。虽然成吉思汗及其后裔曾为在西域推行蒙古文化不遗余力，但在东西文化汇聚的西域地区，蒙古文化根本无法抵挡西域本土文化。其结果是信仰萨满教的部分蒙古人先后信仰了聂思脱里派基督教（即景教）、佛教和伊斯兰教，而且统治天山以南绿洲农耕地区的蒙古人改变游牧生产生活方式接受农耕生产生活方式变成了定居民，文化习俗发生重大转型，蒙古族的文化开始融入到西域绿洲农耕文化中。

新疆近代民族的形成是一个不同部族、族群长期融合，以及清代以后大量移民的过程。但就其来源看，基本分为五部分。一是天山以南诸多族群融合后形成了近代以后的维吾尔族。维吾尔族在漠北草原和西迁之后曾经融合了漠北草原的一部分游牧部族和西域的一部分古代部族，由一个人口不多、分布地区有限的氏族部落发展成为新疆众多民族中的一员。而且在融合的过程中吸收了新疆古代其他民族的优秀传统，最后演变成近代的维吾尔族。二是哈萨克、卫拉特蒙古、柯尔克孜族等游牧民族是17—18世纪游牧迁徙或清政府安置导致的。三是清代统一西域过程中驻军和屯垦移民的结果。汉、满、回、锡伯、达斡尔成了最主要的西迁移民。四是随着沙俄势力向新疆扩张的外来移民。俄罗斯、乌孜别克、塔塔尔等民族就是这个时期东迁来的。五是塔吉克成为新疆唯一操东伊朗语的印欧人种的后裔。近代以后，新疆多民族多元文化的格局基本形成。

第三节　多元交融的新疆文化

新疆文化的分期与沿革　文化的主要类型　近代多民族文化的形成　文化的多元交融特征

新疆地域文化从文化史的演进历程看，大体可以分为三个时期，第一个是史前文化时期，第二个是西域文化时期，第三个是近代新疆文化时期。这三个时期既有区别，又有联系。史前文化类型主要是采集渔猎文化，而西域文化主要类型是绿洲农耕文化和草原游牧文化。西域文化时期的一些文化类型在史前文化时期就孕育和发生了，它们之间有承前启后的关系。虽然近代的新疆文化与古代西域文化判然有别，也就是说曾经发生过文化断裂，但西域文化的许多因子都对近代新疆文化产生了或隐或现的影响。有史以来，新疆由于民族众多，宗教信仰多元，语言文字殊异，于是又派生出多民族文化、多元宗教文化和多语种文化等文化类型。新疆文化无论是着眼于生态特征分类，还是以族属分类，或是以信仰取向和语种特性分类，都是一种多元的复合型地域文化。

新疆史前文化主要是指自旧石器时代开始，经历新石器时代，到金属时代的文化。而西域文化是指自先秦以来，历经两汉、魏晋南北朝、隋唐、宋元明时期到清中期的文化。1884 年新疆建省后的文化称之为新疆文化，这也是新疆近代民族文化形成的时期。

关于新疆的史前文化，我们对于旧石器时代的文化了解的并不多，只是从一些零星分布的地表遗址和石器去推断，大约在距今 12000 年前。而新石器时代的文化，由于考古发现多起来，其来龙去脉逐渐清晰起来。但是新疆考古学界提出了细石器文化的概念，认为是距今 12000—4000 年的文化。有学者提出："考古工作者面对大量田野资料，却是在旧石器时代以后，至金属工具使用前，也就是主要与新石器时代相当的这一历史时段内，普遍见到的不是磨制石器与彩陶共存的考古遗址，而是一种使用细石叶细石器、从事狩猎（渔猎）—采集经济为主要特征的考古遗存。根据这一事实，考古工作者赋予它'细石器时代'这一概念。"[7]这个时期的文化的特征是，分布范围广，石器制作工艺提升，时间延续长。新疆金属时代的上限是距今 4000 年，而下限是公元前 2 世纪。青铜时代使用青铜生产工具和武器、出现毛纺织业等手工业、彩陶的普遍使用，其生产生活方式主要是半农半畜。而到了早期铁器时代，由于铁制农具的使用，天山以南地区的绿洲基本进入定居的绿洲农耕文化阶段。

西域文化主要是指新疆古代文化。西域文化既是历史文化概念，又是地域文化概念。在时间上，西域文化包括自先秦、两汉以来至清光绪十年（1884）新疆建省前的文化；在空间上，它涵盖了绿洲农耕文化、草原游牧文化和屯垦文化等文化类型。以往论及西域这一概念时常以狭义、广义划分：狭义指现今新疆，广义指玉门关以西广大地区，包括现今新疆、中亚、南亚、西亚等地区。若以狭义界定古代西域文化，失之过窄，在时空上都不能涵盖西域文化的全部内容；若以广义界说，又失之过宽，许多单元的文化并不包括在西域文化范围内，充其量是文化交流与影响的问题。

虽然，"西域"这一称谓晚见于《汉书》，但中原汉民族在此之前就已经对西域有认识了，《山海经》、《竹书纪年》、《穆天子传》等汉文文献反映了这种认识。就地理概念而言，《汉书·西域传》属于最早的书面文字记载："西域以孝武时始通，本三十六国，其后稍分至五十余，皆在匈奴之西，乌孙之南。南北有大山，中央有河，东西六千余里，南北千余里。东则接汉，厄以玉门、阳关，西则限以葱岭。"⑧这个地理范围大致包括了天山以南诸绿洲城郭国，这指的是西汉统一西域前的情况。西汉神爵三年（前59），汉王朝在西域设立西域都护府，其统辖范围，包括今天山南麓全部；山北巴里坤以西至伊犁河流域；葱岭之西北有费尔干纳，西南有拔达克山诸地。自此，"汉之号令班西域矣"，从西汉到东汉，中央王朝经营西域的范围大致形成。这个范围不仅包括天山以南绿洲农耕诸城郭国，以及天山以北草原游牧诸部落，还远至费尔干纳盆地。唐朝统一西域，唐王朝经营西域的基本政策有两点：一是设立府州，据可考有四十五府，一百一十五州，分为普通州和羁縻州，绝大多数为羁縻州；二是建立安西、北庭两都护府，节制天山南北军政事务。就地理范围而言，天山以南、以北、以东地区，以及葱岭以西，波斯以东，印度河以北，铁门关以南地区和阿姆河与锡尔河之间的广大地区均在统辖之列。清乾隆年间，清政府在平定大小和卓和准噶尔叛乱后统一西域，按《西域图志》记载，清乾隆年间，西域地域范围为："其地在肃州嘉峪关外，东南接肃州，东北直达喀尔喀，西接葱岭，北抵俄罗斯，南接番藏，轮广二万余里。天山以北准噶尔部居之，……天山以南回部居之，今回部诸城为古西域有城郭之三十六国，确然无疑，至准夷在天山北，以及并为乌孙地，其东境犹匈奴地，故古之称西域者，指南北两大山内之诸国言之。而新辟皇舆之西域，兼及北山之北古乌孙，匈奴故境，拓地尤广。"⑨伊犁将军统辖的正是这片广袤的领土。只是到了1864年后，沙俄用武力割去了巴尔喀什湖以东以南44万平方公里的中国领土，才形成了近代以后中国新疆的版图格局。这里列举的仅仅是有代表性的汉、唐、清三个时期西域的范围，魏晋时期，宋元明时期其西域地域概念虽有消长，但大致情况与汉、唐、清三朝相仿。故我们必须在这样一个历史氛围中去界定新疆文化及其文化类型。

新疆进入早期铁器时代以后，绿洲农耕文化和草原游牧文化的基本格局形成，西汉时期又增添了屯垦文化，这样，两千多年来，绿洲农耕文化、草原游牧文化和屯垦文化成了新疆最主要和最基本的文化类型。

新疆绿洲农耕文化主要是指天山以南地区以定居方式生产粮食作物、种植林果业为主的农业文化。两汉时期的西域三十六国主要在天山以南地区，因为是在一些较大的绿洲筑城而居，于是西域绿洲农耕文化也称之为绿洲城郭文化。其实，只有像于阗、龟兹、焉耆、高昌、楼兰、疏勒等这样的城郭国的王城才是筑有城墙的，绿洲的定居民是以村落为单位居住的。这种农耕定居文化源头可以追溯到新石器时代晚期和青铜时代，早期铁器时代基本定型，这是以氏族为单元的聚落形态。这个时期的氏族聚落基本分布在天山以南以东地区，巴里坤的南湾、兰州湾子、奎苏、石人子沟遗址，哈密的焉不拉克遗址，吐鲁番的哈拉和卓遗址，孔雀河下游古墓沟遗址，小河墓地遗址，疏附县阿克塔拉遗址，和静县察吾乎沟遗址等就是西域早期绿洲农耕文化的发源地。绿洲农耕文化的发生与绿洲的形成有密切关系，如果没有绿洲，赖以生存的绿洲农耕文化也就失去了依托；反之，文化也成了绿洲繁盛的直接动力。

图绪-5　距今3800年前孔雀河下游古墓沟遗址　刘玉生摄

　　草原游牧文化是指生活和活动在天山以北、阿尔泰山、帕米尔地区的游牧部族的文化，分为古代游牧部族文化和近代以后的游牧民族文化。草原游牧部族因逐水草而居的生产生活方式，在物质文化上不追求繁复，而追求简便，一切用品都是为了迁徙方便；制度上是以氏族部落为纽带维系着亲缘关系；口头传承是草原游牧文化的传统，草原民歌、英雄史诗构成了他们的艺术世界。

　　屯垦文化是西汉政府统一西域以来屯垦戍边的文化，分为汉唐时期屯垦文化、清代屯垦文化。自汉代以来，屯垦文化就是新疆多元文化中的重要组成部分。汉代西域都护府和唐代安西、北庭都护府的建立，使中原的汉文化在西域广泛传播，先进的生产技术和农具、丝绸和农作物、郡县制度以及汉语言文字、汉传佛教、儒家思想、民风民俗都传入西域，形成了与本土文化互融互渗的局面。清代屯垦文化是汉、满、锡伯、蒙古、达斡尔、回、维吾尔等各民族共同建构的。我国南北各省的民俗风情、年节习俗、方言俚语、地方戏剧、饮食习惯、民间文艺、婚丧礼仪和当地少数民族文化互相交融，具有民族特色和地域特色的多元文化格局出现。唐代，西域还在伊州、西州、庭州三州形成汉民族的民户文化。

　　绿洲农耕文化、草原游牧文化和屯垦文化是适应环境而发生的。这就不难理解，为什么一些游牧部族为适应绿洲农耕环境，转而变成了农耕定居民；同时，在绿洲农耕区，农耕定居民除从事稼穑劳作外，还适应环境，在适于放牧的地方进行畜牧业生产。无论是绿洲农耕民，还是草原游牧民，在适应环境的过程中，产生了不同的习俗，思维模式等文化深层结构也各有差异。从这点说，新疆文化的复合型多元特征是显而易见的。

　　新疆文化类型以族群关系可以划分为古代塞文化、汉文化、吐火罗文化、匈奴文化、乌孙文化、突厥文化、回鹘文化、蒙古文化等和近代以来的维吾尔族文化、汉族文化、哈萨克族文化、回族文化、柯尔克孜族文化、蒙古族文化、锡伯族文化、塔吉克族文化、乌孜别克族文化、满族文化、俄罗斯族文化、达斡尔族文化、塔塔尔族文化等民族文化类型。

新疆宗教文化的多元，有两重含义：一是指新疆自史前的原生性宗教到文明时代的创生性宗教都存在过。在史前，人们由普遍相信神秘的力再转而构建自己的万神殿——自然万物的神圣化经过了漫长阶段，而萨满教则成了最具象征意味的西域原生性宗教。文明时期的创生性宗教诸形态，如火袄教、佛教、摩尼教、景教、伊斯兰教都流行过。二是指某一民族历史上的宗教信仰也并非单一，如回鹘人就曾信奉过萨满教、佛教、摩尼教、景教等。历史上，西域诸多部族宗教信仰改宗的事情不断在发生，改宗本身就表明，新疆诸多部落、部族、民族的宗教信仰是多元而非一元。到近代以后，这种宗教信仰的多元格局仍然没有改变，变化的只是传播方式。

有史以来的绿洲农耕民和草原游牧民操着不同的语言，使用不同的文字。从出土文献可知，自西汉时期始，于阗国使用塞语塞文，龟兹国使用吐火罗语文，鄯善国使用汉语文和佉卢文。自魏晋以后，高昌地区先是使用汉语文，后又使用回鹘语文。6世纪中叶以后，由于西突厥势力进入西域，突厥语文开始流行于西域。成吉思汗西征后，蒙古语也成为西域的语种之一。自清乾隆年间起，奠定了西域诸多民族分属汉藏语系、阿尔泰语系突厥语族、满—通古斯语族、蒙古语族和印欧语系的语言文化格局。两千多年间，语言的融合现象时时在发生，同时某一个民族的人们通晓数种语言的情形也十分普遍，否则就谈不上族际间的交流。这样，就奠定了阿尔泰语系、印欧语系、汉藏语系并列的多元语言文字格局。

新疆文化是近代以后形成的多民族文化，维吾尔、汉、哈萨克、回、柯尔克孜蒙古、塔吉克、锡伯、满、乌孜别克、俄罗斯、达斡尔、塔塔尔等民族的文化是这个时期新疆民族文化的主要文化形态。新疆文化同历史上的西域诸多部族和区域性文化一样，是一种多元交融的文化。这些文化类型由于生产生活方式的千差万别，文化也多彩纷呈。新疆近代的绿洲农耕文化和草原游牧文化同古代西域文化一样，是近代以后的主要文化类型。而随着郡县制的确立，屯垦文化逐渐走向颓势，而以内地移民为主的移民文化盛行起来。这样，在原有南部绿洲维吾尔农耕文化外，随着绿洲农耕区的东移和北移，汉族、回族、满族、锡伯族、达斡尔族等成了绿洲农耕文化的新的成员。而哈萨克族、柯尔克孜族、蒙古族、塔吉克族等仍然是主要的游牧民族，他们的文化属于草原游牧文化类型。

与近代绿洲农耕文化和草原游牧文化相并列的是城市文化。新疆的近代城市文化形成三足鼎立的局面，以乌鲁木齐为中心的省会城市文化和南疆的喀什、北疆的宁远（今伊宁市）分别代表了不同区域的城市文化类型。

乌鲁木齐自1884年成为新疆的省会后，一直是一座多民族聚居的边城，其文化具有浓厚的多元色彩，各民族的传统文化在此有着深厚的根基，但同时，随着近代西方势力的扩张，其文化也凸显出中西文化杂糅的非有机组合的特征。一方面，内地汉、回文化，南部绿洲维吾尔文化，北部草原哈萨克文化交相辉映，佛寺、道观、清真寺错列其间，汉族的社火、回族的花儿、维吾尔族的歌舞、哈萨克族的赛马等文化活动汇聚于此，各民族的饮食文化也相互影响和吸收，展示着多元文化的风采；另一方面，俄罗斯、塔塔尔、乌孜别克等外境民族的入居，俄商八大洋行商铺、东正教堂、天主教堂、西式洋房布列在津商商铺、汉式四合院、维吾尔式平顶房之间，就连西服、布拉吉、面包等西式服装和餐饮也随之出现在省会中，西方文化进入了乌鲁木齐这座多民族聚居城市的文化中，也出现在传统的维吾尔族聚居的喀什和清代屯垦形成的宁远，这是沙俄等西方殖民者进行政治、经济和文化渗透的结果，是一种强势文化的强行楔入，远非丝绸之路上东西方文化的平等交流和互补。喀什本来是传统的维吾尔族聚集的新疆南部城市，以浓郁的维吾尔传统文化著称，但近代，西方列强的殖民扩张，正在悄然改变着它本来的文化面貌。喀什在清代分为回城和汉城，前者在疏附，后者在疏勒。回城是维吾尔人的聚居区，传统的维吾尔民居、巴扎和清真寺构成了独特的城市景观，它具有浓郁的维吾尔风情；而汉城是清政府官署及汉族居民的所在地，汉文化颇为流行。但是自清后期开始，清政府与西方列强签订一系列不平等条约后，西式建筑，如领事馆、天主教堂、商号混杂在维吾尔族传统建筑之中，西方的商品、基督教信仰也出现在新疆南部重镇喀什。宁远的情况也大致如此，由于与沙俄毗邻，所以在传统汉式城市中，俄式建筑也开始星罗棋布，特别是北关一带更是俄商猬集，俄国领事馆、东正教堂都分布于此，成了俄国侨民的聚集地。到了清末，这些城市中中西文化对峙的现象越来越明显。

新疆近代文化从总体上讲，仍然是以传统的绿洲农耕文化和草原游牧文化为基本文化类型。由于这个时期近代民族形成，新疆各民族文化区域分布出现大聚居、小杂居的局面，语言文字多样化、宗教信仰多元化的倾向越来越明显。虽然对外商业贸易和文化交流已不似丝绸之路开通后那么繁盛，文化也由古代西域时期的平等文化交流，演变成了西方文化的强势介入，但是它改变不了两千多年来新疆文化发展的根基和基本面貌。

由于新疆处在丝绸之路的中端，新疆文化呈现出多元交融的基本特征，因此它是一种多源发生、多维发展的复合型中国地域文化之一。

我们对两千多年来新疆文化的基本特征可以作如下概括：

其一，新疆文化，特别是古代西域文化具有开放性特征。西域处于东西方交汇处，西域文化的丰富和发展受惠于东西方文化在西域的汇流。东西方文化得以在西域不期而遇，是由西域的地缘优势决定的。西域地处亚洲腹地，在历史上就是东西方经济、文化交流的孔道，中国的黄河流域文化、长江流域文化，以及印度文化、波斯文化、古希腊和古罗马文化、阿拉伯文化都在此发生碰撞、融合。东西方文化在西域交汇，草原与绿洲丝绸之路起了决定性作用。起初是以中国丝绸贸易为大宗的丝绸之路又成了一条文化交流之路，驼队商旅穿越戈壁沙漠，穿行于绿洲草原，跨越崇山峻岭，播下了东西方文化的种子，特别是原先相对封闭、隔绝的绿洲城郭国，被丝绸之路似串珠之线连接起来，人流、物流启动的文化流成了绿洲最具影响力的文化景观。中原文化、印度佛教文化、波斯文化、兼具东方艺术和古希腊艺术风格的犍陀罗艺术都涌进西域，提升着古代新疆文化的品位。当然，古代西域文化并非被动接受来自东西方的文化，而是在选择中主动吸纳，通过化解，内化为具有地域和民族特色的一个文化单元。可以这样说，如果没有丝绸之路，就没有西域文化的勃兴，如果没有东西方文化的交汇，也就没有西域文化品位的提升，但其前提是西域文化具备广纳东西方文化的开放心态。之后，如果西域文化没有开放的心态，而是自我封闭，那么就不可能有古代灿烂的西域文化，也不可能整合出带有鲜明地域特色和民族特色的文化。

尽管人们对于丝绸之路赋予更多的贸易互通的含义，如瓷器之路、玉石之路、香料之路等，但丝绸之路也的确是一条文化交流之路。即便如丝绸、瓷器、玉石、香料等物质产品也有文化蕴涵，它们对一地或一民族的生活方式和风俗时尚都产生了深远的影响，更遑论在诸如宗教信仰、文学艺术、语言文字等领域的深刻影响。有学者在概括丝绸之路的特征时认为："它把伊朗、印度和中国的文明结合成一体，而自己本身不是一个单一的文化区，在这里，我们不仅可以感受到上述三种文明的影响，而且正如生活在中亚大草原和半沙漠地带的游牧民族文化一样，沿着丝绸之路的那些绿洲，也构成了这个地区的特色。"⑩当然，把东西方文明融为一体的还有古希腊罗马文化和阿拉伯文化。这可以说是古代西域文化的基本特征。

其二，无论是西域文化，还是近代新疆文化都有强烈的地域性和民族性特征。古代的西域文化和近代以后的新疆文化都在与各种文化冲突和融合中整合出带有鲜明地域特色和民族特色的文化。文化整合是指不同文化相互吸收、融合、调和而趋向一体化的过程。有些人认为西域文化充其量是一种杂交文化，谈不上文化整合，这有失偏颇。其实杂交也是一种文化整合，正如苹果树和梨树嫁接后，其果实已不再是苹果或梨，而变成了苹果梨或梨苹果一样。西域文化凭借其地缘优势，对东西方文化不仅有排他性，也有融合性。各种异质文化在西域交汇时，文化之间必然相互吸收、融合、涵化，发生内容和形式上的变化，逐渐整合为一种新的文化。即使是新疆文化中的绿洲农耕文化、草原游牧文化和屯垦文化之间也在不断进行整合，正是由于这种文化整合，才生成了具有旺盛生命力的整合体——古代西域文化和近代以后的新疆文化。古代的绿洲城郭国的农耕文化、诸多草原部族的游牧文化、近代以后的各区域性的文化、各民族文化都具有鲜明的地域特色和民族特色。

当然，新疆文化的整合并非简单的机械组合，而是有机的融合。以佛教文化为例，西域佛教是由印度传入的，又经西域传入中原地区。

在传播过程中，塔里木盆地南北缘的居民根据不同的价值取向和目标趋向，衍生出具有地域特色的于阗佛教、龟兹佛教等，一个属大乘，一个属小乘。而传入中原的佛教又与中国的儒、道文化结合，形成汉传佛教，西域佛教不仅吸收了印度佛教和汉传佛教的精华，也融合进了藏传佛教的内容。西域佛教在与这三地佛教文化相互吸收、融合中产生出一种新的佛教文化。如果从历时性态看，新疆文化在它的前后期都出现了文化整合，隋唐时期的西域文化是整合两汉魏晋时期文化的结果，而宋元明清时期文化又是整合了隋唐文化的结果。从共时性态观照，藏汉语系、印欧语系和阿尔泰语系诸民族之间的文化都发生过融合，这也是各种不同文化由文化冲突走向一体化的过程。事实证明，一种文化愈是整合了不同的文化特质，就愈加丰富和有生命力，而一种文化愈丰富，愈有生命力，它的文化整合能力就愈强。

其三，新疆文化呈现出包容性特征。由于新疆各民族文化有很强的包容性，所以新疆文化显出一种族际文化共享的现象。族际文化共享是指两个或多个民族共同拥有一种文化的现象。由于各民族文化的交织、融合，使族际之间出现你中有我、我中有你的文化总体共享。这种族际文化共享，一是由经济互补带来的，二是制度文化整合的结果，三是精神文化的交融导致的。以往认为游牧民族和农耕民族在经济上只是掠夺和被掠夺的关系，现在看来其实未必，应该是经济上的互补关系，这种经济互补带来了族际文化共享。譬如，汉民族的丝绸受游牧民族普遍欢迎，而游牧民族的毛皮服饰亦为汉民族青睐，由此带来了各民族服饰新的时尚。自汉唐以来，中原汉民族的先进生产工具、技术、工艺引入西域，同时西域物种输到中原地区，在物质文化上呈现族际文化共享的新局面。就政治制度而言，中原地区的郡县制早在汉代统一西域后就开始推行，同时在中央统一管理下，保留了西域特色的职官制度。唐代在唐军中还普遍实行突厥府兵制，这也应视为政治—军事制度文化族际共享的产物。说到精神文化的族际共享莫过于西域乐舞了。龟兹乐、疏勒乐、高昌乐等在隋唐时期不仅入七部乐、九部乐、十部乐，还远播至我国西南地区，甚至传到日本、朝鲜等国。就唐代来说，龟兹乐等西域乐舞起码形成中原汉民族、西域各民族、云南一些民族共同享用的新局面。文化包容是一种文化互融互渗的族际文化共享现象，正是由于在不同的文化方面与不同民族的交叉，造成更广泛、更复杂、更深入的文化交融关系，这种文化交融决定西域各民族和其他地域民族文化之间是一种族际共享关系。这种族际文化共享现象到了近代以后还在以强劲的势头发展，不过是随着时代的变迁，族际文化共享被赋予了新的内涵。

其四，西域文化具有文化回授特征。西域文化正是在这种文化回授中得以繁盛和发展。所谓文化回授是指文化的传播都不是单向的，而是在双向交流和交融，即文化上出现了循环往复的现象。古代新疆文化与东西方文化关系是一种文化上的回授关系，也就是说，古代西域文化在吸纳东西方文化后，也往往将自己的文化回授给了东西方文化，同样，东西方文化在接受西域文化后，又将自己的文化回授给了西域文化。特别是在丝绸之路上，各种文化都在进行互为边缘的尝试，西传、东渐、播布、回授，往返来复十分频繁。当然，任何一种文化在双向交流中都不会是原来的模样，回授本身就意味着变形、整合。仍以佛教文化为例，印度佛教传入西域后，又传入中原地区，而在传入西域和中原后又融合西域和中原本土文化，演变成西域佛教文化和中原汉传佛教文化。汉传佛教已非原来的印度佛教，亦非西域佛教，而是融进了儒家文化和中国传统的道教文化，变成了儒、释、道合一的汉传佛教文化。如汉传佛教中的符咒治病、三魂七魄，司命以及青龙、白虎、朱雀、玄武诸神，都是吸收道教的结果，为印度佛教、西域佛教所没有。但是在盛唐时汉传佛教又回授到西域，西域各地建有汉寺，在雕

图绪-6　6—9 世纪以后柏孜克里克佛教石窟　刘玉生摄

塑、壁画、寺窟形制等方面都受汉风影响，而且影响久远。9 世纪以后的西州回鹘佛教壁画中就出现了汉式的藻井画，一些供养人像也是唐代的丰肥型。对于回鹘佛教文化与汉传佛教文化的关系，回鹘西迁后在高昌和龟兹修建和改造的石窟，实际是唐代汉风洞窟的继续和发展。这与唐代汉传佛教文化回授到西域不无关系。当然，这种文化回授已非原来的文化模式，回鹘人在接受中已有所变形，变成了有地域和民族特色的回鹘佛教文化。可以说，文化回授是文化交流与传播中的普遍现象。

第四节　文化遗产的传承与保护

新疆文化遗产的基本类型与特征　新疆文化遗产的传承、保护与社会发展

新疆既有丰富的物质文化遗产，又有深厚的非物质文化遗产。按其类型，新疆的物质文化遗产主要包括不可移动遗址和可移动文物遗存两大类。不可移动遗址有以交河故城、高昌故城、楼兰古城等为代表的古城遗址；以克孜尔石窟、柏孜克里克石窟、库木吐喇石窟等为代表的佛教石窟、佛寺遗址；以察吾乎沟、焉不拉克、小河墓地、洋海墓地等为代表的古墓葬遗址；以克孜尔尕哈烽燧、吐蕃戍堡等为代表的烽燧、戍堡、卡伦遗址；天山、阿尔泰、昆仑山的岩画遗址等。这些古代遗址，许多都列为国家和自治区文物保护单位。可移动文物，按其种类可以分为：石器类、陶器类、铜器（金银器）类、编织类、绘画类、古尸类、文书类、木器类、石雕类、泥塑类、玉器类等。在这些可移动文物中，许多是新疆独有的，其中如古代干尸、丝绸织品、多种文字的文书，也只有在新疆这种干燥的环境中才能较好地保存下来。这些文物涵盖了新疆文化的各个历史时期，从史前的石器时代，历经青铜时代、早期铁器时代，到有史以来的各个时期。文物的分布从农耕绿洲，到草原地带，甚至到海拔四五千米的高原和戈壁沙漠。在新疆发现的古尸，既有印欧人种和蒙古人种，又有他们的中间型，以及混合型。丝绸织品在新疆特殊的干燥环境中，出土时依旧如新。楼兰遗址、尼雅遗址、营盘墓地、

阿斯塔那古墓等都出土有自汉代、魏晋南北朝到隋唐时期的丝绸织品。这些丝织品包括汉到魏晋时期的锦、绮、罗、绢、缣，以及唐代的锦、绮、绢、绫、绝、染缬等，其种类不下二十余种。1980年，在楼兰古城城郊遗址就出土汉锦53件，织锦上有吉祥文字、祥禽瑞兽图案。这些丝绸织品的文字和图案代表了当时人们祈福求吉的社会心理，是一种时代文化现象。就出土文书而言，还没有一个省区如新疆那样文种多，时间跨度长，保存完好。其中，不仅有汉文文书，还有大量的塞文、佉卢文、吐火罗文、粟特文、突厥文、吐蕃文、回鹘文、蒙古文等文书。这些遗址和文物奠定了新疆物质文化积淀深厚的文化大区的根基。这些文化遗产虽然已经成为凝固的历史，但是它仍然在对活态的非物质文化产生着或隐或现的影响。

新疆的非物质文化遗产呈现出多民族、多区域的多元复合型特征。新疆各民族都有自己丰富的非物质文化遗产。联合国教科文组织《保护非物质文化遗产公约》中五大类型非物质文化遗产类型——口头传统和表现形式；表演艺术；社会实践、礼仪、节庆活动；有关自然界和宇宙的知识和实践；传统手工艺新疆全都具备。新疆自古形成南北不同的自然生态环境，其生产生活方式也就有了南耕北牧的特征，南部的绿洲农耕文化和北部的草原游牧文化是新疆文化的基本类型，其非物质文化也呈现出南北不同的特色。即使是农耕绿洲的非物质文化，也多具区域性特征，喀什、和田、阿克苏、吐鲁番地区同属维吾尔族的非物质文化，

但明显出现了区域性差异。这种多民族性、多区域性、多种类性的差异铸就了新疆非物质文化的多重品格。新疆的非物质文化遗产申报已经开启了一个保护、传承新疆非物质文化遗产的新局面，即形成列入世界、国家和自治区的三级非物质文化遗产名录格局。其中列入联合国教科文组织非物质文

图绪-7 《玛纳斯》演唱场面 据《新疆文化艺术集锦》

化遗产代表作名录的是三项，以《新疆维吾尔木卡姆》、《玛纳斯》、《蒙古族长调》为代表；列入国家级的非物质文化遗产名录 68 项；自治区级的 187 项，还有列入地区和县一级的众多非物质文化名录。形成横看成岭侧成峰的立体文化景观。

非物质文化遗产是创造这些文化的新疆各民族文化的有机组成部分，而且如同他们的衣食住行一样，每天都须臾不能离开。来自民间的非物质文化是各民族群众生活的一部分，木卡姆、麦西莱甫、阿肯弹唱、长调民歌、桑皮纸制作、土陶制作、擀毡工艺、英雄史诗、萨满跳神、驯鹰猎鹰等等，都和人们的生活息息相关。

按照联合国教科文组织公布的非物质文化五大类型，首先要确认新疆非物质文化遗产的各个类型是否具有独特性、活态性、传承性、流变性、原始性。所谓独特性是指这种非物质文化遗产具有民族性和地域性的特点。新疆南北不同风，区域性和民族性特色十分明显。南部的绿洲农耕区，由于维吾尔等民族主要从事农业生产，其非物质文化也是典型的农耕文化的产物，具有浓郁的绿洲农耕文化的特色，像木卡姆艺术、麦西莱甫、阿凡提笑话、花帽工艺、地毯工艺等都形成区域性差异。而北疆大多属于草原地带，因此哈萨克、蒙古等民族的阿肯弹唱、长调民歌、擀毡工艺、毡房搭建工艺都是草原游牧民族所特有的文化形式。即使是同一个民族的非物质文化遗产也呈现出不同地域的特色。所谓活态性是指新疆的这些非物质文化大多都是以鲜活的民间文化形态存在着，而没有完全消失。木卡姆照唱，麦西莱甫照跳，土陶照样在制作，英雄史诗照样在吟唱。传承性是指非物质文化传承有序，一种工艺或艺术是经过几代传承人传承下来的，传承关系清晰，传承项目明确。在新疆，许多非物质文化遗产都是父子相袭、师徒相传才得以流传下来的，父传子，师授徒，这是所有非物质文化传承必须遵守的铁律，也是传承有序的标志。流变性包含两重含义：一是，随着时代的变迁，非物质文化遗产也处在变动不居之中；二是，许多非物质文化形成多种变体。新疆各民族的民歌在时代变迁中，无论是歌词，还是曲调都发生了适应时代的变化。而新疆的英雄史诗《江格尔》、《玛纳斯》因说唱艺人、地域、时代等差异，形成许多变体。流变性极大地丰富和发展了新疆非物质文化，使其更加成熟和丰富多彩。原始性是指真正的非物质文化遗产都是原生态的，具有原创性。在刀郎木卡姆、喀什土陶、土尔扈特蒙古长调、和田桑皮纸、穆斯莱斯葡萄酒酿制、苏尔吹奏等文化遗产中，还多少能够领略到它们的原生态性和原创性。

图绪-8 刀郎木卡姆演唱场面 王德钧摄

由于自然环境、生产生活方式等多方面的差异，各民族都有独具特色的民间文化资源。从民间物质文化到非物质文化，这是一个庞大的认知体系。处于民间文化表层的物质文化在文明演进过程中形成不同门类，如生产交通工具类、民居宗教建筑类、服饰类、生活器皿类（金银器、铜器、木器、陶器、玉器、骨器、石器等）、宗教信物及丧葬用具类、工艺织物类、民间乐器类、饮食文化类等等。而各民族的非物质文化遗产因地域、生活生产方式、风俗习惯、宗教信仰和审美旨趣不同而千姿百态。民间文化的中层是制度文化，它由族谱、系谱、家谱及乡规民约、习惯法、成人仪式、婚丧节庆等各种仪式构成。民间文化的深层是观念形态文化，包括民间文学与艺术、宗教信仰、价值取向、审美情趣、思维方式、文化典籍、语言文字等。新疆各民族的民间文化是新疆文化长廊中最具光彩的部分。新疆非物质文化的传承与保护主要指各民族的民间文化。在西域，大量的艺术形式是以民间艺术的形式出现的，它包括民间的歌曲、舞蹈、史诗、念说、笑话，以及民间刺绣、雕刻、绘画等等，它们同样是充满审美情感的"有意味的形式"。

民间文化是一个庞大的认知体系，特别是一方地域的本土文化是一种特有的文化系统，包括这一地域的所有文化的层面。这种地方性知识具有惟一性特征，它是一种独特品位、独具魅力、独有内涵的文化。这种文化的魅力不仅是显性的，如建筑、服饰、饮食、器物等；更多的是隐性的，如言谈举止、待人接物、生活趣味、价值判断、审美情感等。

我们对诸如喀什高台民居和鄯善吐峪沟麻扎村古老的民居审美情感体验
完全判然有别：高台民居是丝绸之路重镇中的一方净土，必须仰视；而
吐峪沟麻扎村则是阡陌乡间的一块圣地，必须贴近。那充满历史沧桑感
的土墙、低矮的门洞、镂空的窗棂、古朴的木桌、厚重的箱柜，使人进
入一种物我化一的境界。这或许就是在历史与现实中交替出现的不同审
美情感体验。西域文化给了我们这样的机遇。

　　文化遗产传承与保护是一个社会系统工程，应该纳入社会发展体
系。如果一个社会只是发展了经济，而文化不能得到全面提升，这就不
是一个完整的、全面发展的社会。我们在制定社会发展规划时，一定要
将文化发展列入其中，文化设施建设、文化事业勃兴、文化产业发展都
应该将文化遗产传承与保护纳入其中。

【注释】

① 张川：《论新疆史前考古的发展阶段》，《西域研究》1997 年第 3 期。

② ［唐］玄奘、辩机原著，季羡林等校注：《大唐西域记校注》，中华书局，1995 年，
　 第 54 页。

③ 《库车县志》编纂委员会编：《库车县志》，新疆大学出版社，1993 年，第 84 页。

④ ［德］利普斯著，汪宁生译：《事物的起源》，敦煌文艺出版社，2000 年，第 97 页。

⑤ 《汉书》卷九六《西域传》，中华书局，1962 年，第 3911 页。

⑥ 苗普生、田卫疆主编：《新疆史纲》，新疆人民出版社，2004 年，第 205 页。

⑦ 苗普生、田卫疆主编：《新疆史纲》，新疆人民出版社，2004 年，第 38 页。

⑧ 《汉书》卷九六《西域传》，中华书局，1962 年，第 3871 页。

⑨ 钟兴麒等校注：《西域图志校注》，新疆人民出版社，2002 年，第 61 页。

⑩ ［德］克林凯特著，赵崇民译：《丝绸古道上的文化》，新疆美术摄影出版社，1994
　 年，第 1 页。

上编

第一章

史前文化：远古的记忆

　　距今数万年前的旧石器时代晚期，新疆这块辽阔而神秘的土地上就有人类生活繁衍，人们过着采集和狩猎生活。距今一万年后，欧亚许多地区进入了新石器时代，而新疆的新石器文化仍是正在探索中的问题。距今 4000 年或更早的时候，新疆进入青铜时代，农业和畜牧业有了很大发展。直到距今 3000 年以后，新疆进入早期铁器时代，这一时期，南北疆因生态环境差异，逐渐形成北疆草原以游牧为主，南疆绿洲多为农牧混合的经济格局。由青铜到早期铁器时代，新疆史前文化逐渐呈现出多方融合的趋势。自史前时代开始，东西文化在此荟萃，不同人种集团频繁接触，不同族群融合，文化斑斓多姿独具异彩，这是新疆史前文化的基本特征。

第一节　史前生态与文化脉络

史前自然生态　史前人类活动与文化演变　史前东西文化荟萃之地

　　据地质学家研究，在 3—5 亿年以前，新疆原是一片汪洋大海，只有准噶尔和塔里木像两个孤岛，露出海面。自约 3 亿年前的造山运动，使天山、阿尔泰山、昆仑山逐渐上升，原来的陆地降为盆地，此后新疆地区，经过漫长地质构造运动，定格为"三山夹二盆"的基本地貌格局。在三大山系的内部，镶嵌着若干大小不等、高低悬殊的山间盆地，以及横穿山系的沟谷，地貌呈现出山系交错相连，河沟与盆地相间的景观。从高山到盆地，地势呈环形带状分布。山系顶部多为现代冰川、古冰川地貌，山坡系流水切割地貌，山前为低山及丘陵地貌，山麓为冲积扇及冲积平原，盆地中部系固定沙丘或流动沙漠。

自古至今，新疆居民主要生存在依山系发育的草原和绿洲上。新疆的绿洲多形成于晚更新世，此后沿山前地带不断有新的土层堆积，形成分散的小块绿洲。在干旱区荒漠的环境下，新疆的绿洲主要依赖稳定的冰山融水供给，提供了从事农牧业的条件，形成了世界罕见的人类聚集繁衍的非地带性生态景观。在这样的环境下发展起来的草原文化、绿洲文化通常较其他地区更为脆弱，在面临不可抗拒的自然灾难如环境巨变等，或受到强势外力冲击时，很快会消逝在广漠的戈壁沙漠，导致新疆文化在传承与发展中具有脆弱性的特点。文化在快速发展过程中突然毁灭的事例，在新疆史前时期到有史时期都可以找到典型例证，史前时期如伊犁河流域穷科克下层文化向穷科克上层文化的急速转变，有史时期如楼兰国文化的兴衰等等。

受地理环境制约，新疆史前文化有着自己独特的发展与演变轨迹。在数万年前的旧石器时代晚期，新疆就有人类居住。旧石器时代生产力落后，石器制作粗放，器类简单，南北两疆发现的石器在制作技术和器物类型方面共性突出。目前为止，新疆仍未发现典型的新石器文化遗存。新疆是否存在新石器文化，还是一个争论中的问题。公元前 3000 年末到公元前 2000 年的前半叶，新疆各地先后进入青铜时代。由于受来自不同方向、程度不同的外来文化影响，以及其他因素的制约，天山、阿尔泰山和昆仑山系的青铜时代文化分别经历不同的发展道路。这一时期新疆的农牧经济得到很大发展。公元前 1000 年前后开始，新疆陆续进入早期铁器时代，三大山系间的文化差异依然延续着。但是，至少从青铜时代晚期开始，由于游牧生产方式产生和发展，在欧亚北方草原上形成了游牧为主的生产经济，骑马的游牧民族在欧亚草原上东西驰骋，频繁南下，促进了绿洲和草原间的文化交流。游牧文化因素快速在天山南北传播，这一时期，南北疆发现的史前遗存，明显反映出文化趋同的现象。天山南北几乎同时开始流行的山地动物岩画，墓葬和遗址中常见马具、武器，各种器物的装饰文化中流行动物纹样等，都是游牧生产发展的最好例证。

天山、阿尔泰山和昆仑山系的内部，多是纵横交错的盆地、河谷和山沟。在山系内部，以山间盆地为中心，构成了相对封闭的地理单元，如天山山系中的哈密盆地、吐鲁番盆地、罗布淖尔三角洲，焉耆盆地、伊犁河谷、裕尔都斯盆地。这些小的盆地通过河谷、山沟串连起来，文化上相互独立又密切联系。从史前文化发展看，新疆阿尔泰山、天山、昆仑山分别构成不同的文化区系，各区系内部存在相互区别、互相联系与影响的考古文化，显示出错综复杂的关系。

新疆地区自古以来都是东西方文化荟萃之地。新疆以西的西亚两河流域、地中海地区，以南的印度河和恒河流域，以东的黄河流域，这些区域都是世界最古老文明的发祥地。东西方文化在新疆不断地发生碰撞、交汇、融合与创新，然后以新的文化面貌向外传播。文化的交流背后揭示的是不同人群的互动，很早就形成的印欧人种和蒙古人种，在东西文化交流过程中，在位于内陆欧亚腹心区域的新疆频繁接触，最终形成了界于欧亚两大人种集团之间的过渡类型——中亚人种类型。

横亘在新疆中部东西向延伸的天山山系，像插入中亚沙漠戈壁间的半岛，在连接周边文化方面的作用尤其突出。古代东西方文化在天山南北汇聚、接触、交融，其后又将这些文化传入更远的地方。

天山以西连接着中亚、西亚、南亚乃至欧洲，生活在这里的人类最早学会了种植大麦、小麦的农业技术，掌握着冶炼和铸造青铜的技术，并掌握了黄金、铅、锡等有色金属制品的制作技术，他们会使用土坯、陶砖等建筑材料进行城池建设，上层宗教人士或世俗统治者，手里握有象征权力和法力的权杖，后来他们又最早学习了冶铁和制铁技术。西方人群的这些发明与创造，随着历史脚步不断地由西向东传播，并通过新疆深入到东方文明的腹心地区。

最早兴起于黄河流域的彩陶文化，从公元前 5000 年前后就开始了它的西渐历程，其后，传入西域的时候，就出现在天山地区，并沿着天山向西流布，形成了史前彩陶之路。中原黄河流域的古代居民最早培育了粟类农作物，在向周边传播的过程中，也随着史前彩陶之路向西传入新疆。

天山山系的北部连接着辽阔的欧亚森林草原，这里是游牧文化发祥地之一，人类最早的骑马术就在这一地区发生，并最终确定了游牧经济方式。游牧文化因素由北向南传播，进入包括环塔里木盆地在内的中亚南部绿洲区，对这里的文化产生深刻影响，同时改变了中亚南部的历史进程，以致引发了中亚南部史前文化重构过程。另外，南亚次大陆印度西北部史前文化的一些文化因素，则翻越昆仑山和帕米尔高原，进入塔里木盆地，参与到当地史前文化的形成过程，尤其在塔里木盆地的南缘表现得更为突出。

第二节　石器时代文化探疑

石器时代文化探索　交河旧石器文化的基本特征　细石器的文化性质　新石器文化之惑　石器时代东西文化的交流

旧石器是人类最早使用并留存下来的工具，大概在距今三百万年前后，人类就学会了用打制的方法制作简单的石器，这一石器工业技术一直延续到约距今一万年前后。所以，人类长达数百万年的史前历史，旧石器时代占去绝大部分。新疆人类最早使用的工具是否存在旧石器，直至 20 世纪结束前，人们对这一问题的认识仍比较模糊。

考古学家对交河城沟西台地旧石器遗存材料进行了较为细致的整理。在交河沟西台地上共采集石器 600 余件。此外在台地西侧的伊什郭勒沟东岸晚更新世地层的剖面上还出土 1 件手镐和 1 件打制石片，这两件标本据说出自距剖面顶部约 10 米的地层中。交河发现的石器属于性质不同的文化遗存：一类是被称为石叶刮器为代表的石器工业遗存；另一类是以细石器为代表的文化遗存。石器标本中归于前一类文化遗存的共计 580 件，年代为旧石器时代晚期，距今已经有二三万年的历史。石器中有大量的石片、石叶、成型的石器和石核。除交河旧石器以外，乌鲁

图上 1-1　交河故城沟西台地发现的旧石器　刘玉生摄

木齐南柴窝堡湖岸、鄯善七个台等一些石器地点采集的石器标本中，也发现不少打制石，均属于旧石器时代晚期的文化遗存。

　　距今二三万年的旧石器时代晚期，人类石器制作技术发生了明显进步，人们学会了以间接打制的方法制作细小的石器，并学习制作复合工具，世界上不少地方都发现这类细小石器，多称其为细石器。多年来，全疆共发现有四十几处细石器遗址点，其中比较重要的有哈密七角井、乌鲁木齐的柴窝堡、尉犁县的辛格尔绿洲和罗布诺尔一带、疏附县的乌帕尔一带等。这些地点的细石器主要有细石叶、尖状器、刮削器、石镞等，其中的一些细石叶、石镞加工十分精细，显示当时石器制造技术已达到相当高的水平。但是，就新疆细石器遗存的文化性质，考古学家们的观点还不尽相同。多数学者认为这些细石器制作的年代，应在公元前一万年后到数千年前，而这一阶段正是欧亚东西部新石器文化发展和成熟的时期，这时期的人们更为广泛地使用细石器。一些学者从而将新疆发现的细石器划入新石器文化范畴，认为细石器是新疆新石器文化的主体成分。从世界考古来看，由中石器时代转入新石器时代是人类历史上的一次产业革命，尤其是在距今一万年前后，在欧亚大陆的大河流域，人类几乎同时地学会了种植农作物和畜牧，从而决定了人类历史前进的方向，加快了人类历史前进的步伐。典型的新石器文化以农业和畜牧业的生产经济为主，开始形成相对固定并结群而居的村落，出现比较固定的墓地。人们广泛使用陶器，并在陶器器表绘出复杂图案，整个社会的精神生活渐趋复杂。通过观察发现，新疆各地的细石器遗址上几乎很少见陶器，更没有居住堆积的形成，也未见属于这一时期的公共墓地。所以，新疆的细石器文化与前述的新石器文化存在质的区别，这时期的人们依旧从事由旧石器时代晚期延续来的采集和狩猎生产，尚没有跨入到生产经济时代。世界史前考古研究证明，不同地区的不同文化，在发展过程中受制于当地的自然和历史文化环境，有着自己独特的发展道路。人类文化的发展存在共性，但没有固定和统一的模式，这一文化发展特征在史前时期的表现尤其明显。受历史和自然环境因素制约，新疆地区典型的新石器文化并没有得到充分发展。新疆发现的细石器，从文化属性上判断，依旧属于中石器时代。目前考古发现与研究表明，新疆史前文化的发展有自己的特殊性，中石器在新疆延续了很长时间，新石器却只是昙花一现，之后便全面进入青铜时代。

生活在欧亚大陆的人类，早在石器时代就有了接触。早在 20 世纪 20 年代，发掘宁夏水洞沟旧石器遗址的时候，考古学者通过辨识发现这里的石器具有同时代欧洲石器文化的特征，特别是发现了一种明显属于欧洲莫斯特文化的石器打制技术——"勒瓦娄哇石核"。新疆旧石器晚期文化遗存中"勒瓦娄哇"石核和用这种石核打制的石片多有发现，由此可见数万年前的旧石器时代源于欧洲维塞涅河畔的石片制作技术，传播至包括新疆在内的中国西北地区，成为这里旧石器晚期文化的重要构成因素。在包括新疆在内的中国西北地区发现的"勒瓦娄哇石核"，将史前东西文化交流的上限推至数万年前。学术界一般认为，中国北方的蒙古高原、东北和华北，远及北美，存在一个非几何形细石器传统，新疆地区的细石器大多被认为属于这个传统。与之平行，在以西亚为中心的地区则存在一个几何形细石器传统，中亚和阿富汗的细石器基本属于这一传统。这两类细石器传统似乎在新疆帕米尔高原相结合。到了细石器文化发展阶段，在新疆地区已经有了东西文化融汇的趋势。

第三节　厚重的青铜时代文化

青铜时代文化遗存　定居农业经济的发展　两大陶器系统　青铜器
技术的传播　印欧人种和蒙古人种的交汇融合

公元前 3000 年，新疆个别地区出现了青铜器，在公元前 3000 年
末，天山东部盆地突然兴起了发达的青铜文化，此后各地陆续进入青铜
时代。至公元前 1000 年初前后，新疆一些地区开始出现铁器，青铜时代
逐渐结束。公元前 3000 年末，生活在新疆天山东部的哈密盆地，包括巴
里坤草原的部分地区的古代居民，就已经广泛地使用青铜器，并有发达
的陶器烧造技术。他们创造的文化可称为林雅文化①。林雅文化在公元前
2000 年前半叶达到鼎盛，前 2000 年中叶渐渐衰退。

哈密市的天山北路墓地为该文化的典型遗存。墓地位于哈密市火
车站南，这一处墓地的规模很大，计有墓葬上千座，发掘近 700 座。墓
地的墓葬密集排列，墓葬间常有打破或叠压关系。墓穴为长方形竖穴土
坑，墓室多用土坯围砌狭小墓室，仅容 1 人。墓内的死者葬式多为侧身
屈肢葬式，且肢体倦屈较甚，有的呈抱膝状。安葬时按男女性别，头向
互异。随葬品主要有陶器、铜器、骨器、石器等。其中的陶器等生活用
具，一般放在死者的头端，而死者生前使用的工具和装饰品等，则放在
死者生前佩带的位置。林雅文化的陶器，多夹砂红陶，其次为夹砂灰
陶，质地细腻。陶器均手制，器型多为双耳器，常见的器类有罐、钵、
杯、壶等，其中特征突出的有双耳鼓腹陶罐、单耳杯等。双耳鼓腹陶罐
多为彩陶，一般用黑、紫红色彩绘出三角、折线、圭形纹、"之"字、
叶脉、草丛及人形纹等。一件双耳罐对称的双耳上，分别绘出男女人
形，简略抽象，头部插有羽毛，双手呈枝杈状，或可认为表现的是麦
穗，如是，这对男女可能是原始宗教中祈求农业丰产的一对农神，也可
称为麦神，表明当时人们已学会种植麦子。天山北麓墓地发现数以千计
的铜器，铜器制造是当时最重要的手工业，他们制作铜器的技术极其高
超，在当时的中亚西部和东亚都处于领先水平。这里的铜器主要为装
饰品，工具和武器较少。装饰品以牌饰最多，其中常见的有圆形和方

图上1-2　天山北路墓地出土青铜时代双耳彩陶罐　刘玉生摄

形牌饰，不少牌饰还用线描或以镂孔的技法，铸出各种纹样。此外还有大量的铜管、铜串珠、手镯、耳环、扣、铜铃等，这些铜器除作为装饰品外不少还充当原始宗教的巫具。铜制工具中常见的是小铜刀，小铜刀有环首和直柄之分，其次有少量的剑、锛、镰、斧等。铜器的加工方法有铸造、铸造后冷加工、热锻、热锻后冷加工等。

天山北路墓地发现的数百件牌饰中，以圆形牌饰最为常见，这些圆形牌饰的直径以4—6厘米者为多，其中直径大者称为铜镜，小者称为镜形饰。目前在中国早期青铜时代的考古文化中，天山北路墓地发现的铜镜不仅时代早，而且数量多。这些发现表明，中国早期铜镜很可能最早由哈密盆地发展起来，然后向周边传播，中原地区的早期铜镜也是由西域传入。天山北路的发现还表明，中国早期铜镜和其他很多牌饰一样，是早期宗教用具，是原始萨满进行巫术仪式活动中施法的巫具。真正用来照面饰容的铜镜，迟到战国晚期，最早在长江流域的楚地兴起，后经中国北方流入西域。

林雅文化由来源不同的文化因素构成。首先，这里的陶器可以分为两组，两组陶器不仅形态上有明显区别，装饰风格也完全不同，有着不同的文化渊源。第一组陶器以双耳鼓腹陶罐为代表，陶器表绘有复杂的几何图案。这一组陶器，无论是从制法、器型，还是从施彩方式、图案结构等看，明显受到河西马厂、四坝文化的影响，属于东来的文化因素；而另一组陶器以直壁或弧壁的平底无耳罐为代表，这一组陶器的数量不多，器表多装饰水波或平行短线纹样。据研究，后一组陶器很可能与中亚北方草原地带的文化有关，更早的时候开始，欧亚北方森林草原文化就向南方绿洲区域传播，哈密青铜时代的文化也受到明显的影响。其次，在哈密盆地，属于青铜时代早期的青铜器有大量出土而且类型繁多。青铜文化的突然流行和发达程度，让中外学者都有突兀之感。这里早期青铜文化的突然崛起并非偶然，它与更早时候西方发达的青铜冶炼、制作技术的东传有关。再次，林雅人用土坯营造墓室也值得注意，这些都不是当地传统。林雅人用土坯为死者修筑墓室，推测他们也曾用土坯建造房屋住室。制作土坯是更早的新石器时代，由西亚古代居民发明的一种先进的建筑技术，也正是在建筑中广泛使用土坯，才有西亚早期城市发达的城市文化。中原地区早期建筑基本采用的是夯筑法，这种土坯建筑技术，很可能也是由西方首先传入新疆，然后由新疆传播入中原地区，对中原地区早期城市发展产生了很大影响。林雅文化之后，在哈密盆地兴起了焉不拉克文化，这一文化的年代约为公元前 2000 年中叶到公元前 1000 年的前半叶。焉不拉克文化的代表性墓地是焉不拉克墓地，这一墓地晚期的墓葬中出现数件铁器，说明该文化已经进入了早期铁器时代。

东部天山的另一个重要区域是罗布泊三角洲，现在这里多已是人迹罕至的流沙荒漠，历史时期这里曾是古楼兰国地，故也称为古楼兰地区。古楼兰地区的考古始自 20 世纪初，1979 年孔雀河铁板河附近一座墓葬出土了一具成年女性的干尸，因其尸体保存较好，被人们誉为"楼兰美女"，产生了较广泛的社会影响。进入 21 世纪，由于小河墓地的全面发掘，古楼兰的史前文化再次成为学术界议论的热点。新的一系列发现表明，青铜时代罗布泊三角地区存在一支特征极为突出的考古文化，称为小河文化。

小河文化的典型遗存是小河墓地和孔雀河古墓沟墓地，年代在公元前 3000 年末到公元前 2000 年前半叶。这两处墓地有着奇特的墓地布局、墓葬结构、复杂的墓葬习俗，特别是保存完好的随葬器以及古代干尸，举世罕见。这两处墓地向人们展示出一幅数千年前生活在罗布泊岸、孔雀河流域一支古老居民丰富多彩、神秘难解的社会生活画面。

小河墓地位于孔雀河支流小河下游东岸一个自然和人工筑成的沙

丘台地上。墓葬地表密布着高数米、用胡杨树杆制成的祭祀木柱，柱体表面涂为红色。密集的红色森林般的柱体上部，是一片悬挂捆绑在祭祀柱上的牛头。小河墓地采集到数件高 3 米左右的木雕人像，其上部刻出比较形象的人体。这些木雕人像不是棺中的随葬品，而是立在墓地，是墓地的守护神。小河墓地均为沙室木棺墓，不同性别的墓主人的棺前栽有不同的立木，男性棺前的立木似浆，高数十厘米到 1 米左右，用胡杨木板雕成。这一浆形器上部的浆面部分多雕成长椭圆状，中间起凸脊，通体用碳灰涂黑，是露出地表的部分，是女阴的标志，是生命诞生的地方；而下半部分呈柱状，涂红，这部分插埋在地下，是孕育生命的地方，浆形物表示一个生命灵魂从孕育到诞生的完整过程。女性棺前立有削成棱形的立柱，头端尖圆，是男根的标志，尖头朝上，立于地表。穿行走在小河墓地密集的柱状森林里，除见到静立在墓地的木雕人像——墓地守护神外，随时可见的还有这些女阴标志和男根标志的立木，其中透出神秘的气氛。

这一墓地的墓葬共分五层，沙室木棺一棺一人，偶见合葬，基本为单人葬，葬式仰身直肢，发现有少量墓葬的木棺中殓葬的是用木头制作的尸体——"木尸"。死者所穿的衣物大多还保存着。一般身披斗篷，头戴毡帽，帽檐插羽翎，内穿毛织腰衣，脚蹬皮靴。服饰男女有别，男性

图上 1-3　距今 3800 年前小河墓地外景　刘玉生摄

毡帽上插排状羽饰，女性毡帽上插单杆羽饰；男性斗篷穗多位于下摆，女性多位于颈肩；男性腰衣似带，女性腰衣如短裙。斗篷外右侧置一草编篓，里面装有麦粒和麻黄碎枝等。死者的身上大多放置有麻黄小枝、牛（羊）的耳尖、用牛或羊的筋拧成的短小的筋绳，另外还有羽箭、缠红毛绳的羽饰等。另外一些特殊的墓葬有特殊的随葬品，如嵌骨雕人面像的尖头木杆形器、夹条石的蹄状木器、蛇形木杆、带皮套的羽箭、彩绘木牌、裹涂红皮革的小型木雕人面像、颌面切齐的大牛头等。小河墓地是公元前2000年前后罗布泊三角洲地区兴起的一支古代人群集团的公共墓地，这一社会集团的人们死后埋入公共墓区。另外在墓区外不远处，还有一座独立的墓葬，死者葬在一木房结构的地表建筑，称为木房式墓葬。这一木房式墓葬不仅规模大，其结构和随葬品都与墓区内的普通墓葬区别明显，墓主当是小河社会组织集团中的上层人物，由于史前社会世俗权力与宗教权力不分，墓主人又是当时社会地位最高的祭司或巫师。从墓内残骨判断，这位小河人群社会集团的最高统治者疑为女性。

小河文化人群的另一处神秘墓地是孔雀河古墓沟墓地，这一墓地位于孔雀河古河道下游北岸，1979年全面发掘。孔雀河古墓沟墓地有两种类型的墓葬。一种为竖穴沙室，葬具是用两块稍具弧度的长木板相向而立，两端各立一块小木板为"档木"，盖板上盖以同样的不规则的多块小木板，其上覆盖羊皮或覆以箕状韧皮纤维

图上1-4　小河墓地出土距今3800年前古尸　刘玉生摄

草编席。多单人葬，个别墓内葬2人或3人，男女老少均有。葬式仰身直肢，头东脚西，裸体包裹毛织物。另一类墓葬地表有7圈比较规整的环列木桩，木桩由内而外，粗细有序。环圈外有呈放射状展开的列木，墓内用矩形木板围成墓棺。第一类墓葬中许多尸体和文物保存较好。尸体用毛毯包裹，毛毯用木别针扣合。死者头戴毡帽，毡帽上插禽鸟翎羽，裸体，足穿皮靴。第二类墓葬中出土有锯齿形刻木、骨珠、木雕人像等。在死者右胸上部，人均见麻黄碎枝一包，附近置一草编小篓，内盛有小麦粒，也有白色浆状物。死者的东头随葬有木质或石质人形雕像。在一男性骶骨处见一细石镞。

从考古调查和发掘看，公元前2000年初或更早时期，小河人就来到了孔雀河中下游和塔里木河流域的广大区域，这里是塔里木盆地最大的汇水中心，当年这一区域的生态环境十分优越，小河人沿着河岸或在绿洲上过着定居生活。他们普遍种植小麦和粟类农作物，特别是小麦种植更为普遍，沿河绿洲随处可见一片片的麦田，人们饲养着牛羊等畜群。

小河人的草编技术、木器加工技术、毛织技术、制皮制毯技术、制铜技术都非常先进和成熟。他们使用的草篓，形态呈桶形，用均匀的红柳枝细密编织，多数草篓壁上非常精巧地织出各种几何纹样。他们利用沿河绿洲高大的胡杨，制作各种木器，除耸立墓地地表的木人、棺前男根和女阴木刻、木棺、木制尸体外，还有随葬的木罐、木祖、木雕人像和人面像，以及各种神秘的祭祀用的木柱。特别是小河人雕刻的木雕人像和人面像都极度夸张鼻子，是原始木雕艺术中的精品。小河墓地中只出土一枚铜镜和一枚铜镞，铜器中更多的是镶嵌在各种宗教器物或实用器物上的小的铜片，这些小铜片具有某种特殊的象征含义。经过对三个小铜片进行的技术鉴定，它们均为合金，其中一件为砷、铅、铜的合金，工艺流程也各不相同，青铜技术的来源不一。这反映出小河文化冶铜技术已达到相当高的水平。

小河文化在罗布泊三角洲和塔里木盆地腹心区域的突然出现，引起中外学者的关注、思考与争论。从目前的研究看，这文化并非是由当地独立起源与发展起来，它是在外来人群与当地或周边的其他人群集团发生通婚与文化交融后形成的一种独具特征的史前文化。小河文化有多方面的来源，其中一支来自欧洲北部草原地带，时间大约早到公元前的3000年中叶前后，原生活在黑海里海北部欧亚草原上古代人群中的一支，由于受到自然环境等因素变化的压迫，开始东迁。这支人群体貌特征属于原始印欧人种，操原始印欧语，被认为是吐火罗人族源。他们在离开了故乡向东迁徙过程中，曾到过中亚北部草原、阿尔泰山地。他们在阿尔泰山地的浅棚式洞穴中留下了红色的彩绘岩画，还留下很多手掌印，还创造了切木尔切克文化；伊犁河流域尼勒克天山里的奴拉赛古铜矿的大规模开发，也很可能与他们的活动有关。在进入中部天山后，如后所要论述的那样，他们刻下了呼图壁岩画。这支进入到孔雀河和塔里木河流域的原始印欧人群，与当地和包括从东亚地区迁入的蒙古人种集团融合交汇，形成了新的族群，创造出了独特的地方文化。

吐鲁番盆地是东部天山间的一个内流盆地，艾丁湖是盆地内最后汇水中心，自古至今，人们都生活在艾丁湖岸边绿洲和一些山间河谷地带。20世纪末21世纪初，火焰山南的戈壁沙滩上发现数以千计的古代墓葬，发掘墓葬数百座，这些发掘表明，大概在青铜时代晚期，这里存在着一支独特的考古文化——洋海文化。洋海文化的年代在公元前2000年末到公元前1000年上半叶的前期。

洋海文化以位于吐鲁番火焰山南的洋海一号墓地为代表。洋海墓地墓葬排列密集，墓地北部有一座规模较大的墓（被盗），这座墓的周围绕有若干小型墓，小型墓中多为儿童骨架，而且越靠近大型墓的儿童葬坑越小，儿童骨架的年龄也越小。这座大型墓地的外围有一规整的土坯围墙。大型墓地南面是排列比较整齐、规模略普通的墓葬，墓葬周边有的也埋藏小型的儿童墓。这座墓葬从结构形式上分析，很可能是当时某社会集团中特殊家族的墓葬。墓葬均为竖穴土坑，墓葬口上多有棚盖，部分墓葬的墓内放有一张尸床，尸体陈放在尸床上。墓内多葬单人，一次葬者，个别个体的尸骨不全，少量为二次葬，葬式多仰身屈肢。墓地中有一男性成年的尸体保存较好，在他的手背上，发现绘有繁缛的花纹。在另一座墓葬内，见有一具干尸，其生前很可能是巫师。这位巫师身穿毛织衣裤，脚穿皮靴，皮靴上有铜扣装饰，头戴彩色毛绦环带，毛绦带上用贝壳装饰，颈上挂一串项饰，由玛瑙、绿松石珠等串成，左右耳各戴一铜或金质的圆形耳环。尸体双手屈至腰部，右手持木棍，木棍上缠绕铜片，当为巫师使用的法器，怀抱一带长木柄的管銎斧，腰部还放有一个木钵、两把装在皮套中的铜刀和铜锥。死者的头部前方立一木棍，上套一副马辔头，脚下有一付羊头骨。

洋海人制作的陶器，不仅器型复杂，纹样也繁缛多变。这里陶器的陶质基本为夹砂红陶，器型以单耳平底器为主，其次为单耳圜底器，器类繁多，有豆、单耳杯、勺杯、双耳直壁杯、沿耳杯、沿耳罐、腹耳罐、单耳罐、壶、盆、钵等，器物的分工较为明确，同时表明陶器制作业达到的新水平。洋海文化中有几种陶器，造型奇特。比如这里的人们常使用横腹耳杯和器耳立在器物口沿上的立耳杯，立耳有的制成阶梯形，有的呈品字形，有的器耳外形很像"火焰"状，还有制成弓形立耳，并在耳上加乳钉。这类造型的器物不见于同时代周边的其他文化。洋海文化的一些彩陶图案的构图也十分讲究，有的图案呈缭绕的火焰状，显出神秘色彩，很可能属于宗教巫术内容的绘画。洋海文化居民有着较为发达的木器制造业，木器被使用到生产生活的诸多领域。木器的器类有盆、钵、碗、杯、桶、弓箭、纺轮、钻木取火器、木梳、木扣、曲棍形木器、曲尺形木器等。这里的曲棍形器，曲棍较长的一端刻成手柄状，便于投掷，推测是人们在山甸草地上猎获小型动物的投掷用具，类似近代澳洲土著使用的飞去来器。洋海墓地发现的一件桂叶形的木器，它的周边刻成锯齿状，一端有穿孔。怀疑这件木器可能与祭礼活动或记事相关，是一件刻木记事器。

洋海墓地出土多件木桶，这些木桶多用来盛放日常生活中的什物，是实用器，只是在作为随葬品入葬墓室时，才在木桶的器壁上刻出各种纹样。比较精美的图案用平面阴刻的技法，表现静态的动物的形象，动物最常见的是大角羊，它们一般成排或自由成片地散立于器表。其中有一件木桶，桶壁上线刻出 6 只动物，3 只似羊，3 只似马，采取剪影式手法表现。另一件木桶上，大体是上下两排散布的 9 只山羊，羊的形象一致，勾画简略，亦是剪影式，突出表现羊的大角，在这件木桶和另一件木桶的口沿下，阴刻出一周三角纹，三角内堆塑镶粘一种白果紫草的草籽，这样的装饰目的，具有祈求丰产的特殊寓意。洋海墓葬中发现一件箜篌。箜篌也称竖琴，是源于西方的弹奏乐器。洋海发现的这件箜篌，保存的相当完好。箜篌由音箱、颈、弦杆和弦组成，出土时还保存着弦线，十分难得。这件箜篌很可能是我国目前发现的最早箜篌标本。

洋海文化中的铜器不多，有斧、刀、锥、铜砍、铃、带扣、铜贝等，出土两件管銎战斧，较为珍贵。洋海出土的铜器，实用工具很少，多是原始萨满进行巫术仪式时，用来施法的法器。

洋海文化居民毛纺业、制革制皮业都比较发达。人们穿着的衣物主要都是毛布和皮革制成的，毛布上多织出美丽的花纹，尤其是不同底色的三角纹样十分流行。人们还掌握了先进的毛毯编织技术。发现的皮革制品也很多，人们穿着皮靴、毡帽、皮裤。皮靴上常雕出各种精美的花纹，鞣皮制革工艺先进。洋海居民流行辫发，墓地发现有用多根小辫子合成的大辫子，大辫子旁有毛线织成的网，一旁有木簪。

洋海文化在哈密盆地兴起，与哈密彩陶文化沿天山的西进有密切关系，在哈密盆地史前文化东进的基础上，接受了其他文化影响而形成，是地方性特征明显的一支考古文化。洋海墓地出土一组筒形罐，从器型到纹饰都与哈密盆地天山北路文化同类器物风格一致。洋海文化中的双耳罐、单耳罐以及器物上的装饰纹样，都明显地受到哈密盆地青铜时代文化的影响。洋海文化中的铜刀、铜斧、铜镞等，也都源于哈密盆地。还有些文化因素受到其他方面的影响，如埋葬习俗中的仰身屈肢葬式、木桶上的动物纹装饰以及木桶口沿下用草籽装饰等，都明显是源于西方的文化传统。除了具有文化融合的特征外，洋海人创造的文化，地方特色更为突出。如器耳高出口沿的陶罐和陶杯、罐形豆等，彩陶中绕器腹一周、成组间隔的条带锯齿纹样，立耳杯上的火焰状纹等特征，都不见于同时代周边其他文化。

伊犁河发源于我国的天山北麓，伊犁河流域气候湿润、水草丰茂、自然资源得天独厚。公元前2000年后半叶的青铜时代，伊犁河谷分布着穷科克下层文化。这一文化因尼勒克县穷科克遗址的发掘而得名，近年来，属于这一文化的遗存在伊犁河流域发现多处。另外，数年来在伊犁河谷等地采集到一组青铜器，也与穷科克下层文化人群在伊犁河谷的活动有关。

穷科克遗址面积数千平方米，发掘面积400多平方米，遗址文化层厚1—2米。遗址内发现一处保存完整的石圈居址。居址石圈向南的扇形区域有明显的活动面，因长期踩踏而有结层现象。居址西面紧邻石圈处有一烧坑，因长期火烧结成了烧结面，石圈南侧还有埋整羊骨架的祭祀坑。

发掘的另一处穷科克下层文化遗址是尼勒克的喀拉苏遗址。这处遗址的规模比穷科克遗址小。在遗址中清理了一座房址，房址为半地穴式，房址的局部保存部分墙体，用卵石垒砌，房门位于南墙中部，向外连着斜坡门道，还保留有门槛，房基内有台基、红烧面、圆坑、灶坑等。遗址内出土遗物主要有陶片、石锄、石杵、马鞍形石磨盘、石柱础、磨石、骨镞、大量的兽骨碎片。陶器均为夹砂灰陶和红褐陶，器型为缸形器，少量陶片上见压印刻划纹饰。

伊犁河谷多年来采集的属于穷科克下层文化的铜器有各种形式的斧、剑、矛、镰刀等武器和工具，很少有装饰品。从广泛分布的穷科克文化遗址和采集的青铜器看，穷科克下层文化的居民过着定居生活，以农业为主，畜牧业也很发达，冶铜制铜技术都非常先进，但制陶技术比较落后。穷科克文化无论是陶器还是铜器都显现出与北部草原文化密切的联系。

穷科克下层文化出土的文物具有明显的安德罗诺沃风格。安得罗沃文化是广布于内陆欧亚草原青铜时代的考古文化，并在不同区域存在地方文化变体，只是陶器和铜器中的一些器物有突出的共性。穷科克下层文化也可以认为是安得罗诺沃文化的一个地方变体。

阿尔泰山南坡地带分布有植被较好的高山牧场，额尔齐斯河流域的湖滨和河岸地带、阿尔泰草原，是发展采集与渔猎的理想环境，自古生活在这里的人群就与欧亚大草原有密切关系。公元前3000年末到2000年上半叶的青铜时代，沿着额尔齐斯河谷地区分布着一支明显受到山北草原文化影响的切木尔切克文化。切木尔切克文化的墓葬主要是一种石板墓，人们习惯用石容器，流行石制的艺术品，青铜冶铸也较为发达，发现有铸造铜器的石范。切木尔切克遗存中的陶器常见的是橄榄形陶罐，陶罐表面布满水波状的压印纹、几何状的戳点纹样。切木尔切克人过着定居生活，农业经济占主导地位，另外畜牧经济占有重要位置。切木尔切克文化的构成因素和来源问题，学者们曾提出过种种猜测，目前很难说清它究竟与中亚地区哪一种考古文化有直接的承袭关系。这一文化中流行的压印、戳划的几何纹样，是欧亚草原传统的装饰特点，并且底或尖或圆的"橄榄形"器、平底的缸形器在中亚草原的新石器时代就流行起来，而后沿着欧亚草原东西间互相传播。这一文化的铜器更表现出了与区域辽阔的欧亚草原的青铜时代铜器之间的文化联系。切木尔切克文化可能是在广泛接受中亚青铜时代不同的文化因素基础上，特别是更多地接受了阿凡那羡沃文化的影响，继而在阿尔泰草原山麓形成的地方性文化类型。

天山南麓塔里木河和孔雀河上游分布众多支流，这些河流流经的山谷河沟和山前绿洲地带很早就有人类居住，创造过辉煌的史前文化。在中部天山南麓一线，青铜时代晚期活跃着一支察吾乎人，他们创造出了灿烂而独特的察吾乎早期文化，年代在公元前2000年末到公元前1000年前半叶。

和静县察吾乎沟四号墓地是这一文化的代表性遗存。这一墓地位于和静县城西北，天山南麓察吾乎沟口北侧的一个台地上，上世纪末对这一墓地进行全面发掘，被认为是一处保存完好、中外史前考古史上极为罕见的古代氏族墓地，为研究史前文化提供了较为典型的个案。

察吾乎四号墓地结构复杂，分为祭祀区、墓葬区和无墓区。墓葬为石围石室墓，部分墓葬在石围旁有马头坑或儿童附葬坑。墓内死者绝大多数为一次葬，少数为二次葬者，一次葬者的葬式多为屈肢，多为合葬墓，少量单人葬，少部分死者的头骨上见人工穿孔现象。墓地随葬品丰富，主要有陶、铜、石、木、骨器等，也见有金器和银器。

察吾乎人陶器制作水平较高，陶器大多数为夹砂或夹云母的红陶，器壁厚薄均匀，器物形体线条流畅。察吾乎文化出土大量带流陶器，是这一文化的突出特征。察吾乎文化彩陶技术极为发达，察吾乎人用"开光法"绘出各种几何图案，广泛使用三角、平行线、网格、菱格、折线等母体纹样，在器物口沿下绘出局部块状彩，或在颈部、腹部绘一周带彩，或由器口斜向下绘出斜腹带彩，相当一部分是通体彩。其中一些彩陶图案，布局考究，自然无华，是新疆古代彩陶艺术的精品。察吾乎人日常生活中广泛地使用陶器，器类有带流罐、带流杯、带流釜、深腹釜、双耳罐、双系罐、高领罐、无耳小罐、敛口罐、双翻耳小罐、勺杯、曲腹杯、筒形杯、钵、盆、壶、等。复杂的器类，说明器物的分工细致而明确。

察吾乎早期类型文化发现铜器近千件，以锡青铜为主，加工工艺有铸造、锻打和退火加工等。器类有刀、锥、镜、衔、斧、镞、针、扣、带钩、斧、管等，以小铜刀数量最多。其中纹饰镜十分珍贵，背面为凸起的线描纹样，镜背铸出一蜷曲的狼纹。另外，还有大量的骨、木器、石器等，保存下来的骨器有用动物股骨头制成的骨纺轮、骨锥等，木器有盆、盘、杯、纺轮、钻木取火器、木权杖、弓箭等，石器主要有砺石、化妆棒和纺轮等。另外还出土少量的金、银器。

察吾乎早期类型文化的居民基本过着定居生活，是一种典型的农牧兼营的混合性经济形态。出土的一件田地纹彩陶纹样，形象地反映当地园圃农业的情景。陶制容器中不少残存粮食类食物遗物，经鉴定为粟类遗物。木盆和陶盆中常见羊骨、马具，墓葬前还有专门葬马的头、四肢和尾骨的殉马坑，这说明游牧经济也是当时很重要的经济成分。

察吾乎沟早期文化中的彩陶是天山地区由东向西发展的彩陶文化向天山南麓流布的结果，并在传播基础上形成了自己独特

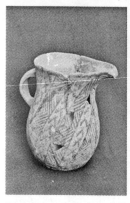

图上 1-5　和静察吾乎沟出土距今 3200—2400 年前带流彩陶杯　刘玉生摄

而辉煌的彩陶艺术。察吾乎早期类型文化中的游牧文化因素非常突出，说明它广泛地接受北方草原地区文化影响。

青铜时代的考古遗存，除上述在天山、阿尔泰山区的发现外，近年来，在帕米尔高原的下坂地区也有重要的发现。在塔里木河支流尼雅河和克里雅河的尾闾区域也采集到一些属于青铜时代的遗物，其年代多公元前2000年下半叶。

公元前2000年的青铜时代，农业经济和畜牧经济在新疆得到充分发展。在公元前2000年初，生活在塔里木河盆地的小河人已经非常熟悉小麦种植技术，同时还种植粟类。孔雀河古墓地出土的草编小篓内见到了小麦粒，这些小麦粒呈深褐色，形态完整，胚保持完好，麦粒顶端的毛簇尚清晰可见，为典型的普通小麦籽粒。在孔雀河古墓沟墓地，一座墓中随葬小麦十多粒到一百多粒不等。小河墓地发现的小麦，则数以千克，保存状态更好。小河人在下葬死者时，常常将小麦粒撒在死者的身下、胸部或腹部，更为常见的是，在死者裹身的斗篷边缘一律捆扎出几个小包，部分小包内包裹着小麦，有的小麦则装在随葬的小草篓里。另外，在青铜时代偏晚的硕新塔拉遗址，也有小麦遗存。

小河墓地出土小麦和孔雀河古墓沟墓地出土的小麦都是六倍体的普通小麦，这类小麦曾发现于甘青地区的四坝文化遗址中，时期或认为属于公元前3000年下半叶，或认为属于公元前2000年前半叶。中原黄河中下游到龙山时期偶见小麦遗存，到了夏代，黄河流域的人们已经较为普遍地种植小麦，经鉴定，这些小麦也都是六倍体的普通小麦。六倍体普通小麦的起源和传播，是关乎亚欧文明进程的重要学术问题，学术界对此历来争论不休。近年来，随着考古发掘中浮选技术的广泛应用，史前小麦标本不断发现。目前，中国境内所见最早小麦标本主要集中于三个区域，一是新疆地区，二是甘肃和青海地区，三是陕西、河南地区。小麦标本的年代集中在公元前3000年末到公元前2000年中叶[②]。

六倍体的普通小麦和大麦最早由西亚的古代居民人工栽培，时间距今一万年。随后小麦和大麦种植技术由西亚向东传播，首先进入中亚南部的农业区，成为中亚内陆高原与印度河水系的冲积平原地带的主要农作物。这一地区发现的公元前7000—公元前5000年的梅尔伽赫遗址中，发现了用土坯建筑的房屋以及广泛种植的小麦和大麦。公元前 3000 年前后生活在帕米尔高原克什米尔山谷布尔扎洪（Burzahom）的古代居民，早已学会了小麦、大麦和小扁豆③种植方法。由于中亚南部的发现和帕米尔山谷的发现，小麦很可能是穿过帕米尔高原间的绿色峡谷，进入新疆，并沿着天山南北两侧的绿洲向东流布，随后进入河西地区。另外，小麦在欧洲大陆传播，很快被欧亚大草原上生活的人们学会。因此小麦也可能沿着欧亚草原大通道向北传播，从阿尔泰地区进入新疆。至少在公元前 2000 年前后小麦的种植技术已沿着黄河进入华夏文明起源的中心黄河中下游区域。

小河墓地与小麦伴出的农作物是黍④。黍为禾本科一年生草本植物，又称为稷或糜子，起源于华北，黍和粟同为我国北方原始旱作农业的代表性农作物，并在史前就经欧亚草原传入东欧⑤。罗布泊发现的黍应是原生于中国黄土地区的禾谷植物向西传播的结果。

畜牧经济是青铜时代新疆居民生产经济中的重要支柱。以小河墓地为例，墓中有大量动物遗存，有牛、羊、蛇、鼬鼠、鸟等，以牛和羊为主。牛和羊的人工驯养技术，最早也始于西亚，并由西亚向周边传播，中亚和东亚最早的牛羊家畜，更大的可能也是由西传播而来。小河人畜养大量牛羊，特别是家牛，对小河人来讲，还具有特殊的意义。小河墓地的木棺上普遍蒙盖着牛皮，一具木棺上常蒙盖三张不同颜色的牛皮或者更多，最多者盖五六层。小河墓地墓葬前高大的祭祀柱上，见有用草绳紧紧地捆绑着牛头，在木柱周围的堆积内，采集到大量牛头，还有少量羊头。在祭祀柱的根部，还见有用毛绳捆的芦苇、骆驼刺、麻黄等干旱区植物组成的草束，草束中多见几根羊腿骨。墓地还有一些特殊的随葬品，比较普遍的有牛羊的耳尖，用牛羊的筋制成的筋绳段等。小河墓地北端，还有一座特殊的木屋式墓葬，屋顶原平搭有木板，外面蒙盖一层层牛皮，牛皮上敷碎草，从河里挖来的大量碎泥块堆垒在"木屋"周围，屋前壁两侧碎泥块上整齐地码放 7 层牛头。包括从墓室中清理出来整个墓地的牛头、羊头等，共计一百多件。目前还没有在新疆青铜时代早期的遗存中见到马的相关遗存。

青铜时代的新疆地区存在着两大陶器系统，一是以天山地区为轴心

的陶器系统，这一系统陶
器的陶质为夹砂红陶，普遍
发现带耳的彩陶，天山彩陶
文化，明显与黄河上游区彩
陶文化间有渊源关系；另一
系统是以阿尔泰山区和西部
天山帕米尔为轴心的陶器系
统，还包括塔里木河支流尾
间采集的一些器物，以夹砂
灰陶为主，器身无耳，压印

图上 1-6　距今 3800 年前小河墓地绘颌面的牛头　刘
玉生摄

刻划纹风格，则显出北方草原地带陶器文化的一致性。

　　第一类陶器系统在天山地区的出现，是黄河流域彩陶文化西渐的结
果。起源于黄河流域的彩陶文化，流布至中国西北地区，到公元前 3000
年上半叶在马家窑文化时期得到充分的发展，公元前 3000 年末甘青的马
厂时期，东方的彩陶因素已进入了东疆的哈密盆地。彩陶在进入东部天
山后并没有驻足，而是沿天山继续西进，一直到公元前后，东来的彩陶
文化到达了今哈萨克斯坦巴尔喀什湖的七河流域，与当地传统文化结合
起来，形成了原苏联考古学家常说的塞克、乌孙文化，至此东来的彩陶
文化接近尾声。史前彩陶文化由黄河上游西渐，终于巴尔喀什湖，由此
形成史前彩陶之路。黄河流域彩陶文化进入古老的西域后，在新疆地区
重新发育，再放异彩，是中国彩陶文化宝库中散发异香的一枝奇葩。彩
陶之路铺垫了天山史前文化的基本底色，它从一个重要侧面揭示出新疆
史前文化的本质。

　　第二类陶器系统在天山南北一些区域都有发现，它在新疆的出现与
欧亚北部草原文化向南的迁徙过程有关。在东来彩陶文化西渐的同时，
阿尔泰山系、天山山系和昆仑山系以及塔里木盆地南缘河流的尾间区域
出现了以刻划压印陶器为代表的陶器系统，其源自新疆以北以西的广大
地区。此类器物的陶质以夹砂红陶为主，器型简单，主要以平底或圜底
的无耳器为主，带耳器极少。器类以无明显颈部的缸形陶器和直壁的筒
形陶器为主，此外还有为陶钵等，器表饰以刻划压印纹。阿尔泰切木尔

切克文化时代早到公元前2000年前后的青铜时代初期，与北方草原外阿尔泰尼地区阿凡那谢沃文化以及其他早期青铜时代的文化关系密切；以尼勒克县穷科克下层文化为代表、包括下坂地文化类型和塔里盆地南缘尼雅河和克里雅河采集陶器，则与广泛分布于欧亚草原上的安德罗诺沃文化关系密切。在新疆，安德罗诺沃文化的影响要远远大于阿凡纳谢沃文化，而且地方特征颇为突出，形成安德罗诺沃文化的地方变体，其年代下限可能直到公元前1000年的上半叶。这种压印刻划纹陶器自欧亚草原北部和西部由北方草原和天山西部地区进入新疆，沿准格尔盆地和西天山分布，但其南进和东传的势头并不大，其先头虽然一度进入塔里木盆地腹地，但影响只限定在局部区域，与东来的彩陶文化相比这种北来和西来的陶器系统在新疆古代文化结构中并不占主导地位。特别是天山地区，由于东来的彩陶文化势力强大，使得北来的刻划压印文陶器系统没有发展起来，或者昙花一现短暂存在后很快就消失了。

　　新疆早期青铜器也可以划分为两大系统。一是以伊犁河谷为中心的天山西部青铜器系统；另一个是以哈密盆地为中心的天山东部青铜器系统。两个系统的铜器在渊源、器型以及制作工艺上都存在很大差异⑥。从器型来看，天山东部青铜器以装饰品为主，还包括少量生产和生活实用器具；天山西部青铜器则多生产工具，少量武器，装饰品较罕见。

图上 1-7　新疆青铜时代刻划压印纹系统无耳陶罐　刘玉生摄

　　新疆地区东部天山青铜文化的突然兴起，引起了国内外学界高度关注。之前，在新疆和甘肃地区偶然发现的青铜器，年代最早的可能到公元前3000

年上半叶，这些青铜器没有任何当地起源的线索可寻。新疆以西地区的冶铜业在更早的时期就已经非常成熟，这自然让人们联想这些偶然发现的铜器可能与西方有关。公元前2000年前后，东天山和甘青的一些地区青铜文化异军突起。新疆的小河文化、林雅文化和甘青地区的四坝文化、齐家考古文化中出土成百上千件铜器，青铜器类型和冶铸技术在当时中亚东部和东亚遥遥领先，构成了中国西北青铜文化圈。

西北青铜文化圈的文化传统随着东西文化的交流向周边传播，至少在商代向西传入吐鲁番，而在商周之际进入天山南麓。自东天山西传的青铜文化在绕着塔克拉玛干大沙漠西进和向南传播的过程中很快式微，分布在塔里木盆地南缘一线的扎滚鲁克文化，年代相当于西周到战国，这一文化中很少有铜器出土。这一文化同时沿东天山北麓西传，于公元前1000年后，进入伊犁河谷。这支青铜文化进入伊犁河谷时已呈强弩之末，在此遭遇来自西方的十分发达的铁器文化，导致青铜文化最终没有发展起来。

青铜时代的遗迹，除遗址和墓葬之外，岩画也是其重要组成部分。青铜时代的岩画在天山和阿尔泰山广有发现。岩画分岩绘画和岩刻画两种。阿尔泰山前的岩棚山洞里，见有少量用赭石等绘在石面的绘画，年代晚到青铜时代；阿尔泰山地一些石棚和浅岩洞内，用平面凹磨（或者研磨法）或线刻的方法刻划的体形较为硕大的动物，题材主要有牛，还有鹿、骆驼等，羊及其他动物较少，其年代推断在青铜时代。

呼图壁岩画遗址新发现一件"双性石人"，珍贵罕见。这件"双性石人"刻在一略呈扁方形的柱状石上，它用雕磨、敲凿等方法在柱状石的四面刻出女阴、男根、人面和半蹲状的下体。男根和女阴是"双性石人"要表现的主题，它们对称地刻在柱石相对的两个宽面上，占据着柱石岩刻画面大部。人面和女阴位于柱石的同一侧，为正面。人面刻于上端，雕刻简约，五官紧凑，人面额部下凹，额头较高，小深圆涡状双眼间距很小，下颌略为弧三角形，小嘴，两侧刻出圆形耳廓；下面通底刻磨出女阴。柱石的背面，上侧大部刻出男根，与人面相对，背面的上端刻磨出男根首部，首部圆鼓，顶部弧圆，其上刻出细的沟槽，下部为男根的茎部，扁圆体，茎中间起方柱状脊。下部与正面"桨叶"相对，用浮雕的手法表现人的臀部，臀部略隆起，中间刻出股沟槽。石柱的两个侧面较窄，均采用半浮雕的手法刻出纤细的双腿，呈半蹲状，大体对称，它与柱体背面下方臀部、正面的女阴合在一起，雕刻的是一半蹲状的人的下躯，而且从其整个形态看，它突出地衬托出了正面夸张的女阴。这件"双性石人"高61.5、宽18.7、厚11.3厘米。"双性石人"是这里以岩画为主体的整个生殖巫术、丰产祭祀遗址的重要组成部分，和岩画中雕刻男女人像、交媾图、对马、弓箭、老虎等所含的原始宗教过程一样，是当时祭祀活动中起重要作用的特殊"道具"。它的发现为我们深入研究原始生殖崇拜提供了弥足珍贵的新材料。依据民族学材料推测，伴随这里进行的一系列生殖巫术活动，一定还进行了实际或象征性的人类、甚至于动物的交媾仪式。

　　呼图壁岩画和小河墓地之间的关系，大体可以概括为以下几个方面。其一，呼图壁岩画人物和动物与小河墓地中表示男根、女阴的立木，都以表现男女生殖为中心，用形象直观或以极度夸张抽象的表现手法，反复强调相同的命题——对生殖的崇拜，并由此延伸出原始的丰产巫术。呼图壁岩画和小河墓地虽然属于完全不同的遗存形式，但其所表达的文化内涵如出一辙，这种文化上的强烈共性表明它们时代上的一致性。其二，呼图壁岩画遗址附近发现有双性石人上刻磨的女阴，整体形状呈"桨形"，人面下刻出凸起呈方柱状的"桨柄"，与桨柄相连下部的"桨叶"上侧圆弧，四周起凸缘，中间为凹平面，呈簸箕状，中间偏下有一较深的圆形凹坑，周围平面上敲凿出均匀明显的麻点。簸箕状"桨叶"、中间的凹坑、周围凸起的边缘、密布麻点，形象地表现出女性的生殖特征，

图上1-8　呼图壁岩画遗址发现青铜时代双性石人像　刘玉生摄

这和小河墓地男性棺前树立的象征女阴的桨形立木完全一样。其三，呼图壁岩画人物面部通过刻磨突出高鼻的特征，鼻子占整个面部半部或更多，呈现极度夸张的形态。这种突出表现鼻子的艺术手法，在小河墓地的木雕面像中也有突出反映，小河墓地中墓葬随葬的木雕人面像鼻子形象突出，有些甚至被极度夸张，整个人面只看到鼻子，而其他五官只是象征性表现出来。其四，呼图壁岩画人物头部略尖圆，岩画研究意为它表现了高帽，古希腊作家希罗多德在其名著《历史》中记有一支萨迦人头戴尖帽，这成为确认呼图壁岩画族属的重要依据。不过仔细观察，呼图壁岩画人物戴的帽子与塞人的高尖帽并不完全相同，看上去更像是一种平顶高帽。塞人传统的高尖帽在原苏联的巴泽雷克冻土墓中曾见过实例，在新疆吐鲁番苏贝希墓地、洋海墓地、三个桥墓地等遗址中也有发现。这种帽子由帽的顶部向上树立高耸的帽饰，巴泽雷克墓葬还在高尖的帽饰上缀以各种装饰。而呼图壁岩画人物的"高帽"与塞人的高尖帽在形态上存在明显的差异。小河墓葬中墓主人均头戴高顶毡帽，观察帽的外形，呼图壁岩画人所体现的高帽与小河墓地发现的更接近。其五，小河墓地随葬品中发现许多具有象征意义的冥弓，这些冥弓象征男性生殖神力，结合岩画主体寓意呼图壁岩画中夹绘的弓箭当有相似的象征意义。其六，呼图壁岩画人物头戴的高帽上均插翎羽，因男女不同或插单根、双根或成排，这种在帽饰上插翎羽的传统，史前时代的遗存中目前仅见于小河文化墓地。小河墓地因男女不同，帽饰翎羽的情况也有区别，男性毡帽上多插排状羽饰，女性毡帽上则插单杆羽饰。总之，呼图壁岩画与小河墓地位于天山沟谷和山南绿洲，相距并不远，且文化关系密切。小河文化的形成与自公元前 3000 年下半叶就开始由欧亚草原南下，公元前 2000 年前后到达天山、罗布洼地的原始印欧人

图上 1-9　左：小河人的帽饰　右：呼图壁岩画主人帽饰　刘玉生摄

群相关，而呼图壁岩画的作者，很可能也是这支南下的印欧人群。

青铜时代，东西文化频繁交流的背后反映出不同人种集团的接触与交流。约自公元前 3000 年末期开始，很早期就生活在黄河上源的东亚蒙古人种中的古西北类型人群，向西越过沙碛进入天山东部地区，甚至出现在塔里木盆地东北的罗布洼地。而一支很早就生活在欧亚草原西部，黑海、里海以北的大草原上的古老部落，他们为原始印欧人种集团，很早开始向东迁徙，直到公元前 3000 年末，他们穿越中亚草原丘陵，抵达天山地区，出现在塔里木河两岸，最终在罗布泊三角洲地区仍能见到其遗部。石器时代到青铜时代，罗布泊三角洲是环塔里木盆地最后的汇水区，堪称当时西域自然环境最好的地方之一。所以在相当长的一段时期内，罗布泊以西及其以北冲积扇的绿洲之上河网纵横、绿草茵茵、森林茂密、阡陌相望，来自东西方的早期人群交汇、融合，在此创造了独特的小河文化。但由于天然绿洲环境的脆弱性，加上居民对自然资源的过度开发以及其他原因，在公元前 2000 年中叶前后，小河文化渐渐衰落。公元前 1000 年直到公元前后楼兰国的兴起，罗布泊一带很少有人类活动的遗迹。值得提及的是，公元前 2000 年末的时候，在天山南麓一线，出现的察吾乎文化，经体质人类学者研究认为其属印欧人种，并与古楼兰地区的原始印欧人种保持着某种遗传学上的联系，他们很可能就是数百年前神秘地消失的小河人群的后裔之一。

第四节　早期铁器时代文化交融

天山南北经济方式的分野　游牧文化的传播与融合　考古文化的基本类型　"胡须墓"之谜　冶铁技术的东传　"狩猎"岩画的象征意义　印欧人种和蒙古人种的进一步融合

公元前 1000 年前后到公元前 500 年前后，新疆不同地区的古代居民先后学会使用冶铁、制铁技术，陆续进入了早期铁器时代。公元前 1000 年初，游牧经济最早在北方草原地带形成后，迅速传遍天山南北。

天山南北由于自然条件不同，在早期铁器时代，两地的经济生产方式发生了明显的分野。北疆草原地带，此时出现了专门化的游牧经济，并很快在新疆各地传播。这一时期各地的文化遗存中普遍发现的马具，如马衔、马镳和马具上的佩饰等，还有保存完整的马鞍，随葬品中常见的牛羊骨骼等等，都反映了当时游牧经济在新疆地区的发展与扩张。此外这一时期墓葬中发现的各类木器、毛织和皮革制品的装饰中，常见羊、马等家畜形象，亦能从侧面反映专业化游牧生产的兴起。与此同时，狩猎仍是当时经济形式的重要补充，考古发现大量的弓箭能准确体现这一点。如武器、马具和动物纹样等典型的游牧文化因素，普遍地出现在岩画、青铜器、木器、毛织品、皮革制品以及其他这一时期的各种载体上。生活在环塔里木盆地的绿洲上的古代居民，则大多过着半农半牧的生活，形成一种农牧结合的混合型的绿洲经济。此时这一地区的居民除种植小麦、粟类农作物外，还学会了种植葡萄等经济作物。游牧文化因素和农业文化因素并存的情况在青铜时代晚期就开始出现，到了早期铁器时代，基本确定了天山南北不同的经济文化类型。沿天山、阿尔泰山和昆仑山的山麓河谷放牧的人群，他们在牧羊道沿途的石头上刻下了大量的动物形象。这些动物岩画绝大多数是游牧民族所刻绘，有些则是半农半牧的绿洲居民所刻绘，不同经济形态的居民岩画表现内容和形式上也存在着区别。

由于骑马民族迁徙范围广，因此与其他地区的文化交流更为频繁，游牧经济的兴起更加促进了古代新疆地区的文化融合。除铁器以及草原游牧文化因素对天山南北的广泛影响外，源于西方的玻璃器皿等产品也在此时传入新疆境内。在游牧文化基础上，各地生产生活用具的共性更为突出，文化关系显出密不可分的情景。早期铁器时代各地区文化之间的区别，更多地体现在具有保守性、区域性和固守传统的墓葬结构和埋葬习俗方面。

新疆地域辽阔，加之受环境制约，各地受到外来文化影响的程度不同，而且古代居民普遍学会使用铁器的年代也不相同。公元前 1000 年前后，伊犁河上游的人群很早就普遍使用铁器，公元前 1000 年后，铁器陆续出现在吐鲁番盆地、哈密盆地和天山南麓绿洲盆地，在公元前八九世纪前后，这些地区铁器还只是零星发现，直到公元前五六世纪，铁器在这些区域才普遍流行，并开始取代青铜器。昆仑山北麓一线，铁器出现的时代则更晚一些。由于考古材料的限制，阿尔泰山古代居民最早使用铁器的时代和情况还不清楚，但推断其年代也在公元前1000年前后。

早期铁器时代，焉不拉克晚期文化类型为东天山的哈密盆地的文化代表；吐鲁番盆地有苏贝希文化；天山南麓一线存在着察吾乎晚期文化类型；帕米尔高原则分布着香宝宝类型遗存；在昆仑山南麓则出现了扎滚鲁克文化；伊犁河谷发展起来穷科克上层文化；阿尔泰地区则出现了切木尔切克晚期文化类型。这些考古文化主要遗存多为古代墓葬材料，遗址很少。进入早期铁器时代，大型公共墓地变少，规模较小墓地大量存在。一处墓地常常只有十多座或数十座墓葬，墓葬布列稀疏。这暗示出青铜时代那种较大社会组织集团到早期铁器时代逐渐分化，家族合葬墓的流行反映了这一社会结构的变化。此外，墓葬开始注重地表建筑，这一时期又出现大量封堆墓，至汉代时北方草原出现相当多的巨形封堆墓，这说明草原帝国形成和王权政治加强。

天山东部的哈密盆地，焉不拉克晚期文化类型遗存在焉不拉克文化的基础之上发展起来，包括焉不拉克墓地晚期墓葬、黄田上庙尔沟一号墓地、寒气沟墓地、艾斯克霞尔墓地等。随葬品仍以陶器为主，其次是铁器、石器、毛皮制品、草编器等。陶器制作粗糙，器类除常见罐、杯外，盆、钵、壶类器物增多。陶器多为素面，彩陶很少，图案简单。焉不拉克晚期文化类型中不同墓地的墓葬结构和葬俗葬式有明显区别。焉不拉克墓地发现较多远古规模较大竖穴二层台墓，二层台上棚盖圆木，流行多人合葬，这都表明当时以家族为单位的社会结构渐渐成型。黄田上庙尔沟一号墓地，墓葬地表出现圆形封堆，流行石结构的墓室。寒气沟墓地，见有个别石室墓，二次乱葬较多。艾斯克霞尔墓地的墓室建在沙土层中，墓室多不规整，有的墓葬和墓室口棚架的木棍上压有石块、土坯和动物粪便，死者仰身屈肢，随葬有双耳壶、单耳罐、单耳钵等，男性头上见有头骨穿孔现象，墓内葬成人也有葬婴儿，有合葬墓，合葬者呈上下叠压状。

这一时期的吐鲁番盆地则在洋海文化的基础上形成了苏贝希文化。苏贝希文化以吐鲁番苏贝希墓群为代表，还包括洋海二号的部分墓葬、洋海三号墓地、喀格卡克墓地，另外还包括在苏贝希附近发现的一处居住址。乌鲁木齐南山、阿拉沟一带发现大量这时期的墓葬，其文化面貌体现出与苏贝希文化存在密切关系，应是苏贝希文化的变体。苏贝希文化墓葬多为竖穴墓，大部分为单人葬，少量为合葬墓，部分墓中见尸床。葬式为仰身屈肢，一次葬或二次葬，其中存在一些特殊葬俗，如有一墓葬出土一头骨，其两鼻孔中各插一木条。婴儿用毛布包裹，毛绳捆扎，直接放在墓室内。随葬品有陶、木、铁、石、骨、铜、皮革制品等。男女略有区别，男性通常身右侧置弓箭袋，内装弓和箭，左侧放陶罐、陶钵、铁刀、钻木取火器、骨扣、木盆、皮囊。木盆内盛食物，食物多为羊头羊肉、小米等。在有些墓葬中还随葬有皮靴和皮枕，个别男性墓中，腰带上挂有各种口袋，袋内装物。女性通常身侧放置彩陶豆、陶杯、木梳、调色石等。苏贝希文化墓葬中的尸体保存较好，特别是身穿衣着基本完好保存。下葬时，用毛毡紧紧裹住尸体，并用细绳缝牢。墓中发现的服饰有羊皮和毛织品两大类，羊皮又分皮革和毛皮，都经过鞣制。皮革多用来做短上衣，对襟右衽；毛皮做长上衣，对襟左右衽都有，长不过膝。其中男女服饰区别明显，男性一般外穿毛里的开襟皮大衣，内套圆领长袖毛织衣，下穿毛织裤，外穿长腰皮毡靴，外皮内毡，靴筒长及大腿根处，用皮绳系于腰带上。靴外膝关节处缝翻毛兽皮护膝，腰系腰带，有的下挂有皮袋，毡制袋，或皮的刀套。女性外穿大衣，宽且长，带两只细假长袖，左手戴皮手套，内套黑色圆领长袖毛织衣，下身穿彩色毛织长裙，脚穿短腰皮靴。女性多面盖毛布和羊皮，男女各枕皮枕，皮枕内装有羊毛、头发等。苏贝希人男女头饰亦不同，极具特征。女性戴一种高尖帽，戴法比较复杂，一般是将双辫梳于脑后，分别套在黑色网状发套内，盘于头顶，中间有圆形幅托与发网连接，帽托用皮卷成。中间栽高帽尖，高尖部分有的长十几厘米或更长，内用黑毡、硬牛皮等卷成柱状，或直接用木支撑，高尖帽的高尖部分多为单根，也有分为双根，上尖细下粗固定在幅托上，这种帽饰推测与原始的礼仪仪式相关。男性多戴盔形毡帽，有的为护耳毡帽，帽上缀装饰。

　　苏贝希文化的居民生活开始出现专门的生产部门，其中以制陶业、毛纺织业、皮革加工业和木器加工业最为发达。制陶可能已具有了某种

图上1-10　公元前5—公元前3世纪苏贝希人的服饰　刘玉生摄

专业化程度，从苏贝希遗址发现的材料看，一些家庭式手工业作坊专门从事制陶生产。在一排房址的东间有一间未见东墙壁，推测房间向东是敞开的，房内西南有一陶窑，窑室平面呈长方形，池面平滑，池壁坚硬如同水泥制成，房间北部并排三个锅底状坑，是放置盛水器陶缸或瓮的地方。木器被广泛使用于苏贝希人生产和生活的各个方面，从各种出土木器特别是雕刻有图案的木器看，当时木器的制作工艺已达到了相当高的水平。毛纺、皮革加工主要用于制作衣物，毛纺织和皮革工艺的某些方面已达到了精工细作，特别是皮革工艺日臻成熟，此时出现的一些雕花皮件，做工精巧，所雕刻的花纹线条流畅自如，是难得的史前皮革工艺艺术品。当时人们已学会熬制皮胶，出土的一些弓箭的箭体，芯用木条，外用牛等动物筋及皮胶进行加固。另外还有石器、骨器、金属器的加工业都有不同程度的发展，洋海墓地出土的一拐把形鼓风管，猜测是用来冶炼金属的工具。

　　察吾乎文化之后，天山南麓地区出现了察吾乎文化晚期类型。和静县察吾乎沟二号墓地是这一文化类型的代表性遗存，此外还有库尔勒上户乡墓地、老巴轮台沟墓地、拜城其尔墓地等。察吾乎二号墓地墓葬分布比较分散、独立，墓与墓之间相距数米或十多米，地表用大石块垒成石堆，墓室为口大底小，墓口开在地表。墓葬既有单人葬，又有合葬，葬式仰身直肢。大部分墓葬有随葬品，多置于死者头部或散于墓室内。

随葬品主要有陶器、石器、骨器、木器、铜器、铁器等。陶器为夹砂红陶或夹有云母片，手制，制作粗糙，器型简单，以单耳高领的罐为主，其他器型很少，少量彩陶，图案简单草率，多竖条纹和方格纹。有少量的铜器和铁器。

进入早期铁器时代，昆仑山南麓分布着扎滚鲁克文化，目前将其归为古且末国的遗存。这一文化以且末县扎滚鲁克墓群为代表，还包括加瓦艾日克墓地、库兰萨日克墓地。扎滚鲁克文化的墓葬为竖穴土坑墓和单墓道长方形竖穴棚架墓。墓葬有单人葬，有合葬，多为一次葬，少数为二次葬。葬式为仰身屈肢，男女头向相反或头皆朝墓室四壁。墓中随葬品丰富，随葬品大都放在死者头侧左右，部分放在死者脚下，有的出自墓葬的填土中。

扎滚鲁克文化的居民生活在且末河岸的绿洲上，过着定居生活，其生产以农业为主，畜牧业发达，狩猎是重要的补充经济。通过随葬品可以看到这一时期手工业生产繁荣，产品种类多样，有木骨器、草编器、毛纺品、皮革制品，还出土大量食物等，另外还有陶器、石器等。在一座墓室内的婴儿干尸旁，发现一羊乳皮缝制的喂奶器和一牛角杯，这类器物十分罕见。此外，木骨器加工雕刻工艺十分成熟，广泛应用于生产和生活之中。木器、大量皮革用具和骨木制品构成扎滚鲁克文化的突出特征。

骨木器中梳的数量较多，形态各异，这些梳出土时多紧靠头骨，有的木梳出土时还插在死者的头发上，由此推知大多梳在随葬时是插在人的头发上。还有各种各样的木筒在墓中亦很常见，筒内装有女红、纺专、食物或其他生活用物。梳柄和木筒壁上有用单线条刻绘的动物纹样、几何纹样、连续的圆涡纹和卷曲的葡萄藤状纹样等。在扎滚鲁克墓地中木纺轮的种类很多，常见的有半球体和圆锥体形的，纺轮上还会刻划出几何和圆涡纹样。且末河流域，当年水泊纵横，水中有野鸭等水禽，随葬品中发现了捕捉水禽用的木网。此外，墓中出土的箜篌（竖琴），尤其引人注目，箜篌由音箱、琴颈和琴杆三部分组成，音箱和琴颈由一块胡杨整木雕刻而成。出土的花押、腰牌、刻纹骨版，上面还刻出圆涡纹样等。此外，骨木器还有针筒、木把手、勺、带扣、串珠、木弓、曲棍形器、杯、碗、罐、盘、盆、鞭、镳、绊马、木结具、扣等。随葬陶器较少，皆手制，多为夹砂灰陶或褐陶，基本素面，器型和器类相对简单，有单耳罐、折腹钵、无耳罐、单耳杯、带流罐。折腹钵比较流行，是这一文化较有特征的器物。还有少量的铜器、骨器等。

扎滚鲁克文化墓葬的部分尸体形成干尸，个别死者有文身绘面，另外还有蒙面、用金箔和面糊封口、用羊毛塞鼻以及生前流行手臂刺青习俗。死者头枕羊皮和毛线绳，有的双小腿用细毛线绳捆绑。男女均留辫、头戴帽、毛布包脚、穿皮靴或毡靴，靴皆短腰，面和底分别制作。身着袍裙或皮衣皮裤，佩木腰牌。裙衣有毛布筒裙、喇叭状裙和横缀裙，后者在下摆一侧加一块三角形布块。下着毛织裤，有织成裤和裁剪裤。内套短上衣、背心和毛布护胸等。短上衣大量发现，有套头短上衣、开襟短上衣，并在下摆处各加一三角形毛布块。发现不少毛皮背心，多是小孩穿的衣服。服饰一般用素毛布制成，大多经裁剪、缝合，衣服的下摆、袖口、开襟等的边缘处，饰以边饰，个别为织成衣。仅帽子就有五种形式，有用毡做的圆帽、高帽、护耳帽，用毛布做的方帽和编织帽等。靴有皮靴和毡靴，外套袍服（裙服）较长，有开襟长袍、套头长袍和套头长裙（连衣裙）等。

天山北坡草原地带是游牧部族驰骋的场所，是中国早期文献中所记的"草原行国"生息地区。早期的游牧部族以驯养畜群为主要生计，游牧生产四季逐水草迁徙，分四季草场，或一年之中多次更换牧场。但四季牧场都有相对固定的区域，特别是他们选择水草丰美、避风向阳的地方作为游牧的居所，贮藏草料，度过漫长的冬季，俗称冬窝子。

穷科克上层文化的典型遗存是尼勒克县穷科克一号墓地，另外还包括尼勒克县穷科克二号墓地、加勒喀斯卡茵特墓地等十多处遗址，伊犁河谷地采集到大量的属于这一时期的铜器和铁器，也属于穷科克文化时期。穷科克一号墓地位于尼勒克县喀什河南岸山前的一级台地上。墓地规模较大，墓葬分布较密集，推测为游牧民族的冬季营地。墓室口外围常用卵石围成石环、环圈，墓葬分竖穴土坑墓或竖穴土坑偏室墓，墓道常填石。以单人葬为主，个别合葬，基本为一次葬，偶见二次葬。头西脚东，仰身直肢，个别人头骨上见有人工穿孔现象，不少的个体缺少指骨或趾骨，推测是一种奇特断指葬俗。墓中随葬品较少，约有半数墓葬有随葬品，平均一件或两件，有铁、陶、木、石、铜器等。当时的人们已经开始普遍使用铁器，经北京科技大学冶金史研究所鉴定，这时期的铁器多为块炼铁或渗碳钢制成。一座墓中出有一件或数件铁器，大多残朽，少数能辨器型，多为小铁刀，个别可能是铁剑。木器较常见，多为盆等容器，用整块圆木掏挖而成，绝大多数已腐朽，只留有残的器型痕迹，个别木盆中放有羊肋骨、距骨等，盆内或一侧放一把用来切食羊肉的小铁刀。有的墓葬中出土数件羊距骨，有的羊距骨经过打磨、穿孔等处理，推测其象征财富或其他特殊意义。陶器为夹砂红陶，手制，一座墓中一两件或数件，器型简单，常见无耳罐、盆、钵和单耳杯等。部分彩陶，图案结构和风格一致，均为几何纹样，多在口沿、器腹绘几何状彩带，少量为通体彩，图案大方古朴。另外有石纺轮、砺石、骨镞、骨节约等器物随葬。

穷科克墓地的铜器发现较少，但多年来在伊犁河流域采集到这一时期的相当数量青铜器，推测与穷科克人在伊犁河谷的游牧活动有关。形体较大的有青铜武士俑、对兽铜环、铜镊，其中的承兽铜盘等可能与火祆教在这一地区兴盛相关。此外出土大量的铜斧、铜剑、铜镞等工具和武器，还有铜马衔、马镳、节约等马具，都是当时人们游牧生产生活的直接反映。另外，伊犁河谷发现的动物岩画，大多是穷科克人在转场过程中所刻画。

岳公台—西黑沟遗址群位于巴里坤县城西南东天山北麓山前缓坡地带，遗址南北宽约3公里，面积在10平方公里以上。遗址群包括石筑高台3座，这类高台主要是用于祭祀的建筑，石围居址120余个，各类墓葬300余座，岩画1000余块。其中最大的石围居址面积近900平方米，规模如此巨大的石围居址，很有可能是游牧部族的最高首领所居住的大帐。大面积的居址遗址的发现，推测岳公台—西黑沟遗址群很可能是某一古代游牧部族的统治中心——王庭的所在地。从地理条件判断，这里可能是史书记载的夏王庭。

胡须墓（即"八字胡须式墓葬"）是中亚草原游牧民族留下的另一种结构奇特的文化遗存，一般由两个或一个地表起封堆墓葬和向东伸展的"胡须"组成。地表的两封堆通常一大一小，较大的称为主墓，小的称为次墓。主墓下有墓室，内见人骨，次墓下无墓室，在原地表上常见马骨和陶器。少量胡须墓只有一个封堆。"胡须"为封堆两侧向外伸出的弧形石列，状如胡须，均朝向东伸出，长约20—200米不等或更长，通常宽1.5—2米。1927年原苏联学者在哈萨克斯坦的卡拉干达首次发现胡须墓，很长时间内人们以为胡须墓主要分布在以卡拉干达为中心的哈萨克斯坦中部地区，是塔斯莫拉文化的主要特征之一，在哈萨克斯坦的其他地方只是零星发现。近年在哈萨克斯坦以外辽阔的欧亚大草原上不断发现这类遗存，引起学术界的关注。据调查，这类遗存向东在新疆天山盆地、北疆地区和蒙古高原亦有分布，最东可达色楞格河。胡须墓是中亚草原地带广泛分布的一种很重要的文化遗存。新疆阿勒泰市西南沙尔胡松附近有一座胡须墓，墓葬地表有封堆，封堆向东延伸出两列有石阵，石阵即用石头摆列成的弧线，南北对应。其中一列石阵长40米，另一列长24米。在裕尔都斯盆地、阜康南泉村也发现该类胡须墓。

胡须墓大多是公元前7—3世纪遗存，但直到公元13—14世纪还见有类似遗存，可见这种文化现象传承到了该历史时期。胡须墓的解释多出自原苏联考古学家，他们或认为"胡须"的外观像是细长的隧道，这样修的目的被是为了"传递"灵魂；或推测两胡须围成的半圆形空间是当时部落进行祭祀活动或纪念活动的场地；或认为大封堆中埋葬的是部落酋长，而小封堆中埋的马骨则是酋长生前用的马，"胡须"则是用来保护酋长的，具有城墙的意义；或认为这种奇特结构与丧葬习俗有关，古代人在安葬死者时一定有许多人参加悼念活动，这些人在主墓外分排列座，一个石块象征一位参加悼念活动的人，按照这些人的排列，故形成了"胡须"形状的石围，它由里向外是按社会地位排列的；或认为这类建筑是出于宗教目的，并与希罗多德记述的马萨该塔伊人的宗教信仰联系起来分析，马萨该塔伊人信仰太阳神，在祭祀时以马作为牺牲，"胡须"皆朝向东方象征太阳崇拜，次墓中马骨则是祭献时的祭品；也有人坚持认为这类墓是当时社会特权阶层的墓葬，墓主人生前有着较高的社会地位。胡须墓随葬品极为贫乏，所以很难将它与当时社会中的特权阶层联系起来。但是胡须墓结构独特，而且一处墓地常常只有一两座，表明墓主人又有区别于同一墓地其他墓葬主人的特殊的社会地位。总体看来，"胡须"的地表建筑，可以从宗教学角度研究和解读，墓中的主人很可能是当时社会中的萨满。胡须墓的奇特建筑形式，可能包涵着某种更为复杂，甚至与天体祭祀相关的寓意。

游牧部族留下的另外一类重要遗存是岩画。特别是以动物形象为主要体裁的岩画，是游牧文化的重要构成因素。岩画集中发现于欧亚山地，新疆天山、阿尔泰山、昆仑山岩画广布，是世界岩画宝库重要组成部分。

在游牧部族的岩画体系中，人与动物构成的画面最为常见，这类岩画常常被解释为狩猎图，特别是持弓箭者与动物组成的画面，更被认为是对当时狩猎生活的描绘。目前，调查者和研究者在判断某幅岩画是否为狩猎岩画时认为，首先画面中要有弓箭，其次为猎人，其三是存在动物形象。岩画中的猎人（持弓箭人物）、弓箭和动物，也被称为岩画狩猎说的三要素。

中国北方岩画中有些题材明显表现狩猎内容，贺兰山岩画中就有典型例子，这幅岩画的上方是一群岩羊和北山羊，右侧是几个猎人，只见猎人挽弓搭箭，箭矢四射，被围的野羊惊恐四散，有的野羊则被箭矢射中。但在中国北方地区丰富的岩画资料中，典型的狩猎岩画十分罕见。综观包括新疆岩画在内的中国北方岩画，除少数例子外，画面风格大多一致，不论人还是动物，绝大多数都处于相对的静态，画面上看不出来持弓箭人物是一位正在捕猎的猎手，"被围猎"者更是悠然、安闲地静立于画面中，不像是正在被追捕的猎物。在持弓箭者与动物之间，由画面构图、人和动物的神态上丝毫察觉不出来他（它）们是猎者与被猎者的关系，而更多地显现出来人与动物间的亲近。构图形式上被"猎"的动物多数都面向着"猎人"迎着弓箭，有的是成群的动物面向一个或数个持弓箭者，有的是单个动物面对一个持弓箭人，有的是一群动物面对一位持弓箭人，个别为一群动物紧跟在一位持弓箭者之后。这种和谐的氛围，是要表达动物和人物之间存在的某种默契，他（它）们被一种共同的人与动物都"向往"的神秘力量所左右和控制，这种力量能使人物和动物达到共同繁衍。

　　典型狩猎岩画中动物和猎人均神态紧张，画面中的箭矢锋利，有的箭矢已射向动物。被围猎的动物陷入重围，猎犬在外围绕着围猎的人群，仰着狂吠，猎犬表现的神形兼备。如果仔细观察可以发现大量所谓狩猎画面中的箭矢端头圆凸，杆部粗壮，箭的形态与岩画中的男根接近，可以看做是箭与男根合体的形象，寓意为"生殖"弓箭。北方草原岩画中这样的图案最为常见，前面是一只静态直立的羊，后面紧跟着一位持弓箭的人物。人物绘得很小，有的只是勾出人物的外轮廓、或者绘成抽象的符号状。所持的弓箭巨大，有的箭矢与羊的臀部连接起来。这类岩画要表现的显然不是狩猎内容，在刻画图像的过程，要传达和表现的是现实人的生殖"力"与动物的繁殖力间的传通和交感。包括那些人与动物、人持弓箭，弓箭与动物的画面，实际上都在传递着生殖神力。还有一些岩画，画面直接将弓箭与男女交媾联系在一起，说明当时人们赋予弓箭某种灵性，弓箭已成为具有可以勾通神界、并能将生育能力传递到人或动物身上的特殊神力的"巫器"。弓箭作为生殖神力象征的符号，出现在世界许多地区的文化中，由史前延续到近现代民族中。理解了弓箭在原始巫术、宗教中的作用，可以帮助我们理解所谓的"狩猎岩画"狩人与动物之间表现出的亲密情形。原来他们并不是在狩猎，而是通过弓箭的神力向动物传递生殖神力，通过巫术仪式来祈求动物的丰产——这些带有弓箭的岩画更可能是对当时丰产巫术的描绘与记录。

　　动物岩画的出现与流行，与游牧经济和游牧部族有关。在游牧经济出现之前的北方草原，采集和狩猎是人们获取生活资料的主要手段，这些都是缺乏生产和生活安全的攫取式经济形态。而游牧经济是生产性经济形式，是山地草原民族生活资料的基本来源，这是生活在森林草原地带古代居民进行的一次产业革命。对于游牧民族来讲，畜群是其最基本的财产形式，是家族和部族是否能强盛的物质基础。游牧社会生产的基本目标是扩大畜群，狩猎经济只是一种补充。经济决定意识，在游牧经济的背景下，人们通过岩画这种山区地带产生的巫术形式，祈求畜群的增殖，很容易理解。这也是以祈求牧畜的丰产为目的巫术活动——刻画持弓箭人和动物岩画在北方以游牧为主的经济区普遍流行的社会原因。

　　目前为止，新疆多个地点发现早期铁器，主要有：哈密焉不拉克文化晚期的墓葬中发现 7 件铁器；吐鲁番洋海一号墓地出土一件铜铁复合的带扣；察吾乎文化出土数件铁器，其中有察吾乎沟四号墓地的 250 座墓葬出土的一件小铁刀，察吾乎沟一号墓地发掘 100 多座墓葬中出土的釜、锥、环、刀的残片；哈布其罕Ⅰ号墓地发掘数十座墓葬，见数件铁器，完整者仅一件耳环；轮台县西北群巴克墓地发掘的 40 多座墓，出土的铁器有小刀、镰刀、锥子数件等；于田县流水墓地是一种独特的文化类型，墓地的 52 座墓中有 4 座墓出土铁器残片（铁刀）。以上出有铁器的考古文化或墓地中，除焉不拉克文化的年代较早约公元前 2000 年后半叶外，吐鲁番洋海文化、天山南麓察吾乎文化和昆仑山流水墓地遗存年代的上限都在公元前 1000 年初前后，晚到公元前 5 世纪前后。从铁器出土的情况分析，公元前 1000 年初时，铁器只是零星或和偶然发现，到了公元前 1000 年前半叶的下段，铁器的数量开始增多。总的看来公元前 1000 年初前后，天山和昆仑山的大部分地区处于晚期青铜时代到早期铁器时代的交替时期。由于考古资料的限制，阿尔泰山区早期铁器出现和流行的状况还不明确，据推测出现铁器应在公元前 1000 年前后，直到公元前 1000 年中叶铁器才得到普遍使用。近年来发掘的伊犁河流域穷科克上层文化，年代在公元前 1000 年的前半叶，这一文化中普遍地发现铁器，常常一座墓冢有一件或数件，最常见的是放在陶盆或木盆内的小铁刀，而青铜器则很少出土。从铁器在穷科克上层文化流行情况推断，在公元前 2000 年末的时候伊犁河谷可能已经完成了青铜时代向早期铁器时代的转变。而昆仑山和帕米尔高原步入早期铁器时代的时间可能相对晚一些。

　　进入早期铁器时代，东西方人种集团在新疆进入新的种群大融合时期。公元前 1000 年前半叶，印欧人种支系之一长头颅的地中海东支类型居民，由西向东进入新疆西部并持续东进，其中一部分沿塔里木盆地北缘进入天山地区，与当地居民融合。体质人类学对这一地区墓地进行研究之后发现石河子南山人种组、阿拉沟人种组、苏贝希人种组均发现欧洲人种支系地中海东支类型与当地居民存在不同程度的混血。另一支则可能沿着塔里木盆地的南缘不断东进，最后直达罗布泊地区。韩康信先生曾推测："早在公元前最后几个世纪甚至更早，地中海支系的一支居民越过帕米尔高原，顺沿塔里木盆地南缘，不断移植到新疆境内，直至罗布泊地区。而历史上具有谜一样色彩的古楼兰国的建立，想必与这样的种族迁徙背景有联系。"⑦大概同时或更早的时段里，印欧人种中的另一支，短颅型的中亚两河类型人群，主要由伊犁河下游沿河谷东进，出现在新疆伊犁河上游区域，并向东达到天山东部地区。与此同时，东亚蒙古人种集团，沿天山间的绿洲通道，自东向西的迁徙从未间断过，成为新疆早期古代居民的主体成分之一。

这一时期或再晚的时候，塞人（西方文献中的萨迦）、月氏、乌孙、车师等族群，就是东西方不同人种集团在迁入新疆后，与当地原居民融合形成的，所以中亚不同族群之间，在遗传上存在着密不可分的种系关系。体质人类学家对新源县鱼塘古墓的颅骨进行了测量，该类型通常被认为是古代乌孙人的主体种系类型，测量数据体现古墓中埋葬的人群具有某些属于蒙古人种的显著特征，表明乌孙人的种族构成中应有蒙古人种的成分存在。古代车师人的遗存阿拉沟和苏贝希墓群，对其出土的标本进行分析发现该地主要是印欧人种支系中亚两河类型的居民与东亚蒙古人种混合类型，所有的这些测量数据都显示他们是来自多种族源的混合体。

第五节 史前工艺与宗教的发生

木器工艺、青铜工艺与原始宗教 地表建筑 灵魂崇拜 生殖崇拜 原始萨满教文化

与世界其他地区一样，新疆史前艺术根植于原始宗教，以原始宗教信仰为发展繁荣的土壤。新疆史前时期艺术与宗教内容丰富，表现形式多样，在世界原始宗教艺术史中占据特殊地位。新疆史前艺术与宗教的关系表现在各个方面，特别是在木器工艺、青铜工艺、地表建筑、岩画等领域表现得尤为突出。

新疆史前木器类型繁多，主要有日常生活离不开的容器和餐具、各种居住建筑构件、墓葬建筑构件、农业生产工具、游牧和畜牧用工具、

马具等交通工具，以及各种装饰品等。生活用具和各类生产工具，大多造型独特，器身装饰多样。木雕技法主要有线刻、浅浮雕、高浮雕及凹面刻，一件器物上的装饰往往多种技法联合使用。图案主要是变幻排列的各种几何纹样、具象和抽象并存的动物、人物，极少量植物纹。动物纹样有狼、羚羊、绵羊、鹿、骆驼等，还有抽象的变体动物，动物姿态有立式、卧式和反转式。写实和变形抽象的动物纹样，与各种神秘的几何符号结合起来，艺术与宗教融合为一体。相当多的木器本身就是宗教用具，类型也很丰富。这类木器有的是宗教建筑上的构件，有的是宗教祭礼活动时用的巫具，有的器物从形态上看是生活用具和工具，但并非实用器，是专门出于宗教目的而制作的。还有一部分木器，是生活中的实用器，但在宗教祭祀中也充当宗教祭器。公元前 2000 年初前后的青铜时代早期，新疆地区就流行一些与原始宗教关系密切的木器，一直延续到早期铁器时代结束，甚至更晚。随着时代的变迁，木器加工艺术、木器类型及其所反映的原始宗教内涵，都有不同的变化。其中比较典型的有木雕人像、木桶和木盒、木梳，以及突出反映生殖崇拜文化的神秘木器等。

　　青铜时代的木雕人像是史前木雕工艺与宗教结合的产物。主要发现于青铜时代的罗布泊地区小河墓地、孔雀河古墓沟、焉不拉克墓地等墓葬中，早期铁器时代在苏贝希文化发现过少量木雕人像，历史时期吐鲁番阿斯塔那墓地等，木雕人像又开始流行起来。小河墓地，是中外史前考古中发现人形雕像最多的一处遗存。这里的木雕人像从形态上分大致有四类：第一类，高 3 米左右，系用完整的胡杨树干雕成，上段圆雕出人形，下段是细长的基柱和宽大的基座，实物均为墓地采集获得。第二类，大小同真人，均出自木棺中。有的用丫形树干稍加砍削成躯干和下肢，另加两根木棍做上肢，表面用完整的动物皮紧绷；也有的用粗大的完整木头制成，肢体有一定曲线，比用丫形树干做成的人像形体细致许多，但表面不裹动物皮。这类人像大部分面部五官未经细刻，不少只是彩绘红色"X"纹，裹皮的人像在皮上开孔表现眼、嘴，有的在头上还缀有头发。棺里的这些人像穿戴打扮以及随葬品一如真人。第三类，出自一种具有祭祀性质的泥壳木棺墓中。长度 10—50 厘米不等，肢体线条粗

图上 1-11　新疆史前木雕人像　刘玉生摄

犷，五官多未表现，仅涂划有红色线条，但也有个别雕刻较细，眉弓、鼻子、双耳逼真。其形态与古墓沟墓地出土的人像大同小异。以上三类人形雕像，形态简约，工艺以砍、削为主，很少精雕细刻。第四类为小型木雕人面像，工艺精细，通常搁置在墓主人上身，其长度 10 厘米左右，椭圆面型，浮雕五官，眉弓突出，鼻梁高耸，极尽夸张。雕像表面粘贴有一层涂红的皮革，平滑并有光泽。在皮革上眼窝的部位各嵌一粒圆形白珠表现眼珠，嘴的凹槽里镶嵌一排截断的白色羽毛杆表现牙齿，有的还在额部缀一撮羽毛表现头发。几乎每件人面像都在鼻梁的位置用 7 圈细毛线绕人面一周。这些史前人形雕像多是灵魂崇拜的产物。从小河墓地的实物看，葬在棺中的木雕人像都是作为真人替代品的"木尸"；而高达 3 米上下的木雕人像，很可能代表一种特殊灵魂，被安置在墓地某特殊位置，用以护佑原始公共墓地中的诸灵魂，或用来做公共祭祀活动的道具。小型的木雕人面像，则很可能是与灵魂崇拜有关的灵偶。焉不拉克墓地发现的木雕人像较小，只刻出人像的轮廓，但特别夸张表现其男女生殖器，一些木雕人像出土时还穿有衣服。苏贝希文化中的木雕人像更为简单，多只刻出呆板的人面。这些木雕人像很有可能是早期萨满教灵偶崇拜的产物。

木桶和木盒，是史前人类装盛杂物的容器。通常在木桶的外表上刻绘有几何或动物图案。在小河墓地发现新疆地区最早的青铜时代木桶，在焉不拉克文化和吐鲁番洋海文化中发现数量较多青铜时代晚期的木制

图上 1-12　公元前 5—公元前 3 世纪洋海墓地木桶上的动物纹样
刘玉生摄

容器。洋海墓地出土多件动物刻纹木桶，其中一件木桶上采用凹面刻的方法刻出 3 只羊和 3 只马的形象。另一件木桶壁上除用植物种子粘成连续的倒三角纹外，桶壁凹面刻一周 9 只野山羊，羊的前后腿一律向前斜伸，臀部高翘，做欲奔跑状，刻线曲直流畅，动物比例适中，肢体及五官刻画形象，富于动感。另一件木桶上下沿处阴刻连续的三角纹，桶壁的中间阴刻两排动物，上排两只狼 1 只山羊，下排 3 只羊，线刻轮廓后再涂有黑彩。动物刻画细腻，狼长舌外伸，前胸部刻出兽毛，羊颔下有须，长角弯曲。

　　早期铁器时代苏贝希文化和扎滚鲁克文化出土木桶也比较多。扎滚鲁克文化也出土多件动物、植物刻纹木桶，都是研究原始宗教艺术的珍贵材料。木盒主要发现在扎滚鲁克墓葬，其中一件木盒，在盒的矩形长方面上，浮雕出一只伏卧的狼，狼腹中反向置一羚羊头，效果类似现代的透视式画面，狼的尾部，又刻画了一嘴脸朝上的狼头。还有一件鸟兽纹木雕盒，在盒面中部，刻绘两两反向式组合的鸟喙纹，四周则排布写实的鸟头纹样。还有一类木桶表面是用单线条阴刻的卷曲动物或以减地阳刻的方法刻出流畅的漩涡纹。

　　木梳在史前时期是常见的随葬品，形态各异，千差万别，特别梳的柄道，或刻成几何形，或表现为动物状。木梳不仅仅是日常生活用品，更具宗教象征意义。青铜时代的木梳，在小河文化、焉不拉克文化、洋海文化和察吾乎沟文化中都有不少的发现。小河墓地的木梳多为长方形，一般是将扁长的几根梳齿固定在一块动物的肌腱上，木梳的柄上刻出成排神秘的三角纹样，三角多染成红色。焉不拉克文化、洋海文化出土的木梳也多为长方形，柄首有的刻几何状，有的刻成动物首状，梳柄有装饰图案，同小河文化的木梳一样，多刻出成排的三角纹样。这些木梳除其实用功能外，梳体加上神秘纹饰，具有避邪祈求生殖的意义。

新疆青铜时代早期的铜器主要发现于哈密盆地、伊犁河谷、阿尔泰山地和帕米尔高原古代墓葬中。哈密盆地的林雅墓地出土铜器数以千计。这里一座墓中出土铜器一件或数十件，个别墓内不同类型的铜饰件布满墓主全身。铜器类型丰富，有耳环、鬓环、手镯、泡形饰、镂孔牌饰、扣形饰、镜或镜形饰、铃、珠、管、簪等，还有剑、刀、锥、斧、凿等工具。在伊犁河谷和阿尔泰山地，多年来也采集到不少青铜器，多为工具、武器，有斧、短剑、铲、凿、矛、锤、刀等。另外，在帕米尔高原下坂地墓地、鄯善洋海墓群以及塔里木盆地南北缘都发现有这一时期的青铜器。

在这些早期铜器中，有一些器物与当时人们的精神文化生活密切相关。哈密地区发现的各种铜饰件中，圆形铜饰数量庞大，出土数百件，其中尺寸大的称为铜镜，小些的称为镜形饰或圆形牌饰，它们多缀在衣服上，有的全身满布。但这些铜镜并非用来照面饰容，而是当时萨满巫师的道具。除了圆形铜饰外，哈密还发现一些长方形的牌饰，这种铜牌饰形态多样，制法不同，多镂孔，有的镂孔纹样像是"麦穗"。此外，还有蝶形牌饰、喇叭形铜铃铛等，造型独特，这些也多是当时巫师的装身具[①]。吐鲁番洋海墓葬中，亦可见这类铜铃、铜管，它们一起缀在男性墓主人靴腰绕系的毛带上。哈密出土的少数铜镜背面绕钮浇铸出多圈同心圆、放射线纹样，似与太阳崇拜存在某种关系。

进入早期铁器时代，由于周边不同文化的青铜器从各个方向大量涌入新疆境内，天山南北青铜艺术呈现出异彩纷呈、斑斓多姿的风貌。这一时期新疆地区的青铜器主要出自天山一线，各种动物的形象是当时器物造型和装饰纹样的主流题材。察吾乎文化中一件铜刀柄为兽首，状一俯首站立的熊；此外还出土一面动物纹圆镜，镜背绕钮铸出"线描"的卷曲的狼形象，张嘴龇牙，圆眼卷尾，而在三门峡虢国墓地中发现一件与此风格相似的铜镜；墓地出土的铃形饰，器表铸出卷体变形、类似鹰首狮身的怪兽形象，推测此物应是权杖上的杖头饰。在哈密拜勒其尔墓地发现带柄圆镜，镜柄铸成北山羊形象，在新源也采集到一件同样风格的青铜立羊。吐鲁番艾丁湖古墓出土多件动物纹铜牌饰，均铸造、镂空呈半浮雕状，背面有钮，其中典型的有双兽铜牌饰、虎噬羊铜牌饰。苏贝希墓地出土的铜饰牌，有方形边框，正面镂空铸出一只躯体扭曲成"S"形的虎。出自乌鲁木齐乌拉泊的一件牌饰，平面略为梯形，用镂空技术表示出双羊相对。从风格上看，以上铜器的动物造型、动物纹样，有的来源于欧亚草原，有的则与中国北方鄂尔多斯式青铜器有关，新疆地区尤其是天山走廊与周边地区的文化交流可窥一斑。

在天山及天山以北地区还采集、征集到大量青铜器，这些铜器的器型通常较大，主要有生活用具、生产工具、武器及祭祀用器。其中青铜短剑形式多样，部分柄首铸有纹饰。如在木垒采集的短剑，柄首铸出抽象的对视鸟首；塔城采集的双兽首短剑，剑首铸一兽头，剑格铸呈蛇形，蛇张巨嘴，吞噬剑身；伊犁采集的一件，剑首和剑格分别铸成形象相同、俯首卷体的静态动物；木垒县还采集到一件雕有马和野猪格斗纹牌饰。出自哈密花园乡的一把长刀，首部铸成鹿形。这些铜剑、牌饰、铜刀和北方草原地区卡拉苏克文化的青铜器有着密切关系，有的则与北方地区的匈奴文化有关。铜镀是这一时期常见的大型青铜容器，据不完全统计，新疆发现有 20 余件。器腹多呈圆底或尖底的罐形，下为喇叭形圈足，口沿上有立耳，就其造型样式分为方形直耳镀、斜耳镀、环形直耳镀、镂空圈足镀四种类型。铜镀是亚欧草原早期游牧民族代表性的青铜容器，被草原上众多民族所使用，这一器物不但用为烹饪炊具和盛食器，还被用作萨满仪式中的礼器①。

专门的祭祀铜器主要发现于伊犁河谷，有承兽铜盘、兽首铜环和铜人俑等。伊犁的铜盘均为方形，盘边置半圆形横耳，其中有两件的盘下部皆焊有兽蹄形或兽面形四足。新源县那拉提发现的一件镂空高足承兽圆盘，高足略呈喇叭状，盘的沿口上焊接一周 11 只立羊，盘中心有一立人，左手叉腰，右手空拳，曲臂伸于胸前，似握一物。同类铜盘在天山阿拉沟竖穴木椁墓中也出土一件，盘中央立二兽，似狮形。铜人俑目前仅见于伊犁河谷，一件出自新源县，铸造，两腿一蹲一跪，头戴宽沿弯钩形高帽，腰系短裙，袒胸，双手置于双腿上，手对握，中铸有圆孔，原应握有柱状物。高鼻，面窄，被认为有塞人特点。此外，巩留县也发现两件，形体较小。兽首铜环共发现两件，铸造，圆形凸棱铜环，铜环一端有对接的高浮雕的有翼兽，制作精美，表现了较高的工艺水平。这些祭祀铜器多被认为与塞人文化关系密切。承兽铜盘是"祭祀台"，其用途似与祆教的祭祀活动相关。兽首铜环造型与伊朗出土的萨伽金银器风格一致，表现出古代西域与伊朗的文化交流。

新疆史前地表建筑发现很少，多为墓葬的地面结构和墓葬地面标志。不同时代、不同区域和不同考古学文化史前建筑的形式，以及其反映的史前宗教内容也各有不同。年代为青铜时代早期的小河墓地，墓葬在地表上密集排列着祭祀柱，最高的4米多，柱体染成红色上粗下细，端头呈尖锥状，上端粗细变化的地方刻成台槽，并用毛绳等绑上牛头，牛面切割整齐，面额有装饰。发现小河墓地时，远远看去其地表立木像一片红色森林，上部是成排密布的牛头，透出神秘而威严的原始宗教氛围。高耸的祭祀柱以及上面捆绑的牛头，推测与太阳祭祀有关。孔雀河古墓沟墓地，墓葬依地表标志分两种类型，第一类型早于第二类型，第二类型墓葬被称为"太阳墓"。这类墓葬的地表上有比较规整的7圈环列木桩，木桩由内而外，环列有序，环圈外有呈放射状展开的列木，井然有序，蔚为壮观，俯视为一放射状的太阳形象，被认为是太阳崇拜的象征。在小河墓地采集有高3米左右的木雕人像和数千根短木楔，这些高大的木雕人像很可能是立在墓地之上的"墓地守护神"，大量的短木楔可能是用于地表建筑，其形式据推测和孔雀河古墓沟墓地墓葬地表的环形列木类同。小河墓地墓区北侧，有一座孤立的大墓，被严重破坏，从清理的残迹看，墓葬由木构的长方形墓室和梯形墓道组成，墓室为木房式，由多棱形粗木柱和宽平的木板构成，木柱位于四角及墓壁中部，上端还修出承接顶梁的凹槽，墓室前壁两侧有大量的碎泥块，其上堆放7层牛头。墓道由侧放的木板、木柱围成，底部铺一层碎泥块。墓道前耸立一根高近3米的木柱，上刻有8周凹槽。据介绍，这是一座女性墓，特殊的埋藏方式表明这位女性其生前所具有的显赫的社会地位。这些在墓葬区的立木，不仅仅是墓主人身份地位的象征，更是远古居民原始信仰的体现。

　　阿勒泰地区切木尔切克文化的墓葬，地表有石构建筑即用石板等围成方形的坟垣，有些坟垣外立有石人。洋海墓地个别规模较大的墓葬，在其外围砌一周土坯围墙，围墙内外埋藏有中小型墓，大墓则位于围墙内的中心区域，推测以这座大墓为中心，构成了当时部落内部有特殊地位家族相对独立的墓区。轮台群巴克墓地，展示了另一种特别的墓葬地表结构。它由中心墓室和周围数十座附属葬墓组成，中心墓室为半地穴木房式结构，墓室墙壁由密集排列的竖木柱组成，一侧留有墓道。中心墓室中葬数十人，埋藏过程中实施火葬，木房和人体均被烧过。中心墓室周围分布陪葬的小墓和一些用来祭祀的小坑[10]。察吾乎文化的墓葬地表用卵石围成圆角等腰三角形石围圈，其中三角形底边卵石立砌，两腰的卵石平铺，形态特征突出，是察吾乎文化中的典型因素。这种地面带有石构遗存的墓葬在伊犁河谷的天山北麓及北疆其他地区也十分流行，有的用石板或片石等围成方形或长方形[11]，有的则围以圆形。尼勒克县穷科克一号墓地中，大部分墓葬地表有规整的石圈，部分石圈中心有小的石堆。进入早期铁器时代，天山南北许多地区的史前墓葬开始出现立于地表的封堆。尤其在山前开阔的草原地带，这些墓葬的封堆一字排开，绵延数公里，十分醒目。封堆结构或为巨石堆成，或用卵石、砾石围成内外两层石圈。尼勒克县别特巴斯陶墓地的大型石圈墓，在墓葬地表土堆外侧，先后用卵石铺以石圈，石圈围砌规整，颇为壮观。大约汉代前后，主要在伊犁草原上出现了规模巨大的土墩墓，个别土墩直径达百米以上，高数十米，在辽阔的草原俨然是小的山丘。墓葬地表上的这些圆形和方形的巨大建筑，可能与祭天祀地的自然崇拜有关。

　　近年来，在新疆地区公元前1000年以后的史前时期遗存中，不断发现祭祀遗存。著名的有阿尔泰山地区的三道海子巨石建筑，这一建筑俯瞰为圆形，用石块堆成，直径76米，高15米，外有石环，直径达220米，周围立有鹿石。对于这一巨型石建筑，学术界意见不一，有的认为它是蒙古王族的王陵、或为独目人的王陵[12]，最近的研究者认为它是欧亚草原上广泛存在的祭祀太阳的神殿遗存，外国学者称其为"克莱克苏尔"[13]，其流行的年代在公元前1000年的前半叶。类似的遗存在尼勒克穷科克一号墓地中有一座，规模较小，经过清理之后发现其主要是用选好的卵石和山石围成圆形建筑⑭。尼勒克铁木里克墓地也发现一座规模较大的太阳神殿，其外围有圆形石圈，中间又石堆，石堆与石圈间有放射状石条带，石堆中间有一祭祀坑，其中葬完整的马匹作为牺牲⑮。新疆阿尔泰山腹地、天山南麓的阜康县、天山中间的巴音布鲁克草原等地区发现一类奇特的"胡须墓"，从本质上讲亦是一类祭祀遗存，它的一端是一个或两个封土堆，一个封堆下的竖穴坑中葬人，另一个封堆下埋葬马匹。

新疆史前宗教内容丰富，概括起来主要有灵魂崇拜、祖先崇拜、自然崇拜和生殖崇拜。其中灵魂崇拜、祖先崇拜最为普遍，所有墓葬都属于灵魂崇拜和祖先崇拜遗存。

高尖帽是新疆史前灵魂崇拜的一种形式，主要出现在早期铁器时代中晚期，且主要为女性的帽饰。鄯善苏贝希三号墓地出土两件，一件下有帽托，帽托上栽高柱，分为两根，下粗上细，顶端固定一细木棍；另一件出自一座合葬墓，墓内并排的成年男女合葬，推测为夫妻，男左女右，均为老年。男女各有一皮枕。男性头戴盔形毡帽。女性头戴发网，内罩黑毡卷成双角状骨胎与头发盘在前额，头顶囟式高发髻，外披长羊皮大衣，两条装饰性长袖，很像现在的藏式长袍的装饰袖，下穿彩色毛布长裙，脚蹬翻毛矮腰皮靴，戴皮手套。她头戴的毡帽，是用黑毡卷成牛角形帽饰，头发盘卷其上，外套发网为圆盘状，以黑色毛线织成，头顶栽植一高帽状毡棒，下端较粗，用毛绳系于头顶，外套黑色发网，毡棒耸立于头中央。苏贝希一号墓地一高耸的毡棒制成的帽饰，向上分叉，似羊角状⑯。鄯善县三个桥墓地的一座合葬墓内也出土一件高尖帽，戴高尖帽者为一25岁左右女性，墓中另发现一外观呈圆筒形用黑毡卷成的帽饰，上下结合处缝合平整，筒的上部分叉。克里雅河下游圆沙墓地发现一处战国到汉代的墓地，墓室葬单人，仰身直肢⑰，其中一座墓中尸体保存较好，头戴毡制的高尖帽，不同的是，高尖帽用角状铜器固定。

高尖帽是一种礼仪活动时专门的头饰，与头骨崇拜有密切关系。俄罗斯学者认为，巴泽雷克古墓中出土的假发式高尖帽，是生命树的象征，这是很有启发性的观点。原始人多认为，头部是人的灵魂居所，在人体各个部位中头部具与外界沟通的特殊神力。头骨崇拜现象的发生也

图上1-13　左：新疆克里雅人戴高尖帽　中：吐鲁番苏贝希人戴高尖帽　右：俄国阿尔泰地区发现的高尖帽　刘玉生摄

和古代人认为头骨具有别于身体其他器官的特殊神力相关。

　　新疆地区史前宗教现象中，反映生殖崇拜的文化遗存尤其突出。新疆史前生殖崇拜文化表现形式多样，内容丰富。青铜时代早期，北疆阿尔泰山区那些岩棚绘画、天山地区著名的呼图壁岩画、小河墓地等，以各种不同遗存形式，体现早期居民强烈的生殖信仰。早期铁器时代，游牧部族和半游半牧的定居民习惯用人物和动物岩画，以及刻磨出仿照和象征男根女阴的石器，表现对生殖、万物丰产的向往。这些史前生殖崇拜遗存，表明生殖崇拜文化是新疆史前宗教的一个核心。

　　阿尔泰山脉低山带的山前坡地有众多自然形成的岩棚，大者如居室，小者如龛，还有一些岩洞，有深有浅，都是古代居民遮避所。在这些石棚和山洞里，保留着远古人类的绘画遗迹。这些绘画的内容，有的属于祖先崇拜，有的属于灵魂崇拜，但最重要的是生殖崇拜。比如富蕴县唐巴勒二号岩洞，洞口圆形，洞内两处花瓣状的裂隙，外形上让人自然与生殖信仰联系起来。洞窟内彩绘32个人物，除一组手持弓箭外，其他人分组作舞蹈状。这里显然是祈求生殖的原始宗教场所。过去很少有人研究这些岩棚绘画的年代，近来有人结合欧洲旧石器时代洞穴绘画的发现，推断阿尔泰石棚绘画属于数万年前旧石器时代晚期的遗存。然而从这些绘画表现的风格和内容看，更可能属于公元前3000年到公元前2000年的青铜时代早期。

位于新疆天山深处的呼图壁岩画，是国内外罕见生殖崇拜文化遗存。画面大体分为九组。第一组，居于岩壁最上方，由一列裸体女性舞蹈图像和一个斜卧的男性组成，第三人之间，有一组对马图形，一为雌对马，一为雄对马。斜卧的男性勃起的生殖器指向9位女性。第二组，位于第一组左下方，最突出的图像为一高大如同真人的双头同体人像，在双首人像的周围，还有一些裸体男性形象。第三组居第二组左侧，位于立虎图像的右上方，有四五个裸体男性绕着一躺卧、屈腿交合中的女性图像，特点是女性呈蛙状仰卧，双腿叉开，右手上举，用浮雕手法表现了隆起的乳房，与其交合的男性高大魁梧，腹部有一人头。由此可知岩画的创作者已明白男性在孕育子嗣，创造新生命过程中的决定作用。第四组居第三组的左上方，画面的主体部分是双虎猴面人交媾图，猴面人下是两只雄虎，一大一小，头均向右方，通体刻画条斑纹，虎鞭勃起。在虎的周围，有三张待发满弓。第五组居双头同体人像的右下方，包括明显隐喻性媾动作的男女及一群欢跳的小人，其右侧，为两男一女显示交合动作。此外，还有一些显示阳具的男子形象，在双头同体人右方，站立一男子，左手持勃起的生殖器指向对面一"亭亭玉立"的女性，其下方有两排小人，上排34人，下排21人，表现热烈而整齐的舞蹈动作。第六组位于第五组右侧，这组画面的一些人物形象较模糊，画面的中心部分很突出，是一位穿长裙的直立女性。第七组位于第六组下方，主体刻画的是一列整齐舞蹈动作的小人，排成一排，清晰可数者31人，舞蹈小人的两侧各较大的男性个体，都清楚地显示阳具。在这列舞蹈小人的左右上部，还隐约可以看见七八个头像。第八组位于第七组的右方，东西延展10米，画面中心部位可以见到一个身姿造型相当标准的女性形象，在女性中穿插绘有一些男性，男根皆呈勃起状，与第七组相连的还有一列小人，约10人左右。第九组，画面中只有一位形体高大的男性，其生殖器表现醒目，指向前方。

呼图壁岩画是集中反映生殖崇拜的史前文化遗存。岩画夹填绘刻的对马、老虎、弓箭、双体人像和"连臂舞蹈"人群，具有更深层次的生殖文化内涵。过去不为研究者所注意的呼图壁岩画人物舞蹈动作本身，也是象征意义很深的生殖舞蹈符号，古代居民利用人物、动作来表现生殖欲念。

呼图壁岩画人物舞蹈动作几乎一致，其"上身稳定，两臂上、下摆动。当右臂平伸、右手上举时，则左臂平伸，左手向下，手指伸张。反之亦然"。其构图风格是呼图壁岩画人物造型上最为显目、突出的特征，岩画中人物程式化的肢体语言背后，定蕴含着某种特殊的宗教寓意。我们发现，这一符号与欧洲新石器时代陶器的一些人物造型完全一致，而这类人物造型被认为是后来在欧亚多种文化中广泛流传"卐"的来源。到了公元以后，在新疆一些地区仍看到作为生殖标记的"卐"符号。1907年，伯希和在新疆库车地区发掘吐勒都尔—阿库尔遗址，在遗址的垃圾堆里，发现两块刻有符号的土坯，其中一块上刻绘有男根，其阴茎和睾丸毕现，另一块上刻有"卐"字符[⑬]，其生殖寓意显而易见。

小河墓地里保存着大量原始生殖崇拜文化相关的遗存。小河墓地墓葬通常一墓一棺。最常见的木棺其侧板呈弧形，这种外形实际上是在模仿女阴。小河墓地的木棺前都竖立着不同形制的立木，因死者性别不同而有所区别。女性棺前立木基本呈柱体，象征男根；男性棺前立木呈桨形，象征女阴。小河墓地每座女性墓中都几乎随葬木祖，木祖出土时大多保存完好，长5—10厘米左右。通过对一些残木祖的解剖可了解其结构，在制作时，先取一段圆木，将其削刻成外形很像男性生殖器的柱状，然后一剖为二，在每片的中间掏挖长槽，槽内涂红，多填放蜥蜴，还有的填动物筋绳段、苇草以及毛发等，最后将两木片对扣成一体，外面再用毛绳（多是红色毛绳）密密缠绕。木祖随葬时常放在女尸的腹部或身侧，连女性幼婴也毫不例外拥有这种随葬品。一个女性墓葬中通常随葬一个木祖，也有个别墓中出现两个木祖。

进入早期铁器时代，天山南北的古代居民除了在岩石上刻绘动物、人物来祈求生殖丰产之外，渐渐开始流行制作石质男根与女阴，这种习俗是生殖崇拜的一种新的表现形式。在中国各地发掘的古遗址中，陶祖或石祖并不常见，但在新疆天山北坡绿洲遗址中这类石祖和石女阴成批出现，在阿尔泰山地区也有发现。这些地区的古代先民将雕磨好的石祖、石姙埋藏在地里，其用意是希望通过对人类两性关系的模拟或举行某种与两性关系有关的仪式以达到促进植物等旺盛生长的目的，这是一种原始丰产巫术。尼勒克县别特巴斯陶祭坛结构中心处有石祖，其周围还有用来进行燎祭的火坑，旁边有泉水。由民族学材料推测，原始人很可能在这里进行过象征仪式性活动。

　　木弓箭是史前墓葬中最常见的随葬品之一。这些弓箭有的是实用弓箭，有的则是冥弓和冥箭。早期铁器时代的一些墓地中还有毁弓毁箭的习俗。这些随葬的弓箭显然都具有某些象征意义，根据目前发现的墓葬推测，它们很可能代表着男性和女性的生殖力。墓地中发现了很多具有生殖能力指征的随葬品，如小河墓地出土蛇纹杆形器以及用真蛇随葬。小河文化墓葬中有成束出土的木箭，大多较长，一般都在 70 厘米左右。箭杆上都绑有两束羽毛，一束在尾部，一束在中部略偏箭尾的地方。箭杆雕刻出横向排列的小三角纹，三角形内涂红色。这些小三角不仅刻在弓箭杆上，还出现在小河墓地的木别针和其他杆状祭祀器物上，形态与弓箭上的基本相同。焉不拉克文化、洋海文化以及扎滚鲁克文化中的各类木器、彩陶纹样和毛纺织上亦经常出现类似的三角纹，且多密切排列。吐鲁番洋海墓地出土的木桶口沿下阴刻小三角，其内镶粘白果紫草的种子。三角纹也是生殖崇拜文化的象征符号，因此自青铜时代到早期

图上 1-14　左：石祖
右：石祖与石女阴　刘玉生摄

铁器时代天山地区流行这类纹饰，并非偶然现象。

　　史前时期，人们相信万物有灵，对祖先、灵魂、大自然以及生殖力充满了敬畏和崇拜。而这种原始宗教是以各种巫术形式表现出来的。古代在公共墓地下葬过程中，在岩棚绘画、岩画刻绘过程中，在游牧生产、接牲宰畜过程中，在制作生活用具和生产工具过程中，都伴随着原始宗教巫术活动，其中原始萨满担任重要角色。目前，我们所发现的新疆史前墓葬中，有些特殊的墓葬，不仅随葬品丰富，而且多有原始巫具，这些墓葬主人的身份应当是萨满。

　　小河墓地24墓是第二层中部的一座墓葬，墓主人生前是一位巫师。这座巫师墓葬结构和随葬品都比较复杂，与普遍人的墓葬区别明显。在他墓葬棺前竖一根通高330厘米的圆木柱和一副180厘米高的女阴立木。圆木柱的根部绑有一捆由芦苇红柳等植物组成的草束，草束中有一根两端被削平的粗芦苇秆、4支用毛绳缠绕的细长麻黄束和4根羊腿骨，草束上还放一块牛粪，草束旁放一件盖毡带粗毛绳提梁的大草篓。女阴立木大部分被掩埋，其两边分别插立一支冥弓和3支箭。棺内为一幅成年男性干尸，死者被一件毛织斗篷包裹全身，斗篷右侧边缘用红毛线捆扎出4个小包，内裹麻黄碎枝，尸体胸部发现一些麦粒。斗篷外，男尸腹部上大牛头。尸体的头前、足后各插一件一端嵌有人面像的木杖，靠近男尸右髋骨部放置一件蒙毡盖的草编篓。男尸头上戴深棕色毡帽，帽上密缀土黄色毛线，帽左侧插一支单杆羽饰和一枝由5根单杆羽饰组成的扇状羽饰，帽上左右各缀一只伶鼬，鼬头相并。腰系窄带式腰衣，足蹬短腰皮靴。双耳戴耳环，右手腕系7圈由小白珠穿成的手链。两小腿上各扎一根带红缨穗的棕色毛绳。男尸下半身和身体偏右侧贴身堆置大量随葬品，以木质的长杆形器为多，计有40余件，其中包括3件蛇形木雕、2件外套皮套一端扎束棕色羽毛的扁木杆、1件骨镞木箭、25件刻花羽箭、8件两头削尖的红柳棍、3件一头绕伶鼬皮的红柳棍、2件未去皮的红柳棍、身体下方还有一件细长的红柳棍。在男尸右肘内侧倒扣1件小型木雕人面像，右肘外侧放1件用红白色两色合股毛线缠绕的麻黄束。胸部和两腿间各有一支羽箭，右臂内侧也有一支。在右手下置一件马蹄形木器。男尸身下和上身两侧散置少许黄小枝，颈肩周围见一些动物碎耳尖。这座墓中随葬大量神秘的巫具和法器，其墓主人身份特殊，是小河社会组织集团中的上层人物，是原始的萨满巫师。

吐鲁番洋海一号墓地 21 号墓，墓内葬一位 40 岁左右的男性。墓主人头前立一根木棍，木棍上套着一副马辔头，尸体呈仰身其下肢右侧屈，头戴一圈用贝壳装饰的彩色毛绦带，头下发现 4 粒贝壳，可能是由彩带上掉落下来的（在洋海墓地被盗案中，缴获了古尸的发辫，辫上缀满各种铜铃、贝壳等）。死者的脖颈上有一串项链，链珠的质地分别为玛瑙、绿松石等。耳戴单圈圆形耳环，右边金质、左边铜质。引人注目的是，其右手握一木柄铜斧，外侧随葬一木钵，腰身下两个皮套，分别装有弧背铜刀和铜锥，身上放一柱状法器，为缠绕铜片的木棍。墓主人身穿毛织衣裤，足蹬皮靴，皮靴上缀铜扣，脚下摆一副羊头。67 号墓内葬一男性，尸体保存不如 21 号墓完整。死者年龄 35 岁左右，被置于木制的尸床上，头向东，侧身屈肢，身穿毛布圆领式开襟大衣，毛线织的连裆裤，腰上系花色艳丽的宽腰带，小腿上用 3 厘米宽的带子缠绕，带子上吊一串铜管、铜铃，脚穿有铜扣装饰的皮靴，尸体脚下有一羊头[⑱]。

【注释】

① 林雅文化过去称为天山北路文化，由于最早发现这一文化的地点在林雅办事处，同时天山北路文化读音时容易与"天山北麓"混淆，故建议改称为林雅文化。

② 目前考古中所见最早的小麦标本发现于甘肃民乐东灰山，也为普通小麦，用小麦做的十四测定年代为公元前 2500 到公元前 3000 年之间，但对其年代尚有争议。

③ M 沙里夫、B.K 撒帕尔：《巴基斯坦及北印度的食物生产聚落》，载中国对外翻译出版公司、联合国教科文组织：《中亚文明史》，中国对外翻译出版公司，2002 年，第 86—97 页。

④ 粟和黍颗粒于肉眼观察易于混淆，小河墓地原被认为是"粟"的作物，后经中国科学院植物研究所蒋洪恩博士鉴定为"黍"。

⑤ Candolle Alphonse de 1959 origin of cultivated plants Hafnerpub co NEW YORK

⑥ 刘学堂：《新疆早期青铜文化及相关问题初探》，《吐鲁番学研究》2005 年第 2 期。

据测定分析，天山西部青铜器多为合金，基本为锡青铜，多为铸造；天山东部青铜器少量为纯铜外，多为合金，还有砷青铜。铜器的冶铸、加工工艺高超，加工方法有铸造、铸造后冷加工、热锻、热锻后冷加工等。

⑦ 韩康信：《骨骼人类学的鉴定对考古研究的作用》，《考古与文物》1985 年第 3 期。

⑧ 李文瑛：《西北地区发现的早期铜饰与原始萨满艺术》，《丝绸之路：艺术与生活》，香港艺纱堂 / 服饰出版，2007 年，第 1—11 页。

⑨ 郭物：《镳中乾坤》，上海科学出版社，2003 年，第 108—109 页。

⑩ 中国社会科学院考古研究所新疆队、新疆巴音郭楞蒙古自治州文管所：《轮台县群巴克墓葬第二、三次发掘简报》，《考古》1991 年第 8 期。

⑪ 李金国、吕恩国：《温泉县阿敦乔鲁遗存的考古调查和研究》，《新疆文物》2003 年第 1 期。

⑫ 林梅村：《谁是阿尔泰深山金字塔式陵墓的主人》，载氏著：《古道西风——考古新发现所见中西文化交流》，生活·读书·新知三联书店，2000 年，第 85—98 页。

⑬ 刘学堂、吕恩国：《新疆三海子金字塔式"巨石冢"的文化性质及其它》，《中国文物报》2002 年 8 月 23 日。

⑭ 新疆文物考古研究所：《尼勒克县穷科克一号墓地考古发掘报告》，《新疆文物》2002 年第 3—4 期。

⑮ 周小明：《新疆尼勒克县加勒格斯哈音特和铁木里克沟口墓地考古发掘简述》，《西域研究》2004 年第 4 期。

⑯ 新疆文物考古研究所：《鄯善苏贝希墓群一号墓地发掘简报》，《新疆文物》1993 年第 4 期。

⑰ 新疆文物考古研究所：《新疆克里雅河流域考古调查概述》，《考古》1998 年第 12 期。

⑱ 详见伯希和著：《吐勒都尔—阿库尔和苏巴什》第三卷（1967），第四卷（1982），巴黎。转引自赵国华：《生殖崇拜文化论》，中国社会科学出版社，1990 年，第 198 页。

⑲ 新疆文物考古研究所等：《鄯善县洋海一号墓地发掘简报》，《新疆文物》2004 年第 1 期。

第二章

追寻两汉魏晋南北朝时期文化

两汉魏晋南北朝时期是中国统一的多民族国家发展历史上的一个重要历史时期。西域历史的发展始终受到中原王朝各政权和北方各游牧政权之间斗争的强烈影响，西域地区与中原王朝和北方游牧政权保持着密切的政治、经济、文化联系。

西汉时张骞两次出使西域，标志着绿洲丝绸之路的正式开通，东西方之间的文化交流进入到一个新的历史阶段。从西方传来的各种物种、文化艺术不断地丰富着中原人们的物质文化生活。波斯祆教、印度佛教传入内地，开阔了中原人民的视野。尤其是东汉后期佛教的传入，大大改变了中华文化的面貌。中原文化的西传与西方文化的东渐成为最具影响力的文化现象。

第一节　绿洲城郭国与农耕文化

绿洲城郭国的社会经济　制度文化　宗教信仰　语言文字　社会习俗　丝绸之路的开通

两汉魏晋南北朝时期西域南部塔里木盆地南北缘大小不等的绿洲上

存在着众多的以农耕经济为主的城郭诸国，史称西域三十六国或五十五国。楼兰文化、于阗文化、疏勒文化、高昌文化、焉耆文化、龟兹文化反映了两汉魏晋南北朝时期绿洲农耕文化的基本面貌。

楼兰，西汉时期是罗布泊地区的一个小国，西汉元凤四年（前77），傅介子刺杀楼兰王，更其国名为鄯善，王治扜泥城（今若羌县城一带）。东汉初，小宛、精绝、戎卢、且末诸国被鄯善兼并，鄯善成为葱岭以东有实力的大国。西汉时，置伊循都尉屯田其地，魏晋以后，相沿不改，鄯善成为内地王朝在西域重要的屯田之地。伴随着内地屯田兵民的进入，汉文化在当地有了一定的发展，两汉魏晋南北朝时期，佛教文化与汉文化并行该地。

楼兰以其地近敦煌，扼西域交通枢纽，自西汉开始就是历代王朝屯田之地。最初，西汉设都尉屯田于伊循城，魏晋时期，楼兰古城更是西域长史府的所在地。因此，在楼兰及后来的鄯善，实际上形成了两个截然不同的社会。

在楼兰古城周围，以屯田吏卒及民户为主，是一个以农业为主的汉人社会。在此区域内，以汉族为主体的居民在军事编制的形式下从事生产，西域长史是该地最高长官。该地实行户籍制管理，军队维护社会治安，长史府设有管理司法刑狱的辞曹，各个屯田点之间建有邮驿网络。居民信仰佛教，文化教育和社会风俗，与内地小城镇无异。社区内商业规模较大，用来交换的商品有丝绸布匹、衣物、日用品、牲畜、粮食、蔬菜等。手工业以官府手工业为主，主要加工各种生产工具和兵器等。私营手工业，主要制作服装、毛纺织品、皮革制品及日用杂物①。

西汉时期，鄯善王国更名以前的楼兰是西域绿洲城邦小国，国王以下有辅国侯、却胡侯、鄯善都尉、击车师都尉、左右且渠、击车师君各一人，译长二人。东汉时，楼兰兼并周邻的小宛、精绝、戎卢、且末等国，成为与东汉关系密切的西域强国。关于东汉后期及魏晋南北朝时期鄯善国的政治组织，学者们根据出土的佉卢文资料研究认为，它存在中央官职与地方官职两大系统。中央官职以司职命名，有监察、司土、判长、御牧、祭司、司税、书吏等，其下各有若干员吏。中央官职中有类似爵位的勋官。地方行政机构分为州、阿瓦纳（城或县）、村、百户、十

图上 2-1　尼雅出土西汉—东晋时期佉卢文木牍　刘玉生摄

户。州有州长，其下有分管军事、税收、农业、牧业、民政、司法等部门的各级官吏②。

根据出土文书可知，鄯善国王在名义上是全国土地的所有者，也是最大的地主，他以分封的形式将土地分给贵族和各级官吏。以百户、十户形式组织起来的自由民，拥有一定数量的土地，他们与贵族、官员一样，需要向国王缴纳赋税。国家中存在一定数量的奴隶。法律是维系整个社会正常运转的重要手段，大凡诈骗、斗殴、盗窃、强奸、绑架等刑事犯罪，领养、继承、租赁、抵押、买卖、借贷、婚姻等民事活动，都有相应的法律规定。

两汉魏晋南北朝时期的鄯善以畜牧业为主，有一定数量的农业和冶铁业。骆驼和驴马是畜牧业饲养的主要牲畜。农业以灌溉方式种植小麦、大麦、粟、棉花等，葡萄大量种植，盛产葡萄酒。

在西域长史营及其所辖的屯田区域，汉军士卒保持着汉文化传统，在出土遗物中发现了"九九"口诀残片、《急就篇》、《论语》、《左传》等古籍残篇。出土文物中还有使用桔梗、茱萸等草药治病的医方。用来书写公文的材料也是汉地传统的木简、丝帛，到后来纸已经大量使用。汉族军民在生活上有腊祭的风俗。人死后以汉族传统的方式实行土葬。

西汉时期，于阗是西域南道上的绿洲城郭国，以西城为都城（今和田市西约 11 公里约特干遗址），大约占据着相当于今天新疆洛浦县、和田县、和田市、墨玉县等的地方。东汉后期，于阗兼并皮山、精绝、戎卢等地，成为魏晋南北朝时期的西域南道大国。

《汉书·西域传》载："自且末以往，皆种五谷，土地草木、畜产作物略与汉同。"考古工作者也在属于两汉魏晋南北朝时期的于阗国墓葬中，发现了小麦、糜子、谷子、青稞、桃、杏、葡萄、梨、石榴、酸梅等的遗物以及羊骨和殉葬的马匹。说明于阗绿洲以灌溉农业为主，农业和园艺业发达，畜牧业占有重要地位。于阗的农业生产工具较为简单，有木质铲土器及铁镰、铁铲等。尼雅出土的佉卢文书中有引水溉田的记录，说明灌溉用水已有制度管理。畜牧业主要以饲养马、牛、羊、驴和骆驼等为主。于阗的手工业主要有冶铁业、纺织业、木器加工业和制陶业。考古工作者在尼雅遗址发现过铁炉、坩埚、陶瓴等冶铁工具及矿石、炉渣、烧结铁等遗物。纺织业又分为毛纺织和棉纺织业。毛织品是当地的传统产品，也是纺织业的主要产品。人们以毛为原料，织出各种颜色、花纹各异的地毯、鞍毯和毛布，毛布用以缝制鞋帽、衣裤、手套、袜子等。洛浦县山普拉墓葬出土的一件缀织有"武士像"和"人首马身"纹的平纹毛布灯笼裤，显示出当地毛纺织业已达到很高的水平[③]。魏晋南北朝时期，棉纺织业已在于阗出现，考古工作者在尼雅和喀拉敦遗址发现了蓝印花棉布。木器业制品有杯、碗、梳、铣、手杖、弓等，多由镟制而成。陶器业主要制造碗、盆、罐等日常生活用品，多为手工制作，偶见轮制品。于阗是东西方贸易的重要中转站，来自中原的丝织品、漆器和来自波斯、印度、大月氏以及西亚的各种毛织品、珠宝、香料都可以在这里买到。交易所用货币除了中亚、西亚喜好的金银币、源自中原的五铢钱，还有本地打制的无孔铜币——汉佉二体钱。于阗以出产美玉著名，玉石在贸易中占有重要的地位。贸易的发展有力地推动了于阗城市的发展。文献记载，于阗有许多大小不等的城镇，国度丰乐，人民殷实。

　　两汉魏晋南北朝时期，于阗人使用属于印欧语系东伊朗语支的语言，称之为于阗语。公元 3 至 4 世纪，源自印度西北部的印度俗语——犍陀罗语是当地的佛教语言，到了公元 330 年之后，于阗语成为书面用语。书写这种语言所用的文字是印度的婆罗迷文[④]。于阗语直至公元 10 世纪末以后，随着伊斯兰教取代佛教占领于阗，才逐渐退出历史舞台。特殊的地理位置决定了于阗是一个多语种的绿洲，汉语等语言也为人们所使用。

图上 2-2　山普拉出土战国—东汉时期毛织品　刘玉生摄

据《梁书·西北诸戎传》载，于阗国"王冠金帻，如今胡公帽。与妻并坐接客。国中妇人皆辫发，衣裘袴"。新疆洛浦县山普拉墓葬中出土了各种毡、毛布、锦和皮革制成的帽，套头式上衣和灯笼长裤均饰以多种颜色人物、动物、几何纹样，应当是人们习用的服装。于阗王的帽冠饰以黄金是地位的象征。国中妇女辫发，男性发式则无载。王妻可与国王并坐参加各种活动，说明妇女有较高的社会地位。在山普拉出土的部分干尸面部和手部，考古工作者还发现了刺青、彩绘文身。

据《汉书·西域传》记载，于阗国王以下有：辅国侯、左右将、左右骑君、东西城长、译长各一人。西汉统一西域以后，于阗受到中原制度文化的影响，这主要表现在礼仪制度方面。在造纸术发明以前，竹简是中原地区的书写材料，汉朝皇帝的诏书、官方文书竹简是有定制的，如尺寸大小、书写格式等，竹简的长度受竹节的制约，简的宽度受竹子直径的影响，一般宽不过 2 厘米，但木简却不受这些因素的限制。在尼雅发现的木简，其规格尺寸大致同于竹简，并且其捆扎方式也与汉地无异。这正是中原制度文化在西域影响的结果⑥。

在山普拉和尼雅的古墓中，死者身侧往往随葬有"丫"型的木权，其上缠绕刀鞘、锦帽、皮带、皮囊、绢衣、锦袋等物。有学者认为，木权是一种衣物架，古称桯㭪。"揭示着精绝社会统治集团对儒家礼制的认同，是他们对汉王朝中央统治权威的尊崇，以及汉王朝政治、文化政策在西域的具体贯彻实施情况及所取得的一定成果"。入侍质子、使节往来是汉王朝礼制、文化进入西域的重要途径⑥。

疏勒国，西汉时，东南与莎车接，南邻蒲犁（今塔什库尔干一带）、依耐，西通休循，北接尉头，都疏勒城（在今喀什一带）。至东汉中期，疏勒人口发展较快，已成为拥有二万一千户人口的大国。魏晋时期，疏勒兼并周邻的桢中国、莎车国、竭石国、渠沙国、西夜国、依耐国、满犁国、亿若国、榆令国、捐毒国、休循国、琴国等国，成为西域绿洲强国。

与西域其他绿洲城国一样，疏勒国王之下有各级军政官吏，如疏勒侯、击胡侯、辅国侯、都尉、左右将、左右骑君、左右译长等。

疏勒"田地肥广，草牧饶衍"，是以农业为主，农牧兼营的城国。考古工作者在当地发现了属于西汉以前的石磨盘、石镰、石锄、石刀、纺轮等遗物，说明了当地农牧业生产有着悠久的历史。农作物主要有粟、麻、麦等。手工业以冶炼铜、锡、铁为多，有织锦和毛织业。国内有"列市"。在灌溉农业、商业发展的基础上，东汉时期，疏勒的城镇增加了，如见于文献的就有桢中城、槃橐城等。北魏时文献记载，当地已有大城镇 12 座。城镇的增加，也是疏勒经济进一步发展的标志。由于地处西通葱岭交通要冲，受贵霜（即西迁后的大月氏）影响，信仰佛教。

两汉魏晋南北朝时期，疏勒流行犍陀罗语。犍陀罗语属于中古印度雅利安语西北方言，最初流行于古代犍陀罗地区（今巴基斯坦白沙瓦），始见于公元前 3 世纪印度孔雀王朝阿育王所立摩崖法敕，后学者将其定名为犍陀罗语（Gāndhārī）。有学者认为犍陀罗语不仅是塔里木盆地诸国佛教的经堂用语，甚至影响到当地的行政用语[7]。

高昌是在屯田基础上发展起来的城镇，魏晋时期，设戊己校尉于车师前部高昌城（今吐鲁番高昌故城）。公元 327 年，前凉设立高昌郡于此，这是郡县制首次在西域的实施。以后，高昌相继在前秦、后凉、西凉、北凉的统治之下。公元 442 年，沮渠无讳占据高昌，建立政权，从此吐鲁番盆地进入高昌国统治时期，先后经历了阚氏、张氏、马氏、麴氏几个统治阶段。

东汉灭亡以后，我国历史的发展进入到一个分裂割据的时期。地处东西方交通要道的高昌，民族迁徙频繁，社会经济文化呈现出异常绚丽多彩的局面。西晋末年，河西人民躲避战乱纷纷逃亡高昌，以至于汉人占到高昌总人口的 70%—75%。高昌地区遂形成以汉文化为主体的多元文化并存的局面。

　　传世文献对高昌社会经济的记载甚为简略，吐鲁番文书的出土使我们对当地经济情况有了更多的了解。在屯田的带动下，当地农业得到迅速发展；凭借地域优势发展起来的商业较为发达；手工业生产技术又有了新的提高。

　　农业方面，大量移民的迁入，使得高昌人口与土地之间的矛盾尤为突出。在屯田形式的编制下，高昌土地得到进一步开发。屯田制衰败以后，小农经济在当地占有重要地位，农民耕种小块的土地，内地精耕细作的生产经验得到了推广。无地的人们通过租种私田或官田维持生计。粟、麦、糜子、高粱、豆类等粮食作物，葡萄、杏、桃等果蔬以及桑麻等经济作物都在当地广泛种植。高昌商业的发展得益于其在东西方贸易中的地理位置，产自西方的波斯锦、香料、药材、石蜜、硇砂、珠宝都能在市场上买到，来自中原的商品主要是丝绸锦帛。政府通过市场管理收取交易税，麴氏高昌时，这种交易税称作"称价钱"。来自中亚粟特的商人在贸易中扮演着重要的角色，他们有的奔走于东西方之间，有的定居当地，充当行商坐贾，赚取高额利润。他们的交易量很大，往往一次买进或卖出的香料、硇砂的数量就可达数百斤。高昌地区还有专供往来官员和商人停歇食宿的客馆。手工业中，酿酒、纺织、金属、制陶业都有新的发展。文献记载，高昌生产葡萄酒，官府置酒吏管理酒库。吐鲁番阿斯塔纳墓地出土的"庄园生活图"，形象地反映了葡萄酒制作的榨汁、过滤、发酵、酿造、装罐等一系列工艺[①]。在传统的毛纺织业发展的同时，随着棉、麻的广泛种植和养蚕业的发展，棉麻纺织作为新兴的纺织工业发展起来。《南史》记高昌："有草实如茧，茧中丝如细纑，名曰白叠子，国人取织以为布。布甚软白，交市用焉。"时称棉为白叠，称棉布为白叠布。麻此时也由中原传入，并被广泛种植。普通百姓中麻布的使用多于棉布，是人们制作衣裤鞋帽的主要原料。养蚕业也是内地移民带来的，魏晋南北朝时，吐鲁番植桑普遍，推动了当地丝织业的发展。高昌能够织做品种繁多、工艺精美的锦帛，并在吸收东西方纺织技术的基础上，织锦工艺有所创新。高昌的制陶业不仅能制作日常器皿，而且一些形体巨大的陶缸也能制作出来了。在高昌故城就发现过容积在

120—180升成排放置的大陶缸，这种容器，可能用来储酒或贮存粮食，在吐鲁番出土文书中被称为"姓"。这时，专业化的生产作坊也出现了。

高昌郡时期，军事组织形式的屯田，在农业开发过程中有着特殊的意义。什伍编制下的民户开垦土地，兴修水利，推广牛耕，产生规模效应。高昌王国时期，政府继承了西晋以来河西地区实行的占田制，并在一些地方实行均田制。土地的占有形式可分为官田和私田两种。政府对占有土地的农户，登记造册，收取赋税。官私田地均可以出租，租金以实物或货币的形式支付。私田允许买卖转让，但须得到政府的许可。

高昌郡县制时期（327—443年），高昌郡下设县，县下有乡里。见于出土文书的高昌县名有高昌、横截、田地和高宁等。郡有郡属，县有县属。高昌实行的郡县制，"远承汉魏，近同晋宋，从乡里组织直到郡和军府机构完全和内地郡县相一致"⑨。公元442年，沮渠无讳占领高昌后，在高昌建立政权，高昌进入高昌国时期（443—640年）。关于高昌王国的政治制度，学者们通过对出土文献的研究获知，麴氏高昌实行君主制，国王总领朝政，中央设有吏、库、仓、民、兵、祀、都官、主客、屯田等曹。高昌令尹由世子担任，是王位的继承者。地方设郡、县二级。全国有4郡21县，郡的级别高于县，但县不隶属于郡，郡县同属中央。麴氏高昌与中原一样，使用年号，采用干支纪年。在思想文化上，以儒学为主导思想，实行学官制度。高昌公文的用语、程式、类别，也都沿袭汉魏以来中原传统；其祭祀活动中，风伯祭祀、"始耕"祭祀、"青山神"祭祖都是中原地区的传统。

魏晋南北朝时期，高昌是一个以汉语文为主，兼用多种胡语的地区。从吐鲁番出土的各种官私文书和墓表，大多都是用汉文写成，说明汉语言文字是当地官方和民间通行的语言文字。《北史》、《周书》称："文字亦同华夏，兼同胡书，有《毛诗》、《论语》、《孝经》，置学官弟子以相教授，虽习读之，而皆为胡语。"考古发现表明，魏晋南北朝时期，高昌地区尚流行多种属于印欧语系的语言文字，如吐火罗文甲种、粟特文等，它们主要应用于宗教和商业领域⑩。受北方草原民族迁徙的影响，属于阿尔泰语系的语言也在部分人群中使用。

两汉时期，吐鲁番东部地区是车师前王国的一部分，人们的社会习俗应与前王国的其他居民一样，以肉、奶和奶制品为食，服装主要是用皮革、毛布制成的。从事农业生产的以食用粮食为主。魏晋南北朝时期，大量河西汉人移居高昌，与此同时，一些游牧部族人口迁至高昌周围地区，高昌形成了受游牧民习俗影响的、以汉人生活方式为主的社会。

高昌，《周书·高昌传》称："其刑法、风俗、婚姻、丧葬，与华夏小异而大同。"高昌人的服饰原料，除传统的丝、麻织物外，白叠布和皮毛也有利用。衣着样式有中原地区传统的裆、襦、衫、中衣、丑衣、裙、脚靡（袜）、绣鞋等，也有源自游牧民族的褶、袴、靴等。高昌人普遍戴帽，帽的式样有帏帽、高顶帽等。枕、被、褥多以麻布制成，也有丝锦的。食物有粥、面饼、饺子、馄饨、粟饭，佐以酱、菜。肉食有猪、羊、牛、马肉，多煮、烤而食，从中也可见到受游牧习俗影响的痕迹。喜饮葡萄酒。居室建筑因地制宜，为半地穴式平顶土屋，冬暖夏凉。屋内有椅、凳、床等源自少数民族的坐具、卧具。高昌人死后实行土葬，崇尚厚葬。死者口中含钱，双手握木，面掩覆面。高昌王国时期出现了茔院式家族墓区。随葬品除衣物、陶器、木器等日用品外，还有墓砖、墓志及由汉代"遣册"发展来的"衣物疏"。

从车师沿西域北道向西即可达焉耆。西汉时期，焉耆国南邻渠犁，

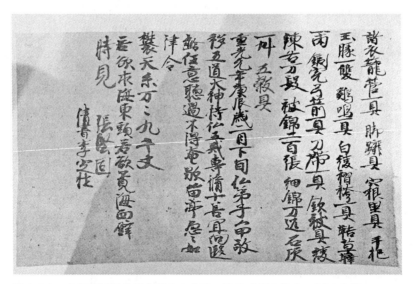

图上 2-3　吐鲁番阿斯塔那古墓出土魏晋—隋唐时期衣物疏　刘玉生摄

北接乌孙，西通龟兹，有人口三万余人，是西域北道一个人口较多的城国。魏晋时期，兼并渠黎、危须、山国，成为拥有九城，占据西域中道东段的大国。

焉耆国王龙姓，西汉时，其国除了有辅国侯、左右将、左右都尉、译长等当时西域诸城国共有的职官外，尚有击胡侯、却胡侯、击胡都尉、击胡左右君等与匈奴有关的军职及击车师君、归义车师君等与车师有关的官爵，与其地控车师进入塔里木盆地诸国交通要道成为北方游牧势力争夺的重点有关。

焉耆国地处天山南麓，占据焉耆盆地，境内有湖泊，是一个以农业为主兼营牧业和渔业的绿洲城国。

焉耆盆地土地良沃，适宜耕种，麦、粟、菽等皆有种植。耕种收获的粮食除能满足本地需要外，尚可与周边国家交换。其地广种葡萄，俗尚葡萄酒。其国北部的天山南麓山谷是适宜放牧的地区，驼马牛羊皆有饲养。在博斯腾湖周围渔业资源丰富，文献记载"近海，水多鱼"，"有鱼盐蒲苇之饶"。其国能冶铁，作弓、刀、甲、稍等兵器和农牧生产工具。魏晋南北朝时期，原本占有东西方交通要地的车师战乱频仍，焉耆则"斗绝一隅，不乱日久"，往来商旅多取道焉耆，使当地商业迅速发展。太平真君九年（448），北魏太武帝遣万度归讨焉耆，"获其珍奇异玩，殊方谲诡难识之物，橐驼、马、牛、杂畜巨万"，可以窥见当时焉耆国之富庶兴盛。

其风俗，男子剪发，女子穿着短上衣长裤。婚俗与中原地区大体相同。人死后，实行火葬，七天后即除丧服。焉耆使用吐火罗语甲种方言，文字取诸梵文①。

龟兹是西域北道上一个人口较多的绿洲城郭国，两汉时期，以都城延城（约在今库车东皮朗古城）为中心，统治着相当于今新疆库车、新和、沙雅、拜城四县的地域，强大时还曾将势力扩张至渠犁、轮台、姑墨、温宿等地。魏晋南北朝时，曾经一度迁都新延城（约在今沙雅北羊达克沁古城），统治地域大致同于两汉时期。

农业是龟兹最为重要的生产部门，主要种植麦、粟、菽、高粱等粮食作物以及葡萄、核桃、石榴、梨、杏、棉花等经济作物。农业生产工具有镰刀、犁等。在克孜尔石窟第 175 窟中,壁画中有二牛抬杠的耕作场面,说明当时人们耕种已经知道使用畜力。葡萄被广泛种植,除了鲜食外,主要的是用来酿酒。《晋书·吕光载记》说:"家有蒲桃酒,或至千斛,经数十年不败。"龟兹还从事畜牧业生产,公元 383 年,吕光攻破龟兹后,一次性从龟兹等国征调骏马万匹、骆驼两万峰,可见其畜牧业的规模。手工业中冶铁业在西域占有极为重要的地位。《汉书·西域传》记载:龟兹"能铸冶,有铅"。郦道元《水经注》卷二引释氏《西域传》曰:"屈茨(即龟兹)北二百里有山,夜则火光,昼日但烟,人取此山石炭,冶此山铁,恒充三十六国用。"考古工作者在库车县北面发现了阿艾山、可可沙两个冶铁遗址和提克买克、卡克马克两个冶铜遗址,出土了坩埚、铁矿石、铁渣、铜矿渣、陶瓴、鼓风嘴以及碎矿石用的石碾、马槽等⑫。所谓石炭,应当就是煤炭,在今库车、拜城以北的山中有大型露天煤矿,并且常年自燃。龟兹大约是我国最早使用煤炭作燃料冶铁的地区之一。手工业中纺织业较为发达,不但有毛纺、棉纺,甚至有丝绸纺织,当地生产的"龟兹锦"享誉西域。吐鲁番哈拉和卓 99 号墓出土的北凉时期的文书中,就有以龟兹锦交换奴婢的记载⑬。龟兹商业发展,东西方贸易的高额利润吸引着民间和官方商人、商队东来西去,西方的金银货币、东方的铜钱都在这里行用,龟兹还仿照中原五铢钱的形制自制汉龟二体钱(正面镌汉文,背面镌龟兹文)。

据《汉书·西域传》记载,龟兹王是王国的最高统治者,王位的继承采用世袭制。国王以下有大都尉丞、辅国侯、安国侯辅佐国王处理政治、经济、外交事务,击胡侯、都尉、将、力辅君、骑君、千长、却胡君等官爵是军队的各级统领。佛教高僧也参与政治,"常以月十五日,晦日,国王、大臣谋议国事,访及高僧,然后宣布"。龟兹国施行"杀人者死,劫贼则断其一臂,并刖一足"的习惯法。

龟兹国民有剪发垂项、断发齐颈的习俗,唯国王不剪发,将头发挽于脑后,罩于锦帽中。龟兹国崇拜狮子,其国王坐金狮子座。龟兹人产子后,有以硬物挤压使其颅骨变形的风俗。每逢年初,龟兹都要举办各种斗畜活动,观胜负以预测来年丰歉。马、牛、羊、骆驼都可以用作斗畜,活动要举办七天。龟兹人信仰佛教以后,其葬俗按照佛教的有关规

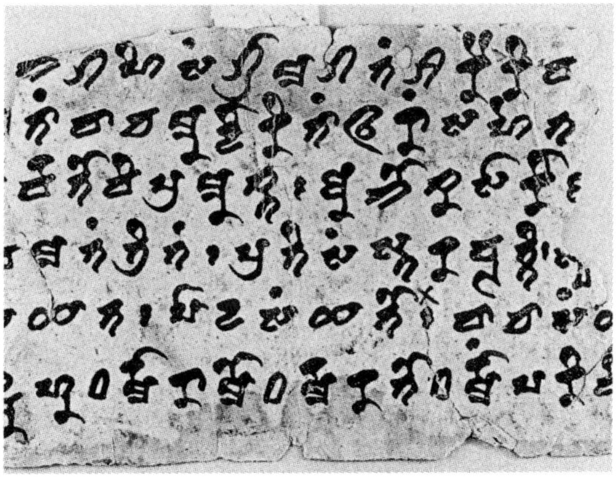
图上2-4　龟兹国时期吐火罗文（B）残片　陈龙摄

定实施。人死后，实行火葬，其亲属收其骨灰，聚而悼亡，持服七天，然后下葬。

汉唐之际，龟兹人操一种属于印欧语系西北语族的语言——吐火罗语，该语言分甲乙两种差别较大的方言，龟兹人操所谓的吐火罗乙种方言，又称龟兹语。该语言是一种较塞语更为古老的印欧语系语言。

龟兹是龟兹乐舞艺术的故乡。龟兹乐舞是龟兹人民在吸收了天竺乐、汉族音乐以及其他少数民族音乐的基础上产生的，是音乐、唱歌、舞蹈的总和。龟兹乐舞不仅在西域乐舞中占据着突出的地位，而且在魏晋南北朝时期就已经传入我国中原地区，在当时的宫廷和民间大为流行，对内地的音乐舞蹈产生了深远的影响。龟兹乐所使用的十余种乐器中，琵琶、五弦、横笛、铜钹、贝、毛圆鼓、都昙鼓是来自于天竺的乐器；箜篌是源自波斯的乐器；笙、箫、筝、鼗鼓是汉族的传统乐器；笛是羌人的乐器；羯鼓是月氏人的乐器。隋初，中原地区有三种龟兹乐，即西国龟兹、齐朝龟兹和土龟兹，这三种龟兹乐是不同历史时期出入中原的龟兹音乐与中原音乐和少数民族音乐融合后产生的三种不同形态。具体而言，西国龟兹是北周武帝宇文邕娶突厥可汗女为皇后，突厥可汗将龟兹乐队包括舞蹈、歌唱者作为陪嫁送到长安来的。齐朝龟兹是北齐原来保存下来的龟兹乐。公元384年，吕光攻破龟兹，将当地“奇伎异戏”迁至凉州。北魏太武帝拓跋焘又将凉州的龟兹乐艺人迁往北魏都城平城，公元494年，北魏迁都洛阳，龟兹乐遂流行于洛阳。土龟兹是早于西国龟兹和齐朝龟兹就传入长安的一种龟兹乐。北魏至北周时期，曹婆罗门及孙曹妙达三代都以善弹琵琶而闻名。苏祗婆精于五旦七调，所谓五旦七调是糅合了伊朗系音乐和龟兹本地音乐成分，以印度音乐理论为基础的音乐理论，传入中原后，又经华化，带有了汉地音乐的色彩。

对中原乐律的发展产生过重要的影响。龟兹舞蹈有单人舞和四人舞，和以舞曲、歌曲表演。击掌、弹指、撼头、弄眉、跷足、旋转是龟兹舞蹈的动作特点。

第二节　草原行国与游牧文化

草原行国文化　人种与语言　分布与活动　社会结构　经济生活
宗教信仰　社会风习　文化交流

两汉稍早直至魏晋南北朝时期，在西域的草原地区先后活动着为数不少的以游牧为生的部族，其中影响较大的主要有塞人、大月氏、匈奴、乌孙、车师、柔然、高车、哐哒、悦般等，他们的社会结构、经济生活类似，社会风习稍异，人种、宗教信仰、语言差异较大。他们共同创造的草原文化同样异彩纷呈，并在东西方文化的交流中产生过重要影响。

塞人，汉文文献称为塞种，一般认为他们即是西方文献中的萨迦、西徐亚人，他们广泛分布于欧亚内陆草原地带。公元前 7 世纪末，塞人已经出现在伊犁河流域，公元前 6 世纪，他们将势力扩张到锡尔河流域。约在公元前 176 年左右，游牧于伊犁河流域的塞人受大月氏的攻击，被迫南下，分散于帕米尔各地，其中一些部落进入到塔里木盆地诸绿洲。公元前 130 年，大月氏受乌孙攻击南下占领大夏，散居在这里的一部分塞人被大月氏统治，迫使另一些塞人侵入波斯、印度，并在印度西部地区建立起统治，至 4 世纪后期，为笈多王朝征服。

大部分塞人以游牧为业，但也有一些塞人从事灌溉农业和手工业。关于塞人的习俗和文化，只在西方史籍中留下一鳞半爪。阿契美尼德朝波斯大流士一世（公元前 521—前 486 年在位）的贝希斯登铭文记载了他征服的三个塞人族群，分别是戴尖帽的塞人、崇拜豪麻（hauma）的塞人和住在海对面的塞人。在功碑上还镌刻有作为波斯人俘虏的塞人形象，他们留着浓密的胡须，戴着又高又尖的帽子。这和希罗多德有关的记载可以互相印证。塞人存在祖先崇拜和自然崇拜，认为万物有灵，他们崇拜日、月、水、火，以人间跑得最快的马作为太阳的牺牲。塞人有割耳、剃头、穿鼻的丧俗。他们还将仇敌的头颅制成酒器。

1929—1950年，苏联考古学家在南西伯利亚阿尔泰山北麓发掘了属于塞人的巴泽雷克墓地，出土了包括西亚、中亚各类毛织品、战国丝织品以及反映草原艺术和东西方文化交流的木雕。塞人崇拜黄金，阿尔泰山区是印度和中亚地区大量黄金制品的原料产地⑭。大量的有翼狮身人面像和鹰头兽像与大夏古希腊艺术和古波斯艺术有关，而鹿纹、野兽纹图案、图像则是塞人草原艺术的代表作。塞人的动物纹样艺术影响甚广，远及西欧和我国整个北方草原，绵延数个世纪。塞人属印欧人种，未见使用文字，其语言属于印欧语系东伊朗语族。

大月氏，其前身称月氏，在先秦典籍中又记作"禺氏"、"禺知"。据《史记·大宛列传》记载："月氏始居敦煌、祁连间。"《汉书·西域传》记载与之略同。敦煌，学者研究认为应当是《山海经·北山经》所记的"敦薨"，后来汉武帝在该地设立了敦煌郡。祁连，有人认为是今天的祁连山，但更多的学者认为当是今天的天山。据此，大月氏西迁以前的活动中心在东起今祁连山以北，西抵今天山、阿尔泰山东麓，其势力一度达到河套地区附近⑮。

匈奴强大起来以后，受匈奴的攻击，大月氏被迫向西迁徙。西迁初居伊犁河、楚河流域，后再向西南迁徙，臣服了阿姆河流域的大夏，定都阿姆河以北，在那里定居下来。迁居中亚的月氏不断扩张领土，至东汉初，首领丘就却统一各部建立起被西方文献称为贵霜的政权。

迁居中亚以后，大月氏在当地的政治统治及其经济文化情况，中外文献多语焉不详，学者们通过研究这一时期留下的遗存，包括铭文、图像资料及钱币等，发现大月氏的生产方式、生活习俗及宗教信仰都发生了巨大的变化。当时，贵霜有发达的农业，巨大的水利灌溉工程，繁荣的城市和繁荣的文化。

关于大月氏的人种和语言，限于资料，现在仍然是学术界尚未解决的问题，不过大多数学者认为月氏人为印欧人种，操印欧语系某种语言。迁居中亚以后，他们放弃了传统的语言接受了大夏的语言，并采用了希腊文字。在信仰方面，他们也接受了大夏的遗产，改信了火祆教。

在贵霜国家巩固之后，之前已传播到这里的佛教受到了统治者格外的礼遇。在丘就却铸造的钱币上，不仅有佛像，而且有"正法之保护者"的铭文。尤其是在迦腻色迦统治时期，佛教在大月氏得到了极大的发展。信教人数大大增加，各地修建了众多的佛寺、佛塔。据说迦腻色迦王感于各部派对教义和戒律的不同看法，招集高僧大德，用梵文撰写、翻译、校对、讲说佛教经纶，统一整理出九百六十万言。这便是佛教历史上著名的第四次集结。这一时期，佛教雕像之风盛行，佛教艺术也随之兴起，犍陀罗、克什米尔都是当时著名的佛教中心。佛教的偶像化对佛教的宣传和传播起了重大作用。大月氏在佛教向中亚和东亚的传播中起了关键性的作用。佛教传入中国或与大月氏有关。最早来到中国传教的僧人便是大月氏人。《三国志》引《魏略·西戎传》，西汉哀帝元寿元年（公元前 2 年），"博士弟子景卢受大月氏王使伊存口授浮屠经"。

匈奴是两汉时期兴起于我国北方的强大游牧民族。公元前 174 年，匈奴单于罚右贤王西击月氏，《史记·匈奴列传》记："定楼兰、乌孙、呼揭及其旁二十六国，皆以为匈奴。"匈奴势力从此进入并占领了西域。游牧的匈奴贵族政权将它统辖的地域分为左中右三个区域。匈奴的最高统治者称单于，单于出自挛鞮氏，是匈奴贵族政权的最高首领，左右贤王分别是东西部地方最高长官，均由单于的子侄或兄弟担任。左贤王是单于的储副，地位高于右贤王，通常由单于太子担任。在左右贤王以下，又有左右谷蠡王，左右大将，左右大都尉，左右大当户等，号称"二十四长"，他们都各有"分地"（划定的游牧地），是世袭的大小部落首领。二十四长又各置千长、百长、什长、裨将、都尉等属官，平时负责组织和管理生产，战时带兵跟随部落首领出征。呼衍氏、兰氏、须卜氏等作为异姓贵族，主断狱讼等，辅佐单于执政。

关于匈奴的单于位继承制度，《史记》、《汉书》、《后汉书》中都有相关记载，大略以父死子继，辅之以兄终弟及。具体而言，西汉时期，单于位的继承主要实行的是不分嫡庶的成年长子继承制，当单于的继承者年幼或年少不能继承单于位时，继承者在单于的兄弟中产生，如兄弟中仍无人符合条件时，可在死者最亲近的族人中产生。单于继承制在西汉末期发生了变化，兄终弟及成为单于位继承的主要制度。

　　与匈奴所处的社会历史发展阶段相一致，部落贵族会议和母阏氏干政时常在单于位传递过程中发挥重要的作用。匈奴贵族政权是以分封制为基础建立起来的游牧政权，单于不但分封自己的子弟为王为官，同时除挛鞮氏外的异姓部落首领也是匈奴统治依靠的重要力量。分封于各地的王公贵族实际掌握着匈奴的人口、经济和军事力量，当匈奴单于位发生问题的时候，就必须召开由部落首领组成的贵族会议，通过推举方能产生合法的继承者。匈奴实行族外婚制，单于的阏氏一般出自较有实力的异姓部落，她们往往凭借所出部落的实力，在单于的继承问题上发挥重要作用。

　　匈奴的经济生活以畜牧业为主，兼营农业、狩猎业，商业和手工业是其经济重要的部分。

　　匈奴人逐水草放牧牲畜，世代过着游牧生活。牲畜是其生产资料，也是其衣食、交通的生活资料。牲畜以马、牛、羊、骆驼居多。马的数量众多，用途广泛，它不仅为人们衣食所需，也是骑乘、驮运的交通工具，还是军队的主要装备。匈奴人从小熟悉骑射，长大后编为骑兵，匈奴的军队是骑兵。匈奴的牛羊等牲畜繁盛，汉朝军队在与之的交战中，一次战役往往掳获匈奴牲畜就高达十数万乃至数十万头，也可反映出匈奴畜牧业的发达。

　　匈奴实行族外婚制，婚姻遵循"父死，妻其后母；兄弟死，尽娶其妻妻之"的收继婚制，它既是匈奴的一项婚姻制度，同时也是匈奴社会中赡养制度和财产继承制。通过收继除生母以外的庶母、嫂子，维护家族的稳定和财产的继承。收继婚制也表明一夫多妻制现象的存在。

　　匈奴人死后实行土葬，掘地为穴，堆石封丘，尸体放置于石、木椁墓中或木棺中，仰身直肢，随葬陶罐、弓矢、刀剑、马具、青铜镜、玉石、戒指等物品。死者如是贵族，墓中还随葬有金箔、丝织品、漆器、珍贵毛皮等。匈奴人有殉马的习俗。

　　根据文献记载，乌孙原本是活动于敦煌、祁连间的游牧小国，从属于月氏。匈奴强盛以后，向西击破大月氏，大月氏在向西迁徙的过程中顺便劫掠了乌孙，杀死乌孙首领难兜靡，匈奴扶持难兜靡之子昆弥继续统辖乌孙各部。匈奴老上单于时（前174—前161），乌孙在匈奴支持下，举族西迁，袭破大月氏，大月氏南迁，乌孙占据北至塔尔巴哈台山，东至玛纳斯河，西至巴尔喀什湖以东以南的广大地区，以赤谷城（约在伊塞克湖东南）为首府⑯。西迁后的乌孙，与匈奴的关系逐渐疏远。

武帝元封年间（前110—前105），汉朝封江都王刘建之女细君为公主，嫁与乌孙昆弥为妻。细君公主死后，汉朝又封楚王刘戊之孙女解忧为公主，嫁与乌孙昆弥军须靡。乌孙与汉朝的关系密切起来。公元前60年西域都护府建立以后，都护有权参与对乌孙的管理，但与西域其他地方略有不同，汉朝时常派遣官员直接处理乌孙事务。

东汉时，乌孙仍由大小昆弥分治。东汉明帝永平十七年（74），屯驻车师后部金满城的戊己校尉耿恭曾致书乌孙，乌孙大昆弥愿献名马，遣子入侍，耿恭派遣使者迎其侍子。章帝建初八年（83），东汉派遣卫候李邑护送乌孙大小昆弥使者回国，赐乌孙锦帛，又迎乌孙侍子回长安。东汉与乌孙的这种关系大约一直维持到东汉安帝（107—125年在位）即位前。曹魏时期，乌孙与曹魏政权保持着政治经济联系。公元436年，北魏派遣董琬、高明出使西域，到达过乌孙，乌孙王派遣使者随董琬于次年抵达魏都。北魏以后，文献关于乌孙的情况缺载，学者们根据零星的材料推测，乌孙受到蒙古高原新兴游牧政权向西扩张的影响，举族迁徙到了天山中部山区或帕米尔高原地区。

乌孙的社会组织，与其他游牧民族一样，是宗法的氏族、部落组织。乌孙的最高统治者称为昆弥，西汉宣帝甘露元年（前53），乌孙内部因王位继承问题产生分裂，在汉朝的调解下，乌孙自此分为两部，分别由大小昆弥统领，大昆弥是乌孙的最高首领。

据《汉书·西域传》记载，乌孙官职有"相大禄、左右大将二人，侯三人，大将都尉各一人，大监二人，大吏一人，舍中大吏二人，骑君一人"。相大禄，实际是汉人对乌孙大禄的称呼，即言在乌孙大禄是地位很高的官职，相当于汉地的相。猎骄靡时曾以长子为太子，以中子为大禄。左右大将二人，即是说有左大将和右大将各一人，负责掌管乌孙的军队，乌孙尚左，左大将地位当高于右大将，担任此职的也是昆弥的兄弟或儿子。翁归靡时，其次子大乐为左大将。侯即翕侯，是乌孙掌握实权的贵族，兼理民政与军事，或为乌孙势力较强部落的首领，有权参与乌孙重大的政治军事决策。大将都尉各一人，即左右都尉各一人①，是乌孙军队总的将领。乌孙官职中当有译长，负责对外交往中的翻译等事宜。

无论是在西迁之前还是西迁之后，乌孙都以游牧为最主要的生产方式，逐水草移徙是其生产的特点。学者研究认为，公元前2世纪到公元1世纪，乌孙社会发生了由奴隶制向封建制的转变。乌孙进入封建领主制社会后，大小昆弥是最高的封建领主，在其下是各级领主，称为翕侯。各领主都领有一定数量的部落、人民，占有一定的牧地，牧民依附于领主，不得随意离开他所属的部落⑱。乌孙的畜牧业以放养马、牛、羊、骆驼为主，马在牲畜中占有非常重要的地位。据《史记·大宛列传》记载，乌孙有的富人养马可多达四五千匹。《汉书·西域传》称：乌孙"不田作种树"，这一说法是不准确的。根据考古材料，在大约为公元前1世纪及以后的乌孙墓葬中，开始发现有谷物和农业生产工具，如石碾、磨盘、青铜镰刀以及烧焦的谷物等。说明农业已经出现，只是在当时的经济生活中所占比重很小。从乌孙墓葬陪葬品中常有陶器、骨器可以看出，乌孙有自己的手工业。手工业中制陶业占有重要地位，陶器的出土可能表明，乌孙中的一些人口已开始趋于过定居生活。乌孙墓葬中青铜器、铁器以及黄金饰品的出土，表明乌孙手工业中尚有金属铸造业。在新疆新源县发现的属于西汉中晚期到东汉时期的乌孙墓葬中，考古人员发掘出用以鞣制皮革的骨质刮刀、纺轮以及少量织物残迹，说明纺织、制革等手工业在乌孙经济中占有一定的地位。

关于乌孙的风俗习惯，文献记载极为简略，《史记·大宛列传》称："与匈奴同俗。"乌孙原居于敦煌、祁连间，邻近匈奴，乌孙被月氏残破后，又在匈奴的扶植下得以复国，因此，社会风习与匈奴相互浸染当属自然。毡帐，又称穹庐，是乌孙人的居所，肉食乳酪是乌孙人赖以生存的食物。细君公主曾作歌曰："吾家嫁我兮天一方，远托异国兮乌孙王。穹庐为室兮旃为墙，以肉为食兮酪为浆。"⑲从文献关于乌孙历史的记载中可以看出，匈奴中流行的收继婚制在乌孙社会中同样存在。如细君公主按照乌孙风俗先后嫁给了猎骄靡和其孙子军须靡；解忧公主先后嫁给了军须靡、翁归靡、军须靡与匈奴夫人所生之子泥靡。从现有考古材料看，在天山以北及伊犁河流域广泛分布着南北向链状排列的大土墩墓，

图上2-5 伊犁河流域汉代乌孙土墩墓 刘玉生摄

东起巴里坤草原，西至吉尔吉斯斯坦和哈萨克斯坦境内，考古专家认为它们是乌孙人的文化遗存。土墩墓中二次埋葬的比例较高[20]。这或许是乌孙氏族或宗族观念的反映，同一氏族或宗族的人死后，被有意识地按规律进行埋葬。

乌孙与汉王朝关系密切，双方使者往来频繁，必然会带来双方政治、经济、文化间的交流。西汉时期曾经有两位汉朝公主嫁与乌孙昆弥。细君公主远嫁时，汉朝政府赐"乘舆服御物，为备官属、宦官、侍御数百人，赠送甚盛"。细君公主来到乌孙后，又"自治宫室居"，修筑内地特色的宫殿。汉朝政府还每两年派专使送去帷帐锦绣等物品。常惠曾经率三校军队屯田于乌孙首府赤谷城，内地的农业生产技术、生产工具也可能随之传入乌孙，对乌孙农业的发展产生影响。国外更有学者认为，汉朝的军屯，不仅带给了乌孙农业生产的经验，可能还引起了部分乌孙人转入定居生活[21]。

车师，公元前1世纪时已经见于文献记载，当时又称为姑师。车师以吐鲁番盆地为中心，统治地域北面达到天山以北的吉木萨尔、奇台等地，西南面与楼兰（在罗布泊周围）相接。匈奴统治西域时，车师归右贤王统领，以后又在日逐王的具体管辖之下。由于所处地理位置是天山以北进入塔里木盆地的要道，又是西域北道的必经之地，历来为北方游牧政权与中原王朝西域争夺的焦点。西汉宣帝地节年间（前69—前66），护鄯善以西校尉郑吉领兵攻破车师，分车师为前后王及山北六国。两汉时期，车师前后王国始终是汉与匈奴争夺的重点地区。大约在2世纪中叶，鲜卑势力向西扩张，车师后王国灭亡，以后不复见于文献记载。车师前王国则一直与魏晋政权保持着通贡关系，北魏时，车伊洛、车歇、车伯生祖孙先后为王。北魏太平真君十一年（450），车师前王国被北凉残余沮渠安周攻破，车师王室成员迁居内地㉒，至此，车师前王国亦亡。

据文献记载，西汉政府将车师分为前后部及山北六国后，车师前后部分别由前后王统治。前王治交河城（今交河故城），后王治务涂谷（在今吉木萨尔县境内）。在车师前王国中，前王以下有辅国侯、安国侯、左右将、都尉、归汉都尉、车师君、通善君、乡善君各一人，译长二人。车师后王以下有击胡侯、左右将、左右都尉、道民君、译长各一人。

关于车师的社会结构，文献中记载极少，但近年来的考古材料，为我们了解当时的社会文化提供了一些帮助。1994年，考古工作者在交河故城沟北编号为1号的台地上，发掘了两组属于车师人的墓葬。两组墓葬都由中心主墓、陪葬墓和殉马坑组成。其中1号墓，地表土石封堆直径有15.2米，主墓位于封堆下圆形土坯围墙中央。围墙内有殉马坑一个，殉整马两匹。主墓的西部、南部围墙外有陪葬墓16座，围墙西侧有殉马坑24个，殉整马30匹以上。主墓虽曾经被盗扰，但仍然出土了包括鹰嘴怪兽搏虎牌饰在内的多件金质饰品。但16座陪葬墓中的10座却未见随葬品。这些埋葬在长一米多、宽不足一米墓坑中的死者，很有可能是用来殉葬的奴隶。

两汉时期的车师人居住地跨博格达山南北，博格达山北麓及其沟谷水草丰美，是游牧民族的天然牧场，畜牧业应当是车师后部及山北六国人们的主要生产方式。他们以饲养马、牛、羊、骆驼等牲畜为生。

考古工作者，已经在鄯善、阜康、木垒等地发现了属于战国到汉代的石磨盘、石杵、石臼等工具，说明汉代以前，这里就已经有了农业生产。车师前后部的交河、高昌壁、柳中、金满、后部侯城，是两汉屯田之所。汉朝士兵从河西地区携带牛、犁、籽种等农业生产资料，在这里

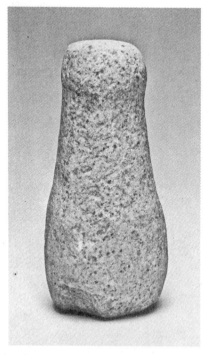

图上 2-6　木垒县出土战国—汉代石杵
刘玉生摄

开荒种田，引水灌溉，对当地的农业开发做出了贡献。在罗布泊地区出土的汉简中就记载，交河附近有储存粮食的交河仓。汉朝的屯田必然会带来内地较为先进的农业生产工具和技术，推动当地农业的发展。车师人很早就开始了园艺种植，葡萄在园艺种植中占有相当重要的地位。

车师畜牧业的发展也带动与之有关的手工业的发展。纺织业、制革业都是在对畜牧产品加工的基础上发展起来的。考古工作者已经在托克逊、木垒、阜康、乌鲁木齐阿拉沟等地发现了属于汉代或汉代以前的陶质、骨质、木质纺轮等纺织工具。木雕、骨雕、制陶等手工业在车师也有一定的发展。在交河附近贵族墓出土的一件鹿首状骨雕充分反映了工匠雕刻技艺的高超。该骨雕长 11 厘米，中空，构思奇妙、形象逼真，刀法圆润，施绘精美，是雕刻工艺的杰作。从车师墓葬中出土的青铜器、铁器可以看出，当时人们已经熟练地掌握了金属的冶炼制作工艺。在车师的贵族墓中还出土了许多金质的牌饰和其他饰品，虽然我们尚无证据证明这些物品都是当地制作的，但至少这些黄金饰物的存在表明，车师人利用他们占据的东西方经济交流要地的优势，与东西方发展贸易。

关于车师人的丧葬习俗，文献缺载，通过考古工作者的努力，才使我们可能了解到某些信息。从苏贝希、艾丁湖、洋海、三个桥、交河沟北、交河沟西等地发现的属于这一时期的墓葬，我们可以知道，车师人死后实行土葬，一般是在平地掘出圆角方形土坑，在坑底放置带四角的木板或圆木制作的尸床，将死者放置于尸床之上，以黄土或沙土填埋，地表或有封堆。随葬物品以手制红色陶器为主，陶器主要是钵、盆、罐、瓮、杯等日常生活用品。随葬品中还有铁器、金器、骨器、铜器、五铢钱、小石珠和牛羊骨肉等。铁器以刀、箭镞、环及其他铁饰件，铜器中有铜镜和五铢钱[23]。死者入殓时，着平纹衣物。若死于寒冷的季节，外加翻毛皮大衣。从随葬品中可以看出车师人视死如生的观念。

车师人崇尚黄金，在一些高规格的墓葬中，出土有黄金饰品。饰品主要是金牌饰、金箔。金牌饰上锤碟出草原风格的马、禽等动物纹样。金牌饰和金箔缝制在死者衣裤上用作饰品[24]。位于交河沟北一号台地编号为 M16 的墓葬是一座带有陪葬墓和殉坑的组墓，主墓主人被认为是车师贵族，位于地表以下的主墓被圆形土坯围墙环绕，地表上有封堆。主墓附有 9 座陪葬墓，围墙西侧的 23 个殉葬坑中殉整马 30 匹、整骆驼 4 匹。反映出墓主生前过着衣食无忧的富足生活。

考古发现证明，史前时期，车师人信仰萨满教，我们认为这种传统的信仰一直延续到了两汉魏晋时期。2003 年，新疆考古工作者对位于吐鲁番盆地鄯善县吐峪沟乡的洋海墓地进行了发掘，其中编号为 21 号的墓葬出土男性干尸一具，死者头戴羊皮帽，额系缀有海贝的彩色毛绦带，佩饰耳环、玛瑙绿松石串项链，上身穿有璎珞的皮衣，下着长裤，足蹬缀有铜扣的皮靴，鞋帮以绦条系有铜铃。该墓被发掘者认为萨满巫师墓。在另一编号为 90 号的墓葬中，出土胡杨木制竖琴一件，随葬有大麻的叶片和籽实。发掘者认为，竖琴是萨满祭祀的道具，而大麻的致幻作用，可以使人达到癫狂状态而与神沟通[25]。出土物表明，车师人当中存在着萨满教信仰。大约到公元 1 世纪左右，佛教传入车师，当地居民信仰的是小乘教派[26]。5 世纪中叶以后，车师被吐鲁番盆地东部的沮渠氏高昌政权兼并，

图上 2-7　洋海古墓出土史前萨满干尸
据《新疆文物》2004 年第 1 期

实现了吐鲁番盆地的统一。

柔然，又称作蠕蠕、茹茹、芮芮等，是公元 4 世纪初自拓跋鲜卑中分离出去后发展起来的我国北方民族。4 世纪七八十年代，游牧于阴山之北。公元 402 年，其首领社仑统一漠北草原各部，自称丘豆伐可汗，建立起奴隶制政权。柔然政权建立以后，它在联合后秦、北燕、北凉等割据政权，与北魏争夺漠南地区的控制权的同时，将势力深入西域，控制了焉耆以北的东部天山和阿尔泰山地区。公元 555 年，其统治被突厥推翻。

柔然的最高统治者称为可汗，可汗之下设许多大臣辅佐管理内外事务。其中，国相，主要管理行政、外交，是文官之首，相当于内地政权中的丞相；国师，掌管宗教事务，由圣僧人担任；俟力发，地位极尊，掌管一方之军权，通常由可汗的兄弟担任；吐豆发，地位仅次于俟力发；俟斤，位在吐豆发之下^②。以上柔然官职，除国相、国师主要掌管行政、外交、宗教事务外，其余官职皆主典军事兼理民政。作为一个游牧的军事政权，柔然从可汗、大臣直至基层都是按军事编制的。牧民平时放牧，战时出征，兵民合一的组织是与其游牧社会相一致的。

《宋书·索虏传》记载，柔然主要从事游牧，"无城郭，逐水草畜牧，以毡帐为居，随所迁徙"，"冬则徙度漠南，夏则还居漠北"。柔然的畜牧业发达，牲畜数量极多。柔然的饲养的牲畜中，马、牛、羊、骆驼是柔然的主要牲畜。狩猎是游牧经济的补充。柔然统治后期，有了农业，主要由被掳掠而来的汉人从事。柔然的手工业主要有冶铁、造车、制铠甲、造穹庐毡帐及制毛毯、毛裘等皮毛、皮革业。柔然还发展了商业，与中原地区、周边及中亚地区进行贸易交换，输入粮食、丝绸、铁器及其他生活日用品。

柔然的语言属于阿尔泰语系蒙古语族，与鲜卑语接近，又受突厥语族语言的影响。《宋书·索虏传》说，柔然早期没有文字，"不识文书，刻木以记事"，后期广泛使用汉语文。

柔然的风俗习惯大都与自匈奴以来的蒙古草原所盛行的相似，"编发左衽"，编发即辫发，是柔然妇女的发式，而男子则髡头。服饰与草原传统服饰略同，衣袖袍，着长裤，穿皮靴。以东面为贵，有将仇敌的头颅制作酒器的习俗。柔然实行部落外婚制，收继婚制也很盛行。

南北朝时期，与柔然密切相关的是高车，高车又称为敕勒，铁勒，都是南北朝时期对操阿尔泰语系突厥语族各民族的统称或泛称。高车国最强盛时，东北至色楞格河、鄂尔浑河、土拉河一带，北达阿尔泰山，南服高昌、焉耆、鄯善，西接悦般，东与北魏相邻。由于占据着东西方民族迁徙和经济文化交流的必经之地，高车立国后，与周边民族政权战争不断，先是与柔然、吐谷浑交战，失去了对高昌、焉耆的控制，接着受在中亚立国的嚈哒进攻，国内部众分散。公元 541 年，被柔然阿那瓌击破，高车亡国。

敕勒之所以被形象地称为高车，是因为他们使用的交通工具"车轮高大，辐数至多"的缘故。高车以游牧为业，以放养牲畜为生。氏族、部落是高车人的基本社会组织形式。高车人内部还残留着一些母系制的残余，在男方迎妇之日，要在女方家留宿一夜。高车人崇拜自然，保持原始的萨满教信仰，禁忌雷霆，巫祝不仅是祈福禳灾的重要角色，同时担任着为人们治疗疾病的任务。高车人死后实行土葬，有杀畜殉葬、燎骨祭祀的风俗。高车人喜爱歌舞，每逢重大集会，除了祭祀天神，还举行赛马活动，歌舞作乐，"游绕歌吟"。宋代郭茂倩编辑的《乐府诗集》中就保存了他们著名的民歌——《敕勒歌》。这首优美、粗犷的民歌，是中国文学史上的佳作之一，对隋唐以后汉语诗词的创作产生了巨大的影响。

据《梁书》记载，嚈哒是车师的别部，《魏书》、《北史》则记载，嚈哒是大月氏种类，高车之别种，源出塞北，后自阿尔泰山南迁至车师一带。嚈哒是典型的游牧部族，畜牧业是其主要的生产方式。马牛羊骆驼是其主要的生产资料。西迁以前，嚈哒以毡帐为居，无城郭。人皆善射，着小袖长身袍，以金玉为带。其俗贵女子。人死后实行土葬，以木椁入殓，富者垒石封堆，贫者掘地而埋。有劓面割耳的习俗。西迁至中亚以后，受当地的影响转为定居，开始从事农业生产。在其领地内的撒马尔罕、巴尔赫等地原本就是商业发达的地区，占据中亚和丝绸之路南北道的优势，使其顺利地将战争中夺得的财物与周围地区进行交换，商业随之发展起来。定居、农耕和通商无疑会使其原有的政治制度和社会习俗发生重大改变。迁居中亚以后，哒人接受了祆教，除祆教外，哒还受到了基督教（主要是聂思脱里派）和婆罗门教教派的影响。西迁后，受萨珊波斯的影响，婚姻制度中出现一夫多妻制，发式也改为剪发。

悦般也是南北朝时期西域的一个重要部族。据《北史·西域传》记载，东汉时，北匈奴被车骑将军窦宪打败后西迁康居，其羸弱不能去者留居龟兹以北，遂有其部。4世纪初，曾与柔然交好，后两国关系恶化。448年，悦般遣使至北魏，要求与北魏联合共同攻打柔然。北魏太武帝即于是年北击柔然。公元5世纪末，哒向东扩张，悦般或亡于此时，隋代悦般之名不再见于文献记载。

《魏书·西域传》载："其风俗言语与高车同"，知悦般仍然保持着传统的游牧生产生活方式。悦般人甚爱清洁，"日三澡漱，然后饮食"，斥"不浣衣，不绊发，不洗手，妇人口舐器物"的柔然为"狗国"。悦般人信仰巫术，其巫能招致雷雨狂风大雪。

第三节　屯垦文化的初兴

西域屯垦的兴起　屯田点的分布　农作物和农业生产技术的传入育蚕和丝织技艺的播布　汉语文的使用　多元的信仰　中原制度文化的传播

屯田是由政府组织、按一定军事编制管理的垦殖活动，在我国内地秦代已有，开办于西域则始于西汉。屯田以屯田者的身份不同可以划分为军屯、民屯、犯屯等形式，两汉魏晋南北朝时期西域地区的屯田以军屯为主。屯田在保障边疆地区的安全和促进边疆地区的经济开发方面起着重大的作用，因而为我国历代中央政府效法沿用，在新疆持续了很长时间。随着屯田的开办和规模的扩大，内地迁居西域者增多，逐渐形成了以汉文化为主体的散布各地的绿洲社会，形成异于周边的文化形态。屯田的开办使内地先进的农业技术、水利灌溉技术、纺织工艺传入西域，促进了当地经济的发展。屯田者也带来了其自身的民间信仰、生活习俗等，内地的制度文化也开始在西域实施。屯田文化促进了不同文化之间的交流，有利于中华文化的形成和发展。

　　西汉王朝在西域屯田与当时的政治形势和新疆的自然环境有着密切的关系。匈奴是汉代雄踞我国北方的强大游牧政权，汉初控制着西域等广大地区，时常南下扰略，对汉朝构成严重的威胁。为解除匈奴的威胁，汉武帝继位以后，在对匈奴进行反击的同时，积极谋求联络西域，断匈奴右臂，经营西域。西汉一方面派遣大量使者携带财物"赂遗"诸国，以加强相互间的联系；另一方面和亲乌孙，与之结成联盟，夹击匈奴。虽然这些措施起到了一定的成效，但由于西域诸国畏惧匈奴，加之匈奴派兵屯驻车师，威胁乌孙，在这种形势下，汉朝统治者认识到如果不派遣军队进入就难以将匈奴的势力驱逐出西域，也就达不到击败匈奴解除威胁的最终目的，对西域用兵成为一种必然的选择。元封三年（前108），汉遣从骠侯赵破奴率属国及郡兵数万西击车师、楼兰，俘获楼兰王，打击了车师，太初元年（前104）和三年（前102），武帝遣贰师将军李广利两次率军远征大宛（位于今费尔干纳盆地），大败大宛，西域诸国为之震动。之后，汉朝为了吸取历次用兵西域和往来西域的使者所遇到的粮食等供应问题，开始在西域屯田。《汉书·西域传》载："于是自敦煌西至盐泽，往往起亭，而轮台、渠犁皆有田卒数百人，置使者校尉领护，以给使外国者。"这是西汉在西域地区最早的屯田，时间大约在公元前101年左右⑱。此后，以军事行动和维护统治为目的的屯田逐渐在西域发展起来。

　　从西汉西域屯田点的分布来看，它们集中分布在西域的战略要地和交通要道上。轮台、渠犁在北道中段，是西域的中心，汉朝屯田于此可以兼顾丝路南北两道，对西域进行有效统治，西域都护的治所即选择在地近渠犁的乌垒，与渠犁田官近，这里成为西域的政治、军事中心。车师，是丝路北道的要冲，也是匈奴进入西域的咽喉，这里向西可以连结乌孙，向南可以联系丝路北道诸国，战略位置十分重要。比胥鞬，位于吐鲁番盆地的东部，是匈奴自伊吾、巴里坤进入吐鲁番盆地的交通要地。它们也成为西汉西域屯田必选之地。

　　西汉在西域的屯田不仅满足了驻军的需要，从事屯田的士卒也为西汉王朝统一西域发挥了重要作用。西汉西域屯田点的合理分布，不仅保障了西域与中央王朝交通道路的畅通，而且为维护汉朝在西域的统治发挥了重要的作用。

效仿西汉王朝，东汉在西域也进行了屯田，屯田地点主要集中分布在伊吾卢、车师、疏勒、于阗等地，虽然也大多处于战略交通要地，但受到东汉王朝保守的边疆政策的影响，这些地区的屯田时断时续，屯田的效果也没有西汉时那样显著。

东汉永平十六年（73），东汉遣窦固攻破匈奴呼衍王于天山，即在伊吾城首开屯田，并置宜禾都尉管理屯田，但此后伊吾屯田屡屯屡罢。东汉开设伊吾屯田的同时，也在车师进行屯田。车师的屯田分设两处，一处在车师前王国的柳中城，一处位于车师后王国的金满城，分别以戊、己二校尉领护，各有田卒数百人。与伊吾的屯田一样，建初元年（76），东汉迎还都护，罢车师屯田。永元二年（90），窦宪攻破匈奴，东汉再次恢复了在车师的屯田，以戊己校尉各领士卒数百人，分别在前部的高昌壁和后部的侯城屯田。延平元年（106），西域发生变故，车师屯田罢撤。延光二年（123），张珰上"西域三策"经营西域，朝廷采纳了中策，次年以班勇为西域长史率施刑士五百人屯田柳中。班勇以柳中为据点，归降焉耆，西域龟兹、于阗、疏勒等十七国皆来归降。柳中的屯田后来进而扩大到车师后部、伊吾等地。

疏勒是西域较大的城国，也是南北丝路的交汇之地。永平年间，汉遣班超出使南道诸国，班超用计俘获疏勒王，在疏勒站稳了脚跟。建初五年（80），在班超的建议下，东汉政府派徐干为假司马率领驰刑及义从千人，赴疏勒屯田，后班超遣其去于阗屯田。建初九年（84），东汉朝廷

图上 2-8 尼雅出土汉代"司禾府印" 刘玉生摄

再遣假司马和恭率吏士八百人至疏勒屯田。此外，东汉政府还在精绝、鄯善等地进行过屯田。1959年，新疆考古工作者在民丰县征集到一枚从尼雅遗址出土的"司禾府印"，当是东汉在精绝设立的管理屯田的机构的印章[29]。

综观东汉时期的西域屯田可以看出，大凡在西域实行屯田和屯田扩大之时，便是东汉较为稳固地统治西域之际；反之，凡是东汉裁撤屯田之时，也是东汉难以控制西域之际。东汉政府虽然也在西域屯田，但是由于其保守的边疆政策，对西域的经营缺乏连续性，故东汉在西域的屯田没有能发挥其应有的作用。

东汉以后，中国历史进入一个较长时期的分裂割据时期——魏晋南北朝时期。魏晋时期，中原王朝也曾在西域屯田，主要集中在楼兰、高昌、尼雅等地。

楼兰是丝路的咽喉，魏晋两朝都曾在此屯田，楼兰故城就是魏晋时期管理西域事务的最高军政长官西域长史的治所[30]。楼兰地区发现的木简也反映出魏晋王朝曾经在这里组织过屯田[31]。高昌从汉代的高昌壁发展而来，是两汉时期重要的屯田之地，魏晋王朝也屯田于此，是戊己校尉的屯驻之地。

曹魏第一任戊己校尉即是张恭。魏晋南北朝时期，由于内地战乱，大批内地人民避居高昌，这一时期高昌屯田的规模、持续的时间都超过

图上2-9　汉代楼兰聚落遗址　刘玉生摄

了两汉时期，高昌俨然形成了一个以汉文化为主体的社会，不仅内地先进的农业生产技术、灌溉技术、生产工具被引入高昌，内地的政治制度、土地制度也在这里实施，伴随大量内地人口的迁入，内地的宗教信仰、社会习俗也被带到了西域。魏晋南北朝时期是包括高昌在内的吐鲁番地区政治、经济、文化全面快速发展的重要时期[32]。

在屯垦区内从事屯垦的士卒和百姓来自全国各地，尤以陕、甘为多。远居西域的汉族，保持着传统的社会生活，主要从事农业生产，兼营畜牧业、手工业、商业。生产工具主要是铁器，他们开沟修渠，溉田生产。他们种植的农作物中，既有当地的特产，也有从内地引进的品种。粮食作物主要有粟、稷、麦、黍、豆类、高粱、胡麻等。果蔬主要有葡萄、核桃、梨、桃、杏、石榴、葱、蒜、胡萝卜、芹菜、芫荽等。

西汉至魏晋南北朝持续的西域屯田不仅有利于巩固中央王朝对西域的统治，维护当地的稳定，而且中原先进农业技术、灌溉技术和丝织工艺的传入，有利于提高当地的生产力水平，促进了西域地区的经济开发。

高粱在我国有悠久的栽培历史，我国是高粱的原产地之一。在时代可以早到汉代的焉耆县萨尔墩旧城遗址的窖穴内，考古工作者发现了高粱籽实[33]。我国内地是杏、桃等水果的原产地，考古工作者在洛浦县山普拉墓葬中发现了杏核与桃核，说明葡萄、石榴、苜蓿等作物传入内地的同时，汉晋时期内地的一些农作物也传入了西域。同样，水稻种植也起源于我国长江中下游地区，有学者根据零星的考古资料推测，汉晋时期西域的某些地区已经开始种植水稻，这可能是通过屯田士卒引种的[34]。

屯田的士卒还将内地先进的农业技术和铁制农具传入了西域。西域铁器的使用虽然早于内地，但直到汉代作为农业工具的铁器仍然很少，说明西域诸国铁器制造、冶炼手工业已落后于内地。《汉书·陈汤传》曾记：西域胡人“兵刃朴钝，弓弩不利。今闻颇得汉巧……”由于汉朝屯田而传入西域的铁制农具及冶炼技术，促进了当地冶铁手工业的发展。在近代新疆考古调查和发掘中，曾在民丰县尼雅遗址、洛浦县南的阿其克山等地发现汉代冶铁遗址，在库车县北阿艾山发现汉代冶炼坩埚、矿石和废渣等[35]。汉代尼雅遗址中出土的铁镰刀，与今天陕西关中地区农民使用的镰刀形状相同。伊犁昭苏汉代乌孙墓中出土的铧犁与汉代中晚期礼泉、长安等关中地区使用的"舌形大铧"形制相同。汉代牛耕技术也伴随屯田传入了西域，在罗布淖尔出土的晋简中，有西域长史在当地推广牛耕技术的文字。

地处内陆的新疆，气候干旱，降雨稀少，水在农业发展中占有重要地位，农业生产依赖于水利灌溉。在若羌县米兰古堡附近，新疆水利工作者发现了古代灌溉系统。该灌溉系统与米兰河相通，"干渠全长8.5公里，渠身一般宽10—20米（包括渠堤宽度），渠高3—10米。……支渠总长，8.4公里，……小的斗、农、毛渠，阡陌纵横，密布于各支渠间为灌溉面积上"㉟。更重要的是，部分土壤剖面尚残留犁沟痕迹，表土及地表堆职物中发现了麦草和麦粒穗，证明其为昔日耕耘的土地。考古学者认为，该地正是汉代伊循屯田的区域㊲。

内地的纺织品、铁器、造纸技术、漆器等传入西域，使西域的商业因中西方贸易的繁荣而更为发展。正如《后汉书·西域传》所记："立屯田于膏腴之野，列邮置于要害之路。驰命走驿，不绝于时月；商胡贩客，日款于塞下。"作为中西方贸易的通道和中转站的西域诸国，其商业也随着屯田的开展而日益发展。近代以来，在新疆的考古发现中，汉代内地的纺织品、漆器、铁器等物品的数量、质量均十分惊人，而内地对西域的产物如良马、葡萄、毛织品、玉器、珠宝等的渴求，反过来又促进了西域商业甚至毛纺织业、玉器等手工业的发展。

众所周知，养蚕和以蚕丝制作丝绸起源于我国内地，早在史前时期，我国黄河、长江流域的一些地方就已经开始养蚕织帛了。西汉以来，中央王朝在西域兴办屯田，一批批从事蚕桑生产的中原人以不同身份进入西域，至迟在汉晋时期，西域地区已经知道育蚕和用蚕丝织造纺织品了。在民丰县尼雅遗址新疆考古工作者曾发现大量枯死的桑树，在该遗址出土的简牍中有"□谷□于仓蚕"的记录，更为重要的是考古工作者采集到属于东汉至晋时期的蚕茧一枚，该蚕茧长3.2厘米，最大宽度2.5厘米，重0.2克，呈橄榄形，表面一端有蚕蛹出茧之孔洞。蚕茧的发现表明汉晋时期西域地区就已经开始育蚕了㊳。至公元5世纪，西域地区的蚕桑丝织业已经相当发达，在吐鲁番地区，不仅普通的农户养殖桑蚕，就连寺院中也有不少人养蚕缫丝。于阗、焉耆、龟兹、疏勒等地都出现了桑蚕生产。蚕桑事业的发展，有力促进了丝织业的兴盛，品种繁多、工艺精美的各式织锦在市场上销售，有的还作为商品或贡品输入到周边地区。西域地区的织锦多采用当地熟悉的制作毛纺织品的传统纬线显花工艺，同时也受中原平纹经锦结构的启发，用地产加捻丝线仿中原丝织物图案花纹织出锦绦。在尉犁县营盘出土的丝织物上，发现有大量贴金印花织物，贴金印花是以金箔或金屑粘贴于织物上形成各种花纹的特殊工艺，该批织物是迄今为止在我国发现的最早的贴金印花实物。

育蚕和丝织工艺出入新疆后，又继续西传至中亚、西亚乃至波斯、罗马。西方人最初对养蚕取丝之法根本无知，他们错误地认为"丝生于树叶上"，取之，湿之以水，理之成丝。但到了魏晋南北朝时期，不但与新疆邻近的中亚地区已经能够织出华美的锦帛，就连更西的波斯，其王公大臣也多衣锦袍了。《魏书·西域传》记载，康国产锦，丈夫多衣锦袍。《隋书·何稠传》记，581年隋朝刚刚建立，"波斯尝献金绵锦袍，组织殊丽"。在波斯文中 pile 一词意为蚕茧，可能源自于阗语 birā。这说明波斯开始育蚕，很有可能是通过于阗传进的蚕种，时间应在5世纪中叶以前，因为出土文书资料显示，5世纪后期，波斯生产的锦缎已经非常有名，并且开始东传进入了吐鲁番地区。丝绸同样在远处地中海沿岸的东罗马帝国上层社会风靡一时，他们也在君主查士丁尼（527—565）统治时期，如愿以偿地获得了西传的育蚕技艺，从而发展起来自己的丝织业。

丝织品虽然在魏晋时期在西域得到较快的发展，但这一时期，麻织品在各类织品中始终处于首要地位，新疆出土了丰富的各类麻类织物。高昌出土的大量属于汉晋时期的麻制品大多来源于内地，是内地与新疆经济和文化交往的实证。

汉语汉文是屯垦区人们使用的基本语言文字。受其影响，西域一些土著居民也学习和使用汉语文。从罗布淖尔地区发掘出的"九九"口诀残片、《论语》、《左传》、《战国策》、《急就篇》残卷以及算术、占卜、阴阳书、医方等，反映出汉代屯垦区内基本的汉文化面貌。《北史·高昌传》记载：高昌有"毛诗、论语、孝经"，并"置学官弟子，以相教授"。《周书》、《隋书》记载，高昌有"五经、历代史、诸子集"，且高昌王"于

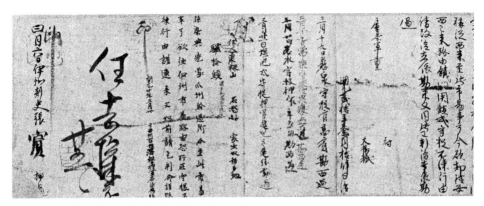

图上 2-10　吐鲁番出土唐代汉文文书　刘玉生摄

坐室内画鲁哀公问政于孔子之像"，儒学不仅是文化教育的主要内容，而且是高昌治国的理念。

　　儒释道并举是高昌地区人们精神生活的重要特征。大约在公元 1 世纪左右，佛教就已经传入西域，为绿洲居民所信奉。佛教为高昌等以汉人为主的社会所信仰则始于前凉。《魏书·释老志》载："凉州自张轨以后，世信佛教，敦煌地接西域，道俗交得其旧式，村坞相属，多有塔寺。"作为前凉的属郡，高昌自不例外。北凉统治者大力推广佛教服务于其统治，来自于河西高昌著姓张、马、阴、索、阚无不建有大寺。《沮渠安周造寺碑》反映出儒家经典与佛教教义在高昌并行不悖。高昌与张掖、姑藏间的僧侣往来频繁，高昌汉译佛学经典多来源于河西，也有两地僧侣共同翻译的。魏晋南北朝时期高昌凿开的石窟有吐峪沟石窟、柏孜克里克石窟、雅尔湖石窟等，石窟形制与内地同期石窟基本相同。石窟绘画从内容到风格上早期都受到印度及犍陀罗艺术的影响，后来，内地画风逐渐与西来的画风相融合。在高昌的世俗生活中，中原传统的原始宗教信仰和道教观念也一直发挥着作用。

　　高昌人还崇拜自然神，出土文书中有以羊祭祀"风伯、树石、清山神、大坞河"等。伏羲女娲作为汉民族传说中的始祖，中原地区在东汉后期甚为流行，吐鲁番阿斯塔那出土了数十件伏羲女娲绢麻画，画中伏羲女娲人首蛇身，交尾相拥，伏羲左手持矩，女娲右手执规，周围饰以星象图。该类绢画或覆盖于棺和尸身上，或悬挂于墓顶、墓后壁，反映了高昌民间祖先崇拜和生殖崇拜的习俗，也是寓居西域的汉人缅怀祖先，遐思故土的特殊心理反映。

1906 年，英国学者斯坦因在新疆尼雅发掘出一批 3 世纪左右的佉卢文文书。其中，第 565 号文书中有"星宿日蛇日，万事皆凶；星宿日马日，宜向东方和西方旅行；星宿日羊日，宜洗头；星宿日猴日，宜裁缝衣裤；星宿日鸡日，万事皆易"等文字。学者们研究发现，该文书的结构、纪日和占文内容等主体方面都源自中国内地的日书。在居延甲渠候官新出的汉简中，有一枚可在睡虎地秦简甲种《日书·嫁子》中找到相似内容的日书残简。日书的思想由汉晋时期到尼雅等西域地方屯田戍守的士卒带到当地。日书中也蕴含了大量当地和印度等地的思想文化习俗，很好地体现了东西方文化的交融。

西汉开始在西域开办屯田后，中原地区的军政管理制度也随之在屯田区内实施。在汉武帝、汉宣帝时期，屯田由"使者"、"使者校尉"、"司马"、"都尉"统领；西域都护设置后，"屯田校尉始属都护"，西域都护成为管理屯田在内的西域军政事务的最高长官。都护之下有副校尉、都尉、司马、令史、千人等负责各级屯田。公元前 48 年，西汉政府设戊己校尉于车师前王庭，负责当地屯田，戊己校尉直属于在中央的北军，其下属各级军官均出自北军，但在西域又受西域都护的节制。东汉时期，西域屯田同样由属于军事系统的戊己校尉、宜禾都尉或西域长史主持。屯田的劳动者称为田卒或戍卒，他们主要是服役的戍边者，另有一些编户中的犯法者、弛刑者，他们按军事序列编制，平时耕作，战时出征。魏晋南北朝时期的西域屯田，在戊己校尉或西域长史的统领下，以"部"为单位开展，每部或数十人，多者可至百余人。部兵不带家属，集体劳作，生活上实行供给制。至前凉时期，由于屯田土地上的劳动者不堪忍受繁重的劳役，消极怠工乃至逃亡之事不断发生，屯田开始衰败。而此时由于内地战乱不断，大量内地民众徙居高昌等地，屯田土地出现了出租和私有化的现象，自西汉以来实行的这种耕战结合的军屯制度逐渐趋于瓦解和转型。在吐鲁番出土魏晋时期的文书中时常出现的"部田"即是一种可以租佃的官田，学者研究认为它应源自此前的屯田。屯田士卒和军户多已转为拥有少量土地的自耕农或租佃官田的户民，高昌屯垦区也演变为郡县之地。公元 327 年，前凉张骏"置高昌郡，立田地县"，郡下设县、乡、里。这是内地郡县制首次在西域的实施，是西域与内地行政制度一体化的开始。公元 442 年，北凉沮渠无讳攻占高昌，次年自号凉王，吐鲁番地区出现了一个以高昌为中心的地方王国，高昌进入了高昌王国时代。高昌王国先后受阚氏、张氏、马氏、麴氏统治，至公元 640 年为唐朝所灭。在近两个世纪的发展过程中，高昌王国形成了一套别具特色的职官制度和行政制度，其中尤以麴氏高昌最为完备。据文献记载和出土文书，我们知道，麴氏高昌中央行政机构分为门下、诸部两部分。门下诸官以门下校郎为首，负责审核文书，其下属有通事舍人、通事令史、侍郎等。高昌令尹是诸部的最高长官，相当于中原的尚书令，由高昌王世子充任，其下掌管吏部、库部、仓部、主客、民部、兵部、祀部、屯田、都官等九部，诸部长官为郎中，副贰长史或司马，之下有参军、主簿和吏。诸部是中央的行政执行部门。麴氏高昌在地方实行郡县制，出都城高昌城外，全国设有交河、田地、横截、南平 4 郡；新兴、宁戎、永安、永昌、始昌等 21 县，郡不辖县，郡县分别听命于中央。郡主管军事，县掌管民政，县下不设乡里。郡的长官为太守、县为县令。从麴氏高昌王国的行政制度可以明显地看出，它受到中原汉文化的强烈影响。

第四节　多元宗教文化的传播

原始宗教信仰的踪迹　火祆教传入与传播　佛教的兴盛　中原传统信仰的传入　汉传佛教的回传　西域佛教对汉传佛教的影响

从考古发现的材料看，史前时期，生活在新疆的人们就已经有了原始的宗教观念。在新石器时代的墓葬中，人们随葬死者生前使用的生活用品和生产工具，说明当时的人们已经有了灵魂观念，希望人死后，在另一个世界里过着现实世界的生活。

《大唐西域记》卷十二记载了于阗人崇拜老鼠的情况。相传，匈奴数十万大兵入侵于阗，于阗国兵少难敌。但在老鼠的助祐下，于阗人战胜了匈奴。于阗王"感鼠厚恩，建祠设祭，奕世遵敬，特深珍异"。从此以后，于阗"上自君王，下至黎庶，咸修祀祭，以求福祐"。人们路过鼠穴时，都要下马祭拜祈福，献上的祭品有衣服、弓箭、美味佳肴和香花等，认为如果路遇而不祭拜，就会遭遇灾难和变故。20 世纪初，在于阗丹丹乌里克遗址出土过一块彩绘有"奇异鼠头神像"的木板，也旁证了于阗曾经盛行过神鼠崇拜。《史记·大宛列传》中也记载了乌孙的动物崇拜。月氏被匈奴击败西迁时，曾攻掠乌孙，杀死乌孙王，初生的乌孙王子被遗弃在荒野，"乌嗛肉蜚其上，狼往乳之"才得以存活下来。

据《后汉书·班超传》记载，于阗"其俗信巫"，巫师在该国政治中享有较高的地位，以致可以影响国家的决策，斩马祀神是巫师施展法术的形式之一。

火祆教，又称琐罗亚斯德教、拜火教等，公元前 6 世纪，由波斯人琐罗亚斯德创立。最晚在公元前 4 世纪，火祆教已传入新疆。出土于阿拉沟一处塞族墓葬中的火祆教祭祀台，其年代界定为距今 2300 年左右，故可以说在公元前 4 世纪时，火祆教就随着信仰祆教的塞人的活动而在西域大地上传播了。还有中亚七河流域塞人古墓所出土的火祆教青铜器祭坛、伊犁河支流巩乃斯河畔出土的火祆教青铜祭坛等也都证明了这一点。和田出土的不晚于公元 230 年于阗王纪年的佉卢文书，则明确地记录了在曹魏年间三位以火祆教《阿维斯塔》取名、西域胡商身份的祆教徒在丝绸之路南道活动的事迹。吐鲁番出土文书《取牛羊供祀帐》反映了火祆祠在祭祀时向教徒摊派的祭品。在高昌，火祆祠与佛寺、道观一样，有寺院经济，占有土地。一件麴氏高昌时代的田亩册，记有"胡天一半"，就是说该祠占有一亩半的土地。吐鲁番出土文书中有"供祀丁谷天"的记载，"天"即胡天，就是火祆教天神阿胡拉·马兹达，代表正义，火是其化身。丁谷就是今天的吐峪沟㊳。《魏书》中有高昌国、焉耆国"俗事天神"的记载，是对西域火祆教信仰情况的记录。龟兹人曾经信仰火祆教，唐贞观年间，玄奘西行求法路经龟兹时，曾经在大龙池附近见到一座荒废的火祆教寺院㊵。传世文献记载和出土文书表明，于阗居民在信仰佛教以前曾信仰过萨满教、火祆教。《旧五代史·外国传》记："于阗其俗好事祆神。"有学者研究，于阗塞语中表示"太阳"的词就是火袄教中的主神 ahura mazdā（阿胡拉·马兹达）[41]。在近代和田的民俗中仍残留着一些火袄教遗存。火袄教传入新疆与粟特人的东迁关系密切。粟特是商业民族，以善商贾闻名于世，足迹遍布于丝绸之路所有的地方，并长期垄断着丝路贸易。粟特语也成为丝路上的通用语，由此而在丝绸之路上形成了许多粟特人的聚落，碎叶城、龟兹、焉耆至高昌各地均散布有粟特聚落。斯坦因在敦煌千佛洞曾获得一份粟特文文书，其中有"那时，诸神之王最高之神，住芳香天堂，正在善思，走来了具有正义的苏鲁支（即琐罗亚斯德），向他表示敬意，左膝跪在他的右边，右膝跪在左边，向他赞诵：'神啊，仁慈的造法者，以公正的判断……'"的语句，文书为粟特火袄教徒的遗物，说明在此经商做官的粟特人确有不少火袄教徒。西域城郭诸绿洲"祭袄神"、"拜火祠"的习俗，主要是受当地粟特人所信火袄教的影响。大约在十六国时期，火袄教由敦煌传入内地，一度影响甚大。从敦煌向东，肃州、甘州、凉州、金城到长安，凡都城大邑都有火袄教徒及拜火祠。北朝时，北周北齐的皇帝为了招徕胡商，"又有拜胡天制，皇帝亲焉，其仪并从夷俗，淫僻不可纪也"。北齐对火袄教给予了最高的宗教政策。后来为了管理日益增多的火袄教徒，还专门成立了"萨薄府"（"萨宝府"）这一专门管理袄教的机构，并设有列入国家职官系统的专职官员。

佛教可能于公元 1 世纪左右传入新疆南部绿洲地区。大致是按照自西向东依次传播开来的，首先传入的是疏勒、于阗、龟兹，较晚接受佛教的是若羌、吐鲁番等地。最初传入新疆的佛教主要是小乘佛教的"说一切有部"，后来又传入了大乘佛教，大小乘佛教在新疆各地流行，后期以大乘佛教占据优势。

佛教传入西域是西域文化中的重大事件。首先，西域佛教文化从传入到发展形成区域性特征，如出现了教乘不同的于阗佛教文化、龟兹佛教文化、楼兰佛教文化、焉耆佛教文化、高昌佛教文化等。其次，西域佛教文化都经历了从吸收印度佛教文化，最后形成本土佛教文化的过程，其佛教仪式如礼拜仪式、行像仪式、浴佛仪式，以及佛教艺术，都逐渐走向本土化进程。最后，这些地区都存在过广泛的译经活动，并出现了像佛图澄、鸠摩罗什等佛学大师，他们对汉传佛教文化产生过重大影响。

于阗、龟兹、高昌是实力较强的绿洲城郭国，也是西域三大佛教中心。从佛教留下的石窟和寺院遗迹也可窥见一斑。

《洛阳伽蓝记》卷五记载，北魏使者宋云路过于阗时曾经听到一个传说：于阗王本不信佛法，有一商人带来一位名叫毗卢旃的比丘。在毗卢旃的感召下，于阗王信仰了佛教，并建立了于阗国最早的佛寺赞摩寺。在政权的推动下，佛教得到了迅速的发展，成为于阗的国教。公元260年，中原僧人朱士行西行求法到达于阗，找到了梵文本大乘经典《放光般若经》，派弟子弗如檀送回洛阳，并由于阗人无叉罗和河南居士竺叔兰译成汉文。朱士行在于阗招收门徒，传经布道，80岁时圆寂于于阗。公元401年，著名高僧法显住锡于于阗瞿摩帝迦蓝，其《佛国记》对于阗佛教有详细的描述。于阗人"尽皆奉法，以法乐相娱。众僧乃数万人，多大乘学，皆有众食。彼国人民星居，家家门前皆起小塔，最小者高可二丈许，作四方僧房，供给客僧及余所需"。法显驻锡的瞿摩帝迦蓝是大乘教佛寺，有僧人三千。于阗有大迦蓝14座，每年农历四月初一至十四，都要在都城举行佛像行像仪式，各个大寺每寺一天。国王信奉大乘派，因此每年大乘派瞿摩帝寺率先行像。于阗佛教盛行，佛教经典也甚为齐备。有不少高僧从这里前往内地译经、传教，也有不少内地僧人慕名来到于阗求法、学习。昙无谶往姑藏（今甘肃武威）译出《大般涅槃经》33卷，沮渠京生、法显等都曾到于阗学法，并将部分佛经带回中原，就连南朝宋所译的许多佛经也多来自于阗。5世纪中叶以后，于阗接连遭受到北凉、吐谷浑、柔然、㕎哒扰掠，战争烽火使佛教的发展也屡屡遭受打击，一些佛教寺庙渐渐荒废，僧人人数也较以前大为减少。

佛教传入龟兹后，在国王的推动下，很快成为当地普遍信仰的宗教。龟兹人最初信仰的佛教属于佛教中的小乘教派"说一切有部"。后来在鸠摩罗什和须利耶苏摩等大乘派高僧"佛教改革"的倡导下，大乘佛教在龟兹得到迅速传播。据《晋书·龟兹传》记载：龟兹国都城，"其城三重，中有佛塔庙千所"。龟兹王的宫廷里也雕绘佛像与壁画，建造得如同寺庙，全国有僧侣近万人，高僧云集。国中寺庙林立，其中著名的有：佛图舌弥统领的达慕兰、致隶兰，剑慕王新兰，温宿王兰，鸠摩

　　罗什住持在王新僧伽兰，雀离大寺是鸠摩罗什与其母出家时的寺院，阿丽兰、轮若干兰、阿丽跋兰是三座比丘尼寺。但至 384 年，鸠摩罗什离开龟兹随吕光东去以后，大乘佛教呈现出衰落的景象，小乘佛教迅速回潮，魏晋南北朝时期，龟兹成为西域小乘佛教中心。龟兹的寺庙和高僧占有土地、葡萄园、果园和奴隶，大乘佛僧还可以娶妻生子，他们过着与世俗贵族同样的生活。

　　占据东西方交通要地的龟兹在佛教向外传播过程中做出了重要的贡献。据季羡林先生研究认为，汉语佛教中的"佛"字就是从龟兹文翻译过来的⑫。魏晋南北朝时期，龟兹高僧帛延、帛尸梨密多罗、帛法巨、帛远等先后东来内地译经传法，其中最为著名的当属鸠摩罗什和佛图澄。公元 384 年，鸠摩罗什随吕光至凉州，401 年，转至长安，开始了他译经传的生涯，至 413 年去世，他共译出包括《大智度》、《十诵律》、《法华经》等在内的佛经 39 部 313 卷。鸠摩罗什所译佛经对中国佛教的宗教哲学和教义的形成产生了极大的影响。他所译佛经文质相济、信达雅兼备，为佛教在内地的广泛传播做出了不可磨灭的贡献。鸠摩罗什本人成为中国佛教史上四大翻译家之一，开创了我国佛教译经的新纪元。

　　佛图澄公元 310 年来到洛阳，在西晋统治者的支持下，广收门徒，大力营建佛教寺庙，其门徒前后达万人，在各地营建佛

图上 2-11　克孜尔石窟第 205 窟龟兹国王及王后供养图　据《中国新疆古代艺术》

寺 893 所。僧慧、道进、道安、慧远、竺法汰、竺法雅等著名高僧均出
自他的门下。

至迟在 3 世纪以前，佛教传入吐鲁番盆地。据《出三藏记集》记
载，鸠摩罗跋提曾为车师前国国师，公元 382 年与其王一同来到长安，
译出佛教小乘经典数部。魏晋南北朝时期，车师前国大约是祆教与佛法
并兴的。

位于盆地东部的高昌佛教流行，特别是到北凉沮渠氏统治高昌以
后，北凉佛教对高昌佛教的发展产生了重大影响。高昌僧团与张掖僧团
之间关系十分密切。尤其是北凉残部西渡流沙，占据高昌以后，大批北
凉僧人、文人也随之迁入高昌，在河西等内地译出的汉文佛经回传高
昌，从而形成了一种多元文化融合的独具特色的高昌文化。高昌境内僧
徒众多、寺院林立，广开石窟，这一时期开凿的石窟有吐峪沟石窟、柏
孜克里克石窟、崖尔石窟等。

在内地佛教回传西域的同时，汉地的道教和儒学也在魏晋时期传入
西域。据《北史·西域传》记载，高昌"置学官子弟，以相教授"，儒家
经典《礼记》、《春秋》、《周易》、《诗经》、《尚书》、《论语》、《孝经》
及历代史书、诸子文集等都是时人研读的内容。高昌人认为灵魂不灭，
事死如生。墓葬随葬泥俑、木俑或代人木牌，是古代人殉的遗存。从楼
兰尼雅一带所出土的具有道教文化内涵的汉字织锦的考古学年代来看，
东汉末年道教在内地兴起之时，道教文化即以织物艺术为主要载体而输
入到了西域。高昌出土的随葬衣物疏中常见的"东青龙、西白虎、南朱
雀、北玄武"，古称四灵或四神，是民间普遍信奉的冥神，后来演变成为
道教太上老君的护从。"急急如律令"则是道教符咒的常用语。具有道教
思想内涵的民俗文化还反映在人们使用的葬具和日用品中。在西域楼兰
古城附近和营盘墓地曾出土过一些汉晋时期的四足箱式彩绘木棺，其中
1998 年在楼兰古城附近出土的木棺棺头端绘朱雀，棺足端绘玄武，棺体
彩绘云纹地；1999 年在营盘墓地曾出土一具木棺，两侧棺板上用墨线分
割成 4 个并列的方框，方框内彩绘辟邪、龙、人面及圆形图案，木棺挡
板一端绘黑色双头鸟，明显反映出屯垦区人们的道教信仰。因此，可以
看出儒释道三教共奉是屯垦区，特别是高昌地区魏晋南北朝时期宗教文

图上 2-12 楼兰古城附近出土汉晋时期彩棺 刘玉生摄

化的重要特征。在随葬衣物疏中，"急急如律令"、"倩书张坚固，时见李定度"及"东青龙、西白虎、南朱雀、北玄武"是常见的字样，反映了人们儒释道合一的宗教信仰[43]。

魏晋南北朝时，焉耆是一个崇信佛教并杂有其他信仰的地区。每年的佛诞日，人们都要举行斋戒活动。1928年，黄文弼对位于焉耆县城西南30公里的明屋佛寺遗址进行过考古发掘。遗址被一条纵贯的沟渠分为南北两部分。在沟南的大庙周围，清理出小型佛头、佛身和佛饰件等具有较为浓厚的犍陀罗风格遗物，时代属于公元6至7世纪，反映出其早期佛教受到西方艺术的影响。沟北出土物，时代较沟南晚，其彩绘及人物勾画、衣饰，表现了东方艺术的特征[44]。

位于塔里木盆地东部的鄯善，在两汉魏晋南北朝时期是重要的屯垦区，在西域长史营周围及鄯善国的其他地区则居住着当地居民，他们大约在东汉后期以后，已经普遍信仰佛教，在楼兰城内外及鄯善的其他地区都有佛教寺庙。在法显《佛国记》中记载了鄯善信仰小乘佛教的情况："其国王奉法，可有四千余僧，悉小乘学。"但学者们对米兰佛寺的形制和壁画题材分析后认为，4世纪中5世纪末，鄯善佛教受于阗佛教的影响，可能发生了某些变化，出现了大、小乘并存的局面[45]。佛教寺院由长老负责管理，寺院拥有一定数量的土地、牲畜和依附于寺院的奴隶，土地和牲畜可以雇佣平民耕种、代牧，也可以交易。僧侣有在寺庙修行的，也有居家修行的。各地有僧团管理佛教事务，但它们都受到在京城的更高一级僧团的领导。僧团通过制定法规管理各地僧人和僧人组织。当地除使用汉文外，受贵霜王朝移民的影响，曾流行于印度西北部的佉卢文也在僧俗世界广泛使用。鄯善的佛教艺术受到贵霜犍陀罗艺术的影响，其后期雕塑作品又显示出汉地的风格。就目前出土文书可知，"浴佛"即定期清洁佛像的活动已经演变成一种盛大的宗教集会——"浴佛会"或"灌佛会"，也称作"浴佛节"㊺。

千佛洞是供僧人礼佛修行的场所，起源于古代印度，随着佛教的东传，我国新疆地区也出现了石窟寺。新疆现存著名的克孜尔石窟、库木吐拉石窟等就是从汉晋时期开始开凿的。这种石窟寺的形式一直向东传播，发展为敦煌千佛洞、洛阳龙门石窟、大同云冈石窟。以雕塑绘画的形式将佛经故事表现出来，目的是为了宣传佛教教义、扩大佛教影响。早期佛教雕塑绘画受犍陀罗艺术影响巨大，此种艺术正是通过新疆传入内地，从而对内地佛教雕塑绘画艺术产生了重要的影响。

随着佛教的东传，大量的佛经被译成新疆古代的民族文字。早期的汉文佛经，并不是从印度梵文直接翻译而来，而是通过新疆古代民族文字转译而来的。佛经的翻译事业在佛教的传播过程中起过重要的作用。西域大德东去弘法译经，东土高僧西来求法学习，演出了魏晋南北朝时期东西方佛教交流的动人故事。其中尤以朱士行的西行求法和鸠摩罗什的东来弘法最为有名。据梁释慧皎《高僧传·朱士行传》记载，颍川人朱士行，"少怀远悟，脱落尘俗"，甘露五年（260）从雍州出发，西渡流沙，到达于阗，得佛经"正本九十章"，送归洛阳。据《高僧传·鸠摩罗什传》记载，吕光攻破龟兹，迎罗什至凉州，弘始三年（401），罗什辗转至长安，"仍请入西明阁及逍遥园，译出众经。什既率多谙诵，无不究尽，转能汉语，音译流便。既览旧经，义多纰谬，皆由先译失旨，不与梵本相应。于是兴使沙门僧、僧迁、法钦、道流、道恒、道怀、僧怀、僧睿等八百余人，咨受什旨。更令出大品，什持梵本，兴执旧经以相雠校，其新文异旧者，义皆圆通，众心现惬伏，莫不欣赞"。鸠摩罗什译的佛教典籍，对中国佛教的宗教哲学和教义的形成有极大影响。后来中国佛教学派和宗派所依据的重要经典，基本上都是这一时期翻译成汉文的。南北朝以来盛行的中国佛教学派中，《成实论》是成实学派（或成实

宗）的主要经典，《中论》、《十二门论》和《百论》是三论学派（或三论宗）
的主要经典。而后来隋唐以来兴起的中国佛教宗派中，《法华经》是天台
宗的主要经典，《阿弥陀经》是净土宗所依据的"三经"（另二经是《无
量寿经》、《观无量寿经》）之一；至于《金刚般若经》，对禅宗曾有较大
影响。在佛教的民间信仰方面，《弥勒成佛经》和《弥勒下生经》是弥勒
信仰的经典。跟随鸠摩罗什译经的弟子来自于全国各地，对南北朝时中
国佛教学派的形成有直接影响。

第五节　文化名人的业绩

支谦　佛图澄　鸠摩罗什　苏祗婆

支谦（生卒年不详），字恭明，一名越，大月氏人，三国时期著名
翻译家。支谦自幼学习汉语文，兼通六国语。后受业于大乘高僧支娄迦
谶的弟子支亮，博览经籍，宗习各种技艺。其体貌细长黑瘦，眼多白而
睛黄，时人戏称："支郎眼中黄，形躯虽细是智囊。"东汉末躲避战乱迁
居东吴，拜为博士。时佛教虽已在当地流行，但佛经多为梵文，于是致
力于佛经汉译。自 222 年至 253 年，经 30 余年，译出包括《大明度无极
经》、《维摩诘经》、《瑞应本起经》、《法句经》、《大般泥洹经》等在内的
佛教经典 49 部①。又根据《无量寿经》及《中本起经》制菩提连句梵呗
三契，并注释自译的《了本生死经》等。支谦开创了会译的方法，对后世
颇具影响，他主张译经应当文质调和，畅达经意，反对前人译经过于质
朴，而使义理隐晦难明。但也有人批评说他的这种译法不尽符合原文。

佛图澄（232—348），西域龟兹（今新疆库车）人，本姓帛氏，出生
王族，9 岁在北印度乌苌国出家，后两度到印度罽宾学法，研习小乘说一
切有部，弘法西域各地。后在敦煌多年，受大乘和般若空宗思想影响。
晋怀帝永嘉四年（310），29 岁时到洛阳，本欲建寺弘法，因刘曜攻陷洛
阳而未果，随潜居乡野。永嘉六年（312），由石勒大将郭黑略引荐与石
勒。石勒建立后赵政权后，对澄更为崇敬，让他参与军机大事，被称为
"神僧"。他善于用教义教化人们明白六道轮回之理，劝人少杀戮，不为

暴虐，大力向民间传播佛教。在石勒、石虎的后赵时期，备受信崇，皈依者多。后赵政权每逢大事必先咨之而后行。他主持兴建大量佛寺，共计893所，使佛教在后赵占领地区（今河北、山西、河南、山东、陕西、江苏、安徽、甘肃、辽宁大部）迅速普及。其门下受业者常有数百，前后门徒近万。弟子中法首、法祚、法常、法佐、僧慧、道进、道安、慧远、竺法汰、竺法雅、比丘尼按令首等，大都成为东晋时期杰出的佛教学者和高僧。佛图澄重禅修，守戒律，弘扬般若学说。他是中国佛教史上第一个争取封建最高统治者把佛教纳入国家保护之下，而利用国家力量帮助佛教发展的僧人。自此，汉族的佛教信徒出家为僧成为合法而传袭后世。

鸠摩罗什（Kumārajiva 343—413）又称罗什、鸠摩罗、耆婆、摩罗耆婆，均是鸠摩罗耆婆的略写，按僧祐、慧皎的解释，罗什的父亲名鸠摩炎，母字耆婆，因取名鸠摩罗耆婆，汉译名称童寿。西域龟兹（今新疆库车）人，东晋十六国时期著名佛学家、翻译家。罗什祖父达多，古印度人，家世国相。父鸠摩炎，将嗣相位，辞避出家为和尚，东渡葱岭。龟兹王敬慕之，亲自郊迎，奉为国师，并将妹妹嫁给他，生罗什和弗沙提婆兄弟二人。罗什7岁随母出家，师从小乘学高僧佛图舍弥，颂《阿毗昙》。9岁随母前往罽宾，师从罽宾王从弟般头达多，受学《杂藏》、《中阿含》、《长阿含》等。曾受罽宾王之旨入宫，挫折外道论师，声名渐著。12岁，随母回龟兹，中途经停沙勒（今喀什市）一年，沙勒王请讲《转法轮经》，声名大震。14岁至20岁间，他博览印度《四韦陀》和《五明》诸论、外道经书乃至阴阳星算。后又从卑摩罗叉学《十诵律》，开始了他佛学思想的转变酝酿时期。20岁，受具足戒于龟兹王宫，后游学沙勒、莎车，遇佛陀舍耶，对外道经书有了更深入的了解。又在大乘高僧须耶利苏摩的指点下，听授《阿耨达经》，悟大乘诸法"缘起性空"之理，专研《中论》、《百论》、《十二门论》等阐述般若中道思想的龙树大乘著作，最终完成了由小乘学向大乘学的转变。在回龟兹途径温宿（今新疆乌什县）时，用大乘法理，折服小乘及外道大师，声誉日隆。龟兹王亲自到温宿延请罗什回龟兹，广说诸经。龟兹王造金狮子法座，延请罗什弘法，西域各地信徒闻者众多。他在罽宾的老师般头达多也前来听法，称："和上（尚）是我大乘师，我是和上小乘师。"从此，开始他在西域二十余年的弘法活动，推动了大乘佛教在西域的转播。43 岁（386年）时，前秦苻坚派将军吕光等率兵七万西伐，攻破龟兹，随之罗什被带到姑藏（今甘肃武威），留居其地 15 年。由于吕光及其后继者不信仰佛教，罗什在当地主要学习汉语、汉文，并进行小规模传教。58 岁（401年）时，被后秦姚兴礼请到长安，"待以国师之礼"，住道遥园西门阁，译《大智度论》，开始长达 12 年的译经活动。共译佛经 30 余部 300 多卷，注释《金刚经》、《维摩经》，著《实相论》2 卷，又有与名僧慧远等人的书信释答收于《大乘大义章》3 卷中。413 年，罗什薨于大寺（今陕西草堂寺），终年 70 岁。罗什摒弃旧译经典格义比附之弊，开辟了中国佛经翻译史上的新纪元。他与玄奘、义净，并称中国古代佛经三大翻译家。他首先系统地弘扬了龙树大乘空宗，阐发中道，开辟了中国三论宗及其他宗派如天台宗、禅宗、净土宗及日本日莲宗等的产生。他还培养了众多弟子，有三圣八俊十哲，其中，僧肇是三论之祖，道生是涅槃之圣，僧果、僧嵩是成实之始。关于鸠摩罗什的传记，我国古代文献中，主要有三篇：南朝梁僧祐撰《出三藏记集》卷一四《鸠摩罗什传》、梁慧皎撰《高僧传》卷二《晋长安鸠摩罗什》和《晋书》卷九五《艺术传·鸠摩罗什》。

苏祗婆（生卒年不详），苏祗婆是梵名 sujiva 的音译，出生于龟兹（今新疆库车）音乐世家，是北周时期一位著名的琵琶演奏家，也是精通龟兹乐律的音乐家。精于五旦七调。天和三年（568），突厥与北周联姻，苏祗婆随突厥阿史那公主入北周。据《隋书·音乐志》记载：隋初音乐家郑译曾跟随他学习音乐。隋文帝参定音乐，郑译"以其七调，勘校七声，冥若合符"。郑译以苏祗婆演奏的五旦七调重新勘定乐府音乐，"始得七声之正"。苏祗婆演奏的五旦（大略相当于汉地的黄钟、太簇、林钟、南吕、姑洗）七调（即"娑陁力"、"鸡识"、"沙识"、"沙侯加滥"、"沙腊"、"般赡"、"俟利箑"，分别相当于汉地的宫、商、角、变徵、徵、羽、变宫），是糅合了伊朗系音乐和龟兹本地音乐成分，以印度音乐为基础的音乐体系，在传入中原后，又经变化，增加了汉地音乐的色彩，后来逐渐演变为唐代的燕乐二十八调，对中原乐律的发展产生过重要的影响。

【注释】

① 孟凡人：《楼兰新史》，光明日报出版社、新西兰霍兰德出版有限公司，1990 年，第 153—167 页。

② 孟凡人：《楼兰鄯善简牍年代学研究》，新疆人民出版社，1995 年，第 305—308 页；刘文锁：《沙海古卷释稿》，中华书局，2007 年，第 142—150 页。

③ 新疆维吾尔自治区博物馆、新疆文物考古研究所编：《中国新疆山普拉——古代于阗文明的揭示与研究》，新疆人民出版社，2001 年，第 188—189 页。

④ 克林凯特著，赵崇民译：《丝绸古道上的文化》，新疆美术摄影出版社，1994 年，第 46、153—154 页。

⑤ [英]斯坦因：《尼雅河尽头以外的古遗址》，《尼雅考古资料》，第 86 页。

⑥ 王炳华：《桦檽考——兼论汉代礼制在西域》，《西域研究》1999 年第 3 期。

⑦ 林梅村：《古道西风——考古新发现所见中西文化交流》，三联书店，2000 年，第 359 页。

⑧ 李肖：《吐鲁番新出"庄园生活图"简介》，《吐鲁番学研究》2004 年第 1 期。

⑨ 唐长孺：《吐鲁番出土文书中所见的高昌郡县行政制度》，《文物》1978 年第 6 期。

⑩ 耿世民：《新疆古代语言的发现与研究》，氏著《新疆历史与文化概论》，中央民族大学出版社，2006 年。

⑪ [法]伯希和著，冯承钧译：《说吐火罗语》，谢阁兰、伯希和：《中国西部考古记 吐火罗语考》，中华书局，2004 年，第 158—174 页。

⑫ 史树青：《新疆文物调查随笔》，《文物》1980 年第 6 期；周莘生：《汉代冶铸技术设备之一——瓴》，《文物》1960 年第 1 期。

⑬ 《吐鲁番出土文书》第一册，文物出版社，第 187 页。

⑭ 林梅村：《丝绸之路考古十五讲》，北京大学出版社，2006 年，第 50—51 页。

⑮ 余太山：《塞种史研究》，中国社会科学出版社，1992 年，第 55 页。

⑯ 杨建新：《中国西北少数民族史》，民族出版社，2003 年，第 109—113 页。

⑰ 王明哲、王炳华：《乌孙研究》，新疆人民出版社，1983 年，第 54 页。

⑱ 杨建新：《中国西北少数民族史》，民族出版社，2003 年，第 126 页。

⑲ 吴霭宸选辑：《历代西域诗钞》，新疆人民出版社，1982 年，第 1—2 页。

⑳ 新疆文物考古研究所：《察布查尔县索敦布拉克古墓葬发掘简报》，《新疆文物考古

新收获》(1979—1989)，新疆人民出版社，1995 年。

㉑ 转引自杨建新：《中国西北少数民族史》，民族出版社，2003 年，第 129 页。

㉒ 洛阳曾出土北魏正始二年（505）车伯生妻鄐月光墓志铭。见赵超：《汉魏南北朝墓志汇编》，天津古籍出版社，1992 年，第 47 页。

㉓ 新疆文物考古研究所：《交河沟西——1994—1996 年度考古发掘报告》，新疆人民出版社，2001 年，第 42 页。

㉔ 新疆文物考古研究所：《交河沟西——1994—1996 年度考古发掘报告》，新疆人民出版社，2001 年，第 33 页。

㉕ 吕恩国、张永兵：《从洋海墓地的萨满巫师墓解析新疆的萨满教遗存》，《吐鲁番学研究》2009 年第 2 期。

㉖ 陈世良：《从车师佛教到高昌佛教》，敦煌吐鲁番学新疆研究中心、《新疆文物》编辑部编：《吐鲁番学研究专辑》，1990 年；收入其著《西域佛教研究》，新疆美术摄影出版社，2008 年。

㉗ 周伟洲：《敕勒与柔然》，广西师范大学出版社，2006 年，第 136—147 页。

㉘ 学术界有学者根据《史记》卷 110《匈奴列传》元封六年（前 105）"北益广田至眩雷为塞"的记载，认为眩雷位于活动于伊犁河流域的乌孙之北，是西汉在西域最早的屯田。

㉙ 见《文物》1984 年第 9 期。

㉚ 孟凡人：《楼兰新史》，光明日报出版社，1990 年。

㉛ 参见侯灿、杨代欣编著《楼兰汉文简纸文书集成》，天地出版社，1999 年。

㉜ 吐鲁番地区出土的大量汉文文书、文物可以为证。出土文书请参看唐长孺《吐鲁番出土文书》(1—10 册)，文物出版社，1981—1991 年。

㉝ 王炳华：《新疆农业考古概述》，《农业考古》1983 年第 1 期。

㉞ 卫斯：《我国汉唐时期西域栽培水稻疏议》，《农业考古》2005 年第 1 期。

㉟ 史树青：《新疆文物调查随笔》，《文物》1960 年第 6 期。

㊱ 饶瑞符：《米兰古代水利工程与屯田建设》，《干旱区地理》1982 年第 1 期。

㊲ 陈戈：《米兰古灌溉渠道及其相关的一些问题》，《考古与文物》1984 年第 6 期；又载穆舜英、张平主编《楼兰文化研究论集》，新疆人民出版社，1995 年。

㊳《新疆通志·文物志》，新疆人民出版社，2007 年，第 616 页。

㊴ 张广达：《吐鲁番出土汉语文书中所见伊朗语地区宗教的踪迹》，《敦煌吐鲁番研

究》第四卷，北京大学出版社，1999 年。

④ 玄奘、辩机原著，季羡林等校注：《大唐西域记校注》，中华书局，1985 年，第 57 页。

④ 林梅村：《从考古发现看火祆教在中国的初传》，《西域研究》1996 年第 4 期。

④ 季羡林：《浮屠与佛》，《中印文化关系史论集》，三联书店，1982 年。

④ 黄烈：《略论吐鲁番出土的"道教符箓"》，《文物》1981 年第 1 期；陈国灿：《从葬仪看道教"天神"观在高昌国的流行》，敦煌吐鲁番学会新疆研究资料中心、《新疆文物》编辑部编：《吐鲁番学研究专辑》，1990 年。

④ 黄文弼：《新疆考古的发现》，《考古》1959 年第 2 期。

④ 林立：《米兰佛寺考》，《考古与文物》2003 年第 3 期。

④ 刘文锁：《沙海古卷释稿》，中华书局，2007 年，第 271—293 页。

④ 关于支谦所译佛经的数量，文献记载不同：道安说有 30 部，僧祐认为有 36 部，慧皎称有 49 部，费长房则说有 129 部，智昇认为有 88 部。

第三章

隋唐时期文化的耀光

　　隋唐开启了西域历史的新纪元。隋朝统一中国后，在西域设郡是其重大举措。唐朝是中国历史上继汉代以后的又一个全盛时期，在鼎盛时期，其政治、经济、文化全面发展，国际交往频繁，被称之为"盛唐气象"。唐朝统一西域后，隋唐政府在西域实行郡县制，中原文化典籍播布，汉传佛教与西域佛教并立，开西域边塞诗新风，东西文化交流频繁。隋唐时期，西域绿洲农耕文化、屯垦与汉民户文化得到空前发展，突厥等草原游牧部族的文化也融入到西域文化中。隋唐时期是新疆文化大融合、大发展的重要历史时期。

第一节　东传西渐的绿洲农耕文化

绿洲文化特性　西域绿洲乐舞及其影响　苏莫遮习俗　绘画艺术

　　西域绿洲农耕文化是指天山以南地区互不相连的绿洲居民以定居方式生产、生活的农耕文化。两汉时期的西域三十六国主要在天山以南地区，因为一些较大的绿洲筑城而居，于是西域绿洲农耕文化也称之为绿洲城郭文化。绿洲的定居民是以村落为单位居住的，他们的文化是典型的绿洲农耕村落文化。隋唐时期的农耕绿洲居民的生产生活方式较之汉代和魏晋南北朝时期并没有根本的变化。据《隋书》、新旧《唐书》、《大唐西域记》等汉文文献记载，龟兹、于阗、高昌、疏勒、焉耆等地的主要农作物和经济作物有麦、糜、稻、菽、葡萄、石榴、杏、桃、梨、枣、蚕等，这与汉代的记载没有多大差别。隋唐时期的农耕绿洲居民主要从事农业生产，一些手工业也是伴随农耕生产生活发生的，如纺织工艺、制陶工艺、金属工艺、木器工艺、染织工艺、建筑工艺等，都是农耕生产生活的衍生物，因此这些绿洲城郭国是典型的农业社会。从生产生活方式看，西域农耕文化属于绿洲农耕定居文化类型，同时存在游牧文化的印记，所以《册府元龟》说："（龟兹国）有城郭屋宇，耕田产牧为业。"其实，在西域南部绿洲农耕文化中，还存在着畜牧文化，或者说许多绿洲社会的生产就是一种半农半牧的生产，不过畜牧业只是农业的补充而已。

隋唐时期的西域南部绿洲居民早期是生活在欧亚草原的游牧部族，定居于绿洲后成为了从事稼穑的农耕民，生产生活方式也随之发生了转型。这种转型表现为：一是筑城而居。汉文文献和考古发现的汉唐古城遗址都表明，绿洲居民至少在汉代时已经是筑城而居了。但他们的农业定居生产生活则可以追溯到距今 3000 年前。二是农作物和经济作物的栽培是农业生产的主要内容。绿洲居民生产粮食和经济作物，如麦、粟、稻、糜、麻、葡萄、杏、石榴、桃等的时间不会晚于汉代，到隋唐时期农业和经济作物栽培技术提高到一个新水平。三是农业生产生活工具、用具的制造。使用铁犁铧和铁镰刀等铁制农具始于汉代前后，到隋唐时期已经普遍使用。四是手工业水平的提高。西域绿洲农耕居民的手工业是适应农耕生产生活和丝绸之路贸易发展起来的。冶炼、制造铁制农具和生活用具、制陶业、纺织业、建筑业、酿酒业等只能在农耕定居后才会得到快速发展。绿洲定居生产和生活也极易产生固土重迁的思想。固土重迁是所有农耕民族的思想特征："他们因为必须附着在小片土地上周而复始地精耕细作，无以产生强烈的创新和开拓欲望，故而发展了保守性；又由于农耕人安居一地，少有退路及转徙之处，只得在故土安之若素地接纳各种外来文化，从而发展了受容性。这种受容性表现为对外来文化的宽容和兼容并包精神。"①既保守又接纳，看似矛盾，实则统一。保守是出于对土地的依赖和眷恋，接纳是因为西域绿洲处在东西方文化的交汇处，绿洲农耕居民为了本身文化的发展和生存空间的拓展，对外来文化兼收并蓄毫不奇怪。他们对汉文化、印度文化、波斯文化、突厥文化、吐蕃文化、回鹘文化等的吸收和接纳就是一个明证。

隋唐时期西域绿洲农耕文化虽然都有趋同性，但由于族群的来源与分布不同，文化的差异性也比较明显。就文化分布区域和族群而言，这个时期的绿洲农耕文化不仅存在操东伊朗语的于阗、疏勒的塞人文化，也存在操西伊朗语的龟兹、焉耆吐火罗人文化，操东伊朗语的粟特人的聚落文化也并列其间，更有高昌国时期的汉文化和唐统一西域时期的伊、西、庭三州的民户文化，这是唐朝政府在伊、西、庭三州推行郡县制，中原汉文化传播的结果。就信仰而言，虽然各绿洲居民的主要的宗教信仰是佛教，但有西域佛教、汉传佛教，以及教乘上的大乘、小乘之分。在绿洲农耕文化中以龟兹乐舞为代表的西域乐舞艺术，以尉迟乙僧为代表的于阗绘画艺术，流行于各绿洲的苏莫遮歌舞戏，以及汉民族的文化典籍、民间信仰等，这些同质同构或异质异构的文化呈现出不同地域性、不同族群的多元文化特征。区域性、族群性的多元文化几乎成了隋唐时期西域文化的代名词。

在相当长的历史阶段，西域的龟兹乐舞、于阗乐舞、疏勒乐舞、伊州乐舞、高昌乐舞等流行时间长，传播范围广，并入了隋唐时期的宫廷七部乐、九部乐、十部乐而闻名遐迩。在隋文帝制定的七部乐中，西域乐舞占了三部，它们是龟兹乐、天竺乐、安国乐；在隋炀帝制定的九部乐中西域乐舞占了五部，它们是龟兹乐、天竺乐、安国乐、康国乐、疏勒乐；唐太宗制定的十部乐中，西域乐舞占了六部，它们是龟兹乐、疏勒乐、安国乐、康国乐、高昌乐、天竺乐。足见西域乐舞在隋唐宫廷乐舞中的分量。在东传的西域乐舞中又以龟兹乐为代表。在西域南部绿洲经年不衰的这些乐舞都是乐、歌、舞为一体的综艺形式，舞蹈往往随音乐"应节而起"，音乐也因其强烈的节奏将舞蹈推向高潮，歌又丰富了音乐、舞蹈语汇。故在绿洲不存在没有歌乐的舞蹈，也不存在没有舞蹈的歌乐。乐、歌、舞一体是西域绿洲乐舞最显著的特色。隋唐时期西域乐舞进入一个新的高峰时期。

西域乐舞究竟是什么艺术形态，它是如何传入中原地区的，它对中国隋唐乐舞艺术产生过什么影响，这些都是必须搞清楚的问题。对于诸如龟兹乐舞、于阗乐舞、疏勒乐舞、伊州乐舞、高昌乐舞等艺术形态，我们可以从古代文献和佛教石窟壁画中进行梳理。

西域乐舞在北周时期传入中原，而隋唐时期是它在中原的盛行期。《大唐西域记》特别提到龟兹国"管弦伎乐，特善诸国"，《隋书》、新旧《唐书》中的相关记载颇为丰富。隋唐时期的文献不仅记载了龟兹乐舞的乐器种类、服饰、曲名等，特别是唐诗所描绘的龟兹舞蹈场面更是栩栩如生。《隋书·音乐志》记载龟兹乐器有十五种，它们是：竖箜篌、琵琶、五弦、笙、笛、箫、筚篥、毛圆鼓、都昙鼓、答腊鼓、腰鼓、羯鼓、鸡娄鼓、铜钹、贝。而《新唐书》则记载有十九种，比《隋书》多了四种：侯提鼓、齐鼓、檐鼓、弹筝。实际上龟兹乐器多达二十四种。再从克孜尔石窟壁画看，龟兹乐队中，弹拨乐器、吹奏乐器、打击乐器一应俱全。在这些乐器中，筚篥、五弦等（亦称胡琵琶、龟兹琵琶）都是龟兹本土乐器，还有一些乐器是从中原、中亚、西亚、南亚等地传入的。筚篥，《文献通考》认为是一种类似胡笳的九孔吹奏乐器。唐宋时期龟兹乐队中还有一种双管筚篥，其形状是两管并列，有五个指孔，吹口也是双口的。筚篥这种乐器，常见的是一种八孔吹奏乐器，孔为前七后一，属于横吹，一直到元代还在使用。龟兹乐队演奏分为立部伎和坐部伎。《旧唐书·音乐志》解释为："堂下立奏，谓之立部伎；堂下坐奏，谓之坐部伎。……（立部伎）破阵乐以下皆用大鼓，杂以龟兹乐，其声震厉……（坐部伎）自长寿乐以下，用龟兹舞。"显然，龟兹乐舞是歌和舞兼备的。龟兹乐舞的演出服饰是十分专业化的，有专门要求，分为乐师服饰和舞者服饰。据《旧唐书·音乐志》记载："（龟兹乐师服为）皂丝布头巾，绯丝布袍，锦袖，绯布裤。"而舞者的服饰是："红抹额，绯袄，白裤帑，乌皮靴。"无论是男乐师，还是女舞者其服饰都是以红、白、黑为主色调，十分艳丽夺目。龟兹乐的结构可以分为舞曲、器乐、歌曲三部分。《隋书·音乐志》对此解释十分清楚："其歌曲有善善摩尼，解曲有婆伽儿，舞曲有小天，又有疏勒盐。"那么，应节起舞的龟兹舞究竟是什么样呢？从中亚地区入居塔里木盆地南北缘的粟特人所传入的胡旋舞、柘枝舞、胡腾舞看，它们大多是那种随鼓乐急速旋转的舞蹈。龟兹舞显然受粟特舞影响颇深。《通典》描述的龟兹舞为："皆初声颇复闲缓，度曲转急躁，或踊或跃，乍动乍息，跷脚弹指，撼头弄目，情发于中，不能自止。"这与唐代诗人描写的胡旋舞、柘枝舞、胡腾舞如出一辙。白居易有一首《胡旋女》描写胡旋舞分外形象："弦鼓一声双手举，回雪飘飘转蓬舞。左旋右旋不知疲，千匝万周无已时。"胡旋舞是那种应和弦鼓起舞、急速旋转的快节奏舞蹈。胡旋舞虽然出自康国，但流传到龟兹，也成了龟兹舞中的一种女性舞蹈。而胡腾舞是一种男性舞蹈，唐代诗人李端在《胡腾儿》一诗中对胡腾舞的表演场面有如下描述："扬眉动目踏花毡，红汗交流珠帽偏。……环行急蹴皆应节，反手叉腰如却月。"胡腾舞也是一种旋转急速的舞蹈，只不过它是男性舞蹈而已。至于柘枝舞，据白居易的《柘枝伎》、刘禹锡的《观柘枝舞》所描述的，该舞蹈属于女舞，化妆浓妆艳抹，舞蹈极富韵律感和线条美。

与龟兹乐齐名的还有于阗乐舞、高昌乐舞、疏勒乐舞、伊州乐舞等。《隋书·音乐志》记述吕光伐龟兹后将西域乐舞带入中原之事时写道："其歌曲有《永世乐》，解曲有《万世丰》，舞曲有《于阗佛曲》。"《大唐西域记》也说："（于阗）国尚乐音，人好歌舞。"本来于阗乐舞只是民间的歌舞艺术，但是在佛教传入后，又有了佛曲。关于于阗乐舞的演奏情形，有考古发现可以说明。19世纪末，瑞典探险家斯文·赫定在

图上 3-1　克孜尔石窟伎乐飞天　刘玉生摄

于阗都城遗址附近收集到一件残陶罐，其上用浮雕手法塑造了一个于阗
乐队。这个乐队由十二人组成，其中包括三位演奏箜篌琴师，两位排箫
手，两位鼓手和一位长笛演奏者。此外，考古工作者在和田收集到一件
弹琵琶的女陶俑，表明于阗乐队中也有琵琶。文献所记在唐朝极负盛名
的于阗演奏大师尉迟青和尉迟璋就是吹奏筚篥的高手。就其乐队人数、
乐器种类，于阗乐队整体水平不在龟兹乐队之下。

　　有关疏勒乐舞的情况，分别有乐和舞的记载。其歌舞曲，据《隋
书·音乐志》载："歌曲有亢利死让乐，舞曲有远服，解曲有解盐。"其
舞蹈，《通典》云："工人帛丝布头巾，白丝布袍，锦衿，白丝布袴，舞
二人，白袄，锦袖，赤皮靴，赤皮带。"从记载看，似乎是女子双人舞。
舞蹈也可能是属于胡腾、胡旋之类。疏勒乐队的组成和乐器的配置与龟
兹乐队、于阗乐队相仿，也是十二人的乐队，其乐器主要是竖箜篌、琵
琶、五弦、笛、箫、筚篥、答腊鼓、腰鼓、羯鼓、鸡娄鼓等十余种。

　　高昌乐舞不同于龟兹乐舞、于阗乐舞等，是一种在不同阶段属于不
同族群的乐舞。汉代前后是车师人的乐舞，不见史载；魏晋到隋唐时期
是汉民族的乐舞；五代之后是回鹘人的乐舞。隋唐时期的高昌乐舞主要
是唐西州的汉族乐舞。《通典》记载："舞二人，白袄，锦袖，赤皮靴，
皮带，红抹额。"其乐队的服饰与龟兹乐队、于阗乐队的服饰几无二致，
但"红抹额"的化妆是独有的，这完全是唐代汉族妇女的化妆习俗。表
明隋唐时期西州乐舞是一种汉族乐舞，但乐队服饰、乐器配置，已经出
现了汉民族乐舞与其他民族乐舞融合的趋势。

　　伊州乐舞虽然没有入隋唐宫廷七部乐、九部乐、十部乐，但它仍然
是唐代盛行的西域乐舞之一。伊州大曲在回鹘西迁之时已经不存，但在
唐代它是一种大型歌舞表演形式，每套大曲有三个组成部分，第一部分
称散序，无歌，不舞；第二部分称排遍、中序或序拍，以歌为主，始有
舞；第三部分称破或入破，以舞为主。在这三个组成部分中，第一部分
包括若干遍，每一遍为一个器乐曲、歌曲或舞曲。每一套大曲的遍数由
十几遍至二十几遍不等。伊州大曲这种乐舞形式可能就是西域各绿洲普
遍存在的民间性的歌、乐、舞三位一体的群体性自娱自乐艺术形式。西
域乐舞的原生态应该就是这种民间艺术形态。

　　盛行于唐宫廷的歌舞戏，或表演形式或内容，有的直接来自西域歌舞戏，有的是借用西域歌舞戏的形式装上新内容。这些来自丝绸之路西域南部绿洲的歌舞戏虽然传入中原后成了上层的重要娱乐活动，但在西域，它们则来自民间，有深厚的绿洲农耕文化的底蕴。《苏莫遮》就是典型的例子。

　　《旧唐书·音乐志》等史籍对《苏莫遮》的记载甚简，反而是一些佛教经籍的记载较翔实，其中最详者当属唐慧琳《一切经音义》："苏莫遮，西戎胡语也，正云飒磨遮。此戏本出西龟兹国，至今犹有此曲，此国浑脱、大面、拨头之类也。或作兽面，或像鬼神，假作种种面具形状，以泥水沾洒行人，或持胃索搭钩捉人为戏。每年七月初，公行此戏，七日乃停。土俗相传云：常以此法禳厌，驱趁罗刹恶鬼食啗人民之灾也。"②慧琳的记载，起码给我们传递了这样一些信息：其一，苏莫遮来自龟兹；其二，浑脱、大面、拨头是其主要类型；其三，其表演形式以假面、泼水相戏；其四，时间在每年七月初；其五，苏莫遮的目的是禳厌驱灾。不过，慧琳的记载也有语焉不详之处，如他认为苏莫遮是为了驱赶罗刹恶鬼等，只说到佛教流行以后的情形，并未说清楚苏莫遮是龟兹土俗还是佛教文化传播导致的结果。从苏莫遮名称看，在中原又称为"泼寒胡戏"或"乞寒胡戏"。应该说，苏莫遮最早的形式是来自丝绸之路西域南部绿洲广为流行的乞寒习俗。

　　乞寒习俗是丝绸之路古代民族的普遍习俗，有极强的民间传承性。除龟兹的苏莫遮外，文献还记载了丝绸之路其他地方的这种习俗。《新唐书·康国传》载："十一月鼓舞乞寒，以水交泼为乐。"对此，《文献通考》进一步解释道："乞寒本西国外蕃康国之乐。其乐器有大鼓、小鼓、琵琶、五弦、箜篌、笛。其乐大抵以十一月，裸露形体，浇灌衢路，鼓舞跳跃而索寒也。"宋人王延德在《西州使程记》中云："妇人戴油帽，谓之苏幕遮。"在此，有必要先明确几个概念：一是苏莫遮的来历，为什么将油囊、油帽谓之"苏莫遮"？慧琳只说"苏莫遮"来自西戎胡语，但究竟为何意，并未说明。在突厥语中苏莫遮即为皮囊，用完好的动物皮揉制，并涂以脂油，亦称油囊，是游牧民族盛水、奶等饮品的盛具。很可能在西突厥统治龟兹等地期间，此皮囊也传入该地。高昌回鹘妇女头上所戴囊状宽檐帽亦称苏莫遮，亦用皮革制作。无论是油囊还是油帽，都有完整、完全之意，苏莫遮即为浑脱、浑沌、混沌等义。唐代传入中原的《浑脱舞》，亦即《苏莫遮》或《泼寒胡》等歌舞戏。张说《苏摩遮》诗云："油囊取得天河水。"正是此歌舞戏中用油帽泼水情景的反映。二是苏莫遮中作为禳厌的面具，有作兽面的，也有扮作鬼神的。西域面具的起源很早，早期产生于狩猎巫术，之后在广泛流行萨满教的西域，面具成了其沟通人神、祛病除邪、祈福禳灾的道具。《苏莫遮》中的面具是复合型的。其乞寒（水）活动中必有萨满巫师。三是苏莫遮与浑脱、大面、拨头等歌舞戏在表演程式上大同小异，反映了地域文化中信仰仪式的趋同性。四是诸如《苏莫遮》之类的歌舞戏中的戏，并非现代戏剧之戏，而是有戏谑、戏弄、游戏等意，起先是一种纯粹的民间游戏活动，之后演变成为祭祀仪式。

究竟苏莫遮的表演仪式是什么样呢？龟兹佛寺遗址出土的舍利盒上的绘画给我们提供了形象资料。苏莫遮乐舞场面的图像资料是 20 世纪初出土于龟兹佛教遗址——昭怙厘寺的舍利盒乐舞图。舍利盒为圆柱体尖顶形，类似游牧民族的圆形毡房，盒高 31 厘米，直径为 38 厘米。盒盖上绘有四个演奏乐器的裸体童子。而苏莫遮歌舞图则绘于圆柱体盒身上。乐舞图由歌舞场面和乐队演奏场面组成。歌舞场面为：以手持舞旄的一男一女为先导，然后是三女三男牵手者和两个持棍独舞者，他们均戴面具，依次扮演成披方巾的武士、着甲胄的将军以及戴浑脱帽的人面和猴面长尾的动物形象。整个歌舞队舞者动作各异，有的为端腿状，有的是吸腿状，有的耸肩曲肘，有的击掌欢悦，服饰华丽多彩，完全是一幅定格的歌舞戏演出场面。而乐队则由八位乐师组成，前面是由两个抬大鼓的童孩和擂鼓的鼓手开道，后面依次是竖箜篌、凤首琵琶、排箫、鼗鼓、铜角等乐器的演奏者。由于佛教传入的影响，苏莫遮歌舞戏中只剩下娱神驱恶的内容了，而泼水乞寒、乞水的民间禳解仪式被抹去了。但是民间习俗的苏莫遮，泼水洒人是其关键，这既有普泛的民间大众基础，又是苏莫遮的原始形态。

南北朝时期传入中原的西域绘画艺术与西域乐舞是西域文化的双璧。北齐时期的曹仲达和隋唐时期的尉迟乙僧父子代表了西域不同的画

派。曹仲达的画风
被称为"曹衣出
水"，是指其以细密
的线条描绘的人物
衣饰像被水湿过似
的贴在身上，身体
结构明显；而尉迟
乙僧父子的画风以
凹凸晕染法和屈铁
盘丝法享誉中原画
坛，前者是指画面

图上 3-2　苏莫遮图（摹本）李尧天摹

着色厚重，具有强烈的立体感，后者是指其绘画线条均匀力度如弯曲的
铁丝一样富有弹性。于阗画派的尉迟乙僧父子对隋唐长安画风产生了革
命性的影响，他们的绘画足迹跨越了隋唐两朝，受到当时画坛的极力推
崇。《唐朝名画录》、《历代名画记》评价都甚高。朱景玄的《唐朝名画录》
认为："乙僧今慈恩寺塔前功德，又凹凸花面中间千手眼大悲，精妙之
状，不可名焉。又光泽寺七宝台后面画降魔像，千怪万状，实奇踪也。
凡画功德、人物、花鸟，皆是外国之物象，非中华之威仪。前辈云：尉
迟僧，阎立本之比也。景玄尝以阎画外国之人，未尽其妙；尉迟画中华
之象，抑亦未闻。由是评之，所攻各异，其画故居神品也。"可见，长
安画坛将尉迟乙僧与阎立本被看作是齐名的画家，而且推崇他们的画为
神品是不无道理的。

　　唐朝的张彦远在其《历代名画记》中也对尉迟乙僧的画给予很高评
价："尉迟乙僧，于阗国人。父跋质那。乙僧国初授宿卫官，袭封郡公，
善画外国及佛像。时人以跋质那为大尉迟，乙僧为小尉迟。画外国及菩
萨，小则用笔紧劲如屈铁盘丝，大则洒落有气概。僧惊云：外国鬼神，
奇形异貌，中华罕继。"张文对尉迟乙僧的屈铁盘丝法更是推崇有加。
可见，尉迟乙僧父子在隋唐画坛的深远影响。

　　尉迟乙僧在长安的画应有百余幅，题材有肖像画、风俗画、神话传
说画、宗教故事画、花鸟动物画等，体裁有壁画、绢帛画、装饰画等。

其代表作是长安光宅寺的《降魔变》、慈恩寺的大型壁画《知钵文殊》等。但这些绘画都没有能够流传下来，我们只能在和田、库车出土的文物和壁画中领略到于阗画派的艺术风格，尽管这已经不是尉迟乙僧父子的原作，不过于阗画派的屈铁盘丝法、凹凸晕染法的风韵犹在。1900年，斯坦因在和田东北的丹丹乌里克遗址发现四幅画，其中三幅是木板画，一幅是壁画，应该是系列壁画中的一部分，其他已不存。这些木板画和壁画是于阗画派成熟期的作品，约创作于七八世纪，与尉迟乙僧所处年代相仿。木板画被斯坦因分别命名为《神鼠图》、《传丝公主图》和《波斯菩萨》，而壁画命名为《龙女图》。这些彩色木板画和壁画均是"用笔紧劲如屈铁盘丝"，同时，"用色沉着堆起绢素而不隐指"，即所谓的凹凸晕染法效果。如果我们仔细审视画中的人物，则发现人物形象全部处在正面视线上，脸部是圆形的，微侧，眼睛适当拉长，人物端庄严肃。这些人物的鼻子都是一根线条沿鼻梁而下，先描出鼻头，然后朝下向鼻槽部分弯曲，穿过人中圆滑地接在上唇上，中条线与勾勒鼻孔及鼻翼的线条分明是分开的。于阗画的这种画法在印度画风、中国早期的绘画中是找不到的，也完全异于西域其他地方的画风，显然是在长期的文化交流中不断吸收印度、波斯、粟特画技法而创制的一种新的画派。

于阗画派的影响，近者抵龟兹、高昌、敦煌，远者达中原、西藏、高丽、日本。如克孜尔石窟的许多壁画的着色均采用了凹凸晕染法，而且分为圈染、单面染等多种晕染效果，是对凹凸晕染法的丰富和创新。敦煌早期壁画的着色也是采用凹凸晕染法，其中以圈染法居多。凹凸晕染法东传日本也是不争的事实。日本高野山明王院、莲花三昧院、樱池园、金刚峰寺院中属平安时期（794—1192）至镰仓时期（1192—1333）的一些美术作品，都采用了于阗美术派对鼻子的画法[③]。可见于阗画派的影响是世界性的。

隋唐时期西域绿洲农耕文化的开放达到极致。西域文化的生命力就在于它所具备的广纳各种文化的开放性。这固然是地缘优势所致——西域处于丝绸之路的中段，是各种文化相互碰撞的结合部，给西域文化带来了吸收和融合各种文化的机遇，但是更重要的是西域文化本身具有的开放的意识和品格。如果从层面上看，唐代西域绿洲农耕文化的各个层面都处在一种开放系中，物质文化、制度文化、观念形态文化全方位开放，否则你很难解释西域文化有一种杂交优势，只有具备这种优势才能整合出独特的地域文化和民族文化。如果从社会阶层看，唐代西域无论是上层还是下层都具备文化开放的意识。在这儿是汉风胡风一起来，分不出彼此，这才是文化的高境界。文化的开放实际上是心态的开放，一个民族、一个群体如果没有海纳百川的胸怀，谈何文化开放？佛教在西域就是一种开放的宗教信仰，唐代西域佛教、汉传佛教、藏传佛教彼此间的互补和吸纳达到了水乳交融的地步。假如没有从大德高僧到普通僧众的普遍开放心态，西域绿洲的佛教信仰的多元格局的形成是根本不可能的。

第二节 突厥人与游牧文化

突厥人的狼生说 突厥人的语言文字 突厥人的社会制度 突厥人的丧葬习俗 突厥人的宗教信仰 突厥文化与周边文化关系 吐蕃文化

隋唐时期是西突厥在西域活动的时期，西突厥在与隋唐政府争夺西域中，几进几退，最终被平定。西突厥在西域期间，其文化也在西域留下了踪迹，并与西域其他民族文化之间相互影响和融合。

西域北部的草原游牧文明是在天山、阿尔泰山的草原地带发生的。学者们认为："游牧是指在不适合农耕的草原、山地、沙漠等环境下，人们从事的动物驯养活动。游牧最显著的特征是人们的流动性。游牧社会大致可以分为两种类型：一类是牧人赶着畜群放牧，而该社会的其他成员则在定居的村落中产生适度的农耕。另一类是整个群体都随着畜群游动。"[④]第一种类型在西域南部绿洲农耕区依然存在，但它只是农业生产的补充。而西域北部草原地带的游牧属于第二种类型，是典型的"逐水草而居"，这里的人们为了生存需要而不断迁徙和流动。他们一年至少转场两次，所以他们的生存区域也分为夏牧场和冬牧场，食物来源主要是放牧的动物肉和奶制品。放牧是他们的主要生产方式。因为这些家畜的繁衍直接关系到游牧民的生存，所以他们的社会结构、生产技术、文化体系也完全异于绿洲农耕民。在所有草原游牧部落中，都是以血缘关系为基础的氏族部落作为社会的基层单位，氏族部落既是生产生活单位，又是军事的基本单元。这种以血缘关系组成基层单位的文化特征表现在三个方面：一是习惯法成了规范每个氏族、家庭、个人道德、行为的民间制度文化系统；二是以血缘关系组成的社会结构成了密切氏族、家庭关系的纽带；三是由最基本的牧业生产单位形成共同的习俗文化。我们可以把突厥等游牧部族的生存方式称之为以血缘关系为纽带的生存方式。突厥以"落"作为其氏族部落的基本细胞。每五人为一落，同住一毡舍。也就是说，"落"构成了突厥社会的基本单位。突厥早期就是一个以阿史那氏及其近亲血缘关系为纽带的氏族小部落，驰骋西域的西突厥汗国本身是由咄陆五部和弩失毕五部组成的部落联盟，史称十姓部落，又称十箭。在这个联盟中，只有阿史那氏部落属于西突厥的核心部落，是有近亲血缘关系的；十姓部落则属于别部，他们是被突厥征服的其他游牧部落，也就未必与阿史那氏有什么血缘关系了。

突厥人在前文字时期曾经历了一段漫长的传说时代。这个时代的文化特征是以口传方式世代相传本部族的历史文化，所追忆的那个时代也可以称为先祖传说时代。所幸的是一些汉文典籍中记载了突厥人的先祖传说，其中最著名的是突厥先祖"狼生"的传说和狼头纛的记载，这方面的汉文文献记载有三则。其一，《周书·突厥传》记载的是突厥先祖"狼生"的传说："突厥之先，出于索国，在匈奴之北。其部落大人曰阿谤步，兄弟十七人，其中一曰伊质泥师都，狼所生也。谤步等性并愚痴，国遂被灭。泥师都既别感异气，能征召风雨。娶二妻，云是夏神、冬神之女也。一孕而生四男：其一变为白鸿；其一国于阿辅水、剑水之间，号为契骨；其一国于处折水；其一居践斯处折施山，即其大儿也。山上仍有阿谤步种类，并多寒露。大儿为出火温养之，咸得全济。遂共奉大儿为主，号为突厥，即讷都六设也。讷都六有十妻，所生子皆以母族为姓，阿史那是其小妻之子也。"其二，《通典·突厥传》记载的是突厥狼头纛："（突厥）旗纛之上，施金狼头。侍卫之士，谓之附离，夏言亦狼也。盖本狼生，志不忘其旧。"其三，《旧唐书·刘武周传》同样记载突厥狼头纛："突厥立武周为定杨可汗，遗以狼头纛。"除去后世润色、附会外，这数则记载披露了如下信息：突厥始祖是以狼为图腾的氏族部落；狼作为图腾物神由母系世代相传，并同婚姻制度相关；突厥人的旗帜是"狼头纛"，这表明突厥立国后仍以他们的图腾动物形象作为旗帜的标志。

对于突厥人先祖的狼生说，有学者认为："所谓'一孕而生四男'当即一个胞族分为四个氏族，并非无稽之谈。"⑤人类学田野调查表明，胞族是借助特殊的兄弟关系的纽带联合起来的一个氏族群，几乎所有的胞族，只要它有一个含义确定的名字，就会是一种动物的名字，因此也可以把它看作是一种图腾。突厥人的"狼头纛"源自氏族图腾标记。只是古代各氏族的图腾标志各不相同，一个氏族只有一个图腾，作为识别与其他氏族区别的标志。古代氏族的图腾多以植物、动物命名，但主要是动物。突厥先祖的图腾显然与图腾中心所在位置相关。图腾中心一般都在山脉、峡谷、河流、泉水处，因为这些地方被氏族群体认为是动物大量聚集的地方，突厥先祖的图腾——狼恰好也生活在这样的环境中。关于这点，一些文献也可以印证。《隋书·突厥传》记载："每岁五月八日相聚祭神，岁遣重臣向其先世所居之窟致祭。"突厥人一直把他们居住的地方称之为"狼山"，即使唐灭突厥后，也曾经用突厥名称命名安北都护府所辖州为狼山州。就图腾标记的功能而言，主要有三种：一是用作召集中心；二是借助表达其内在状态的记号进行沟通，以形成群体意识，标记成为一种象征；三是每一个氏族群体都需要一个区别其他群体或流入该群体的标志，有区分群体的功能。突厥人的狼图腾及由此派生出的狼头纛也具备这些功能。

突厥文化是中古时期较为发达的草原游牧文化。这是因为突厥不仅是第一个使用突厥文文字的阿尔泰语系部族，而且是第一个留下突厥语书面文献的部族。突厥人自7世纪起开始使用突厥文，这对仅靠口头传承历史文化的草原游牧部落来说是具有划时代的事件。这是至关重要的，虽然突厥文的出现比不少农耕民族文字晚了许多世纪，但在游牧民族中是当之无愧的第一个，这是草原游牧文明的重要标志。突厥人将他们的历史留在了碑铭上，记载他们历史的就是古突厥文。这种以38—

40 个字母拼写的拼音文字，被称为鄂尔浑鲁尼文，或鄂尔浑—叶尼塞文。这是因为自 18 世纪上半叶起陆续在突厥人的兴起地今鄂尔浑河和叶尼塞河流域发现古代突厥文碑铭而命名的。发现于鄂尔浑河、叶尼塞河流域，以及七河流域的突厥碑铭主要有雀林碑、暾欲谷碑、阙特勤碑、毗伽可汗碑、翁金碑、阙利啜碑、磨延啜碑等，它们分别属于东突厥汗国和西突厥汗国时期。碑铭按内容大致可以分为纪传、功德、宗教、官方记录、纪年等。我们从这些碑铭的文字中，可以领略到突厥可汗的世系、突厥汗国的职官系统、突厥人的十二支纪年、萨满教信仰，以及风俗习惯等突厥人的历史文化。19 世纪末，丹麦学者汤姆森首先解读了突厥文，发现有 23 个字母来自阿拉美文，这正是操东伊朗语的粟特人的文字系统。突厥人占据中亚七河流域后，尝试着用粟特文字母拼写突厥语。突厥文属一种音素、音节混合型文字。

突厥人建立的突厥汗国是一个由各游牧部落组成的联合体，形成较完备的制度文化。一方面，自古沿袭的不成文法（即习惯法）仍在突厥社会起作用，如"地分"、"畜印"以及婚丧嫁娶等习俗。另一方面，随着突厥文的出现，也有了一定的成文法，如其刑法将犯罪分为国事罪、侵犯财产罪、妨害家庭罪、侵犯人身罪四种；刑罚亦分死刑、体罚、罚款及赔偿、苦役流刑及"禁锢随军"四类。突厥刑法是以维护私有权和贵族特权，尊重父权、夫权为特征的。

但是就突厥汗国的制度文化而言，很难在习惯法和成文法之间作出非此即彼的界定。突厥汗国形成严格的等级制度，最高统治者称可汗，可汗的子弟称特勤，领兵马的将领称设。在可汗与设之间的称为叶护，相当于副可汗。大臣称梅录，而高级官吏先是分为十等，后又发展到二十等，名称有俟斤、吐屯、阿波、颉利发、达干、阎洪达等。贵族会议由可汗、高级官吏和部落首领组成，决定汗位继承和战和等重大问题。但贵族会议由于从分权的"封建"制过渡到"集权"的"封建"制而削弱了。

突厥兵制是一种本部兵民合一制与属部征兵制相结合的军事制度，它源自突厥人的围猎制度。围猎时的分翼标帜是十人一组，用于军制就演变成以"设"为首，分成左、中、右的配置，按十进法进行编制[6]。突厥人的军队以骑兵为主，兼有步兵，唐太宗评价突厥人作战是"突厥所长，惟恃骑射"。阿勒泰地区突厥墓中都伴有马具出现，特别是铜制、铁制马镫，这对变砍击为切击，提高杀伤力无疑有重大意义。

突厥人在接触汉文化后，还曾使用汉民族的十二生肖纪年的历法。这种纪年法见于突厥碑铭中，这比原先"以青草为记"的物候历先进和准确得多。

突厥人的婚姻和丧葬制度是在长期的游牧生活中形成的，但同时也受到周边其他民族文化的影响。突厥人在婚姻上实行自择配偶制和收继婚制，同时也存在兄弟共妻现象。突厥人丧葬习俗为土葬和火葬两种，火葬是随着信仰火祆教而兴起的。《周书·突厥传》对突厥人的丧葬习俗记载甚详："死者停尸于帐，子孙及诸亲属男女，各杀羊马，陈于帐前，祭之。绕帐走马七匝，一诣帐门，以刀剺面，且哭，血泪俱流，如此者七度，乃止。择日，取亡者所乘马及经服用之物，并尸俱焚之，收其余灰，待时而葬。春夏死者，候草木黄落，秋冬死者，候华叶荣茂，然始坎而瘗之。葬之日，亲属设祭，及走马剺面，如初死之仪。葬讫，于墓所立石建标。其石多少，以平生所杀人数。"这是典型的萨满教丧葬仪式。首先，萨满教用火葬方式处理死者，然后再对骨灰进行二次葬；其次，突厥人的萨满教天层观认为天有七层，于是绕帐走马七匝，以刀剺面七次，都是祈愿死者灵魂升天的象征仪式；最后，将死者的生前所用物品全部烧掉，意为死者在另一个世界享用；突厥人的祭品是马牛羊，特别是贵族都是厚祭厚葬。

突厥人实行瓮罐葬，骨瓮是仿照毡房花纹镂空，象征帐幕骨架。突厥人的瓮罐葬是将死者火化后收入瓮罐中埋葬的，是典型的二次葬。纵观突厥人的丧葬习俗，有四个明显特征：一是以马、羊为祭品，厚葬；二是为对死去亲人表示痛悼，亲属往往剺面而泣；三是实行火葬；四是墓表立石。突厥火葬习俗恰恰与"突厥事火"的原始崇拜和萨满教信仰相吻合。

从蒙古草原到阿尔泰—伊犁草原地带常常可以见到矗立在草原中的石人，有些石人被考古学者判定为是突厥石人。这些石人中有一类是手持杯状物的石人，可能与突厥人的萨满教信仰和丧葬习俗有关。在草原墓地石人形象中石人手持器皿是一个经久不衰的母题。从青铜时代开始到突厥时代，手执器皿石人就分为两种形象，一种是右手持杯状物，另一种是双手抱罐、碗、瓶、钵之类器皿。其他还有手握刀、剑等兵器和手托鹰等形象。即使是持杯的石人，其杯的形状也是不同的，如阿勒泰市境内阿克塔木墓地石人右臂屈至胸，手执一种角状杯；而温泉县境内阿尔卡特石人右臂屈，手执圆底罐形杯；内蒙古巴兰恩特利格突厥石人左手下垂，右手置于胸前执一筒状杯；吉尔吉斯草原发现石人右臂稍屈，手托高足凸肚状杯，有的石人右臂屈，手执高脚杯。从青铜时代开始，右手执杯状物或双手抱罐、钵等器皿几乎成为一种模式。手执器皿者不仅有男性，也有女性，不少这类形象往往在腰带上佩有条状装饰物，但它们既非刀、剑之类，也非装物的皮袋，而是在垂条或垂绳上挂有垂饰。这在南西伯利亚、新疆、内蒙古等地的草原墓地石人形象中都十分常见。此外，石人与一些遗迹的关系也值得注意，有两种情况：一是石人竖立在祭祀石堆附近，石堆下面埋有牺牲的残余，有动物的骨骼、祭祀灰烬和各种器物，南西伯利亚阿尔泰山区6—8世纪的突厥石人就属此类；二是南西伯利亚、中亚、内蒙古、新疆的确存在墓葬区的石人，克尔木齐石人墓的发掘证明墓地石人从青铜时代一直延至铁器时代。这些考古发现恰恰证明执器皿石人应是萨满形象，因为在后世萨满形象中的确能见到穿条状萨满服，腰带系垂绳挂某些物件，如铃、镜、石球、动物骨关节等饰物的情景。萨满作法时这些物件丁当作响，目的是以响声传达人间与神界的信息，这些物件也是除邪镇魔的利器。结合遗迹关系分析，无论是祭祀堆石人还是墓葬区石人，均是萨满祭祀的形象，不管是祭祀祖先还是举行狩猎仪式都离不开萨满，萨满总是这些仪式中的主角，不过祭祀的动机各有不同。

现在回到手持器皿的萨满

图上3-3　昭苏发现的突厥石人　刘玉生摄

形象上来。对于萨满来说，所用器皿是神圣的，同萨满神服、神帽、神具一同组成萨满的神物。据说萨满通神时必须处在一种迷狂、神志恍惚的"出神"状态，这就需要饮豪麻汁进入这种状态。因此，石人所执持的也应是盛大麻汁之类的器物。在充满萨满教信仰的突厥等氏族部落社会中，萨满最有资格执持盛大麻汁的器皿。在氏族部落中萨满的神圣职能几乎囊括氏族部落的所有活动，如脱魂与显灵、祈禳与祭祀、治病与占卜、生产与生育、神判与记事等等。从近世的文化人类学材料得知，萨满使用盛器见之于以下活动：一是治病时的喷术。起先治病时是喷气，后来是喷酒或水、药。在诸如得疮伤、红伤、骨折、长疖子、中风不语、口眼歪斜、昏迷不醒等疾病时，往往用盛器盛水、酒或熬制的草药喷至病人身上，以达消炎、驱热之效。萨满常常在跳神治病仪式上向患者施之喷术，喷术功也成为萨满的内养功，平时要坚持练运内气、吹功。由此观之，立于祭台前的手执杯类器皿的石人应是萨满在跳神治病仪式上施喷术的形象。二是与萨满教的神偶嗜血的灵魂观有关。于是在萨满教祭祀仪式中，萨满常常是在神灵附体后，手持盛动物血的器皿喝血，也往往将器皿中的血弹或涂在祭祀的神偶身上。手持盛动物血器皿的石人也应是血祭诸如祖先、酋长、英雄等神偶的萨满形象。三是突厥人的生产生活、征战、占卜、丧葬等仪式都离不开容器。突厥人凡进行狩猎、游牧、征战、治病、占卜、送葬、祈雨等仪式时都要请萨满进行祈祷请神、附体下神、送神活动。在仪式中萨满常常在室外手持酒杯向诸神敬酒答谢，感谢神灵的庇佑。四是萨满为显通神的法力，常常要喝下圣水（可能是清水、酒或动物血等），目的是神灵会更显神力。在喝圣水时，萨满往往双手持碗等容器，以示虔诚。根据文化人类学材料索解手持盛器的草原突厥石人之谜应是合乎情理的。

　　突厥人的信仰系统包括原生性宗教信仰和创生性宗教信仰。突厥人的敬天事火是他们的原始信仰，这种信仰后又发展成为萨满教信仰。西突厥统治中亚期间又信奉了火祆教和佛教。这样，突厥的信仰系统就出现了原始信仰和外来宗教杂糅并存的局面。突厥人的敬天事火均起源于他们的自然崇拜。古突厥语中的"登凝梨"，不仅指实在的天，还可转义为"献牲"、"崇奉"、"尊敬"等，因此也就有了天神的意义。从汉文文献记载看，突厥人的祭天仪式分季节性和常年性两种。季节性的祭天仪式在五月中旬举行，常杀羊、马祭祀，以求降福消灾。由敬天，突厥人还形成汗权天授、兵事天佑、畏惧天谴等观念。"突厥事火"屡见文献记载，可能是自然崇拜和祆教信仰融合的结果。西突厥曾在伊犁河流域建有"弓月城"，其名称也反映出突厥人曾存在拜火习俗，其意为"日火"或"太阳之为"。伊犁河流域出土的一件外壁饰以忍冬纹的陶瓮（瓮盖已佚失）也是祆教徒使用的盛骨瓮。"突厥"一名也是由单词"妻"和"炉灶要地"合成的，后者还指"原始神灵"。可见突厥人的拜火习俗源自母系氏族社会的灶神（即火神）信仰，突厥人信仰祆教后更强化了拜火信仰。关于火的这种净化、驱邪功能，游牧部族认识很早，西域及北方民族的萨满用木片磨擦取火，认为它可以烤燎除秽。古代突厥人中也盛行这种净化仪式。有证据表明，东罗马使臣出使西突厥时，就曾遇到突厥人的这种仪式："……又有手持香者，火势熊熊，来往绕走，状类疯狂，指天画地，几若魔鬼诚被其驱逐者。咒既诘毕，乃请蔡马库斯（东罗马使臣）经过两火间，其人亦自皆陆续走过两火间，谓如是，则妖魔悉可洗净也。"⑦不同时期的例证在净火仪式上如此相似，恰好也印证了这种仪式源于人类早期的猎牧阶段是完全可能的。在人类还没有掌握科学方法对付畜疫之前，用净火驱魔是一种极为普遍的仪式是毫无疑问的。由于突厥人常游移迁徙，并无祆祠，而是将祆神形象"刻毡为形，盛于皮袋"，随时祭祀而已。《隋书·突厥传》曾说突厥人"敬鬼神，信巫觋"，又结合突厥人在迎接东罗马使者蔡马库斯时由祭司举行的净火仪式等史实看，所谓"巫觋"、"指天画地者"都应是沟通天地的中介者——萨满，他们是突厥部落中的职业祭司。萨满教信仰在突厥人中有特殊的地位。突厥人中信仰佛教的是西突厥，他们是在西域、中亚盛行佛教的情况下开始信奉佛教的，当然，首先是突厥的统治阶层先信奉了佛教。一些汉文佛教文献都曾记载突厥"极敬三宝"，特别是犍陀罗地区的西突厥可汗完全信仰了佛教。

西突厥强盛时，不仅占据天山、阿尔泰山的草原地带，而且南下进入天山以南绿洲的广大区域，高昌、焉耆、龟兹、疏勒、于阗等西域诸国都留下了突厥人的足迹。西突厥又与唐朝军队在这些地方展开了争夺战。固然，西突厥与唐政府、西域诸国的征战是残酷的，但是战争有时也是进行政治、经济、文化交流的催化剂，特别是文化上的碰撞、交融、互补就在所难免。中原的汉民族和西域诸绿洲城郭国的居民几乎在同时接受了突厥文化，而突厥人也对汉文化、西域诸绿洲文化情有独钟。大唐气象的显著标志是对外来文化表现出的大气，即以一种开放的胸襟对外来文化兼收并蓄。汉文化与突厥文化、西域文化与突厥文化，真正是汉风胡风一起来。唐代的胡风是指西域绿洲诸国的文化、突厥文化、粟特文化，以及萨珊波斯文化等的影响，唐代长安流行的正是这些来自西域、中亚、西亚等地区的文化，长安以宽容的心态接纳了这些来自异域异族的文化。就传入长安的突厥文化而言，主要是他们的风俗习惯，如突厥语言文字、突厥服饰、突厥饮食、突厥帐等。其中，突厥服饰曾经风靡一时，突厥"被发左衽"，男子着长身小袖袍，缦裆，女子发辫不垂，着锦缬、缨珞、环钏，突厥的这种服饰和头饰成为长安人的一种时尚。这些时尚上自宫廷，下到民间，竞相效仿，特别是唐王朝的皇族以住突厥帐，讲突厥语，穿突厥服，进突厥饮食为荣："（唐太宗之子）承乾太子在生活起居等所有方面都刻意模仿突厥人，他宁愿说突厥语而不说汉语，并且在皇宫的空地上搭造了一顶地地道道的突厥帐篷，而他本人则穿得像一位真正的突厥可汗，坐在帐篷前的狼头纛下，亲手将煮熟的羊肉用佩刀割成片大嚼大吃。伺候他的奴隶们也都是全身穿着突厥人的装束。"[8]这在唐代已非个例，而是一种普遍的时尚。就连偏于一隅的高昌王国汉族也深受突厥习俗浸染。高昌国汉族男子"辫发垂之于背后"，而且"著长身小袖袍，缦裆裤"，完全是突厥人的装束。突厥文化对西域南部绿洲文化的影响也日渐加深。首先是，突厥语言文字出现在印欧语系和汉藏语系族群分布的地区，阿尔泰语系正在与传统的印欧语系、汉藏语系形成三足鼎立的语言文化格局；其次，在西突厥统治绿洲诸国时期，绿洲诸国普遍接受了突厥的职官系统，如在突厥的职官系统中有叶护、吐屯、特勤、颉利发、俟斤等，龟兹、于阗、高昌等国的国王就接受了颉利发的称号；最后是，突厥习俗开始影响诸绿洲城郭国，如突厥婚嫁习俗（突厥上层与绿洲城郭国王族的通婚也不鲜见）、突厥纪年、地名等，都有某种程度的被接受。《新唐书·西域传》说，龟兹王不剪发，可能也是受突厥习俗影响。

与此同时，突厥文化也大量吸收了汉文化和西域绿洲城郭国文化。在突厥语词汇中就有许多汉语借词，如都督、花、尺、龙、天子、将军等都来自汉语。这一方面是出于沟通的需要，另一方面也说明即使在战争期间，语言的交流也是十分频繁的。中原的丝绸对突厥上层十分有吸引力，突厥贵族就以穿着丝绸服饰为荣耀，因为突厥人与隋唐王朝的贸易中主要货物是"市中国缯絮"，丝绸显然是供上层做服饰用的。突厥以十二属纪年也是接受汉民族地支纪年法的结果。突厥人至少在隋开皇年间（581—604）就接受了汉民族的地支纪年法。有关突厥人使用十二生肖纪年法的文物证据是翁金碑，其上说，墓主卒于龙年，即壬辰年，就是公历的 692 年。这比突厥人原先使用的青草历准确、方便得多。就连突厥人的碑铭采用的也是汉制，阙特勤碑上有龙额，下有龟座，碑文也是用突厥文和汉文两种文字镌刻的。对此，岑仲勉先生在其《突厥集史》中认为："我国碑志，以武德至开元为最盛时代，是上举两刻石，显感受唐代文化。"突厥人信仰佛教的地区是西域的绿洲农耕区域。突厥人信奉佛教是在其占领西域广大地区以后，信奉佛教的龟兹、于阗、焉耆、疏勒、高昌对突厥人信仰佛教产生了重要影响。突厥人信仰佛教恰好表明："在奉佛问题上，'极敬三宝'的突厥人，比'不识佛法'的草原老乡处于更高的发展阶段。西域的古典文明，把野蛮的征服者征服了。穹庐文化被城邦文化所超越，是中世纪亚洲内陆人类历史的进步现象。"⑨突厥文化是在西域农耕绿洲这块沃土上得到提升的。

说到隋唐时期的西域草原游牧文化不能不提及吐蕃文化在西域的存在，吐蕃在西域的活动、他们的文化痕迹如同他们的征战足迹一样是抹不去的。这是一种以占领者姿态出现的外来文化，对西域文化产生过或隐或显的影响。吐蕃从 7 世纪中叶进兵西域算起，统治西域长达一个半世纪，其文化影响几乎在所有文化领域。吐蕃大规模进军西域是唐、蕃争夺西域时期，唐咸亨元年（670）吐蕃大举进攻西域，先后占领唐安西四镇，而且在以后的数十年间，安西四镇几易其手。在此期间，罗布泊地区也在吐蕃的控制之下。吐蕃对西域绿洲农耕文化的影响主要在军事戍堡等建筑文化、制度文化以及语言文字等方面。在西域发现的吐蕃建

筑主要是军事戍堡，考古工
作者在米兰发掘的吐蕃戍堡
是一座近 400 平方米的建
筑，戍堡四周有角楼，南部
高台上建有烽燧，堡墙残缺
部分就高达 7 米，房屋倚坡
而建，为半地穴式。这与
《新唐书·吐蕃传》所记"屋
皆平上，高至数丈"相仿。
米兰戍堡中还发现了青稞种
子，可能与吐蕃人垦田种

图上 3-4　米兰吐蕃戍堡　刘玉生摄

植有关。吐蕃人的职官系统和告身制度在西域推行。吐蕃在西域的职官
系统分为中央一级和地方一级的职官，如大尚论、内大论、萨毗、节儿
等，还设有军事官员和民政官员。其军事长官有大将军、大守备长等；
民政官员有内大论、司法官、审判官等。但是吐蕃的职官系统和西域绿
洲城郭国的职官系统是并列的，也就是说，西域绿洲城郭国基本保留了
自身原有的军政体制。尽管吐蕃人在于阗等地推行的告身制度不同于吐
蕃本土的告身制度，但像于阗国王的告身明显低于银字告身的吐蕃军镇
将军，显然西域绿洲居民的地位在吐蕃人之下。在吐蕃统治西域时期，
藏文在西域绿洲诸国作为官方文字使用。在米兰、和田等地出土的吐蕃
文书包括官方文件、书信、经书、占卜书、账籍等。而且在于阗语中也
有不少藏语借词。汉藏语系、印欧语系、阿尔泰语系民族文化在西域的
汇聚，开启了西域文化的新纪元。

第三节　屯垦、民户与汉文化

西域屯垦范围与规模　屯垦文化播布与影响　郡县制与民户文化

　　唐代的西域屯垦文化和伊、西、庭三州民户文化是西域多元文化
的重要组成部分，它们与西域绿洲农耕文化、草原游牧文化共同构成隋

唐时期西域文化的基本类型。这些文化在大唐盛世呈现出交融、互补的新发展态势。西域屯垦文化是指历代中央王朝为开疆扩土和戍边所进行的屯田垦殖的农业文化。而伊、西、庭三州民户文化是指唐政府在实行郡县制的地区的汉文化,是中原汉文化与西域文化整合的结果。唐代的西域屯垦文化和民户文化的共同特征是,它们均属于汉文化范畴,无论是物质文化、制度文化层面,还是精神文化层面都具有鲜明的中原文化色彩,它的源头是底蕴深厚的中原汉文化,同时也吸收了西域其他族群的文化。所不同的是,屯垦文化是戍边官兵从事农业生产、生活派生出的文化现象,而民户文化的主体是汉移民,其特征是汉民间文化色彩浓郁。这两种文化之间都有交叉和很强的互补性。

唐朝中央政府在西域建立安西、北庭两大都护府,屯田规模远远超过了汉代,特别是安西都护府设在龟兹期间,对天山以南绿洲城郭国经济的发展起了重要作用。仅以安西三镇屯田为例,据《唐六典·河西道》的统计:唐在西域的屯田点,安西都护府驻地龟兹有 20 屯,疏勒有 7 屯,焉耆有 7 屯。按照《通典·屯田》的记载:"西州镇诸军者,每 50 顷为 1 屯。"这三镇合计 34 屯,1 屯 50 顷,即 5000 亩,总计 17 万亩。加上北庭都护府的屯田总共是 56 屯,屯田总数在 28 万亩。同时,为了解决灌溉问题,安西都护府专门设立了管理水利的机构——掏拓所。无论是屯田的人数,还是开垦的土地,唐代都远远超过了汉代。安西都护府在龟兹等地屯田,无论是对推动当地的农业、手工业方面,还是在繁荣商品经济方面都取得了引人注目的成绩。能够反映这些成就的仍然是考古发现。新和县境内的通古斯巴什古城是唐代的屯城遗址,在此出土了许多唐代屯田的遗物,这些遗物大致可以分为四大类:1. 农业生产工具类,包括铁铧犁、铁镰和石磨盘等;2. 建筑材料和生活用具,如陶制方砖、瓦和陶罐、陶灯等;3. 农作物类,如胡麻籽、油饼等;4. 出土和采集到唐代的开元通宝、乾元重宝、建中通宝、大历元宝等钱币,其中一次出土 3000 余枚钱币。这表明,在安西都护府时期,中原的先进农业工具、制砖瓦技术和商贸经济等已经在龟兹地区普及。特别重要的是水利灌溉技术的传入,扩大了粮食种植面积,提高了粮食产量。安西屯田的水利设施完备,不仅有大母渠这样的主渠,同时也有星罗棋布的干渠，这是农业生产的根本保证。

　　由于唐代的驻军屯田，屯垦区域成了屯垦文化最具活力的地区。屯垦建筑文化对绿洲城郭文化的形成和发展有深刻影响，绿洲城郭国三重城的建筑模式，城镇的布局和商贸的兴起，都与屯垦时期的中原建筑文化有千丝万缕的联系。如果说，汉代屯垦建筑只限于西域南部的话，到了唐代，随着屯垦向西域北部、西部的扩展，汉式建筑也成为这些地区的建筑文化景观。安西、北庭都护府所在地城郭、戍堡、烽燧等都是具有汉式风格的建筑。特别是一些大的城郭、戍堡都沿用了中原传统的建筑方式。从布局上看，城门、城楼、角楼、马面、敌楼、宇墙、垛口完备，这主要是考虑到生产生活、军事防御的基本功能。这些城垣建筑不仅坚固，而且都反映了隋唐时期的建筑文化水平。北庭古城、通古斯巴什古城、大河古城、碎叶古城等都是唐代有代表性的军事城堡建筑。作为安西四镇之一的碎叶城是唐代屯垦戍边最西段的城堡建筑。据《唐会要》卷七十"安西都护府"条记载："调露元年九月，安西都护王方翼筑碎叶城，四面十二门，皆屈曲作隐伏出没之状，五旬而毕。"经考古学者和历史学者的多年考古发掘、研究证明，中亚楚河流域的阿克·贝希姆古城遗址就是当年安西四镇之一的碎叶城。碎叶城属于唐安西都护府军镇一级的城堡建筑，一般驻军 3000—5000 人，其规模与龟兹、焉耆、于阗等军镇的规模大体相仿。如焉耆镇城也是四方城，城外墙周长为3000 米，而碎叶西城周长就达 2200 米，算上东城，周长显然比焉耆城大。不过，建筑形制基本一致，符合王方翼建城的"屈曲隐伏之状"原

图上 3-5　巴里
坤大河唐城
刘玉生摄

则，这显然是出于军事考虑。四方城是汉式建筑的典型形式，西域屯垦时期，最早的四方城出现在汉代，而到了唐代，已经是相当普及了，就连唐代的龟兹王城也是四方城的形制，其周长达 7 公里，比四镇军城规模大得多。唐代是中原建筑文化西披的盛世，显然具有煌煌盛唐气象。

中原的丝绸等纺织技术、冶铁铸造技术、生产工具、水利技术的传入，不仅提升了西域绿洲农耕地区的农业生产和手工业水平，还丰富了绿洲农耕文化的内涵。据学者研究认为："唐代之碛西屯垦主要系军屯，朝廷派驻的各军垦殖所需之生产资料，包括土地、耕牛、农具、种子等，无疑，由国家无偿提供，有些大型农具还可能随军由中原携进。在焉耆唐王城中，曾发现过唐代的铁铧，这种铁铧头较长，套进犁底的部分凹入，形制与内地同时的铁铧完全一致，较汉代的铁铧更易破土，提高时效，它可能为唐军屯田所留的遗物。"⑩屯垦还推动了当地的纺织业、酿造业、印染业、瓜果加工业的发展。同时，中原的商业贸易对西域商业的发展起了推动作用，出现了官办和民营的商号和作坊。屯垦区域汉官兵的生产生活方式必定带来汉地的各种风俗习惯，这些有形无形的文化对绿洲城郭国居民的文化影响是显而易见的。

中原的典章制度在西域推行，军府制、郡县制、府兵制出现在安西、北庭都护府所辖区域，而且形成完备的军政管理制度。在屯田官兵与绿洲居民交往中，就连汉民地的习俗也被绿洲城郭国上层和下层所接受，与西域当地居民的习俗交相辉映。同时，汉传佛教也随屯垦官兵信仰的需求而传入屯垦区域。

唐朝统一西域后所实行的军府制和郡县制并行，就是考虑到因地制宜进行有效管理的重要性。同时，唐政府还在所辖区域实行统一的货币制度、赋税制度、农业管理制度等，不仅扩大了种植面积，提高了粮食产量，而且其措施也惠及绿洲农耕居民。货币贸易是商业繁荣的标志，唐朝统一西域后，唐朝政府在西域实行了统一的货币政策。从天山南北各地都出土有唐朝时期的钱币来看，唐朝所铸的钱币是当时惟一的法定货币，同时从一些出土文书看，所有商品的流通都是以唐朝钱币为单位来计算的。这些出土文书表明，在安西都护府时期借贷资本也十分流行。安西都护府在其所辖地区对商品贸易实行了严格的管理制度，唐关市令规定，每城市聚落有条件者皆设市，置市令以主之。正午击鼓三百开市，日中击钲三百收市，市上设置货摊、货肆，竖起标识，主管市中坐贾，坐贾皆上书同业行会的行名。市令每旬日（十日）估定一次交易货品的价格，定出上、中、下三等的市价，由政府有关官吏监督市易。安西四镇的市易都是这样管理的，这对规范市场交易行为和维护市场秩序起了积极作用。

汉传佛教是随着屯垦官兵的信仰传入西域的，各地普遍建有汉寺表明，汉传佛教已经是与西域佛教并行的宗教信仰。至少在 8 世纪以前，西域地区存在不少汉僧汉寺。从文献记载看，安西有大云寺、龙兴寺、莲花寺等，于阗、北庭、高昌有大云寺，甚至远在碎叶的军镇也有大云寺。这些寺院显然是唐政府的官办寺院。在库木吐喇、高昌等地的汉传佛教石窟壁画在所反映的汉地佛教净土宗思想对西域佛教也有影响。

伊州、西州、庭州是唐统一西域期间设立郡县的地方，这些地方的居民大部分是来自汉地的移民，因此，这三州的文化可以称之为汉民户文化。伊、西、庭三州的汉民主要来源有四：一是魏晋南北朝时期移居高昌的河西汉人遗民；二是为屯田需要从内地招募来的农民；三是因获罪由内地发配来的流犯；四是内地来的各行业的工匠、怀着不同动机的文人、布道的僧人等。他们构成了西域汉民户文化的庞大群体，中原汉文化也正是凭借他们得以传播和交流的。三教九流，人等驳杂，不同地域，行业各异，他们本身就是文化的载体，正是他们有意无意间承载着传播中原文化的使命，使其植根在西域。

文献记载和出土文物有助于还原伊、西、庭三州民户的精神文化。汉语言文字不仅通行于伊、西、庭三州汉民聚居区，入唐以来，还成了西域其他居民的交际语言文字。在长安做官、寓居的，或在西域羁縻州担任要职的西突厥的上层人物，一般都能说流利的汉语，因此就有了岑参诗中"花门将军善胡歌，叶河藩王解汉语"的赞叹。这些上层人物得益于在长安接受汉文化教育，熟谙汉语言文字自然不成问题。《旧唐书》中的《哥舒翰传》就记载："（哥舒）翰好读《左氏春秋传》及《汉书》，疏财重气，士多归之。"哥舒翰曾经随父在安西世居，其父曾任安西副都护，后其父丧，哥舒翰客居长安，因此通晓汉语汉文是必然的。问题是普通百姓是否也是这样呢？从汉文典籍流行的情况看："近代在新疆出土之唐代文献，其数量及种类甚多，佛典外，凡经史诗文之断片、道教典籍，莫不有之。如日人羽田在吐鲁番获得郑玄注释之论语断片，又在库车附近之库木吐喇获得汉文张良传片断、史记仲尼弟子列传，皆系唐代写本。经各方面发现多数唐代典籍之后，则汉文教育推行于西域，更可证实矣。其次再考查西域人之能读汉文典籍，或以文章名传中国史册者不乏其人。更可证明汉文教育不第行于西域之汉人，而且推及于西域之土著。"⑪这种推论是完全成立的。

从出土文物不难发现，伊、西、庭三州民户文化的核心是那种挥之不去的华夏始祖情结和以儒释道合一的信仰追求。在阿斯塔那唐代墓葬中几乎墓墓见伏羲女娲绢画，而且一律都钉在墓主人能够仰视的墓顶上。从 20 世纪初开始，在吐鲁番阿斯塔那唐代墓葬中出土的伏羲女娲绢画不下二三十幅，画面大同小异，其中心人物都是伏羲女娲。为什么在众多墓葬中，伏羲女娲绢画如此集中呢？伏羲女娲神话源自华夏族繁衍人类的祖神信仰，起源可以追溯到母系氏族社会，但是文献记载却到了战国时期，而画像石或绘画则到西汉末东汉初才大量出现。后世学者对伏羲女娲神话意蕴的阐释虽然各抒己见，但有一点是共同的：那就是他们是华夏族祖神，又是死者的保护神。伊、西、庭三州的民户均来自内地，特别是中原地区移民较多，虽然空间上西域与中原相距有万里之遥，但是血肉相连的文化根脉是割舍不断的。其实，伏羲女娲在西域民户的记忆中已经有了祖先崇拜、生殖崇

图上 3-6　阿斯塔那古墓出土晋唐时期伏羲女娲图　刘玉生摄

拜、引魂升天的多重意义。

西域的汉民户们把他们的儒释道信仰、对伦理亲情、价值取向的理解与执着留在了那一件件出土的文化典籍中，也描绘在那妙笔生花的丹青上。唐写本《论语郑氏注》、《礼记》、《孝经》、《法华经》、《五土辞》、《祭五方神文》等等，儒释道信仰互补如此和谐，这正是三州民户追求的理想人格和道德尺度。阿斯塔那唐代墓葬出土一幅"六屏式鉴戒图"壁画，或许让我们多少可以窥知伊、西、庭三州民户所遵循的儒家伦理道德价值取向是什么。画面从左至右依次为：最左侧是一个名为"敧"的容器，形似倒挂的钟，横贯于一根木杆上。壁画中间分别绘有"金人"、"石人"、"玉人"等形象。最右端绘有生刍、素丝、扑满。这是一种自魏晋南北朝到隋唐时期盛行的绘画形式，特别是墓葬六屏式屏风画和墓葬壁画在唐代十分盛行。其画的寓意是十分明显的：劝诫人们应该以儒家伦理道德规范自己。阿斯塔那唐代墓葬的壁画反映的也是这类主题，显然三州民户也是将儒家伦理道德作为共同遵守的行为准则和为人处世之道的。因为，六屏式鉴戒图壁画的内容分别隐含："敧"内空或盛满水时就容易倾斜或翻倒，只有盛水适当时才能保持平衡，这是形象地劝谕人们勿自满，要谦虚。"金人"、"石人"、"玉人"是将儒家列圣做人的鉴戒以形象宣示于世——"金人"代表教人做事必须"三缄其口"，谦虚谨慎，勿骄勿躁；"石人"主张为人要有作为，匡正时弊，有正义感；"玉人"劝诫人们要节制物欲，修身养性。右端的生刍、素丝、扑满旨在告诫人们为人端正质朴，做事由微至著，为官清正廉明。这既是对死者一生高贵品德的赞誉，也是对后辈的警示与劝诫。可见西域汉民族的伦理亲情、人生价值信条都是由儒家思想在维系着，并以儒家伦理道德作为人一生追求的理想人格。

西域三州民户形成比较完备的制度文化，并由此派生出他们的民俗文化。其家族制度、婚丧制度、祭祀制度、服饰制度、教育制度等都源自中原汉文化，自成体系，世代相袭。

唐西州汉人社会的家族制度早在魏晋时期的河西移民社会中就已经形成，到了隋唐时期随着移民人数的陡增，家族观念进一步强化。我们从出土文书了解到，该地区在四百余年间先后有麹、张、马、阚、索、唐、曹、赵、孙、范、氾、傅、董、牛、李、史、焦等姓氏形成家族网络。在当时社会中，这些家族是调节社会关系的不可低估的社会力量："普通百姓人家，要依靠同姓同族的扶持、照应，以求得安身立命之地；权贵人家，也利用血缘、家族的关系，作为维护统治权威、巩固统治地位的重要工具……家族的、血缘的关系，成了维护现存统治秩序的有力手段。生前，人人都感受到形如蛛网的家族的系联；死后，也自不能脱离这一家族关系的束缚。因此，以一个大家族为单元，营造自己的墓地，成了一种习俗。"⑫阿斯塔那墓葬群就是高昌—西州时期贵族的家族墓地。

西州民户及其上层的丧葬仪式同中原一样，都是按照"事死如事生"的原则进行的，这一原则源自灵魂不死的观念。隋唐时期有随葬陶俑为主的丧葬习俗。地位显赫者，随葬的陶俑多为出行时的仪卫队列俑和家居时的奴婢侍者俑。阿斯塔那唐代贵族墓葬中出土的俑多是这一类。其他如乐舞俑、游戏俑、兽首人身的十二生肖俑也十分普遍。一般百姓的墓葬随葬品就简单多了。等级森严的丧葬制度，由编号为 60TAM336 的墓室规模和随葬品可见一斑：墓室地表曾经建有一座四棱形佛塔，墓道长达 29 米，墓地深入地下约 9 米，墓室前部有象征前厅的甬道，左右有象征厢房的龛室，更前为天井，象征着居室的庭院。天井地面以小块砾石铺砌，不同寻常。墓葬随葬品，主要是大量俑像，品类即繁，数量也多。大型镇墓兽、泥塑马、驼、文吏、武士以及舞乐百戏，还有家畜、井、灶等一应俱全。按照"事死如事生"的原则，随葬的人俑、动物俑和镇墓兽都不是随意塑造的，而是依墓主人的身份、地位、等级和生活经历精心选择的，它们是符合墓主人身份、地位、等级的象征物。

高昌—西州时期的汉人婚姻主要是两种形式，一种是世族婚姻，另一种是平民婚姻。世族婚姻到了初唐时有所变化，原先是以敦煌、河陇地区移民大姓间进行联姻，基本上属于区域性的族内婚。而到后期变成了麴氏家族和张氏家族之间的联姻。因为麴氏家族为高昌国的王族，而张氏家族列为公卿，是一种典型的政治联姻。平民间的婚姻也分两种形式，一种是汉人间的通婚，另一种是汉人与粟特人之间的通婚。就婚姻年龄而言，从吐鲁番出土文书看，女子结婚年龄最小者 12 岁，男子最小者 20 岁。也存在晚婚晚育情况。汉族与胡人（粟特人）婚姻有两份出土文书可以说明，其一："户主高沙弥三十七。妻米年二十二，女汉英年□岁。"其二："户主汜相延年三十五，妻索年二十五，男秋叙年。"两家妻子均为来自昭武九姓的粟特人。高昌—西州地区有粟特人聚落——归化乡，因此汉胡通婚也不足为奇。

从汉文文献和出土文书看，伊、西、庭三州的教育形成了比较完备的官学教育体系，这与唐政府大力推行学校教育有关系。办学校，兴科举是唐朝培养人才的重要举措，唐初，唐政府就在长安兴办国学，而后又在洛阳及全国郡县兴办学校。办学之风也在偏远的伊、西、庭三州兴起。三州十二县和四镇均设有学校，西州还设立了督学府。"其中西州属上郡，学生定额 60 员；庭州中郡，学生定额 50 员；伊州下郡，学生 40 员"[13]。加之四镇及各乡的学生人数当在千人以上。吐鲁番阿斯塔那古墓曾出土唐景龙年间（708—710）的《论语郑氏注》抄本，抄写者是当时西州高昌县宁昌乡厚风里 12 岁的义学生卜天寿。在《论语郑氏注》的反面抄有《三台词》和《千字文》。即使像卜天寿这样私学的学生，除学习《千字文》这样的童蒙读物外，还要读《论语》和诗词，可见儒学的普及程度之广。

唐代伊、西、庭三州民户的精神文化，不仅催生了它的制度文化和民间习俗，而且产生了具有西域特色的文学艺术。暂且不论那些浩气长存的唐代边塞诗（后文将述及），单就那些具有地域特色的汉民户的民间诗，就给人耳目一新的感觉。当唐将侯君集统率大军西征时，高昌国流行起一首民谣："高昌兵马如霜雪，汉军兵马如日月。日月炤霜雪，回首自消灭。"[14]作者很可能是一位热盼唐军收复高昌，期盼唐政府统一西域的民间诗人。卜天寿所抄《十二月三台词》是："正月年首初春，万户改故迎新。李玄附灵求学，树下乃逢子珍。项托七岁知事，甘罗十二相秦。若无良妻解梦，冯唐宁得忠臣？"此词类似于私塾先生或学生家长的劝学箴言，通俗易懂，旨在劝诫学生向历史上的勤学者学习，俗雅已经无关宏旨，能够达到劝学目的则足矣。伊、西、庭三州民户中应该有不少这样的民谣，只是流传下来的凤毛麟角。因此这些出土的民谣显得弥足珍贵。

隋唐时期伊、西、庭三州的艺术主要是两大类：一类是宗教雕塑和绘画；另一类是世俗艺术作品。西州的柏孜克里克、焉耆的锡克沁佛教石窟，以及安西库木吐喇佛教石窟的雕塑和壁画代表了汉风佛教艺术的水平。这些汉风窟中菩萨的造型脸部圆润丰满，弯眉、杏眼、朱唇，其形象更接近唐代雍容、慈祥的仕女，人物造型显然取自于现实生活中的人物形象。壁画中的人物刻画技法重线淡彩，单纯清雅，利用留白，体现了唐代遒劲流畅的线描艺术。世俗艺术作品主要是墓葬生活图壁画、宴饮作乐图纸画和仕女图绢画等。壁画、纸画均是唐代传统的单线勾勒，平涂添色技法，笔法流畅简洁，人物比例恰当，画面有较强的平衡感。虽然不是出于专业画师之手，但充满西州人的生活情趣。阿斯塔那墓葬出土的绢画有仕女弈棋图、仕女盛装图，以及舞伎图、侍女托盏图等，人物均具有唐代妇女丰美的形象，圆润的脸上涂朱，眼睛细长，朱唇小嘴，梳高髻或平髻，衣着华贵，代表了盛唐时的时尚潮流。

第四节　西域边塞诗的风采

开先河的骆宾王　岑参的西域边塞诗　西域边塞诗的成因　西域乐舞诗

无论是在中国文化史上，还是在中国文学史上，唐代边塞诗都是一座丰碑，而西域边塞诗又属于碑尖。西域边塞诗就其地位来说，几乎是前无古人，后无来者。之前，没有出现过如此众多的边塞诗人群体和上乘之作；之后，特别是清代边塞诗尽管数量不少，但艺术上无法与唐代边塞诗相比。我们可以用灿若群星来形容唐代边塞诗的诗人和诗作。

初唐的骆宾王是唐代第一位到西域的诗人，而且在西域戍边一待就是三年，是他开启了唐代西域边塞诗的先河。骆宾王是何时出塞的，有人研究认为："咸亨元年，吐蕃入寇，罢安西四镇。以薛仁贵为逻娑大总管。适宾王以事见谪，从军西域。会仁贵兵败大非川，宾王久戍未归，作《荡子从军赋》以见意。"⑬骆宾王出塞当是 670 年，这是骆宾王第一次出塞。骆宾王第二次出塞是随裴行俭征西突厥。时为仪凤三年（678）。

当时，裴行俭为册立波斯王暨安抚大食使，骆宾王从军佐幕，掌书记事，参加了平定十姓突厥的战役。该次征战解了安西之危。裴行俭军队是经玉门关到了蒲类（今巴里坤）和交河，又翻越天山到了安西。骆宾王的《晚度天山有怀京邑》、《边城落日》、《夕次蒲类津》、《军中行路难同辛常伯作》都是在才出征西域中写的。他的诗自然也与那个时代从军的文人一样，有一种志在边陲建功立业的豪情壮志，"弓弦抱汉月，马足践胡尘"（《从军行》）、"投笔怀班业，临戎想顾勋"（《宿温城望军营》）就是这种心境的表露。但是，他毕竟是因事见戎的，心境要复杂许多，思乡之情、孤独之感也会油然而生："忽上天山路，依然想物华。云疑上苑叶，雪似御沟花。"（《晚度天山有怀京邑》）托物寄兴，感慨万端，因物设喻，思情飞扬，把边塞的自然景观和唐都长安的景致做自然的勾连，心境虽然不是浅层的触景伤怀，但是思乡之情油然而生。

> 二庭归望断，万里客心愁。
> 山路犹南属，河源自北流。
> 晚风连朔气，新月照边秋。
> 灶火通军壁，烽烟上戍楼。
> 龙庭但苦战，燕颔会封侯。
> 莫作兰山下，空令汉国羞。

（《夕次蒲类津》）

这是骆宾王夜宿蒲类所看到的景色的有感而发。蒲类系唐朝伊吾军驻地，至今还有北庭都护府时期伊吾军的大河唐城遗址。骆宾王经此地，很可能也驻有唐军。因为蒲类战略地位重要，它东通河西走廊，西接中亚，南下至塔里木盆地周缘绿洲，是唐军与西突厥、吐蕃的必争之地。边塞军营的暮色显得多么旷远，遥辽，构成了一幅边塞黄昏写意画的氛围。同时，骆宾王也没有忘记在边庭建功立业的初衷。

　　骆宾王还有一首《边城落日》的诗，估计是在路过西州时所作。因为裴行俭曾经任过西州长史，而对骆宾王来说是首次到西州，而且可能是傍晚，于是面对落日下的景色，感慨万端："野昏边风合，烽回戍烟通"、"河流控积石，山路远崆峒"是边城独有的奇观，盛夏到西州，酷热难耐，心绪烦躁在所难免，但是作者仍旧不忘"壮志凌苍兕，精诚贯白虹。君恩如可报,龙剑有雌雄"。身处边塞,报国之心犹在。对于骆宾王的边塞诗,郑振铎先生认为是"都可显出他的纵横任意,不可羁束的才情来"。

唐代边塞诗的那些最出色的诗人几乎全部集中在开元、天宝年间,这是唐诗的黄金时代:王维、孟浩然、杜甫、李白、高适、岑参、王昌龄、王之涣、崔颢等等,多达几十人。对于开元年间"黄金时代"的诗坛伟观,郑振铎先生有如下评价:"开元、天宝时代,乃是所谓'唐诗'的黄金时代;虽只有短短的四十三年(公元713—755年),却展布了种种的诗坛的波涛壮阔的伟观,呈献了种种不同的独特的风格。这不单纯的变幻百出的风格,便代表了开、天的这个诗的黄金时代。在这里,有着飘逸若仙的诗篇,有着风致澹远的韵文,又有着壮健悲凉的作风。有着醉人的谵语,有着壮士的浩歌,有着隐逸者的闲咏,也有着寒士的苦吟。有着田园的闲逸,有着异国的情调,有着浓艳的闺情,也有着豪放的意绪。总之,这时代是囊括尽了种种的诗的变幻的。也没有一个时代,更曾同时诞生那么许多的伟大的诗人过的!然而,她只是短短的四十三年!"⑮显然,以岑参为代表的边塞诗人群从整体上讲不在闲逸、闲咏、谵语者行列,而属于豪放、浩歌者之列。凡是亲历过边塞的诗人都明白那种金戈铁马的征战,而充满了"功名只向马上取,真是英雄一丈夫"的豪气。边塞诗人群体大致可以分为三类:一类是像岑参、高适、王之涣、王昌龄、王翰、崔颢等都是亲赴边塞者,意在边陲建功立业,其诗作有雄奇之美;第二类诗人虽未到过边塞,但关注边塞战事,颂扬征战将士的英雄主义,李白、孟浩然、李颀、祖咏、常建等均属此列;第三类诗人是对西域的文化情有独钟,简直到了痴迷的程度,因此其诗都是有感而发,中晚唐的白居易、元稹、李端、刘禹锡等在其中。

究竟是什么原因导致西域边塞诗人群体集中在开元、天宝年间?以往的研究多从政治、经济角度阐释开元、天宝年间诗人辈出的原因,这固然是重要因素,因为这个时期是唐朝经济大繁荣、社会暂时处在歌舞升平的太平盛世。但是人们往往忽略了文化在造就边塞诗人群体中的作用,比起政治、经济因素,文化因素或许更为重要。盛唐气象首先是文化气象,文化气象就是唐王朝以博达的胸怀开创了一个全方位开放的盛唐文化时代。开、天诗人及其诗作都是与这种大气的文化氛围共进退的，他们从生活实践到心理历程都有了一个与西域等边塞文化亲密接触的机会。这些诗人是出于敬慕痴心也好，还是基于附庸风雅也罢，都与西域等边地文化有一种割舍不断的文化情结。对于盛唐文化气象的成因，李泽厚先生认为："中外贸易交通发达，丝绸之路'引进来的不只是胡商'会集，而且也带来了异国的礼俗、服装、美术以至各种宗教。'胡酒'、'胡姬'、'胡帽'、'胡乐'……是盛极一时的长安风尚。这是空前的古今中外的大交流大融合。无所畏惧无所顾忌地引进和吸取，无所束缚无所留恋地创造和革新，打破框框，突破传统，这就是产生文艺上所谓'盛唐之音'的社会氛围和思想基础。"⑰就连当时的诗人们也慨叹"胡音胡骑与胡妆，五十年来竞纷泊"，"座参殊俗语，乐杂异四方"。盛唐文化气象凸显的是一种文化精神，这种文化精神的内核是开明、开放、包容的文化意识，尊道崇儒礼佛的三教合一的信仰，雄奇与玲珑并存的诗风，浪漫的理想主义与立功建业的现实主义的人格追求。这种文化精神构成了开元、天宝年间文化的主调，而边塞诗是折射他们精神指向的文化主脉。

在这些边塞诗人中被称为"高岑"的高适、岑参是最具代表性的，他们同时出塞，但高适在河西，岑参在西域。对于岑参诗的风格，陆侃如、冯沅君两位先生推崇为："取动不取静，取雄放不取淡远。"⑱这是十分中肯和贴切的。

岑参是怀着什么动机在什么背景下出征西域的呢？其实，岑参最初出征西域的动机同开元、天宝年间的其他边塞诗人并无二致，是抱着"功名只在马上取"的观念出征的，对于当时的文人来说，这是立业的一次机会。只是到了西域以后，岑参才发现，仅仅这样是不够的，自己的命运已经和唐政府的统一西域的开边战争紧紧地联系在一起了，玄宗后期的西域边塞已经是危机重重。岑参第一次出塞是天宝八年（749），返回内地是天宝十年（751），在安西副都护高仙芝麾下任幕僚。这一次出塞正是唐军与大食在中亚酣战之际，岑参经历了高仙芝攻占揭师、石国、碎叶（皆在今中亚地区）等战的喜悦，同时也遭遇高仙芝在怛逻斯之战中大败于大食（今谓阿拉伯）的惨烈。岑参第二次出塞与第一次出塞相隔了三年，于天宝十三年（754）随北庭、四镇节度使封常清西征，时任安西、北庭节度判官。这时西域也是战事频仍，又恰逢安史之乱前后，国运危机四伏。后封常清被害，岑参仍然在西域待了一段时间，一直到至德二年（757）才返回内地。岑参出塞先后达五六年。岑参第二次出塞时，随封常清驻扎在北庭，时逢怛逻斯之战的失利，安史之乱的发生，初唐统一西域的风光不再，已往大唐军队征战时的凌厉攻势，变成了步步为营的守势。但播仙镇之战和伊塞克湖以东初唐疆域的收复，多少缓解了西域严峻的政治、军事形势。岑参这时往来于北庭、轮台、西州、且末等天山以北以东和伊塞克湖以东等区域，加上第一次出塞时驻扎安西等地的在天山以南地区的经历，岑参的足迹踏遍了西域的广袤大地，其展示征战将士风采、状写西域自然风貌，以及以民俗风情为题材的诗作，基本写于这两个时期。

正是这两次出塞的经历，岑参对唐政府收复西域，保持西部边塞安定的正义之战有了深切的体验，也对西域的风土人情有了更深的感悟。岑参的边塞诗无论是数量上还是质量上，当时还没有出其右者，这自然与他对边疆生活的切身经历有关。岑参的边塞诗从内容方面看主要是三类：一是以征战将士为题材的；二是状写边塞风光的；三是以西域民俗风情为描写对象的。对于岑参这三类诗作很难做出孰优孰劣的选择，其思想境界、艺术造诣不分伯仲，各有千秋。征战题材诗大都热情赞颂将士的英雄主义精神，不像汉代乐府诗以诅咒战争者为多。这是因为唐开元、天宝之间的边庭战争，多数属于保边安边性质的，岑参置身其中，不可能无动于衷，自然会激起他的爱国报国之心。而西域风光在岑参心中有了独特的审美价值，由于度火山，过瀚海，经流沙，越雪岭的经历，使他有了一种新的生活体验，因此其边塞风光诗不同于内地的田园牧歌式的闲庭信步，而是具有一种雄奇之美。岑参在征戍之余，也领略了西域各民族的民俗风情，他对西域的乐舞艺术、民间习俗、语言文字都情有独钟，而且在唐代同一类边地民俗诗中是出类拔萃的。岑参的西域边塞诗达到了那个时代的巅峰。

在岑参七十余首边塞诗中，真正以战争场面为题材的边塞诗并不多，而更多的是写征战将士的英雄主义气概和艰苦卓绝征战品格的，保边安边，为国立功和歌颂将士的征战业绩往往是这类诗鲜明的主题，其诗情大都乐观、豁达，反映了作者捍卫祖国边陲，争取边陲安定的愿望。不管诗人是否意识到，诗人颂扬的英雄主义是和爱国主义联系在一起的。

岑参的征战诗大多格调高昂，有一种雄浑壮怀之感：

> 都护新出师，五月发军装。
>
> 甲兵二百万，错落黄金光。
>
> 扬旗拂昆仑，伐鼓震蒲昌。
>
> 太白引官军，天威临大荒。

（《武威送刘单判官赴安西行营便呈高开府》）

五言本非岑参所长，但在这首五言诗中，作者运用"黄金光"、"拂昆仑"、"震蒲昌"、"临大荒"这样的意象烘托威武雄壮的出师场面，气势恢宏，壮怀激烈，诗人是站在爱国主义的立场，从总体上把握唐政府统一西域的历史脉搏的。

岑参擅长描写征战的壮观场面，有时是全景式的俯瞰，有时是聚光式的特写场景。诗人在《轮台歌奉封送大夫出师西征》一诗中描写道：

> 戍楼西望烟尘黑，汉兵屯在轮台北。
>
> 上将拥旄西出征，平明吹笛大军行。
>
> 四边伐鼓雪海涌，三军大呼阴山动。

这完全是对征战场面的全景式描绘。这首诗两句一韵，抑扬顿挫，铿锵有力，具有一种排山倒海的气势。作者对征战场面的描写往往取动不取静，读者仿佛也置身其间，形成一种强烈的艺术效果。作者写征战场面不仅时常变换立足点，还时常变换表现手法，有些诗简直是一种细腻逼真的细节描写：

> 将军金甲夜不脱，半夜军行戈相拨，风头如刀面如割。
>
> 马毛带雪汗气蒸，五花连钱旋作冰，幕中草檄砚水凝。

（《走马川行奉送出师西征》）

这写的是夜战前的场面，军队急行军，刀剑相撞，发出清脆的响声，烘托一场鏖战前的紧张气氛，通过天气严寒的渲染，更可以领略到征战的艰难。

　　岑参以征战为题材的诗还很刻意于侧面烘托，这些诗更令人回味无穷。岑参的《登北庭北楼呈幕中诸公》开篇写道："尝读西域传，汉家得轮台。古塞千年空，阴山独崔嵬。"诗人以极凝炼的语言形象概括西汉统一西域的历史，有一种历史的厚重感，也许正是这种历史的责任感促使作者西征，渴望为祖国统一建功立业。"官军西出过楼兰，营幕旁临月窟寒。蒲海晓霜凝马尾，葱山夜雪扑旌竿"。这首题为《献封大夫破播仙凯歌》的七言绝句完全是征战前的氛围烘托，凝固的空气，翻动的旌旗，预示着一场金戈铁马的战斗即将开始。这种含蓄深沉，意境深远的侧面烘托更给读者留下一片想象的空间。

　　岑参在描写刀戈相见的交战场面的同时，也很注意反映守边将士与西域各民族交往的情景。诗中不见战场上的滚滚烟尘，只见一种和睦相处、气氛融洽的祥和景象，这再一次说明征战并非目的，保国安边，人民安居乐业才是终极目的。"西边虏尽平，何处更专征。幕下人无事，军中政已成。座参殊俗语，乐杂异方声"（《奉陪封大夫宴待征字时封公兼鸿胪卿》），这正是军队在守边的和平时期平静生活的写照。岑参在许多诗中都写了这种和平时期的生活："边城寂无事，抚剑空徘徊。""昆仑山南月欲斜，胡人向月吹胡笳。""琵琶长笛曲相和，羌儿胡雏齐唱歌。""轮台万里地，无事历三年。"在反映边疆和平生活的诗中有两首值得一读。一首是《赵将军歌》，它借赌博场面的描写，反映的是各民族间的融洽关系："九月天山风似刀，城南猎马缩寒毛。将军纵博场场胜，赌得单于貂鼠袍。"写得诙谐，富有生活情趣。另一首是《与独孤渐道

图上 3-7　乌拉泊唐代古城遗址　刘玉生摄

别长句兼呈严八侍御》，写道："军中置酒夜挝鼓，锦筵红烛月未午。花门将军善胡歌，叶河蕃王能汉语。"汉民族和边疆少数民族之间亲如一家的主题得到形象表达。

岑参以自然风光为题材的边塞诗挺拔沉雄，新奇瑰丽。他写沙，写石，写风，写雪，往往赋予这些自然景观以生命的活力，于是戈壁有了生机，风雪有了春意一般的盎然意趣。"赤焰烧虏云，炎氛蒸塞空"（《经火山》）。从地域上看，此诗写的当是吐鲁番的火焰山。本来是炎热、寂寥的赤岩世界，经作者一渲染，完全是空气爆响，烈焰升腾的火的赞歌了。"忽如一夜春风来，千树万树梨花开"（《白雪歌送武判官归京》），"天山有雪常不开，千峰万岭雪崔嵬"（《天山雪歌送萧治归京》），还能见到"平沙万里绝人烟"，"九月天山风似刀"的肃杀景象吗？这里分明透露着春的气息。即使如戈壁沙漠，岑参也写得空旷、寂寥、博大："黄沙碛里客行迷，四望云天直下低。"（《过碛》）"今夜不知何处宿，平沙万里绝人烟。"（《碛中作》）"孤城倚大碛，海气迎边空。"（《北庭贻宗学士道别》）不到边地是感受和体会不到戈壁沙漠也是有灵性的。岑参对西域的气候变化有一种独特的感受，特别是西州（今吐鲁番）夏季的炎热，天山冬季的寒冷，感受特别深刻。西州的火焰山的热是"火云满山凝未开，飞鸟千里不敢来"，而天山的冬季寒冷到"将军狐裘卧不暖，都护宝刀冻欲断"。其实，吐鲁番的夏季气温极值达到零上五十余度，而北疆冬季气温极值也曾达到零下五十余度。一般来说，这种对温度变化的感受是很难用语言文字表达的，但岑参做到了，两者有一种强烈的对比效果，而且让人有一种身历其境的感觉。作者总是把对边塞风光的直观感受和生命的体验有机融合在一起，这正是由作者独特的诗人气质和人生经历决定的。

我们对唐代西域民俗文化的知识许多是从唐诗中获得的，其中岑参诗作有关西域民俗文化的具象和意象就十分丰富，诸如在他的边塞诗中反复出现的"金叵罗"、"琵琶横笛"、"烹骆驼"、"红氍毹"、"文字别"、"语言殊"等等人们耳熟能详的词汇构成了西域独特的民俗文化景观。特别是岑参有关西域胡旋舞的一首诗——《田使君美人如莲花舞北旋歌》，比白居易的《胡旋女》一诗早出许多年，因为岑参去世三年后白居易才出生。岑参见到胡旋舞可能是在西塞，应该是原生态的西域胡旋舞：

> 美人舞如莲花旋，世人有眼应未见。
> 高堂满地红氍毹，试舞一曲天下无。
> ……
> 回裾转袖若飞雪，左旋右旋生旋风。
> 琵琶横笛和未匝，花门山头黄云合。
> ……

"舞如莲花旋"、"转袖若飞雪"、旋转"生旋风"的比喻将胡旋舞旋转急速的特征描绘到了极致。如果不是岑参在西域耳闻目睹这类原汁原味的胡旋舞，断不会生发这样巧妙的比喻和无尽的联想。岑参在《酒泉太守席上醉后作》中对人们吃着烤肉，喝着美酒，听着胡人击鼓、奏乐、和歌场面的描写，使我们仿佛看到了西域绿洲歌舞狂欢的场景。岑参滞留西域六年，对西域居民歌舞脩酒的风俗是太了解了，在此他已经不是局外人，而变成了西域居民中的一员，因此他才能对西域各民族的民俗文化有这么一份发自内心的痴情。

从艺术表现手法来看，倒是唐代诗人描写西域音乐歌舞的边塞诗更具匠心。其中李颀的《听安万善吹觱篥歌》、白居易的《胡旋女》、张说的《苏莫遮》都极具特色。这三位诗人都未到过西域，但西域的音乐歌舞当时已传入长安，他们从悠扬的音乐中，旋转的舞姿中领略了西域音乐歌舞的风采。

李颀的《听安万善吹觱篥歌》属七言歌行，它不仅为我们提供了觱篥歌源自龟兹的证据，而且通过鲜明的对比和精巧的比喻，使音乐曲调的明暗、急徐、高低变化跃然纸上。一会儿寒风乍起，一会儿凤凰啾鸣，一会儿又是龙吟虎啸，演奏者安万善模拟自然界的各种声响，可谓惟妙惟肖，怪不得作者对安万善的演奏技艺叹为观止。音乐本来是听觉形象，但李颀移位换觉，把听觉转化为其形可睹的视觉形象，听演奏仿佛有一种"黄云萧条白日暗"、"上林繁花照眼新"的耳目一新的感觉，这也正是西域音乐的魅力所在。

白居易的《胡旋女》是政治讽喻诗，旨在"悟明主"、"戒近习也"，但同时，在描写西域歌舞艺术上也到了出神入化的程度。李颀擅长描绘音乐的听觉形象，而白居易把握舞蹈艺术的视觉形象很有分寸感。西域舞的旋转是很有特色的，但要尽其状竭其形地描摹绝非易事，而白居易却通过巧妙的比喻做到了：

> 弦鼓一声双袖举，迴雪飘飘转蓬舞。
>
> 左旋右转不知疲，千匝万周无已时。
>
> 人间物类无可比，奔车轮缓旋风迟。

一疾一缓，一快一迟，舞姿的动感使人产生精神上的愉悦感。

苏莫遮作为歌舞戏大约在北周时沿丝绸之路由西域传入中原，至唐玄宗开元元年（712）已盛行了 130 多年，先是成为宫廷内玩赏的重要娱乐节目，而后又流布民间，成了"比见坊邑城市"的民众娱乐活动。《旧唐书》记载："神龙元年（705）十一月乙丑，御洛城南门楼观泼寒胡。"这说的是唐代宫廷观赏苏莫遮的情景，其实早在北周时此戏就大盛于中原。《北周书·宣帝纪》就有北周静帝宇文衍观赏苏莫遮的记载："大象元年（579）十二月甲子，还宫，御正武殿，集百官及宫人、内外命妇，大列伎乐。又纵胡人乞寒，用水浇泼为戏乐。"而唐代盛行于民间的苏莫遮则更像民间的狂欢节。可见苏莫遮已经被长安宫廷和民间接受，因为他作为歌舞戏，展示的是西域民间文化的风采与魅力。

第五节 宗教文化的走向

宗教文化类型　佛教文化　道教文化　摩尼教文化　景教文化　西域宗教文化的多元特征

宗教是一种文化，宗教信仰和仪式是一种文化现象，也是一种文化系统，对于隋唐时期的西域宗教文化也可以作如是观。作为文化系统的西域宗教是一个庞大的认知体系，如果从演进历程看，西域宗教经历了万物有灵的原始宗教阶段（萨满教在其后期产生）和有史以来的火祆教、佛教、道教、摩尼教、景教、伊斯兰教信仰阶段；如果从空间分布看，这些宗教文化系统都具有地域性和民族性特征，诸如佛教就可以分为西域佛教、汉传佛教、藏传佛教，它们都是在西域流行的宗教文化体系。

这样看来，西域宗教文化呈现出的是一种多元文化特征，隋唐时期强化了西域宗教文化的这种多元功能，呈现出一种新的走向。

隋唐时期西域宗教文化的基本类型可以分为宗教信仰、宗教仪式、宗教建筑、宗教典籍、宗教人物、宗教艺术等。在所有这些类型中，信仰和仪式是构成宗教的基本要素。那么隋唐时期西域宗教信仰与仪式，及其宗教艺术状况如何呢？

西域的佛教信仰，到了隋唐时期发生了很大变化，塔里木盆地南北缘的信徒们仍然在信仰佛教，我们把这种佛教信仰称之为西域佛教；而汉传佛教随着唐朝统一西域传入西域；吐蕃势力占据西域时期，藏传佛教也可能立足于此，但规模不及清代。

塔里木盆地南北缘的于阗、疏勒、龟兹、焉耆等地仍然是西域佛教流行的传统地区。对于这些地区佛教的规模，《大唐西域记》记载甚详。玄奘西去求法的往返途中，曾经到过这些地区，他看到香火依然很旺。从寺院数量和僧人的人数看，阿耆尼国（即焉耆）伽蓝十余所，僧徒二千余人；屈支国（即龟兹）伽蓝百余所，僧徒五千余人；佉沙国（即疏勒）伽蓝数百所，僧徒万余人；瞿萨旦那国（即于阗）伽蓝百有余所，僧徒五千余人。从总体情况看，并未见塔里木盆地南北缘的佛教西域有衰退的趋势。译经活动比魏晋南北朝时期规模更大了，在译经活动中，不但有西域僧人在译经，而且汉僧也加入进来了，玄奘回国后就翻译了大量的佛经。在唐朝长安的译经高僧中有两位西域僧人特别有名，他们是疏勒的慧琳和于阗的实叉难陀。慧琳是疏勒国裴姓王室后裔，精通梵语梵文和汉语汉文，对佛经经典和理论有很高造诣，他撰写的《一切经音义》一共 100 卷，是研究西域佛教、历史、训诂、音韵、地名的重要专著。实叉难陀在长安翻译了 19 部 107 卷佛经。这两位西域僧人都属于译经大师之列。

从信仰系统来说，西域佛教有大乘、小乘之分，于阗、疏勒信仰大乘佛教，而龟兹、焉耆信仰小乘佛教。从魏晋南北朝到隋唐时期没有改变。作为佛教的行为仪式，塔里木盆地南北缘绿洲僧徒并没有什么不同。《大唐西域记》记载了龟兹的行像仪式："每岁秋分数十日间，举国僧徒皆来会集。上自君王，下至士庶，捐废俗务，奉持斋戒，受经听法，渴日忘疲。诸僧伽蓝庄严佛像，莹以珍宝，饰之锦绮，载诸辇舆，谓之行像，动以千数，云集会所。常以月十五日晦日，国王大臣谋议国事，访及高僧，然后宣布。"此记载较之东晋法显的描述简单了些，这是因为龟兹信仰的是小乘，而汉传佛教是大乘，玄奘还是心有芥蒂。再加之前有法显描述的于阗的行像仪式，玄奘省略仪式过程也情有可原。四月八日这一天起每一个寺院行像一天，连续十四日行像，国王、王后都出动，行像仪式壮观而肃穆，真正成了诸绿洲城郭国盛大的节日。虽然不见玄奘关于龟兹行像仪式的详细描述，但龟兹人众，财力雄厚，肯定其行像仪式的规模不会在于阗国之下。

塔里木盆地南北缘的佛教艺术在隋唐时期进入一个与汉传佛教艺术交融的新时期。9 世纪以后的西州回鹘佛教壁画中就出现了汉式的藻井画，一些供养人像也是唐代的丰肥型。对于回鹘佛教文化与汉传佛教文化的关系，我们认为，回鹘西迁后在龟兹和高昌修建和改造的石窟，实际是唐代汉风洞窟的继续和发展。这与唐代汉传佛教文化回传到西域不无关系。当然，这种文化回授已非原来的文化模式，回鹘人在接受中已有所变化，变成了有回鹘特色的佛教文化。

汉传佛教是随着唐王朝统一西域传入的，传入西域的汉传佛教文化明显有中原文化的特征。唐代不仅开凿了象库木吐喇、柏孜克里克、吐峪沟这样的汉风佛教石窟，还建有大云寺、兴龙寺、应运寺、太宁寺、高台寺等一批汉寺。库木吐喇石窟开凿在库车渭干河东岸的断崖上，汉风窟开凿时间在盛唐时期。

20 世纪初被日本大谷探险队掠走的两具菩萨头像就是库木吐喇的汉风塑像，其中一尊为束发高髻，脸略长，弯眉，端鼻，朱唇，有蝌蚪状胡须；而另一尊为女

图上 3-8　库木吐喇石窟唐代壁画　刘玉生摄

子塑像，亦束发高髻，弯眉，朱唇。但与男菩萨不同的是，女性脸部丰满圆润，即典型的胖胖型，杏眼，小嘴，似唐代的仕女。无论男女菩萨的原型显然取自唐代现实生活中的人物，而且是那个时代以胖为美的时尚形象。

壁画中彩绘大型经变故事是汉风窟壁画的主要特征。库木吐喇石窟现存壁画主要有《观无量寿经变》、《药师净土变》、《阿弥陀经变》、《大灌顶经变》等，它们构图宏大，内容丰富，人物众多，场面恢廓，且往往是一部佛经绘成一幅画。第45窟的经变壁画汉文榜书是汉民族传统的"左图右史"式，人物头饰及形象都是画家所熟悉并且长于表现的汉族人物形象，脸部为唐朝仕女的丰满型，技法上重线淡彩，清纯淡雅，善于运用留白，笔法是唐代流行的吴派线描。经变壁画所反映的是中原盛行的净土变的题材。这种经变壁画无论是题材，还是技法都与敦煌经变壁画出于同宗。第14窟纵券顶中脊绘有莲花、云头纹图案，中脊两侧各绘有千佛12排，与莫高窟壁画十分相似。唐代西域汉风窟的雕塑和壁画，完全摆脱了那种超凡绝尘，不食人间烟火的佛陀世界，而更多了一些人间情趣和人情味："……这里没有流血牺牲，没有山林荒野，没有老虎野鹿。有的是华贵绚烂的色调，圆润流畅的线条，丰满柔和的构图，热闹欢乐的氛围。衣襟飘动的舞蹈美替代了动作强烈的移动美，丰满圆润的女使替代了瘦削超脱的士夫，绚丽华丽代替了粗犷狂放。"[19]这显然是盛唐气象给佛教雕塑和壁画带来的活力。伊、西、庭三州是汉传佛教流行的主要地区。

传入西域的汉传佛教人物造型、技法、着色有如下一些特征：一是，总体构图为汉式中堂配左右条幅式，出现在龟兹等壁画中，有首创性。二是，壁画中的人物造型特别贴近唐代社会现实。"以比例适度、面相丰腴、体态健美、庄重沉静为造型风格特点"[20]，阿艾石窟中的人物造型就因循了唐代女性的丽人形象造型。三是，技法均属中国传统的线描技法，人物五官、身材、衣着线条流畅、洒脱。四是，用色基调偏于淡雅，主色调是石绿和白色，主要敷于佛和菩萨的头光，而帔帛等衣着用淡石青色，裙裤则有时用赭石色勾勒。

840年西迁到西域的回鹘人信仰的也是汉传佛教，他们的佛教文化吸收了汉文化的成分，因为回鹘人西迁之后，在西州、北庭等地所用的石窟原本就是唐代的石窟。如柏孜克里克佛教石窟顶部的藻井画，以及壁画中的妇女形象也如唐代的丰腴型，经变壁画、净土变壁画也是受汉传佛教艺术影响的结果。同时在高昌等地区流行的回鹘佛教还吸收了其他文化成分。就回鹘佛教的来源看，有四个来源："可能性较大的粟特佛教来源、库车—焉耆—吐鲁番等地的吐火罗佛教来源、别什八里—吐鲁番—敦煌等地的汉传佛教来源、敦煌—和田—米兰—吐鲁番等地的藏传佛教来源"㉑，这是回鹘佛教在不同阶段受不同文化影响所致。

在西域多元宗教文化中，中原传入的道教占有一席地位，这是因为道教作为汉地的本土宗教更具有民间基础和普泛性。道教传入西域的时间虽然没有文献明载，但估计是魏晋时期河西汉人移民至高昌时传入，而唐统一西域时期，道教在西域兴盛起来了。伊、西、庭三州汉人是信仰道教的主要族群。但是三州汉人族群的信仰是多元的，因此儒释道合流也就不足为怪了。吐鲁番出土的属于初唐时期的两件衣物疏留下了这方面的证据。一份写于 621 年的《张头子随葬衣物疏》，其中末尾一段为："大德比丘果愿敬移五道大神，佛弟（子）张头子持佛五戒，专修十善，昊天不吊，今于此月四日奄丧盛年，迳涉五道，任意听（过），幸勿呵留。时人张坚固，倩书李定度。若欲求海东（头），若欲觅海西辟（壁）。不得奄留遏留亭（停），急急如律令。"另一件 632 年的《吴君范随葬衣物疏》结尾内容与前衣物疏基本相同："佛弟子清信士吴君范，持佛遐令，永保难老，昊天不吊，……幸勿呵留，任意听过。倩书张坚固，时人李定度。若欲求海东头，若欲觅海西壁。不律令不得往。"这里的张坚固、李定度都是道教中的神祇，律令也是道教中的符咒语，而五道大神则是佛教中主持轮回的神灵。张头子、吴君范既是佛教徒，同时也是道教徒，这种同时信仰两教的宗教文化合流现象，在伊、西、庭三州并不鲜见。其实，道教文化的影响已经远远超出了伊、西、庭三州的范围，也远披到塔里木盆地周缘地区。和田曾出土一具唐五代时期的彩棺，上面绘有道教的四方之神：青龙、白虎、玄武、朱雀，就连棺材造型也是汉式的。无论道教的四方之神是汉民族信仰也好，还是于阗本土居民信仰也罢，人们增寿赐福的动机是相通的，因为玄武有两个属性，其一他的原型为龟，龟是寿的象征，……其二他占据北方水位，为水神。而在人的潜意识中，水是生命的起始，也是生命的归宿。道教的玄武信仰能够在塔里木盆地周缘地区扎根，说明以长寿崇拜为基础的追求生命永恒的意识无论哪个民族都是共同的。

摩尼教是6世纪传入西域的外来宗教之一，其教义受火祆教文化、佛教文化和基督教文化的影响。摩尼教的初传与粟特人、吐火罗人有关系，而且在隋唐时期信仰摩尼教的主要是粟特人、回鹘人，可能龟兹人也加入到信仰者的行列中。

摩尼教文化包括摩尼教的摩尼教寺院建筑、摩尼教壁画艺术、摩尼教经典和文献、摩尼教赞美诗等宗教文学、摩尼教历法等诸多方面。20世纪初在吐鲁番地区发现的高昌故城K遗址、胜金口摩尼寺和摩尼教壁画残片、摩尼教画幡、摩尼教绢画、纸画、摩尼教细密画残片成为回鹘摩尼教文化存在的有力证据。有关摩尼教的写本、壁画、画幡、绢画、纸画和细密画都是在K遗址发现的。K遗址是一个由北部的一组拱顶小房、东部的藏书室、中部的几个大厅和西部的拱顶大房组成的建筑群。胜金口的摩尼教北寺、南寺与K遗址构成高昌回鹘汗国时期的摩尼教文化中心。胜金口北寺规模宏大，从寺前地面到最高处窟顶有五层平台。第三层平台正壁建有五个洞窟，以礼拜窟为中心构成摩尼教寺院的整体布局。主室正壁上方绘有生命树与死亡树交会图，两面侧壁画有宝树果园图，树下是摩尼教斋讲高师。大礼拜窟北邻窟正壁有龛，其两侧绘有宝树果园图，券腹画有葡萄树。这些壁画内容和摩尼教教义"二宗三际"有关。据摩尼教文献记载，摩尼教的寺院由五种殿堂组成：斋讲堂、净土堂、礼忏堂、教师堂和冰僧堂。K遗址中的拱顶大屋和胜金口的北寺的主室应是摩尼教寺院的斋讲堂。

摩尼教壁画是摩尼教文化的有机组成部分，其壁画题材均与摩尼教教义有关。胜金口北寺斋讲堂壁画题材主要有：（1）生命树与死亡树交会图；（2）七重宝树明使图；（3）宝树果园图；（4）日月宫图；（5）高师斋讲图；（6）行者观想图；（7）阴阳人图；（8）断爱欲图。其中"日月"是代表大明神的光明，而其他一些则与摩尼教具有"二宗"、"三际"以及"三封"、"十戒"的戒律和仪式有关。K遗址中的摩尼教壁画是以摩尼教人物为中心的组画，场面宏阔。这幅壁画的中心人物身穿白色衣服，其胸前有一块矩形刺绣图案，头上戴着一顶白色高帽，用一条由金线装饰的黑色带子扎在下颚处。他的脸型呈椭圆形，鼻梁弯曲，眼睛不大，但是有神。画像后面的光轮是由太阳和新月组合而成的。这个人物形象被认为是摩尼教明尊摩尼本人。由于该壁画已残缺，其

图上 3-9　9 世纪后高昌摩尼教壁画　据《高昌—吐鲁番艺术珍品》

上的生命树和死亡树交会图已看不到。胜金口和 K 遗址壁画属于同一题材，壁画中的太阳和月亮的光芒是大明神的象征，突出的人物是明尊摩尼，其他为大明尊周围的明使。斋讲堂这些大型壁画的功能应该与摩尼教的仪式联系起来考虑。斋讲堂正是教士讲授、信徒诵习七部大经之处，观想代表七部大经的宝树和明尊、明使，膜拜壁画就有超度和解脱自己的作用。

　　摩尼教文化还体现在其经典和相关文献上。摩尼教的经典为《彻尽万法根源智经》、《净命宝藏经》、《律藏经》、《秘密法藏经》、《证明过去教经》、《大力士经》、《赞愿经》等七部经典，但都遗失，唯独有一些突厥文、回鹘文的摩尼教文献传世。突厥文的摩尼教《忏悔词》、回鹘文摩尼教寺院文书、回鹘文的摩尼教书信等都是流行于敦煌、高昌地区的摩尼教文献。《忏悔词》是摩尼教徒悔罪乞求神祇赦免的忏悔词，共十六段，每段叙述人们可能犯下的罪孽，最后以"我的上天，现在我们乞求从罪孽中解脱出来，请饶恕我们的罪行"结尾。摩尼教寺院文书是高昌回鹘汗国官府颁发给当时摩尼教寺院的，文书规定了摩尼教寺院占有土

地和享有的种种特权。回鹘文摩尼教书信在吐鲁番地区有出土，多为摩尼教信徒之间的通信，其内容虽然多是反映教徒的宗教生活的，但许多方面也涉及世俗生活。这些书信内容包括教徒的忏悔，也有一些是询问对方的健康状况和生活怎么样，在问候健康时祝对方身体和内心健康平安，最后得知对方健康非常高兴等。这些书信也多少让我们了解了高昌回鹘王国摩尼教徒的宗教生活和思想情感，也是摩尼教在高昌回鹘王国存在的有力证据。

摩尼教的赞美诗多是对大明尊摩尼及其明使，以及日月光金的赞颂。吐鲁番出土的摩尼教赞美诗题记就有发愿请求天使庇护其部从的内容。敦煌出土的回鹘文摩尼教赞美诗有一首是这样的：

> 请颂扬光明神摩尼佛！
> 请再颂扬光明的传教士们吧！
> 请看守好神圣而纯洁的经典吧！
> ……
> 颂扬这十二种美好的经典的摩尼佛，
> 洁净明亮的源泉，活水和永恒的种子。

这些赞美诗是信徒们在进行膜拜仪式时所诵唱的祈祷诗文，很可能有乐器伴奏。

摩尼教赞美诗虽然多数充斥着浓厚的宗教气息，但是其教徒的诗歌中也有一些属于世俗生活内容的诗作，如对国王的赞歌，对亡者的挽歌，对未婚妻的情歌，以及劝谕诗、格言诗等。由于宗教赞美诗和这些世俗诗作均是韵文，宗教生活内容和世俗生活互现，都可以将其列入文学作品的范畴去欣赏。

回鹘摩尼教徒使用的历法具有东西方文化融合的特点：（它）用粟特语写成，每日同时记有粟特、汉、突厥三种语言的名称，即每日先写上粟特语的七曜（即周日）名称，次写相应的汉文化的天干（即甲、乙、丙、丁……）名称（音译），再写上突厥文化的记日十二兽名（即鼠、牛、虎、兔……），并在每二日上配以五行（木、火、土、金、水）名称，以红字标记。这种历法正是高昌回鹘文化融合西域各种文化的结果。

景教是基督教"聂斯脱里教派"传入中国后的称呼，因创始人的名字而得名，又称波斯经教、秦教。景教曾于 6 世纪后在新疆的喀什、于阗、吐鲁番等地传播，中国西部地区景教文献是 20 世纪初在敦煌藏经洞发现的，吐鲁番地区也有出土。敦煌藏经洞的景教文献《大秦景教宣元本经》为敦煌真本。新疆出土的景教文献基本上是用四种文字写成的，即粟特文、叙利亚文、中古波斯文和回鹘文。这些文献表明，当时的吐鲁番地区是景教传播的中心。

有关景教的建筑艺术，从高昌故城遗址可见一斑：高昌故城保存下来的景教建筑有三个大厅。在东厅北墙绘有肩扛顶端为十字架旗杆的骑士形象。大厅东南侧墙上有一个小门，直通小侧室。在东西两侧的大厅里建了新墙，可能是在改建中增添上去的。但是，整个教堂的建筑布局和风格已无从辨认。

高昌故城景教壁画是了解吐鲁番地区景教艺术最直观的物证，虽然它已残缺不全。整个壁画左侧站着一位高大的男子，黑色卷发，身穿一件直达脚面的绿色长衫，上身穿一件有褶皱的宽大红外套。他手提一个金色的香炉，用一束向上飘浮着的波浪线条表示烟雾。他的右手捧着一个圣水杯。高大男子的前面站着三个人，其中前两个是男子，靠右的第三位是位妇女。两位男子分别穿着棕色和青灰色长衫，妇女穿一件绿色长袖短上衣。三人手中都举着一根有叶子的树枝。壁画表现的是基督教徒在"圣枝节"欢迎耶稣进入耶路撒冷城时的情景。从壁画画面看，身材高大者为牧师，其余男女为信徒。"圣枝节"也称"圣枝主日"，它源自耶稣受难前不久骑驴最后一次进入耶路撒冷城，受到手持棕榈枝的众信徒欢迎的故事。以后在复活节前一周的星期日举行纪念活动，基督教堂也多用棕枝作装饰，有时教徒也持棕枝绕教堂一周以示纪念。高昌故城的这幅壁画明显带有拜占庭艺术风格。拜占庭艺术是继承早期基督教艺术并吸收西亚、中亚的宫廷基督教艺术发展起来的。高昌故城的这幅壁画是绘于教堂之中的，是信徒膜拜的圣画，有东西方文化融合的痕迹。绘画中肩扛顶端为十字架旗杆的骑士形象据一些学者研究认为是基督的形象。

景教传入西域时正值佛教、摩尼教都在流行，后期伊斯兰教也传入，这样景教文化就不免与这些宗教文化相融合，特别是与佛教文化融

合的迹象就十分突出。且不说高昌地区佛寺、摩尼教寺和景教教堂比邻
而立，就连景教的"十愿"也充满佛教色彩。敦煌发现的景教文献有其
"十愿"文，内容主要是：所有众生要孝养父母；向一切众生皆发善心；
众生莫杀生；莫奸他人妻；莫作贼；莫贪他人；莫作伪证；见弱莫欺他
人等。如果将景教的"十愿"与佛教的"十戒"相比较，则发现有许多
共同点。佛教的"十戒"是：1. 不杀生；2. 不偷窃；3. 不淫；4. 不妄语；
5. 不饮酒；6. 不涂饰香鬘；7. 不听见歌舞；8. 不坐高广大床；9. 不非时
食；10. 不蓄金银财宝。景教在西域传播过程中，明显受到佛教文化的影
响，这是毋庸置疑的。

隋唐时期西域宗教信仰的多元性特征还表现在原生性宗教和创生
性宗教杂糅，佛教、道教、摩尼教、景教的信仰普遍以外，一些原始的
自然万物崇拜及萨满教信仰仍然充斥于民间。西突厥人在信仰火祆教、
佛教的同时，自然万物崇拜和萨满教信仰依然根深蒂固。除民间信仰
外，即使如创生性宗教，一个族群信仰两种以上宗教的情况比比皆是。
于阗、疏勒等地的居民除信奉佛教之外，其祆教信仰也十分普遍，《旧
唐书》就记载："于阗国好事火祆神"，"疏勒国俗事天祆神"。于阗人
和疏勒人都属于操印欧语的塞人，原始信仰就有火神和太阳神，以后信
仰祆教后，不断强化了这种民间信仰。这还是他们在公元 1 世纪前后信
仰佛教后的情形，而且这种各种宗教杂糅信仰的情况到了隋唐时期仍然
存在。在西域，宗教信仰就是这样，原有的宗教信仰痕迹还没有褪去，
新的宗教信仰又叠加其上。这种宗教上的杂糅现象，在粟特人身上表现
得尤为突出。关于粟特人在西域活动的情况，一些考古发现可以证明：
其一是在克孜尔石窟壁画中的商人形象是身穿胡人的束腰长衫，长及于
膝，裤管扎进鞋子或长靴里，商人们往往穿长衫戴帽子。这些戴白帽子
者可能是粟特商人，他们是信仰佛教的供养人无疑。其二是在库车县麻
扎布坦村发现一个纳骨瓮，根据和粟特地区出土的此类纳骨瓮比较，库
车出土的这个纳骨瓮很可能属于一个在龟兹死去的粟特火祆教徒。粟特
人早就信仰火祆教，隋唐时期西域的粟特人也没有改变这种信仰。由此
证明，7—8 世纪粟特商人活动在龟兹地区是确定无疑的。西域粟特人除
信仰佛教以外，火祆教和摩尼教信仰还仍然保留着。

第六节 灿若晨星的文化名人

尉迟乙僧父子 白明达 裴神符 尉迟青与尉迟璋 慧琳 玄奘
实叉难陀 安万善 康昆仑 法藏

尉迟乙僧父子 隋唐时期西域于阗国著名画师，出身于阗王族。
尉迟跋质那，隋朝时入长安，成为宫廷画师，擅长画佛教人物像，封为
郡公。尉迟跋质那有二子，长子尉迟甲僧，次子尉迟乙僧。其中以尉迟
乙僧画技最高，初被授予宿卫官，后袭封郡公。尉迟乙僧的绘画技艺秉
承其父，也擅长画佛教人物。尉迟乙僧先后在长安奉恩寺、慈恩寺、兴
唐寺、光泽寺和洛阳大云寺作画。其绘画代表作有《千手千眼菩萨》、
《降魔变》、《释迦摩尼像》、《弥勒佛像》、《天王像》、《明王像》等，其
画可以分为壁画和卷轴画。尉迟乙僧的绘画风格以"屈铁盘丝法"和"凹
凸晕染法"见长。所谓，"屈铁盘丝法"是指人物线条紧劲如盘曲的铁丝
一般；而"凹凸晕染法"是指通过用色的适中变化，突出其立体效果。
这些绘画技艺都是中原画坛不曾有的。唐朝画坛常常将尉迟乙僧的绘画
技巧与阎立本相提并论，视为齐名的画家。《历代名画记》、《唐朝名画
录》、《宣和画谱》对尉迟乙僧的绘画艺术给予极高评价。其中朱景玄在
《唐朝名画录》中认为："乙僧今慈恩寺塔前功德，又凹凸花面中间千手
眼大悲，精妙之状，不可名焉。又光泽寺七宝台后面画降魔像，千怪万
状，实奇踪也。凡画功德、人物、花鸟，皆是外国之物象，非中华之威
仪。前辈云：尉迟僧，阎立本之比也。景玄尝以阎画外国之人，未尽其
妙；尉迟画中华之象，抑亦未闻。由是评之，所攻各异，其画故居神品
也。"尉迟乙僧的画风不仅在西域、中原影响深远，而且其影响力波及
日本、朝鲜以及东南亚诸地。

白明达 西域龟兹人，为隋唐时期活跃在长安的音乐艺术家。隋炀
帝时，任宫廷乐正，负责西域乐舞的编排。唐太宗时任太乐府一职，专
事西域乐舞的排练演出。作为音乐家，白明达精通音律，擅长作曲。《隋
书》记载白明达创作了十四首乐曲，但可能不止这些。《隋书·音乐志》
记载："令乐正白明达造新声，创万岁乐、藏钩乐、七夕相逢乐、投壶

乐、舞席同心髻、玉女行殇、神仙留客、掷砖续命、斗鸡子、斗百草、泛龙舟、还旧宫、长乐花及十二时等曲，掩抑摧藏，哀音断绝。帝悦之无已，谓幸臣曰：'多弹曲者，如人多读书。读书多则能撰书，弹曲多则能造曲。此理之然也。'因语明达云：'齐氏偏隅，曹妙达犹自封王。我今天下大同，欲贵汝，宜自修谨。'"这段记载表明，白明达创作的十四首乐曲具有强烈的艺术感染力，隋炀帝给予高度评价。从曲目看，白明达创作的是宫廷雅乐，但很可能具有西域音乐元素。唐太宗也认为，白明达的艺术水平远在当时另一位音乐家祖孝逊之上，可见其音乐艺术造诣达到了炉火纯青的地步。唐高宗时，白明达还创作有舞曲，其中《春莺啭》即为著名的一首。这是当时风靡一时的一首软舞曲。白明达不仅精通西域乐舞，也长于中原雅乐的创作。

裴神符 一名裴洛儿，西域疏勒人。唐初著名音乐演奏家，初为太常乐工，后升任宫廷乐师。裴神符擅长弹奏各种乐器，特别是西域乐器，以弹奏琵琶见长。他的演奏技巧娴熟，形成自己的演奏风格。琵琶传统弹奏法是木拨弹奏法，自裴神符开始采用手指弹奏法，这是对琵琶演奏技巧和方法的重大改进，在音乐演奏方面具有创新意义。对此，《通典》和《新唐书》都有记载。裴神符的这种创新，得到唐太宗的肯定，《新唐书·礼乐志》说："太宗悦甚。"后人学习演奏的掐琵琶技法就源自裴神符的手指弹奏法。裴神符还是一位著名的作曲家，创作了《胜蛮奴》、《火凤》、《倾杯乐》等乐曲。这些乐曲"声度清美"，是当时长安的流行乐曲。唐朝宫廷中的九部乐的一些乐曲也是根据裴神符的这些乐曲改编的，如"法曲部"中的《真火凤》，"胡曲部"中的《急火凤》等。足见其影响之大。

尉迟青与尉迟璋 西域于阗人，尉迟青长于尉迟璋，为唐代著名音乐演奏家。尉迟青经历代宗、德宗两朝，以擅长吹奏筚篥闻名于长安。代宗朝时，尉迟青在长安乐坊演奏筚篥，德宗朝时升任将军。唐人段安节在《乐府杂录》中记载了有一位幽州的吹奏筚篥能手麻奴与尉迟青比高低的故事，麻奴吹奏一首疏勒部的羝曲，吹得汗流浃背，而尉迟青却吹奏得轻松自如、韵味十足，麻奴只好甘拜下风，请求指点。尉迟璋精通音律，擅长吹奏笙。《新唐书》对其吹奏艺术倍加赞赏："乐工尉迟璋左能啭喉为新声，京师屠沽校呼为拍弹。"可见其吹奏水平之高。

慧琳（737—820）　西域疏勒国人，裴姓，疏勒国王族，唐代著名佛学学者，著有一百卷《一切经音义》。《一切经音义》又称《大藏音义》，贞元四年（788）开始撰写，至元和五年（810）完稿，历时 23 年。宋人赞宁在《宋高僧传》中称："（慧琳）始事不空三藏，印度声明，支那训诂，靡不精奥。尝引《字林》、《字通》、《声类》、《三苍》、《切韵》、《玉篇》诸经杂史，参和佛意，详察是非，撰成《大藏音义》一百卷。"这是由于慧琳"博通汉梵，纵贯玄儒"（陈垣语）之故。《一切经音义》不仅是研究佛教的经典，而且对研究历史文化、文学艺术、民俗风情也有重要价值。其中所记西域苏莫遮习俗尤为完备："苏莫遮，西戎胡语也，正云飒磨遮。此戏本出西龟兹国，至今犹有此曲，此国浑脱、大面、拨头之类也。或作兽面，或像鬼神，假作种种面具形状，以泥水沾洒行人，或持罥索搭钩，捉人为戏。每年七月初，公行此戏，七日乃停。土俗相传云：常以此法禳厌，驱趁罗刹恶鬼食啗人民之灾也。"慧琳关于苏幕遮的解释，给我们研究西域歌舞戏和乞寒习俗提供了比较翔实的文献史料。

玄奘（600—664）　俗姓陈，名祎，唐代洛州缑氏人。唐代高僧、著名佛教理论家和佛经翻译大师。著有蜚声中外的《大唐西域记》，全书共十二卷，十余万字。《大唐西域记》记述了西域诸国及天竺国凡一百三十八国的地理环境、道里交通、物产气序、族群社会、佛教文化、风土人情、语言文字、神话传说等，堪称一部西域、天竺历史文化的百科全书。玄奘于贞观三年（629）西行求法，遍历西域凡一百二十余国，于贞观十九年（645）回到长安。玄奘所出行路线是：从长安出发，经秦州、兰州、凉州、瓜州，过莫延贺碛，抵达高昌。再沿天山南行到达焉耆、龟兹等地，后入中亚诸国，经中亚进入印度。返回时，从塔里木盆地南缘经于阗等地回到长安。《大唐西域记》所记西域诸国有：阿耆尼国（即焉耆国）、屈支国（即龟兹国）、羯盘陀国、佉沙国（即疏勒国）、斫句迦国（即子合国）、瞿萨旦那国（即于阗国）等。对西域诸国的环境物产、风土人情、佛教信仰与仪式、人种族群、社会风气、居民秉性、语言文字、神话传说等描述完备，在研究西域文化方面具有其他文献无可代替的价值。《大唐西域记》记到这些绿洲城郭国的社会经济、风土人情、乐舞艺术，给后人研究留下了第一手资料。于阗国："……出氍毹、细毡、工纺绩絁绸，又产白玉。……俗知礼仪，人性温恭，好学典艺，博达技能。……国尚乐音，人好歌舞。"龟兹国："气序和，风俗质。文字取则印度，粗有改变。管弦伎乐，特善诸国。服饰锦褐，断发巾帽。……其俗生子以木押头，欲其匾遰也。"龟兹人"服饰锦褐，断发巾帽。货有金钱、银钱、小铜钱"等。玄奘所见的龟兹、于阗等国情形，表明这些绿洲城郭国社会是个知礼仪、生活富裕、筑城而居的城郭社会。所记龟兹佛教行像仪式是："每岁秋分数十日间，举国僧徒皆来会集。上自君王，下至士庶，捐废俗务，奉持斋戒，受经听法，渴日忘疲。诸僧伽蓝庄严佛像，莹以珍宝，饰之锦绮，载诸辇舆，谓之行像，动以千数，云集会所。常以月十五日晦日，国王大臣谋议国事，访及高僧，然后宣布。"仪式规模宏大、隆重庄严。关于龟兹人的龙马神信仰传说和于阗国建国传说，记述也十分详尽。其中所记龟兹龙马神信仰与后出土文物相契合："国东境城北天祠前有大龙池。诸龙易形，交合牝马，遂生龙驹，忨戾难驭。龙驹之子，方乃驯驾。所以此国多出善马。……城中无井，取汲池水。龙变为人，与诸妇会，生子骁勇，走及奔马。如是渐染，人皆龙种，恃力作威，不恭王命。"玄奘的许多记载未见于别的文献中，尤为珍贵，具有很高的学术研究价值。

实叉难陀（652—710） 又名云施乞叉难陀，华言学喜，西域于阗国人，唐代佛学家、翻译家。精通佛教大小乘学和外论。译有《华严经》、《大乘入楞伽经》、《入如来智德不思议经》、《十善业道经》、《观世音菩萨秘密藏神咒经》、《右绕佛功道经》等。实叉难陀一生译有佛教经典19部，107卷，仅《华严经》就有80卷。实叉难陀对鸠摩罗什的佛经翻译水平倍加推崇，因此在译经中多采用鸠摩罗什的译语。他倾向意译，语言简约顺达。实叉难陀去世后，其遗体火化并送回原籍，建塔供养。后人在其火化处建七层宝塔，号称"华严三藏塔"，以示纪念。实叉难陀对中原与西域佛教文化交流做出了重要贡献。

安万善 西域安国人，唐代著名筚篥演奏师。因以吹奏筚篥悲壮新奇、声韵奇绝、变化莫测，闻名于长安乐坛。安万善吹奏的是九孔筚篥，这种筚篥"剪削干芦插寒竹，九孔漏声五音足"。原产于龟兹的筚篥是以骨为管，以芦为哨，开八孔，后演变为九孔筚篥，以竹为管，以芦为哨。筚篥是唐宫廷十部乐中的重要乐器。对于安万善的筚篥演奏技艺，唐代诗人李颀写道："枯桑老柏寒飕飕，九雏鸣凤乱啾啾。龙吟虎啸一时发，万籁百泉相与秋。忽然更作渔阳掺，黄云萧条白日暗。变调如闻杨柳春，上林繁花照眼新。"[22]一会儿寒风乍起，一会儿凤凰啾鸣，一会儿又是龙吟虎啸，演奏者安万善模拟自然界的各种声响与景物变化，可谓神形毕肖。

康昆仑 唐代西域康国人，唐朝宫廷著名琵琶演奏家。康昆仑在唐宫廷演奏琵琶二十余年，被赞誉为"长安第一手"，可见其在长安乐坛的地位。康昆仑演奏的名曲有《羽调录要》等。当时还在坊间流传着康昆仑向出家的段善本学习琵琶演奏的故事，段善本的琵琶演奏技巧在长安是无与伦比的，康昆仑听了他的演奏后，纳头便拜，对段善本的演奏水平五体投地。后拜段善本为师，向他学习琵琶，最后是青出于蓝而胜于蓝，康昆仑终于成为名冠长安的琵琶演奏大师。

法藏（643—712） 西域康国人，俗姓康，武则天赐名"贤首"，世称"贤首大师"，复号"康藏国师"。唐代著名佛学家，华严宗创始人。17岁师从智俨学习《华严经》。后曾参与玄奘从事佛经翻译，因意见不合，半途退出。咸亨元年（670），出家受沙弥戒，开始登坛讲经。天授元年（690），受诏讲授《华严经》，因获武则天赐号"贤首戒师"。在武朝时，协助实叉难陀、义净、菩提流志三位高僧分别翻译《华严经》八十卷、《大乘入楞伽经》、《金光明最胜王经》、《大宝积金》等。其后，他在讲解《华严经》的同时开始著述，先后著有《华严经探玄记》、《华严经旨归》、《华严经文义纲目》、《华严一乘教义分音章》等二十余部著述，成为佛教哲学家。法藏提出的"四法界"、"六相"、"十二玄门"成为华严宗的重要理论。先天元年（712）法藏卒于大荐福寺，诏赠鸿胪卿。

【注释】

① 冯天瑜等著：《中华文化史》，上海人民出版社，1999年，第104—105页。

② [唐] 慧琳:《一切经音义》卷四十一。

③ 李吟屏著:《佛国于阗》,新疆人民出版社,1991年,第131页。

④ 周大鸣著:《人类学导论》,云南大学出版社,2007年,第86页。

⑤ 蔡鸿生著:《唐代九姓胡与突厥文化》,中华书局,1998年,第13页。

⑥ 蔡鸿生著:《唐代九姓胡与突厥文化》,中华书局,1998年,第117页。

⑦ 张星烺:《中西交通史料汇编》第4册,中华书局,1977年,第285—286页。

⑧ [美] 谢弗著,吴玉贵译:《唐代的外来文明》,中国社会科学出版社,1995年,第49页。

⑨ 蔡鸿生著:《唐代九姓胡与突厥文化》,中华书局,1998年,第162页。

⑩ 殷晴:《汉唐时期西域屯垦与吐鲁番盆地的开发》,《吐鲁番学新论》,新疆人民出版社,2006年。

⑪ 曾问吾著:《中国经营西域史》,新疆地方志总编室,1986年,横排本,第178页,据商务印书馆1936年版。

⑫ 王炳华著:《访古吐鲁番》,新疆人民出版社,2001年,第178页。

⑬ 薛宗正著:《安西与北庭——唐代西陲边政研究》,黑龙江教育出版社,1995年,第416页。

⑭ 《册府元龟》卷1000《外臣部·亡灭》。

⑮ 陈熙晋:《续补唐书骆侍御传》,《骆临海集笺注》,上海古籍出版社,1985年,第389页。

⑯ 郑振铎著:《插图本中国文学史》,人民文学出版社,1982年,第310—311页。

⑰ 李泽厚著:《美的历程》,安徽文艺出版社,1994年,第125页。

⑱ 陆侃如、冯沅君著:《中国诗歌史》,作家出版社,1957年,第441页。

⑲ 李泽厚著:《美的历程》,安徽文艺出版社,1994年,第116—117页。

⑳ 段文杰:《唐代前期的莫高窟艺术》,《敦煌石窟艺术论集》,甘肃人民出版社,1988年,第286页。

㉑ 牛汝极著:《阿尔泰文明与西域人文》,新疆大学出版社,2003年,第125页。

㉒ [唐] 李颀:《听安万善吹觱篥歌》,吴蔼宸选辑《历代西域诗钞》,新疆人民出版社,1982年,第7页。

第四章

转型期的五代宋元明时期文化

　　五代宋元明时期，中国新疆地区的历史和文化发生了几次重大变迁。自唐文宗开成五年（840）年回鹘西迁以后，天山南北原城郭诸国、各游牧政权，经过重新组合，于 9 世纪中后期形成为高昌回鹘王国、喀喇汗王朝和于阗王国三个中国地方政权。以突厥语化和回鹘语化为标志的民族融合进程也大大加快。伊斯兰教作为喀喇汗王朝的国教第一次传入塔里木盆地南缘绿洲，并随着于阗国的灭亡而扩展至塔里木盆地东南端。12 世纪 30 年代西辽的西迁立国，使东部天山南北、七河流域和河中地区归于一统，汉文化也再次直接辐射到西域大地。自 13 世纪初叶成吉思汗统一漠北草原以后，在蒙古人的几次西征中，西域地区被归入蒙古汗国（1206—1259 年）及元朝（1271—1368 年）的领疆。畏兀儿亦都护政权（高昌回鹘王国）在蒙古西北诸王发动的反叛战乱中，一直站在元朝中央政府一方。15 世纪初年，明朝（1368—1644 年）建立哈密卫，作为管理西域各地的机构。而此时统治中亚和西域广大地区的察合台汗国，也分裂为东西两部分，葱岭以东的西域地区处于东察合台汗国（亦称叶尔羌汗国）的领疆之内。原来的蒙古游牧部落也完成了突厥语化和定居化的民族融合进程。西域文化进入一个新的多元交融的时期。

第一节 回鹘西迁与高昌回鹘王国文化

高昌回鹘王国建立 回鹘人的语言和文字 回鹘人的宗教和宗教艺术 《卜古可汗传说》与《乌古斯可汗的传说》 《弥勒会见记》 回鹘人的民俗文化 回鹘人的传统工艺 回鹘人的科学技术

高昌回鹘王国，建立于 9 世纪 60 年代，灭亡于 13 世纪 80 年代，是西迁回鹘在异域实现迁地立国的结果。西迁回鹘人融合东部天山南北的各族居民，创造了灿烂的文化，书写了西域文化的新篇章。

840 年，漠北回鹘汗国被黠戛斯人一举攻灭。以庞特勤为首的 15 部回鹘人，西迁西域。他们先停驻北庭（今吉木萨尔），后南越天山进入塔里木盆地北缘，抵达龟兹（今库车），又移驻焉耆。由于庞特勤所部的主要活动地域在焉耆、龟兹等原来唐朝安西都护府辖境之内，所以人们称之为安西回鹘政权。在此后二十余年的动荡时局中，安西回鹘政权最终没有能够顺利扩大自己的统辖地域，没有统一天山南北各股回鹘势力。而最初归庞特勤统辖的、活动于金莎岭一带的北庭回鹘，在仆固俊的带领下逐渐兴起。866 年，北庭回鹘首领仆固俊率众出击，攻克西州、北庭、轮台诸城，与原宗主——庞特勤系的安西回鹘政权决裂，并取得最终胜利。新的回鹘政权以高昌城（吐鲁番高昌故城）为首府，以北庭为度夏陪都。866 年，遂被视为高昌回鹘王国的创始之年。

高昌回鹘王国，作为我国西北地区的一个地方政权，其国人自称"大福大回鹘国"[①]。不同时期的汉文史籍中还有"北庭回鹘"、"西州回鹘"、"和州回鹘"等不同称谓，蒙元时期称为"畏兀儿"，人们一般以其建都于吐鲁番的高昌城而称之为"高昌回鹘"。

高昌回鹘王国政治制度完善，社会秩序良好。仆固俊在建国之际就自称可汗，国人为表达对汗族的尊崇，称当世的国主为天可汗，可汗之妻为天公主或天公主邓林，汗族子弟为天特勤。后来，其最高统治者也称阿尔斯兰汗，突厥语意为狮子王。高昌回鹘王国发展后期，其国主改称亦都护，意为"幸福之主"。王国的政体制度在继承漠北回鹘官制的基础上，根据本地农业城郭与草原游牧兼营并重的情况，进行了改进和发

展。高昌回鹘的官制深受
中原汉地官制的影响。据
文献资料，汗王以下的重
要职官有宰相、都督、梅
录、达干、勃使（借用汉
文"刺史"）、莊使（借
用汉文"长史"）、萨温、
地略等②。在高昌和北庭
两都以及龟兹城以外的地
方，还有各级大小伯克等
封建主。

高昌回鹘政权传世
400多年，其间经历了多
次政治剧变。12世纪30

图上4-1　回鹘王侯家族群像　据《西域国宝录：汉日对照》

年代，当辽朝皇族耶律大石率部西迁中亚、建立西辽王朝以后，高昌回
鹘王国就归服西辽，成为属国，但保存了自己的统治体系和政权的相对
独立。元太祖四年（1209），亦都护巴而术阿而忒的斤不再臣服于西辽，
而是主动归服初兴于漠北草原的大蒙古国，与蒙古统治集团建立了亲厚
的政治关系。蒙元时期，它被称为畏兀儿亦都护政权。13世纪80年代，
亦都护火赤哈儿的斤战死于哈密，元朝政府将其子及部属迁至甘肃永
昌。高昌回鹘王国至此国灭。

回鹘语是对回鹘人（古代维吾尔人）使用的语言的通称。从语言
谱系上看，回鹘语属于阿尔泰语系突厥语族。回鹘语和现代维吾尔语之
间，存在着传承和发展的关系，后者在语音、语法和词汇方面发生了很
大变化。

回鹘文是古代书写回鹘语（古代维吾尔语）的文字。回鹘人最初使
用的文字是古代突厥文（亦称鄂尔浑文、突厥鲁尼文）而不是回鹘文。
回鹘西迁以后，回鹘文逐渐取代了回鹘人在漠北草原普遍使用的古代突
厥文，成为高昌回鹘王国境内通行的主要文字。回鹘文是一种音素文
字，由18个至22个字母组成，因时代早晚字母数目有所不同。早期回

鹘文是从右到左横写，后来改为从左往右移行竖写，如人们通常所见的回鹘文献。回鹘文字体大致可以分为写经体、楷书体、草书体和木版印刷体几种字体。

高昌回鹘语文中外来词汇很多，尤其是汉语词汇。漠北时代，因游牧生活较为单纯，回鹘语言的词汇并不多；西迁转入定居以后，回鹘人与原来西州（吐鲁番）、庭州（吉木萨尔）、伊州（哈密）的主要居民汉人生活在一起，互相影响，使大量的汉语词汇融入回鹘语文之中。目前出土的回鹘文各类文书中，汉语借词数量可观，包括官职、租税、植物、矿物、食品、人的身份、宗教术语等各个方面，汉语借词不胜枚举，甚至当地的地名，也在沿用汉人的称谓。如文书中常出现的 qoču，学者考订就是汉语"高昌"的音译借词。回鹘文中出现大量汉语借词，反映了高昌回鹘文化深受汉文化的影响，也折射出伊、西、庭三州汉人与回鹘人融合的过程。

回鹘文的使用范围十分广泛，从 19 世纪以来出土了大量回鹘文文献，包括契约文书、佛经、摩尼教文书、景教文书、文学作品、医学文献、历法文献、双语字表等。当然，回鹘文的使用者也不仅限于回鹘人，当时新疆和中亚其他许多操突厥语族诸方言的民族也使用回鹘文作为自己的书面语言。回鹘文在以后的历史发展中，对周边民族的文字产生过很大影响。13 世纪初年蒙古汗国建立以后，畏兀儿人塔塔统阿就用回鹘文的字母拼写系统，创制了蒙古文字，并一直沿用至今。

在高昌回鹘王国的前期，汉语文也是王国境内通行的一种语言文字。这种情况不为众人所周知。造成这种情况的原因，主要是由于在唐朝统治西域的时期，伊、西、庭三州主要是以汉人为主体居民的州县，存在大量汉人，当地其他民族逐渐汉化。回鹘西迁之后，回鹘化渐成主流趋势。但是，民族融合是一个长期的过程，民族融合也是一个多向吸收、多向影响的过程。现存文献的零星记载揭示了汉语文曾经在王国通行了很长时间。《突厥语大词典》记载回鹘人除了使用回鹘文以外，"（城里）回鹘人还有一种与秦人的文字相似的文字，正式函件、凭据就用它书写，这种文字除了非穆斯林回鹘人和秦人，别人是不会读的"③。这里所说的其实就是汉文。《突厥语大词典》中的"秦人"即指契丹人，"马秦"指汉人；契丹大字是由汉字改创的，"以隶书之半增损之"，仍为方块字形；契丹小字的基本读写单位"原字"是参照汉字、契丹大字制成，字形仍属象形方块字形，而辽代契丹上层都通晓汉语文。所以，这种"与秦人的文字相似"而且"秦人"又会读的文字，无疑就是汉字。看来，汉文在很长时期内也是当地的主要官方文字之一，城里的部分回鹘人也会读写。

历史上回鹘人信奉过多种宗教。高昌回鹘王国时期，就是他们宗教文化最为繁荣、信奉过的宗教最为多元的时期。

高昌回鹘王国时期，萨满教在回鹘人中仍然有较大影响。萨满教作为一种原始宗教，它在中国北方游牧民族的历史上，曾经普遍存在并长期产生着影响，回鹘人也不例外。在漠北时代，回鹘人最初信奉的就是萨满教。据史籍记载，漠北回鹘汗国有专职巫师"甘"，在回鹘人的眼中，"甘"能沟通诸神，在社会上拥有很高的地位。萨满教信仰渗透到漠北回鹘汗国的政治生活、军事行动和普通民众日常生活的方方面面。基于这种情况，到了高昌回鹘王国时期，我们还常常能在回鹘人的日常生活中见到萨满教的痕迹。北宋使者王延德在出使高昌时，见到该国人"用本国法设祭，出诏神御风，风乃息"④，这就是当时所谓的"砟答求雨祭风"之术。《突厥语大词典》提到过这种巫术："砟答能让老天下雨、下雪、刮风，这是突厥人中人人皆知的事。"北宋人洪皓在《松漠纪闻》"回鹘"条中，记录了回鹘人虔诚事佛的情况，其中提到一种特殊风俗："每斋必刲羊或酒，酤以指染血涂佛口。"这种供佛仪式就和萨满教有关。按萨满教风俗，人们在家中供奉代表自然神灵的偶像，饭前要将食物抹在偶像嘴上，以示供奉。回鹘人改宗佛教以后，将早期萨满教的风俗融入到供佛的仪式中，就形成了这种独特的礼佛仪式。

摩尼教是高昌回鹘王国仅次于佛教的第二大宗教，也是继萨满教之后回鹘人信仰的第二种宗教。摩尼教早在回鹘人西迁之前就已经在回鹘汗国传播，并被立为国教。据用突厥鲁尼文、粟特文和汉文三种文字合写的《九姓回鹘可汗碑》记载，漠北回鹘汗国信奉摩尼教始于唐代宗宝应元年（762）。这一年，率军入唐平定"安史之乱"的回鹘牟羽可汗，从洛阳带回了四名摩尼僧。又据吐鲁番出土的回鹘文《牟羽可汗入教记》

残本记载，经过四名摩尼僧与萨满教的辩论，牟羽可汗率众皈依摩尼教，从此，摩尼教成为漠北回鹘汗国的国教。

回鹘西迁之初，依然秉持摩尼教为国教。由于西迁之众主要是摩尼教徒，加之当时天山南北也有摩尼教流传，所以，高昌回鹘立国之初，王国境内的摩尼教非常兴盛。据摩尼教寺院壁画反映，传教时，男女信徒身着白衣，按照各自的等级围绕大慕阁而坐，祈祷时要诵读忏悔词以求精神上的解脱。大慕阁在教阶森严的摩尼教中属于最高阶层。高昌回鹘人不仅新修建了一些摩尼教寺院，而且还将一些佛寺改造成了摩尼寺院。据吐鲁番出土的回鹘文摩尼教寺院文书反映，摩尼教寺院拥有大量田产、葡萄园和牲畜，有众多农奴以供驱使，寺院经济已经达到一定规模。目前，新疆已经出土了众多高昌回鹘时期用回鹘文、突厥鲁尼文和所谓"摩尼文"书写的摩尼教文献，如《二宗经》、《摩尼教徒忏悔词》以及忏语、历书、药书等。与漠北回鹘时代相同的是，在摩尼教占据主导地位的时期，高昌回鹘王国的政治生活也受到摩尼教很大影响，王国的许多政治决策有摩尼僧的参与，很多派遣出使中原的使者是由摩尼僧充任的。

当然，摩尼教作为高昌回鹘王国主导宗教的时间并不长，在西域地区强大的佛教氛围影响下，佛教最终取代了摩尼教的国教地位。在佛教成为主导宗教以后，摩尼教并没有灭绝，它仍然存在于王国境内。在11世纪80年代北宋使者王延德出使高昌时，他还见到王国"复有摩尼寺，波斯僧各持其法"。

佛教是高昌回鹘王国的主要宗教。早在西迁之前，回鹘人的势力就已经深入到东部天山地区，当地深厚的佛教文化开始影响留守西域的回鹘人。西迁之后，佛教很快排挤了摩尼教的国教地位，成为高昌回鹘人的主体宗教。

高昌回鹘王国时期，佛教文化非常繁荣。宋朝使者王延德亲眼见到吐鲁番盆地，"佛寺列五十余区，皆唐朝所赐额。寺中有《大藏经》、《唐韵》、《玉篇》、《经音》等"⑤。据考古研究，在吐鲁番的柏孜克里克、吐峪沟、连木沁沟及火焰山的其他沟壑中，都有高昌回鹘王国时期新开凿的佛窟；在吉木萨尔、库车、拜城等王国其他重要地区，也有这一时期建成的大量佛教遗址，可见高昌回鹘王国佛教的兴盛。王国境内的佛教，主要以大乘为主，小乘派也在小范围内流传，这在出土文书中得到印证。高昌回鹘人用回鹘文翻译了大量佛经，佛经翻译自不同的语种。出土文物证明，很多佛经译自焉耆语（甲种吐火罗语）和龟兹语（乙种吐火罗语）。20世纪初，勒柯克率领的普鲁士探险队从新疆盗掘了大批文物，其中包括回鹘文《弥勒会见记》残卷和用一种当时人们尚未识读的文字书写的《弥勒会见记》。在回鹘文《弥勒会见记》残卷的题跋中提到，这部经书首先是由古代印度语翻译成了吐火罗语，其次再由吐火罗语翻译为突厥语（指回鹘语）。后来，学者识读了这种用古代北印度通行的婆罗米字母变体书写的文字，称之为吐火罗语，后亦称之为焉耆语（甲种吐火罗语）和龟兹语（乙种吐火罗语）。这件事反映出高昌回鹘的不少佛经是从焉耆语和龟兹语翻译过来的。另外，高昌回鹘的佛经也有翻译自吐蕃文的，吐蕃人的势力在西域存在了近百年，来自吐蕃的密宗对高昌回鹘佛教也有一定影响。有一些佛教文书是高昌回鹘人自己撰写的，它代表了当地佛教思想的高度发展。当然，从现存文献来看，大部分回鹘人的佛经都译自汉文，如《金光明经》、《法华经》、《华严经》、《八阳神咒经》等，玄奘传记《大慈恩寺三藏法师传》也被译成了回鹘文。很多汉语佛教词汇被直接音译借入到回鹘文佛典之中。回鹘僧人僧古萨里都统等人，是当时著名的汉文译经僧。自佛教经西域传入汉地以后，到五代、辽宋时期，内地佛教开始向西域回流，汉传佛教思想开始对西域佛教产生深刻影响。当然，内地和西域的佛教交流是双向的，有些在内地译经的高昌回鹘僧人受到当地佛教界的推崇，西夏皇帝李元昊曾经专门修建高台寺，邀请回鹘僧人将佛经译

图上4-2　回鹘公主夫妇图　刘玉生提供

成西夏文。

回鹘人的口传文学发达，他们在漠北草原就以口传民歌传统著称，而到了高昌以后，一些民间流传的传说开始定型化，出现了最早的书面文学作品。其中《卜古可汗传说》和《乌古斯可汗传说》至少在蒙元时期已经有了书面文本，而且摩尼教的赞美诗也进入到回鹘人的书面文学中。虽然《卜古可汗传说》有可能是蒙元时期的畏兀儿亦都护家族杜撰的作品，但是其中有关回鹘人起源的传说，多少反映了回鹘人的创世神话的形成过程。在元代人虞集《道园学古录·高昌王世勋之碑》中记载了一则畏吾儿人的树生子的传说：

> ……盖畏吾尔之地有和林山，二水出焉：曰秃忽剌，曰薛灵奇。一夕有天光降于树，在两河之间，国人即而候之，树生瘿，若人妊身然。自是光恒见者，越九月又十日而瘿裂，得婴儿五，收养之。其最稚者曰卜古可汗。即壮，遂能有其民人土田，而为之君长。

《世界征服者史》引述了畏吾儿人这则传说的另一异文。其意为：在土拉河与色楞格河两河汇流处长出紧靠的两棵树，两树间冒出一个大丘，上有天光烛照，丘陵日渐增大，天光昼夜照射数百日后，最后丘陵如孕妇分娩，裂出一扇门，"中有五室，有类帐幕，上悬银网，各网有一婴儿坐其中，口上悬管以哄喂乳。及五儿能言时，索其父母。人之二树示之。五儿遂对树礼拜，树作人言，嘱其进德修业，祝其长寿名垂不朽，……畏吾儿人以诸子为天所赐，……上述之二树，则置庙中祀之"[6]。可能由于口传文本的不同，故形成一些歧义，但是神树生子母题是相同的。神树是回鹘人在漠北时期信仰的萨满教中的意象，是作为宇宙树意象出现的，它既是萨满通天的宇宙梯，又是萨满教中的生命树。回鹘人是把萨满教中世界起源的宇宙树和氏族起源的生命树合二为一了。其中还透露了回鹘人从氏族到部落联盟形成的信息。因此，不能简单认为这是高昌仆固俊家族的杜撰。《卜古可汗传说》从民间流传到书面定型经过了一个漫长的加工过程。

《乌古斯可汗传说》是流传在高昌回鹘人中的另一部传说，属于散文体英雄史诗。其传说的大意是：英雄乌古斯生下来就不同凡响，四十天后长大成人。他长相怪异，脸是青的，嘴和眼睛是红的，全身长满了茸毛，他有公牛一般的腿，狼一般的腰，黑豹一般的肩，熊一般的胸。英雄乌古斯为民除害，在森林中杀死了吞噬人畜的独角兽。一天，乌古斯在一处膜拜上天，这时从空中射下一道强光，比日月还明亮，光中有个姑娘，一人坐在其中。姑娘十分漂亮，她笑的时候，天也笑，她哭的时候，苍天也在哭。乌古斯爱上了这位姑娘，娶她为妻，生下了三个儿子，长子取名太阳，次子取名月亮，三子取名星星。后来，乌古斯又遇到了一位来自于森林里的姑娘，这位姑娘"眼睛比蓝天还蓝，发辫像流水，牙齿像珍珠"，乌古斯一见钟情，也娶她为妻。之后这位美貌的女子同样为乌古斯生了三个儿子，长子取名天，次子取名山，三子取名海。传说的结构由两部分组成，第一部分是关于畏兀儿人的起源和创世传说。第二部分主要叙述乌古斯的征战活动。传说可能产生于漠北回鹘汗国时期，因为汗国的建立需要孔武有力的可汗统治，可汗显然是部民心目中的英雄。而乌古斯可汗无论从长相——青脸、红嘴和眼、牛腿、狼腰、豹肩、熊胸，还是全身长毛的形体特征看，畏兀儿人将他们能够想象到的自然界的猛兽形象全部都附会在了乌古斯身上。这就是英雄乌古斯的形象，也是回鹘人心目中的祖先可汗的形象。仰慕英雄是英雄时代的主旋律。因此传说也不是凭空臆想的产物，总有一个族群世代流传的文化记忆在其中。

《弥勒会见记》在高昌回鹘文化典籍中具有划时代的意义，它是国内发现的中国最早的戏剧演出脚本。回鹘文的《弥勒会见记》1959年发现于哈密，此残本共293叶（586面），每叶高22厘米，长44厘米，左边第7—9行间画有黑色圆圈，中有一小孔，用以穿绳，此种装帧称梵夹装。对于回鹘文的《弥勒会见记》的成书年代众说纷纭，而耿世民先生认为"成书于9—10世纪之间"⑦，它写于回鹘西迁以后的高昌回鹘王国时期的说法较为可信。《弥勒会见记》残本由一幕序文和25幕正文构成，是一种比较原始的戏剧剧本。序文内容是佛教教义的说教。正文各幕讲述未来佛弥勒的生平。对于《弥勒会见记》的演出脚本的性质，学者们经过多年研究，逐渐取得了共识："经过各国专家几十年的努力，人们终于发现《弥勒会见记》佛教脚本并不全然以人物的说教和单纯灌输佛教思想而取悦于观众，也不是给剧中的角色强行加上抽象概念和传教法师的标签，反倒是把佛教哲学原理化为有血有肉、具体生动的故事，通过作品塑造的典型人物形象和完美的艺术手法以及演员的相互对白、独白、旁白以及对人物形象特征、心理活动、情感变化和场景、气氛、时间、地点、服装、布景、道具、音乐、动作等方面精辟的语言文字描绘，以充实、可行的故事情节，成功地用舞台表演形式体现出来。"[⑧]也就是说《弥勒会见记》具备了戏剧演出剧本的一切要素，应该是演出时供排演用的戏剧脚本。《弥勒会见记》不仅是我国维吾尔族的第一部戏剧文学作品，同时也是我国现存最早戏剧文学作品。在戏剧艺术发展史上占有重要的地位，对后世的戏剧艺术的发展，产生了深远的影响。

泼水乞寒是高昌回鹘社会广为流行的一种岁时节庆活动，又称乞寒节。每到冬至时节，城镇和乡村的人们，各自汇集一处，用水交泼，相互嬉闹。据汉文史料记载，高昌回鹘人认为泼水乞寒的目的，是为了压下将要升起的阳气以防止生病。高昌回鹘人不只是为了乞寒压阳气以祛病，更主要的是已经成为一种民间集会娱乐的岁时节日。

高昌回鹘社会还有一些独特的风俗，禳灾就是其一。每年开春时节，高昌回鹘人聚集在寺院之前，众人骑上骏马，手持弓箭，飞射远处的物体，"谓之禳灾"。这种风俗的本义是向鬼神祈祷以免除灾祸，后来慢慢发展成为一种民间较技的竞赛活动。高昌回鹘人还有一种奇特的风俗，就是每当天空出现彩虹时，他们会立即聚众会餐，向西祈祷。这可能和回鹘人早期的萨满教信仰有关。高昌回鹘人天性乐观，用各种方法追求快乐，他们经常自发举行野外歌舞聚会。三五成群的人们来到风景秀美的林间或溪边，"行者必抱乐器"，汇集在野外，载歌载舞。

高昌回鹘人的传统工艺在天山南北独树一帜，一些手工业品甚至在内地都享有盛誉。

首先需要提到的就是纺织工艺。从出土的大量纺织品文物来看，这一时期王国的纺织技术已经达到了很高水平。在棉纺、丝纺和毛纺三类产品中，以棉纺织技术最为世人所称道。王国境内盛产棉花，棉布不仅是人们主要衣服面料，也是输入内地的大宗商品。当地出产的白氎布、花蕊布质地优良，在内地久负盛名，深受内地百姓的喜爱，因此，我们在辽宋时期的史籍中，常常能见到棉布充当着西域与内地贡赐贸易中的主导产品。这些产量大、质地佳的棉布，不仅是以寻常百姓家庭手工业为基础，同时，我们也发现当时高昌回鹘社会中已经存在着一批专业棉纺织手工业者。这批人的存在，对于棉纺织技术的提高，起到了重要作用。高昌回鹘人的丝织技术也值得一提。吐鲁番盆地是西域地区最早掌握养蚕缫丝技术的地区，丝织业历来发达，尤其是唐代这里曾是汉人的聚集地，他们后来融合到高昌回鹘人当中，更加提升了当地丝织业的发展。从吐鲁番盆地出土的丝织品来看，仅品种就达十余种，有绢、花缎、艾提、锦、纱、法伊绉、花绸布等。丝织技艺除了具备内地传统的"编线绣花"技法外，还有西域本土的"挑花绣花"传统技法。毛织物是西域传统的手工业门类，高昌回鹘人也惯于用地毯以供座卧或装饰居室，其织毯技术和图案风格受到波斯的影响。

高昌回鹘的制革工艺具有很高水平。由于回鹘人出身游牧民族，在西迁转入定居以后，仍然保持着大量传统生活习俗，而这些来源于游牧生活的习惯，也贴近于王国境内绿洲和山麓草原相间的生态环境。他们惯于穿皮制长靴，扎皮带，生活中也离不开马、驴等牲畜，而这些都需要皮革制品。当时，高昌回鹘的皮革工匠已经熟练掌握了用硇砂软化皮革的工艺，因此，他们制作的皮革制品，如靴子、鞍具、箭袋、皮带等造型美观，精巧实用。一些精品在输入到内地以后作为高档消费品而成了抢手货。宋朝文人程大昌在《演繁露》卷一里，专门对高昌回鹘人用一种被宋人称作"红虎皮"（回鹘人称作"斜喝里"皮）的皮革制成的靴子大加赞赏："红虎皮者，回纥獐皮也，揉以硇砂，须其软熟，用以为靴也。"这种靴子，皮质光滑，皮色泛红，十分名贵。由于深受内地富有阶层的喜爱，所以，丝路上的商旅，不辞辛劳地跋涉万里，将它们贩运到内地以换取高额利润。

高昌回鹘人在科学技术上也颇有建树。人们对于高昌回鹘科学技术领域的了解，只限于少量的文献和出土文物所反映的情况，远不足以恢复其原貌。尽管如此，这些少量的被人们所了解的内容，仍然值得以浓重的笔墨来书写。

高昌回鹘人使用木活字的时间很早。活字印刷术的发明，是中国对世界文化事业的进步做出的一项杰出贡献，印刷术因此成为影响世界文明进程的四大发明之一。自北宋毕昇发明活字（泥刻活字）印刷术以来，活字印刷术不断从中原向周边地区传播，极大地促进了这些地区文化事业的发展。19世纪末20世纪初，法国和俄国探险队先后在敦煌和吐鲁番捡到了总计数千枚的回鹘文木刻活字。这些木刻活字不是以单体字母为单位，而是以回鹘文单词为单位，这与今天拼音文字以字母为活字单位的情况不同，又与中原活字以个体汉字为单位的情况有别。这些回鹘文木刻活字的发现，引起了国际学术界的高度关注，各国学者注意到了它们在中国印刷术西传过程中的重要地位。印刷术采用木刻活字，是印刷技术上的一大进步。内地使用木刻活字印刷技术开始于1295—1300年之间，是由王祯改进采用的。敦煌和吐鲁番出土的回鹘文木刻活字几乎和内地属于同一时期，远早于西方采用活字印刷的时间。

高昌回鹘王国使用的历法很有特色。宋使王延德记载高昌回鹘人使"用唐开元七年历"。所谓"开元七年历"，是指唐开元七年（719）中亚康国通晓天文历法的摩尼教大慕阇入唐进献的七曜历。敦煌曾经出土过数册唐朝后期的历书，都是七曜历，这说明唐朝曾经使用过这种历法。这种历法后来由内地推广到西域，回鹘人西迁以后，继续使用在吐鲁番盆地已流行多年的这种古历。吐鲁番出土的一份用粟特语书写的历书残页，证明了这一点。这份历书每日同时记有粟特语、汉语、突厥语三种称呼，即每日先用粟特语记七曜日名称，次用粟特语译出中国十天干之名，后用突厥语记十二生肖。这份历书残页所记录的历法，无疑就是以"开元七年历"为蓝本。高昌回鹘人使用的这种历法，也带有明显的多元文化色彩。七曜记日法，即以七日为一周，分别以日、月、木、火、土、金、水命名七日中的每一天，这肇始于西亚，后来为中亚粟特人采用，可以看作是这种历书中粟特文化的反映；十天干纪日则是中国内地特有，十二生肖则早在漠北回鹘时期就广为流行，可以视为回鹘传统记日习惯的体现。这种融合三种文化特征的历书，正是王国境内各种文化荟萃、交融的反映，说明了高昌回鹘文化的特质之一，就是多元并蓄。

高昌回鹘王国的医药学处在经验医学的阶段。他们的医药学知识体系明显吸收了各种文明成果，将中医药和中亚、西亚、印度等地的医药学知识，与当地居民的医学实践和知识相结合，形成了一套有效的防病、治病的知识和方法。19世纪末期以来，王国境内各地出土了一批回鹘文、汉文的医学文献和药方，近年吐鲁番小挑沟石窟又出土了汉文、回鹘文合写的医方。通过对这些医学文献的研究，我们知道当时高昌回鹘的医师已经掌握了疗眼法、治腹痛法、止鼻血法、治疮患法、治头痛法、堕胎法等多种医疗手段。中医望、闻、问、切的传统方法被高昌回鹘医师普遍采用，切脉成为回鹘医师常用的诊疗方式。他们重视脉象的变化，从出土文献可知，他们还将脉象分为波浪式、钉钉式、鼠行急促式等各种类型。零星的文献已经透露出高昌回鹘医师在利用动物、植物的药用疗效上，已经积累了丰富知识，他们利用动、植物原料制成各种药丸和汤济，将这些药物成品供应病人使用。王国境内出产许多药材，辽宋元明时期，胡桐律、胡黄连、乳香等药材，始终是高昌回鹘输入内地的大宗商品。

第二节　于阗国文化的余晖

于阗国的制度文化　佛教与火祆教信仰　与内地文化关系　手工业与工艺

于阗国是一个主要由古代塞人后裔建立的政权。五代北宋时期，于阗国偏居塔里木盆地东南缘。这个有着悠久佛教传统的古国，此时已快要走到历史长河的尽头了。

据现存史料，尚不足以复原五代、北宋时期于阗国的历史全貌。多年来，中外学者通过对出土的于阗塞语、汉语和吐蕃语文书的深入研究，也只能从中窥知五代北宋时期于阗国历史的概貌。当时，于阗国被称为金国、宝国和金玉国，这些是一般情况下使用的名称，而于阗国还曾经以晋朝廷册封的"大宝于阗国"作为正式的固定的国号。

目前，学术界还没有完全厘清五代北宋时期于阗国的王统世系，已知最早见诸史册的于阗王是尉迟僧乌波，他有一个汉字名字——李圣天。后晋高祖天福三年（938），尉迟僧乌波主动遣使中原，后晋王朝册封他为"大宝于阗国王"。李圣天之后继任的是尉迟输罗（约967—977

年在位），即从德太子，少年时他曾经长期留居敦煌，宋太祖乾德四年
（966），他以太子身份前往北宋朝贡，回国后正值其父李圣天去世，他便
继承王位。其后的国王是尉迟达磨（约 978—982 年在位），末代君主是
尉迟僧伽罗摩（约 983—1006 年在位）⑨。五代北宋时期，于阗国的政治
制度沿用、借鉴了许多唐朝的旧制。如职官名称、赋税制度、行政区划
名称和建置，都沿用和借鉴了唐朝的制度。

于阗国的疆域，东北延伸到今若羌附近，隔车尔臣河与仲云部相
望；南抵昆仑山，与吐蕃接壤；西北近喀什，喀喇汗王朝兴起以后，于
阗西北边界在莎车、英吉沙之间偶有伸缩。于阗国辖境囊括了塔里木盆
地南缘的几块相邻的绿洲，其都城所在的和田绿洲，东面有白玉河，西
面有绿玉河，再往西是乌玉河，绿玉河为乌玉河支流，其实是东、西两
条河流，就是现在的玉龙喀什河（白玉河）和喀拉喀什河（乌玉河），敦
煌壁画中也把乌玉河称为西玉河。

五代北宋时期，于阗和关内各王朝保持着密切交往。它与五代各朝
及北宋的贡赐贸易十分频繁；它还以属国的名义，每三年入辽朝进贡一
次，名为朝贡，实为两国之间的定期贸易；于阗与甘州回鹘交往也很密
切，敦煌文书中有不少 10 世纪两个政权之间相互往来的书信，于阗派
往中原的使者经常与甘州回鹘的使臣结伴同行。在关内各政权中，于阗
国与沙州归义军张氏、曹氏政权的关系最为亲密。晚唐时期，于阗国便
与执掌归义军的张淮深建立了联系。到 10 世纪初年曹氏执掌沙州政权以
后，于阗国又与其联姻，曹议金的女儿嫁给于阗王李圣天为后，李圣天
之女又嫁与曹议金之孙曹延禄为妻，双方通过姻亲结成了政治同盟。自
11 世纪后期于阗国与喀喇汗王朝爆发战争以后，于阗和沙州归义军政权
的联系便更为密切。

10 世纪 60 年代，信奉佛教的于阗国和信奉伊斯兰教的喀喇汗王朝
爆发了持续了近 40 年的战争，学术界一般认为这场战争和伊斯兰教的
扩张有关。战争初期，于阗国占据优势，他们打退了喀喇汗王朝的进攻
以后，挥师西进，一度攻占了喀什噶尔。《宋史》记载："（开宝）四年
（971），其国（于阗）僧吉祥以其国王书来上，自称破疏勒国（喀什），
得舞象一，欲以为贡。"⑩说的就是于阗国在宋太祖开宝二年（969）攻

占喀什噶尔之事。后来虽然在穆斯林援军的支援下，喀喇汗王朝夺回了喀什噶尔，但也没有扭转战局。旷日持久的战争，最终造成于阗国实力大损，逐渐处于劣势。11 世纪初年，喀喇汗王朝完成了对于阗国的征服。中外史籍没有留下于阗国灭亡的确切时间，研究于阗语文书的学者将于阗文书的最后年代断定在北宋景德三年（1006），说明这一年于阗国已经灭亡。

五代北宋时期，于阗国的制度文化具有鲜明的特点。它的政治制度沿用、采纳了许多唐代旧制。于阗国仿照内地中央王朝更设年号并以年号纪年的传统，也采用了这种方法，每位于阗王都设立了自己的年号，并以此纪年。如李圣天（尉迟僧乌波）先后使用了同庆、天兴、天寿年号；尉迟输罗以天尊为年号；尉迟达磨的年号是中兴等。设立年号并用年号纪年，这是中国古代政权政治制度中的一项重要内容。

于阗行政建制仍然沿用了唐朝旧制。唐朝时期，中央政府在西域伊州、西州、庭州三州实行由中央直辖的郡县制，而在包括于阗在内的西域其他地区，则实行羁縻都督府州制度，即保留原来的统治体系，由当地首领任都督，在安西和北庭两个都护府的领导下，进行自主管理。但是，唐朝将郡县制和乡里制的名称和行政结构，也推广到了实行羁縻都督府州制度的地区。唐朝在于阗设立了毗沙都督府，以于阗王为都督，划其地为十个州。五代北宋时期，我们从残存的史料中发现，于阗国仍然保留着唐代羁縻州的行政建置。后晋使臣高居诲曾经出使于阗，他写就的《使于阗记》中明确提到了绀州、安军州、银州、卢州、湄州和玉州等地名⑪，这些州都是唐代设立的，各州的名称仍然使用过去汉语式的名称。

于阗国的职官体系，也受到唐代职官系统的深刻影响。现存于阗语文书中保存了大量有关官职的汉语音译名称，表明于阗国的官制借鉴了唐朝的有关制度，常见的官职有宰相、将军、都督等，出使中原的于阗使臣也经常带有检校太尉、国子少监、通事舍人等唐朝官衔。

于阗国的赋税制度参照了唐代制度。从于阗语文书中保存的大量有关赋税制度的汉语音译名称来看，五代北宋时期于阗国的赋税制度，仍然是以唐制为蓝本的。

五代北宋时期，于阗国制度文化中有一个非常鲜明的自身特色，那就是佛教与政治生活的相互交融。于阗被称为佛国，佛教文化传统深厚，佛教已经渗透到社会生活的各个方面，包括政治领域。一些于阗高僧身兼官职，参与政府议事，国王宫邸"尝（常）以紫衣僧五十人列侍"。同时，于阗国还有以僧侣为使臣，出使周邻各国的政治传统，许多僧侣使节往来于于阗和沙州归义军、甘州回鹘之间。尉迟输罗（即从德太子）即王位以后，还曾经以"于阗国王大师从德"这种僧俗兼备的头衔自居，佛教在于阗政治生活中的影响，也由此可见一斑。

于阗是佛教古国，是古代佛教东传的重要中转站。对于阗来说，佛教不仅是一种宗教，也是其文化体系的基本内核。于阗国社会生活和精神文化的各个方面，都渗透着佛教的痕迹。

于阗佛教以大乘教派为主，虽然也有其他教派流行，却都难以与大乘颉颃。五代以来，于阗的佛教比以往更加繁荣，据《于阗国授记》记载，9世纪末至10世纪初于阗境内有一定规模的寺院已达400余所，较之唐初玄奘所见"伽蓝百有余所"又多出了许多。

据学者研究发现，五代北宋时期于阗国佛教在保存传统特质的同时，也出现了一些变异。首先，五代北宋时期，于阗佛教已经不满足于佛典翻译，而开始对佛教进行自我解说和阐述。《佛本生赞》编撰成册，就说明了这种变化。这部佛教长卷是于阗王尉迟输罗在位时赞助完成的，由51个佛本生故事组成，是一部经过作者加工完成

图上4-3　五代北宋时期于阗王及王后图　据《于阗》

的新作。这本身就是佛教理论日趋完善和本土化的表现。其次，五代以后，外来佛教思想开始对于阗佛教产生影响。从东汉至隋唐，内地佛教一直深受于阗大乘佛教的影响，五代以后，内地佛教却开始向于阗地区回输。同时，金刚乘也开始在于阗国流行起来。再次，五代北宋时期，于阗国西面受到喀喇汗王朝的煎迫，南有吐蕃不时侵扰，而东通沙州的交通路线上又有仲云部虎视于胡卢碛，入关的商道也关碍重重。面对现实世界中的动荡纷扰，于阗人开始更加祈求佛教神明的保护。这一时期于阗守护神的谱系中，突然增加了许多神祇，在于阗佛教瑞像图和瑞像记中，担负守护于阗的佛陀、菩萨、天王数目剧增，不但超过了印度瑞像原型的数目，也多过了汉地增加的神祇数目[⑫]。当然，五代以后，自古就在于阗地区备受崇敬的毗沙门天神，仍然在于阗守护神谱系中占有特殊地位。最后，五代以后，于阗国出现了佛教和火祆教（锁罗亚斯德教）相互融合的情况。我们知道，火祆教在古代于阗地区曾经长期存在。这一时期，于阗出现了佛教和祆教相互融合的情况。高居诲《使于阗记》中记载于阗"俗喜鬼神而好佛"[⑬]，将祆礼教"天神"崇拜和礼佛并列相称；而《五代会要》也记载于阗"其俗好事祆神"[⑭]，《宋史》更是只提到于阗"俗事祆神"[⑮]而未提于阗礼佛之事。这些记载，何以会和五代北宋时期于阗佛寺林立、佛教异常兴盛的实际情况相差如此之大呢？上述记载均提到俗事祆神，但何以至今在和田地区考古发掘中从未见到火祆寺遗址呢？大量存世的于阗语文书中也为何未见有关火祆教的只字片言呢？其实，这种矛盾现象正反映了如下事实，即火祆教天祆崇拜已经被纳入到于阗的佛教体系当中，使佛教供奉仪式中出现了某些变异，从而使熟悉中原佛教的高居诲等汉人，只记录了印象强烈的变异部分而忽略了佛教本身；同时，由于火祆教已经被纳入了佛教，所以，于阗当地塞语文书中只记录了佛教事务而不见火祆教的记录。

五代北宋时期，于阗国的文化体系中，存有大量内地汉文化的因素。这种情况的存在，主要缘自两个方面的原因：一方面，自汉至唐，于阗国一直和中原保持着密切的政治、经济和文化联系，尤其是唐朝统一西域以后，双方的联系更为紧密，汉文化对于阗社会的各个方面，都产生了深刻影响；另一方面，虽然五代北宋时期内地由于处于割据状态而未能在政治上直接管辖西域，但是，于阗国一直和内地诸政权保持着密切的交往，双方的交流渠道并未中断。这些都加深了于阗文化和内地汉文化的关系。

五代北宋时期，内地汉文化对于阗国的影响既深且广。于阗王族尉迟氏家族，自比唐朝宗室，随唐朝国姓"李"。他们除了有本族姓名以外，还有李姓的汉字名字如李圣天等。于阗的官员也有不少起了汉字姓名，如马继荣（出使后晋）、刘再昇（出使后汉）、张金山（出使沙州）。不仅如此，于阗王对外还有以"大于阗汉天子"的名号自称的。这些集中反映了于阗国人从内心深处对中央王朝的归属和倾慕之心。而于阗在典章制度上，大多效法唐制（前文已述），这表达了他们对中原中央王朝的向往之情。

五代北宋时期，汉语文在一定范围内仍然流行于于阗境内。现存敦煌文书中有大量这一时期于阗使臣和僧侣在停驻沙州时用汉文写就的报告和文书。从这些汉文文书中可以窥见于阗国人掌握和使用汉语文的情况。下文是一份由于阗高僧龙大德在沙州用汉文写就的报告：

> 于阗僧龙大德状：右大德自到沙州，吃令公阿思荫任似（仁慈？）。近秋寒冷，依（衣）装则看阿郎，随身囊猢狲一个，依伏（衣服）总在阿郎。伏请公凭裁下处分。牒建（件）状如前。⑯

这件报告虽说尚欠流畅，错字也多，但别有情趣。虽然这一时期于阗境内仍有汉语文流行，但对其通行范围，不应评估太高，尤其是与唐朝时期相较，已是大为萎缩。

于阗国的手工业一直比较发达，在塔里木盆地各绿洲中堪称翘楚。五代北宋时期，于阗国的玉雕、纺织、制陶等行业，都有一定发展。自古于阗就以产美玉而闻名于世，但是，以前一直是以输出玉石原料为主，玉雕业并不发达。五代以来，玉雕工艺有了较大提高，地产玉器成为对外馈赠的佳品。于阗王李圣天就曾向后晋入贡过一方精巧的玉印。于阗国的棉纺织业十分繁荣，成为一般农户主要的家庭副业，精美的"花蕊布"是入贡北宋的必具特产。于阗的丝纺技术也十分精湛，所产丝织品不仅供当地居民消费，而且是对外输出的重要商品。宋太祖建隆二年（961），于阗入贡北宋的礼品中就有地产"胡锦一段"。这是一件有象征意义的事情，于阗国将"胡锦"作为国家礼品馈赠给丝绸的原产地，若非其工艺已达到一定水准，是很难有这种自信的。织毯、擀毡是于阗国的一项传统手工技术，其技术和风格受到波斯的影响，出产的氍毹（毯）、细毡在西域很有名气，所产白毡曾作为入贡后晋的特产。于阗国的制陶业有着悠久的历史。从和田地区古代遗址中出土过大批陶器，其造型之精美，构思之奇妙，令人叹服，除日常生活用品外，还产有各种陶俑工艺品。

第三节　喀喇汗王朝文化的张力

　　喀喇汗王朝的兴衰　喀喇汗王朝的制度文化　伊斯兰教传入后的文化转型　《突厥语大词典》与《福乐智慧》　喀喇汗王朝的手工业

　　喀喇汗王朝，是9世纪中叶到13世纪初期塔里木盆地西部和帕米尔高原以北地区操突厥语部族建立的政权。境内居民，以操突厥语族各方言的游牧诸部和操伊朗语族诸方言的当地农业土著居民为主，还有一些以前留居的汉人和吐蕃人。在各族居民相互融合的同时，伊斯兰教逐步发展成为全民信仰的宗教，喀喇汗王朝因此成为我国历史上第一个信奉伊斯兰教的地方政权。

　　喀喇汗王朝实行分封制政治体制，汗王的权力和统辖范围的大小，完全由其实力决定；分封到各地的汗族成员，成为各地的小领主，割据一方，导致王朝内乱不止。萨图克·博格拉汗死后，其长子木萨称阿尔斯兰汗，驻喀什噶尔，次子苏来曼驻巴拉沙衮（今吉尔吉斯斯坦共和国托克马克）。木萨汗宣布伊斯兰

图上4-4　布格拉汗陵墓　据《新疆历史货币》

教为国教，并与于阗国爆发了长期战争，继任者其子阿里就死于对于阗的战争。11世纪初，喀喇汗王朝最终消灭于阗国。

11世纪初年，喀喇汗王朝国势最为强盛，其疆域四至分别是：东到阿克苏与拜城之间，东南至若羌，东北抵近阿尔泰山，北至巴尔喀什湖，西至阿姆河和咸海一线，南近兴都库什山。

由于实行分封制，王朝统治集团在11世纪前期已经形成为两大系统，分别是萨图克·博格拉汗的长子木萨和次子苏来曼的后裔，长支因木萨之子阿里的名字而被称为阿里系，幼支因苏来曼之子哈桑的名字被称为哈桑系。阿里系的活动中心主要是撒马尔罕（今乌兹别克斯坦共和国撒马尔罕），哈桑系的政治中心是喀什噶尔和巴拉沙衮。11世纪40年代，两系走向分裂。阿里系的西喀喇汗王朝拥有河中地区，哈桑系的东喀喇汗王朝占据费尔干纳盆地、七河流域和塔里木盆地西南部。

11世纪后期，西喀喇汗王朝在各地封建领主之间的内讧，以及王权与宗教教权之间的内斗中，日渐衰落，逐步在政治上沦为塞尔柱王朝的附庸。东喀喇汗王朝也在内斗中开始衰弱。而其后在西辽王朝、花剌子模王朝等政权统治中亚后，喀喇汗东西部王朝彻底走向灭亡。

喀喇汗王朝的政治体制和经济制度很有特点。喀喇汗王朝采用"双王制"，即整个政权分为两大部分，由汗族长幼两支分别统治。虽然学界对"双王制"的具体内容还有不同认识，但是，人们都同意这样一个史实：即王朝实行的是分封制的政治体制，正如俄国学者巴托尔德指出的："在喀喇汗国家像所有的游牧帝国一样，氏族制的观念从私汗法领域移到国家法律领域。国家被认为是整个汗族的财产，因而把它分成许多封地；有时强大的附庸完全不承认帝国首领的统治权。"[⑰]我们看到，大部分时期内，喀喇汗王朝都不是一个统一、完整的政治实体。汗王的称号，不论是阿尔斯兰汗还是博格拉汗，或是别的称号，都不代表其政治地位的高低，其地位的高低和统辖范围的大小，完全是由实力决定的。这种分封制导致王朝内乱不止，并最终形成为东西两个王朝。

在喀喇汗王朝政治等级体系中，汗、特勤、俟斤、将军、伊难珠匐等各个等级的爵位依次排列，都由汗族成员充任。人们还习惯在爵位前加上誉美的词汇，如卡迪尔（万能）、毗伽（贤明）等，或者加上各种动物的名字如阿尔斯兰（狮子）、博格拉（公驼）、统阿（豹）、贝里（狼）、雅干（象）等。王朝中央政府还有宰相（优古鲁什）、传令大臣（塔延古）、宫廷大臣（斡耳朵巴希）、财务大臣（阿奇格）、内侍大臣（喀普格）、秘书官和军队长官等。

喀喇汗王朝存在两种财产所有制。境内游牧地区实行传统的部落财产所有制，草场归氏族、部落所有，牲畜等生产、生活资料则归牧民私人所有。但是，这种草场归氏族、部落的所有制也处于向封建所有制转化的过程中。

在城郭农业区，喀喇汗王朝实行的是伊克塔制。伊克塔是阿拉伯语"封地"的意思，这是王朝境内普遍实行的一种分封制。按照这一种制度，可汗是国家土地的所有者，他把土地分封给汗族成员，受封者就是封地的领主，依次分封就产生了大大小小的各级封建领主，国家对受封者推行包税政策，以充实国库。

喀喇汗王朝农耕地区的土地占有形式大致分以下几种：国有土地、伊斯兰寺院和宗教学校的土地（大多享有免税特权）、封建领主的土地、自耕农的土地（数量很少）、农村公社的土地（公社制残余）。土地占有者以分成制的方式将土地租给农民耕种，收获物被分成三份，农民获得一份，土地占有者得一份，另一份作为土地税——哈拉吉，上缴给国家，土地税由土地占有者统一向政府上缴。这种分成制的农民是王朝农业的主要生产者，他们不但为封建主耕种土地，人身也时常受到封建主的奴役，实际地位类似农奴。牧区牧民要向国家缴纳牲畜税——萨达克。另外，社会上也存在奴隶[⑬]。

在伊斯兰教传入以后，喀喇汗王朝的文化发生了急剧变化，王朝境内出现了一种以原来操突厥语族诸方言的各部族的传统文化为核心，以伊斯兰教信仰为核心的全新的文化体系。这种新的文化体系，开始逐渐改变新疆原有的文化面貌，新疆的社会人文景观由此发生了重大变迁。

伊斯兰教传入以后的文化转型，是于五代宋时期当地社会发生重大变迁的背景下发生的。首先，这种社会变迁表现在当地居民构成的变化上。随着大批操突厥语族诸方言的各部族的迁入，塔里木盆地西部和南部以及西部天山地区的民族融合进程大大加快。当地原来操印欧语系诸方言的土著居民，在与迁入的操突厥语族诸方言的各部族的融合中，逐渐突厥语族化。其次，这种社会变迁也表现在社会经济结构的变化上。大批迁入的操突厥语诸方言的游牧民，开始逐步放弃游牧生活方式，转入农业定居，与当地农业居民进一步融合。在这两种社会变迁的过程中，伊斯兰教于 10 世纪前期传入喀喇汗王朝，很快发展成为王朝全境的主导宗教。伊斯兰教传入以后，在喀喇汗王朝居民原有文化去异存同的相互融合过程中，形成了一种以原来操突厥语族诸方言的各部族的传统文化为核心、信仰上独尊伊斯兰教的文化体系。这种文化体系的形成，可以被视为喀喇汗王朝的第三种社会变迁。

这种新的文化体系，在认识论、价值取向、道德观念和社会政治思想等各方面，都表现出有别于以往的文化特质，对后世产生了深远影响。

新文化体系下的喀喇汗朝人，对世界本源的认识带有明显的两重性，即分别源自伊斯兰教和操突厥语族原有传统的两种世界观。这两种世界观并存于喀喇汗朝人意识中。一方面，皈依伊斯兰教的人们，接受"真主唯一"的创世观，认为"真主"是万能和完美的，人世间的一切成就和功德都应归功于"真主"和先知穆罕默德。另一方面，在喀喇汗朝人宇宙本源和创世观中，还明显存有原始自然论的世界观和万物有灵的遗迹。源自以前游牧时代萨满教信仰中上天崇拜观念的遗存，喀喇汗朝人仍然崇拜"上苍"，认为"上苍"是宇宙万物的创造者；他们认为"四素"，即水、气、土、火，是构成自然界的物质基础，这种"四素"观是从早期崇拜自然灵力的观念中传承下来的；他们还崇拜阿夫拉西亚卜，认为他是他们先民的大可汗，建造了很多操突厥语居民的城市，他的突厥语名字叫"阿勒普·艾尔·通阿"，这种观念是早期游牧时代祖先崇拜信仰经过改造后的遗留。在伊斯兰教传入以后的喀喇汗朝人的文化体系中，带有明显的不同文化相互交融的情况。喀喇汗朝人崇拜先知"挪亚"，"他们的祖先是真主所器重的先知挪亚之孙、雅派司之子突厥"[19]，认为自己就是这个叫"突厥"的人的后裔。"挪亚"本是上古时代西亚传说中的早期人类先祖之一，伊斯兰教产生以后，将这一传说纳入到自己的宗教文化体系中，视"挪亚"为先知之一。而喀喇汗朝人在信仰伊斯兰教以后，又将自己的民族起源和来自西亚的文化因素融合在一起，于是就有了视"挪亚"为先祖的传说。这生动地展示了两个地域的文化——西亚文化和西域文化，以伊斯兰教为媒介相互交融的景象。

　　在喀喇汗王朝的价值取向上，他们推崇勇敢精神，这可以视为早期游牧生活尚武文化传统的继承。《福乐智慧》认为勇敢是取得战争胜利的三大要素之一[20]。《突厥语大词典》的作者麻赫穆德·喀什噶里，在他的这部名著的引言中就自称"出身高贵，又兼能征善战"[21]。我们从喀喇汗朝这两部文化巨著的内容和作者对勇敢精神的推崇上，就可以了解当时的人是如何看重勇敢精神的。这种价值取向，导致喀喇汗人推崇刚毅、果断、顽强的性格。君王和贵族常用表示刚毅顽强含义的"卡迪尔"一词作为自己的称号。崇尚知识，是喀喇汗朝人价值取向上的又一个显著特点。人们普遍认为，知识具有完善人的主观世界的能力，也具备改造客观物质世界的功能，知识能够使人类个体获得幸福，促进物质世界繁荣昌盛。《突厥语大词典》的作者麻赫穆德·喀什噶里就以"我最擅长辞令，最善于表达思想"而自诩；而《福乐智慧》的书名，直译就是"带来幸福的知识"[22]，作者优素甫·哈斯·哈吉甫也以自己"卓有才华"、"智慧超群"而自豪[23]。两位那个时代的文化巨匠的自我评价，生动反映了喀喇汗人的价值取向。而现实社会也确是如此，在喀喇汗王朝境内，学者、医生、诗人这些知识的拥有者和传播者，具有很高的社会地位，就连巫师、圆梦者和占星士，也因为具有所谓"知识"而受到人们的敬重。王朝的诸多君主、贵族都常用表示智慧和知识广博之意的"毗伽"、"毗伽阙"等词汇作为自己的称号和封号。

　　喀喇汗王朝的家庭伦理观念，首重家庭和睦，家庭和谐的人，受到社会的尊重。同时，

图上4-5　麻赫穆德·喀什噶里墓　刘玉生摄

由于伊斯兰教的传入，一夫多妻制观念，已经被社会普遍接受。与此连带的，就是重男轻女思想的盛行，男子是家庭的主宰，是家庭财产的所有者。妇女的社会地位比较低下，结婚以后，她们就失去了独立的社会地位，成为男子的私有财产，不能随便出门，不能与男子同席吃饭。

透过喀喇汗朝时期产生的文学作品，我们可以窥见当时人们的社会公德观念。喀喇汗朝人非常重视和强调社会道德的作用，《福乐智慧》就认为，造成一切社会动荡和罪恶的根源，就在于人们的道德沦丧，尤其是统治集团的品质低下。因此，当时社会形成了依靠道德的力量来实现社会稳定、促进人际和谐的理念。在喀喇汗王朝社会中，社会公德的核心，可以提炼为善良、正直、知耻的品德。"秉性善良，人人喜爱；行为正直，受人尊敬，廉耻阻止人去干坏事"[24]。在阿合买提于喀喇汗王朝末期（13 世纪初）写成的《真理的入门》一书中，将社会道德标准和行为规范提炼为诚实正直、勤奋学习、敬老扶幼、结交良友、慷慨助人、和蔼有礼，反对说谎、吝啬、贪财的不良习气。

由于喀喇汗王朝处于多种文化相互融合的时代，东方的政治理念和以伊斯兰教为代表的西亚文化相互交融，形成了丰富多彩的社会政治思想。这些政治思想在《福乐智慧》中得到了集中体现。

首先，这种政治思想认为，国家应当是世俗政权，君主是世袭的。这些主张与正统伊斯兰教所主张的政教合一式的哈里发体制，有明显不同。

在喀喇汗王朝的社会政治思想中，平等是社会的重要尺度，人作为真主的仆人，每个个体是平等的，君主与臣下之

图上 4-6　优素甫·哈斯·哈吉甫墓　刘玉生摄

间、伯克和百姓之间应该建立友善的和谐关系。这是伊斯兰教倡导的朴素平等观念带来的影响，带有明显的人文主义色彩。而与此相矛盾的是，他们又认为人的贵贱和贤愚是命中注定、不可更改的，正如同在喀喇汗王朝的现实社会中，人们被严格地分成不同的等级一样。这种等级观念，和喀喇汗王朝在政治、经济上实行分封制度紧密相关。这两种观念相互对立，又并行不悖，成为该王朝在政治和经济上实行封建分封制度，在信仰上皈依伊斯兰教的客观反映。

喀喇汗王朝的社会政治思想体系，对社会各阶层居民的社会地位和社会责任进行了明确规范，任何逾越均被视为不端行为。对于统治阶层，人们认为，世袭的君主要以法律治国，必须富有智慧和理性；大臣应当出自高贵的贵族世家，用自己的知识辅助国政；将领要勇敢而富有谋略，治军严谨㉕。喀喇汗朝人认为，学者、医生、诗人、巫师、圆梦者、占星士都是知识的拥有者，拥有很高的社会地位。按当时人们的观念，农民、商人、工匠、牧民都是社会财富的创造者，是社会繁荣的基础。农民为社会大众提供食物，有了他们，"生活中不会为吃喝忧伤"；商人周游世界，互通有无，"世界上的无数珍宝和绸缎，全都来自他们的身旁"；工匠是社会的装饰者，"人世凭他们缀饰妆点"；牧人生产畜产品，"饮食、衣物、战马和骑乘，连载畜驮牲也得他们供奉"㉖。这些人都是劳动者，是有益于社会的人。但是，他们必须顺从地接受统治阶级的统治。

喀喇汗王朝对法律赋予了尤为重要地位，认为法制是社会秩序不受破坏的保证，国家必须建立社会公认的法律，君主和政权要用法律来治理国家，正如《福乐智慧》所言："清醒和法制是国家的基石，又是治国的钥匙和缰绳。"㉗这种注重法制的观念是中世纪极具光彩的思想，它的产生有着深刻的社会背景。喀喇汗王朝早期，大批游牧民转为定居，由此打破了原有的以血缘为纽带的氏族、部落组织，不同部族居民的相互融合，又改变了原有的社会秩序和传统，因此，早期喀喇汗王朝面临着重建社会秩序、恢复社会稳定的艰巨任务。正是在这种背景下，法制精神被赋予了重要的社会使命。同时，由于喀喇汗王朝正处于传统丝绸之路的枢纽地带，这里历来有经商的传统，商业贸易是王朝大量城镇人口赖以生存的主导产业，而商业社会相对于农业社会，更加注重法制精神。因此，我们看到，法制在喀喇汗王朝社会政治思想中占有极为重要的地位。

在新疆文明史的历史长河中，喀喇汗王朝处于一个关键的转折时期。从这一历史时期开始，新疆的社会文化面貌出现了新的转型，伊斯兰教第一次正式出现在新疆境内，并生根发芽，逐渐成长壮大，以往以佛教为主体的多元文化景观开始发生变化。在喀喇汗王朝时期，由于社会正经历着三种巨变，即民族融合带来的居民突厥语族化，游牧生活方式转型带来的定居化，以及文化融合所创造出的以原来操突厥语族诸方言的各部族的传统文化为核心、以伊斯兰教信仰为主的新文化体系，所以，社会形成了一股开明、豁达的风气，全面吸收各种文化养分，从而创造出了文化事业繁荣发展的局面。而《突厥语大词典》、《福乐智慧》、《真理的入门》就是这种文化繁荣发展的杰出产物。

《突厥语大词典》是世界上最早的一部突厥语语言学词典。作者马赫穆德·喀什噶里，是东部喀喇汗王朝博格拉汗·穆罕默德之孙、巴尔斯罕地区的领主侯赛因之子。宋神宗熙宁七年（1074），他在客居阿拔斯王朝时期用阿拉伯语写成《突厥语词典》。这部词典分8卷，收录了古代突厥语族诸方言中的词目共7000多条；保存了大量古代新疆和中亚的历史、地理、民族和文化方面的材料；词典中引用、记录了200多首古代操突厥语族诸方言的各部族的民间诗歌片段，大部分诗歌是四行诗，少数是双行诗，诗歌内容丰富多彩；另外，词典还收录保存了大量古代谚语，展现了古代操突厥语族诸方言的各部族的口头文学的风采。可以说，《突厥语大词典》在语言学、历史学、文学诸领域均具有弥足珍贵的价值，达到了极高的学术成就。

《福乐智慧》，是巴拉沙衮人优素甫·哈斯·哈吉甫于回历462年（1069—1070）在喀什噶尔写成的一部劝导长诗。长诗经过后人的整理、校勘，共存13290行，由85章正文、2篇序言和3个附篇组成。作者以日出（代表国王）、月圆（代表宰相）、贤明（代表宰相之子）、觉醒（代表隐士）四人问答的形式，阐述了社会道德标准、国家政治理念以及人与人之间、人与国家之间的关系。它的伦理思想以操突厥语族各部族的传统文化为核心，融合伊斯兰文化，并吸取汉文化、佛教文化的养分，形成一种具有自身鲜明特点的伦理学思想体系，对后世产生了深远影响。《福乐智慧》的内容直接涉及社会现实的各个方面，它所表达的丰富哲理，它所展现的优雅诗艺和它所吸收的多元文化养分，使它长期以来一直吸引着众多爱好者和研究者。《福乐智慧》在古代中国文化史，以及西域文化史方面具有重要地位。有学者对《福乐智慧》的核心内容做出了这样的概括：

1. 论述君主如何治理国家：劝告君主要公正贤明，仁慈宽厚，遵守礼法，爱护百姓，正直谦和，选贤用能，从而使人民安居乐业。

2. 论述臣仆的责任：教育臣仆要忠于君主，勤勉王事，品德端方，博学多能，反对贪赃纳贿，欺凌百姓。

3. 论述人的道德规范：要多行善事，知耻知足，重视名誉，正直无私，诚实守信，追求知识，克制欲望，温良谦恭，谨慎言行。反对贪婪无耻，酗酒好色，放纵欲望，横暴乖戾等等恶行。

4. 论述各种行为准则及生活礼仪：包括交往、婚嫁、饮食、教育、举止等各方面的礼法规矩及各种处世经验。

5. 论述人生无常：强调人应克服欲望，知足常乐，行善施舍，追求来世幸福。

6. 论述人生的道路：指出隐居僻野虔修来世与效忠君主治理国家何者是更有意义的人生道路[②]。

即使我们不做任何分析，人们也不难发现《福乐智慧》所倡导的喀喇汗王朝整个社会的价值取向和社会心理与中华文化大传统的相通之处。这种文化联系并不像一般的文化交流和影响那么简单，因为中华文化的大传统已经深入到喀喇汗王朝的价值取向和社会心理层面，中华文化大传统自汉唐以来已经深深扎根于西域的沃土中。虽然《福乐智慧》从波斯、阿拉伯文学中，特别是鲁达基、菲尔多西等著名诗人的作品中得到许多启发，"但更重要的是，《福乐智慧》与祖国文化传统有着更密切的联系，这部教戒性的长诗从体裁看，很类似于敦煌变文，从内容看，它所反映的道德伦理观念与处世经验则颇似于《太公家教》、《百行章》和王梵志的劝谕诗。而论述到政治方面的内容，则与《治道集》、《九谏书》，以及《帝范臣规》这一类著作相近"㉙。其原因不言自明，因为在《福乐智慧》诞生之前，也就是在 11 世纪之前，汉文化已经与西域其他族群的文化相契合，成为西域的主要文化形态，对西域各绿洲文化起着导向作用，这不仅是在文化的表层、中层，还反映在文化的深层。

《真理的入门》是喀喇汗王朝末期著名盲诗人阿合买提·尤格乃克所写的劝诫性长诗。这部作品的语言形式和艺术风格都与《福乐智慧》有相近之处，只是其中阿拉伯语、波斯语借词所占的比重较大。从内容上讲，这部长诗主要是劝诫人们遵循伊斯兰教规，提倡社会公德，以恢复社会秩序。这部长诗创作于喀喇汗王朝末期，社会动荡不安，人们生活困顿，这种社会现实直接影响了长诗的内容。不过，从思想内容和艺术价值上看，它都不及《福乐智慧》。

喀喇汗王朝实行重视手工业的政策。这种政策，和喀喇汗王朝地处丝绸之路枢纽、城市经济在整个社会经济中所占的比重较高有关。这种社会经济结构，在西域地区是一种普遍存的社会现象，与中国内地的社会经济是有所不同的。这种经济结构的现实，决定了喀喇汗王朝必然会实行比内地更加重视手工业发展的政策。在这种政策环境下，喀喇汗王朝的手工业者，拥有较高的社会地位。《福乐智慧》对此有形象反映："人世全凭他们（指工匠）缀饰妆点，他们能制出惊世之物"，"与他们往还，与他们交际，使他们欢喜，你也会欢喜"㉚。

喀喇汗王朝的手工业门类很多，其中以金属冶炼、玻璃制造、纺织、制陶等行业较为突出。

王朝境内矿产丰富，矿种繁多。喀什噶尔出产铜、铁、锡，和田出产美玉，费尔干纳谷地产铁、锡、银、水银、铜、石棉、绿松石等。从文献记载来看，喀喇汗王朝向北宋输出的还有硇砂、龙盐、金星石等矿产。王朝在采矿、冶炼上的技术，较以前有了一定进步，在金属冶炼上已经普遍采用鼓风机，能够制造各种铁制器械、兵器，以及各种金饰品，能够熔炼硫化铜矿，掌握了提炼白银的技术。

喀喇汗王朝时期，玻璃制品开始广泛走进境内居民的生活，这成为当时社会生活史上发生的一件有重要影响的事情。10 世纪末，喀喇汗王朝的疆域曾经扩展到中亚河中地区，而这一地区早已存在玻璃制造业，所以，玻璃制造业在 11 世纪以后，也传入新疆地区。当时，玻璃工匠已经掌握了吹气制造薄壳玻璃的工艺；还能制出各种颜色的玻璃；平板玻璃已经用于窗户。成书于 13 世纪前期的《西使记》，记载孛罗城（新疆博乐）"城居肆囷间错，土屋牖户皆琉璃"[31]，琉璃就是玻璃。用玻璃安装窗户，使喀喇汗王朝居民的居住条件得到很大改善。

喀喇汗王朝境内的各绿洲农业区的纺织业都得到进一步发展。纺织业以棉纺为主，辅以丝纺和毛纺。王朝境内盛产棉花，出产的"白叠布"、"花蕊布"质量很好，产量也大，在关内地区很有名气，是输入关内的大宗商品。棉布染色、印花技术已经普遍流行，《突厥语大词典》记录的取自矿物、植物的染料就有六七种；喀什绿洲的毛纺织业得到了进一步发展，这时已经能纺出花色、图案都很美丽的地毯；喀喇汗王朝归并和田地区以后，和田发达的丝织技术提升了王朝整体丝织业的水平，王朝向宋朝输出的商品中就有当地产的"西锦"。

喀喇汗王朝的制陶业是值得大书特书的手工业门类。在喀喇汗王朝境内的许多地区，都已发现了这一时期的陶窑和制陶工具，工匠已经普遍使用陶轮制陶；陶窑内使用三脚架放置陶坯；这一时期，釉下彩陶开始大规模生产，名为"卡申"的釉陶在当时很有名气；当时王朝的重要建筑也开始普遍用釉砖装饰和铺地。

总之，在喀喇汗王朝时期（9 世纪中叶至 13 世纪初），其境内地区的各类手工业门类，得到了进一步发展。

第四节　崛起的西辽王朝文化

西辽王朝建立与灭亡　西辽的制度文化　西辽的语言文字　西辽的宗教

西辽王朝（1124—1211 年）是契丹人在中亚建立的封建王朝，它以辽朝的正统自居，王统、统治民族、文化传统和典章制度均与辽朝一脉相承，是辽朝在新的地域的延续。在辽朝被金朝灭亡之际，辽朝皇族耶律大石率部西迁，征服高昌回鹘王国、喀喇汗王朝和花剌子模国诸政权，以及乃蛮（亦作粘拔恩）、葛逻禄、康里各游牧部族，统一西域，定都巴拉沙衮（吉尔吉斯斯坦共和国托克马克），划七河地区为直辖地，国祚再度强盛，并威服新疆、中亚地区共八十余年，史称西辽，西方史料亦称哈剌契丹。

西辽德宗康国十年（1143），耶律大石去世，庙号德宗。由于其子耶律夷列年幼，耶律大石临终前"遗命皇后权国"，皇后塔不烟改称感天皇后，称制，于次年（1144）改元咸清。她是一位有才能的女政治家，在称制的七年中，西辽王朝社会安定，国力强盛。

西辽咸清七年（1150），塔不烟皇后将政权移交给儿子耶律夷列。耶律夷列在位前期，西辽仍然控制着漠北可敦城以西的广大草原地带。耶律夷列在位 13 年，于绍兴十三年（1163）去世，庙号仁宗。崇福十四年（1177），仁宗次子直鲁古继立为帝，改元天禧。直鲁古在位 34 年，是一位耽于玩乐而又刚愎自用的人，在他统治后期，契丹统治集团日益腐化，派驻各国的监临官和税收官贪婪无度，作威作福，肆意侮辱各国的君主和百官，使各属国对西辽的统治日渐不满。而 13 世纪前后花剌子模政权和大蒙古国在西辽东西两侧的崛起，又直接或间接地催化了西辽王朝的解体和灭亡。

西辽的制度文化是一个值得关注的问题。在它的制度文化中，既有辽朝时期学习中原的体制，也有体现游牧行国特征的传统规制；既有针对辽朝失误所做的改进，也保留了切合实际的一些传统。西辽王朝的政体十分特殊。它的领疆分为直辖领地和附属国、附属部族两部分，以都城虎思斡耳朵（巴拉沙衮）为中心的七河流域是直辖区，由西辽派官直辖；对高昌回鹘王国、花剌子模国和东、西喀喇汗王朝等附属国和葛逻禄、康里、乃蛮等附属部族，则保持它们的原有统治体系，只是每年征收一笔赋税，并派驻沙黑纳（监临官）监国。对契丹传统游牧生产方式所做的有意识的保留，是西辽历史上有意味的一页。终西辽一世，契丹人主体始终保持着游牧生活方式。契丹以少数亡国之裔入主中亚，人口数量与中亚各国居民不成比例，直辖境内的当地穆斯林居民也远远多于契丹人口。为了确保统治的稳定，西辽必须维持强大的武备，而只有游牧生活方式才能确保契丹人的战斗力，所以，西辽统治者不主张契丹人转入定居。

和上述情况直接关联的问题，就是西辽的政体仍然是行国的体制，虎思斡耳朵虽然是都城，但是与以前辽朝的五京一样，只是名义上的都城和驻冬之所，西辽的政治中心是四时迁

图上 4-7　西辽时期契丹人引马图　据《中国通史（彩图版）》

移的捺钵。所谓捺钵，就是皇帝居住的、四季迁移的宫帐，是西辽王朝君臣议事、颁发政令的政治中心。政府机构分列在捺钵四周，宫卫骑军散布其外，形成营盘。西辽历代皇帝的大部分时间都是在草原上的捺钵中度过的，春水秋山，四季迁移，平日处理政务，闲时畋猎习武。前去中原的虎思斡耳朵的商人曾经描述过西辽的这种捺钵营盘："契丹所居屯营，乘马行自旦至日中始周匝。"西辽咸清元年（1144），金朝使臣粘割韩奴出使西辽，入境以后不是前往都城，而是前去草原上的捺钵面见权国称制的塔不烟皇后。捺钵才是代表西辽政体特质的根本制度。

根据文献记载，西辽王朝官制体系沿用了辽朝的北、南两部制。早在自夹山出走时，耶律大石就组建政府机构，"置南、北面官署"。北面官署治理契丹和近族的游牧民族，南面官署治理直辖地境内农业城郭的定居居民。由于直辖地境内土地宜农宜牧，城郭农业区和牧区草原交错分布，辽朝的两部制正好适用，故而沿用不废。

耶律大石吸取东、西喀喇汗王朝因实行分封制而导致内乱不息，以及辽朝因实行宫卫制和投下军州制而使契丹贵族拥兵自重的教训，废除了分封制，实行中央集权。伊本·阿西尔《全史》记载他"不让异密（将军）们拥有采邑（封地），但自己给他们奖赏，他说，如拿到采邑（封地），就会助长残暴的行为"；他废除了贵族和部落首领掌管所部军队的权力，军队由皇帝直接控制，"不派异密统帅一百名骑士以上的长官，使他们无力来反对他"，遇到战事时则临时委派将军指挥若干士兵。这实际

上剥夺了部落贵族对本部落的控制权，部落首领成为由皇帝直接任命的官员。

契丹语属于阿尔泰语系原始蒙古语族。契丹族最初没有文字，辽朝建立之初，创制了契丹大、小字。大字创制于辽太祖神册五年（920），《新五代史》记载："汉人教之以隶书之半增损之，作文字数千"，这说明汉字是契丹大字之源。数年以后，皇族成员迭刺创制契丹小字，"数少而该贯"，小字由一至七个不等的基本读写单位"原字"所组成，原字约有 350 个左右，原字的字形取自汉字和契丹大字，拼写规则受到回鹘文的影响。

西辽政府的官方语言和文字，是汉语和汉文，而不是契丹语和契丹大、小字。从《辽史》卷三十《西辽始末》中保存的几份耶律大石发表的文诰来看，西辽官方使用文字应当是汉字。西辽使用汉语和汉文，这是以前辽朝 200 余年深受汉文化熏陶的一种文化传承，这种情况必须结合辽朝的情况才能明了。辽朝中期以后，契丹上层都已经精通汉文，汉文已经成了辽朝的主要官方文字，其通行范围驾乎契丹文之上。辽朝对外公文、朝廷诏令、奏议、对地方州县的文牍，都一律使用汉文，契丹文人研习的经书和科举考试的程文以及佛经翻译、注释、著术也都是使用汉文，连契丹文人的诗文集，也多是采用汉文写成。经过辽朝 200 余年的学习和熏陶，契丹人已经具有了高度的汉文化素养，汉文化已经深入到契丹社会生活和精神文化的各个领域，成为契丹文化体系的主要支柱，而在辽代契丹大、小字使用范围很小，是一门专业学问，没有被广大受众所掌握，如《辽史》列传中明确说明懂得契丹大、小字的人，仅有耶律倍、耶律大石等十余人。正是因为这种情况，西辽才使用汉语文为官方语言、文字。同时，西辽王朝对当地民族的语言、文字采取尊重和宽容的态度。穆斯林史料记载，耶律大石曾经给西辽派驻在布哈拉的官员阿尔普特勤去信，信是用波斯文写的。各属国和直辖地的居民以操突厥语各方言的人民为主，因生产和生活的需要，很多契丹人掌握了突厥语，西辽皇帝曾经召高昌回鹘人哈刺亦哈赤北鲁做太子的老师，学习突厥语自然也会是主课之一。

西辽王朝实行宗教包容政策，对臣民的宗教信仰不加干涉，改变了过去东西部喀喇汗王朝、花剌子模国实行的定伊斯兰教为国教、不许其他宗教存在的政策。所以，西辽境内各种宗教又开始活跃起来。

佛教是西辽契丹人的主要宗教，契丹贵族信奉佛教始于 10 世纪前期，是当时从汉人那里接受的。后来在契丹上层和普通百姓中广泛流行起来，成了本民族的主导宗教。西迁立国以后，契丹人主要仍然是信奉佛教。据志费尼《世界征服者史》记载，屈出律篡夺西辽政权以后，为了巩固政权基础，主动娶了西辽公主，但是，公主提出要求，让信仰基督教的屈出律必须改宗佛教。屈出律不但答应了，而且为了讨好契丹贵族阶层，他还强迫和田的穆斯林改奉佛教。虽然文献中没有多少契丹佛教的资料，但是，苏联有关中亚考古资料提供了一些讯息："哈喇契丹（指西辽）修建的庙宇，……有一富丽堂皇的塑像。例如，在巴拉沙衮发现了石佛像的断块。""在亚历山大古城……发现了瓦当，在瓦当的上面有图案，看来中央坐着的是佛，四周是菩萨。"由此我们知道，契丹到来以后，在七河流域等直辖地境内修建了许多佛教建筑。

萨满教是契丹人最初信奉的宗教。由于跟随耶律大石西迁的游牧民，很多来自原辽朝境内的北部和西北等较为偏远的地区，这里的很多人还是萨满教信徒。同时，在直辖地内的草原地区，还有一些操突厥语的游牧民也信奉萨满教。在西辽建国之前，直辖地境内已基本没有摩尼教的公开活动了。由于西辽实行宗教兼容政策，不允许对异教徒进行宗教迫害，所以，摩尼教的活动再次出现在七河地区。伊本·阿西尔《全史》就曾经怀疑耶律大石是摩尼教徒，这虽然不是事实，但也从一个侧面反映摩尼教又出现在七河地区。西辽时期在中亚广泛传播的基督教，主要是景教。屈出律所在的乃蛮部落，都是景教徒。随着乃蛮残部进入七河流域，景教的信徒和活动也多了起来。当然，西辽直辖地境内教徒人数最多的，还是穆斯林。他们主要居住在城镇和乡村，是那里的土著居民。《长春真人西游记》中记载，佛教和伊斯兰教的分界线就是昌八剌（今新疆昌吉），此处以西主要是伊斯兰教的范围。这说明，在西辽统治期间，伊斯兰教的势力范围，又向东推进了许多。这也得益于西辽政府实行的宗教宽容政策。

第五节　蒙古文化及其东察合台与叶尔羌汗国文化

*蒙元文化的转型　东察合台汗国和叶尔羌汗国的形成　语言文字
多元宗教信仰与文化转型　纳瓦依的成就　阿曼尼莎汗与木卡姆规
整　文化典籍*

随着成吉思汗蒙古人的西征和元朝的建立，蒙古文化也传入西域。
蒙元统治西域初期，蒙古人的心态是欲在西域推行蒙古政治、军事统治
的同时竭力推行蒙古文化。成吉思汗及其后裔曾为在西域推行蒙古制度
文化、习惯法及生活习俗进行了不懈努力，但在东西文化汇聚的西域地
区，蒙古文化面对强大的西域本土文化和其他外来文化吸引力，本身的
文化发生了重大转型。其标志是信仰萨满教的部分蒙古人先后信仰了聂
思脱里派基督教（即景教）、佛教和伊斯兰教。阿力麻里（今伊犁霍城县
西）曾为察合台斡耳朵驻地，后有阿里不哥、海都等蒙古宗室活动，东
察合台汗国时期又成为其统治中心。考古工作者在阿力麻里遗址发掘时
曾出土过景教镌有叙利亚文字和十字架纹的石刻。七河流域出土的景教
墓石铭文中，至少有 7 个墓主是阿力麻里人，大约从 13 世纪 80 年代到
14 世纪初。从文献记载分析，阿力麻里是景教在西域传播的 6 个地区之
一。蒙古人对佛教的了解始于漠北蒙古兴起之初，他们从高昌回鹘人那
里知道了佛教，而与藏传佛教发生关系则到了 13 世纪初。自元世祖忽必
烈起，蒙古贵族开始信仰藏传佛教，自八思巴受封"帝师"起，元朝皇
帝先后封了 14 个帝师。帝师的职责是宣传佛法，弘扬佛教，传授佛法，
授给法戒，并举行灌顶仪式。但是蒙古皇室自成吉思汗西征起就信仰不
同的宗教，成吉思汗和窝阔台信奉萨满教，阔端之母、忽必烈之母和蒙
哥则信奉景教，而忽必烈及其以后的继位者又信仰佛教。成吉思汗西征
前，西域居民的宗教信仰格局就已经发生了重大变化，天山以南的部分
农耕绿洲区居民逐渐皈依伊斯兰教，天山以东的高昌回鹘仍信奉佛教。
但是自 13 世纪中叶起，天山以北地区阿力麻里的哈喇鲁王族已经信奉了
伊斯兰教，不过，哈喇鲁人中也有不少景教徒。西域的蒙古人皈依伊斯
兰教是个渐进的过程，首先是统治天山以南绿洲农耕地区的蒙古人改变

游牧生产生活方式接受农耕生产生活方式变成了定居民，其次蒙古人接受了伊斯兰教，最后就连文字也变成了阿拉伯字母拼写的察合台文。待到东察合台汗国的秃黑鲁帖木儿皈依伊斯兰教后，又强迫其汗国东部的16万蒙古人皈依了伊斯兰教。14世纪80年代，秃黑鲁帖木儿之子黑地儿火者继位，又强行在高昌畏兀儿地区推行伊斯兰教，他们毁坏佛寺、佛像，焚烧佛教经典，高昌佛教遭受灭顶之灾。在强大的操突厥语族文化和伊斯兰文化的冲击下，这时的蒙古人失去了本民族的传统文化，就连秃黑鲁帖木儿这位盛极一时的东察合台汗王坐落在霍城县西北克干河附近的陵墓也完全成了伊斯兰教建筑风格的麻扎，亦不似他祖先"其墓无冢，以马践蹂，使如平地"（《黑鞑事略》）的葬法了。

14世纪中叶，占据中亚和新疆广大地区、以成吉思汗之子察合台的后裔为汗王的察合台汗国已经日益衰弱，汗权已经衰落。而在各地实力强大的非成吉思汗系的异密（诸侯）则日益强大，察合台汗国不可挽回地走向了分裂。以元顺帝至正七年（1347）察合台汗国合赞汗被自己的属臣巴鲁剌斯家族的合扎罕所杀为标志，过去成吉思汗后裔与一般蒙古人之间不可逾越的界线被打破了。这时，各地异密纷纷自立，各自拥立察合台后裔为自己的傀儡。

元顺帝至正五年（1345），掌控着南疆地区的蒙古杜格拉特部首领拥立察合台后裔秃黑鲁帖木儿为汗，立府于阿克苏，原汗国东部地区独立出来，这就是人们所说的东察合台汗国。秃黑鲁帖木儿汗是东察合台汗国第一个汗。

然而，东察合台汗国是一个松散的政治军事联盟。秃黑鲁帖木儿汗死后，汗权和势力最大的杜格拉特部异密之间矛盾开

图上4-8 秃黑鲁·帖木儿麻扎 刘玉生摄

始爆发，汗国的实权被杜格拉特部异密控制。明永乐十八年（1420），秃黑鲁帖木儿后裔歪思汗即汗位，大力削弱杜格拉特部的势力，稳定了汗国的政局。明宣德三年（1428）前后，歪思汗死于与帖木儿王朝的战争中。

歪思汗死后，统一的东察合台汗国陷入战乱之中，最终分裂为东、西两部分。歪思汗的两个儿子羽努思和也先不花为争夺汗位而长期混战。羽努思在取代也先不花成为汗王之后，这种矛盾更加尖锐。一部分反对定居生活的贵族拥立羽努思汗的幼子速檀·阿黑麻返回草原地区，速檀·阿黑麻成为东察合台汗国东部地区的实际首领。明成化二十三年（1487），羽努思汗死，长子速檀·马哈木继承汗位，他控制着西部塔什干等地，热衷定居生活；其弟速檀·阿黑麻控制着东部地区，坚守蒙古"扎撒"，保持草原生活方式。汗国分裂为东西两部分。而到了16世纪初年，汗国西部政权在外敌的打击下覆灭。

赛义德（亦作速檀·赛德）是速檀·阿黑麻的幼子，16世纪初年，他跟随父亲去塔什干与月即别人（乌兹别克人）作战。其父速檀·阿黑麻死后，其兄满速儿即汗位，驻扎于吐鲁番。而赛义德则在中亚地区聚集起了自己的军事力量。明正德九年（1514），驻扎于中亚安集延地区的赛义德，在月即别人的大举来犯之下，向东部转移，率军进入塔里木盆地。他打败了统治喀什噶尔地区的杜格拉特部异密阿巴巴吉儿，占领了塔里木盆地的大部分城镇。赛义德将首府定在叶尔羌，后人称他建立的政权为叶尔羌汗国。

在东察合台汗国和叶尔羌汗国统治时期（14世纪40年代—17世纪80年代），西域各地的居民主要操突厥语族方言，那些当年迁入西域的蒙古部落，虽然一直自称是蒙古人，但是，实际上已经突厥语族化。

当时西域通行的主要文字是察合台文。察合台文是13世纪以后新疆、中亚地区操突厥语族诸方言的众多民族共同使用的一种用阿拉伯字母拼写突厥语的拼音文字。因为这种文字通行的地区，正是成吉思汗次子察合台的封地范围，所以，它被人们称为察合台文。察合台文共有28—32个字母，有些字母专门用来拼写阿拉伯语和波斯语词源的词汇。察合台文的一个显著特点，是它对各个语言方言的兼容性。在西域通行

的近七百年间，它一直是西域、中亚各地众多操不同方言的族群所使用
的书写文字。

东察合台汗国和叶尔羌汗国时期，波斯语和波斯文也在一定范围内
流行。由于波斯语文受到知识界的推崇，所以，很多上层人士都懂波斯
语，能够流利地用波斯文写作，对于这一时期而言，知识界对波斯语文
的推崇，甚至到了借波斯语文来彰显自己才学的地步。人们发现，现存
于世的这一时期的大量文献，是用波斯文写成的。如这一时期最著名的
两部史学著作《拉失德史》和《编年史》，均是用波斯文撰写的；另外，
还有大量用波斯文创作的文学作品。

在东察合台汗国和叶尔羌汗国统治时期，西域社会经历了由伊斯兰
教扩张带来的文化转型。15 世纪以前，天山北麓、吐鲁番盆地、哈密
地区，都是佛教占据主要地位。而塔里木盆地的定居民则主要信奉伊斯
兰教。而各蒙古部落虽然很早已经迁入西域，但是，他们中的很多人仍
然没有皈依伊斯兰教。对于这些掌握政治权力的蒙古部落来讲，是否皈
依伊兰教和是否转入定居一样，都是导致他们内部争论和分裂的一个导
火线。

随着时间的推移，伊斯兰教得到了广泛传播。在这种文化转型过程
中，有两个事件起到了重要作用。第一个事件，是东察合台汗国的创建
者秃黑鲁帖木儿汗皈依伊斯兰教。14 世纪中叶，在从中亚前来传教的沙
黑·扎马鲁丁及其子额什丁毛拉的劝解下，秃黑鲁帖木儿汗率 16 万部属
皈依伊斯兰教，这些部属主要是原蒙古诸部的游牧人。这是一件改变西
域文化格局的重大事件。秃黑鲁帖木儿汗利用皈依伊斯兰教，实现了加
强汗国内部统一、增强军事实力的效果。第二个事件是 16 世纪初年黑的
儿火者汗对吐鲁番盆地发动的所谓"圣战"。黑的儿火者汗即位以后，
热衷于利用军事手段推广伊斯兰教，以此来扩大他的统治区域。1400 至
1405 年间，他以"圣战"名义向东部的吐鲁番盆地发动战争，最终将伊
斯兰教传到吐鲁番盆地。这些战争，对西域佛教造成了重大破坏，吐鲁
番盆地原来一直是西域的佛教中心，佛教势力强大。然而，明永乐十二
年（1414）明朝使者陈诚途经吐鲁番时，见到"（火州城）昔日人烟唯多，
僧堂佛寺过半，今皆零落，东边有荒城基址"。这正是黑的儿火者汗发动

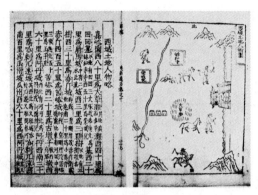

图上4-9　西域土地人物略图　据《松漠之间：考古新发现所见中外文化交流》

的"圣战"带来的结果。随着察合台后裔伊斯兰化程度的加深，到15世纪中期至16世纪初年，吐鲁番盆地和哈密地区的居民最终皈依了伊斯兰教。

15世纪中亚文坛可以称之为尼扎木丁·艾利希尔·纳瓦依时代，标志着以杰出思想家和伟大诗人纳瓦依为代表的一个新的文化发展时期的出现。

出生在帖木儿帝国首府赫拉特的纳瓦依深受波斯文化、中亚突厥语族文化和伊斯兰文化的熏陶，待到成名时，其思想明显受到苏菲派思想影响。他的思想是入世的，他对苏菲派纳格什班迪耶教团的学理和修持道路进行了阐释，提出了入世主义的道乘修持原则。他认为苏菲应"修道于众，外与被创造物、内与造物主联系"，他还认为"善德来自于社会，来自于与世人交往，以求相互有益。修道者如此互相交往，方能获众多善果"。因此"要巡游于人世之上"，"修道于人群之中"（见《爱之轻风》、《伊斯坎德尔城堡》）。这些观点阐述了纳格什班迪耶教团崇尚现实生活的原则。纳瓦依愤世嫉俗、为官清廉、关心民间疾苦，积极倡导和兴办伊斯兰文化事业。他在许多作品中揭露残酷的暴君，反对伪善和自私；颂扬人们对追求知识的渴望和对生活的热爱。因此他的思想、他的品格、他的诗作对叶尔羌汗国的文学艺术和以后的维吾尔族文化、乌孜别克族文化，以及文学艺术都产生了不可估量的作用。

纳瓦依一生写了63部著作，其中最负盛名的是《五部诗集》，包括《正直者的不安》、《莱丽与麦吉侬》、《法尔哈德与希琳》、《七星图》和《伊斯坎德尔城堡》五部长诗。此外还著有苏菲主义的哲学著作《爱之轻风》、《心之所钟》以及有关诗学的著述。

纳瓦依的《五部诗集》是其文学成就的高峰，故事取材于古老的民间传说，由五部大型叙事诗组成。其中《法尔哈德与希琳》具有特殊价值。诗中讲道：一个中国王子法尔哈德身强力壮、知识渊博、技艺超群。但他对继承王位却无兴趣，一心向往着凭藉自己的学识和劳动去创造奇迹，于是，前往希腊游学。在帮助亚美尼开山凿修运河的劳动工地上，他与该国君主之妹希琳一见钟情。后来，异族暴君胡斯鲁为夺取希琳，用诡计俘虏了法尔哈德，又使诡计说希琳已死。法尔哈德闻噩耗自刎身亡。为了使国家免遭敌人的蹂躏，希琳应允嫁给胡斯鲁。但胡斯鲁的儿子也看中了希琳，杀死父王，欲占有希琳。希琳要求成婚之前允许她安葬法尔哈德。当尸体运进宫廷时，她便死在爱人的尸体旁。《正直者的不安》像一篇哲学论文，共十二章，分别论述道德、宗教、哲学、社会生活等方面的问题；揭露残酷的暴君，反对伪善和自私；颂扬人们对知识的渴望和对生活的热爱。正文前有长序，后有尾语。《莱丽与麦吉侬》描述了一个弱小部落首领的儿子凯斯—麦吉侬（意"痴情郎"）与一个强大部落首领的女儿莱丽的爱情悲剧。他俩相爱忠贞不渝，但却历经无数劫难，最后双双拥抱寻情而死。《七星图》写巴赫拉莫国王宠爱中国籍王妃狄拉拉莫，沉溺于声色犬马之中，以致最后造成王国的灭亡。《伊斯坎德尔城堡》讲述了马其顿国君伊斯坎德尔，即亚力山大的一生业绩，他打败了向该国纳贡的波斯，而后征服了不承认自己势力的克什米尔和印度，并欲征服中国。远征结束后，他转入学术研究。他死时将双手放至棺外，以示世界上最强大的帝王，也是空手离开世界的。

　　纳瓦依的作品主要是用突厥语和波斯语两种文字创作的。他在运用突厥语和波斯语进行文学创作方面达到了炉火纯青的地步，其文学作品思想的深刻性，艺术的高超性都是那个时代的巅峰。他的五卷长诗在继承传统的同时，并不食古不化，而是在继承传统的同时有所创新。

　　纳瓦依的贡献还在木卡姆艺术领域。在新疆《十二木卡姆》歌词中，有39种曲调是以纳瓦依的格则勒、柔巴依、短诗为歌词进行演唱的，总共有90多首抒情诗。自从叶尔羌汗国时期阿曼尼莎汗在规整木卡姆时，首先将纳瓦依等诗人的许多诗歌收入木卡姆歌词中，后继的木卡姆音乐家也不断地用纳瓦依等著名诗人的诗歌来丰富十二木卡姆艺术。于是，在十二木卡姆艺术中形成"纳瓦依木卡姆"这样独具特色的艺术形式。

　　叶尔羌汗国在文化史上所做的一件盛举，就是规整木卡姆。拉失德汗在位时，支持他的王妃阿曼尼莎汗和宫廷乐师玉素甫·柯迪尔汗规整木卡姆。他们邀请各地熟悉木卡姆的民间艺人，对当时散失民间的木卡姆进行系统的加工和整理。首先，他们对民间流传的木卡姆中的成分进行了细致的鉴别，剔除了木卡姆在流传过程中混杂的不纯成分；其次，他们对民间流传的木卡姆的不同结构进行规范，按照"大乃格麦——达斯坦——麦西莱甫"的套曲格式，修订了所有木卡姆的结构；最后，他们剔除了那些晦涩难懂、宗教色彩浓厚的旧唱词，代之以具有时代精神和贴近生活的新唱词。通过这次整理，十二木卡姆基本定型，这对于木卡姆能够流传至今具有重要意义。

十二木卡姆，就是十二套大曲，它一直是由民间艺人师徒代代相传。十二套大曲的名称和排列分别是：拉克、且比亚提、木夏乌热克、恰尔尕、潘吉尕、乌扎勒、艾介姆、乌夏克、巴亚提、纳瓦、西尕、伊拉克。十二套大曲每套分成三个部分，就是大乃格麦、达斯坦、麦西莱甫。这十二个大曲演奏完了以后，还有一套终结性的大曲——阿胡且西麦。

木卡姆源于西域本土文化，伊斯兰教传入后又深受伊斯兰文化的影响，是集音乐、舞蹈、诗歌三位一体的古典艺术，是西域乃至中国古代艺术宝库中的一朵奇葩。

在东察合台汗国和叶尔羌汗国时期，史学的繁荣和发展是其文化领域中的重要事件，涌现出了两部重要的史学著作：米儿咱·海答儿的《拉失德史》和楚剌斯的《编年史》。

《拉失德史》的作者米儿咱·海答儿（1499 或 1500—1551），全名米儿咱·马黑麻·海答儿·杜格拉特·古列干，是 16 世纪西域历史上的一位重要人物，其政治、军事活动直接影响到当时政局，他编撰的《拉失德史》（汉译本为《中亚蒙兀儿史》）是一部影响巨大的史籍。《拉失德史》的内容分为两个部分。第一部分是正史，叙述从 14 世纪中叶秃黑鲁帖木儿汗到 16 世纪中叶拉失德汗时期新疆地区的历史，主要涉及两个家族：察合台后裔和杜格拉特首领家族的史实。第二部分是作者的回忆录，讲述了自己亲身经历的事件。《拉失德史》记述的是 14 世纪到 16 世纪中叶新疆及周边地区的历史，此时正值我国明朝时期，由于明朝的有效管辖只限于哈密一线，所以，汉文史料缺少这一时期西域历史的记载。而《拉失德史》正好弥补了这一缺憾。因此,《拉失德史》在研究明代新疆和中亚史上占有重要地位。

《编年史》作者楚剌斯,全名称沙·马合木·本·米儿咱·法齐勒·楚剌斯,出身于蒙古军事游牧贵族楚剌斯家族,生于 17 世纪 20 年代,死于清康熙三十五年（1696）前后。他年轻时学习过阿拉伯语和波斯语。他一生完成了两部著作,一部是《寻找真理者之友》,另一部就是《编年史》。

《编年史》写于清康熙十一年至十五年（1672—1676）,专门记录叶尔羌汗国的历史,从内容上讲算得上是《拉失德史》的续编。《编年史》的年代,上起东察合台汗国歪思汗之死,即明宣德七年（1432）,下至 17 世纪 70 年代中期。全书由导论与 119 章组成。前半部 56 章,是对《拉失德史》中前 77 章的简要复述。后半部 63 章,主要是作者的著述。这一部分基本上是第一手资料,具有重要价值。《编年史》的主要内容是记载三方面人物的事迹和活动：1. 阐述叶尔羌汗国统治者的历史；2. 宣传作者所在的楚剌斯家族成员在汗国历史上的重要事迹和作用；3. 阐述黑山派和卓成员对汗国事务所起的重要

图上 4-10　阿帕克·霍加麻扎　刘玉生摄

作用。此书所记，为我们提供了几个方面的史料：叶尔羌汗国的基本历史；关于乌兹别克、哈萨克、吉尔吉斯、卫拉特等周边民族的历史；关于黑山派的历史；当时社会生活、经济生产和文化方面的情况。这是一部有着重要历史文献价值的史书。

这两部史学著作，为我们提供了研究这一时期新疆、中亚历史的最重要的资料，受到国际学术界的高度关注。

第六节　文化名人的足迹

僧古萨里都统　优素甫·哈斯·哈吉甫　马赫穆德·喀什噶里　阿合迈德·尤格纳克　贾玛尔·喀尔施　鲁明善　薛昂夫　贯云石　廼贤　拉失德　海答尔　纳瓦依　阿曼尼莎汗

僧古萨里都统　高昌回鹘著名的佛教高僧和翻译家。人们对这位高僧的生平知之甚少，只知道他是北庭人氏，主要活动于 10 世纪上半叶。"僧古萨里"是他的法号，又被译作胜光法师；"都统"是他的僧官称号，一般来讲，"都统"是统压众僧的佛教最高僧官的称谓。从他的僧官职阶和译经活动上推断，他可能担任过高昌回鹘王国佛教界的领袖。僧古萨里都统具有深厚的佛学造诣，这在他翻译佛经中有充分展现。同时，他又是一位语言学大师，他的汉语文造诣极为精湛，另外，他还精通梵文、龟兹语——焉耆语（又称甲种、乙种吐火罗语）。僧古萨里都统将多部汉文本佛经翻译成了回鹘文。其中一些译作一直流传至今。一部是大乘派的经典《金光明最胜王经》（简称《金光明经》），它本是梵文原典，由唐义净译成汉文。五代后唐时期，僧古萨里都统将汉文本译成回鹘文。回鹘文本的跋尾写道："时幸福的东方之伟大的中国是洞彻大乘与小乘一切经的菩萨义净三藏从印度语译为汉语。时此五浊恶世之中别失八里后学僧古萨里都统又从汉语译成突厥——回鹘语，名为《金光明最胜王经》。"㉝这部佛经最完整的本子，1910 年由俄国人马洛夫从甘肃酒泉购得，现存于圣彼得堡。另一部由他翻译的著名佛教经典就是《大唐大慈恩寺三藏法师传》（简称《玄奘传》），这是玄奘弟子慧立记述老师生平、西行求经经过的佛教文献。僧古萨里都统翻译的回鹘文本，也于20世纪前期在新疆被发现。他翻译的佛经还有《千眼千臂观世音菩萨陀罗尼神咒经》、《观身心经》等。僧古萨里都统所翻译的回鹘文佛经，不仅是珍贵的佛经文物，也是研究高昌回鹘佛教和语言文字的宝贵史料。尤其值得关注的是，僧古萨里都统译经活动本身，反映了汉文化和高昌回鹘文化之间的密切交流，也说明佛教自中亚传入汉地以后，到五代北宋时期，已经开始出现由汉地向西域回流的倾向。

优素甫·哈斯·哈吉甫　喀喇汗王朝杰出的诗人、哲学家和思想家。他创作的《福乐智慧》（意为"带来幸福的知识"）是一部优秀的训导长诗和哲学伦理学名典，是喀喇汗王朝古典文学的杰出代表。优素甫·哈斯·哈吉甫，生于1018年或1019年，出生地是喀喇汗王朝都城之一的巴拉沙衮（今吉尔吉斯斯坦共和国托克马克）。优素甫是他的名字，哈斯·哈吉甫是被赐予的称号，意为"可靠的宫廷侍臣"。文献中没有留下优素甫早年活动的记载，到中年时，他已经是一位享有盛誉的杰出诗人。他在巴拉沙衮就开始动笔创作《福乐智慧》，宋熙宁元年（1068）迁到喀什噶尔，继续长诗的写作，最终在第二年完成，总共用去了十八个月的时间。他将《福乐智慧》献给喀什噶尔的统治者布格拉汗·哈桑，受到布格拉汗·哈桑的高度赞赏，赐予他"哈斯·哈吉甫"的称号。《福乐智慧》塑造了四个人物：国王日出——代表公正和法度，大臣月圆——代表幸运，大臣之子贤明——智慧的化身，隐士觉醒——代表知足和来世。长诗以四人对话的方式展开了一个完整的故事情节：国王日出招纳贤才，月圆和贤明父子先后应诏辅佐国王，贤明向国王推荐觉醒，觉醒隐居不出。从对话之中，长诗阐述了社会道德标准、国家政治理念以及人与人之间、人与国家之间的关系，是一部优秀的哲学伦理学名典。它的伦理思想以操突厥语族语言各部族的传统文化为核心，融合伊斯兰文化，并吸取汉文化、佛教文化的养分，形成一种具有自身鲜明特点的伦理学思想体系，对后世产生了深远影响。《福乐智慧》所表达的丰富哲理、所展现的优雅诗艺、所吸收的多元文化养分，使它和《突厥语大词典》一起，成为喀喇汗王朝文化繁荣的代表。

马赫穆德·喀什噶里　喀喇汗王朝的著名学者和语言学家，他撰写了世界上最早的突厥语语言学辞书《突厥语大词典》。马赫穆德·喀什噶里的全名，叫作马赫穆德·本·侯赛因·本·穆罕默德·喀什噶里。他大约出生于 11 世纪 20 年代。各种文献对他的生平记载极少，人们只能通过零星的线索来推测他的身世和经历：他是东部喀喇汗王朝博格拉汗穆罕默德之孙、巴尔斯罕地区（伊塞克湖南岸）的领主侯赛因之子。青少年时代，他在喀什噶尔受过良好教育，精通阿拉伯语和各种突厥语族方言。后来在 1057—1058 年间，喀什噶尔发生宫廷政变，其父遇害，马赫穆德·喀什噶里幸免于难。他逃出东部王朝，来到布哈拉，经过尼沙普尔西行至阿拔斯王朝的首都巴格达（今伊拉克巴格达）。最后大约在 11 世纪 70 与 80 年代之交辞世。《突厥语大词典》是马赫穆德·喀什噶里用阿拉伯语写成的、用阿拉伯语解释突厥语的词典。他撰写此书的原意，正如他在书中所说："我为了表明突厥语和阿拉伯语，像比赛跑道上不分前后、齐头飞驰的两匹赛马而写了这本著作。"他为撰写此书付出了艰辛的努力。在西行流亡之前，他遍游七河草原、伊犁河谷、锡尔河沿岸等地，实地考察，收集语言学资料。正如他在《突厥语大词典》的"前言"中所说："我走遍了突厥人的所有村庄和草原。突厥人、土库曼人、乌古斯人、处月人、样磨人和黠戛斯人的韵语完全铭记在心。"在进行了长期研究和探索之后，他起笔于 1072 年 1 月，收笔于 1074 年 2 月，用了两年的时间完成了这部语言学巨著。《突厥语大词典》分 8 卷，收录了古代突厥语族诸方言中的词目共 7000 多条，保存了大量古代新疆和中亚的历史、地理、民族和文化方面的材料。词典中引用、记录了 200 多首古代操突厥语族诸方言的各部族的民间诗歌片段，大部分诗歌是四行诗，少数是双行诗，诗歌内容丰富多彩。词典还收录保存了大量古代谚语，展现了古代操突厥语族诸方言的各部族的口头文学的风采。可以说，《突厥语大词典》在语言学、历史学、文学诸领域均具有弥足珍贵的价值，达到了极高的学术和艺术成就。它不仅是一部优秀的语言学著作，也是一部关于 11 世纪中亚社会的百科全书。

阿合买提·尤格乃克　全名阿合迈德·本·马赫穆德·尤格纳克，是喀喇汗王朝后期著名的盲诗人，他于 12 世纪末或 13 世纪初创作的《真理的入门》（又称《真理的献礼》），是一部劝诫性长诗，同时和《福乐智慧》一样，也是一部用诗写成的哲学伦理学著作。这部长诗是作者献给当时喀喇汗王朝的艾米尔穆罕默德的。《真理的入门》共 14 章 480 行，另有后世之人所作的题跋诗 28 行。作者通过诗的形式，阐述了自己对社会、世风、品格的看法。由于他生活于喀喇汗王朝的衰落时期，面对战乱动荡、经济凋落、伦理道德沦丧等社会现实，他在长诗中劝导人们要规范言行，以恢复社会安宁。这部长诗也是喀喇汗王朝重要的文学作品。

贾玛尔·喀尔施　13 世纪西域著名的学者，著有多部著作，现存于世的有《苏拉赫词典补编》。贾玛尔·喀尔施的原名叫阿布·法道勒·穆罕默德，生于回历 628 年（1230 或 1231），卒年不详。出生地是阿力麻里（新疆霍城）。他成长的年代，蒙古统治者已经完成了对新疆、中亚地区的控制，社会相对安定，因此，他有机会受到系统的伊斯兰经学教育，成为一名学识深厚的古兰经学者，并精通阿拉伯语和波斯语。他的学识得到阿力麻里的统治者昔格纳黑的斤的赏识，受聘为其家庭教师。后来，他南下喀什噶尔，并游历中亚各地，收集材料，增长见闻。他之所以能够声名鹊起，为当时人们所熟知，是因为他编译的一部词典——《苏拉赫词典》，这是他用波斯文为 11 世纪著名阿拉伯词典学家朱哈耳的词典所作的注释。这部词典在当时新疆穆斯林中十分流行，为学者所器重。后来，他又用阿拉伯文撰写了《苏拉赫词典补编》。这是一份重要的历史文献，他利用当时存世的文献，记载了喀喇汗王朝的历史；记录了新疆、中亚蒙古统治者的活动；还涉及同时代中亚一些城市及当地著名人物的活动。这份文献是研究那个时代中亚历史的宝贵史料。

鲁明善　名铁柱，字明善，元朝著名农学家，是迁居内地的维吾尔人。元朝初年，鲁明善的父亲迦鲁纳答思去大都（今北京）做官，举家内迁。按汉地姓氏传统，他以父名中的"鲁"字为姓，起了汉式姓名。青年时代，鲁明善就对农业生产技术和知识产生了浓厚兴趣，攻读各种农学著作，储备了深厚的农学理论知识。在各地做官期间，他处处留心当地农业生产情况，不断在实践中积累经验。在担任安丰路（今安徽寿县）肃政廉访司官员期间，他利用走村过乡的机会，一方面指导农户进行生产，一方面进行实地调查，掌握了大量第一手资料。经过多年准备之后，他终于在元仁宗延祐元年（1314）完成了农学名著《农桑衣食撮要》。《农桑衣食撮要》共 11000 余字，字数虽然不多，但内容相当丰富，是对当时各种农业生产经验的总结。它以农桑为主，介绍了竹木、果品、蔬菜、畜牧等生产技术，记述了各种农畜产品的贮藏、加工和烹调技艺，对与农活密切相关的气象、水利也多有论述。他将本民族熟悉的畜牧业生产知识也记录在书中，拓展了农书的范围。鲁明善还有一个创举，就是运用通俗易懂的文字，采用月令式体裁，让农户一看书就知道每个月该做什么事、该如何去做。《农桑衣食撮要》是我国第一部按月份记述农事活动的农学著作。鲁明善在此书《自序》中坦言："凡天时地利之宜，种植敛藏之法，纤细无遗，具在是书。"就这本书的社会影响来看，作者如此自我评价是不算过分的，就其价值来看，只要指出一点就足够了——1962 年农业出版社出版了此书的校注本。

　　薛昂夫　元代著名文学家，维吾尔族人。薛昂夫祖籍在西域，先世随蒙古军参加灭金战争，遂定居关内。其先祖因功封爵，为世勋官宦之家。他本名薛超吾，字昂夫，号九皋，元代文献中也常称之为马昂夫、司马昂夫。薛非其姓氏，其弟名唐古德即可为证。元人王德渊在给薛昂夫诗集所写的"序"中写道："薛超吾，字昂夫，其氏族为回鹘人，其名为蒙古人，其字为汉人。"这种姓名的混乱现象，在元朝那个民族大融合的时代，是很正常的。薛昂夫青年时代拜师求学的经历，被视为中国文坛的一段佳话。他心中向往的老师，是当时儒学名士刘辰翁。刘辰翁是南宋爱国诗人，以南宋遗民自居，对蒙古统治者攻灭南宋心怀痛恨。而薛昂夫以色目人的身份，本来应该被刘辰翁视为蒙古统治者的帮手而不予接纳，但是，两人最终成为师生。显然，正是由于薛昂夫对汉地文化虔诚求学之心，打破了刘辰翁内心的民族界限，不但收薛昂夫为弟子，而且将自己所学倾囊而授，为薛昂夫日后取得的成就，打下了坚实的基础。元代文坛名宿赵孟頫对此指出："昂夫西戎贵种，尝试执弟子礼于刘须溪（刘辰翁之号）之门，诗乐府皆激越慷慨，流丽闲婉，累世为儒者或有不及。"薛昂夫为官数十年，一直是一面履职一面创作。他做官忠于职守，爱护百姓，但是，元朝后期政治愈来愈腐败，薛昂夫对此危局忧心忡忡，心情愤懑，而此时文学创作就成了他排解郁闷的手段。薛昂夫诗、词、曲的创作都很擅长，以散曲创作成就最大。今存其小令

65 首，套曲 3 套。这个数量是很可观的，《全元散曲》收录的作品在 60 首以上的人仅有 15 人。明人刘辑在《词林摘艳序》里罗列四位散曲大家，其中就包括薛昂夫。他仕宦多年，看透了统治集团的腐败和民间的疾苦，因此，散曲作品大多具有深刻的思想内容，具有现实主义精神。薛昂夫在诗上也很有建树，曾有诗集《九皋集》问世，可惜此诗集没有留传下来。今天我们能够见到他写的诗仅有寥寥数首。不过，从元代文人对他的诗的评价上来看，他也称得上是元代诗坛上的能手。元人王德渊称其诗"新严飘逸，始龙驹奋迅"。

贯云石 生于元世祖至元二十三年（1286），卒于元泰定帝泰定元年（1324），是元代著名文学家、散曲作家，维吾尔人，原籍北庭（今新疆吉木萨尔）。其祖父阿里海涯是元朝开国功臣，后来家族迁居内地，贯云石本人就出生在大都（今北京）。他的名字是以父亲贯只哥名字中的第一个字作姓氏，起了一个汉式姓名。自青年时代起，贯云石就能文能武、多才多艺。他擅长骑射，精通武艺；又能出口成章，文采斐然。虽然出身官宦世家，但他对仕途功名没有兴趣。在他承袭父职担任了两年官职之后，就将官位让给了弟弟，自己求学读书去了。他师从元代文豪姚燧，后来又向程文海、赵孟頫等文坛前辈虚心求教，得到了师长们的悉心指点。元仁宗久闻他的才名，提升他当翰林侍读学士。然而，贯云石却始终看不惯官场的种种腐败，最终还是辞官归隐于浙江钱塘，潜心文学创作，过起了隐士生活。贯云石的文学成就主要表现在散曲创作上。元代少数民族用汉语文创作散曲的文人比比皆是，而贯云石是其中最杰出的。他写的散曲豪放畅朗，磊落不群，犹如天马脱缰，达到了很高的艺术境界。元朝人编辑的《阳春白雪》和《太平乐府》两部散曲集中，收录了贯云石 70 多首作品，是入选作品最多的作家之一。贯云石生活的年代，正值元曲兴起发展之时，他用自己的作品，为元曲的繁荣发展做出了杰出贡献。贯云石精于书画，尤其擅长唱曲。天生一副好歌喉，在唱腔艺术上功底不凡，他将畏兀儿的歌曲唱腔和江南小曲熔于一炉，形成了独特的风格。这种唱腔因流地于浙江海盐地区而被世人称为"海盐腔"，是南曲的三派之一，后来成为明朝昆腔的先驱。令人惋惜的是，一生多才多艺的贯云石却在创作盛年不幸谢世，年仅 39 岁。

　　廼贤　字易之，生于元武宗至大二年（1309），卒年不详，元朝葛逻禄族诗人。蒙元时期，大量西域地区的各族居民因政治的、军事的原因而迁居内地，很多葛逻禄人也从西域迁到了内地，廼贤的家族就是其一。廼贤出生于一个世宦之家。本来，按元代制度，他以世勋之后可以很容易谋取到一官半职，获取仕途上的发展。但是，廼贤不喜功名，只醉心于诗文。他的诗词在元代影响很大，很多诗篇被世人争相传诵。人们这样评论他的作品："五言类谢朓、郁洋、江淹；七言类张籍、王建、刘禹锡；而乐府尤流丽可嘉，有谢康乐、鲍明远之遗风。"他的作品数量很多，只是大部分诗作已经遗失了，目前留传于世的只有《河朔访古记》三卷、《金台集》两卷。廼贤对大自然充满了眷恋，一生大部分时间都在游历山川，结交名士，创作诗词。在他的诗作中，有大量诵叹自然景物的作品，从这些作品中流露出寄情山水的浓郁的人文情怀。廼贤诗词的另一个重要特征，就是现实主义的诗品。在元朝民族压迫和阶级矛盾均很突出的现实面前，廼贤表现出一个中国传统士人关心民间疾苦的传统美德。他创作了大量反映民间苦难、揭露腐败政治的现实主义诗作。寄情山水和抨击现实这两种看似矛盾的现象，其实正是他带有理想主义的人文情怀的综合反映。元朝人对廼贤诗词有一个评价："核其所作，除萨都剌无不及也。"

　　拉失德　亦称阿不都 · 拉失德，是由察合台后王建立的叶尔羌汗国的第二代君主，生于回历 915 年（1509—1510），卒于回历 978 年（1570—1571）。他是一位在政治、军事上有作为的汗王，也是一位多才多艺、尤其以文学见长的艺术家。拉失德是叶尔羌汗国的创建者赛义德汗的长子。在尚未降临人间的时候，他就经历了苦难。原来其父赛义德和已怀有身孕的妻子曾经在费尔干纳被乌兹别克人俘获，后来赛义德设法逃了出来，而其妻就在囚禁中生下了拉失德。后来赛义德汗兴兵夺回了妻儿老小。明嘉靖十二年（1533），赛义德汗去世，拉失德继承汗位。他是一位有作为的汗王，在他执政的近 40 年中，汗国在政治上和军事上取得了一系列成就，使叶尔羌汗国保持了强盛的实力。拉失德也是一位具备多种艺术才能的艺术家。他在诗歌创作上有很深的造诣，穆斯林史料——楚剌思《编年史》盛赞拉失德"长于书法，工于诗歌"，还收录了拉失德用波斯文创作的一首诗歌。由海答儿编写的、以拉失德的名字命名的史籍《拉失德史》（即《中亚蒙兀儿史》汉译本）中提到，拉失德集结过两部短诗集《拉失德诗集》、《拉失德格则勒集》，还有两部长诗集《斯拉丁纳曼》、《麦许克纳曼》。遗憾的是，这些诗集没有流传下来。不过，《编年史》保存了一首他用波斯文创作的诗歌，《拉失德史》也保存了数首诗。从中可以看出，他的诗达到了很高的艺术水平，内容积极向上，表现出热爱生命、颂扬爱情、提倡人道的美好愿望。由于拉失德的大力提倡和努力维护，叶尔羌汗国的文化艺术得到了很大发展，叶尔羌城成为西域地区的一个文化中心，帕米尔东西的许多文人纷纷来到叶尔羌城，寻求他的庇护。拉失德从政治上遏制保守势力对文化艺术活动的过多干涉，使汗国的文化事业得到了较大发展。尤其为人称道的是，他顶住保守势力的反对，支持宫廷乐师玉素甫·柯迪尔汗和他的王妃阿曼尼莎汗整理十二木卡姆套曲，使我们今天仍然能够领略这一艺术瑰宝的无穷魅力。

海答儿　生于 1499 或 1500 年，卒于 1551 年，全名米儿咱·马黑麻·海答儿·杜格拉特·古列干，他是 16 世纪西域历史上的一位重要人物。他编撰有《拉失德史》这部影响很大的史学著作。海答儿出身于中亚蒙兀儿杜格拉特部，他的先祖是该部的首领。杜格拉特部原来是分封给成吉思汗次子察合台的蒙古部落，后来长期驻牧于焉耆以西各地，该部首领拥有很大的政治势力，很多察合台后王都是由该部首领拥立的傀儡。海答儿在少年时代，他的父亲就被乌兹别克人昔班尼汗杀害，察合台后裔赛义德汗（叶尔羌汗国的创建者）收留了他。由于他和赛义德汗有姻亲关系，他的母亲是赛义德汗父亲的亲妹妹，于是，他得到了赛义德汗的重用。当时，新疆及中亚地区处于混战不息的状态，赛义德汗正在为创建叶尔羌汗国而努力。海答儿在辅助赛义德汗统一南疆、建立叶尔羌汗国的过程中，起到了重要作用，年纪轻轻的他已经成为赛义德汗倚重的亲腹重臣。叶尔羌汗国建立以后，海答儿一直备受恩宠，身居要职，统帅军队，参议政事，可以说，在每件军国大事的实施中都有他的影子。赛义德汗在晚年偕同海答儿进攻拉达克，结果赛义德汗死于行军中。赛义德汗之子拉失德立即即位。由于存在着争夺汗位的因素，拉失德怀疑海答儿及其叔父欲谋立一起随军出征的弟弟夺取汗位，所以设计处死了海答儿的叔叔。海答儿看到难容于新汗，就逃到印度，投靠莫卧儿王朝。明嘉靖二十年（1541），海答儿利用莫卧儿王朝的军队，占领了克什米尔。统治当地达 10 年之久。明嘉靖三十年（1551），克什米尔一个地区发生叛乱，他亲自带兵平叛，结果中箭身亡。在他统治克什米尔的这一时期，通过多年的努力，他最终于明嘉靖二十五年（1546）前后用波斯文完成了《拉失德史》的写作。他在序言中称，他写这部史书的目的，是为了保存蒙兀儿人及其诸汗的历史，由于当时统治南疆的是叶尔羌汗国的拉失德汗，所以将著作命名为《拉失德史》。这反映了他一直心系着南疆这块故土。

纳瓦依（1441—1501） 全称艾米尔·尼扎木丁·艾利希尔·纳瓦依，"纳瓦依"是他的笔名，意为"曲调、鸣啭"。他是察合台文学的奠基者之一，是维吾尔族伟大的思想家、哲学家、学者、诗人和社会活动家。纳瓦依生活在当时中亚文化的中心赫拉特城。纳瓦依从小受到良好的教育，这与他出生在文学世家不无关系。他在青少年时代就能够熟练用突厥文语和波斯语双语进行文学创作，他还广泛阅读突厥文、波斯文、阿拉伯文的文学作品以及历史、哲学、天文、历算等方面著作，还专攻过绘画和音乐。纳瓦依的成功还在于他苦难的身世遭遇，他的家庭曾遭受当时统治者的打击迫害，全家转辗流徙，贫愁交加，饱尝世间辛酸，这极大地丰富了他的人生阅历。纳瓦依 15 岁登上诗坛，少年时期的诗作就受到前辈诗人鲁提菲的赞赏。之后他开始用两种语言——波斯语和突厥语写诗，并很快获得了"双语诗人"的美誉。他用波斯语写的诗署名"帕尼"（隐士之意），用突厥语写的诗，署名"纳瓦依"。纳瓦依之所以是维吾尔文学的典型代表，是因为他用自己民族的语文创作了数量众多、质量极高的文学作品。纳瓦依的著作开拓了维吾尔、乌兹别克等民族文学史上辉煌的"察合台文学时期"，哺育了其后五百年间的维吾尔文学。数百年来，他的作品是维吾尔族传统教育的必读教科书，也是维吾尔古典音乐套曲"十二木卡姆"配唱的主要歌词，对维吾尔文化、文学艺术都产生了巨大影响。纳瓦依一生共写了六十三部著作、数千首抒情诗和叙事诗，并把这些诗歌谱成曲演唱。他创作的《纳瓦依》木卡姆蜚声中亚，一直在中亚各族人民中传唱不衰，并对中亚、西亚、北非等地区的音乐和文学产生了重大影响。纳瓦依叙事诗的代表作是《五部诗集》，包括五部相对独立的叙事长诗，第一部《正直者的不安》，第二部《莱丽与麦吉侬》，第三部《法尔哈德与希琳》，第四部《七星图》，第五部《伊斯坎德尔城堡》。

　　阿曼尼莎汗（1534—1567）　叶尔羌汗国时期著名音乐家和诗人，是叶尔羌汗国第二代君主拉失德汗的王妃。阿曼尼莎汗因与叶尔羌汗国宫廷乐师卡迪尔汗共同整理木卡姆而闻名。他们对流传于民间的木卡姆进行全面组编：一是剔除了木卡姆在流传过程中不纯的成分，使木卡姆艺术更加纯洁；二是按照"琼乃合曼—达斯坦—麦西莱甫"的套曲格式修订了所有木卡姆的结构，形成十六木卡姆的套曲结构；三是剔除了木卡姆流传中晦涩难懂、宗教色彩浓厚的旧唱词，代之以富有时代气息的新歌词。以后整理的《十二木卡姆》实际上是对阿曼尼莎汗和卡迪尔汗的十六木卡姆的继承。规整后的木卡姆更加成套化、定型化，全套木卡姆有170余首歌曲和舞曲，72首器乐间奏曲，包括序歌、叙诵歌曲、叙事组歌、舞蹈组歌和即兴乐曲，演唱、演奏时间长达24小时之久。阿曼尼莎汗还是一位杰出的诗人，著有《精美的诗篇》、心灵的感应》、《美丽的情操》等诗集。阿曼尼莎汗是一个在维吾尔木卡姆艺术中承上启下的音乐家，对木卡姆艺术的规整和发展做出了重大贡献。

【注释】

① 黄文弼发现的回鹘文摩尼教寺院文书（编号总8782T，82）上钤有一方汉文官印，印文为"大福大回鹘国中书省门下颉于迦思诸宰相之印"，《吐鲁番考古记》，北京1954年，版图89—94。
② 张广达、荣新江：《有关西州回鹘的一篇敦煌汉文文献——S6551讲经文的历史学研究》，《北京大学学报》1989年第2期。
③ 麻赫默德·喀什噶里：《突厥语大词典》，汉译本，第1卷，民族出版社，2002年，第32页。

④《宋史》卷四九〇《高昌传》。

⑤《宋史》卷四九〇《高昌传》。

⑥ 志费尼著，何高济译：《世界征服者史》，内蒙古人民出版社，1999 年，第 63 页。

⑦ 耿世民：《新疆文史论集》，中央民族大学出版社，2001 年，第 177 页。

⑧ 多鲁坤·阚白尔：《〈弥勒会见记〉成书年代新考及剧本形式新探》，《西域戏剧与戏剧的发生》，新疆人民出版社，1992 年，第 17 页。

⑨ 张广达、荣新江：《关于唐末宋初于阗国的国号、年号及其王家世系问题》，《敦煌吐鲁番文献研究论集》，中华书局，1982 年。

⑩《宋史》卷四九〇《于阗传》。

⑪《新五代史》卷七四《四夷附录（三）》。

⑫ 张广达、荣新江：《敦煌"瑞像记"、瑞像图及其反映的于阗》，《于阗史丛考》，上海书店，1993 年，第 243—263 页。

⑬《新五代史》卷七四《四夷附录（三）》。

⑭《五代会要》卷二九《于阗》。

⑮《宋史》卷四九〇《于阗传》。

⑯ 引文转录于张广达、荣新江《关于敦煌出土于阗文献的年代及其相关问题》，《于阗史丛考》，上海书店，1993 年，第 118 页。

⑰《巴托尔德文集》（俄文版），第一卷，莫斯科，1963 年，第 330 页。

⑱ 麻赫穆德·喀什噶里：《突厥语大词典》，汉译本，第一卷，民族出版社，2002 年，第 503 页。

⑲ 麻赫穆德·喀什噶里：《突厥语大词典》，汉译本，第一卷，民族出版社，2002 年，第 30 页。

⑳ 优素甫·哈斯·哈吉甫：《福乐智慧》，郝关中等译，民族出版社，1986 年，第 300—302 页。

㉑ 麻赫穆德·喀什噶里：《突厥语大词典》，汉译本，第一卷，民族出版社，2002 年，第 2 页。

㉒ 麻赫穆德·喀什噶里：《突厥语大词典》，汉译本，第一卷，民族出版社，2002 年，第 2 页。

㉓ 优素甫·哈斯·哈吉甫：《福乐智慧》，郝关中等译，民族出版社，1986 年，第 10 页。

㉔ 优素甫·哈斯·哈吉甫:《福乐智慧》,郝关中等译,民族出版社,1986年,第223页。

㉕ 参见优素甫·哈斯·哈吉甫:《福乐智慧》,郝关中等译,民族出版社,1986年,第257—319页。

㉖ 参见优素甫·哈斯·哈吉甫:《福乐智慧》,郝关中等译,民族出版社,1986年,第571—582页。

㉗ 优素甫·哈斯·哈吉甫:《福乐智慧》,郝关中等译,民族出版社,1986年,第268页。

㉘ 陈恒富:《〈福乐智慧〉与祖国文化传统》,《福乐智慧研究论文选》(二),新疆人民出版社,1993年,第10—11页。

㉙ 陈恒富:《〈福乐智慧〉与祖国文化传统》,《福乐智慧研究论文选》(二),新疆人民出版社,1993年,第68页。

㉚ 优素甫·哈斯·哈吉甫:《福乐智慧》,郝关中等译,民族出版社,1986年,第580页。

㉛ 刘郁:《西使记》,载杨建新主编《古西行记选注》,宁夏人民出版社,1987年,第238页。

㉜ 冯·佳班:《吐鲁番收集的印刷品》,转引自杨富学:《回鹘之佛教》,新疆人民出版社,1998年,第85页。

第五章

清代文化的多元格局

清朝经过康雍乾三朝的努力,最终平定天山以北的准噶尔割据政权,接着又平定了天山以南大小和卓叛乱,完成具有深远历史意义和现实意义的统一新疆的大业,奠定了近代中国多民族国家的版图。继清初百余年间的文化冲突与融合之后,天山南北从此进入一个新的多民族多元文化融合时期。除原有的绿洲农耕民族文化、草原游牧民族文化之外,又加入了新的屯垦移民文化和跨境民族文化。汉、满、回、锡伯、乌孜别克、俄罗斯、达斡尔、塔塔尔等新的移民文化开始扎根新疆,同时随着不少官员被革职流放新疆效力赎罪,形成流人群体文化。从乾隆年间的军府制到光绪年间的新疆建省,最终行政体制与全国统一,有力地促进了社会进步与文化的发展。清代新疆多民族多元文化形成交融发展的新格局。

第一节　绿洲农耕文化:断裂与重构

绿洲文化特征　区域性文学艺术特色　文化典籍　民间文艺　建筑文化　麻扎朝拜与民间信仰

清代以后,塔里木盆地周缘的绿洲的主体民族是维吾尔族,清乾隆

　　年间，新疆南部的一部分维吾尔人以"回屯"形式被征调到伊犁地区屯垦，自此以后维吾尔人又开始分布于天山以北地区。维吾尔文化是典型的绿洲农耕文化，生产生活方式、文化习俗无不与农耕文化息息相关。清代的维吾尔人普遍信仰伊斯兰教，这在传统民间信仰的基础上又打上了伊斯兰文化的烙印，开始了伊斯兰文化的本土化、民族化进程。同时，南部绿洲的维吾尔人还保留着原始萨满教遗存和其他民间信仰。

　　自突厥语族和伊斯兰教逐渐在新疆南部绿洲占上风后，南部绿洲文化发生过断裂，新疆南部绿洲的佛教文化逐渐被伊斯兰文化取代。文化的断裂不仅是族群成分的改变，更重要的是信仰的改宗和语言文字的变迁。在民族融合的过程中，维吾尔族逐渐成为新疆南部绿洲的主体民族，他们信仰伊斯兰教，使用阿拉伯字母拼写的突厥语，以经营农业为生，兼营畜牧业，有制造陶器、铁器、木器、纺织和造纸等手工业和经商的传统。由于各绿洲大都自成体系，互不相连，相对孤立和封闭，所以不同区域的维吾尔人的文化具有鲜明的地域特色，于是，清代维吾尔族文化就有了和田维吾尔文化、喀什维吾尔文化、库车维吾尔文化、吐鲁番维吾尔文化等区域性文化之分。这些区域性的文化使得清代维吾尔文化更加丰富多彩，在共性中展示着个性特色。

　　和田绿洲是于阗文化的发源地，曾经有过闻名于世的古代于阗佛教文明，但伊斯兰教传入后，佛教文化逐渐式微，伊斯兰教则成为绿洲居民的主要信仰，出现了伊斯兰文化与维吾尔文化相契合的历史进程。清代和田在几次战乱之后，进入一个相对平稳的时期，加之伊斯兰文化的影响，产生了一批以诗歌创作为主的诗人群体和传记文学作者。他们继承了本民族民间文学和伊斯兰文学的优秀传统，创作了大量诗歌及历史著作，丰富了维吾尔文化宝库，为后来世俗文化的发展奠定了基础。晚清著名维吾尔诗人凯兰代尔的《诗集》、毛拉·尼亚孜的长诗《四伊玛目传》和《诉状》、艾哈迈德·哈里哈希的诗歌《请安书》（又名《马的传奇》）、《水果的辩论》、《银币》、《抓饭》，以及穆罕默德·喀里的《喀里诗集》和清代和阗著名乐师毛拉·伊斯木吐拉·穆吾孜的《乐师史》等都是这个时期的代表性作品。维吾尔族能歌善舞，民间舞蹈赛乃姆是具有专门音乐伴奏的舞蹈，它贴近生活，具有浓厚的乡土气息和地域性特征。清代和阗地区广泛流行的赛乃姆运用"前后点步"较多,特别是"移颈"和"弹指"经常使用,更多保留了古典舞蹈的特色。

清代形成以喀什噶尔为中心的维吾尔族作家群,其代表人物有:阿不都热依木·尼扎里、翟梨里、海尔克特、艾米尔·侯赛音·赛布里、马赫穆诺·萨迪克·喀什噶里等。其中,以阿不都热依木·尼扎里为佼佼者。他一生创作了18部长诗,其中人们耳熟能详的有《热比亚与赛丁》、《帕尔哈德与希琳》、《莱丽与麦吉侬》、《麦合逊与古丽尼莎》、《瓦穆克与乌祖拉》等。传世的《爱情长诗集》,收入了这18部长诗。对于阿不都热依木·尼扎里的文学作品,学术界的评价是:"他把丰富的、具有重大意义的社会题材引入诗作,使诗歌创作走上了反映人民和现实生活的道路,对后来维吾尔文学的发展,产生了深刻的影响。"①阿不都热依木·尼扎里的爱情诗成为近代维吾尔族书面文学的标志性作品。

清光绪五年(1879)喀什木卡姆艺术家艾里姆·赛里姆和民间艺人赛提瓦尔地,对当地流行的木卡姆加以整理规范,形成了规模更大的音乐歌舞套曲——十二木卡姆。《十二木卡姆》是十二套大曲的通称,整套木卡姆由三部分组成,其中"琼拉合曼"意为大曲,"达斯坦"意为叙事组曲,"麦西莱甫"是载歌载舞的群体娱乐形式。《十二木卡姆》唱词多运用著名诗人纳瓦依、翟黎里、诺比提、阿不都热依木·那扎尔和卡迪尔等人的诗作,主要内容包括对故土的眷恋、对友情的珍惜、对生命的爱恋、对统治者和剥削阶级如"伯克"和"巴依"的愤恨、对虚伪欺诈妒忌和诽谤等各种丑恶行径的鞭挞。这些造就了维吾尔民族的道德风范和审美情趣,淋漓尽致地表达了他们的喜怒哀乐和爱憎分明的情感,成为维吾尔美学和伦理学的思想宝库。

木卡姆由于地域不同,在音乐风格和演唱特色上也有所差异。所以,陆续出现了《十二木卡姆》、《刀郎木卡姆》、《哈密木卡姆》、《吐鲁番木卡姆》等具有地域特色的木卡姆艺术。《十二木卡姆》是在疏勒乐的基础上形成的一种大型套曲,以平稳、典雅、深沉著称,是维吾尔木卡姆中最古老的音乐,其调式复杂多变。木卡姆大曲结束后,群体性娱乐、载歌载舞的部分就是麦西莱甫。"麦西莱甫"在维吾尔语中有"集会"、"聚会"之意,是由歌舞、各种民间娱乐和当地风俗习惯相结合的一种娱乐形式。就地区而论，有喀什麦西莱甫、刀郎麦西莱甫、哈密麦西莱甫等；就内容和形式而论，有节日麦西莱甫、婚娶麦西莱甫、轮流麦西莱甫、季节性的野游麦西莱甫和青苗麦西莱甫等。作为民间舞蹈的喀什赛乃姆比较明快、优美，步伐轻快灵活，身体各部分的运用较为细腻，尤其是手腕和舞姿的变化极为丰富。

萨玛（即萨满）舞主要流行在南疆喀什、莎车一带，是维吾尔族人民集体欢跳的一种舞蹈形式，动作朴实有力。萨满教本是阿尔泰语系民族原始宗教的名称，曾经信仰萨满教的维吾尔人常常在专职的司祭者——萨满的组织下，用歌、鼓、舞的形式，向自然界的多种神灵祈求狩猎和农业的丰收。后来从祭祀礼仪逐渐演变成为劳动群众在节日时的集体娱乐活动，之后又发展成为独特的民间舞蹈形式。

夏地亚纳是清代新疆民间非常普及的舞蹈，南疆更甚。"夏地亚纳"维吾尔语意为"欢乐的"。每逢年节，维吾尔族群众欢聚一起，合着唢呐、纳格拉（铁鼓）的节奏，跳起这种欢快的舞蹈。

莎车系古丝路南道重镇，清代称为叶尔羌，因位居叶尔羌河上游而得名。莎车人能歌善舞，歌舞和音乐已深深融入本地民俗之中。莎车绿洲主要盛行《十二木卡姆》，而《刀郎木卡姆》流行于叶尔羌流域麦盖提、阿瓦提等地。《刀郎木卡姆》在结构和旋律方面与其他地区木卡姆有差异，粗犷、奔放，节奏更强烈，旋律更微妙。《刀郎木卡姆》经常被传唱的只有九部。"刀郎麦西莱甫"呈现出一种原始狩猎文化的古朴风貌。刀郎舞（也叫刀郎赛乃姆）更多地保留了古代狩猎生活矫健刚劲的特点。

清代，阿克苏绿洲产生了以毛拉·夏克尔、毛拉穆萨·赛拉米和阿布杜拉汗·马和苏

图上 5-1　木卡姆演唱场面　日本探险队摄于 1902 年

木为代表的一批文学家。夏克尔的长诗《凯旋书》,是一部形象化、艺术化的史诗。同时,库车木卡姆也是具有地域特色的维吾尔木卡姆之一。

吐鲁番绿洲是农耕与游牧文化交融聚合的地带。清代吐鲁番地区产生了不少文学作品,主要有祖乎尔的《祖乎尔诗集》,凯苏里的长诗《春园》(又译《集翠园》)。民间文学家毛拉·则丁编写的笑话故事家喻户晓。说唱文学《吐鲁番木卡姆》的一些曲调,与内地汉族曲调相似,常混杂有陕西、甘肃的民间曲调,其演唱风格接近《哈密木卡姆》。起源于吐鲁番盆地的"纳孜尔库姆"是别具一格的民间乐舞,吸收了汉族鼓点的节奏和跨腿跳转技巧,并且融合了蒙古舞的抖肩等,还模拟劳动中的动作,富有生活气息。

清代维吾尔文学形成一些自身的基本特征。

一是诗人、诗作之多达到历史新的高度,作品更趋于面对社会现实。代表性诗人是阿不都热依木·尼扎里、艾里毕和泰杰里等。阿不都热依木·尼扎里的代表作《爱情长诗集》描述了不同社会地位男女青年命运相同,但结局各异的爱情悲剧。叙事长诗《热比亚与赛丁》描写了发生在喀什地区一个农村的爱情悲剧故事,被视为 19 世纪维吾尔文学中最优秀的作品。尼扎里生活在国势渐衰的清朝后期,诗人对社会现实有深刻认识,他的诗作充满批判现实主义精神。艾里毕(1802—1862)出身贫寒,对劳苦大众遭受的苦难与压迫感同身受,因此对不平等的社会制度提出革新主张。哲理长诗《苦难对策》(又叫《艾里毕之书》)是他的代表作,作者在书中对当时南疆社会存在的三十二种行业进行了描述,说明了各行业之间相互依存的关系。作者倡导社会各行各业互相尊重、和谐相处,反对自私自利、弄虚作假,提倡正直、善良、纯洁、求实的品德。这部长诗对研究 18—19 世纪南疆绿洲的社会生产力、生产关系、手工业生产水平等也有参考价值。泰杰里(1856—1925),既是诗人又是医生和药师。他继承维吾尔古典文学精华,并形成自己独特的创作风格。其作品提倡民主进步,对后世有较大影响。泰杰里一生著作颇丰,内容涉及文学、医学、哲学、宗教等。在现存的泰杰里众多诗作中,最具代表性的是《泰杰里心中的光芒》和《赢得比赛的诗集》。在《泰杰里心中的光芒》中,诗人以歌颂爱情为中心,表达了热爱生命、热爱生活、向往自由、追求光明的思想，揭露社会不公，贬斥虚伪欺诈、寡廉少耻的丑恶行为。《赢得比赛的诗》表达了作者拥护科学、倡导进步、反对愚昧的观点。这两部诗歌语言丰富、凝练，而且很有思辨性和哲理性。

二是传记文学创作始终处于旺盛状态。这个时期，维吾尔族的传记文学数量大幅度增长，内容十分丰富。主要作品有：毛拉·阿吉的《布格拉汗传》、毛拉·米沙艾力·喀什噶里的《喀什噶尔史》、毛拉·艾斯木吐拉·穆吉孜的《乐师史》、穆罕默德·萨迪克·喀什噶里的《和卓传》和《霍集占传》、毛拉·穆萨·赛拉米的《安宁史》和《伊米德史》等。默罕默德·沙迪克·喀什噶里（1685—1765），喀什人，他撰写了十多部作品，其中史学著作三部，分别是《和卓传》、《问题的辨认》和《艾莎毕里凯夫》，以《和卓传》最为著名。《和卓传》写于1769—1771年间，主要记述了玛哈图木·阿杂木的后裔伊斯哈克（黑山宗）和玛木特·阿帕克和卓（白山宗）两个家族在喀什绿洲传教和斗争的历史。《和卓传》是研究新疆及维吾尔族17世纪中叶至18世纪中叶历史的珍贵资料。从该书的写作技巧和风格来看，《和卓传》又是一部文学作品。作者善于使用文学手法塑造人物形象，同时继承了民间叙事长诗中把韵文和非韵文结合起来的传统，叙事历史过程用非韵文，描述人物内心情感、发表议论用韵文，风格多样有致。作者善于用暗示讽喻手法，辛辣地嘲讽反面人物。但《和卓传》具有浓厚的宗教色彩和倾向，存在明显的缺陷。毛拉·穆萨·赛拉米（1836—1917），史学家和诗人，《安宁史》和《伊米德史》是其代表作。《安宁史》写于光绪二十九年（1903）。作者在解释该书名时说："在我开始写这部书的时候，在这块土地上，敌对、仇视、动乱已经消失，和平与安宁已经确立。所以，我为自己的这部书取名为《安宁史》。"该书以概述19世纪中叶新疆"六城事件"为序言，共分六章，分别叙述了新疆各族人民反抗清朝统治的起义、和卓利用农民起义篡夺领导权的经过、浩罕入侵者阿古柏及其反动统治、清军在各族人民的配合下驱逐阿古柏匪帮及收复新疆，还有南疆六城的人口、风俗、地理环境等内容。《安宁史》于1904年出版问世后，作者发现其内容有欠缺，又补充撰写了《伊米德史》。清代和阗乐师毛拉·艾斯木吐拉·穆吉孜在《乐师史》一书中介绍了若干著名乐师的经历和轶事，扼要阐述了音乐套曲木卡姆的发展历程，论述了音乐对人们心灵的影响。这是清代新疆典籍中唯一一部关于维吾尔音乐的著作。

三是文学翻译活动更加活跃。文学创作的繁荣和发展，往往与文学翻译紧紧联系在一起。清代新疆的翻译文学出现了前所未有的繁荣局面。有些翻译家自身就是文学家，波斯文和阿拉伯文的文学作品在被翻译作品中占多数。将波斯文翻译成维吾尔文的代表作品有《卡里来与笛木乃》、《四个游方僧》、《王书》、《寻求真理者之友》和《拉失德史》等。将阿拉伯文翻译成维吾尔文的代表性作品是《一千零一夜》，译者穆罕默德·阿布都拉汗精通阿拉伯语，又擅长维吾尔文学。他的译作忠实原文、语言流畅、注释考究，译文中大量精彩词语是研究清代维吾尔语的宝贵材料。

清代维吾尔族民间文学主要包括民间歌谣、民间长诗、民间故事和民间传说。民间歌谣有《流浪汉之歌》、《打场歌》和《赶车人之歌》等。《打场歌》描述了麦收季节的繁忙景象，《赶车人之歌》唱出了赶车人在王爷压迫剥削下的苦难。民间长诗有《艾里甫与赛乃姆》、《玛立克·艾日达尔》、《霍尔里喀传》和《哈台木传》等。民间叙述诗《赛依提诺奇》、《玫瑰姑娘》是19世纪上半叶在喀什一带广为流传的文学作品。《赛依提诺奇》叙述了喀什一个好汉赛依提的故事，通过描写赛依提的斗争、受骗、失败的悲剧，揭露了统治者的丑恶面目。《玫瑰姑娘》歌颂了塔里木河畔的牧羊人同伯克家的奴隶玫瑰姑娘之间的赤诚爱情。但是，他们相爱的愿望未能实现。民间传说《"乔康亚"的传说》表达了劳苦大众对严酷的封建礼教的控诉和抗议。《塔特里克·卡萨的故事》辛辣讽刺了封建统治者。民间故事《阿凡提的故事》早在察合台汗国和叶尔羌汗国时期就已形成，后来流传于天山南北，至清代大为盛行。其故事短小精悍、生动活泼，反映了人民的爱憎，巧妙地揭示了社会生活中各种尖锐的矛盾，引人发笑，具有强烈的喜剧性，这是它区别于其他民间故事的主要特色。在阿凡提的故事中，国王、大臣、法官、财主、官吏等，与阿凡提相比，显得特别愚蠢。在《种金子》中，他们利令智昏；而在《会念经的毛驴》中他们是自作聪明而显得更加愚蠢；在《国王和线绳》中他们则是说了蠢话反而自鸣得意。喀什的赛来恰坎，吐鲁番的毛拉则丁也是阿凡提式的智慧人物，他们的笑话、寓言广为流传。

　　清代维吾尔族的民间娱乐活动非常丰富，特别以民族乐舞著称。《西陲要略》记载："乐器以鼓为主，大小不一，又有提琴扬琴之类，歌舞盘旋，皆以鼓为节。"乐舞往往有盛大乐队。《西域图志》记载："始作乐，司达卜一人，司纳噶喇一人，司哈尔扎克一人，司喀尔奈一人，司色塔尔一人，司喇巴卜一人，司巴拉满一人，司苏尔奈一人……携诸乐器进，奏《斯纳满》、《色勒喀斯》、《察罕》、《珠鲁》诸乐曲，以为舞节。次起舞，司舞二人，舞盘二人，于乐作后即上。司舞二人起舞，舞盘人随舞。次呈杂技……百戏俱呈，技毕乐止，乃下。"②据考证，这里跳的舞蹈，就是维吾尔民间的萨玛舞。同时，还有各种形式的赛乃姆、麦西莱甫等舞蹈。《新疆图志》记载："男女当筵，杂奏唱歌，女子双双逐对起舞，谓之偎郎，间亦有男子偎郎者。""此外有众人围坐弹唱者，有一人跳地而歌者，腔调不一。至于野外放歌，长声独唱。"③清代到过新疆的文人也留下了许多有关诗文。侍读学士褚廷璋为修《西域图志》在新疆生活多年，他在诗作《和阗》中留下了"今日六城歌舞地，唐家风雨汉家烟"的诗句。又如乐伎，《西域图志》记载："回部乐伎，有倒刺、都卢、承盏、转碟诸戏，而绳伎尤工。"《西域闻见录》记载："叶尔羌妇人喜歌舞，能百戏，如打斤斗、踏铜索诸戏。""绳伎"和"踏铜索"就是今天维吾尔族的"达瓦孜"，即"高空走绳"。表演者手持平衡杆在系于高空的绳索上来回走动，并合着音乐节拍作各种惊险动作。《西疆杂述诗》中提到的乐伎还有"角马"、"跌跤"、"斗羊"、"舞刀盘"、"秋千"等。这些乐伎有的还传入内地，成为清朝宫廷乐伎的一部分。绿洲民间还有两项较普及的娱乐活动，一种是棋，一种骰子。《新疆回部志》载："回人之棋有两种，一种用三十码，每边十五，分二色，码之形状高矮不一，其局路行列胜负之法，大概如中国象棋。一种用三十码，其筹码形状，局盘之路数颇如中国之双陆。"前者可能类似于中国象棋，后者是早在唐代就传入西域的围棋。该书又载：民众中"亦有骰子赌钱之具，又有抛掷羊背式骨之戏，亦有赌采。""幼童则抛核桃、蹦鸡卵。"④

　　清代新疆南部绿洲的维吾尔族建筑文化大多体现在宗教建筑上，主要是清真寺、陵墓（麻扎）、经文学校（堂）。著名的如喀什阿帕克和卓麻扎（又称香妃墓）。麻扎风格以阿拉伯式陵墓（拱拜式）为主，坟丘上筑有外方内圆的穹顶大屋，是为主体建筑，环绕这个主体建筑还有附属的清真寺和墓主家属、门徒的坟墓，形成一个完整的建筑群。清真寺主要以阿拉伯建筑形制为基础，融合维吾尔族建筑形式，一般由大门、塔楼（邦克楼）、礼拜殿及阿訇居室组成，规模大的还有讲经堂、经堂学员宿舍和小礼拜殿。大的清真寺入口，为一体型的高大门楼，门楼正中开有大拱券门洞，塔楼不对称地分设于大门两侧，以琉璃砖、花砖、石膏花与彩画装饰，使入口显得富丽华贵。中小清真寺则将大门与塔楼组合在一起，形成多种样式的门楼。著名的喀什艾提尕尔清真寺就是在清代定型的，规模宏大，气势雄伟。又如清代建成的吐鲁番额敏塔（又称苏公塔），高37米，构建独特，蔚为壮观。

　　民居受自然因素和经济因素的影响与制约较大。关于清代新疆南部绿洲维吾尔族居民的住房，《回疆风土记》载："回屋聚土为墙垒，厚三四尺，以白杨、胡桐之木横布其上，施苇敷泥。或为极厚，七八尺有奇。穴墙为灶，直达屋顶，宽尺余，高二三尺，与地平置，木火其中以

图上 5-2　吐鲁番清代苏公塔　刘玉生摄

御冬寒，谓之务恰克。穴墙为洞，宽长不一，以藏物件，谓之务油克。屋顶开天窗一、二处，以纳阳光，谓之通溜克。屋顶正平，人可于其上往来，且为曝晒粮果之地。其墙厚顶轻，不虑倾圮，雨少不畏渗漏。"富人的住房虽也是土屋，但较宽

图上 5-3　喀什高台民居　仲高摄

敞美观，"屋内雕泥为花草字画，饰以灰粉，细而坚，颇见工巧，亦有施金碧者，涉俗矣。屋旁则有圆池，广植花果，开伯斯塘以避夏暑"。

　　清代新疆各绿洲的维吾尔族居民主要信仰伊斯兰教，但萨满教的一些习俗在民间还有很多遗存。其表现形式多样，有祈求生育的巫术、驱魔除病的巫术和祈福求寿的巫术。绿洲居民承袭了萨满教坟墓朝拜的传统，又继续了佛教圣人朝拜的活动形式，形成了清代南疆的麻扎朝拜，是历史上新疆各种宗教文化的积淀与伊斯兰教观念相结合的产物。清代文献对此有专门记载，《西域图志》记载："每年两次，众人赴麻扎尔礼拜诵经，张灯于树，通宵不寐，麻扎尔有香火田亩，以供祭祀之需。"《回疆志》记载："喀什噶尔城东五里余，有一茔园，土人谓之吗杂尔，回人敬拜为神，礼拜必按月之牌山毕日，乃一七之前一日也。男女皆于五鼓时聚集，净体诵经拜毕。"⑤麻扎朝拜在南疆农村有着广泛的群众基础，是维吾尔族居民重要的宗教活动。朝拜者面向麻扎倾诉心中的哀怨和痛苦，以各种方式表达自己的祈求，有求麻扎为其施加报复者，还有向麻扎求消灾避祸的、求富贵发财的、求夫妻和睦的、求理想伴侣的、求老有所养的、求天降雨等等。人们把麻扎看成倾诉痛苦、求医治病、拯救灵魂、寻求欢乐的场所。因此，他们不避严寒酷暑、路途险阻，纷纷前往麻扎朝拜。有的甚至不惜家财，为麻扎贡献祭品，以求得

麻扎的佑助。

第二节　草原游牧文化的多重品格

草原民族的地域分布　　生产生活习俗　　民间文学艺术　　民间信仰

　　清代，生活和活动在新疆草原的是卫拉特蒙古、哈萨克和布鲁特（今柯尔克孜族）等游牧部族。

　　巴音布鲁克草原位于天山腹地（今和静县东北部），"巴音布鲁克"，蒙古语，意为"富饶的泉水"。清乾隆年间，东归的土尔扈特部首领渥巴锡曾先后五次派人到此查看，最后决定定居于此，上报清廷，获得批准。《新疆图志》记载："山南路惟喀喇沙尔（今焉耆县）之北，珠勒都斯河岸，土尔扈特部牧其东，和硕特牧其西。雪山回环，草木繁殖，马羊之群，填委山谷，富庶为诸部冠。"东归的土尔扈特部继续着传统的游牧生活，传承着卫拉特蒙古（西蒙古）的生活习俗、宗教和文化艺术等。早在东归之前，藏传佛教便已开始在土尔扈特部传播。东归之后，在中央朝廷的大力扶持下，藏传佛教在该地区得到了更广泛的发展，对于土尔扈特部蒙古人的生活习俗产生了深远影响，形成了独特的医学、教育、语言等文化系统。

　　清朝统一新疆后，哈萨克诸部纷纷内附东迁，散布于天山以北、伊犁河谷、塔尔巴哈台地区和额尔齐斯河两岸的阿尔泰草原上。《新疆图志》记载："伊犁南北山形于箕张，草茂泉甘，有四奈曼分部行牧，绥定城（今霍城县）北之赛里木淖尔（今赛里木湖），居四山之中，其周数百里，松桧丛荫，细草如茵，夏无蚊蠓，宜于憩息。每际伏暑，卓帐千行，牧群麇集，蕃衍称盛焉。"又载："波罗塔拉（今博尔塔拉）水草丰茂，土地平旷，夹河葱翠，短草长林，襟带沃衍，牛羊散布。盖其地川平山奥，屯牧俱宜，且居伊犁北之要冲。"清代文献记载的就是哈萨克奈曼部落游牧于此的情况。准噶尔盆地以西的塔尔巴哈台（今塔城）地区，"巴尔鲁克山之东，地势平衍，河流错出，草色葱茏，弥望无垠，常为哈萨克散帐之所"。塔尔巴哈台也是哈萨克部落的游牧地。

图上 5-4 赛里木湖 宋士敬摄

　　在天山西部、帕米尔高原的山间草原上，生活着布鲁特人（今柯尔克孜族）和塔吉克族。他们也是以畜牧为主要生计的游牧部族。清代，畜牧业仍是新疆游牧民族的主要生产方式。由于畜牧业对自然依赖性强，深受季节变化的影响，所以游牧民族依旧过着随畜逐水草而居的游牧生活。

　　蒙古族，在新疆有卫拉特四部和察哈尔等部。《新疆图志·礼俗志》记其"游牧伊犁、天山南北及塔尔巴哈台、阿尔泰山诸境，逐水草迁徙，靡定所"。毡房，俗称蒙古包，其"房式如覆釜，大周十余丈，小或三四丈"。一般男牧牛羊，女理家务。饮食以牛羊肉奶为主，尤以奶茶为大宗，并酥油、奶酒、奶酪等，亦有食粮，少菜蔬。性情豪爽，"酿酒值客至，必延坐尽饮而后已。衣着袍裤，足穿靴"。"其礼服同于满人，喜着青色裲裆，冬袭素质羊裘……周缘绒边，副以青绌"。"女子布袍无缘，绸缪绲佩，发辫繁躈，耳环腕钏约指多以金银、珊瑚、珠宝为之，矜尚妲丽"。"童子冠式不一，制与满汉同"。男少年"出痘谓之熟人"，始与论婚，"未出痘者谓之生人"。有疾病则请喇嘛诵经。婚聘时，男家执哈达羊酒，请媒人致意女方，女方家长"诺则结哈达酒壶盖上"，媒人携男婿登门礼见岳父母，"复进哈达，藏胶其内，献佛座前"，取胶结之意。"于是致聘礼，羊、酒、布帛，视家有无"。女家以礼分送亲戚、友邻。迎亲之日，喇嘛诵经，"新婚跪拜，然后入，行谒见外舅外姑礼，迎新妇以归"。新妇着华装，"泣辞父母"，其伯叔兄弟抱持上马。同骑歌吹导行至门，喇嘛诵经，"男女持羊膀骨拜天地及佛，跪地，嫂氏拆新郎新妇发交合而梳之"，取结发之意。接着，祀灶神，拜父母，入毡房，嫂为新妇易装梳发，合成两辫，垂胸左右。"宾客各荐红布一方"，团坐食茶酒糖果，弹琴歌舞，共同欢乐。人死以火葬或"天葬"。富贵之人死后，洗净尸体，裹以白布，众人抬至高平之处，平放柴堆上，"举火焚之，骨烬则交相庆贺"，认为死者无罪过，已升天界乐境。取骨灰和以藏药、净土，团捏成人形，"卜地葬之，垒土作塔形，亦有尖顶似矮室者"。普通人死后，穿平常衣服，请喇嘛据亡者年命卜地，以马载往，喇嘛诵经，将死尸置显处，"投乌鸦狐犬啄噬"。其旁燃火一堆，"送葬者跃火而归"。其尸被食尽则大喜。如过三日不食，举家皆惶恐，"谓亡者罪大，鸟兽皆不食，将获阴罚"，乃复请喇嘛诵大经，并给喇嘛及其寺庙送死者衣服、什物、牲畜等。因而大喇嘛皆富有资财，等同王侯。

清代文献记载，哈萨克族"散处阿尔泰山、塔尔巴哈台、伊犁北境。无城郭庐室，逐水草，事游牧，四时结穹庐"。以羊、驼毛制毡毯，"枕则著以天鹅之羽"，多穿布面羊皮衣裤，牛皮靴，四季戴帽，而冬天大多冠以狐皮帽。毡房内设火炉，炉旁置铜铁水罐，煮茶做饭，以牛羊粪代柴。"其俗喜食薰燔诸肉，而马腊肠为款客上品"。婚嫁重聘礼，"富人往往致马千蹄、牛千足、驼百峰、银二三千两"。迎亲之日，"媒携新婿纳采帛，次第进见女父母、伯叔、兄弟，握手鞠躬为礼。其见外姑则

图上 5-5　昭苏县喇嘛庙　马达汉摄于 1907 年

别以良马奉之，酬乳哺之恩也"。新妇辞别父母，握手接唇，"一人抱持上马，红巾帱面首，并骑以行"，至门，扶入毡房。"莫洛大"（即毛拉，伊斯兰宗教人士）高捧一碗净水，"口喃喃诵经，饮新郎新妇，并普饮同座者"。夜晚，宾客们"吹弹唱歌跳舞为欢乐，尽兴乃各散去"。次日，嫂为新妇改装，将其十数小辫合梳为两大辫，结红绳长垂齐于足跗，以彩巾帕首拖背后，服黑色袷袢系红裙。嫂引新妇见公婆，"新妇握生牛油掷炉中，光焰满室，以为吉祥，鞠躬就座"。婆嫂复操刀割肉招待客人。哈萨克人性情诚朴，待宾客重礼节。"客至门，无论识与不识，皆留宿食"，于毡房内铺新布，上摆食物奶酪干果等，煮新奶茶为敬。有"贵客至，则系羊马户外，请客觇之，始屠以飨客"，饭前必以净水洗手。有病人，请毛拉诵经祛病邪。人死，则取净水洗尸，裹以细白布，毛拉率家人往"拱不耳"（又称"拱拜"，即墓地），葬于墓穴，"头北而足南，面西向"，垒土为墓，墓之形状或圆如蒙古包，或长如棺形。送葬者诵经而后返。"其俗亲死不居丧，不奠祭，惟举哀而已。死则速葬，不宿"。

布鲁特即今柯尔克孜族，"散处于喀什噶尔、英吉沙尔、蒲犁、叶城、乌什诸边境"，主业畜牧，兼事耕种。居住穹庐，木架毡寮，圆如覆磬，"壁衣之华丽者，以五色花毡、彩丝缔之"。毡房内有炉，烹茶炊饭，以畜粪代薪。生活习俗与哈萨克、维吾尔相近。蒙古族崇信藏传佛教，俗称喇嘛教。婚丧嫁娶、典礼要事等必请喇嘛诵经。许多人家送子到寺庙作喇嘛，均出自愿。"每岁四月，官民贞吉祀鄂博。库伦喇嘛持法器诵经"。杀羊，以羊皮及头、角、蹄、尾、树枝等蒙放、插挂于鄂博上，以哈达悬结于四周。官长率兵民自左向右，绕走行礼，且走且歌，一唱百和，皆祷祝太平之语。五月复大祀鄂博。"十月二十五日为祀佛祈寿之期，官民相率怀资赴库伦，喇嘛设坛诵求寿真经，高构棚，群携自制酥油灯，密奠棚上"。距库伦远者，则自聚众堆鄂博，燃灯祀佛。春秋佳日，喇嘛驾佛巡游，"家家献哈达，夹道跪迎，首触佛座祈幸福"。

由于传统文化根深蒂固，新疆各草原游牧民族大都保持有萨满教的遗俗。萨满教信仰中自然崇拜、图腾崇拜、祖先崇拜等因素或多或少都有保留。自然崇拜是最原始的宗教形式，通常将自然物和自然力作为崇拜的对象。体现出在面对大自然时，人类对大自然的敬畏。在哈萨克族的一些神话传说中，有许多反映他们对天的崇拜，如夏季干旱或瘟疫流行时，哈萨克人会到河岸边宰牲设祭，祈求苍天。哈萨克人还崇拜火，终其一生都与火相关。婴儿出生，家中会向火浇油，连燃七天长明灯；生病了，要用火熏烤；人去世时，家人要点燃40盏灯等。

此外，哈萨克人还崇拜打雷、青草、树枝等。蒙古族也颇为类似，比如他们常常口念"长生天"，表现他们对苍天的崇拜；在固定的时间，蒙古人去祭拜敖包等。布鲁特人放牧牛羊，"重雪水饮，不雪，则延毛拉咒经，以绳系龟壳一、活虾蟆一，悬净水上，咒之，龟背浸浸见水珠点，顷刻即雪，谓之下剳答"。图腾崇拜源于史前先民对于自然与人的关系的一种认识。他们相信：每个氏族都与某种动植物或其他自然物有亲属或其他特殊关系。为表达对图腾特殊的感情，每个氏族都选择将氏族图腾的动植物作为氏族的神圣标志，禁杀禁食，且会举行仪式，以促其繁衍；人们还创作了一些美好的神话传说。

草原游牧民族具有根基深厚的民间文学传统，而且形式多样，内容广泛，反映出各个时代的社会生活、道德、思想、风俗习惯等。新疆所有的草原游牧民族都崇拜英雄，称本民族的英雄为巴图尔，为此，他们创造了众多歌颂英雄的民间文学作品，其中又以英雄史诗最具代表性。英雄史诗再现了不同时期复杂的社会生活，具有鲜明的民族特色和时代特征，并且伴随着民族历史发展进程而不断地得到充实丰富。值得新疆草原游牧民族骄傲的是智慧的草原先人创造了中国历史上三大英雄史诗中的两部半：蒙古族的《江格尔》和《格斯尔》，以及柯尔克孜族的《玛纳斯》。东归的土尔扈特部传唱着《江格尔》，柯尔克孜人吟唱着《玛纳斯》，并用他们的智慧凝聚本部落的向心力，而且不断有后代江格尔齐和玛纳斯奇丰富着这些鸿篇巨著。

哈萨克族诸部曾经饱受战乱之苦，激发了他们对英雄人物的感怀，一部部英雄史诗应运而生，如《高大魁伟的英雄汉额斯木》、《英雄阿尔卡勒克》、《贾尼别克巴图尔》、《哈班拜》等。

清代是汉文化与草原游牧民族文化交融十分频繁的时期。首先是，很多汉文文学著作传入新疆，多被译成托忒蒙古文等，其中《聊斋志异》、《三国演义》、《西游记》等在土尔扈特地区得到广泛传播，对于丰富和发展土尔扈特文学起了积极推动作用。清代，蒙古王公盛行用景泰蓝饰马鞍，汉族的龙、凤、蝙蝠、佛和喜、梅、寿等图案都得到了运用。在建筑技艺风格上，蒙汉混合式、汉藏混合式建筑在蒙古民居中出现。其次，在农业技能、语言、文化教育等方面，草原民族文化也受到了汉等农耕民族文化的影响。清晚期，清政府已经开始将官屯的土地拨租给哈萨克人耕种，汉地先进的农业生产技术开始在哈萨克族中传播。值得一提的是在哈萨克、蒙古等游牧民族语言中出现了汉哈、汉蒙等语言合璧的现象，这加速了各民族文化的交流和文化交融。

伊斯兰教此时也影响着草原游牧民族的生活和文化的进程。以哈萨克族为例，在给婴儿取名时，不论男女，大多采用《古兰经》上的名字；男孩到 5—7 岁时，按伊斯兰教规定进行割礼。哈萨克族、布鲁特的节日主要就是伊斯兰教的"肉孜节"和"古尔邦节"。在古尔邦节，白天，哈萨克人、布鲁特人一般会宰羊、会客、走亲访友，举行赛马、叼羊、姑娘追等富有情趣的传统体育活动；晚上，人们则欢聚一堂，舞蹈歌唱。蒙古族则有与佛教有关的麦德尔节、点灯节等。在点灯节来临的夜晚，家家点燃酥油灯以示欢庆。宗教还对草原民族的文化艺术产生了深远影响。

明末清初，卫拉特蒙古四部派赴西藏学僧法的四公子之一咱雅班第达，于清顺治五年（1648），在回鹘文、蒙文的基础上，创制了能够清楚表达卫拉特语言的托忒蒙文。这为卫拉特蒙古各部文学、史学的繁荣及文化交流奠定了基础。众多托忒文史学文献的产生，成为研究 17—18 世纪卫拉特蒙古史的重要资料，如《咱雅班第达传》、《四卫拉特史》、《多纳恩苏哲克图旧土尔扈特和青色特启勒图新土尔扈特等汗、诺颜的世系》等。清代，信仰伊斯兰教的哈萨克族是用改制的阿拉伯字母拼写本民族语言的。宗教对法律也产生相当大的影响。在《蒙古—卫拉特法典》中对佛教给予法律上的确认，并使僧侣享有特权。如第十六条，"必须向为宗教事务派出的使者提供大车，否则罚九九"，"詈骂、殴打各级僧侣者，处以马匹至九九的财产刑"等。在哈萨克族的法律法规中，吸收了伊斯兰教教义教法中的一些内容。清康熙年间，头克汗执政期间制订了《头克法典》。在该法典中，不仅伊斯兰教中的血亲复仇成了主要原则，而且引入了伊斯兰教法的赔偿原则。伊斯兰文化与本民族传统文化契合的趋势越来越明显。

第三节　屯垦文化的新格局

伊犁九城的建立　屯垦管理制度　地方志书编撰　屯垦移民的民间文化　流人的诗文

清政府在统一和治理新疆的过程中，借鉴历代王朝治边安边的经验，在天山南北大兴屯田，东起哈密，西到喀什、伊犁，南抵和田，北到塔城，二十六个屯区，遍布新疆各地，其规模为历代之最。清廷各朝曾就新疆屯垦事宜制定和发布了一系列规章制度，建立了管理机构，提供了资金经费，保证了屯垦事业巩固发展。屯垦依垦者身份分为旗屯（八旗兵屯田）、兵屯（绿营兵屯田）、民屯（内地民户屯田）、犯屯（内地遣犯屯田）、回屯（维吾尔族农民屯田）等类型。

清代屯垦对新疆农业发展有开拓之功，为现今的新疆农业格局奠定了基础。屯垦事业带来了内地较为先进的农业生产工具和技术，生产出大量粮食、油料等农产品。屯垦加强了新疆边防，对维护社会稳定发挥了积极作用。屯垦移民使新疆多民族构成和分布格局得以确立。屯垦人创造的屯垦文化也使新疆的文化更加丰富多彩。

屯垦文化是一种特殊类型的农耕文化，是上层官方文化和下层民间文化共存、中原汉文化与新疆少数民族文化交融、城镇文化与乡村文化同在、军事文化与社会文化交汇、宗教文化与世俗文化互显的新型文化形态。

清朝在新疆制定了一整套屯垦管理制度，任命了一批屯垦官员。管理屯田的机构由各地驻军长官兼管。伊犁将军是清政府在新疆最高的军政长官，也是兼管新疆各地屯田的最高屯官。在新疆各地，管理各种屯田的机构大致可以分为三大系统：军屯，属军事机关管理，各级屯官由同级军官兼任，全疆军屯由伊犁将军兼管。民屯，属地方行政机关管理，各级屯官由同级地方官兼任。回屯，属维吾尔地方机关管理，各级屯官由同级伯克官兼任。乾隆二十五年（1760），以参赞大臣阿桂为伊犁办事大臣，"总理伊犁事务"。是年二月，五百名绿营兵和维吾尔三百农户从南疆到达伊犁海努克开屯，揭开了伊犁历史上大规模屯田的序幕。四月，清廷命吐鲁番回王额敏和卓之子茂萨为伊犁阿奇木伯克，"以公品级管事"，管理维吾尔农民的屯田事宜。当年，伊犁的初屯播种虽稍逾农时，但秋季仍获丰收，"以播种计之，上地所获二十倍，中地所获十倍"。阿桂奏称："本年屯田回人三百户，所收谷石，可至来年五月"，初步建立了后勤补给基地。次年，清廷又设伊犁镇总兵，驻绥定城，开设兵屯。乾隆二十七年（1762）十月设"总统伊犁等处将军"。随后又陆续设乌鲁木齐都统及各地参赞、领队大臣和办事大臣。这样，新疆的军府制管理体系建立起来。

由于屯垦规模的扩大，新疆农业得到大规模开发，促进了近代新疆城市的兴起与城市文化的勃兴。其中最有影响的要数伊犁九城的建立。

伊犁将军府初设在绥定城，乾隆二十九年（1764）在伊犁河北岸筑城竣工，乾隆帝取恩惠远方之意，钦定城名惠远。伊犁将军明瑞率参赞大臣及各营领队大臣等迁入办公。以惠远城为中心，在今伊犁河流域的伊宁市和伊宁县、霍城县境内，先后建成历史上著名的伊犁九城：其中惠远、惠宁城（今巴彦岱）为满营驻所，伊犁将军驻惠远城；绥定（今霍城县）、塔尔奇（绥定城以北）、广仁（今芦草沟）、熙春（今汉宾乡）、瞻德（今清水河）、拱宸（今霍尔果斯）六城为绿营驻所，总兵驻绥定；宁远城（今伊宁市）为维吾尔商民的聚居处，设阿奇木伯克等官员。

惠远城城垣高一丈四尺，周长九里，在伊犁九城中规模最大。城内有东、西、南、北四条大街，四城门东曰景仁，西曰说泽，南曰宣闿，北曰来安。皆吉祥之意。东西大街为将军等各级官员衙署，南北大街则为市廛商铺。城中建钟鼓楼镇之，晨钟暮鼓以报时。城内外坛庙寺院林立，蔚为大观。无论是官署还是民居，较典型者均为"人"字形大屋顶房，是传统的汉式建筑。城内以钟鼓楼为中心，以直通四大城门的四条大街构成城市基本布局。四条大街上还有四十八条小巷，组成商业区和居民区。城内钟鼓楼是一座中国传统风格的三层三檐歇山顶的砖木结构建筑，层檐铺有琉璃瓦，每层十二根檐柱绘有花卉等图案，每层檐角均吊有小铜铃。伊犁将军府位于城中心，有大门、石狮、金库、厢房、凉亭等建筑，园内林木葱郁，亭台错落，是典型的仿江南园林式建筑。惠远城内，大街上店铺林立，百货云屯，市肆极称繁华，时有"小北京"之誉。惠远城西门外贸易厅，是清代前期与哈萨克进行绢马贸易的最大集散地。惠远城除陆路交通外，夏秋丰水期，常有上游宁远城的运粮载货船队顺河而至惠远城。随着惠远城成为新疆的政治、军事、经济、文化中心，从全国各地和新疆境内大规模调兵移民到伊犁，人口日渐增多，迅速繁荣起来。

有清一代，伊犁是新疆乃至中国西北地区屯田规模最大的地区。以九城为中心，屯地"村落连属，烟火相望"。伊犁九城之中以惠远、绥定、宁远规模较大，曾是伊犁河谷商贾云集、街市繁盛之地。像绥定城，新疆建省后，各族客商多聚居此地，尤以天津商人居多。由于伊犁屯垦官兵以满汉锡为多，所以伊犁九城的建筑颇具满汉特色。在屯垦建筑中，还有伊犁河南的锡伯营驻地。这是按八旗制组成的军民兼用型城堡，分为八个牛录城堡，每个牛录城堡都是中国传统的能防易守的城堡式建筑。此外，镇西（今巴里坤）、古城（今奇台）、孚远（今吉木萨尔）、乾德（今米泉）、绥来（今玛纳斯）、景化（今呼图壁）等，都是屯垦兵民建造的满汉风格浓郁的新型城镇。

清政府在新疆对不同民族实行不同的管理制度，对满洲、蒙古、锡伯等实行八旗制，对哈萨克等游牧部落和归附清廷较早的哈密、吐鲁番两地的维吾尔族实行封王赐爵的扎萨克制，对天山南部和伊犁地区的维吾尔族实行伯克制。

对伊犁回屯的管理，清政府按维吾尔旧例，实行

图上 5-6　伊犁惠远古城　马达汉摄于 1907 年

伯克制。乾隆二十七年（1762），筑宁远城（今伊宁市），设三品阿奇木伯克衙署，又设四品伊什罕伯克副之。以下，还设有多种名目的伯克计八十五员。各级伯克，分别由将军、参赞大臣、办事大臣推荐任命。阿奇木伯克下设四品副官一名，协助伯克管理屯田事务。首任伊犁阿奇木伯克是吐鲁番郡王额敏和卓之次子茂萨，此后十五任伊犁阿奇木伯克中，有八任是额敏和卓的后裔担任。伯克们的俸禄丰厚，除政府岁给养廉银外，按其品秩高下，还领有不同数量的土地和种地农民。

　　为了促使屯兵尽心尽力垦种，多产粮食，还制订了奖惩制度。伊犁将军明亮、伊勒图拟定的《屯田赏罚章程》中，规定伊犁屯兵年收获细粮的定额为十八石。超过定额的，官兵议叙，屯兵赏一月盐菜银；纳细粮二十八石以上的，官兵议叙，屯兵赏两月盐菜银；细粮完纳十八石以下，十五石以上的，功过相抵，不赏不罚；如纳粮不及十五石者，责任官员降一级调用或降级留任。对民屯、犯屯也制定了相应的管理和奖惩制度。

　　在语言使用方面，清代新疆是满语满文、汉语汉文、维语维文、蒙语蒙文、哈语哈文等同时通行，并在各部门配备一定数量通晓双语或多语的人才，充作翻译。新疆各民族中，都有一些熟练掌握双语或多语的官员和商民。这种双语现象，有利于各民族间的沟通，也有利于民族关系的和谐。

　　为全面了解新疆区情，以利施政治边，清政府和一些有识见的新疆官员，组织人员，搜求典籍，访问耆旧，实地考察，编撰了不少新疆地方志书。在这一过程中，许多流放官员起了重要作用。还在统一新疆进程中，乾隆二十一年（1756），清廷就谕令编纂《西域图志》，历时六年，草稿初就。之后，反复修改多次。最后又由傅恒、刘墉主持进行了长达四年的增订，乾隆四十七年（1782），全书定稿，御名《钦定皇舆西域图志》，刊行天下。该书依据历代正史、文献典籍、清代西域军营奏章、文告，佐以清廷两次派员赴天山南北实地勘察得到的资料、数据、记述等。全书共 90 万字，五十二卷，分为天章、图考、列表、晷度、疆域、山、水、官制、兵防、屯政、贡赋、钱法、学校、封爵、风俗、音乐、服物、土产、藩属、杂录共二十门类。该书内容全面，为当时清政府和新疆地方官员上下所急需，起到"开历代之群疑"，为在新疆"筹耕牧计长久"的作用。

嘉庆、道光年间，是新疆地理史志之学的繁盛时期。总理回疆事务大臣和宁（后改名和瑛）有感于前官所编撰的《回疆志》过于粗略，遂于嘉庆九年（1804）撰成《回疆通志》十二卷。该书主要记述天山以南维吾尔族聚居地区的地理、物产、民情、风俗和重要历史事件、重要人物，并记述了一些为清朝统一新疆做出贡献的维吾尔族人物。

嘉庆七年（1802）山东金乡知县汪廷楷因案革职流放伊犁，伊犁将军松筠命其纂辑《伊犁总统事略》一书；十年（1805），户部官员祁韵士等人因宝泉局亏铜案被流放伊犁，他受松筠之命，在《伊犁总统事略》基础上加以增补，撰成《西陲总统事略》十二卷。该书共13万字，图文并重，记统一伊犁史实，天山南北路图说与疆域，还有蒙古、哈萨克、维吾尔、布鲁特（即柯尔克孜）等民族的源流和习俗。这部书是祁韵士结合文献典籍与实地考察资料而撰写成的。

后来湖南学政徐松获罪流放伊犁，松筠让他在《西陲总统事略》的基础上继续重修。徐松参阅大量历史文献和档案资料，并进行了广泛认真的实地考察，积七年之功，于嘉庆二十五年（1820）成书，共28万字。松筠将该书进呈道光皇帝，道光帝赐名《新疆识略》。该书分圣藻、新疆总图、北路舆图、南路舆图、伊犁舆图、官制兵额、屯务、营务、库储、财赋、厂务、边卫、外裔等十三门。其下又分新疆疆域总叙、新疆道里表、新疆水道总叙、疆域、卡伦、军台、营塘、河渡、驿站、厂务、山川、城池衙署、坛庙祠宇、兵屯水利、旗屯水利、回屯水利、屯务成案、行操式、军器总目、火器局、营务成案、粮饷、钱法等子目。该书内容丰富，体例严整，具有较高价值。梁启超在《中国近三百年学术史》中评论说，祁韵士、徐松等人著书，"所记载又往往得自亲历也"。

光绪三十年（1904），清政府通令各地编纂地方志和乡土志。新疆各级官府响应，于当年组织进行，三十三年（1907）完稿，共44种，其中哈密、昌吉、若羌、沙雅、和田均有两种稿本。《新疆乡土志稿》包括迪化、伊犁、焉耆、温宿、疏勒、莎车六府乡土志，巴楚州、库车直隶州、和阗直隶州、哈密直隶厅、乌什直隶厅、吐鲁番直隶厅、库尔喀喇乌苏直隶厅（今乌苏）、塔城直隶厅、精河直隶厅、英吉沙尔直隶厅、霍尔果斯分防厅、蒲犁分防厅等十三个州、厅乡土志，迪化、阜康、孚远、昌吉、奇台、绥来、呼图壁分县、鄯善、宁远（今伊宁）、绥定（今霍城）、温宿、拜城、柯坪、新平（今尉犁）、轮台、沙雅、疏附、伽师、叶城、若羌、洛浦、皮山、于阗（今于田）等二十三县乡土志。这套丛书虽是稿本、抄本，但对于了解和研究清末新疆各地的政治、经济、社会、人口等，都很有价值。

宣统元年（1909），新疆设通志局，组织编纂《新疆图志》，由布政使王树楠主其事，也有流放官员参与。次年新任巡抚袁大化亲主该书编纂事宜，并在人员与经费方面予以支持。宣统三年（1911），《新疆图志》成书。全书共116卷，200余万字，包括建置、国界、天章、藩部、职官、实业、赋税、食货、祀典、学校、民政、礼俗、军制、物候、交涉、山脉、土壤、水道、沟渠、道路、古迹、金石、艺文、奏议、名宦、武功、忠节、人物、兵事等志。该书广征博引，对新疆的政治、军事、经济、文化、地理、民族等进行了全景式叙述。是书略古详今，便于参阅利用，是研究清代新疆的必备文献。书中国界、交涉、实业、民政诸志为首创，颇有新意。

清代新疆屯垦文化呈多元形态，包括汉、满、锡伯、维吾尔等民族文化。这些文化又是随着军屯、旗屯、民屯、回屯的逐步发展而形成的。在伊犁河谷的"回屯"区，来自塔里木盆地和吐鲁番的维吾尔族移民，把"木卡姆"、"麦西莱甫"等歌舞带到这里的村庄。从祖国东北迁来的锡伯族较为完整地保留了本民族的文化传统，他们的射箭技艺世代相袭。

汉族屯垦军民带来了内地的建筑艺术、手工艺和民俗文化。汉族的社火庙会、戏剧艺术、年节习俗在新疆广泛流传开来。自乾隆年间起，随着内地汉族移民增多，供奉各种神祇的庙宇也多起来，如文庙、武庙、文昌庙、社稷坛、先农坛、祈谷坛、龙神祠、昭忠祠等，遍布于伊犁九城等地区。乌鲁木齐红山嘴大小庙宇林立，有玉皇阁、大佛寺、地藏寺、北斗宫、三皇庙等。每年农历四月初八的释迦牟尼诞辰和四月十五日的玉皇阁庙会，红山嘴庙会都持续半月有余。庙会成了乌鲁木齐

图上 5-7　乌鲁木齐红
山下庙宇　马达汉摄于
1907 年

汉族居民最重要的民间娱乐活动。庙会时搭台演戏，还有变戏法、耍中幡，乃至少数民族的赛马等活动。

　　会馆是屯垦移民等为维护同乡利益而建立的松散型的乡缘、业缘组织，有较浓厚的地区文化特色。清代乌鲁木齐有两湖会馆、山西会馆、甘肃会馆、陕西会馆、云贵川会馆、江浙会馆、中州会馆等。节日里，各会馆都有本乡本土特色的社火活动，如两湖会馆的花鼓戏、闹龙灯，陕西会馆的秦腔、眉户，甘肃会馆的跑旱船，中州会馆的舞狮子，山西会馆的汾阳花鼓，直隶公所的高跷、中幡等。社火都在街头表演，分地面和高台两类，地面社火多在晚上举行，而高台社火则在白天，观众则是各民族的人们。随着来新疆的屯田驻军、内地移民和谪戍遣犯日益增多，中原戏剧艺术也在新疆发展起来。到清末，乌鲁木齐已有了唱花鼓戏的"清华班"、唱秦腔的"新盛班"、唱河北梆子的"吉利班"等，主要在庙会或节日演出。

　　清代，各民族文化进入一个新的融合期。锡伯族的《三国之歌》、秧歌调、汉族的曲子戏就是吸收融合各种音乐成分而形成的。清光绪年间，甘肃民间艺人夏三通组织敦煌曲子戏进新疆屯垦区演出，很快被新疆汉族、回族、锡伯族等所接受，在城乡普及。新疆的剪纸和年画，是汉族移民自内地带来的具有喜庆内涵的民间艺术形式。新疆汉族剪纸，主要是年节喜庆用于装饰的窗花、喜花、礼花及绣花等。其风格淳朴、粗犷、厚实、明朗，属于西北风格。这一民间艺术为各民族所喜爱。各民族剪纸中出现了相同或相似的主题、题材和风格，如剪纸图案中大量使用牡丹花、荷花、梅花、石榴花、蝴蝶、孔雀、凤凰等纹样，表达吉祥、喜庆、福寿等寓意。维吾尔、哈萨克、柯尔克孜、蒙古等民族的剪纸不是用纸剪出图案，而是以剪纸方式装饰建筑、服饰、毡毯、刺绣等。维吾尔等民族剪纸图案中也常见汉族喜爱的牡丹、梅花、荷花。而新疆汉族剪纸中也常有巴旦木花、石榴花等少数民族喜爱的图案。清代新疆汉族民间流行木版年画，主要是天津杨柳青年画。题材多为"连年有余"、"万象更新"、"五谷丰登"、"恭喜发财"、"四季平安"，以及"四季耕作图"、"双喜登梅图"、"福禄寿图"，还有财神、门神等等。这些年画为各族群众所喜爱，张贴年画成为各地汉族民众过春节的时尚，也为满族、锡伯族所钟爱。它又与迎财神、送灶神、贴门神等习俗结合起来，更增添了节日气氛。杨柳青年画中还有一种画，或是亭台楼阁，或是画瓶花壶盘，很受新疆少数民族群众的欢迎。

　　清代新疆是罪犯遣戍流放之地。除一般平民遣犯外，获罪流放新疆的主要是王公贵族、文武官员、学人等，被称为遣员，又称流人。从乾隆朝起到清末，仅流放到伊犁的遣员就达数百之多，著名的如纪晓岚、洪亮吉、祁韵士、吴熊光、徐松、林则徐、张荫桓、载澜、裴景福等，他们大多留有流放边地的诗文。诗文中有些描述屯垦地区社会风貌的作品，是屯垦文化的一部分。有不少诗文描绘了屯垦的生产生活，读来生动活现。如祁韵士诗："路越金沙岭，天开赤谷城。川原多沃土，屯戍足深耕。远岸炊烟出，斜阳古渡横。牛羊看遍野，民气乐升平。"是写玛纳斯一带的屯田风光，画面上有山、有水、有川原、有渡口、有人家、有牧群，视野开阔，令人神往。纪晓岚《乌鲁木齐杂诗》云："藁砧不拟赋刀环，岁岁携家出玉关。海燕双栖春梦稳，何人重唱望夫山。"此诗写政府鼓励兵士携眷出关，以安心生产，免家人牵挂。又诗云："烽燧全消大漠清，弓刀闲挂只春耕。瓜期五载如弹指，谁怯轮台万里行。"写屯兵五年一轮换，人乐前往。林则徐参加了伊犁垦荒修渠和南疆八城的勘地，亲历库车、乌什、阿克苏、和田、莎车、喀什噶尔、焉耆，中经英吉沙尔，勘查荒地，兴修水利，此后又在吐鲁番所属的托克逊伊拉湖续勘垦地，推广坎儿井，在哈密沁城勘地。他的《柬全小汀》一诗是他在新疆业绩的生动概括："蓬山侪侣赋西征，累月边庭并辔行。荒碛长驱回鹘马，惊沙乱扑曼胡缨。但期绣陇成千顷，敢惮锋车历八城。"诗中凝聚着垦田的艰辛，折射着他的理想之光。人们对林则徐在年老体弱的情况下，为开发建设边疆，保卫边疆的事业做出的贡献，不禁会发出由衷的赞叹。

第四节　诗人群体与边塞诗

主要作者和代表作　思想内容　艺术特色

清代，发配伊犁、乌鲁木齐等地的洪亮吉、林则徐、纪晓岚、祁韵士、吴熊光、徐松、陈孚恩等，都因流放而写有西域边塞诗。流人群体是一个特殊的群体，许多人获罪前都是权倾朝野的显赫人物，他们当中有些是因诬陷而构罪，有些是因言或因事获罪，其中不乏体恤民情者，流放西域，使他们得以体察边地民情。流人中有一些是经多年寒窗苦读才得进士及第，踏入仕途，因此还多少保留着文人的情怀。他们饱读诗书，传统文化根基深厚，吟诗赋词的才华近乎天性，其中一些人对西域历史文化熟稔于心，因此留下了数量远远超过汉唐的边塞诗、行纪和方志。这些流人中，许多人如果不是获罪，很难有机会亲身接触西域文化，特别是边地的风土人情。流放西域对于他们可以说是因祸得福，边地的风土人情是如此绚丽多彩，令他们流连忘返，有感而发，写出许多诗作与著述，给后人留下了一笔丰厚的文化遗产。这也多少表达了这个群体的文化理念。这些人被流放伊犁、乌鲁木齐等地后的心情是复杂的：有失意彷徨者，有矢志不渝者，也有戮力于边地屯垦事业者。无论心境如何，都留下了谪戍边地的诗文，成为清代西域流人文化身份认证的标志。

流人关于西域的诗文，首先应推纪晓岚的《乌鲁木齐杂诗》，对于这些诗的写作意图，他在自序中交代得很清楚："思报国恩，惟有文章。歌咏休明，乃其旧职。"他就是要以诗来显示清朝治理新疆所出现的"一统之极盛"。为此，他把收入该集中的一百六十首诗作大体厘定为风土、典制、民俗、物产、游览、神异六个部分，向后人展示出一幅清前期乌鲁木齐地区社会状况和风土民情的历史画卷。纪晓岚此诗集对清代西域诗产生了重要影响⑤。"山围芳草翠烟平，迢递新城接旧城。行到丛祠歌舞榭，绿氍毹上看棋枰"。作者登乌鲁木齐北城墙远眺：庙宇戏楼相连，田野绿茵如毯，群山环抱，边城美景尽收眼底，丝毫看不到边塞飞沙走石的荒凉景象。"夜深灯火人归后，几处琵琶月下闻"，更增添边城夜晚静宓的气氛。"亦有新蝉噪晚风，小桥流水绿荫中"，盛夏恬静优美的田园景色十分迷人，作者亦乐在其中。作者被边疆的美景吸引着，也被边疆人民的淳朴民风所感染，因此诗的格调高昂清新。

纪晓岚的纪行诗一反过去某些纪行诗见物不见人，咏物伤怀的窠臼。他写边疆各族人民的春游，写元宵灯会，写节日盛况，都旨在颂扬边疆各族人民豪放开朗的气质，也给纪行诗注入一股清新的春风。"秀野亭西绿树窝，杖藜携酒晚春多。谯楼鼓动栖鸦睡，尚有游人踏月歌"。看来当时乌鲁木齐居民春游踏青蔚然成风，游人如织，真有春游不知天将晚的味道，边城居民的安居乐业由此可见一斑。"犊车辘辘满长街，火树银花对对排。无数红裙乱招手，游人拾得凤凰鞋"。元宵之夜，行人纷至沓来，车水马龙，可见乌鲁木齐的节日庆祝活动之盛况并不亚于内地大都市。至于"到处歌楼到处花，塞垣此地擅繁华"则可以看做是作者对乌鲁木齐繁华景象的总体评价。

纪晓岚诗中还记载了新疆农牧垦殖方面的情况，如小麦、水稻、菜蔬、瓜果的种植，并涉猎到新疆丰富的矿产、药材等野生资源，可谓范围广泛。他写物产很少冷峻的纯客观的描摹，而是把自己对这些物产的喜爱之情融合在华采的诗句中。写瓜"嚼来真似水晶寒"，写菜蔬"旋绕黄芽叶叶齐，登盘春菜脆玻璃"，写稻米"新稻翻匙香雪流"，写药材"阿魏滩中药气薰"，写野禽"五彩斑斓满路归"，从这些绚丽多彩的诗句中不难窥探到诗人魂系边疆的深情，看来纪晓岚是对新疆地大物博有较深了解的一位文人了。这与一些文人戍客对新疆只是怀有"愁云浇心头"的心境截然不同，这正是一种民族自豪感的表现。

清代边塞诗作者和诗作众多，如果细细爬梳，代表性的有纪晓岚的《乌鲁木齐杂诗》、庄肇奎的《伊犁纪事二十首》、洪亮吉的《伊犁纪事四十二首》、舒其绍的《消夏吟并序二十五首》、祁韵士的《西陲竹枝词百首》、方士淦的《伊江杂诗十六首》、邓廷桢的《回疆凯歌十首》、林则徐的《回疆竹枝词三十首》等，这些诗作基本代表了清代西域边塞诗的基调。当然，这些诗作虽然也有一些属于宣泄失意情愫、应酬奉和、走马观花之作，但大多数人往往能超然于个人荣辱之外，关注统一大业，并对边疆的民风民情有深入了解，即使是以风光为抒写对象，也往往充满激情。

在清代伊犁边塞诗中，诗人们吟咏最多的是边地的风土人情。庄肇奎自乾隆四十六年（1781）谪戍伊犁后，又在伊犁任职，前后在伊犁滞留 8 年之久，留有纪行诗、伊犁纪事诗等近 70 首，其中以《伊犁纪事二十首，效竹枝体》最为出色。他对伊犁景色和民族风情的描写别开生面，充满热爱之情："土膏肥沃雪泉香，尽有瓜蔬独少姜。最是早秋霜打后，菜根甘美胜吾乡。"伊犁土肥水美，瓜蔬丰饶，秋菜甘美胜似江南，足见物丰景美。作者对屯田带来的社会安定、物丰人喜有切身体会："车载粮多未易行，六千回户岁收成。造舟运入仓箱满，大漠初闻欸乃声。"回屯是清代屯田形式之一，这些来自南疆的维吾尔族农民在伊犁屯田后，粮食丰收，车载不及，乃设水运。可见屯田的确是一项利国利民的好政策。

嘉庆初年的洪亮吉虽然来去匆匆，在伊犁仅滞留百日，但留下四部著作。流放途中有《遣戍伊犁日记》，赴戍有诗作《万里荷戈集》，释回有诗作《百日赐环集》，在伊犁的见闻录有《天山客话》，记述雄奇的新疆山水，伊犁风土人情、风物特产、遣员情况等，在清代有很大影响。赴巴里坤途中作七古长诗《天山歌》，起句就是"地脉至此断，天山已包天。日月何处栖，总挂青松巅"。寥寥几笔，就勾画出了天山之大，天山之高，天山之雄伟，天山之壮观。《松树塘万松歌》更是为人传诵，全诗虽只有二十四句，却使人感到千峰万峰，千松万松，迎面扑来，狂吟如注，既有景物的白描，也有哲理的问答，更有直抒胸臆的高歌，描绘出峰松的形态、色彩和明暗等，构成一幅气象万千的天山万松图。他的《伊犁纪事四十二首》在清代边塞诗中属精品一类。洪亮吉属学者型文人，虽命运多舛，但才气压不住，因此，伊犁纪事诗也就格高一调。他不是浮光掠影式的叙事状物，而往往注重风土人情所蕴含的深意，且能见常人所不注意的细节之处。

"五月天山雪水来，城门桥下响如雷。南衢北巷零星甚，却倩河流界画开"。这是伊犁城镇常见的景色，每年春水引入城后，曲池蓄之，到夏天用于灌溉园圃。这种城内蓄水城外用的情景在内地是不多见的。洪亮吉赞赏这一举两得的聪明之举。"凿得冰梯向北开，阴崖白昼鬼徘徊。万丛磷火思偷渡，尽附牛羊角上来"。这是写维吾尔族农民开凿冰梯开通伊犁通往南疆冰达坂通道之事。年年如此，对当地人来说是司空见惯，而对洪亮吉来说却能写出新意，修路之难不说，便利行旅更重要。洪亮吉擅长状物写景，春光明媚，"风光谷雨尤奇丽，苹果花开雀舌香"；农家小景，"杏子乍青桑椹紫，家家树上有黄童"；河鱼极多，"昨宵一雨浑河长，十万鱼皆拥甲来"。写得有情有趣，生机勃勃。

舒其绍自嘉庆初年以事戍伊犁长达八年，主要写有《消夏吟并序二十五首》，以状写伊犁等地屯田城镇、山川地理、历史掌故闻名。所写屯田城镇有塔勒奇城、霍尔果斯城、惠宁城、广仁城、锡伯营以及金顶寺、普化寺、无量寺、观音寺等寺庙建筑，山川地理写有红山嘴、皮里青、白杨沟、野马渡、果子沟、红柳湾、赛里木湖、固尔扎渡口、清水河、齐齐罕河、厄鲁特游牧场等。他的足迹踏遍伊犁的城乡牧场、山山水水。在《消夏吟》序中说，这些诗是"就素所知者，拈题分咏，藉消长夏"，但其意又不尽在消夏，更是在话"升平"。在《芦草沟城》一诗中写道："大野雪漫漫，孤城草际看，黄云痴不落，白日瘦生寒。鸡犬通秦语，貔貅列汉官。太平无一事，堠火报长安。"芦草沟城即广仁城。作者对伊犁的山川风光，往往能抓住景物特征，写出各自特色。写果子沟是"云穿千嶂活，风曳百花香"，赛里木湖是"乱山围地起，一水点天流"，写齐齐罕河是"险隘葫芦口，当关水怒号"，厄鲁特游牧场是"夜猎霜飞血，晨炊雪压庐"。或许诗是浅白了点，但状物写景总是贴切有味。

被称为西北史地学奠基人的祁韵士，流放伊犁三年期间，笔耕不辍。途中完成行记《万里行程记》和诗集《濛池行稿》。《万里行程记》记载鄯善县连木沁见坎儿井："石罅中突吐一泉，稍北又有一溪从深林内涌出，汇合桥畔，淙淙振响，上有万柳阴云为之庇幂，炎天酷热，顿极清凉。时看人头皞皞，妇子嬉嬉，饮马捣衣，往来不绝，别有天地。"奇热尤甚的吐鲁番："所产棉花遍野，葡萄蔓地而生，不须架引，绿者无核最佳。甜瓜极妙，以皮瓤纯绿为上。"描绘风景如画的三台海子（赛里木湖）："青蓝深浅层出，波平似镜，天光山色，倒映其中。倏忽万变，莫可名状。时有鸳鸯白雁往来游泳，如海鸥无心，见人不畏，极可观也。"沿湖驻防察哈尔兵："列帐而居，错落棋布，牛羊牲畜，烂漫若锦。睹此境界，有海阔天空之想。"

对五十余里长的塔尔奇沟（今称果子沟）的绮丽多姿，祁韵士更是赞叹不已："忽见林木蔚然起叠嶂间，山半泉涌，细草如针，心甚异之。前行翘首，则满谷云树森森，不可指数，引人入胜，注目难遍，欣悦之情，惟虑其尽。已而峰回路转，愈入愈奇，木既挺秀，具干霄蔽日之势。草亦翁郁，有苍藤翠藓之奇，满山顶趾，绣错罕隙，如入万花谷中，美不胜收也。泉流十余里，与东涧中大水合流，澎湃砰訇，出入危石峻磴间，沿岸杂树丛枝，覆水不见，但闻其声。七十二桥回环屈曲于千岩万壑之中，密箐深林之下，凭谁摹此画中境耶。夫此沟一线天耳，而其山其水及其草木，无一不臻佳妙，足称富丽天成，不必更以萧疏澹远为胜。何期万里岩疆，乃有此一段仙境，奇绝、快绝！"

祁韵士除帮助伊犁将军松筠完成大型志书《伊犁总统事略》外，自己还著有《西陲要略》、《西域释地》等史地著作，对伊犁地区政治、经济、历史、地理、各民族习俗等都有翔实记载，有很高的文献价值。他的《西陲竹枝词》一百首以写新疆风土人情、山川地理著称，但更多了一些历史厚重感和责任感。《伊犁》诗："伊丽曾闻属定方，濛池碎叶路茫茫。投鞭直断西流水，始信当年我武扬。"这是借用唐朝平定西突厥建濛池都护府、碎叶州典故赞颂清乾隆朝平定准噶尔之事，其中充满自豪感。《兵屯》："细柳云屯剑气寒，貔貅百万势桓桓。列城棋布星罗日，阃外群尊大将云。"建伊犁九城，陈兵边塞，都是保民安边的重大举措，作者予以充分肯定。《卡伦》："刁斗声残夜寂寥，龙沙极目雪花飘。守边一一皆飞将，生手何人敢射雕？"卡伦为清政府设于边地要隘守望并营税收之处。此诗是赞颂坚守卡伦将士的，寓指卡伦在边疆稳定中意义重大。他还写有《府茶》、《阿拉占》、《器乐》、《回布》等状写伊犁等地民俗文化的诗作，对边地淳朴的民风民俗充满赞誉之情。

方士淦于道光五年（1825）遣戍伊犁，道光八年释返。在伊犁期间写有《伊江杂诗十六首》，其中不少诗是对清乾隆朝在平定大小和卓和准噶尔叛乱中献身将士的追念和凭吊："城外绿阴稠，金堤百尺楼。群峰环雪岭，一水带沙流。不有神明相，谁令祀典修。宗臣遗像在，忠义凛千秋。"在惠远城南门外龙王庙前的望河楼为伊犁将军保宁所建，其父纳穆札尔，在平定大小和卓叛乱中殉难。作者称誉纳穆札尔"忠义凛千秋"，值得人们缅怀。

鸦片战争中，林则徐和邓廷桢同被遣戍伊犁，写了不少咏物明志的诗作。邓廷桢写伊犁山川之雄浑，抒报国无门之忧思。《伊丽河上》是其代表作："万里伊丽水，西流不奈何。驱车临断岸，落木起层波。远影群鸥没，寒声独雁过。河梁终古意，击剑一长歌。"

林则徐流放伊犁两年，赴南疆勘地又一年。虽然他在政治上已无权发言，但还在用笔来抗争，以信札向亲朋好友倾吐襟怀，以日记作为走遍新疆的实录，以诗词抒发压抑在胸的激情，以文录作为流放生涯的见证，留下三部日记，即道光二十二年（1842）自西安赴戍伊犁的《壬寅日记》（又名《荷戈纪程》）；二十三年（1843）在伊犁大半年的《癸卯日记》；二十五年（1845）南疆勘地的《乙巳日记》。还有百余篇诗词。流人的内心境界因人而异，各有不同，林则徐的境界是最高的，《赴戍登程口占示家人》中的"苟利国家生死以，岂因祸福避趋之"，是洋溢着崇高爱国精神的千古绝唱！闪烁着亮光，照耀着后人。林则徐流放新疆期间的诗作一如禁烟抗英一样，不忘国家命运，在伊犁有《壶舟以前后放言诗寄示奉次二首》："何日穹庐能解脱，宝刀盼上短辕车。"盼望着上前线杀敌报国。南疆勘地时有《寄赠梅生见赠，五叠前韵》："西域遍行三万里，斯游我亦浪逞雄。"足以显示其英雄本色。

流放新疆，使林则徐有了接近并体察下层民众的机会，热情淳朴而贫穷的维吾尔人民，与内地迥然不同的习俗风情，戈壁绿洲的边塞风光，无一不令他耳目一新，深深吸引和打动着他，为他的诗歌带来新鲜气息，也使他写下《回疆竹枝词三十首》，形象地反映维吾尔族在清代的礼俗制度、农作节气、历法宗教、文化艺术、建筑医疗、衣食起居、婚嫁丧葬等，特别是反映南疆生产落后荒凉之状和维吾尔人民生活艰辛之情形。诗中使用大量维吾尔语，平淡而又诙谐，写实又富有诗意，信手拈来，运用自如，流畅顺口，充满浓厚的维吾尔族的生活气息，不仅具有民歌特色，而且具有民族特色，向后人展示出一幅幅清代维吾尔人民生活的风俗图画。

当林则徐获释将要离开新疆返回内地时，对新疆仍是一往情深的依恋，在《乙巳子月六日，伊吾旅次被命回京以四五品京堂用，纪恩述怀》中深情吟咏："格登山色伊江水，回首依依勒马看。"他对新疆的山山水水饱含炽烈的感情，他对新疆各族人民充满深情厚谊，他的爱国主义思想，通过他在流放新疆期间的诗文得到深刻的反映，可以毫不夸张地说，林则徐在新疆的业绩和虎门销烟的壮举是交相辉映的。

光绪初年，湖南益阳人萧雄作为幕僚，随大军收复新疆失地远至喀什，晚年写成《西疆杂述诗》一百五十首，分为衣服、妇女、屋宇、教宗、文字、刑法、伦理、婚嫁、丧葬、历法、牧养、耕种、纺织、艺术、歌舞、饮食、瓜果奇虎、土产等类。如同纪晓岚的《乌鲁木齐杂诗》，每首四句，都有自注。纪晓岚的自注是数十字，而萧雄的自注则数百字或上千字，这得益于他的亲自考察和深入研究，在清代边塞诗中自成一家。咏维吾尔文字："行行从右认横题，鸟篆纡回不整齐。二十九形兼转韵，音从喉舌辨高低。"如同林则徐《回疆竹枝词》之五所咏："字名哈特势横斜，点画虽成尚可加。廿九字头都解识，便矜文雅号毛喇。"都是说维吾尔文有二十九个字母，字体略有倾斜，自右至左横写，还上下加点添划。在读音上很讲究。能通识经典并有研究者，便可以文雅自许，称为毛拉。又咏乐器："龟兹乐部起纷纷，调急弦粗响遏云。忽听名呼胡拨四，不禁低首忆昭君。"如同林则徐在《回疆竹枝词》之十三所咏："城角高台广乐张，律皆夷则少宫商。苇笳八孔胡琴四，节拍都随击鼓铛。"说每逢节日或喜庆之日，能歌善舞的维吾尔人总是在城角楼台、屋顶高处摆开乐队，乐曲声欢快而远扬。旋律和谐于夷则律，与汉族的五声音阶大不一样。苇笳八个孔，胡琴四根弦，整个乐曲的节拍和舞蹈的旋律，都随着手鼓、纳格拉铁鼓的响声而进行。

萧雄赞美新疆是瓜果之乡。如甜瓜："镇心齐剖绿沉瓜，翡翠冰融月一牙。更有甘芳黄玉软，橐驼筐筐贡天家。"葡萄："苍藤蔓架覆檐前，满缀明珠络索圆。赛过荔枝三百颗，大宛风味汉家烟。"香梨："果树成林万颗垂，瑶池分种最相宜。焉耆城外梨千树，不让哀家独擅奇。"杏子、苹果、大枣和樱桃："山南山北杏子多，更夸仙果好频婆。枣花落后樱桃熟，一段风光莫忽过。"他还对新疆矿产之丰赞叹不已："土厚能令百宝生，金藏五种辨分明"，"玉拟羊脂温且腴，昆冈气脉本来殊。"名闻遐迩的金银铜铁玉也是诗人吟咏的对象。这些诗化的物产，能给人一种美的享受。

光绪三十二年（1906）广东知县裴景福，因被上司挟嫌弹劾，流放新疆。他有《哈密》云："天山积雪冻初融，哈密双城夕照红。十里桃花万杨柳，中原无此好春风。踏残白棘过黄芦，麦秀宜禾绿似铺。更与偎郎弹一曲，不辞烂醉住伊吾。"伊吾为哈密古称，偎郎即指维吾尔歌舞。新疆既是歌舞之乡，也是瓜果之乡。沿天山北麓西行，他赋诗《天山》："呼吸苍穹逼斗躔，昆仑气脉得来先。春风难扫千年雪，秋月能开万岭烟。西域威灵蟠两部，北都枝干络三边。会当绝顶观初日，五岳中原小眼前。"诗中赞颂雄伟壮丽的天山，耸入云端，逼近星斗。又像巨龙一样盘踞，向西分为三支，把新疆大地分为南北两大部分。杜甫《望岳》诗称颂泰山"会当凌绝顶，一览众山小"，而裴景福想象着登天山而小天下，境界更为开阔。

第五节　新疆建省与文化提升

新疆建省与文化举措　城市建筑文化　商业文化　近代教育

清光绪朝是整个清王朝走向衰败的时期，但是犹如回光返照一般，光绪十年（1884）新疆建省（省会设在迪化，今乌鲁木齐）给新疆文化的提升带来了新的契机。清政府在新疆实行与全国统一的郡县制、开办新学和城市商业文化的兴起是文化提升的重要标志。1884年，新疆建省后实行的郡县制，在行政体制上与全国保持一致，是制度上进行革新的重大举措。1902年开始的新疆新政，受全国政治形势的影响，主要是置省、改官、开垦、兴学、练兵等。清政府根据新疆的实际情况，在新疆施行一练兵，二蕃牧，三商务，四工务，五兴学的政策。成效比较显著并对后来影响比较大的主要是编练新军、兴办实业、开办学校和建咨议局，其中不乏许多文化措施。以津商八大行为主的城市商业文化成为新疆城市文化的新标志。

同治五年（1866）惠远城陷落，十年（1871）沙俄出兵占领伊犁，将惠远、绥定等城拆毁。光绪八年（1882）清朝收回伊犁，仿照旧城规制，在惠远故城以北十五里另筑新城，十九年（1893），负责伊、塔两地防务的伊犁将军率官兵从绥定城迁入新惠远城驻扎，仍设将军、副都统及四营领队大臣衙署，将军还派一名副都统驻塔城，绥定城内仍设总兵衙署。光绪三十二年（1906），俄属芬兰人马达汉在《马达汉西域考察日记》中记载，伊犁"惠远城是我看到过的最整洁、最美丽的中国城市，是俄国军队撤走之后新建的，城市设计得很好，笔直的街道，又宽敞又漂亮。在主要街道的两旁，几乎都是官邸衙门，居中心地位的是将军府。此外还有一些商店和两座庙宇，其中一座庙宇红砖绿瓦，十分漂亮。另一条街道主要是商店、餐馆等。市中心，两条大街的十字路口建了一座城门样的钟鼓楼，四个门洞朝着东南西北四个方向"[⑦]。

新疆建省后，光绪十二年（1886）将乌鲁木齐原先的满汉两城合并扩建，街衢规整，形成新的城市格局。正如马达汉所记，乌鲁木齐是全省最高行政中心。巡抚住在市中心的衙署里，他是全省的民政和军事首领，有管理各种事务的行政部门。城南主要是维吾尔居住区，市郊的南端是特地设计并建造起来的俄国商业区。城内的建筑区域划分为好几个部分，建筑的形式和大小很不规则，主要是因为围墙建得不规则和官员的官邸很多。街道都是南北走向，离南门约三百尺的地方，有一条整洁的街道，两旁聚集了城里最富有的汉人商店，展销着俄国的上漆铁皮、日本的香烟、化妆品等舶来品，但中国产品还是占多数。城里大十字一带主要是津商八大行，货物是从北京直接运来的。其他小商店、饭店、客栈共有百余家。回民和维吾尔人拥有的数十家商店都在城南城墙外。城市人口，包括郊区，可能有八万人。城中大部分土地都被官府衙门、军营、官邸和庙宇所占有。一些重要的街道，都有用木板盖住的街沟，这是建筑下水道的简单尝试。许多地方设有出租马车停车站。城市里建立警队已有一段时间了，每一条巡逻线上都有一个岗亭。街上照明用的油灯，也是刚刚启用。从马达汉的记载不难发现，乌鲁木齐的都市规模和商业文化已经具备比较完善的功能。

喀什城，据《西域图志》记载原有"城周四里余，东西南北四门"，乾隆帝平定大小和卓叛乱后，下令在旧城西北建汉城，钦定城名"徕宁"。道光六年（1826），徕宁城毁于大小和卓后裔张格尔煽动的叛乱中。事后新建汉城（即今疏勒县城），钦定城名"恢武"。十八年（1838），喀什噶尔阿奇木伯克在清朝地方官员的部署下，主持了喀什噶尔回城的扩建工程，将艾提尕尔大清真寺以西至徕宁城东墙的地带圈进了城区，使城区面积扩大了一倍多。二十五年（1845）林则徐勘地来此，日记记载："此处虽亦土城，而气势雄壮，甲于回疆。汉兵三千五百，以三营参游领之。满兵五百，以参佐领辖之。贸易汉民俱在城内，回城则在北门外，相距二十里。汉城旧与回城相连，自道光十年后始另筑也。"⑧光绪二十四年（1898），原徕宁城也纳入回城，周长达 12 里多，超过省城乌鲁木齐城，城建规模在全疆名列第一。1906 年，马达汉记载喀什噶尔"从外观来看，喀什噶尔与俄属突厥斯坦的城市非常相似。一样的有篷顶的集市，同样的长统靴、手艺人和单层泥土平房等等，构成了城市的特点。该城被雉堞状的城墙环绕，城外盖起许多郊区民房，城墙围着的城

图上 5-8　清末民初乌鲁木齐
大十字　祁小山提供

市犹如城堡似的高高耸立在四周低矮的建筑群落之中。"整个城区以艾提尕尔大清真为中心，向外作放射状扩展，灵活多变，自然美观，街巷蜿蜒，曲尽通幽。

清朝统一新疆之后，新疆文化教育发展较快。纪晓岚在《乌鲁木齐杂诗》中为"处处多开问字亭"的景象而欣喜。注说"迪化、宁边、景化、阜康四城，旧置书院四处。自建设学额以来，各屯多开乡塾，营伍亦建义学二处，教兵之子弟。弦歌相闻，俨然中土"（《民俗》三十三）。在天山北部汉族军民居住比较集中的地区，都开办了学校，分为官府开办的"义学"和民间开办的"乡塾"。在满、蒙、锡伯等族中官府办有"八旗官学"，培养军营文书。高等的有乌鲁木齐的"虎峰书院"，成绩优秀者由官府保荐赴兰州参加科举考试。

维吾尔等民族的教育，则主要由各级伊斯兰宗教学校承担。比较大的清真寺，一般都附设初等宗教学校，成绩优秀者可进入高级宗教学校（麦德力斯）深造，除教授宗教知识外，还可以学习文学、历史、算学、医学等方面的知识。在南疆一些大的城市，都建有高级宗教学校。光绪初年，左宗棠收复新疆后，曾在南疆维吾尔地区"广置义塾"，招收维吾尔儿童学习汉语言文字，以培养通晓维汉双语的翻译人员。

清朝于1905年废除科举制度，在全国兴办新式学堂，并选派留学生赴国外学习。在全国新政的影响下，新疆也开始实行新政，其中涉及教育的举措包括重建、改建旧式学馆，增设"兴学"的行政机构，省城迪化设提学司，地方设劝学所等。一时间，新疆各地兴学蔚然成风，开办了各类学校，对各族儿童进行近代科学知识的教育。如1892年在迪化开办"俄文学堂"，1896年在伊犁开办"养正学堂"，教学内容都不同于旧式的"义学"和"私塾"。新疆这一时期开办的学校，不仅从内地聘任具有近代科学文化知识的教师，而且还聘有外国教师。学生除学习国文外，还学习数学、物理、化学、法律、经济、体育、音乐、美术、外语等。这些学校为新疆培养了一批具有近代思想和科学知识的人才，在新疆近代化进程中发挥了重要作用。

清乾隆朝统一新疆后，开屯垦，兴贸易。稳定的社会环境加之宽松的政策，使商业文化出现兴盛景象。据乾隆年间椿园《西域闻见录》记载，当时全疆各地"内地商民，外藩贸易，鳞集星萃，街市纷纭，每逢八栅（巴扎，集市）会期，摩肩雨汗，货如雾拥"。叶尔羌（今莎车）"中国商贾，山陕江浙之人，不辞险远，货贩其地。而外藩之人如安集延、退摆特（今列城）、郭酣（浩罕）、克什米尔等处，皆来贸易。八栅儿街长十里，每当会期，货若云屯，人如蜂聚，奇珍异宝，往往有之，牲畜果品，尤不可枚举"。乌鲁木齐"其地为四达之区，以故字号店铺，鳞次栉比，市衢宽广，人民辐辏，茶寮酒肆，优伶歌童、工艺技巧之人无一不备，繁华富庶，甲于关外"⑨。嘉庆初年的洪亮吉在《伊犁纪事诗》中吟咏："谁跨明驼天半回，传呼布鲁特（柯尔克孜）人来。牛羊十万鞭驱至，三日城西路不开。"这是对贸易繁盛的生动写照。光绪初年，天津杨柳青一带受灾的农民和船工二三百人，随清军西征，挑担销售小百货，称为"赶大营"。清军消灭阿古柏、收复伊犁后，这些行商也定居下来，以乌鲁木齐为中心，在全疆各地成为坐商。他们勤俭经营，支军有功，得到官方关照，清末在乌鲁木齐形成著名的"津商八大家"：永裕德、同盛合、公聚成、德恒泰、中立祥、复泉涌、升聚永、聚兴永，商号分支遍布天山南北，能为地方当局提供资助，维持政局。1910 年 8 月，乌鲁木齐发生王高升放火案，"津商八大家"损失惨重。后来出现了津、燕、晋、鄂、湘、川、陕、陇"八帮商户"，各具特色。迪化南门外到二道桥之间，形成南关商业一条街，店主多为维吾尔族，少数为回族，以经营土特产品为主，二道桥是集中的民族贸易区，有传统的夜市及民间乐手的弹唱。随着近代中俄一系列不平等条约的签订，开辟乌鲁木齐、哈密、吐鲁番为俄商贸易区，俄商纷至沓来，并在伊犁、塔城、乌鲁木齐开设道胜银行，办理对京津沪的汇兑业务。

第六节　社会激荡中的宗教文化

萨满教文化　藏传佛教文化　道教文化　伊斯兰教文化　天主教文化　基督教文化　东正教文化

新疆自古以来，就是多种宗教传播地区，清代到近代，继续保持多种宗教并存的局面。但是随着时代的变迁，各民族的宗教信仰也发生了重大变化，原有的火祆教、景教和摩尼教已消失无存，伊斯兰教成为主要宗教，萨满教遗风尚存，佛教和道教保存下来，天主教、基督教、东正教传入新疆，加入到多种宗教文化的格局中来。

　　清代以来，虽然萨满教只存在于锡伯族和达斡尔族中，但其影响在维吾尔等民族中仍然广泛存在。如清道光年间林则徐南疆勘地，在《回疆竹枝词三十首》中吟咏维吾尔麻扎（坟墓）朝拜："不从土偶折腰肢，长跪空中纳祸兹。何独叩头麻乍尔，长竿高挂马牛牦。"马牛牦即马牛之尾或长毛，立竿高挂坟上（类似汉族之灵幡），为维吾尔族历史上曾信仰萨满教的遗风。维吾尔中的"巴合西"就是萨满教中的萨满。还有萨满教的占卜和跳神治病，在哈萨克、蒙古、柯尔克孜族中大体相似。蒙古族的"祭敖包'，就是萨满教的残留。锡伯族萨满教所崇拜的神灵很多，大体分为自然神、动植物神、祖先神三大类。在祖先神中，传说为锡伯族女始祖的"伊散珠妈妈"最受崇拜，被视为男女萨满共同的保护神，受到虔诚的供奉。锡伯族有萨满歌，即从事萨满活动时吟唱的神歌，配有曲调和舞蹈，不仅巫师从事宗教活动时演唱，而且在社会上广为流传，久之成为锡伯族民歌的一部分。萨满画反映锡伯族中萨满教文化，是民间绘画艺术的一个侧面。萨满神功是锡伯萨满的基本功，萨满托梦是锡伯萨满最重要的功能，锡伯丧葬习俗是萨满跳神慰灵。

　　16世纪以后，天山以南居民的佛教信仰被伊斯兰教信仰所取代，但藏传佛教信仰却在天山以北西蒙古卫拉特四部（后称准噶尔汗国）得到广泛传播和迅猛发展。1640年前后，四部之一的土尔扈特部西迁伏尔加河下游，在异国他乡近一个半世纪，并未改信东正教，该部最终于1771年东归，藏传佛教在其中起了重要作用。1680年，伊斯兰教白山派首领阿帕克和卓借助准噶尔汗国的力量，消灭了政敌黑山派和卓势力，并灭亡了叶尔羌汗国，足见当时藏传佛教势力之大。藏传佛教成为仅次于伊斯兰教的新疆第二大宗教。藏传佛教的特点是修建喇嘛寺庙。准噶尔汗国兴盛时，曾在伊犁河北岸修建宏伟的固尔扎庙（又称金顶寺），在南岸修建海努克庙（又称银顶寺），但在1755年秋阿睦尔撒纳的叛乱中毁于战火。清朝统一新疆后，乾隆皇帝下令在承德避暑山庄仿固尔扎庙的样式修建了安远庙。后来清朝又在天山以南的和静巴仑台修建了黄庙，在天山以北的伊犁昭苏修建了圣佑庙。黄庙整个建筑群的外表都涂为黄色，建筑采用了土木结构法，正殿内供奉的诸佛铜像面容神态各异；大殿东、西、北三墙壁上以宗教故事为内容的十三幅新绘壁画，多具有藏传佛教自身的一些特点，如观音像作男身，罗汉为十六个，吉祥天母面目狞恶，大威德金刚面貌可怖等等。正殿门上的绘画题材是佛教故事中著名的四兽奇缘和护法金翅鸟。昭苏县圣佑庙是新疆现存面积最大的喇嘛教寺院。庙坐北朝南，布局对称，建筑结构自南而北依次为照壁、山门、前檐、大殿、后殿。前檐到大殿间的庭院两侧有配殿和八角亭，整体建筑保持了我国传统的佛教寺院的布局风格。由于清政府的提倡，新疆蒙古族信仰喇嘛教的人数在一段时期内不断增加。众多的蒙古成年男子当了喇嘛。而喇嘛教戒律森严，规定喇嘛只做佛事，不事生产，在一定程度上影响了新疆蒙古族的社会生产与生活。

　　清朝统一新疆后，道教随同内地官兵、商贾和百姓的进疆而得到复苏。由于当时入疆的军民以信仰道教者居多，所以道教在新疆取得比佛教更大的发展。当时大型的道观虽然不是很多，但是带有我国多神崇拜传统的道教庙宇，如万寿宫、关帝庙、龙王庙、城隍庙、娘娘庙等，却遍布天山南北，数量之多仅次于伊斯兰教的清真寺。嘉庆年间的《三州

图上 5-9　清代巴伦台
黄庙　刘玉生摄

辑略》就记载迪化、巴里坤、吉木萨尔、奇台、玛纳斯、吐鲁番、乌苏、精河的道教庙宇有 80 座之多，可见道教发展之迅速。道教不仅在北疆地区迅速传播，在南疆地区也取得空前发展。据先于《三州辑略》的《回疆通志》记载，在喀什、英吉沙、莎车、乌什、阿克苏、库车、焉耆等地，都有道教庙宇。道教在清代新疆，随着清朝政府的支持而得到重大发展，也随着清朝的灭亡失去官方支持而衰落。

伊斯兰教作为新疆的主要宗教，一是传播地域广大，清代已经遍及南北疆；二是信仰民族众多。清朝时期，随着乌孜别克族和塔塔尔族的迁入，新疆信仰伊斯兰教的民族已有维吾尔、哈萨克、回、柯尔克孜、塔吉克、乌孜别克、塔塔尔七个民族。由于历史上这些民族基本上是全民信仰伊斯兰教，伊斯兰教对这些民族的政治、经济、文化、社会生活乃至民族心理，都产生了深远的影响。清代信仰伊斯兰教诸民族中，同中有异的是回族。回族在形成过程中，不断地吸收着汉文化的成分，他们在思想意识里对伊斯兰教的信仰是坚定不移的，但他们所感受的有形物质文化氛围，从总体上讲却逐渐远离了阿拉伯、波斯、中亚的文化圈。散居于汉族中的回族渐渐放弃了阿拉伯语、波斯语，回族上层宗教人士在这种历史背景下，兴起了一场"以儒释经"的宗教文化运动。他们"学通四教"（儒教、佛教、道教、伊斯兰教），将伊斯兰教义与中国传统思想结合起来，使回族在中国伊斯兰文化中独现出自己的风格特征。新疆陕西大寺的建造与它所现显的建筑文化特点，正是"伊斯兰教中国化"在新疆的标志之一。位于乌鲁木齐市和平南路永和正巷 10 号的陕西大寺，是新疆回族清真寺的典型代表。该寺整体造型完全采用了中原传统汉式宫殿的形式：前殿顶部为单檐歇山顶，后殿顶部为八角重檐顶。但功能却是伊斯兰式的，整个大寺包括大门、南厅、北厅、大殿、浴室、讲经堂、居室等。这样的建筑表现形式，正是回族伊斯兰文化的体现。

天主教在新疆的大规模传教是在清末民初。首先来传教的主要是德国和法国传教士，分别在迪化和伊犁形成了两国的教区势力。清光绪八年（1882），法国天主教传教士石天基等到伊犁河南岸锡伯营（今察布查尔锡伯自治县）传教，无人信从，便在绥定（今霍城县）设立教堂。接着法国传教士梁荫德于光绪十一年（1885）在伊犁河北宁远城（今伊宁市）小东梁修建天主教堂一所，共有满汉教徒 80 多人。与此同时，荷兰传教士亨德里克斯从蒙古到喀什传教。最先到乌鲁木齐传教的是德国神父雷济华，另有女传教士一人，于 1907 年在新南门六道巷（今明德路）设立天主教堂，教徒 83 人。接着是荷兰传教士高日升，教堂迁至新南门外路东（今和平路）。

民国初年，新疆各大市镇如乌鲁木齐、伊宁、霍城、喀什、莎车等地都建立了天主教堂。1906 年，天主教在绥来县（今玛纳斯县）南关设教堂，1912 年移建东南约 5 公里的二宫。1916 年，在呼图壁县城东北角蒋家泉子建一天主教堂，有教徒 30 多人。

基督教传入新疆晚于天主教。清光绪十一年（1885），英国牧师亨利斯住在喀什一间印度人开的客栈，屋里挂着十字架用作教堂，影响不大。1892 年，瑞典传教士豪伊杰尔来喀什考察，选择以此为中心进行传教，得到在斯德哥尔摩召开的瑞典传教公会大会的批准。1894 年 7 月，第一批瑞典男女传教士在豪格伯格的带领下到达喀什。1905 年前后，英国传教士胡洁德（即胡进洁）先后在迪化的北大街（今北门内）和库后巷（今文化路）设立福音堂，吸收 16 名男女加入基督教。现今乌鲁木齐

图上 5-10　乌鲁木齐天主教堂　刘玉生摄

明德路一号的基督教堂，是在我国内地基督教徒李开焕和翟明霞创办的"新疆中华基督教会"的基础上建立的。乌鲁木齐基督教福音堂雇用一名维吾尔族马夫，曾经入教，但在同族的攻击下退出。瑞典传教团的女教士恩瓦尔独自在库车 22 年，治病并传教。瑞典在喀什没有政府派驻机构，其传教团由英国驻喀什领事馆代管，传教团负责人豪格伯格与英国领事马嘎特尼绘制图纸，主持设计和监修了领事馆建筑。

东正教是随着俄罗斯人传入新疆的。18 世纪后期，一些不堪忍受沙皇压迫的俄罗斯人陆续迁入新疆，把他们信奉的东正教也带到了新疆各地。但当时都是普通教徒，没有神职人员。近代以来，随着中俄一系列不平等条约的签订，大批俄罗斯商人进入新疆，沙俄取得在新疆的传教权，俄罗斯传教士开始进入新疆，在俄罗斯人聚居的地方开设教堂。最早的东正教堂建于塔城。清同治十年（1871），沙俄出兵侵占伊犁，在宁远城（今伊宁市）建立教堂，后在霍城、新源、特克斯、阿勒泰、布尔津等地设小教堂。乌鲁木齐的东正教堂建于光绪二十九年（1903），开始在沙俄领事馆（旧址今文化厅）的花园里修建，成为乌鲁木齐东正教徒的重要活动场所。在俄罗斯聚居的伊犁、塔城、迪化，教徒们筹资修建了东正教堂，每逢星期日集中到教堂做礼拜，唱圣歌，听神甫讲经布道。东正教的主要经典是《圣经》和《圣传》。教徒们信守三位一体，重视圣母崇拜。东正教堂的典型标志物十字架，与天主教有所区别。天主教的十字架是一个长条形板上端，横一短条形板；东正教的十字架则在横的短条形板上、下方，又加了两条更短的横板。故而看教堂的十字架，可判断其所属的教派。

第七节　多民族文化与文化名人

咱雅班第达　马哈默德·萨迪克·喀什噶里　纪晓岚　祁韵士　阿不都热衣木·尼扎里　徐松　萧雄　库特拜与库代日

咱雅班第达（1599—1662）　厄鲁特蒙古著名喇嘛，宗教活动家。出身于和硕特贵族家庭，明万历四十三年（1615），16 岁时被厄鲁特蒙古最高首领、和硕特部拜巴噶斯认为义子，出家为僧。次年经青海赴西藏学佛，历时 22 年。崇祯十一年（1638），受达赖五世和班禅四世之命离开西藏，返回厄鲁特蒙古传教。十三年（1640）参加由准噶尔首领巴图尔珲台吉倡导、在塔尔巴哈台（今塔城一带）召开的厄鲁特和喀尔喀蒙古各部王公会议，参与制定著名的《1640—蒙古厄鲁特法典》，缓和厄鲁特各部矛盾，调整与喀尔喀之间的关系。之后，他奔走于各部，积极诵经传教，调解纠纷，来往于西藏蒙古之间，促进蒙藏之间的联系。次年即到喀尔喀蒙古扎萨克图、土谢图等部传教，成为喀尔喀蒙古的大喇嘛。在清顺治二年（1645），远途跋涉到伏尔加河下游宣传佛教，为首领书库尔岱青之子葬礼诵经，深受王公僧俗群众的尊重。七年再赴西藏，将收集到的布施献给两个寺院。顺治十年，巴图尔珲台吉去世，他应邀参加隆重葬礼，主持法事。巴图尔珲台吉诸子为争权夺利发生冲突，他积极促成和解，平息了内乱。他在从事宗教活动并斡旋蒙古各部团结和解的同时，还致力于发展厄鲁特蒙古文化事业。顺治五年，他在原有蒙文的基础上，吸取厄鲁特人民日常方言，创制厄鲁特蒙古自己的文字——托忒文。这种文字密切了书面语和口头语的关系，人们称为托忒，即清楚明了之意。有利于沟通蒙藏文化、保留厄鲁特历史文献。他用托忒文翻译了大量藏文佛教经典、藏医典籍，记录了厄鲁特蒙古英雄史诗《江格尔》。康熙元年（1662）八月，他在第三次赴藏途中病逝，遗体保留在拉萨大昭寺。

马哈默德·萨迪克·喀什噶里　生卒年不详，维吾尔族，新疆喀什噶尔人，曾任喀什噶尔阿奇木伯克鄂斯满（库车鄂对之子）的首席秘书官。自幼受过良好的文化教育，学识渊博，一生撰写了十多部著作，最著名的是受鄂斯满之妻委托，于回历 1182 年（1768—1769）在喀什噶尔完成的《和卓传》。这部书的主要内容是叙述喀什噶尔和卓家族的历史情况。和卓家族在新疆 17—18 世纪的历史中占有比较重要的地位，本书是研究和卓在新疆的活动的极为重要的史料，填补了这一时期历史遗留的空白。此外，书中还叙述了准噶尔的情况，因此也可以作为研究准噶尔历史的参考书籍。但有的问题叙述不够清楚，或相互矛盾，因此降低了其历史部分的使用价值。他还以萨迪克的笔名，创作了不少诗作，将米尔咱·马黑麻·海答儿用波斯文撰写的《中亚蒙兀儿史——拉失德史》、《塔巴尔史》、《司坎德尔书》等历史著作译成维吾尔文，为繁荣维吾尔文化做出了重要贡献。

纪晓岚（1724—1805） 即纪昀，字晓岚，直隶献县（今属河北省沧县）崔尔庄人。乾隆三十三年（1768），扬州两淮盐运使司亏空案发，乾隆帝下令追究历任盐官之罪。纪昀姻亲卢见曾亦为前盐运使，他瞻顾亲情，通风报信，以漏言泄密获罪，被革职发往乌鲁木齐效力赎罪。三十三年年底抵达戍所，三十六年（1771）初奉旨返京，在乌鲁木齐生活了整整两年，任秘书官，负责起草奏折檄文，处理一般公文政务。东归途中追述风土，兼叙旧游，得诗一百六十首，并详加注解，命名为《乌鲁木齐杂诗》。厘为风土、典制、民俗、物产、游览、神异六个部分，向后人展示了清统一新疆十年后乌鲁木齐地区的兴盛局面和风土人情。晚年写成二十四卷四十万字的《阅微草堂笔记》，全书笔记 1200 条，其中收入流放新疆期间搜集的志怪传奇、风土人情、博物考证百余条，反映了当时的新疆风貌。《乌鲁木齐杂诗》和《阅微草堂笔记》对我们了解和研究清代新疆的历史文化很有价值。

祁韵士（1751—1815） 字鹤皋，一字谐庭，号筠渌，又号访山。山西寿阳县平野村人。嘉庆六年（1801），他出任宝泉局（即铸币局）监督。当时监督易人，仅凭账册交接，并未盘点实物。嘉庆九年核查时，发现局库亏铜 70 余万斤之多。作弊之书吏童焕曾被正法，历任监督均被追究，祁韵士发往伊犁充当苦差。祁韵士于嘉庆十年二月十八日离开北京，七月十七日抵达伊犁惠远城（今霍城县惠远故城）。时经一百七十余日，路经一万七百余里，沿途考察，随手而记，到戍所后整理出《万里行程记》和记行杂咏诗《濛池行稿》。时任伊犁将军松筠重视文化教育，利用遣员编写志书，先由原山东金乡知县汪廷楷完成初稿，祁韵士到后受命增纂，完成《西陲总统事略》（又名《伊犁总统事略》）十二卷。后经前湖南学政徐松重加考订，松筠进呈，新继位的道光帝赐名《新疆识略》。由于松筠的善待，祁韵士得以专心著述，在戍期间还完成了《西陲要略》四卷、《西域释地》一卷和《西陲竹枝词》百首。祁韵士以其在清宫内外的丰富著述，成为清代西北史地之学的拓荒先驱和奠基人。嘉庆十三年，祁韵士流放期满被释令回籍。

阿不都热衣木·尼扎里（1770—1848） 维吾尔族，新疆疏附县人。出生于染衣匠家庭，精通阿拉伯、波斯语文，擅长书法艺术，广泛接触伊斯兰东方文坛巨匠的作品，在青年时代就开始创作活动。道光十年（1830）被聘为喀什噶尔阿奇木伯克的首席秘书官，十八年，曾应吐鲁番郡王之邀前往游历，晚年曾任经文学院教师。后半生是他文学创作的旺盛期，写作著名的《爱情长诗集》，由18首长诗组成，其中《帕尔哈德与西琳》、《莱丽与麦吉侬》、《麦合逊与古丽尼莎》、《热亚与赛丁》四部长诗是他独立完成的，另有《序诗》、《巴赫拉姆国王》、《麦穆克与乌祖拉》、《麦苏德与迪拉娜》、《四个托钵僧》、《解放了的幸福》是他与人合作完成的。在创作中，他继承发扬纳瓦依开创的《五卷书》的传统，其爱情叙事诗大多取材于本民族以及阿拉伯、波斯和印度的民间故事，进行提炼再创作，歌颂纯真的爱情、友谊和忠诚，歌颂勤劳勇敢等美德，反映人民群众追求自由和正义的强烈愿望。尤其值得称道的是长诗《热比亚与赛丁》，取材于当地一个真实的故事，贫农的儿子与富户的女儿相爱，女方父母要求门当户对，造成一对恋人殉情。全诗共七章947行，两句一韵，以强化抒情气氛，每章冠以散文提要，勾勒轮廓，交代故事梗概。全诗结构严谨，段落清晰，文字流畅，时有警句妙语。

徐松（1781—1848） 字星伯。原籍浙江上虞，幼年随父宦游，遂入籍北京大兴。嘉庆五年（1800）中举，嘉庆十年会试中二甲第一名进士，授翰林院编修。十五年底，徐松出任湖南学政。次年因被人奏参主持科举考试需索陋规及出题割裂圣经而革职，十七年初流放伊犁。时任伊犁将军松筠素知徐松的才学，他想编纂一部新疆地方志书，先后任用流放在此的前山东金乡知县汪廷楷和原国史馆纂修、前宝泉局监督祁韵士，编成《西陲总统事略》十二卷，此时又命徐松重写第三稿，徐松提出实地考察，得到松筠的支持。他翻越天山，游历南疆，写出著名散文《新疆赋》，文字优美，简洁流畅，为时人传诵。伊犁帮办粮饷事务笔帖式职衔缺人，松筠奏请以徐松坐补。嘉庆帝以徐松于学政任内因赃款革职而不准。徐松长期周游新疆各地，实地考察和调查研究，昼夜伏案辛勤挥毫，终于完成新编十二卷《西陲总统事略》。嘉庆二十五年（1820）秋，松筠进呈给刚继位的道光帝，钦定赐名《新疆识略》，并于十二月下旨，以纂辑《新疆识略》，赏已革翰林院编修徐松内阁中书。除奉命写作外，徐松获罪流放伊犁期间有机会在新疆实地考察并披阅古籍文献，撰成五卷并附水道图的《西域水道记》。《西域水道记》对西域河流湖泊、地理历史、名胜古迹、驻军屯垦、风物特产均有详细考察和考证，是徐松流放九年期间倾其全部精力的著作，有极高的学术价值。比他晚半年释回的龙万育为该书作序，说他克服"穷边绝徼，舟车不通；部落地殊，译语难晓；书缺有间，文献无征"的困难；两广总督邓廷桢资助该书出版，并作序称赞该书有补阙、实用、利涉、多文、辨伪等五大优点。徐松还著有《汉书西域传补注》等。

萧雄（?—1879）　字皋谟，号听园居士，湖南益阳人。平生豁达豪放，胸怀爱国大志。早年即科场奔波，却连秀才也未能考中。同治四年（1865）投笔从戎，随副都统金顺转战贺兰山下，镇压陕甘回民起义。同治十三年随军出关，又在嵩武军提督张曜部下作参军。追随金张两将军，走遍天山南北，行程两万里。光绪四年（1878）收复新疆后，授职直隶州知州，为赡养老父，请假回籍。老父催他回新疆任职，但三年候补，终未实任。光绪十一年春入关后，专事著述。晚年困居长沙旅馆，典当衣物度日。为回答友人对新疆风土人情的询问，尝以诗文相答，写成《西疆杂述诗》四卷 150 首，厘为衣服、妇女、幼稚、屋宇、教宗、文字、风化、刑法、伦理、婚嫁、生子、丧葬、历法、耕种、纺织、蚕桑、牧养、艺术、歌舞、乐器、嬉乐、饮食、瓜果、园蔬、花卉、气候、戈壁、雷雨、风雪、鸟兽、草木、土产等类别。每首诗后都有自己详细的注解，有助于读者深入理解诗文内容。

库特拜与库代日　两人均为清代哈萨克族著名诗人。诗歌是哈萨克文学的主要形式，分为抒情诗和叙事诗两种，叙事诗多有长篇史诗，记载本民族的英雄和历史。两人都作有叙事长诗。库特拜（?—1914）自幼口齿伶俐，长于即兴对歌，通过阿肯弹唱的道路，走上诗坛。一生创作颇多，两部长诗《英雄阿尔卡里克》和《英雄吾坎》，都是以民间传说为题材创作而成的。长诗背景辽阔，语言优美，情节生动，人物性格鲜明，民族风情浓郁。库代日（1862—1916）也是通过阿肯之路走上诗坛的。与库特拜交往密切，性格豪爽，胸襟开阔，善于辞令。他也有同名长诗《英雄阿尔卡里克》，分为 24 章，内容广泛，从部落生活到官场礼仪，从衣食住行到放牧畜群，从生丧嫁娶到部落交往，从血缘关系到部落划分，从等级称呼到山川地名，从民族矛盾到阶级斗争，描述得颇为周详，勾画出丰富多彩的民族画卷，为历史学与民族学提供了珍贵资料。

【注释】

① 《阿不都热依木·那扎尔爱情故事诗选》，新疆人民出版社，1987 年。

② 《西域图志校注》，新疆人民出版社，2000 年，以下引用均见此书，不再一一注明。

③ 《新疆图志》，上海古籍出版社，1992 年，以下引用均见此书，不再一一注明。

④ 《新疆回部志》，兰州古籍书店，1990 年。

⑤ 《回疆志》，台湾成文出版社，1968 年。

⑥ 清代流人诗歌主要见吴宸霭选辑《历代西域诗钞》，新疆人民出版社，1982 年，不再一一注明。

⑦ 《马达汉西域考察日记》，中国民族摄影艺术出版社，2004 年，以下内容均见该书，不再一一注明。

⑧ 《林则徐日记》，中华书局，1962 年。

⑨ 椿园七十一：《西域闻见录》，青照堂丛书本。

下编

第一章

绿洲民族文化

自汉代在西域设立行政机构，实行屯田，至清代统一新疆，在新疆设省，历经两千年的变迁，最终形成了新疆维吾尔、哈萨克、回、柯尔克孜、蒙古、塔吉克、锡伯、满、乌孜别克、俄罗斯、达斡尔、塔塔尔、汉等民族共同居住，和平相处，各民族文化相互交融而又各具特色的基本格局。其中，居于新疆南部农耕绿洲的维吾尔族，就形成了自己独特而鲜明的绿洲民族文化。

第一节　乡村聚落社会文化

村落社会结构　亲族家庭关系　人生礼仪　传统教育

维吾尔族的社会组织结构经历了从氏族部落制向村落社会制的转变。维吾尔族的先祖是生活与活动在漠北草原的游牧部落，因此在公元840年西迁之前其社会组织是氏族部落制。据汉文史料记载，回纥汗国建立后，有"内九族"和"外九部"之分。所谓内九族即由九个血缘关系密切的部落组成的部落集团，它是回鹘汗国的核心。外九部即由九个部落组成的回鹘部落联盟。西迁之后，维吾尔族先民逐步从草原游牧生活转入以农业为主的定居生活，原来以血缘关系为纽带的社会结构逐步演变为以地缘为基础的村社组织结构。这是维吾尔族生产生活方式的重大转型，过惯了信马由缰变动不居的生活，一下子变成了躬耕守土的定居生活，其文化的各个层面都在发生深刻的变化。

新疆南部绿洲村社的居民很少与外界交往，日出而作，日落而息，形成了一个相对封闭的自给自足的社会环境。在这种社会环境中，宗法制度是维吾尔村社的管理形式，这是由父系氏族社会的家长制演变而来的。村社的世系以父系计算，宗族主支配着家族成员。沿吐鲁番盆地、塔里木河流域和塔克拉玛干沙漠边缘的绿洲，有着大大小小的维吾尔族聚居城镇和村落。据魏源《圣武记》卷四记载，到 17 世纪中后期，南疆维吾尔族城镇有几十个，村庄约 1000 多个。每城管辖若干小村镇。《西域图志》卷三三称，维吾尔族"城村络绎，星罗棋布，几于烟火相望"。维语称村落为"麦艾来"，每个村落都有"玉子伯克"（即百户长）一员，负责征收百户内赋税和差派徭役之事。另有一名"叩克巴什"（即管水者），负责管理耕地。据清朝统一新疆时的调查统计，当时的喀什噶尔拥

图下 1-1　伽师县附近维吾尔族村落　马达汉摄于 1906 年

有村镇 16 处，叶尔羌有村镇 31 处，和阗拥有大村镇 6 处（每一大村镇又各辖许多小村庄），英吉沙尔拥有村庄 9 处，阿克苏拥有村镇 22 处，乌什拥有村庄 11 处，拜城拥有村庄 18 处，赛喇木拥有村庄 9 处，库车拥有村庄 97 个，沙雅尔拥有村庄 32 个，哈密、吐鲁番和天山以北的维吾尔族地区亦有许多村庄。有些村庄形成的历史很长，到清末或清朝之后逐渐形成县一级的行政单位或城镇。在这种村落社会中，血缘关系逐渐被地缘关系取代。

在村落社会中，最基本的社会细胞是家庭。维吾尔族的家庭主要是以夫妻关系为基础的小家庭。家庭成员一般包括祖孙三代以内的直系亲属，多子家庭一般在儿子成年结婚后与父母分家，另立门户，留幼子与父母同住，尽赡养之职。独子多不分家。父母对子女有命名、抚养、教育及婚嫁的责任，子女对父母有养老、送终的义务。

近代维吾尔族家庭长期是以父亲——丈夫为核心的家长制家庭。家庭中的一切事务由父亲、丈夫支配。在家庭中夫妻地位不平等，男人被视为女人的第二个"胡达"，男人的一言一行具有很大的权威性，女人一般无权过问和处理家产。妇女极少有参加社会性的生产劳动的机会，绝大多数只能从事家务，在家煮饭，给丈夫往田间送饭、纺线、喂牲畜等。妇女外出必须戴面纱、戴面罩，回避成年男子。婆婆对儿媳有非常大的权力，在儿媳过门后，一切家务由媳妇操持。

维吾尔族的亲属关系主要分直系亲属、近亲、远亲和姻亲。在亲属关系上以父系近亲为主。维吾尔族亲属称谓通常使用最基本的父方直系亲属的称谓。姓氏见证家庭的传承，维吾尔族的姓名也不例外。维吾尔族实行逆推式父子连名制，由本名加父名构成，本名在前，父名在后，如"乌买尔·托乎提"、"阿依努尔·艾山"，简称时，可以省略父名。维吾尔族没有固定的姓氏，有的还在姓后加注表明其社会地位、职业、威望的尊称或是生理特征等意义的尾缀。因受伊斯兰教的影响多采用阿拉伯语或波斯语命名，如阿布来提（安拉的奴仆）、阿不都热西提（指引正确道路的奴仆）、玛丽亚木（祈祷者）、沙吉旦（诚拜安拉的妇女）等。除此以外，还喜欢用天体物质、四季、花卉、动物或反映时代特点的维吾尔语词汇起名，如艾尔肯（自由）、多力坤（高潮）、拜合提亚尔（幸福)、尧勒瓦斯(老虎)、古丽巴哈尔(春天的花)等。维吾尔人名之后，男性多冠以"阿洪"、"江"、"巴依"、"卡日"，女性多冠以"汗"、"古丽"、"克孜"等词，以年龄、身份不同而附加表示亲昵的专称。

维吾尔族财产继承及赡养抚养义务，一般限于同胞兄弟血亲以内。对孤寡老人，由同胞兄弟姐妹及其子女赡养送终。年幼丧父母的人，由同胞兄弟姐妹及其子女抚养，但不能动用其财产。如果年老无子女、或年幼丧父母，又无同胞兄弟姐妹及其子女，其他亲属不负抚养义务，亦无继承权，由礼拜寺依玛木聚众公议，指定赡养送终及抚育的人。但是也有个别在死者指定的情况下，旁系亲属有遗产继承权，并因而负有赡养抚育的义务。父系亲属和母系亲属承担权利和义务时，是有先后区别的。年老无子女的夫妇，先由丈夫的胞兄及其子女负赡养送终的责任。对孤儿的抚育也按同样的次序。但是如果妻先死，夫无力治丧，夫妻的胞兄弟财力虽相等，还是由妻方胞兄弟负责安排丧事。

维吾尔族恪守族内婚和教内婚。除禁止同胞兄弟姐妹之间的婚配外，堂兄弟姐妹、姨表、姑舅表兄弟姐妹间均可以通婚，但是禁止同吃同一母乳的非同胞兄弟姐妹结婚。在维吾尔族家庭中，丈夫死后，其兄弟一般不能续婚。妻子死后，丈夫可以娶妻子的姐姐或妹妹为妻，主要是为了子女免受继母虐待，同时可维系亲属关系。丈夫死后，妻子有权回娘家居住或改嫁他人，公婆无权干涉。但须等待一百天后才能改嫁。在此期间，妇女若有孕在身，所生子女归原夫。对离婚的妇女也有同样的要求。在一般情况下，丧偶的一方要等死者去世一周年后才能结婚，大多数维吾尔人遵守这个不成文的习惯。

维吾尔族对离婚和再婚者比较宽容。丈夫有提出离婚的特权，对妻子说了"塔拉克"(休妻)或"阔由杜木"(放了你)，便算断绝夫妻关系。在许多情况下，因一般的家庭纠纷，男子一时感情冲动说了一句"阔由杜木"或"塔拉克"，就可以形成离婚，大妇就不能在一起生活了。妇女虽然一般没有离婚的自由，但在下述两种情况下可以提出离婚，一是丈夫出外多年，不通音讯；二是丈夫半年不与妻子同居、不管衣食。如果双方愿意复婚，需要重新举行简单的结婚仪式，须请宣礼员或会诵经的人诵经和解，此后即可恢复夫妇关系。如果丈夫说了三个"塔拉克"，便算永远断绝了夫妻关系，一般就不再可能复婚了。维吾尔族正式离婚时，双方彼此平分家产，如果双方在财产、孩子问题上发生争执，就到宗教法庭裁决。

维吾尔族是一个重视人生礼仪的民族，并把人生礼仪作为重大仪式对待。维吾尔人的一生有四次重大的人生礼仪，即摇床礼、割礼、婚礼和葬礼。

婴儿诞生后40天，要举行隆重的摇床礼仪式，它相当于汉族的满月礼。婴儿出生以后，满40天之前大多是在母亲身边喂养，满40天后就要放入摇床喂养至一两岁。也可以说维吾尔族的摇床对婴儿来说是仅次于母亲的第二个怀抱。举行摇床礼，不仅表示婴儿在人生道路上迈开了第一步，同时也祝贺产妇康复。维吾尔族有句谚语："摇床里的孩子是伯克（有地位的人）的孩子。"无论在农村还是城市，几乎每一个维吾尔族家庭，都有一张小摇床。维吾尔族人无论是男是女，婴儿时期大都是在摇床里度过的。

摇床礼是维吾尔族人生礼仪中的第一个隆重仪式。其仪式过程是：首先准备一盆满月洗礼水。参加仪式的小孩来齐后，让他们排成一行，每人发一个木勺。之后将婴儿放进水里，小客人们依次从盆里舀一勺水轻轻浇到婴儿的头上，并叫着婴儿的名字说一句祝福的话。并且主人给每个小客人发一块抹上"阿勒瓦"（甜面糊）的油馕和一些糖果。然后

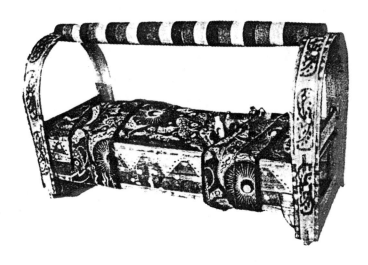

图下 1-2　维吾尔族摇床　马达汉摄于 1906 年

是要请一位忠厚老实的剃头匠给婴儿剃去胎毛，为婴儿穿上漂亮的衣服后放入摇床中。最后婆家为儿媳妇、孙子准备礼物，还要带礼物给亲家母，表示对儿媳娘家人的慰问、感谢。娘家也要为母子准备相当的礼物。举行摇床礼的目的是祈福求吉。

维吾尔族男孩长到 5 岁或 7 岁时，要为其举行割礼。所谓割礼就是割去男孩阴茎上多余的包皮。为了伤口愈合得快，割礼多在春秋季节进行。割礼原为阿拉伯半岛古代居民的习俗，后被伊斯兰教沿袭，随着伊斯兰教的传入，被维吾尔等信仰伊斯兰教的民族接受，并逐渐成为维吾尔族的一种习俗。维吾尔族把割礼看作是男孩人生中的一件大事，割礼仪式也就非常隆重。这天，男孩家请来乐师，在屋顶上敲起纳格拉鼓，吹起唢呐，像过节一样热闹，亲戚朋友、街坊乡邻带着礼物前来祝贺，主人家宰羊做抓饭款待宾客，其热闹程度只有婚礼可与之相比。

割礼开始时，施礼者将一把锋利的"吾斯吐尔"（折叠式小钢刀）藏在袖内，不让受割礼的男孩发现。开始，施礼者用手摩挲男孩的生殖器的包皮，佯装若无其事地给小孩讲故事，或是用其他方法分散他的注意力，乘男孩不备，迅速敏捷地用竹板夹住其生殖器的包皮并割掉，将棉花烧成灰抹到伤口处，止血和消毒。手术前后仅用 1 分多钟，等男孩感觉疼痛准备哭喊时，连忙把剥好皮的鸡蛋塞进男孩的嘴里，堵住孩子的哭声，等孩子吃完鸡蛋，剧痛早已过去了。割礼后，男孩卧床休息几天，受到特殊的照颐。凡施行过割礼的男孩，表示他已由幼年成长为少年。施行割礼时谢绝女人特别是孩子的母亲入内。

维吾尔族视婚姻为人生一件大事，故特别看重婚姻礼仪。婚姻缔结要经过提亲、订亲、订婚、出嫁和迎亲等礼仪。子女成年后，男孩的父母开始从亲友邻里、乡里为儿子物色对象。选中之后，即托亲友到女方家提亲。得到女方同意后，男方的母亲带着衣料、馕、茶叶、盐、糖果等礼物由 3 名女亲友陪同到女方家与女方母亲见面，商定订婚的日期。订亲后，女方将彩礼的数目列出一个清单，交亲友送到男方家。双方家长一般不直接参加协商，主要由双方代表进行协调解决。维吾尔族的彩礼主要包括三项：新娘的金银首饰、四季衣服、衣料、鞋靴；巾帽、手表等物品；礼物性彩礼，专为女方父母兄弟姐妹及其他亲属送的礼物，主要以衣料为主；女方婚宴上所需的食物，包括肉、油、馕或面粉、大米、胡萝卜、盐、砖茶、糖果点心及柴或煤等。订婚时，男方的父母带着彩礼在三四十位亲友及邻居的陪同下，与女方的父母及近亲正式见面。女方家设宴款待来客之后，男方请一位能说会道的妇女代表把带来的彩礼当众打开，一一展示给来宾。然后双方商定举行婚礼的日期。

维吾尔族婚礼隆重，充满欢乐的气氛。婚礼的第一天，新郎、新娘两家同时在各自的家里设宴招待来宾，人们弹着都塔尔、热瓦甫，打着手鼓，唱歌跳舞，婚礼充满了喜气洋洋、欢声笑语的欢乐气氛。下午，新郎穿戴一新，在亲友的簇拥下去女方家迎娶新娘，一路上小伙子们打起手鼓、吹着唢呐、弹着热瓦甫，兴高采烈地高唱《迎新娘歌》。仪式，由阿訇诵经，证婚。阿訇询问新郎、新娘是否愿意结为夫妻，得到肯定的回答后，将两块在盐水中浸泡过的馕交给新郎、新娘当场吃下，表示从此同甘共苦，白头偕老。在场的亲友同声祝贺婚姻美满，人们高歌曼舞，女方盛情招待迎亲人员。迎亲的队伍离开女方家前，新娘流着泪水与家人辞别。按习惯，新娘离开家时一定要哭，以表示舍不得离开父母。新娘的亲人和女伴们一边陪着新娘掉眼泪，一边为新娘换上男方为其买的衣服，并在其头上蒙上一块大的纱巾。几名男子抬起新娘身下的地毯，将哭泣的新娘抬上接亲的马车上。此时，接亲的小伙子们唱起"劝导歌"：莫哭泣，姑娘莫哭泣，今天是你的婚礼，你已安家在金花灿灿的新房里。莫哭泣，姑娘莫哭泣，这会儿你该是大喜，你和雄鹰般的小伙儿结为伉俪。莫哭泣，姑娘莫哭泣，这会儿正是你的婚礼，英俊的美男儿成了你的知己。

新郎新娘来到新郎家门口时，新郎家在门前点燃一堆火，让新娘从火堆上越过去。婆家还要将一块红布从院门一直铺到屋门，维吾尔族称这块布为"帕炎达孜"。来宾中的妇女站在新布两旁夹道欢迎。进屋坐定后，青年男女唱歌跳舞进行揭面纱仪式，其中一人乘跳舞的机会迅速地揭去新娘的面纱，新娘随即起身向大家行礼。然后客人们入席吃喜宴。喜宴之后举行歌舞晚会，大家尽情地唱歌跳舞，以示庆贺。几乎所有的人，都随着鼓点翩翩起舞，欢乐的气氛达到高潮，直到深夜人们才离去。

婚后第二天早晨，女方家派几位妇女给新郎新娘送来早餐，一般为抓饭和薄皮包子等，以示慰问。男方家热情接待来客，并给每人送一块布料，给新娘送一身衣料，以及镜子、梳子、香皂、袜子等礼品。婚后一周内，双方家里都举行"其尔拉克"，彼此宴请亲友。到此，整个婚礼仪式才告结束。

葬礼是维吾尔人人生礼仪中的谢幕仪式，即一个人的一生完结时，使其死得安详。维吾尔族信仰伊斯兰教后，葬礼仪式皆按伊斯兰教的规仪进行，实行土葬，并且主张速葬、薄葬。一般晨亡午葬，晚亡次日晨葬，停尸不超过一天。维吾尔人认为星期五、肉孜节、古尔邦节去世是死者的福气。死者临终前，亲友前来念"都瓦"告别，儿女在床前领受遗嘱，阿訇盖章证明。死后阿訇将"神水"（清水）滴在死者嘴上，然后将尸体平放，用白布带固定其下巴，使其嘴闭住，使人感觉死者安详地睡在那里，捆住两脚大拇指，并让其面部朝西方，用干净白布覆盖。之后，将尸体用毡子裹住放入"塔吾提"（抬尸木架）里，由死者的男性亲友抬至清真寺，举行葬礼。首先做"伊斯卡特"，意思为最后一次施舍，死者家人将分好的钱及财物给寺里的阿訇和其他人，表示完成死者生前未尽的义务。然后行"站礼"，由阿訇念经、祈祷。这些仪式结束后，在将尸体抬往墓地之前，还要为死者作口头"鉴定"和举行"赎罪"仪式。死者的亲人询问伊麻木和乡亲们死者的人品如何，伊玛木和乡亲们则往往颂扬死者的功德和善行。做完"鉴定"之后，死者的儿子和其他男性至亲还要讨众人的"热阿孜"（满意、谅解之意），问大家死者生前是否欠大家的债，若有他们会还。这时，伊麻木会大声询问大家，其目的是为了让死去的人安息。

死者家人一般要服丧40天，以示对死者的哀思。死者尸体曾经停放的屋子要点燃灯火，持续40天夜间，据说在这期间死者的灵魂会时常回到家里和家人告别。按习惯，家中长辈去世后，子女在七天内不剃头，不刮胡须，一年之内不能参加各种娱乐活动，不能穿鲜艳的服装，否则视为对长者的不敬、不孝。

维吾尔族村落都有公共墓地。死者下葬的墓穴一般深度和长度各2米，宽约1米，穴壁开洞，放尸体。无论墓门开向哪个方向，都要将死者的头朝南、脚朝北、面向西方安葬。

为了表示对死者的怀念，一般在死者死后的第三天、第七天、第四十天、一周年这些日子里，亲人们要举行祭奠活动"乃孜尔"，请阿訇念经，请亲友、乡邻参加，以表示对死者的缅怀和哀悼。

维吾尔族在信仰伊斯兰教后，其教育形式也发生了嬗变。伊斯兰教经文教育在维吾尔社会中占有重要地位，后期还传入新式教育。19世纪末20世纪初以前，维吾尔族教育基本上是经文教育，儿童和青年以受宗教教育为主。当时的学校分"初级经文学校"和"高级经文学校"，学制三年到十年，甚至更长。学校招生不受年龄和性别的限制，4岁半至十五六岁的男孩以及4岁半到10岁的女孩一般同班学习。学校主要讲授伊斯兰教教义，学校教师多由毛拉、阿訇担任，授课内容以《古兰经》等宗教知识为主，加授语言（阿拉伯文和波斯文）、文学、历史和法学等课程。初等宗教学校主要设在农村，主要功课有宗教仪式、祈祷文和阿拉伯字母《古兰经》节要、《古兰经》全文等。所用教材除部分是维吾尔文外，一般都是阿拉伯文、波斯文。高等学校设在城里，主要培养高级宗教职业者，教授宗教仪式、宗教律例、伊斯兰哲学和经典学科等，侧重于教义和经文的讲解。这些学校在传播文化知识方面也起到过一些作用。旧式学校的教学方式以死记硬背为主，不重视书写，当时许多初级学校的学生毕业时只能进行阅读，不会书写。在麦德力斯，水平相当的学生分批进入教室围成圈坐下来听老师讲课。

19世纪末20世纪初，维吾尔族教育出现了新的趋势，逐渐开始用本民族语言授课，并出现了许多用本民族语言写成的数学、词法学、句法学、地理、历史、古兰经的朗诵学、儿童教育、劝诫等教材，为维吾尔人更好地接受文化教育提供了方便。

1840年鸦片战争以后，一批维吾尔人出国，亲眼看到欧洲国家教育的进步和发展，回国后决心改革教育，发展文化事业。1883年在阿图什伊克沙克乡出现了由胡赛音·木沙巴耶夫和巴吾东·木沙巴耶夫兄弟两人倡议开办的新式学校。学校在讲授宗教课的同时也讲授科学知识。设置的课程有语言、算术、历史、地理、自然、体育、音乐、美术、俄语、阿拉伯语、波斯语及汉语等。为了提高教师的水平，学校于1885年—1892年多次派教师到俄国、土耳其学习，回国后仍在该校教学。并且邀请土耳其籍教师来校任教。1885 年该校又设立了女生班，1907 年开办了师范班。这是新疆维吾尔族中首次创办的新式学校，对其他地区新式学校的创建起了推动作用。19 世纪末至 20 世纪初，喀什噶尔、阿克苏、库车、叶城、和阗、下阿图什、吐鲁番、鄯善、古城（奇台）、哈密、伊宁、呼图壁等地都先后开办了这样的新式学校或班级。喀什噶尔从 1913 年开始，由一些有识之士先后创办了新式学校近 20 所。但是，新式教育无论是规模还是影响，都无法与传统的经文学校教育相抗衡。

第二节　宗教信仰的改宗

原始宗教信仰　伊斯兰教信仰　信仰改宗引起的文化变迁

维吾尔族先民在信仰伊斯兰教之前，崇拜自然万物，并形成萨满教信仰。之后在外来文化影响下，曾经信仰过摩尼教、火袄教、景教、佛教等多种宗教。这些宗教对维吾尔族社会和文化产生过重大影响。

维吾尔族早期的万物崇拜产生于氏族部落时期，巫术仪式是维吾尔族最古老的宗教仪式，残留在近代维吾尔族的巫术仪式主要有祛病巫术仪式、致厄巫术仪式、求爱巫术仪式、求雨巫术仪式等。

萨满教作为一种宗教信仰，它的影响在维吾尔族社会一直存在。接受伊斯兰教后维吾尔族则将早期萨满教遗留下来的巫师称为"巴克西"和"皮尔洪"、"达罕"等，巫师在维吾尔民间跳神驱邪、治病、占卜、解梦、相面。在一些地区，伊斯兰教与萨满教往往融合在一起，阿訇既是伊斯兰教的神职人员，同时也是萨满教的巴克西，给人治病时完全采用萨满跳神驱鬼的方法。此外，原来由萨满司职的行巫术求雨、消灾、占卜、祭祖等活动，在南疆一些地方则是由谢赫或海兰达尔、巴合西主持。这些谢赫、海兰达尔和巴合西满足了民间一部分群众因萨满教而遗留下来的一些旧观念和祭祀方面的需求。

伊斯兰教约在 10 世纪末传入新疆，经过 500 多年的传播才被维吾尔族普遍接受。期间，对新疆南部社会的政治、经济、文化、生活领域产生了深刻的影响。同时，这一过程也是伊斯兰教与维吾尔社会互相适应、融合的过程。特别是苏非派的广泛传播，把南疆地区固有的某些传统习俗，如祖先崇拜、麻扎崇拜、"万物有灵"的观念以及火祆教的拜火习俗、过"诺吾茹孜节"、萨满教的崇拜习俗等，与伊斯兰教的教义相糅合，形成了维吾尔族特色的伊斯兰教信仰。这种特色在南疆地区盛行的"麻扎朝拜"活动中，得到了充分的体现。

麻扎，为阿拉伯语，意为"墓地"。麻扎朝拜实际上是祭祀祖先和亡灵的多神崇拜现象，是萨满教信仰的遗存，后被伊斯兰教苏非派所吸收、倡导而发展起来的。受到朝拜的麻扎，即"圣墓"，多是维吾尔族历史上信仰伊斯兰教的汗王、圣贤、传教士等的墓葬。麻扎通常立高杆、挂旗幡、挂牛马尾、在树杈上拴布条、供奉野羊角等，这些都是突厥和回鹘人遗留下来的祭天祭祖的习俗。在穆斯林最集中的南疆地区，尤其是农村，麻扎朝拜尤为盛行，已经成为穆斯林宗教生活的一项重要内容。朝拜者相信麻扎具有神性，并把朝拜麻扎视为是一项宗教功修，认为能够代替去麦加朝觐。凡路经麻扎的行人一般都要停下来，面对麻扎祈祷。从麻扎朝拜祈祷的内容和形式看，一个共同的特点是祈求神灵的佑助，以求神灵佑助免除灾祸和祈求幸福、应验、降雨、赐子、解除病痛等。麻扎朝拜没有固定的时间，多在春、秋季节进行，朝拜活动没有统一的形式和规定，仪式和内容也十分复杂。麻扎朝拜实质上是伊斯兰教与维吾尔等民族原始宗教信仰与传统文化相结合的产物。

维吾尔族的宗教制度和我国其他信仰伊斯兰教的民族相比具有一些自身的特点，最显著的就是它设有宗教法庭。20世纪初，维吾尔人聚居的每个县里都有一个宗教法庭，严格地推行伊斯兰教法典"沙里阿特"的规定。宗教法庭的庭长由"木佛提"（高级阿訇）来担任，另设审判官一人由"卡孜"（阿訇）担任，还设有传讯人犯、执掌行刑和为宗教法庭服务的法吏。宗教法庭设有专门审讯案件的神职人员。从宗教组织方面而言，一般设置有由艾兰目阿訇（掌教大阿訇）为首，包括哈孜阿斯卡勒、哈孜热依斯、哈孜穆夫提和其他几名哈孜（教法执行官）在内的机构，负责该地区教务，包括召开宗教法庭、任免神职人员、监督教规的执行等，并依靠清真寺组织和指导穆斯林进行宗教活动。

维吾尔族伊斯兰教的教区分为区级、县级和县以下的三种。大的县、区级教区都有"阿訇办事处"和类似的组织，负责管理一个地区的宗教事务，委派各级宗教人员。一般在一个县级"阿訇办事处"，由六个执掌着宗教大权的宗教首领组成，各司其职。这些高级的宗教职业者，权力极大，对当地社会的行政、司法、手工业、商业等事务都可以插手干预。教主作证的权力非同一般，维吾尔族人民举凡一切重要的文书、契约，如买卖房屋、田产、商业合同、典押借贷、结婚、离婚、遗嘱、继承、甚至诉讼的状文等，都要经过教主的盖章才算合法，才能生效。

伊斯兰教不仅作为一种宗教，同时也作为一种社会制度、生活方式和文化表现形式，广泛地渗透到维吾尔族的精神生活和社会生活之中，给维吾尔族政治、经济、教育、伦理、语言文字、风俗习惯、文化艺术等方面以广泛深刻的影响。不但人们的生老病死、婚丧嫁娶、遗产分配、饮食、节日礼仪等等无不按伊斯兰教法规办理，而且连思维方式、价值观念、审美取向也产生重大影响。但是人们的传统的思维方式、价值观念和审美取向又不可能马上发生激变，只能在与伊斯兰文化的长期磨合中，逐渐适应，这是一个两种文化的整合过程。"所谓整合，指的是文化的各个部分并不是毫不相关的特质混合的大杂烩，而是形成一个系统。这意味着文化的不同部分相互适应，彼此表达意义，一起形成一个生活的内恰和连续的设计，这为人们提供了关于生命及在事物的秩序中人类位置的一致观点。这也意味着从外部进入的新的东西必须重新阐释，给予意义并与受体文化的意义相一致"①。这就是人们所认为的伊斯兰文化本土化的过程。唯有此，本土文化和伊斯兰文化才能找到一条减少冲突和摩擦的有效途径，避免陷入两败俱伤的窘境。

第三节　绿洲中的陶然安居

　　因地制宜的民居　形制各异的宗教建筑　建筑文化的审美旨趣

维吾尔族的民居是适应绿洲农耕定居生产生活环境而形成的。维吾尔族住宅多自成院落，一般包括庭院和住房两部分。维吾尔族庭院都比较宽敞，一般分为前院、后院或侧院。房前屋后种植果树或葡萄架，屋前多种葡萄。院门多用双扇,可容车辆进出,门面采用镶边、贴花、雕刻等手法组成各种图案。维吾尔族虽然是以农业为主的民族,但因其先民在历史上曾长期从事游牧生产,所以一直比较重视对牲畜的牧养,故在住宅的布局上,不仅要考虑农具的放置、粮食的贮藏,还要考虑牛棚、羊圈的设置。住房多由兼作居室的客室、餐室、后室和储物用的小间组成。一般的住房至少三间,多则五六间,甚至七八间,多为土木结构的平顶方形平房。中间多为堂屋,两边是住房。以住房为中心,面向庭院的屋室前多设较深的前廊,前廊下多设炕台、床塌,供人们夏天户外起居之用,沿外廊在院内多架葡萄棚遮荫,形成夏天室外活动纳凉的主要场所。室内砌一连灶土炕,用来做饭取暖。土炕面积一般很大,可睡一二十人,炕上铺席子、毛毡,吃饭等活动均席地而坐。堂屋的大炕一侧多放长条形大炕柜,柜面绘有花卉图案或雕刻花纹,上面整整齐齐地叠放着被子、褥子、枕头。维吾尔族传统的居民住房一般没有床、桌子、柜子等家具,房内墙面多开壁龛,大小不等,构成各种图案,与整个墙壁浑然一体,用于放置被褥、器皿、食品等家庭日用品。住室修有壁炉,上为突出的拱形,下面有铁蹄形的炉台,用土坯靠墙筑成,为冬季烧柴取暖之用,并可烧水做饭等。屋顶平台周围多设木栏杆,常利用屋顶平台晾晒粮食、瓜果,有的人家在屋顶修有鸽舍等。

维吾尔族民居,由于自然条件的影响,各地在建筑风格上也不尽相同,城乡差别更大。南疆气候温和,少雨雪,房屋建筑除顶棚使用少量木材外,四壁多用土坯砌成,房顶留有天窗。南疆绿洲地区农村的传统房屋看起来很简陋,但是冬暖夏凉。喀什是南疆最大的城市,由于人口较密,用地狭小,住宅多发展为一至三层的小面积庭院式。楼房、小庭院、过街楼为喀什住宅的特征。庭院四周的廊子、楼梯、栏杆等随房屋高低灵活配置。外廊柱子略加雕刻线脚。喀什民居室内布置比较讲究,壁龛和壁炉常施以石膏花,墙顶的带状石膏花或木雕花,与略施彩绘的顶棚连为一体,地面铺有色彩艳丽的地毯,构成了维吾尔族特有的居住气氛。和田由于自然地理条件和传统习惯的影响,当地住宅的庭院之上多做顶盖。顶盖四面设木棂花侧窗,以通风采光,地方特色极为显著。吐鲁番夏季炎热少雨,冬季寒冷,当地住宅根据气候干燥,土质良好等

特点，发展为地下室或半地下室的土拱平顶式样。住宅多带前后院，在
装饰上主要利用土坯砌筑花墙或多种式样的拱门，门窗边框略加雕花。
院中引进渠水，配以白杨，葡萄棚，显得朴实，清新。

　　10世纪以后，随着伊斯兰教传入新疆，伊斯兰建筑也随之传入新
疆，并影响着维吾尔族建筑。维吾尔族建筑匠师们在传统建筑的基础
上，充分吸收伊斯兰建筑的因素和特点，创造了独具特色的维吾尔族建
筑。维吾尔族建筑传统上用木料、土坯、砖及琉璃砖等材料建成，房顶
有木柱密梁平顶和土坯拱（或穹窿）两种形式。维吾尔族建筑中最突出
的是装饰艺术，装饰手段有十几种，其中较为突出而普遍采用的有石膏
花饰、彩绘、木雕和面砖等。装饰题材受伊斯兰教的影响，以植物和几
何图案为主。艾提尕尔清真寺、香妃墓、库车大寺、苏公塔等建筑以其
造型考究、装饰精美代表了维吾尔族建筑艺术的最高水平。这些建筑大
量运用了彩绘、木雕、面砖等建筑艺术。

图下 1-3　鄯善县吐峪沟民居　仲高摄

　　石膏花饰主要用于墙顶边缘、窑龛周边的带状图案，用于壁面的大幅尖拱形图案和顶棚的圆形、多角形图案。题材以牡丹、荷花、葵花、菊花、梅花、玫瑰为主，一般多为浅雕，有本色和涂色两种石膏花饰。大型花饰多先以木模制成初胚，经过精刻后再镶嵌于墙面。彩画多用于礼拜寺宽大的顶棚、梁、枋等，题材和花纹与石膏花饰相同，偶尔也采用整幅风景画。彩画用色以将相近的颜色组合，并以与其相对的补色（如红、黄）作重点配置，既有统一的主调，又有复杂的变化。彩画底色常用群青、墨绿、紫红、银灰或黑色，花纹多用白色、黄色。住宅中较少使用彩画，一般仅于顶棚边缘和密梁等处稍加点缀。木雕在建筑上的应用较石膏花饰和彩画要早。木雕多用于柱子、梁、枋和门窗，花纹题材多以桃、杏、葡萄、石榴、荷花等作主要内容。木雕花饰多用材料原色或施加彩绘。在雕法上有线雕、浅浮雕及透雕几种。砖饰主要有拼砖、型砖和琉璃砖等。拼砖图案多用于砖砌的墙面、台基、柱墩和楼梯等处。型砖为米黄色或深灰色。一种或几种型砖的连续或相间排列，即可组合成光影效果强烈的图案，用以装饰檐口和其他的边框。琉璃砖和花瓷砖主要拼镶于讲经堂和陵墓大门、墓室外部墙面、拱顶及塔身。琉璃砖为蓝、绿色，也有带浮雕效果的——凹凸花纹。花瓷砖为蓝、白色或绿、白色，花纹为花叶或几何纹，常组合成大面积的均匀排列或四方连续的图案。

　　建筑是一种文化，无论是民居，还是宗教建筑，概莫如此，因此其中充满了一个民族的审美旨趣。现在我们在新疆已经无法见到伊斯兰教初传时的清真寺，最初的清真寺很可能是利用了佛教寺院等建筑，不过是取消了其中的佛像、壁画等偶像而已，就连佛龛都还保留着。而后的清真寺逐渐由阿拉伯式建筑所取代，所谓的阿拉伯式建筑实际上是波斯式的穹隆顶式建筑。但是其图案除几何图形以外，一些花卉图案显然是为了适应维吾尔族的审美，融进了本地植物图案。在清真寺图案中，传统植物图案是阿拉伯地区的枣椰树叶纹、圣树纹等，到了新疆南部地区则出现了葡萄纹、石榴纹、巴达木纹等图案，这些图案在布局上出现四瓣花纹图案、绫格形图案、散花图案、五枝花图案等。这类图案早在伊斯兰教传入之前在西域本土已经存在，可视为伊斯兰教文化适应本土文化出现的新纹饰。

第四节　习俗与文化

民族特色饮食的文化内涵　各具特色的地域性服饰文化　谐趣厚味
的民间文艺与工艺

　　一个民族的饮食文化受其所处的地域、物产、文化等因素的影响。
维吾尔族主要从事农业，擅长园艺，历史上曾长期从事游牧生产，至今
仍没有放弃畜牧业，故维吾尔族的饮食文化中既包含了农耕文化的元
素，同时又包含了游牧文化的元素，形成了独具特色的饮食文化。维
吾尔族主食以面食为日常生活的主要食物，肉食以羊肉、牛肉、鸡肉等
为主，尤喜食羊肉。乳类以酸奶为主，夏季常以酸奶就馕吃。蔬菜吃
的较少，蔬菜品种不多，主要有黄萝卜、卡玛古、洋葱、大蒜、南瓜、
萝卜、西红柿、茄子、辣子、香菜、藿香、青豆、土豆等。夏季多拌食
瓜果。餐具主要为木制和陶器的碗、匙、盘等。吃饭时一家大小共席而
坐，吃完饭，在拿走餐具前，由长者作"都瓦"（祷告），然后离席。
馕和抓饭在维吾尔社交和礼仪活动中占有重要的地位，在待客和婚丧礼
仪、日常的礼尚往来中，其功能已远远超出了口腹之需。馕是维吾尔族
最主要的食品，几乎餐餐离不开，不仅满足人们的口腹之需，同时是维
吾尔族红白喜事互相馈赠的礼品，也是婚丧等礼仪中的重要食物，故在
维吾尔族中有"馕是信仰，无馕遭殃"的谚语。用大米、羊肉、胡萝卜、
洋葱、食油等原料做成的抓饭，不仅是日常食用的美味，也是婚丧嫁
娶、逢年过节用来招待亲朋好友的待客食品。

　　维吾尔族的饮茶习俗既吸收了汉民族的饮茶习俗，又融进了本民族
的传统饮食习俗。维吾尔人一日三餐都离不开饮茶。通常是一边喝茶，
一边吃馕，或一边吃饭。维吾尔族不仅仅是把茶当作一种解渴的饮料，
确切地说是把茶当成一种佐食的汤料，实是一种以茶代汤，用茶做菜之
举。同时，茶水也是维吾尔族用来待客的主要饮料，无论何时去维吾尔
人家里做客，主人总是先要给客人敬上一碗热气腾腾的茶水和端上一盘

香酥可口的馕，即使在瓜果飘香的季节里，也要先给客人敬茶。维吾尔族沏茶、倒茶、敬茶都有讲究。斟茶时，用右手提着上茶壶，让茶水沿着茶碗的边沿徐徐注入，不能溅起水珠或起沫，不能倒的太满，以半碗最佳，喝完随时为客人续水，为的是让客人一直能喝着热茶。茶要双手敬给客人，客人也要用双手接茶。客人面前的茶水凉了，主人会给客人换上热茶。

图下1-4　打馕　薛涛摄

维吾尔族服饰样式较多，富有浓郁的民族特色和地域特色。维吾尔族妇女喜用对比色彩，使红的更亮，绿的更翠。维吾尔族男性讲究黑白效果，这样显得粗犷奔放。

维吾尔族帽类及头饰种类很多。维吾尔族男女都喜欢戴帽子，因为戴帽不仅具有防寒或防暑的功能，更重要的是作为生活礼仪中的需要，社交、探亲、访友以及节日聚会等场合均需佩带。维吾尔族帽子主要有皮帽和花帽两大类。皮帽主要用于御寒，大多用羊皮制作，也有用狐皮、狸皮、兔皮、旱獭皮等缝制的。

维吾尔族花帽主要有以下几种：白吐马克（喀什白皮帽），主要由青年男子戴，形似深钵，羊皮制，绒毛在内，皮板在外，顶部有四个厚大的菱角，下沿有一圈白色或黑色毛边；阿图什吐马克，帽面由黑色平绒或丝绒制成，形似钵形，较喀什吐马克浅，下沿的一圈毛边为旱獭或貂皮制成；赛尔皮切吐玛克，形状同白皮帽，用平绒或丝绒制成，沿边较细，用貂皮或其他兽皮制成，此帽一般由中老年男性和宗教人士戴；欧热吐玛克，该帽约高30公分，形状类梯形、柱形，分里外两层，以一般羊毛皮为里子，黑色羊羔皮作面，男女均戴，女帽主要由老年妇女戴；开木切特吐玛克，沿边较宽，用海獭皮缝制，帽圈帽顶用黑色或咖啡色平绒、丝绒作面子，多为贵妇佩戴；库拉克恰，是维吾尔族男性冬季常戴的皮帽，基本形状是圆形，两侧帽瓣较长，可以上下活动。尤以羔皮库拉克恰最具特色，用羔皮作成，有黑色和灰色，两侧瓣不能下翻，只是一种装饰；喀力帕克（毡帽），内毡外布，等等。

维吾尔族最有特色的要算"朵帕"，即绣花帽，维吾尔族男女老幼都喜欢戴这种四棱花帽。维吾尔族花帽图案、种类繁多，形式多样。制作方法主要有丝线平绣、丝线结绣、串珠片绣、格子架绣、盘金银绣、十字花绣、钩花刺绣、扎绒刺绣，以及刺、扎、串、盘综合绣等。绝大多数花帽是把手工绣成的四片花瓣以帽顶为中心拼连缝合，套模成型，最后镶黑绒边沿而成为一顶下圆、上方、带角的立体花帽，可折叠便于携带存放。在维吾尔族中不同的阶层戴不同的花帽，不同的年龄有不同的喜好。按图案构成，花帽品种主要有：奇曼花帽，又称奇曼塔什干花帽，为男性最常见的花帽，多为绿地白花，素净淡雅。帽瓣以米字为骨架，绣有枝叶交错的曲曼古丽花，花纹以枝干连结或线条分隔，成多个正反三角、菱形格局，用冰裂纹或点线纹绣成底纹与主体纹样朴素映衬，整个画面犹如满天星斗，繁花似锦。巴旦姆花帽，是用巴旦姆杏核变形和添加花纹的一种图案，其纹样姿态丰富多样，花色古朴、肃穆、大方，多是黑底白花，为男性老幼喜欢的花帽种类。曼波尔花帽，帽顶绣有四组圆形纹样，边有四组长方或圆形纹样，图案用各色丝线绣织，布底多用暗色平绒，底色和花色对比强烈，式样大方、活泼、艳丽夺目，是男女老幼都可戴的花帽。格来木花帽，也称格来木塔什干花帽，图案似地毯，密密麻麻地绣着色彩艳丽的花卉和几何图案，绣法费工，颇为年轻女性喜爱。玛尔江花帽，即串珠亮片花帽，是姑娘和小女孩最常戴的花帽之一，帽上用各色小珠、亮片镶缀着各种各样的花样图案。再尔花帽，也叫卡里屯花帽，即金银线盘绣花帽，是女性戴的花帽，顶和边各绣有四组图案，所绣的花多有立体感，给人以华贵端庄之感。阿勒屯卡达克花帽，即金银花装饰花帽，在帽檐上镶缀金制或银制的花瓣，是富家妇女戴的一种很贵重的花帽。吐鲁番花帽，吐鲁番、鄯善，托克逊地区流行一种男女老幼都可以戴的大花装饰的花帽。还有一种五瓣花帽，维吾尔语称"白西塔拉朵帕"，一般花帽是四瓣拼缝成的，而这种花帽比一般花帽多一瓣，是一种男孩、女孩戴的花帽，帽子较小，纹

图下 1-5　维吾尔族花帽
据《新疆民族民俗画册》

样比较简单。夏帕克帽，即瓜皮帽，是新疆南部地区男性老幼夏季戴的
一种便帽，有时冬季作为衬帽，形状为半圆形，以平绣或十字绣，用彩
色丝线或黑线缀绣几朵小花，有些在帽口有水纹边。赛里甫帽，即高筒
花帽，也有人称赛兰多帕，不绣花，在帽面和帽里之间衬一层布，以增
加其硬度，多为宗教神职人员戴，上缠白布，称赛兰。

　　维吾尔族服装一般比较宽松。男装简洁朴素，主要有亚克太克（长
外衣）、托尼（长袍）、排西麦特
（短袄）、尼木恰（上衣），库依
乃克（衬衣），腰巾等。维吾尔
族将外衣统称为裕袢，多用黑、
白布料，蓝、灰、白、黑等各种
本色团花绸缎料，各种宽窄相间
的彩条料和几何形纹样本色扎花
料等制作。男子一般多穿过膝、
宽袖、无领、无扣的长外衣，穿
时腰间系一长腰巾，腰巾可以起
到扣子和口袋的作用，携带食品
和其他一些零星物件，随用随
取。腰巾长短不等，长的可达 2

图下 1-6　维吾尔族男子服饰　马达汉摄于
1906 年

米多，也有方形腰巾，系时在腰间露出一个角。腰巾多为黑、棕、蓝等深色，节日系的腰巾一般十分鲜艳，有的印花，有的绣花。维吾尔族男子的衬衣多为套头，长及臀部或膝部。年轻人及小孩的衬衣的领子及袖口多绣花边，宗教职业者外衣外边不系腰带，多穿长袍，与一般人有明显的区别。

维吾尔族女性衣服式样较多，主要有长外衣、短外衣、坎肩、背心、衬衣、长裤、裙子等。维吾尔族妇女普遍都穿色彩艳丽的连衣裙和裤子，裙子大都是筒裙，上身短至胸部，下宽大，长及腿肚子。维吾尔族妇女除用各种花色的布料作连衣裙外，最喜欢用富有独特的民族风格的艾的莱斯绸做连衣裙。这是一种专门用来做连衣裙的绸子。维吾尔族妇女多在连衣裙外面穿外衣或坎肩。裙子里面穿长裤，裤子多用彩色印花布料或彩绸缝制，讲究的用单色布料做裤料，裤角绣花。妇女的长外衣主要有合领、直领两种，年轻妇女喜欢穿红、绿、紫等鲜艳的颜色，老年妇女喜欢穿黑、蓝、墨绿等团花、散花绸缎或布料，衣服上缀有铜、银、金质圆球形、圆片形、橄榄形扣袢，讲究的在衣领、袖口等处绣花。女式短外衣有对襟短上衣、右衽短上衣、半开右衽短上衣三种。

维吾尔族先民由于经历过长期的狩猎、游牧生活，为了适应这种生活，形成了穿"玉吐克"（皮靴）的习俗，这种装束至今仍为维吾尔人所喜爱。维吾尔族的鞋类主要有"玉吐克"（皮靴），"去如克"（皮窝子），

图下 1-7　维吾尔族妇女服饰　马达汉摄于 1906 年

"买赛"（软靴），"开西"（皮鞋，类似套鞋，多在夏季穿），"喀拉西"（套鞋），多用牛羊皮革做成。女式靴子上还绣有各种花纹，非常漂亮。维吾尔族男女都喜欢穿"玉吐克"（皮靴），中老年人多穿"买赛"，外面加穿"喀拉西"（套鞋），既可以保暖，又可以保护靴鞋，入室或清真寺大殿脱掉套鞋，以保持室内清洁。

在装饰方面，维吾尔族妇女非常喜欢戴耳环、耳坠、戒指、项链、胸针、手镯等。女孩子从五六岁开始，甚至更早就开始扎耳眼，佩戴耳环。喜欢用"奥斯曼"的液汁描眉，在没有奥斯曼的冬季，用"苏尔麦"（石墨）或菖蒲来描眉，使本来就浓密的眉毛显得更黑，用"海乃古丽"（凤仙花）染指甲，用"依里木"（沙枣树胶）抹头发，用红花的花瓣作胭脂和口红，也有用樱桃和玫瑰花汁相混合，用于涂脸和嘴唇，这些都是维吾尔族妇女普遍使用的最理想的天然化妆品。维吾尔族以长发为美，妇女多喜欢留长辫。过去未婚少女多喜欢梳很多小辫，婚后改梳两条长辫子，但仍留流海和在两腮处对称向前弯曲的鬓发。

在维吾尔族的服饰中，和田地区的于田、民丰、且末一带妇女服饰与其他地区的维吾尔族妇女的服饰不同，有地域性特色。她们多头披白纱巾，头顶右侧戴顶"塔里帕克"（小帽），这种形如扣碗，远看如一朵花。她们的长袷袢（外衣）依次排列着七条尖头对称的蓝色绸补条形图案，袖领、底部有同样颜色绸单边缘。此外内着一件配套合领半开口套头衬衣，衬衣右侧呈扇面形排列九条条形图案，圆领口处有一条宽边，底口绣有羊角纹和碎花纹，领中部有两条相同颜色的绳带。传说这种服装是古代打仗和狩猎男女穿的一种箭服，两侧的七条图案，原是箭袋，后来演变成装饰图案。

维吾尔族文学艺术是维吾尔族文化宝库中的瑰宝，民间文学是维吾尔族文学的重要组成部分。在维吾尔族民间文学宝库中，神话、传说、史诗、民间叙事诗、歌谣、民间故事、寓言、笑话、谚语、谜语等各种类型、各种体裁的民间文学作品，数量众多，内容丰富。木卡姆艺术、麦西莱甫、阿凡提笑话等成了维吾尔族文艺的名片。维吾尔族的木卡姆为大型套曲，每一套都由大曲、叙事组曲和麦西莱甫（载歌载舞）三部分组成。虽然这种乐舞形式统称为木卡姆，但有地域性差异：喀什木卡姆由十二套组曲组成，哈密木卡姆是十九套，流行于阿瓦提、巴楚、麦盖提的木卡姆则是九套，鄯善木卡姆为十一套。木卡姆在音律学上属于"四分之三音"体系，调式既有固定的，也有即兴的。唱词除古典诗歌外，大量是民歌，来自维吾尔人的生产生活、风俗习惯和体验感受，生活气息十分浓厚。麦西莱甫有集会、聚会之意，是一种载歌载舞的群众性娱乐活动，还包括游戏、杂技等娱乐项目。是节假日、婚礼和亲朋好友聚会时的民间娱乐形式。木卡姆艺术是在继承西域乐舞的传统和本民族传统文化，以及吸收波斯、阿拉伯音乐艺术的基础上，由木卡姆演唱艺人世代相传发展起来的。维吾尔族是一个能歌善舞的民族，其民间舞蹈擅长于头部和手腕的运用。"通过移颈、头部的摇、跳和丰富多变的手腕，再加上昂首、挺胸、立腰等姿态，以及眼神的巧妙配合，使舞蹈色彩浓郁，别具一格，表现出了不同的内心感情和人物性格。……旋转，是维吾尔民间舞蹈中广为运用的技巧动作，他讲究快速、多姿、戛然而止"②。赛乃姆、刀郎舞、夏地亚纳舞、纳孜尔库姆都是不同地域维吾尔人富有特色的民间舞蹈，有些是麦西莱甫中的有机组成部分。

维吾尔族以精湛的民间工艺著称，以地毯、艾的莱斯绸、印花布、铜器、木器工艺等为代表。

维吾尔族地毯色泽鲜艳、质地细密，有二十多种纹样，大都花纹对称、整齐，线条粗犷，对比色彩强烈。其特点是多层边框，几何图形内填充丰富而多变的动物、花卉、果实、叶蔓、浪花等纹饰，充分表达了维吾尔人的审美特点和对美的追求。在设色上，维吾尔族地毯讲究色彩对比而又和谐统一，色调丰富绚丽，格调清新明快。早期多用植物和矿物制成的天然染料染毛线。维吾尔族地毯以和田地毯为最古老，也最著名。居室墙壁上挂壁毯、床炕及室内地面上铺地毯，是维吾尔人是居室装饰的主要方法。

艾德莱斯绸是维吾尔族采用古老的扎经染色法工艺，按图案的要求，在经线上扎结进行染色的一种绸料，深受维吾尔族妇女喜欢。艾的莱斯绸的花纹图案多是抽象变形的花卉图形，用纯正生丝织成，在染色过程中图案受到染液的渗润，有自然形成的色晕，参差错落，疏散而不杂乱，图案层次感强，纹样富有变化。最常见的图案是巴旦木花、木板

图下 1-8　和田地毯　据《维吾尔族装饰图案》

纹花和梳子花等图案。艾的莱斯绸以色彩艳丽而著称，常用宝蓝、酞青绿、正青、中黄、桃红、紫红、橘黄、金黄、黑、白等色；多色相兼或单色独用，虚实变化多样，表现出自然的特点和维吾尔人热情奔放的审美情趣。

印花布是维吾尔族日常生活中广为使用的必需品，也是精制的民间工艺品。维吾尔族印花布分木模彩色印花和镂版蓝印花等。木模印花布有黑白两印花布和多色印花布两种，从制作到纹样造型、布局、构图，具有强烈的地域特色。图案多取材于现实生活和大自然中的多种物象。镂版蓝印花布虽采用内地传统的印花布方法，但多采用民族特点的纹样。它的最大特色是把手工的、独创的印染技术和民族风格的图案融为一体，具有装饰趣味和浓重的乡土气息。镂版蓝印花布是将图案纹样分别刻在一块块坚硬的小板上，根据使用的要求和印制材料的长短、大小，随意配置，自由构图，印制出富有民族特点的图案纹样。维吾尔族印花布，朴素、雅致、大方，印制的花布有墙围、壁挂、餐单、餐巾、腰巾、包单等。

铜器工艺是维吾尔族历史悠久的手工艺行业。铜器主要有阿布都瓦（洗手壶）、其拉甫其（接水盆）、乔贡（烧水壶）、萨玛瓦尔（茶炊壶）茶壶、米斯拉克（铜锅）、俊布勒（蒸锅）、碗、里甘（大盘）、亚格勒古（炒瓢）、火锅等。维吾尔族的铜制工艺一般以红铜为原料，工匠们经过冷砸成型，并打磨得十分光洁。在铜容器、盛具、饮器和装饰品的表面，精心雕刻出单一的或成组的图案花纹。花纹的题材一般都是植物的花、叶、藤以及巴旦木、石榴、野菊、无花果、牡丹、葡萄等。技法有凸雕、透雕、刻线和镂刻等。在每种或每组花纹之间，往往又间以不同的曲线和不同的几何图案，构思巧妙，层次分明，线条流畅生动，花纹繁缛细腻，具有很强的表现力。维吾尔族的铜器加工，以喀什噶尔最为有名。

木箱是维吾尔族家庭的居室内的必需品，除有实用价值外，还有一定的装饰作用。维吾尔族木箱主要有镶嵌花、彩绘花、雕花木箱三种。镶花木箱以喀什市最为著名，用金色或银色马口铁皮细条镶嵌而成，用网格、方形或菱形套纹，按菱、方、半圆、八角、正反三角等编镶成各种对称图案的箱子，花纹细密紧凑。彩绘花木箱多是在箱面中心绘一组花篮式纹样，加角隅纹，花纹多用各种花卉的蓓蕾、实、枝自由组成。雕花木箱图案一般不着色，用各种花卉、几何纹、壶、罐、瓶等组成纹样雕刻在本色木箱面上，显得朴实无华，古香古色。

维吾尔族在传统的民间文艺和工艺上表现出的审美情趣具有这样一些特点：一是民间文艺具有强烈的自娱自赏色彩。维吾尔族的审美情趣就审美主体而言，都有自创、自演、自娱、自赏的性质。在长期的农耕生活中，民间文艺活动能起到打发闲暇时光、释放劳作之余剩余能量的作用，有时也成为年节庆典、人生礼仪中的气氛烘托。维吾尔族的木卡姆艺术和麦西莱甫以及民歌演唱等，大都是一种自我娱乐、自我欣赏的民间文艺活动。二是民间工艺乡土味厚重。维吾尔族传统的审美情趣和审美意识大多是由流传在民间的歌谣、音乐、舞蹈等乡土艺术和手工艺品及其制作活动熏陶下产生的。乡土艺术是由功能性向娱乐化转化过程中固定而成的艺术形式，不少是伴随原始宗教和创生宗教产生的，如萨满舞的娱神功能，一些治病消灾的巫乐巫舞等。还有一些是植根于一方的风土人情，家庭手工艺，如编织、染织、刺绣、陶器、木器极其制品等都具有强烈的地域和民族传统，它的发生和发展跟维吾尔族的生活习俗密切相关。民间活动生成的审美情趣和审美意识是乡土型的、家庭型的。大众在这些活动中进行审美判断，如美与丑、爱与恨、善与恶等。三是民间文艺和工艺与生态环境有着天然的对应关系。传统的审美情趣是建立在与自然对应的基础上的，农牧业经济思维方式产生的是对美的单线性理解模式，只能做出非此即彼的一元审美选择。在民间文艺欣赏及由此产生的家庭工艺品制作活动中，传统的古典和谐美是审美情趣的主要走向。人们习惯的审美对象像民间舞蹈大多以模拟自然和生产劳动为主，满足的也是人们的视觉美感。同样，陶器、木器、毡毯、刺绣等传统工艺品以几何图形、花卉图案居多，讲求图案对称、拙朴，充满乡土与古典气息。作为听觉艺术的民间音乐、民间故事也很难突破既定的审美情趣和标准，婉转动听、悠扬回味几乎是维吾尔族民间音乐的共同特征，因此悦耳与否是重要的审美尺度。传统的艺术形象（或是审美对象）大都建立在对人的形体动作和口耳相传的视觉、听觉基础上，很少有多维视野的文化理解。因为艺术上的多维视野必须经过长期的艺术训练和熏陶才能够实现，质朴的民间艺术的口耳相传，显然无法做到这点，它只能在民间传承中，逐渐靠悟性去掌握。

【注释】

① [美] 罗伯特·F·墨菲著，王卓君译：《文化与社会人类学引论》，商务印书馆，
　　2009 年，第 36 页。
②《维吾尔族简史》，新疆人民出版社，1992 年，第 344 页。

第二章

草原民族文化

近代新疆草原民族文化以哈萨克族文化、柯尔克孜族文化、卫拉特蒙古族文化、塔吉克族文化为代表，这些民族的文化虽然均属于游牧文化范畴。但是由于所处地域不同，历史发展不同，人种语言不同，因此在文化上出现了同质异构现象，比如塔吉克族文化是适应帕米尔高原环境，在半牧半农的经济形态下，不全然是游牧文化。这些民族在社会结构、宗教信仰、语言文字、文学艺术、生活习俗等方面的异同，更显示了新疆草原游牧民族的文化本身是多元交融发展的。

第一节 以血缘为纽带的氏族部落社会

阿吾勒社会 井然有序的亲族关系 部民的信仰与仪式 维系社会关系的谱系制度

新疆草原游牧民族形成一种以血缘关系为纽带的氏族社会组织，它是维系整个氏族社会生存的生命线。这种社会组织，哈萨克族称之为"阿吾勒"，柯尔克孜族谓"阿寅勒"，其实是不同的音译而已。同样，卫拉特蒙古部落也存在这样的氏族组织，最初只包括"捏古斯"和"奇源"

两个氏族，8 世纪后，由于人口的不断增长，蒙古族的氏族已经分出了 70 个分支了，这 70 个分支被称为"迭儿勒勤蒙古"。

哈萨克族、柯尔克孜族最基本的社会组织阿吾勒（阿寅勒）一般由十多户组成。从血缘关系的远近和有无血缘关系看，哈萨克等游牧民族的阿吾勒分为三种类型：一是由同一祖父的近亲组成的阿吾勒。二是由本氏族成员组成的阿吾勒。这种阿吾勒近亲比较少，血缘关系较远，但均属同一氏族的成员。三是由本氏族、外氏族成员组成的阿吾勒。在这样的阿吾勒中，一些成员与阿吾勒巴斯没有任何血缘关系，不过是一种游牧经济共同体。这三种阿吾勒中以第二类最多，第一类较少，而第三类最少。阿吾勒作为畜牧业生产的经济共同体，在迁徙、放牧、接羔、剪毛、割草、挤奶、擀毡以及酿制酸奶、酥油等生产生活中形成了一些共同的文化表征，我们可以把这种文化表征称之为阿吾勒文化现象。

以血缘关系组成的阿吾勒成了密切氏族、家庭关系的纽带。由于阿吾勒主要是由本氏族成员组成的，所以均存在一种以男性为主的血缘关系。维系这种关系的是阿吾勒长和家庭中的男性长辈。阿吾勒长决定着阿吾勒在各季牧场迁移的时间、所需人力、畜力以及阿吾勒内成员去留、纠纷、差役等。每个家庭的男性家长是整个家庭的垂直管理者。家庭中的其他成员莫不以家长马首是瞻。牧业生产、财产继承制、家庭教育、一个人一生的诞生礼、满月礼、骑马礼、割礼、婚礼和葬礼等完全由男性家长决定。在一个家庭中，父亲有决定性的权利，妻子、子女要绝对服从父亲的意志。阿吾勒内的各家庭之间由于血缘关系密切，感情上也就更亲近。于是某一家庭或成员遇到困难时，其他成员和家庭也就主动相助。在一定限度内，互通有无，相互帮助，相互扶持是阿吾勒内所有成员的共识。由于部落、氏族、家庭观念浓厚，且是在长期历史演变中形成的，阿吾勒内的成员常服不计报酬的劳役，特别是贫苦牧民。若谁要索取报酬反而被认为是有违习惯和道德的。阿吾勒内由于贫富悬殊，于是贫苦牧民对富有牧户在生产、生活上依附关系增强了。在这种人身依附关系中，阿吾勒内成员间的关系是不可能平等的。由最基本的牧业生产单位——阿吾勒形成共同的习俗文化。一般由七八户至数十户组成的阿吾勒在一年中逐水草而居的大的转场多达四次，于是一切生活习俗也与这种迁徙游牧相适应。

　　父系家长制是哈萨克族的家庭制度，由夫妻及其子女组成。一夫一妻是哈萨克族家庭的主要形式，但也存在一夫多妻的现象。主要原因是：首先，王公贵族和富裕的巴依总是有能力供养更大规模的家庭，多妻乃是身份和财富的象征。据传艾林王公之父精思汗公，曾娶了五位妻子，艾林王之兄有两位妻子。其次，哈萨克族存在"安明格尔制度"——为防止财产流失，特别是牲畜的析分，"兄死继其妻"，亦称"转房婚"；最后，如妻子不能生育，妻子则为其夫挑选"小老婆"以继香火。一家之内男女分工明确，男子事放牧、剪羊毛、耕作、收割等活计，妇女从事挤奶、接羔、刺绣、做饭和其他家务劳动。男女的活动空间以毡房为界，毡房之外是男人的世界，毡房以内则是女人的天地，所以女性特别是年长的妇女在毡房中享有相当的威望。

　　哈萨克族盛行"幼子继承制"，长子所继承的财产即是结婚所得，女儿继承的财产即是其嫁妆，父死幼子即继承其尚未析分的财产。如前所言儿子婚后住于父亲之侧，尽管畜群已分，但仍然共放，且牧场共有。由此，父亲是这个家庭中的绝对主导，儿子必须遵循父母之意。父系家长制强化了哈萨克人的长幼意识，敬老之风盛行。新婚夫妇的第一个孩子需送予男方生身父母，以弥补父母"失去"孩子的痛苦，此俗为"还子"习俗。"敬老"之风超越了家庭，扩展到社会生活的方方面面。见到老人握手祝福、让老人先行，吃饭、喝茶、开会、娱乐都必须给老人让座，老人临行时需主动扶老人上马。媳妇称公公婆婆为"爹"、"妈"，夫兄为"尊敬的大哥"、"好哥哥"，妯娌为"我的知心人"，小叔子、小姑子为"小宝贝"、"小淘气"、"小乖乖"等，家庭内外、长幼之间一团和气。

　　柯尔克孜族的氏族组织与哈萨克族相仿。部落之下为氏族，亦称"爱曼"，一个部落往往有二三十个"爱曼"。氏族的头人称"阿合拉克齐"。氏族之下还有阿寅勒，又叫牧村，系柯尔克孜社会的基层组织。清代阿寅勒的成员与唐代黠戛斯社会的氏族成员较相近，一般由一个氏族内血缘较近的家族组成，为柯尔克孜社会的基本生产单位。阿寅勒之下还有社会的细胞组织"户"，一个阿寅勒内，一般仅有五至十户人家。阿寅勒内的成员仍然以大家庭成员为主，当然也有一些阿寅勒内杂入了非本家族人员以至不同民族的群众，但具有血缘关系的大家族，依然是阿寅勒中的主体。

对柯尔克孜人的户籍统计是以"帐"为单位，一帐就是一户，这种大户人家由最年长的男性长者统管一切。家庭成员有明显分工，男女之间、老少之间，各司其职，各负其责。这种以血缘关系组成的大家庭，随着社会发展，慢慢瓦解，到了明清以后，大部分已解体。西迁帕米尔以后，大家庭已彻底瓦解，家庭关系重新组合，形成了以父母及未婚子女组成的小家庭。原来的大家庭由家庭关系，变成了氏族关系。虽然同氏族大都居住在一个阿寅勒内，很多生产劳动还在一起进行，互相间还保持着亲密合作的关系，但这只是"氏族互助"的形式，而财产全部归小家庭所有。柯尔克孜人的放牧、接羔、搬迁以及挤奶、擀毡等生产活动，都是在大家庭中集体进行的。在长期的共同劳动生产中，大家庭内部即形成了团结互助、互敬互让、戚戚相依的亲密关系。在柯尔克孜家庭内部，封建家长制的作风极其严重，家长在一家人中享有绝对权威，一家老小必须绝对服从。在父子间，子女必须服从父母；在夫妻之间，妻子必须服从丈夫。

从继嗣制度上来说，柯尔克孜族采用的是父系继嗣制，血亲之间的关系依父亲一方而确立。与此相关，婚后实行的是从夫居的居住原则。柯尔克孜族实行幼子继承制，父母与幼子居住，幼子承担为父母养老的职责，父母去世后由小儿子继承父母的房子、土地。柯尔克孜族还有过继制度。一般来说，子女特别是长子可以将所生小孩中的一个送给父母抚养，这个小孩称爷爷为爸爸，称奶奶为妈妈，称亲生父亲为哥哥，称亲生母亲为姐姐。如是外孙，就称父亲为姐夫，称妈妈为姐姐。

在这种父系氏族社会中，父亲具有主宰家庭一切事务的权力。父亲是一家之主，是妻子儿女的依靠。同时父亲对孩子有义务，丈夫对妻子有责任。古代柯尔克孜人认为，人生之道是从门槛开始的。游牧社会按照血缘关系来划定彼此之间的责任和义务。柯尔克孜人有"有父时，广交良朋好友，有马时，游名山大川"之说。还用"父亲的诅咒似利箭，母亲的诅咒似粪便"，"你如何对待你的父亲，儿子也会同样对待你"等谚语来赞美父亲的神圣。做父亲的要尊重长辈，爱护幼小，对上是孝敬的儿子，对下是慈爱的父亲。父亲在世时，柯尔克孜人不让孩子叫"父亲"为爸爸，是因为一个家只有一个父亲。等到父亲去世，你才能成为你孩子的"父亲"。平时，不让孩子把手放在头上，这被视为没有父亲的标志。因为只有"一家之主"的父亲才能把手放在头上。人们一看孩子把手放在头上就知道孩子的父亲已经不在世了。

柯尔克孜人有"虽丑蛤蟆男人，但比金首女人强"的谚语，然而柯尔克孜族社会中男女都有属于自己的位置。"女孩尊严高于一切"，以前为了女孩尊严，两个部落之间也发生过冲突。柯尔克孜认为女孩是过客，她早晚是别人家的人，只有在娘家她才得宠。"莫忘了父亲的辛劳，莫忘了母亲的乳汁"，孩子永远是欠父母亲养育之恩的。"长辈是一家之宝"，长辈说话时不可以顶嘴，要倾听，这是柯尔克孜族祖先留下来的遗言。

卫拉特蒙古族一般与七代内的亲属之间保持亲密的来往，忌与七代亲属之间通婚。亲属关系分为父亲亲属（图日勒）和母亲亲属（萨敦）两大类，在此基础上还要分为近亲和远亲。亲属和近亲们之间保持着频繁的来往，在子女结婚、牧场转移以及丧事等重大事务上互相帮助，共同办理；每当春节、鄂博节、祖腊节、婴儿诞生礼等节日或宴会时都要邀请亲朋好友共享欢乐，进而加深彼此之间的关系。

家长制大家庭是旧时塔吉克社会的一个组成部分，塔吉克社会大多是一夫一妻制的大家庭，保持严格的家长制。一般男性长者为一家之主，具有支配权，家庭成员的生产和生活都由家长做主安排。尊敬长者是塔吉克族的民族传统和社会风尚。父母在世时儿子分家另过，会受到社会舆论的责备。家长制是以传统的方式承袭的，一般为父死母继，母死长子继。在妯娌之间，长子之妻最受尊敬。儿媳和幼辈承担繁重的家务和生产劳动。儿媳回娘家要征得家长和丈夫的同意，并要按时返回。

塔吉克族家长制大家庭的长期存在，与客观条件要求家庭须具备一定数量的劳动力和生产资料有密切的关系。与此同时，过去由于官府往往按户摊派捐税和徭役，这也是促使塔吉克人避免分家的原因之一。遗产继承也是塔吉克族社会民俗之一。旧时，儿子享有继承权，女儿通常无继承权。父亲的遗产由诸子均分，无子者由生活在同一大家庭中的兄弟或侄子继承。大概有这样几种情况：（1）父亲的遗产全部由诸子继承，长子有遗产支配权，母亲和未出嫁诸女的生活由遗产继承者负担。（2）兄弟众多，但已分家另过。这种情况下，某家的丈夫死后，如无子嗣，而妻子又不愿改嫁，遗产由妻子继承。（3）父母都去世，无子，女儿可继承遗产，但一般要有入赘的女婿后才能继承。如女儿年幼未到结婚年龄，可携带遗产到近亲家中去生活。（4）已出嫁的女儿无权享受遗产分配，假如死者无任何遗产继承人，其遗产一般归宗教界处理。

新疆的草原游牧民族的信仰各有不同。伊斯兰教传入之后，哈萨克族、柯尔克孜族、塔吉克族信仰伊斯兰教，而卫拉特蒙古族信仰藏传佛教。信仰伊斯兰教之前，哈萨克族、柯尔克孜族、蒙古族和塔吉克族都经历过自然万物崇拜和祖先崇拜阶段，不同的是哈萨克族、柯尔克孜族、蒙古族信仰过萨满教，而塔吉克族则信仰过火祆教。但是，这些游牧民族在信仰伊斯兰教或藏传佛教之后，仍然保留着民间信仰，同时萨满教信仰也没有完全退出它们的信仰领域。

哈萨克人视苍天为伟大的神主，天即"腾格尔"，是天神；地即"吉尔阿娜"，是地母。和信仰萨满教的阿尔泰语系其他民族一样，哈萨克人将世界分为三界：苍天、地上和地下，人类介于天地之间。天神既是最高的主宰，也是最高的惩罚，最恶毒的诅咒莫过于"遭天神轰击"，而世代英武之人则被称为"天神的后代"。遭遇干旱与瘟疫之时，人们到岸边宰牲祭天，求"天神降雨，大地吐绿"。天地之外，星宿、水火亦是哈萨克人崇拜的对象。认为星宿陨落，预示有人将死。见新月则要弯腰祈拜。"月亮"还成为哈萨克姑娘名字的重要来源，如阿依古丽、阿依努尔等，"阿依"即是月亮。水为生命之源，然河水时枯时滥，万物的兴衰皆受其制。水被哈萨克人视为具有神灵的威力，河流、湖泊、泉水均有神灵管理，故而有水的地方决不能做出在岸修建厕所、搭建圈舍等不洁之事。火之于人恰似"水"，既能养育众生，也能瞬间毁灭世间万物。火带来光明，故而是驱除一切妖魔的神。新娘需向长辈房中的火塘祈拜"火母，保佑我，保佑我"；新生儿诞生之时，要向火浇油，连续七天点燃长明灯。在日常生活中切忌踢火、抽打火、跨火而过。

古代柯尔克孜人信仰萨满教，他们认为天地、日月、高山、大河、水、火各有其神，特别崇拜赖以生存的山神和水神。古柯尔克孜人称上天为腾格里，认为人类的一切都是上天给的，星神主宰人类的命运，因此遇事要向上天祷告，并以香火和供品奉祭苍天。他们认为白羊星是造福人类的主神，故在白羊星升起的时候要举部同庆，以祝平安。他们对天上的星辰有不同的认识，认为金星和土星会给人好处，而火星却不吉利。萨满教在柯尔克孜族中影响很大，信仰时间最长。柯尔克孜族改信伊斯兰教后仍然保留了不少萨满教的风俗和遗迹。直到近代，柯尔克孜族中仍有萨满在活动，男人称达汗，女人称作巴赫西，他们为人驱鬼治病、占卜、解梦、相面等。与萨满教有关的一些崇拜现象依然存在于柯尔克孜民间，具体表现有：一是祈福祛灾习俗。一些柯尔克孜族村民在生病或遇到什么灾祸时，有请萨满祈福祛灾的习俗。二是佩戴"扩孜莫尼乔克"宝石。柯尔克孜人认为，婴儿和美女如果长时间被人的目光，特别是凶恶的目光注视，会身体不适、生病或遭到其他灾难，为避开别人注目，常在新生婴儿和漂亮姑娘的脖子上戴上宝石金银等。三是村民患病时，为了求得康复，将一些从未挪动过的石头翻个底朝天，让石头从未见过亮的一面得到阳光的照射，认为石头的阴面得到了阳光的照射，病人的身体也就能得到康复。四是家中有人常患疯癫症，特别是小孩惊风，则以患者的名义打一只公山羊羔来放生。放生前先从左到右绕患者转3圈，然后让其伴在患者身边，直到患者好转。在绕患者转圈时，如果羊羔小便或打喷嚏，则认为吉祥。准备放生的羊羔不得转卖外人，不得送给亲友，也不能剪毛，必须等患者痊愈后放归自然。五是柯尔克孜族村民认为萨满通过占卜可以预知未来之吉凶，因此有事往往请萨满占卜。对于梦、眼皮跳动、嘴唇跳动、耳朵发烧、耳鸣、喜鹊鸣叫，甚至茶碗里竖起的茶叶杆等现象，认为都是一种预兆，都有各自的解释。占卜一般用卜石或羊肩胛骨。在村民中，如果认定某某人的眼睛有邪气，在和那人相遇时就不能从他的右侧走过，一定要从他的左侧走过，而且走过去以后，还要悄悄抓起一撮土，向他背后撒去，以此来避开毒眼的邪气。

伊斯兰教的影响体现在哈萨克族、柯尔克孜族、塔吉克族生活的各个方面，如浓厚的伊斯兰教节日"肉孜节"和"古尔邦节"、见面行礼用穆斯林特俗的问候语、饭前饭后做"巴塔"、割礼与葬礼等，都是伊斯兰化的。在社会结构中，宗教人士"哈吉"受人尊重。但总体而言，伊斯兰教对游牧社会的影响要明显小于农耕民族。游牧生活居无定所，牧民季节性的迁移都使清真寺和经堂学校的建立难以实现。牧民每天做"乃玛孜"（祈祷）的不多，一天五次的则更少。牧区没有清真寺，礼拜时或在室内地上或是室外某空地铺一块布，面朝西方礼拜即可。

伊斯兰教的教义、礼仪、风俗也日益成为影响哈萨克人言行和饮食等方面的重要因素。仪式的场所、仪式中所用的器物、仪式的时间与程序皆为神圣。伊斯兰教禁忌任何偶像崇拜，哈萨克等民族族家里房内的西墙忌挂人头像，睡觉时不能脚西头东，厕所之门亦不能向西而开，因为西方乃是麦加朝圣之地。

卫拉特蒙古族的自然万物崇拜是卫拉特蒙古文化的重要组成部分，包括祭敖包、祭火神、祭天、祭上苍、祭龙王、祭地、祭查汗阿爸、招福、封"神畜"等。祭祀敖包仪式是一般在每年水草丰美时节，由喇嘛僧人或部落首长的主持，在统一的组织安排、统一的时间地点和按照既定俗成的程序进行。蒙古语的敖包是石头堆或山丘的意思，即在地面开

图下 2-1 江格尔敖包 那木吉拉摄

阔、风景优美的山麓,用石头堆起来的一座实心塔,里面安置开光的佛像,顶端插上松枝或柳枝为丛,立杆为柱。敖包是山神、地神、水神及命运保护神的化身。祭祀时,前去的俗人都要献哈达,供祭熟羊肉、鲜奶、奶酒等祭礼,由主持人致祷告辞,喇嘛焚香念经,男女老少由左向右,绕敖包转三周膜拜祷告,祈求山神、地神、水神及命运保护神,赐予风调雨顺、人畜平安。

卫拉特人把火当作家庭兴旺、志气升腾的基根。因此,对火特别崇尚和珍惜。一般将农历腊月的单数日为祭祀日,特意邀请喇嘛僧人和近亲,举行比较盛大的家庭祭火仪式,感谢火神爷的庇佑,祈祷来年人畜两旺、五谷丰登、安康长寿、吉祥如意。卫拉特人祭祀火神,除了专门宰一只黄头羊外,还要用奶食品、松柏叶、方块糖、葡萄、牲畜油、大米等供品。祭祀仪式一般晚上点灯时辰举行,首先在三腿灶膛内填入少量的芨芨草等引火物,上围干牛粪,将火点燃。祭祀仪式开始,喇嘛念起佛经时,将备好的供品填入刚宰杀的羊胸叉内,用驼毛线紧紧地缠绕好,放进熊熊燃烧的火内。然后,该家的男主人拜跪在灶社前,不断地往火里洒酥油。这时家族的长辈坐在蒙古包上段,手持为祭奠而宰杀的羊的左前腿,祈求火神的保佑。

卫拉特人常赋予日月星辰、雷电、乌云、冰雪、风雨、彩虹等上苍的自然现象以人格化的想象和神秘化的灵性,认为天神(腾格里)是主宰一切的上帝。祭天分"荤祭"和"奶祭"两种,"荤祭"是指宰杀牲畜作为祭祀品,"奶祭"是指以奶酒、奶酪、奶疙瘩等奶制品为祭祀品。古代卫拉特人"荤祭"时,宰杀骆驼,以骆驼的皮子、头和驼峰为祭祀品。而现在这种宰骆驼作为祭祀品的习俗逐渐被宰小畜代替。"奶祭"时,前去参加祭祀仪式的人们都要各自带去鲜奶、酸奶、奶酪、奶疙瘩、马奶子等供品。不管是"荤祭",还是"奶祭"都需要喇嘛念经,同时在场的人们都要由左向右地绕敖包三周作祈祷,祈求上苍赐给他们风调雨顺的好季节,使草原水草丰美、人畜两旺。卫拉特人大年初一早起,穿好艳丽的蒙古袍,到自家附近的敖包或高些的山顶上去磕头做祷告,这是一种拜上苍、祭祀上苍的仪式。还有一种祭祀,选择开春时节,由同用一片草地或同享一条河流的几家农牧民自发的聚集到一块,到田间地头、敖包或引水渠源头举行。人们宰杀绵羊供放在祭祀地。祭祀仪式开始时，由喇嘛焚香诵经，人们顶礼膜拜，将带去的鲜奶和奶酒醴向四处，表示向山水大地致祭。卫拉特蒙古人非常崇敬大自然中形状神秘、色彩奇特的山崖、丘陵、泉水和湖泊，认为山川、河谷、原野等所有的地方都有精灵居住。因此，采取开垦造田、挖渠引水、取土盖房等行动时，必须首先邀请喇嘛念经，祭祀天地山水神，敬献祭祀品以祈求保佑。

祭地仪式与祭天仪式大致相似，以泉水为祭祀地点，也分"红祭"和"白祭"两种。"红祭"以熟羊肉为祭祀品，邀请喇嘛焚香念经，并祭祀人绕泉水磕头祈祷，将备好的珍珠、银币等物品，不断地往泉水里投掷。"白祭"以鲜奶、奶酒等奶制品为祭祀物，邀请喇嘛念经，并在祭祀之地——泉水的四周立上四根系有五色带的木杆，祭祀人绕泉水作祈祷，祈求龙王宽恕罪过，赐予恩爱。祭祀仪式，禁止妇女参加。经文结束，祭祀人将带去的鲜奶、奶酒等醴向四处，再次祈求龙王身心欢快、赐予恩爱。卫拉特人认为，上天是万物之父，大地是万物之母——"额其格·腾格尔"、"额和·德丽黑"，意为天父地母。因此，他们经常把上天和大地连接在一起称上天为慈爱的父亲，称大地为慈祥的母亲，认为祭天是敬仰父亲，祭地是敬仰母亲。祭地仪式同样在敖包上举行。地祭时，卫拉特人用熟羊肉、鲜奶、圣酒、奶食为祭祀品，并由左向右绕敖包三周，跪拜大地，以祈求大地的保佑和恩赐。卫拉特人祭地的目的即是为了趋吉避凶，近利远害，以帮助自己把握天机，也是为了安慰地祇，讨地祇的欢心，以进一步得到地神的辅助灵动，使自己的家业能拥有五畜兴旺、人丁安详的美好生活。"查汗阿爸"，意思为白色爷爷，也称"德里恒·查汗阿爸"。他既能管理众神，又能控制天地间的一切，在众神中占有至高无上的特殊地位。因此，在卫拉特人的信仰中，查汗阿爸具有"宇宙级"神灵的地位。

在塔吉克族的自然万物崇拜中，神山崇拜占有特殊地位。在塔吉克神话传说中，慕士塔格是一座神山，其地位如同汉民族神话中的昆仑山和希腊神话中的奥林匹斯山一样。塔吉克民间有这样一则谚语："人的肚脐在肚皮，世界的肚脐在帕米尔。"古希腊人认为位于希腊中心的城市特尔斐为世界的肚脐。在此种意义上，"肚脐"就是"中心"的同义语。

塔吉克人将慕士塔格看作山神，是有其深刻的文化渊源的。塔吉克人将慕士塔格尊称为"冰山之父"，此处，"父"的含义相当于神。在古老的神话传说中，慕士塔格之上就是"费尔代维西"（七层天堂之最高者），这里是一个巨大的仙园，处处奇花异草，为神仙们所栖居。塔吉克人至今仍对慕士塔格山顶礼膜拜，每日对之祈祷："托你的福，愿你佑助我们"，送亲友上路时也习惯说："愿慕士塔格与你同在"，意即"愿慕士塔格保佑你"。

塔吉克人在历史上曾普遍信仰拜火教。塔吉克人生活中至今仍留存有拜火教的遗迹。塔吉克族的传统节日——"皮里克节"（灯节），从其内容和形式来看，实则赞美火，并借火求福。此外，发生日食、月食时，要燃起篝火；婴儿呱呱坠地时，要在门槛上烧点烟火；牧民转场时，要在畜圈周围点起烟火；用火为病人祈祷以禳灾；埋葬死者的第一夜要在坟墓四周点灯等等，都表现出对火的崇拜，而崇拜火正是拜火教的要旨。

塔吉克族普遍信仰伊斯兰教伊斯玛仪派，这与11世纪伊斯玛仪派著名哲学家和诗人纳赛尔·霍斯罗来帕米尔地区传播伊斯玛仪派教义有直接关系。纳赛尔·霍斯罗在我国塔吉克族中有很高的威望，他的著作被视为圣书。塔吉克人的宗教活动大多在纳赛尔·霍斯罗学说的指导下进行，有与其他教派不同的特点。塔吉克族也像其他穆斯林一样将《古兰经》尊为经典圣书，但认为《古兰经》有显义和隐义。其隐义一般人理解不了，只有伊玛目才能理解。塔吉克族在礼拜、宗教税、宗教场所等方面都有其自身特点。

游牧民族的谱系制度是维系氏族和部落血缘关系的重要纽带，同时也是一种氏族和部落认同的文化现象。哈萨克族、柯尔克孜族、蒙古族记忆自己氏族和部落的系谱的办法有二：一是由精通本部落系谱的系谱家传播；二是靠父母的讲述口耳相传。系谱对游牧民族的重要犹如家谱对汉民族家庭的重要，因此哈萨克族学者认为：

> 在哈萨克族社会中，人们首先要问对方的家族几代人的名字，如父母及其各代祖先的名字等，即家族系谱，而对方则肯定会不假思索地和准确无误地一一给予回答。如果不能够滚瓜烂熟地说出七代甚至十几代、几十代祖先的名字，那么，这肯定被认为是咄咄怪

事。……应该说，"哈萨克族中有 200 多个部落，每个部落都有自己的系谱家，而每个系谱家能叙述上百代部落或其祖先的名字和世次"。……同时，哈萨克族父母毫无例外地要将祖先的系谱即世次表传授给自己的儿女，并把这当作是自己义不容辞的责任和义务，因此从小就给孩子灌输，以便让孩子铭记于心。哈萨克族人认为，只有从小失去父母的人才有可能不知道、不熟悉自己祖先至少七代的名字，因此有一条哈萨克谚语说："不熟知祖先七代是孤儿之命。"①

由于系谱属于口传文化范畴，所以哈萨克族的许多氏族和部落的系谱是以口头传说方式流传下来的。家族系谱可以由父母与子女口耳相传，而部落系谱则是由系谱家传承的。关于哈萨克族三个玉兹的世次，伊斯哈克系谱中有这样的传说：

> 从前，有一位诺尕出身的汗，叫阿布里哈依勒汗，贤士贾尼别克知道他。人们安排阿尔根坐到阿布里哈依勒汗跟前。由于阿尔根智慧过人，人们的注意力都转到阿尔根身上。这引起阿布里哈依勒汗的不满。于是他下令豁布兰德巴图尔杀死了阿尔根。这时贤士贾尼别克派人到阿布里哈依勒汗处，提出："要交出豁布兰德，否则将以牙还牙，报仇雪恨。"阿布里哈依勒汗回答说："我们给你们偿七条人命。"从而把使者打发走了。于是，贤士贾尼别克为报仇雪恨，带领 300 名士兵征讨阿布里哈依勒汗。三个玉兹（玉兹：百）由此产生。②

虽然背景以 15 世纪哈萨克汗国的历史为依据，但是哈萨克学者认为，由于是口头传说，其中的一些人物与历史事实相去甚远。民间的口传文化丰厚，而且具有传承的普泛性，但是以讹传讹的情况也时有发生："由于这些系谱是口头流传下来的，只知道一代一代的顺序，至于每一代人生活在什么时代则不甚明了。有些还有神话色彩。有的叙述也含糊不清，甚至错误。"③不过对于以口传文化传承自己氏族部落历史的游牧部族来说，没有比记住自己的氏族和部落更重要的了，因为这是游牧部族世代繁衍的需要。

第二节　四季牧场与游牧生产生活习俗

转场与牧场划分　游牧经济模式　游牧生产生活与文化习俗

草原游牧民族赖以生存的是草场，如果没有草场，也就不会有马牛羊，更谈不上维系生存了。转场和四季牧场的划分是生存的需要，也由此演变成一种经济模式和文化传统。天山以北的伊犁河流域、阿尔泰山额尔齐斯河流域是草原文明的摇篮。天山和阿尔泰山自下而上分布着半荒漠草原、低山草原、森林草原、亚高山草原。天然草地面积占到全疆土地总面积的 35％左右。依着放牧的季节，草场被精细地分成夏牧场、春秋牧场、冬牧场、夏秋牧场、冬春牧场、冬春秋牧场，这是草原游牧民族千百年来合理利用草原，与自然和谐相处观念的反映，经验的总结，也是按照草场的季节变化进行转场的生存法则。

"逐水草而居"既反映了游牧生产的艰辛，更反映了哈萨克等游牧民族以"移动"利用边缘资源环境的独特方式。根据气候、水文、地形和草原资源状况，哈萨克人将草原划分为四季牧场——阔克铁屋（春季牧场）、加依牢（夏季牧场）、库则乌（秋季牧场）与和丝套（冬季牧场），循环利用草场资源。春秋牧场常为一处，基本都在浅山及荒漠、半荒漠地区，停留时间仅两个月左右，可视之为连接冬夏的中转站。夏季牧场多为气候凉爽，水草丰茂的地区，常位于高山、大河、湖泊之侧。如天山、阿尔泰山、乌拉尔山、阿拉套山、喀纳斯湖、咸海、里海等地。夏季水草最为丰茂，牲畜肥壮。牧民在冬牧场停留时间最长，少则四个月，多则半年。冬牧场之优劣是畜牧业发展的关键，必须能避风雪。芦苇丛中、山峰之下，以至沙山、山谷均可为冬牧场，人畜饮水均靠融雪之水。四季牧场的划分反映出哈萨克等游牧民族以人畜的移动利用环境资源的特性，而转场是游牧延续千年不衰的关键。一年根据四季牧场的情况，大的转场四次，小的就更多。牧场之划分以部落、氏族为单位，转场线路自定。

骆驼、马、牛、绵羊和山羊为"五畜"，是新疆游牧民族主要的生产和生活资料来源。绵羊是主畜，不仅为牧民提供肉食，还提供了畜乳，并可加工成酸、甜奶疙瘩。另外，其毛可制毛毡、毛毯、毛绳，其皮可制衣，满足牧民穿衣、居住等方面的生活需求。骆驼是转场所必需的交通工具，大家什都得依赖它，同时又可提供驼毛、驼奶。骆驼有极强的环境适应能力和耐力，平日行走戈壁荒漠更少不了它。牛既可驮运货物，又可以提供丰富的肉、乳。因此，哈萨克等游牧民族所饲养的五畜无不具有多种用途，把人不能直接利用的草类转化为肉类、乳类以保障人之生存是五畜的最大价值。

游牧经济是以户为单位的分散性的经济模式。这种经济模式是由游牧经济以"群"为单位的特征所决定的。游牧经济需要定期的迁移组合，他们需要更广的水草丰美的区域。游牧民所经营的游牧经济是以"群"为单位分群放牧。一般情况下，牧民依据家畜的种类分群：如牛群、羊群、马群、骆驼群等分群放牧。另外，一种家群繁殖到一定程度，也要据畜龄和雌雄分群放牧：如公羊群、基础羊群、羔羊群等，并且以畜管畜。这就是游牧畜牧业内部分工和畜群发展的必然要求。既然以"群"为单位饲养和放牧家畜，当然一群家畜也就需要一定的牧场或草场。任何游牧部族都把牲畜视为财富，并以牲畜的头数来计算财富。为了增加财富就必须逐水草而迁徙。所以，牲畜的数量增加到原有的草场容纳不下的时候必然要再分群，也必然要到别的地方寻找新的草场和水源，以此解决草场与家畜的矛盾，保证草场和环境的休养生息。一般情况下，牛、马、骆驼上百头为一群，羊几百至一千只为一群。畜群数量的增加必然导致分群，分群必然要求寻找新的牧场。这样便出现了分散性的游牧经济。对一个游牧部族来说，扩大草场、对外掠夺，也是游牧经济的内在需要。他们采取一切措施，尽量扩大草场面积和取得他们不能生产的生产生活用品。

哈萨克等游牧民族的生产生活方式和文化习俗是与其所处生态环境和经济模式分不开的，尤其是物质文化与此息息相关。

草原环境和游牧为主的生计方式深刻地影响了哈萨克等游牧民族的物质文化，其毡房搭建、饮食习惯、服饰文化、交通运输文化等无不体现出对环境与生计的适应。

哈萨克族、柯尔克孜族、蒙古族的毡房就是适应转场搬迁应运而生的活动房屋。哈萨克族的毡房作为居屋，经过了长期的历史演变。最初可能就是哈萨克语所称的"霍斯"式毡房，俗称"一撮毛"。它没有房墙，房杆是直的，木圈顶为正方形或圆形，房杆四周不围芨芨墙篱，只围拼毡。早期征战、狩猎时常用"霍斯"。以后一家一户家庭普遍出现后，有了四块毡墙的毡房。它有房杆 65 根，木圈顶有 65 个洞眼。四块毡的毡房按功能分为厨房、卧室、客室、儿媳床位等四个部分。六块、八块毡墙的毡房出现更晚，往往成了富人和达官贵族的标志。这类毡房房墙、房杆、圆圈顶往往采用油漆、雕花、镶嵌等工艺加以装饰，因盖毡毛色纯正，呈白色。毡房在哈萨克语中被称之为"宇"，由围墙、房杆、顶圈、房毡和门组成。下部为圆柱形，上部为穹窿形。以纵横交错而成的红柳栅栏为墙，栅栏虽笨重，却能经风雨。圆形房顶既是毡的屋顶，又是天窗。覆盖天窗的是一活动的毡盖，白天通风、吸收太阳照射及排除屋内烟雾，雨天或是夜晚则盖上以避风雨。

哈萨克族毡房大小当然取决于牧民家庭成员之多寡和富裕程度。毡房不但是居住和待客之所，亦可作为生产之地。接羔、制奶都需要在毡

图下 2-2　哈萨克族毡房　约克提·尼加提摄

房进行，它就是哈萨克人的生产车间。到冬天，毡房又成为牧民抗拒风雪的堡垒，也是平日里孩子上学和娱乐之所。

柯尔克孜族称毡房为"阿克屋依"（白色毡房），毡房下半部为圆形，上半部为塔形，比哈萨克族和蒙古族的毡房略高而顶尖。毡房一般高 3 米多，直径 3—4 米，四周用条木 80—120 根结成网状圆壁，与椽木组成的伞形圆顶组合为毡房骨架。外壁先围一圈芨芨草帘，草帘外再围以白色厚毡，顶部也以白毡覆盖，用毛绳勒紧。壁上留有木框门，毡房门多向东南，以避北风，门上无关闭之门板，仅挂以门帘。毡房顶部开一直径约 1 公尺的天窗，可通风和采光。天窗上有一块方形的 3 至 4 平方米的活动毡盖，白天揭开，夜间或下雨下雪时盖上。毡房的中央和四围栽有大石或木桩，用结实的粗毛绳把毡房系在上面，以防大风的袭击。柯尔克孜族毡房的陈设很讲究，进门右侧由多色花纹图案的芨芨草帘隔成储藏室，放置餐具和食品，按照习惯外人不得随意进入储藏室。右后角的栅栏上面，挂一块直径 1 米左右的编织毛袋，内藏首饰等。毛袋前为年幼子女的铺位，上方挂一块绣花的丝毯或天鹅绒毯，外围围着绣花丝织围帘。右后角是父母及其年幼子女的铺位；左后角是成年儿子儿媳的铺位。门对面毡壁前置一木架，上放装有衣饰等物的木箱，木箱上放毡子、衣服、包裹、被褥、枕头等物。木箱前的一块空地上铺有毡毯，白天招待客人，夜间是客人的铺位。毡房内地面多铺擀制压花的多色毡毯和补花、贴花、多色花的毛织毯。冬天，在毡毯上面还铺有牛、羊、马皮制作的方形皮毯，皮毯上面再铺褥子当座位。中央对准天窗的地方放三角锅架，是做饭的地方。进门的左角放鞍具，有时夜间也把羊羔拴在这里。毡房中央有一竿子支撑着，上系一帷帘垂贴在栅栏上。

蒙古包是卫拉特牧民居住的一种活动毡房。蒙古包具有制作简便、便于搬运、耐御风寒，适于牧业生产和游牧生活的特点。据《黑鞑事略》记载："穹庐有二样：燕京之制，用柳木为骨，正如南方罘思，可以卷舒，面前开门，上如伞骨，顶开一窍，谓之天窗，皆以毡为衣，马上可载。草地之制，以柳木组定成硬圈，径用毡挞定，不可卷舒，车上载行。"卫拉特人居住的蒙古包形状亦呈圆形尖顶，根据篱栅（特日暮）的多少，大小各不异，大者，可容纳 100 多人；小者可以容纳二十

图下 2-3　搭建毡房骨架　郭晓东摄

来人。普通蒙古包，顶端的高度约 3—4 米，围墙高度约 1.8—2.4 米不等，包门朝东南方向开。蒙古包看起来外形虽小，但包内使用面积却很大，而且室内空气流通，采光条件好，冬暖夏凉，不怕风吹雨打，非常适合于经常转场放牧民族居住和使用。蒙古包的主要材料由架木、苫毡（覆盖物）、绳带三大部分组成。蒙古包的最大优点是搭盖和搬迁都很方便，一顶蒙古包只需要两峰骆驼或两头公牛就可以运走，搭盖时，两三个人只需一个小时就可以搭盖起来。卫拉特人沿用至今的蒙古包可分为套包、阿拉格·沃尔格、斡尔朵、角鲁木、巴嘎那格·格尔、霍西·格尔、德格来、窝儿剌·格尔、窝巴哈·格尔等。一般蒙古包的架木结构由包顶圈（哈拉其）、椽条（乌尼）、篱栅（特日暮）、门框（厄尔肯）等部分组成。"哈拉其"有些地方也称"套瑙"，也就是蒙古包的天窗，可以通译为包顶圈。卫拉特人居住的蒙古包"哈拉其"，由直径 1.5—1.8 米的圆形圈和 6 根交叉的半圆形细木组成，圈帮上留有 50—80 个插孔，用以固定椽条。插孔的多少由"哈拉其"圈的大小所决定。"乌尼"通译为椽条，是蒙古包上半部的主要材料，上联"哈拉其"，下接"特日暮"。其长短大小粗细要整齐划一，木质要求一样，其长短和数量由"哈拉其"的大小和篱栅（特日暮）的多少决定。这样蒙古包才能肩齐，能圆。蒙古包以下部的圆柱形和上部的圆锥形两个部分组成，下部的圆柱形是由 6—8 组横竖交错、相连而成的篱栅组成，卫拉特人称之为"特日暮"。"特日暮"有较强的伸缩性：它的高低大小可以相对调节，普通"特日暮"的伸开宽度约有 3—5 米，高度约有 1.6—1.8 米。一组"特日暮"从头到脚的皮钉约有 30—40 钉；"特日暮"具有巨大的支撑力，而且木质好、皮实耐用、外形美观。"特日暮"的高度一般由门框的高度而定。因此，蒙古包的门不能太高，人得弯着腰进门，在弯腰的同时，也表达了对蒙古包内主人的尊敬，相当于给主人鞠躬。毡门要吊在外面。

草原游牧民族的毡房透露着这样的文化信息：毡房内部是有四方八隅指向和二十四时辰顺时运行方位的，把宇宙世界想象成圆形的"人化自然界"。这与草原游牧民族的天文、节气、方位知识相关。毡房这种小乾坤实际上是一种完整的宇宙模式的缩影。

塔吉克族由于过着半牧半农的生活，除放牧之外，其居所是定居点的土木结构的建筑。塔吉克人房屋一般为土木结构的正方形平顶屋，塔吉克人称这种房屋为"蓝盖力"。这种房屋比较宽大，没窗户，屋顶中央开有天窗。房间分为3个区域：中间为脚地，房门向阳，靠左墙角。进门后，有一面高度为1.5米左右的墙。过了这道墙，便是脚地。脚地中间是个大炉灶，天窗正好开在炉上方。一是可以采光，二是便于排烟。室内四周为土台。过去塔吉克牧民大多过大家庭生活，由于条件的限制，全家老小饮食起居都在这"蓝盖力"屋里，屋内不分间，近门的侧边为长辈睡觉和招待客人的地方；另一侧为晚辈卧处。对炉灶一面稍狭，一般堆置物品，也可睡人。两面睡觉的地方常铺毛毡，白天被褥叠在墙边。过去一般没有桌椅和床等家具，人都在类似的土台上坐卧、饮食和休息。

"蓝盖力"屋顶用作晒台，中间高，四边稍低，以便雨水下流。塔吉克人的一切红白喜事都在"蓝盖力"屋里举办。经济条件宽裕、人口多的人家，还另有客房和卧室。有些人家还围绕"蓝盖力"屋修建走廊、宽大的屋檐（形同凉棚）等附属建筑。"蓝盖力"屋周围一般建有牲畜棚圈和草房，另有院墙，房院周围种有树木。

塔吉克人还通过"蓝盖力"房屋的长、宽、高度和柱子的数量来表达自己民族的信仰观念。房屋的长度和宽度均为7米，表示伊斯玛仪派的7个伊麻目。房屋的柱子为5个，表示伊斯玛仪派"潘吉台尼"，意为"5人"，即穆罕默德、阿里（穆罕默德的女婿）、法蒂玛（穆罕默德之女）、哈桑（阿里与法蒂玛的长子）、侯赛因（阿里与法蒂玛的次子）等5人。

　　哈萨克族、柯尔克族、蒙古族、塔吉克族的饮食主要是食牛羊肉、饮畜乳和辅以面食三项。就其食用方法而言，形成一些相同的食肉习俗。哈萨克族食肉可分为鲜肉和熏肉。宰羊后，将肉切成大块，与头、肚、肝、肺置于一锅同煮。吃时，拌上洋葱，一手拿刀削肉，一手抓而食之，这就是有名的"手抓羊肉"。又有人喜欢选用羊胸骨上剔下的肉或是骆驼肉，撒上盐，置于火上，烤熟吃。哈萨克人亦十分喜欢熏肉。每年的 11 月—12 月，牛壮羊肥，哈萨克人即宰杀牛、马、羊，储备冬季的肉食——此类肉食名为"索古姆"，需熏制。熏制方法为：将肉剁成块，撒盐，置于木架上，以松柴熏干。也有人将牲畜内脏清空，烧掉毛、不去皮，上盐，然后熏干。此肉就是有名的"风干肉"，可保存至来年的七八月份。马肉乃是肉中上品，常作招待贵客之食物，其中又以肋条肉、肥肠肉和臀部肉为最好。柯尔克孜族的肉食以做成手抓羊肉、烤肉（塔西哈拉克）为主。其次大都做成独具特色的灌肺（库衣安吾普阔）、灌肠（贝吉）、油炒肉（库尔达克）、肉汤（苏尔泡）等。蒙古族的食肉习俗也与此相仿。

　　而在食用畜乳时，各游牧民族真正是八仙过海各显神通了。

　　哈萨克族、柯尔克孜族、蒙古族、塔吉克族的奶制品得自天然，制作简单，营养丰富。他们用羊奶、牛奶、马奶、骆驼奶等制成奶油、奶皮子、奶疙瘩、奶豆腐、酸奶子等。制作方法各有不同，分生熟做法。熟奶皮是将挤来的奶用文火煮到起泡沫后撤火，其表面就会起一层薄膜，这就是熟奶皮子。这种奶皮子一般用来放在奶茶里喝或抹到糕点上吃，还可用它来做黄油。生奶皮是奶子煮到尚未起泡沫就撤火，上面会起一层很薄的膜，这就是生奶皮。酸奶通常又分两种做法：一是用煮过的奶子做，直接饮用；二是用生奶子做，用它酿制奶酒。酸奶除作为饮料直接喝之外，还普遍用于和面和烙饼。将煮至起泡的奶子反复扬起和搅动，使泡沫增多，然后撒上少量面粉，它表面就会起一层皮儿，把它舀出来晾干，这就是奶油。酥油用两种方法提炼：一是搅拌酸奶取酥油，这是将包裹着发酵的酸奶直接加以搅拌取得酥油。为了多取酥油，可将酸奶加热，或将新挤出的温奶加进酸奶中，同时将收集到的奶皮子加进去反复搅拌，这样就能得到更多酥油。二是从生奶皮中取酥油；该方法是将集中起来的大量生奶皮子加以长时间搅拌，就能将油和奶酒分离开来。

这些民族的奶制品中最具特色的是奶酒，但各民族酿制和饮用方法各有千秋。哈萨克族、柯尔克孜族酿制名为"库姆兹"的马奶酒，而卫拉特蒙古族则用蒸馏法酿制马牛羊奶酒。"库姆兹"的酿制方法是：将刚挤下来的马奶装在马皮制成的皮桶里，放进陈奶酒曲，放于保温处，使之发酵，每天用木杵搅动数次，几天过后，就成了略带酸味，微有酒香的马奶酒。卫拉特蒙古族的马牛羊奶蒸馏酒酿制方法不是自然发酵法，而采用甑锅蒸馏法。具体方法为：帐篷中央的铁鼎上置一个大铁锅，锅底点燃小火，锅里放一些水，然后将搅匀的酸奶倒入铁锅，及至离锅沿两指深。锅上盖有一块大小适中的锅盖，内部凿空，用一块或两块木板做成。锅盖上有两个四角形的出气孔。灶与锅的边缝通常用新鲜的牛粪涂刷。蒸馏时蒸馏液的接收器是一只小壶，上面有个盖子，有一个大口和一个小出气孔，其四周边缘涂抹均匀保持密封。人们将这只小壶置于鼎旁边的一个盛有雪或冷水的冻槽中。把奶酒引入接收器的管子叫做草尔格。通常是将树枝竖劈成两半，各凿出一条槽，然后再把两半合在一起，用生皮或动物内脏覆罩在外面。管子的一头指向接收器的出口，另一头与大锅锅盖上的出气孔相接，并用涂料涂抹的密不透风。一切准备工作就绪后，重点新火。透过大锅上面覆盖住的出口注意观察，直到锅中奶液沸腾，一股具有强烈气味的蒸汽向出口处冒出。如果马牛羊奶的质量属最上乘，这股蒸汽还能燃着。而后将一个柱状物置于出口处之上封紧，改烧小火。接收器的小出气孔一直敞着，哪怕有许多酒气因此走失。如果把小出气孔也封住，酿酒就不会成功。大约一个半小时以后，蒸汽慢慢减少。这时接收器里盛的就是奶酒了。

草原的环境和游牧的生计方式一方面要求游牧民族的服饰要与之适应；另一方面，就地取材，用羊皮、马驹皮、羊毛、驼毛等制衣，服饰宽大、结实、耐磨、防雨，衣袖过指。冬季服饰多选兽皮为料以保暖，夏季则以布为料以求凉爽。男女服饰有别。对于哈萨克族服饰，《新疆礼俗志》载："其男女所服之衣，……名曰裕袢，圆襟窄袄，不接纽，长施于膝。……妇衣较长，当胸多以金丝编织，缀以环纽，衣之前后，繁系小囊，盛零纤杂物，便于取用。……男女衣着皆以黑色为上。……女子皮帽，方顶阔檐，嫁后则似花巾斜系头上，逾一载，换戴白布面巾。"④

柯尔克孜族服饰与哈萨克族服饰基本相同，男子一般上穿白色绣有花边的圆领衬衫，外穿用羊皮或蓝色、黑色棉布做成的短衣服，在柯尔克孜语叫袷拌。腰系皮带或绣花的布腰带。老人冬季喜穿皮裤，脚穿皮靴或自制的船形鞋，在柯尔克孜语叫乔勒克。姑娘头戴红色金丝绒圆顶小花帽或用水獭、旱獭皮做的顶系珠子、缨穗、羽毛的红色大圆顶帽，身穿连衣裙或长裙，裙外罩坎肩。中老年妇女多披白色长头巾、身穿蓝、黑色上衣和大衣。不论男女老少，都喜欢穿坎肩。这些坎肩前胸和衣边部绣有花纹图案，缀有各种金属饰物。老年人的坎肩只是为了取暖，一般以羊羔皮做成。柯尔克孜族十分注重戴帽子，帽子的品种也很多，男女一年四季都喜欢戴一顶名叫"托甫"的圆顶小帽，多用红、绿、紫、蓝等色的灯芯绒做成，年纪大的多用黑色，戴帽被认为是一种礼节。到了冬季，男子和姑娘还喜欢戴用羊羔皮和狐狸皮做成的皮帽。在夏季，柯尔克孜族的男子戴一种白毡帽，这种帽子作为柯尔克孜民族的一种象征，帽子下沿镶有一道黑线，四周帽檐上卷，左右两侧开一道口，帽顶为四方形，有珠子和黑色的缨穗。夏季柯尔克孜族男子喜欢穿白色的衬衣和黑色的坎肩，戴上这种白毡帽，显得别有一番情趣。柯尔克孜族妇女的服饰也是多种多样的。已婚妇女都要戴叶列切克。一般喜欢穿红色的短装和连衣裙，衬衣直领宽大，显得舒适。裙子多褶形圆筒状，中部束于腰，下端镶制皮毛，显得

图下 2-4　哈萨克族妇女服饰　国外资料　仲高提供

华丽富贵。妇女无论婚否，均喜欢穿黑色或紫红色的坎肩，姑娘的坎肩前胸缝有彩色有机玻璃扣、银扣、铜钱、银币等。耳环、戒指、手镯、项链也是妇女喜爱的装饰品，有的还在长长的辫子上系上链子和银元，表示吉祥和富有。妇女们头上的装饰品也很多，大多喜欢戴红、黄、蓝色的头巾，年纪大一点的妇女则围较素的头巾。年轻妇女戴一种名叫"塔克西"的圆形金丝绒花红帽时，还要蒙一块漂亮的头巾。冬季，妇女除了围围巾也戴皮帽，以抵御帕米尔高原上的寒冷。

卫拉特蒙古族从服饰材料来讲因受地理环境，生产方式与生活条件的影响，主要以皮料为主，其服饰一般基于穿者的身份、性别、年龄、职业及季节的不同而各具特色，其中男装倾向于浑然大气，女装则呈现为精美艳丽。蒙古袍是蒙古族的主要服饰样式。卫拉特蒙古袍有特尔力克、别尔孜、策格德克、乌其、比西米特、拉布锡克、达赫等类型。特尔力克是通常用蓝、绿、红等颜色绸缎和绒布缝制，其样式为袖子与肩膀无缝连，前襟从衣领一直开到腹部，裁出一条方襟。领高约四五指，用几层布裱成硬衬子，上面缝制一个白色的布或绸缎衬领。其前襟用色彩不同的棉线和各色丝线编织出各种花纹或彩虹道子。袖、衩、下摆绣有各种花边图案。别尔孜是刚结婚不久的女性在特尔力克袍上套穿的无领、直襟长袍。通常用蓝、绿、红等颜色的蟒缎或丝绸等上等布料制成。其样式为袖子比特尔力克较短，脐部以上定有两个飘带，

图下 2-5　柯尔克孜族男子服饰　马达汉摄于 1906 年

用来系紧长袍。策格德克是少妇们套在特尔力克上穿的无领、无袖、无扣、直开襟齐肩长袍。通常用蓝、绿色绸缎等好料子缝制，以棉线镶边。其前胸用各种色彩不同棉线和丝线编织出各种花边，并且缀有珊瑚等饰品。乌其是冬季所穿着的皮袍，外用布料或绸缎做面，里面用羊羔皮、貂皮、狼皮或其他兽皮做成。过去贵族、部落首领和达官贵人多穿蟒缎或丝绒做挂面儿，用貂皮、狼皮、狐狸皮做里缝制的"乌其"，而普通老百姓穿的"乌其"则用棉布或粗布缝制，用羊羔皮做里料。比西米特是已婚妇女所穿的长袍，通常用藏蓝、黑、咖啡等颜色布料或绸缎缝制。其样式与特尔力克相似，不同的是襟部、袖部及袍边比特尔力克稍宽一些，并且上面绣有用色彩不同的丝线镶嵌出的各种花纹和图案。比西米特袍的扣子多为银的或布的，胸部左右有两个上下不同的小口袋（右上，左下）。拉布锡克是指蒙古袍，除了已婚女性以外，其他人皆适合穿用。拉布锡克的袖子与肩膀无缝连，大襟通常镶双边儿，也有镶一对边儿的，下端两边开小衩。已婚男性腰以下通常钉双扣或四扣，袍子下摆不镶边，而其他未婚男女则袍子下摆镶边。袍子的颜色一般因人因时而异，男子喜欢穿蓝色、棕色，女子则喜欢穿红、粉、绿、天蓝色，夏天更淡一些，有浅蓝、乳白、粉红、淡绿色等。黄色被看作是至高无上的皇权的象征，所以过去除非活佛，或者受到过皇帝恩赐的王公贵族，其他人是一律不能穿用的。达赫是指用光板皮做成的宽大衣。通常多在冬季远出旅行，春秋干活时穿用。达赫是用山羊、黄羊、狼等动物的皮子制作。传统的鞋类有查日格和皮靴两种。查日格可以译意为"皮窝子"。大人穿的查日格通常用牛、马等牲畜生皮制作，幼儿穿的用山羊、绵羊或黄羊等小牲畜生皮做成。

卫拉特蒙古族对戴帽比较讲究，男女老少各异，不同的季节带不同的帽子。其中代表性的有陶尔策克、布其来奇、哈吉拉嘎、巴斯勒克等几种。陶尔策克的样式为圆形，有六个边，根据穿戴者的性别和身份不同可分为男士、女士和僧人戴的陶尔策克。女士戴的多以黑、蓝、绿等颜色的绸缎或布料缝制，其中节庆戴的十分美观，多镶边，帽正前沿镶有较贵重的红、蓝色宝石、珍珠或珊瑚等，帽两侧绣有各种精巧的图案或花纹，帽顶部还系有用红丝捻成的缨穗，后垂有红、黑色的长

图下 2-6 卫拉特蒙古族妇女服饰 马达汉摄于 1907 年

缨子，因此他们自称为"戴红穗子的蒙古人"。而日常生活戴的女帽则
简洁大方，多以黑色为主，只在帽正前沿饰有玛瑙或珊瑚等。男士戴的
陶尔策克主要以黑、蓝、棕等颜色为主，其中僧人戴的用红色、黄色或
棕色布料缝制。布其来奇是蒙古族老年妇女或僧人们冬季所戴的一种帽
子。帽外用布料或丝绸做挂面儿，里面用水獭皮、狐狸皮等制成。该帽
多为深蓝色或咖啡色，而僧人戴的用黄色或棕色的布料缝制。其样式为
帽顶平坦而呈四棱形，顶部系有红色的穗子，帽后面有护颈，帽两边还
有两翼或两耳，可遮住两腮，下面定有红、绿色的飘带，亦可系在脑后
或下颏。哈吉拉嘎是在新娘出嫁时或少妇们所戴，中老年妇女和姑娘们
不戴。一般戴哈吉拉嘎帽时必须配穿贝尔兹袍。该帽的顶部平坦，仅盖
得住头顶，因此把红带子定在帽内沿，固定于下颏。巴斯勒克通常为蒙
古族男子冬季所戴。帽外用布料或丝绸做挂面儿，里面用水獭皮、狐狸
皮、羊羔皮或貂皮等制成。其样式为尖顶，有两个护颊，后面还有护
颈，因此一般根据其护颈的长短可分为"长护颈巴斯勒克"和"短护颈
巴斯勒克"。

塔吉克族服饰具有鲜明的民族特色。塔吉克族男子平时着装为，内穿衬衣，外着无领对襟的黑色长外套，冬天着光板羊皮大衣，系绣花腰带。妇女一般穿连衣裙，天冷外罩大衣。男戴黑绒布制成的绣着花纹的圆形高统帽。妇戴圆顶绣花棉帽，外出时再披上方形大头巾，颜色多为白色，新娘则一定要用红色。塔吉克族妇女帽的前沿绣得五彩缤纷，盛装时帽檐上还加缀一排小银链，同时佩戴耳环、项链和各种银质胸饰。男子一般戴"吐马克帽"，此帽为黑绒圆高统帽，帽上绣有数道花边，帽里用优质黑羔皮缝制，帽的下沿卷起，露出一圈皮毛。"吐马克帽"的黑绒面上缝有红色、蓝色的丝绒或绸子边（青年人与老人有所区别），帽子的面与边的连接处有各色刺绣。青少年的"吐马克"面料为白绸。男女皆穿皮靴，皮靴制作讲究，舒适保暖。

伴随哈萨克等游牧民族的生产生活活动产生的民间工艺是其文化习俗的重要内容。花毡、刺绣，以及马鞍、木器、器皿、乐器制作等都充满了他们的审美情趣。马背上的民族无不重视马鞍，哈萨克等游牧民族在马鞍的制作、装饰上倾注了极大心力，使马鞍不仅实用，而且美观、大方。马鞍分三类：雕刻漆画鞍、木制包皮铆钉鞍和木制包皮烤花鞍。不论哪种马鞍，其上都布满了行云流水般的纹理，绚丽多彩的美图。马鞍上亦有铜钉排列而成的图案，太阳光下闪闪发光，同时又能使马鞍牢固、耐用，美观与实用并存是其手工艺的特色。与马鞍相配的是马嚼子、马鞍垫、马鞍带、马镫带等。好马配好鞍，好鞍亦是地位、身份的象征，是以心灵手巧的银匠将黄金、白银、宝石镶嵌其间以彰显马主人身份。马身上的马褡子以自制的毛线为料，手工制作而成。马褡子中央开口，两端各结成一口袋，口边留有绳扣，可串联套锁，厚重结实，美观耐用。就其纹理而言，哈萨克等游牧民族追求朴素大方，结构严谨，丝线匀称，图案以几何纹为主。

女孩自小追随祖母、母亲，母亲的刺绣工艺潜移默化地传给了女儿。心灵手巧、擅长刺绣的女子是所有男人理想的伙伴。女子能在各种绒料、绸缎上自如地挑花、刺花、落花、补花、嵌花。哈萨克人的用品，如挂毯、箱套、衣服、手巾、窗帘、帷幕、挂帘、被褥、被罩、枕头上的各种装饰图无不出自女子之手。她们善用丝线和金银线在每一件

什物上飞针走线，以几何图
案、飞禽走兽和花木水草为
景，以对比强烈的丝线勾勒
草原生活的惬意。哈萨克人
的"花毡"中外驰名，毡房
四壁、地上无不以花毡遮
盖。花毡也出自女子之手，
因此可以说哈萨克妇女都是
杰出的民间艺术家。妇女们
以呢子和布片为原料，将其
剪裁为毛角花和鹿角花图
案，再用染配而成的各色毛
线沿着图案千针万线将两层
新毡缝合在一起。图案内容
丰富，有毛角、鹿角、树
枝、云纹等，其构图严谨，
色彩协调，美观大方。其用
色讲究红、黑、橘、绿、蓝
等多色交替使用，相互映
衬，虚实相间。花毡样式多

图下 2-7　哈萨克族花毡　国外资料　仲高提供

样，主要有黑底红花、白底黄花、黄边绿叶、绿边百花等。多彩的图案
将毡片装饰一新，既华丽美观，又不失庄重朴实。用处不同，花毡的形
制也不一样。长方形的多铺在地上，供客人就座；扇形乃是随毡房圆角
转换而制，专门作为就寝的铺毡。当然最美的花毡是姑娘结婚嫁妆的壁
挂，姑娘将自己喜爱的花卉、图案钩绣其上，图案的轮廓则由金线勾勒
而成，银珠缀于其上，显得富丽堂皇。

　　卫拉特蒙古民间刺绣包括绣花、贴花几种，多用在服饰和生活用品
的装潢上。比如衣领、袖边、鞭帽、毡袜、枕顶、荷包、门帘、毡褥、
鞍垫等，均可以见到刺绣的各种花卉、盘肠图案。其中，用以传递青年
男女爱情的烟荷包，刺绣的工艺最为精湛，它是验证爱情的尺度，也是

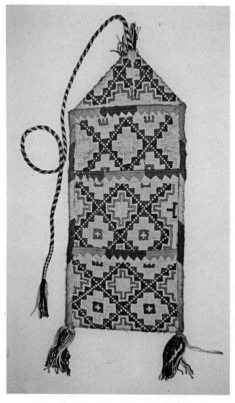

图下2-8 蒙古族烟袋图案 那木吉拉摄

验证女子家庭经济、教养、聪慧的标志。

歌舞伴随哈萨克人终身，无论是节庆仪式，还是人生大事均以歌舞为伴。而与歌舞密不可分的则是各种乐器，冬不拉的旋律已为世人熟知。乐器材料遵循就地取材之道，畜骨、畜皮、畜肠、畜鬃、苇竹等均可为料。乐器可分为弦鸣乐器、皮鸣乐器、气鸣乐器、休鸣乐器、体鸣乐器等，也可分为弹奏乐器、拉奏乐器、吹奏乐器和打击乐器等。冬不拉是哈萨克人最流行的传统乐器，以整块松木或桦木凿成，精雕细琢。其形制多样，一种音箱呈三角形，以近代著名诗人阿巴依命名，称作"阿巴依冬不拉"；另有一种音箱呈椭圆形，则以哈萨克民间阿肯江布尔命名，名为"江布尔冬不拉"。冬不拉多为两弦，或是三弦，弦以羊肠制成。冬不拉总的形状似马勺，背与面似铲形。弹奏之时，左手按弦，右手弹拨，因轻便易制，广受牧民喜爱。

图下2-9 哈萨克族乐器冬不拉 据《新疆民间美术丛书·民间器物》

第三节 从习惯法到成文法

习惯法的分类及功能 成文法的形成 禁忌习俗与习惯法

新疆草原游牧民族从习惯法到成文法经过了漫长的历史演变过程，是先有习惯法，然后才有成文法，而且无论是习惯法，还是成文法都是草原游牧文化不可或缺的组成部分。

草原游牧民族的习惯法是约定俗成的，并不具备法律文本的意义，但在强大的习惯势力和舆论压力面前，人人都必须遵守。哈萨克等游牧民族中的父系家长制度、财产继承制度、婚姻丧葬制度等都是每个氏族内部共同的公约式的习惯法和制度文化。所谓父系家长制是家族中以男性长者享有最高权力的封建男权社会制度，这种制度在游牧社会中居于核心地位，其他如财产继承制度、婚姻制度均受它制约。在哈萨克族阿吾勒之上有若干阿吾勒组成的"阿塔"（祖父、祖宗之意），阿塔头目称为"阿克萨卡尔"，意为"元老"，负责处理阿塔内部事务，调解阿吾勒之间关系。同一阿塔内的阿吾勒均有较亲的血缘关系，他同由长者担任的阿吾勒巴斯一样，构成了父系社会的父权制。阿吾勒内的每个家庭并不是独立的社会单位，所有家庭都依附于阿吾勒，因此阿吾勒巴斯有至高无上的权力，也成了最基本的父权制社会的代表。在父系家长制家庭，妻子必须服从丈夫，儿女服从父亲，丈夫为一家之长，有权威地位，而且只有儿子可以继承父辈的财产，女儿则没有这个权利。还有一种"幼子继承"，即父母的最后部分遗产由最小的儿子继承。在父系制封建宗法社会，妻子也成了其丈夫氏族继承的财产，如果丈夫死了，丈夫的兄弟便可娶她为妻，若没有兄弟，她必须嫁给死者近血缘兄弟。丈夫死后妻子没有财产继承权，有儿子则由其子继承，无子由其兄弟继承，若无兄弟，则由本家族男性继承，若家族无人继承，则由本氏族男性成员分有。

除父系家长制外，还有些制度，如婚姻制度、丧葬制度是在长期的社会实践中约定俗成的。哈萨克族民间习惯法规定，同一氏族内不得通婚。如通婚也必须超出七代（即比喻七条河相隔）。他们认为，七代以内都是兄弟。在封建宗法社会中，还规定黑白骨头间（即平民与贵族间）不能通婚，讲究经济状况和社会地位相等，一般是地位低者不向比自己地位高的人求婚。哈萨克族婚姻制度是终身制，结婚之后一般不允许离婚。清代哈萨克族由于已信仰伊斯兰教，丧葬制度也有了伊斯兰文化的色彩。

同样，柯尔克孜族、卫拉特蒙古族也存在类似的习惯法。柯尔克孜族一般实行族外婚，直系亲属五至七代内不能通婚，此外婚配范围不受限制，多姑表婚和姨表婚。柯尔克孜族中还有招婿的婚姻制度。柯尔克孜的婚姻一般由父母包办，但也有自由选择的。柯尔克孜族的定亲方式有指腹定亲、少年定亲和成年定亲三种。

草原游牧民族的成文法的制定依据仍然是习惯法，但它已经是文字时代的产物了。哈萨克汗国历史上著名的哈斯木汗、额什木汗和头克汗在位期间，系统整理了流传于民间的传统习惯法，并以《哈斯木汗法典》、《额什木汗法典》和《头克汗法典》昭示于众，涉及社会组织、生产、民事，乃至对外关系等诸多方面。《哈斯木汗法典》由财产法、刑事法、兵役法、使臣法和民事法构成，以法典的形式规范和调节社会关系，特别是巩固游牧社会的封建宗法体系。以"财产法"为例，其内容涉及"解决牧场、牲畜和土地诉讼的规定"，玉兹（部落联盟）、乌鲁斯（部落）、乌鲁（氏族）、阿塔（宗族）的领地范围，明确草场、牲畜之归属。《额什木汗法典》和《头克汗法典》实质是在《哈斯木汗法典》基础上，审时度势，根据新情况而做出的调整或补充，应该视为哈萨克族近代形成的成文法。18世纪，准噶尔侵占了大片哈萨克汗国领土，汗国内土地纠纷、草场纠纷事件层出不穷。头克汗顺应新情况在原有法典基础上，将"土地法"从财产法中剥离出来，及时调整各部落、氏族的矛盾，巩固国家统治。

法典既有，执行法律的专职人员就应运而生。哈萨克族的"比"是这些法律的执行者和解释者，负责处理民事、刑事案件，亦善于处理各种诉讼案件，是部落头目统治牧民的助手。"比"选举产生，既是贫民施展个人抱负的最佳途径，也是统治阶层吐故纳新的重要途径。"比"作为当权者的谋士，参与国家政策的制定与施行，一旦谋得统治者的信任即手握重权。相传，头克汗即通过大玉兹的比托列、中玉兹的比哈孜别克、小玉兹的比艾铁克管理汗国事务，"土地法"即出自三人之手。成为"比"需具备能言善辩、通晓律令、擅长协调的能力，因此其在民间亦有相当的威望，是贫民中的精英。与"比"之子相比，常人难有途径了解律法、参与社会政治事务，故而"比"逐渐演变为世袭。

对卫拉特蒙古文化来说，成文法莫过于 1640 年诞生的《卫拉特法典》，它是卫拉特和喀尔喀首领会盟于塔尔巴哈台的结果。《卫拉特法典》规定喇嘛教为蒙古各部共同信仰的宗教；规定了土地、牧场归领主占有和支配；对社会各阶级、阶层等级进行严格区分，规定了王公贵族的特权；在婚姻、继承等方面进行立法，旨在巩固封建制度；协调各部关系，并规定必须联合抵御外敌；对民事、刑事诉讼、诉讼程序和量刑方面均有详细规定。《卫拉特法典》对卫拉特蒙古诸部的制度文化建设起了重要作用。

草原游牧民族的禁忌习俗是在长期的生产生活实践中形成的，本身包含着什么能做，什么不能做，或者禁止做什么的意味。禁忌是一种观念形态，是人类头脑的产物，它的形成是以经验为前提的，但一旦形成，它的基本性质就成为先验的了。因此禁忌的性质就有了先验性，同时它还有消极的性质、迷信的性质。因为禁忌采取的基本方式是消极的，禁忌的先验和消极性质决定了它是迷信的。不过，禁忌一旦成为民间习惯法的有机组成部分（实际上就是），禁忌的社会性就凸现了出来。

哈萨克等游牧民族的禁忌可以根据民俗事项分为不同类型，如生产禁忌、宗教禁忌、语言禁忌、生活禁忌等，其中生活禁忌又可以分为居住禁忌、饮食禁忌、服饰禁忌、婚姻禁忌、祭祀禁忌等。禁忌渗透在草原游牧民族社会生活的方方面面。

游牧在阿尔泰草原和伊犁草原的哈萨克人信仰中的众多自然神和牲畜保护神观念的形成可以说明他们的禁忌习俗与习惯法之间的关系：

神灵中有迪汗巴巴（地神）、奥尔曼巴巴（森林之神）、塔吾依叶（山神）、苏依叶（水神）、吉尔依叶（风神）、奥特阿娜（火娘娘）、康木巴尔阿塔（马之保护神）、赞格巴巴（牛之保护神）、奥依斯尔哈拉（驼之保护神）、绍潘阿塔（绵羊之保护神）、谢克谢克阿塔（山羊之保护神）。哈萨克人对自己赖以生存的牲畜之神灵顶礼膜拜，祈求它们保护牲畜繁衍、平安。特别珍爱被奉为牲畜"福星"的老公马、老公牛、老公山羊和经常乘骑的马，绝不向别人出卖，要按照礼俗作为冬储肉宰杀，将头骨放在老杨树或其他树木顶上天葬。哈萨克人禁止脚踩牲畜骨头和残酷折磨牲畜，否则被认为损害牲畜品种。当出卖牲畜时，须拔下牲畜的一根毛，用其口涎浸湿，然后留下，另外亦留下牲畜的笼头和缰绳，认为这样做能够保住福运。当牛奶、酸奶不慎倒在地下时，人们绝不能脚踩，否则被认为要倒运⑤。

由此我们不难发现，哈萨克族的自然神和牲畜保护神的观念构成了他们习惯法的基础。他们对自然神和牲畜保护神由敬畏继而膜拜，是出于对与之生产生活环境以及畜群的保护观念由自发到自觉的漫长过程，也成为每一个人和每一个部落必须遵守的道德准则。而一些与牲畜形成的密切关系，则是他们诸多生产生活禁忌形成的根源，他们懂得善待牲畜是保证牲畜繁衍、部落兴旺的根本。因为在习惯法中，禁忌习俗占有其他习俗不可替代的地位。

哈萨克族的这些禁忌可能源自他们早期的图腾禁忌。国外学者认为，图腾禁忌是一种原始法律，"（它是）人类最古老的无形法律，它的存在通常被认为远比神的观念和任何宗教信仰的产生还要早"⑥。图腾禁忌实际上由三部分组成，即行为禁忌、食物禁忌和语言禁忌。行为禁忌是指禁打、禁杀、禁伤、禁触、禁摸、禁跨、禁视图腾物；食物禁忌是指禁止食用图腾物；语言禁忌，即禁止说对图腾物有害的话。在哈萨克族中，图腾行为禁忌和图腾食物禁忌至今还有遗存，比如哈萨克人就禁食狗肉，禁止宰杀母畜和幼畜，禁止虐待牲畜等等。这种观念在哈萨克族民间禁忌中十分普遍，即使饥饿，他们也不会宰杀母畜或幼畜。一旦一种习俗成为禁忌习俗，个体成员就必须放弃个人的某些欲望，而遵守这些延续已久的禁忌习俗。因为禁忌是通过自我在发挥作用，所以是以个人接受为前提的。一方面社会控制系统可以强迫个人去接受，但更重要的是个人的约束，在禁忌中自我意识的约束显得更为重要，因为在个人的意识中知道什么不能做和不该做，才能约束自己不做禁忌的事。

柯尔克孜族在长期民俗生活中形成诸多禁忌习俗。柯尔克孜族由于崇拜太阳，因此在支毡房、建房屋时都将房门朝日出的东方开，忌朝西方或其他方向。在建新房上梁时或支起新毡房时都要在房梁上缠上一条棉花团或白布条，新房入住时还要宰杀牲畜祭祀，招待来客。放牧时，不能随便打骂牲畜；不能用禁食动物的名字骂可食动物；不能骑在绵羊、山羊背上；不能把禁食动物和可食动物拴绑在一起或关在一个圈内喂养；不准踩踏或跳过用于牲畜的绳子；不能骑马闯入羊群等等，形成他们的游牧生产禁忌习俗。每年接羔前或发生风雪灾害的时候，要进行"净畜"仪式，这一仪式实际上就是把牲畜集中起来，让它们一一从燃烧的火上跳过，这实际上是一种古老的净火仪式的遗存。与农事有关的禁忌习俗还有，农民出工前要念经祈祷；不能对成穗前的麦子估产量；不能在庄稼地里大小便；不能用禁食动物的粪便作肥料；收庄稼时，要举办收割仪式，祭拜农神，演唱收割歌；打场时要杀鸡、宰羊，放血；用动物血祭天、祭农神、庆贺丰收等等。这些生产禁忌，久而久之也成为习惯法的重要内容。

柯尔克孜族的生活禁忌充满道德自律的内容，是习惯法的重要方面。柯尔克孜族在家里有客人时禁止扫地，如果客人在的时候扫地，表明你在赶客人从这个房子离开。绝对不能在客人睡觉之前主人先躺下入睡，否则，被认为是对客人的不尊。睡觉时忌把脚朝向客人的头部。睡觉时，严禁头东脚西，或脚朝人头。柯尔克孜族认为傍晚是天神给世人分配福禄的时刻，同时也是妖魔鬼怪活动最频繁的时刻，人们必须保持清醒的头脑，加倍提高警惕，尤其不能在这个时候睡觉。否则，既不能得到自己应得的天赐福禄，更可怕的是将会使妖魔鬼怪趁机缠住其身体或侵入其体内，使他致病甚至死亡。柯尔克孜族晚上禁止光着身子出门，或在睡觉时不关窗户和毡房天窗。晚上需要方便时也要戴上帽子。在黑夜里行走时，忌直呼同伴的名字，以免被妖魔记住其姓名，日后加害于他。早晨须在太阳升起之前起床，否则会被神灵列入死亡者名单之中。

尊敬长辈，爱护晚辈，是柯尔克孜人传统社会风尚，同时也是禁忌习俗的重要方面。年轻人不能从长者前面走过，妇女不能在年长男人面前穿过。年轻人见了老人，总是毕恭毕敬地行礼问候。骑马路遇老人，要下马向老人行礼问候，并请老人先行，待老人走后才可上马而行。年轻人不能在老人面前大声喧哗，老年人就座时，年轻人不能从前面跑过。多人行走时，要请老人前行，进门时要请老年人先进。吃饭时要请老年人坐入尊位，并请老人先食。在家庭中，老年人是一家之长，全家人都须服从。与人交谈时，年轻人的声音要比长者低，妇女的声音要比男人低。说话时，不能直眼看长者，或者坐着向站着的长者说话。如果要坐下，也要让长者先坐下。坐下时，要求盘腿，忌将双腿伸直或脚底朝人。年轻人不能直呼长辈的名字，尤其是妇女婚嫁后不能直呼丈夫、长辈的名字。

只要我们看一看草原游牧部族对自己朝夕相伴的生态环境的态度和他们的生产生活方式，我们就可以明了他们的禁忌与习惯法为什么总是与山川河流、森林草原、动物畜群，以及迁徙转场、婚丧嫁娶息息相关。在新疆草原繁衍生息的卫拉特蒙古族的禁忌与习惯法几乎涉及他们的生态环境和生产生活的方方面面：在生态环境方面的禁忌与习惯法涉及山水、河流、草原、森林、土壤、植被、牲畜、飞禽、走兽等；在生产生活方面的禁忌与习惯法涉及居住、搬迁、转场、出行、打猎、婚姻嫁娶、丧葬习俗等。其中与生态环境有关的禁忌习俗表现在以下这些方面：其一是卫拉特蒙古祭敖包的古老习俗，融合了与长生天沟通，祈求神灵保佑等丰富的内容。卫拉特蒙古人将他们长期游牧的天山、阿尔泰山等都神圣化，汗腾格里、博格达都是他们与天神沟通的神山，而且连敖包也是神山的象征，它们都承载着卫拉特蒙古游牧民诸多期盼和祈求。由此产生了与之相应的有关神山和敖包的禁忌习俗，如禁止在敖包或神山上挖土移石、采伐花草树木，禁止在神山上或敖包附近打猎，禁止以污秽之物污染神山，禁止在神山上打闹喧哗，路经敖包时应下马并捡些石头置于敖包上等等。其二是有关河流、湖泊、水源的禁忌习俗成了习惯法的重要内容。卫拉特蒙古人严禁将污秽之物及奶乳扔入湖、河、泉、溪里；忌挖堵泉眼；忌在泉眼周围便溺；忌挖渠改变河道；忌在湖河处洗衣物、堆置脏物；禁止人们从井口迈过，禁止将已打出的水倒回井内；忌打捞水中动物。其三是由于卫拉特蒙古与繁衍生息的草原有着一种天然的亲密关系，因此与草场相关的禁忌习俗格外多。在牧区，人们严守"不动土"的原则，严禁在草地上乱挖乱掘，以免使草地"受伤"。牧草生长季节禁忌大规模频繁搬迁，以避免践踏生长中的草场，如遇搬迁时必须将炉灶坑、桩子、橛子坑等填埋平整。其四是卫拉特蒙古人还保留着狩猎传统，由此形成许多狩猎的禁忌。卫拉特蒙古人传统狩猎忌猎杀怀胎、带崽的母兽，若猎取十头以上的兽群，总要放生几头，忌猎捕领头兽；忌猎捕幼兽；忌猎捕飞禽；忌捣毁鸟窝，驱散飞禽，毁坏禽蛋；忌食用鸟肉禽蛋；忌食用任何爪类动物；忌食用圆蹄类动物肉（驴、马、骡等）；忌捕捞水中任何动物，忌食用鱼、蛙等水中动物。禁忌对卫拉特蒙古人的行为具有很强的约束作用，对他们的生活具有规范的限制功能，使得他们能够与草原、高山、湖泊、大地、动物等自然要素和谐共融，客观上对环境和动植物资源起到了保护作用。卫拉特蒙古人在长期的生存环境中把自己的宇宙论和信仰与生态环境有机联系起来，除了选择遵循自然规律，与自然环境相融的生产方式之外，还建立了根植于游牧生产活动的种种生活习惯，从而形成了尊重自然规律，善待自然环境的生态道德伦理观。蒙古族游牧生活中的习惯法就是在这种生态理念的有力支撑下，才得以起到了保护草原的积极有效作用。

卫拉特蒙古人的这种与生态环境、生产生活相关的习惯法在草原游牧部族中绝非个例，几乎所有的草原游牧部族在与生态环境相处中，在他们的日常生产生活中，一切禁忌习俗都如一个道德评判尺度、行为规范准则、自觉践行的意识在约束着个体和群体。这与其说是遵循自然法则和生活准则，不如说是他们的习惯法中的确蕴含着草原游牧部族博达的精神世界——他们的思维、他们的理念、他们的追求。

在新疆游牧民族中，禁忌的功能体现在四方面：一是自我保护功能；二是社会整合功能；三是心理麻痹功能；四是约束功能。这些功能有时是单个起作用，有时是相互契合共同起作用。

第四节　伴随一生的人生礼仪

诞生礼与成人礼　婚姻制度与婚礼仪式　丧葬制度与仪式

新疆草原民族的文化化的人生礼仪是一种人生的"通过"仪式，一般分为诞生礼、成人礼、婚礼和葬礼四个阶段。每一个人在其不同的人生阶段，必须接受与其地位、职责、身份相关的价值观念和行为准则的约束。

哈萨克人珍视每一个生命，新生儿被认为是胡大给父母的礼物。孩子的出生不仅是家庭之喜，也是整个阿吾勒的大事。儿女诞生之时，需请阿吾勒内子女多、品行好、威望高的妇女割脐带，此妇女被称为"肯地克阿帕"——断脐带的妈妈，终身受儿女们尊敬。孩子诞生之日，阿吾勒要举行齐勒跌哈纳喜庆，为产妇宰羊。妇女们齐向新生儿送去祝福，聚集于产妇房子外通宵对歌。第一夜是青年人聚集之夜；第二夜是中年人聚集之夜；第三夜是老年人聚集之夜。

满月礼又名40天礼——40天系双数，意为满月，哈萨克语为"科落克托依"。孩子脐带长好后，依据传统隔日即需为孩子洗一次盐水澡。洗澡时，大人摸摸孩子的胳膊腿、捏捏鼻子耳朵，口中默念："长呀长，长呀快快长。"一直持续至第40天举行满月礼时。届时，邀请年长妇女给婴儿洗澡，用水40勺，以洗去污秽，洁净入世。满月礼亦要举行庆祝仪式，邀请附近妇女参加。受邀之人皆携带礼物赠予婴儿。年老男子为孩子起名，并轻声在其耳边呼喊三遍名字，孩子到此时才具备了"人"的资格。最后由一位年长妇女将婴儿放到摇篮里。

哈萨克等信仰伊斯兰教的游牧民族的成人礼是以男孩的割礼作为过渡仪式的，而卫拉特蒙古族的成人礼是男女在13岁时分别以穿裤子和裙子为标志。

哈萨克族的婚姻制度是以一夫一妻为主的对偶婚，仪式成为强化婚姻关系和使婚姻神圣化的有效工具，哈萨克人婚姻缔结的仪式主要有说亲、定亲、吉尔特斯、送彩礼、出嫁和迎亲等。

说亲仪式哈萨克语中称为"库达拉苏"。说亲形式有三种：一为男女互不相识，父母商定；二为男子看中女子，请求父母前往说亲；三为在日常文娱活动中，男女相识，互生情愫，男方委托家长、近亲前往说亲。女方有意则收下礼物，热情款待说亲之人，并商定婚期。

订婚仪式即是"乌勒特热托依"，意为"男女双方命运相连"。仪式在女方家举行，男方父母、近亲携带一匹马、礼品前往。女方则邀集亲朋，宰一头白羊款待男方亲朋。饭后，女方端上奶酪，并辅以羊尾巴油和羊肝，继续款待贵客。白羊寓意"吉祥"，羊尾巴油、羊肝寓意"生活如羊肝醇香，如羊尾巴油富足"。食物须由女方妇女喂进每人嘴里，而男子则需准备礼物，以示共乐。女方妇女常会在不经意间将男方亲朋的衣角缝于地毯之上，而青年人则将男方青年人推入毡房外的河流或是水坑中——踏水礼，以示婚约无悔。

订婚之日亦要商定彩礼，多则 77 匹马或 47 匹马，少则 17 匹马。女方则根据男方彩礼的等级回馈毡房、骆驼、家具、衣服和装饰品等嫁妆，其价值与彩礼相当。彩礼与嫁妆准备妥当，即要举行"吉尔特斯"——送给女方的结婚用品——仪式。男方邀诸亲观看彩礼，诸亲则要附送礼品。吉尔特斯仪式当日，客人们席地而坐，主人当众将用毛毯包裹好的吉尔特斯放在地毯上，一妇女遂剪开包裹，众人抢夺物件，搜寻糖果、布块，以沾喜气。物品遂被送进毡房陈列，双方亲属陆续前来观赏男方的吉尔特斯。

"吉尔特斯"仪式完毕，男方即告知女方欲送"吉尔特斯"，女方遂卜定吉日迎接。吉日到，新郎与其父母、姑、舅、姨等近亲带上吉尔特斯前往女方。至女方毡房三五百米时，新郎即下马回避，其近亲由女方父母迎接进毡房。女子之嫂携年轻妇人将男子接入，岳母立于毡房门口处，向新郎抛撒糖果、包尔沙克（油炸面食）和奶制品——此为"夏手"仪式，祝福新郎婚姻幸福。女婿进毡房，常与青年男女欢聚。此时未婚男女仅能对视，接触和讲话都不被允许。宴席中，岳父或长辈让女婿吃羊的胸脊椎骨——象征男女如胸骨相连，不能分离。至深夜，姑娘之嫂陪姑娘来到未婚夫的毡房，男子需向嫂子赠以重礼，以谢其成全之美。

出嫁之前，有唱"萨仁"和"加尔"的仪式，男方亲友唱：

我以安拉的名义唱一唱你的新郎，请你静听莫要哭泣悲伤。

　　男婚女嫁本是人生必经大事，这萨仁"阿大"就曾经唱过。

　　男方唱词其意在宽慰女子不舍父母之心，亦有催促女子启程之意。唱完萨仁，转唱"加尔"：

　　　　姑娘你要有决心，不要畏惧、不要怕。

　　　　我们的圣人曾说过，不要为离开父母而流泪，未来的父母会不错。

　　唱"加尔"歌的仪式之日，姑娘并不启程去婆家。次日，阿吾勒年长的婆婆将姑娘戴过的头巾盖在姑娘头上。临别之时即至，姑娘再也控制不住对父母、兄妹、故乡的不舍之情，内心中亦充满了对未来生活的忧虑，始唱哭诉歌。一曲完，两位青年媳妇搀扶新娘与父母、兄妹、亲朋一一作别，再次唱哭歌，表达依依惜别之情。

　　赠别歌既唱，新娘即由其兄扶上马，带着嫁妆向男方家行进。当新娘到离夫家一箭之地时，接她的新郎即飞马回家报信。新郎之嫂随即带领妇女前来迎接新娘，给新娘换马——换马寓意换家。公婆均在毡房门前迎接新娘，向新娘头上撒奶酪、包尔沙克。揭面纱仪式是婚礼的第一步。地点在公婆所住毡房，公婆和年长亲属先行进毡房，媳妇随后由两位伴娘搀扶而进。揭面纱之人需是能说会唱的男子，其胳膊系有各种色布，手拿拴有彩带的嫩树枝。主持揭面纱仪式的小伙子先唱开场白："山花齐放，多么芳香，山鸟歌唱，多么欢畅，新娘子来啦，你是多么漂亮，美丽动人的新娘呦，你引我开怀歌唱。"

　　揭面纱的小伙子接着引吭高歌"别塔夏尔"歌，盛赞新娘之美丽，告诫新娘要孝敬公婆，善待他人。歌毕，新娘向公婆行礼，向毡房中的火炉鞠躬三次，向火炉中添一勺油，火焰熊熊象征人丁兴旺。此时，一年长妇女将双掌置于焰火之中烘烤，口念"火神娘娘、家神娘娘，给我们把福降"，然后用双手抚摸新娘的脸颊祝福新娘幸福。新婚夫妇还要合饮毛拉念过经文的圣水，祈求上苍佑护。

　　柯尔克孜人的婚姻实行一夫一妻制。古代和近代柯尔克孜人有纳妾的习俗。柯尔克孜族人对于婚姻非常认真，一般婚后绝少有离异的现象，所以在订婚时决不简单地听从媒妁之言，而是要双方父母亲自相亲后始能定亲。相媳妇和相女婿，一般都是女眷的事，特别是男方的相媳妇。要组织一个庞大的队伍，一般是由男方的母亲（无母亲者由婶娘、姨母、舅母代劳）、介绍人和牧村有威望的老者等人组成。柯尔克孜的定亲场面略小于婚礼，但也非常隆重。"相亲团"牵上一只活羊，带上衣服、首饰，特别要带一对耳环作为定亲的信物。"相亲团"来到姑娘家，稍休息一会儿，主要成员在姑娘的嫂嫂和姐姐陪同下，前去姑娘的居室"相面"。姑娘见了相亲的人，必须挨个儿问好，向每人三鞠躬。问好，是看姑娘在语言上有无缺陷；三鞠躬，是看姑娘身体有无残疾，行动是否机智伶俐。如果看上了姑娘，相亲的婆婆（或姑姑、姨姨）就上前去吻姑娘的前额，然后搂在怀里，说些赞美的话。再把姑娘拉到梳妆台前，庄重地给她戴上耳环，这意味着姑娘已是自己家里的人了。同时还要给姑娘梳"定亲头"，并把带去的金银首饰等装饰品，以及衣服、鞋帽统统给姑娘穿戴上，在打扮时还唱"定亲歌"。"定亲歌"的主要内容是即兴赞美姑娘如何端庄美丽，她们如何喜欢和爱慕等。打扮完毕后，姑娘家要以简单的便饭招待。与此同时，姑娘的嫂嫂和姐姐看到妹妹的亲事已成功，就赶快出去通知亲戚朋友和左邻右舍。并把"相亲团"带来的羊宰掉，准备宴席，隆重款待。"相亲团"把所带的礼品，也按亲疏和辈分送给姑娘家的亲戚。订婚宴之后，双方即协商迎娶日期及其他有关事宜。

　　柯尔克孜人的婚礼，一般先在女家进行，母亲要为女儿梳头，将满头小辫改梳成两条辫子，梳头时女儿唱起《哭嫁歌》。新娘换上新嫁衣之后，盘腿低头坐在炕上，姐妹以及众女眷要向新娘祝贺。之后，新娘的姐妹要唱《劝嫁歌》。男方迎亲队伍到来之后，新娘的姐姐和嫂嫂要挡到门口，逐个检查男方带来的礼物，并对这些礼物进行很尖刻的挑剔。男方迎亲者要讲好多好话后，女方才接纳礼品，请男方迎亲者进入指定的毡房中参加婚宴。女方待客的婚宴一般都是新娘的嫂嫂操办，因而在婚宴上，客人们要唱赞美嫂嫂的歌。婚礼开始，宾客们纷纷来到毡房前的草地上，这时新郎家的迎亲长者从毡房的天窗上，将糖果、杏干、奶疙瘩、沙枣、油炸果等，向毡房外的人群抛撒，五颜六色的喜糖像阵阵花雨，向人们头上落下，客人们在嬉笑、打闹声中争抢喜糖。撒完喜糖之后，牧村里举行赛马、刁羊等庆典活动。姑娘、小伙子等随新娘、新郎进行"甜蜜的竞赛"等游戏后，送新婚夫妇进入洞房。新郎当天即留宿女家，与新娘成亲。第二天，宾客和乡邻再次前来贺喜，并送新娘出阁。伴娘陪伴新娘走出毡房后，新娘的母亲要拉着新娘的手唱《送嫁歌》。之后，在迎亲路上，每经过一个阿寅勒，都有青年人拉着绳子拦路，迎亲长者从马上向青年们扔下喜糖后方能放行，这是古代抢亲留下的遗俗。迎亲路上，也有一些长者端着酿造的马奶酒、孢孜酒来招待新郎、新娘，并向新人祝福。还有人在路上点起火堆请新郎、新娘从火堆上跳过，以祝平安和幸福。新娘到新郎家后，要踩着门前的花毡子进入毡房，男家设宴招待客人，婚宴后牧村里还要进行赛马、刁羊等活动，一直进行到下午。午宴后青年人弹起库姆孜，唱催促揭盖头的歌，在歌声中举行揭盖头仪式。然后，新郎、新娘要双双向二老鞠躬请安，新娘要吻婆婆的手，以示孝敬，婆婆要吻媳妇的前额以示慈爱。婚礼上的舞会，被称作见面舞。首先是新郎、新娘登场"会面"。跳舞时，新郎要一手抓住新娘的长长的辫梢，这是一种古老的风俗。年轻的媳妇拉开帷幕，把头巾放在新郎新娘的脚下，彬彬有礼地请他们跳见面舞。新郎捡起头巾，拉起新娘，两人交换了一下眼色随即大方地唱起来："不见到你我心发慌，好像许多事情被我遗忘；哪怕在你身边待一会儿，我的心也像过节一样欢畅。花园里盛开了迷人的鲜花，百灵鸟在花园中尽情歌唱。我们永远像鲜花和百灵鸟，美好生活是我们的愿望。"

卫拉特蒙古族婚俗有提亲、定亲、拜访亲家、送聘礼、搭盖蒙古

图下 2-10　柯尔克孜族婚礼场面　［英］斯克莱因摄于1922 年

包、宴请姑娘、择吉日良辰、拜灶火、招待女婿、庆贺嫁妆、禀报娶亲事宜、娶亲、新娘朝拜、揭帐礼节等繁复的仪式。"提亲"习俗是由"门当户对"的传统的婚俗习惯演变而来。按卫拉特蒙古传统的婚俗习惯，男女结婚不是双方相互看中后，经自由恋爱结婚，而大多都是由双方的父母私下交往，把一切谈妥之后，以包办的形式举行婚礼。"找亲"不是孩子说了算，而是父母看上谁家的姑娘就要了解其父母以及整个家族的家世，看其母亲是不是贤惠能干，看其父亲是不在社会上有威望或勤劳勇敢。然后，前去寺庙请喇嘛占卜，主要是看两个孩子的年龄适不适合，命运如何。如果确有缘分，孩子的父亲或其叔叔前往女方家"提亲"。最终，经过多次向女方家"提亲"，才能得到女方家的许诺。

定亲的目的是进一步确定子女一生的婚姻大事，向亲朋好友和乡亲公开宣布两家子女的终身大事。在举行定亲仪式之前，先由男方家请喇嘛占卜，按农历选好吉日，然后，派不同年龄的三个人前往女方家行使定亲仪式。定亲仪式开始时，前去的男方长者，先站起来吟诵祝词。祝词的内容是向前来参加定婚仪式的人们说明来意、宣布两家子女的姻联关系及赞美爱情等。此时，男女双方客主互相敬酒，开怀畅饮同歌喜庆。

男女青年订婚后，由男方家选择良辰吉日为将来的儿媳妇赠送礼品，这种习俗叫做"送聘礼"。聘礼的多少由男方家的经济条件而定。送彩礼之前，男方家人为将来的儿媳妇准备好各季节穿的服装、长短靴和以金银首饰为主的各种日用品以及马鞍、马镫、马鞭、布料、绸缎、各种头饰品、服饰品、用于做长短大衣的绵羊羔皮等。

男女两家定亲后，男方家首先要到寺庙，向喇嘛告知两个孩子的年龄、出生年月日等，请喇嘛占卜，选择良辰吉日，确定结婚日期。然后，男方家又派孩子的叔叔或亲友，带上哈达、全羊肉、美酒、糖果、牛奶等礼品，前往女方家或其指定的其他家，商谈结婚事宜。举行婚礼前一天，男方家在新搭盖的蒙古包内，把所备的家什都一件件陈设好之后，邀请亲朋好友、左邻右舍的人举行隆重的庆贺仪式。这称"拜火"或"拜灶"、"拜灶火"。首先在新搭盖的蒙古包的天窗上系一条洁白的哈达，然后，在灶里生火。当灶火熊熊燃烧时，将早已削好的羊胸肉放在大盘里，给客人品尝。接着，把羊胸骨用驼毛线缠好，放入灶火里。

这时，新郎跪在灶火旁边，往火里不断地祭洒酥油，以火焰的旺势来象征爱情的坚贞不渝、生活的美满幸福、家族的兴旺发达和命运的安康富裕。

姑娘出嫁的前一天晚上，女方家邀请所有的亲朋好友，为女儿举行送行仪式。当宴会开始不久，男方家派三个人，带着全羊肉、几件白酒和红酒，前往女方家禀报迎亲的有关事宜。他们三个人到达女方家，待在蒙古包的外面，首先派一名代表进包，向女方家人请安问候，并向宴会首席请示允许进包。得到允许后，三个人带着礼品进包，首先很有规矩地向大家请安问候，不敢上座，只坐在蒙古包西边的宾客中。女方家人向这三位不速之客不断地提问"姓甚名谁、何去何从、家住何方、来此有何贵干"等严肃而滑稽的问题。这时，他们当中的长辈便站起来，向大家逐个敬献鼻烟问好。然后，用洋洋洒洒的祝词即兴编唱迎亲的有关内容。大家同意男方家人汇报的安排后，经宴会首席同意就座，禀报人才能坐下来。这时，女方家人打开他们的礼品，洒酒祭天，开始盛情地招待。

迎亲队伍到女方家，由左向右绕蒙古包一周，下马后，先向女方家敬献一只祭祀火神的活羊。然后，派两个人进包，向女方家请示进包的许可。迎亲人进包就座后，由带头人首先站起来，向女方家人请安问候，并用妙语连珠的祝颂词禀报迎亲的有关事宜。这时，女方家人打开娶亲者带来的礼品，拿出鲜奶倒在碗里，给在场的所有人品尝，并聆听人们的祝福。接着，女方家人洒酒祭天，迎亲者向女方家每一位客人敬酒请安。娶亲家的女士们，向姑娘的母亲敬献"乳汁回报礼"。然后逐项完成呈送祝福彩礼、为姑娘的坐骑备马鞍、给小孩送"骑马礼"、点数彩礼、搬出彩礼等仪式。女方家人把嫁妆如数交给接亲人之后，姑娘的母亲给女儿品尝鲜奶，把女儿的指甲剪下来装到"福气袋"里，以此表示把女儿的福气留在家里永不出门。之后，随迎亲队人一同来的喇嘛开始念"一路平安经"。经文一念完，接姑娘出嫁的人就进来，在众多姑娘们的争夺和哭声中，把新娘抱出家门。这时，迎亲队和送亲队合在一起，浩浩荡荡地出发。

迎送亲的人马快到时，男方家又派两名带有红绸缎遮羞帐的人遮盖新娘的面部，并男方父母亲自前去迎接，给新娘品尝鲜奶。当把新娘迎进新包后，新郎穿上艳丽的蒙古袍，在伴郎的陪同下，来到送亲队里向大家请安问候，给新娘的亲人和亲朋好友一一敬酒，行礼跪拜。礼毕，女方家人给新郎穿上新袍，并系一条彩带，以此表示脚踏实地地做人。接着，男方家的父母及亲戚也来到送亲队中，向客人请安问候并祝福孩子们心想事成、新婚美满、白头到老。这时，婚礼正式开始。

新娘朝拜仪式主要是从父母家开始，以串亲戚家的方式，一家一家地进行。从远道而来的亲戚，可以在新包或父母家进行仪式。送亲人来男方家时，特意带来系有白、黄、红三色缨的木干，一进门就夹在新包西边的撑干上。这三色缨子中的白色象征命运之道的畅通无阻；黄色象征太阳赐予大地万物的光芒；红色象征祖先社灶火的传承。因此，新娘朝拜仪式主要由送亲者的带领下进行。新娘首先拜见父母，然后依次拜见舅舅、叔叔、婶婶、姑姑、姑父、哥哥、嫂子、姐姐、姐夫等。接受新娘拜礼的人，一般都给新娘赠送金银首饰等最贵重的礼物。

塔吉克人的婚礼气氛浓郁、热烈、隆重。婚礼前的六七天，男女双方家长便骑马外出，邀请家中最近遇到不幸事件的亲友（主要是丧事），到自己家里，宰羊设宴，热情款待。宴前，家长们首先将一个"达甫"（手鼓），拿到宾客面前，然后说（大意）："亲人们，过去的事，就让它过去吧，请你们帮助我们，在我家即将来临的喜庆之前，擦干悲痛的眼泪，振作精神，用力敲响'达甫'，为青年人祝福吧。"这时，每个客人都会在手鼓上敲几下，表示悲痛的日子已经过去，同意青年男女结婚前的娱乐活动。

塔吉克人对婚礼十分重视。婚礼的日子一般选在秋高气爽、牛羊肥壮的金秋季节。婚礼要热闹三天。第一天男女双方各在自己家里设宴，亲戚前来贺喜，他们带来的礼品一般是4—6个馕，在馕上再摆放衣服、日常用品和首饰等贺礼。最亲密的亲戚送羊。母亲或长嫂在礼品上撒面粉，以示吉祥。新郎穿戴婚礼服饰。新娘则躲在自己的屋子中不露面。第二天各在本村范围内举行更大规模的娱乐活动。一般是在第三天上午迎亲，男女两家相距较远的，第一天新郎即往女方家迎亲，次日返回男方家中。在举行婚礼期间，前往祝贺的亲邻们都穿最好的衣服。经常是一家结婚，全村都沉浸在节日气氛中。

"拜德尔汗"为塔吉克语，直译即为"婚姻之父"。"拜德尔汗"是由女方指定，再由男女双方协商确定的证婚人。新郎新娘将一辈子如同敬重自己的生身父母一样尊敬他。婚后男女双方若有不和，也须找他调解。

婚礼的第一天中午，新郎新娘各在自己家中举行隆重的沐浴净身、喜着婚服的仪式。新郎的礼服为"吐马克帽"上缠绕红白两色的绸带或布条，穿绣花的衬衣和外套，系绣花腰带，脚穿花边长袜和红色鞋子。新娘的服饰为头戴绣花小帽，帽前垂挂"斯力斯拉"（一排小银链），耳戴银制大耳环，在4根长辫梢上系大红丝穗。身穿红色长裙，外套大红袷袢。佩戴艳丽的头饰、项链、胸饰和辫饰，脚穿花长袜和红皮短靴。新郎和新娘都要在左右手小指上戴戒指，戒指上各系红、白绸带4条。

一切准备就绪后，宗教人士面向新郎，为其高声祈祷，之后将早已准备在馕坑边的绵羊杀死为新郎的大礼驱邪，同时也是为新娘过门后的第一餐做准备。接着，新郎的父母及亲友争先恐后地往新郎礼服上撒面粉以示祝福。随后，在两名伴郎的监督下，新郎用清水洗净全身，穿上新婚礼服。

迎亲时，新郎骑上骏马，由一位已婚青年和一批未婚青年陪同，组成一支马队，吹打着乐器前往女方家。一路上，骑在马上的小伙子们一面叼羊一面唱着礼歌《国王来临》，这是因为塔吉克人将婚礼中的新郎比作国王。他们来到女方家后就更热闹了。女方会表示隆重欢迎，新娘的两位女伴敬上两碗加了酥油的牛奶，新郎饮毕后下马。这时，女方的长者给新郎和"拜德尔汗"等人肩头撒面粉以示祝贺。

结婚仪式是男方接亲时，在女方家举行的仪式。这时，前来参加婚礼的长者和亲友都要在场，新郎和新娘站在一起，各有两位妇女（一已婚一未婚）陪同。由宗教人士海里派主持仪式并诵读《尼卡那麦》（结婚之书），据说此书是塔吉克族哲学家纳赛尔·霍斯罗专门为男女结婚而写的，其主要内容包括家庭、人生、教育和哲理。这时，"拜德尔汗"端过一碗盐水，新郎新娘各喝一口，再吃点肉和馕，这即象征着两人从此生活在一起。仪式上新郎新娘会互换系有红白两色绸带的戒指。女方的一位妇女向新郎新娘身上抛撒糖果，孩子们便围拢上去捡拾，而后，前来参加婚礼的宾客们一一上前向新郎新娘表示祝贺。祝愿他们生活美满、早生贵子、白头到老。这时，女方父母走上前来，请新郎新娘就座，新郎则走上前去，对岳父母行吻手礼，以示敬重。众人奏乐歌舞，向新人表示祝贺。女方家则以奶茶、酥油和点心等食品招待客人。

结婚后的第三天，即新媳妇进门的第三天，"拜德尔汗"和女方的亲戚及宗教人士来男方家做客，娘家人要带来精美的食物和一只宰好的羊作为礼物。新娘在夫家，要戴三天面纱，这时，由"拜德尔汗"亲手将新媳妇的面纱揭下，然后，给新媳妇拿来面、油、奶等东西，让她和面打馕，这象征着她将在新的家庭开始新的生活。

葬礼则是草原民族人生中的最后一件大事。哈萨克人相信灵魂不灭，故而葬礼就是要安抚亡灵，意义重大。死于主麻日（星期五）和古尔邦节是亡者之幸。人之将死，毛拉即要为其念经赎罪。死后，家人在毡房门口树一长杆，根据死者老少分别挂白旗与红旗，中年人则挂一半红旗一般白旗，吊唁之人据此判断死者的年龄。葬前要给死者净身以洗去其身上的尘埃，全身不能有遗漏，且要修剪指甲，理好头发，要干干净净进入另一个世界。净身完毕，则需要举行祈祷赎罪仪式。净身、赎罪依伊斯兰教教规执行，尔后下葬。阿訇主持念经，并大声向众人发问："此人生前如何？"众人答曰："是个好人、善良的人，祝他进入天堂，愿他安息。"

柯尔克孜习俗丧葬受时代、地域、宗教信仰影响较大，安葬形式曾经有火葬、土葬和树葬多种。近代以后柯尔克孜人丧葬大都按伊斯兰教教规进行，实行伊斯兰式的土葬。人死后，要请宗教职业者阿訇念经并举行葬礼。尸体停放的时间不能超过三天，一般是早亡午葬或晚亡晨葬。葬前将尸体用清水冲洗，然后用白布裹身，女人还要缠腰和盖头。将尸体平放在专制的灵床上，用骆驼送到墓地埋葬。葬前先在墓地挖一个直土坑，再在坑底旁边挖一个洞穴，长宽高低以可容纳尸体为宜，将尸体头枕北、脚朝南、面向西置于洞中之后，用土块封好洞口，再用土填平直坑，最后用土块或石头垒成长方形的坟。出殡时，只允许男子送殡，不许妇女送葬。死者的家属要服孝，一年内，死者亲属要穿黑衣服，家中来了客人和亲友，都要唱丧歌，以示哀悼和思念。柯尔克孜族的丧歌，不仅肃穆悲切，而且内容丰富，不同关系的人，有不同的丧歌。据初步调查有：儿女哭父母的丧歌、孙儿哭爷爷的丧歌、父母哭子女的丧歌、妹妹哭姐姐的丧歌、妻子哭丈夫的丧歌。这些丧歌既有固定的程式，又可根据各自环境、遭遇，即兴哭诉。柯尔克孜族的哭丧歌，一般是一人哭诉；也有多人的群体哭诉，这主要是几个女儿同时哭父母。还有一种规模更大的哭丧歌，是左邻右舍的女眷们，成群结队的为年高德重的邻人哭吊。这时几个甚至十几个妇女，身着素装，手拉手，臂挽臂，相互扶着聚成一个大圆圈，悲悲凄凄，齐声哭诉。其主要内容是诉亡人一生之好处，寄托一乡人之哀思。

卫拉特蒙古族的传统葬礼习俗有火葬、土葬、野葬、水葬等四种，但随着时代的变化水葬习俗早已消失，火葬习俗目前也已消失。火葬古时多为王公贵族、有钱人家或大喇嘛活佛所使用。安葬时将衣服脱去洗净身体，然后用白布裹尸，抬至山沟或戈壁滩上，伐木造屋，把尸体和死者生前使用过的衣物全部放在里面，点火焚烧。将其骨灰就地埋葬，立碑，亦有把骨灰加上"净土"制成球状，存于宝塔中，表示死者已成佛。

土葬也叫棺葬，棺材上窄下宽前高后低，将尸体穿上新衣放入棺中，死者生前所用衣帽、木碗等生活用品和一些食品一并放入棺中。入殓时，其亲属哀悼告别。下葬后，请喇嘛念经，一般3—5天，大户人家亦有念49天以至100天的。

野葬又叫天葬，在古时是最常见的一种安葬方式，一般被贫苦人家所采用。尸体用车或马拉到山沟或戈壁滩，家境差的用破衣罩着尸体或者就赤身裸体，家境稍好些的用白布罩着尸体，放置荒野，四周插四根木棍，上挂黑布条，尸体旁燃火一堆，将肉、食品投入。送葬者返回途中点一堆火，众皆跃火而归，不许回头。三天后，亲人、亲友前去探视。尸体被野兽吃光，皆大欢喜，认为死者已进入天堂，反之则为凶兆，认为死者生前罪孽深重，必请喇嘛诵经超度，并把死者衣物送给喇嘛，借此赎死者之罪，盼望尸体早被鸟兽吃光，死者早日升入天堂。

卫拉特蒙古族对死者一般尽量争取当日安葬。当日确实来不及，第二天或第三天一定下葬。人死后白布裹身，在死者头前点"香火"（祭灯）以祭神佛。有的还请喇嘛念经给死者消灾、赎罪，或由喇嘛确定出殡时辰和选择葬尸方向、位置，由男人送葬。卫拉特蒙古通常地形高处或水源方向为上方，安葬时将死者头部朝上方。若是男尸，右侧身而卧，右手掌向上放在右脸颊下，右腿稍弯曲。女尸则相反，且把发辫散开，给人以安详睡眠之感。

塔吉克族的丧葬仪式庄重、肃穆。在正常情况下，死者在断气前会留下遗嘱的，这时死者的亲戚围坐在他身边，流着眼泪，静听他的遗言。快断气时，宗教人士或年长者为将要去世的人念经祈祷，然后，替他合上双眼，用白布将下颚吊起。据说，年轻人、小孩子、负债者的眼睛是很难合上的。人死之后，马上派人去各处报丧，并且将屋子收拾干净，由几位亲属将尸体停放在一块大木板上为死者净身。死者若是男性，剃净须发，洗净全身，若是女性，洗净头发，编好辫子置于胸前。塔吉克人将这种习俗称为"台霍尔达特"。这样做，是为了让死者能干净整洁地去永恒的世界。净身时如有外人参加，须送死者的好衣物给他。净身后，使死者头冲西躺卧，用一张叫做"凯先干"的带有刺绣的盖尸布将其覆盖。死者头前和脚下各点一盏灯，尸体最少得停放一夜。

为死者净身后，死者男性亲属一字排开坐在地上哭丧；女性亲属则身穿蓝色衣裙，头戴蓝头巾，坐在炕上哭丧。吊唁者自外鱼贯而入并表示安慰；妇女则握住丧家女性亲属的手哭泣。

塔吉克人的吊唁仪式肃穆而隆重，前来吊唁的人很多，这一天村里的一切活动都要停止，包括劳动、工作、家务。入葬的那天，吊唁仪式在丧者家中举行。举行葬礼前，先要缝殓衣，殓衣分男式与女式，缝制殓衣的线须从殓发上抽取。丧礼由宗教人士赛义德或海里派主持。男人聚在一处做乃玛兹，妇女们则静坐在一旁。做乃玛孜时不允许哭泣。死者入葬后，宗教人士还要再次祈祷，众人依次亲吻死者家属的手并劝慰道："这是真主的旨意，切莫太难过。"之后人们洗手进屋，祈祷之后吃丧饭，一般宰杀牦牛或黄牛。按规矩死者亲属不可食用。丧饭在塔吉克语中称作"派提法尔"。

出殡除去宗教上的规矩之外，还有其他习俗。如死尸从屋里抬出时，要将屋子的天窗关好，并在炉灶里燃起烟火，若是家中有孕妇便让孕妇手托死者殓衣，从殓衣上抽出一根线束缠绕在指头上，为的是日后生产平安顺利。如若死者是未婚女子，其尸身要精心修饰，让她与屋里的顶梁柱成亲，然后方可抬出。

在塔吉克族丧葬中，"苏拉吾派迪德"（直译为"燃灯"）这一仪式占有重要位置，由其内容与形式来看，这一仪式具有强烈的宗教色彩和神话色彩。灯祭在入葬的那天晚上举行，据说这是正式送死者上路去阴世的仪式。灯祭由海里派主持，丧家将一只肥羊拴在炕边，准备在海里派祈祷之后宰杀。这只羊必须是绵羊，山羊往往被看作是精怪，而绵羊则温顺老实。将羊宰杀后，用棉花和羊油制成灯捻点燃，据说这样就可为死者照亮去阴世的道路。按规矩，由一位被称作"霍迪姆"的人将肉做熟。羊肉要全部下锅，不能剩下一星半点，羊血、羊骨及内脏要埋于洁净之处。羊肉中尚须加些麦子，这在塔吉克语里称作"布吉"。由海里派诵念《灯经之书》或《灯经》。之后，霍迪姆将羊肉从锅内取出请大家享用，众人边吃边追忆死者生平事迹。死者亲属，如父母和孩子、夫妻、兄弟姐妹等忌食此肉。灯祭完毕，丧家将羊皮和少许羊肉送与海里派，再给他披一长袍，作为酬谢。

按照塔吉克人的习俗，除皮里克节（灯节）和库尔班节要上坟外，还要做 4 种乃兹尔，即 3 日祭、7 日祭、40 日祭和周年祭。这几种乃兹尔大同小异，参加者的人数、舍饭、诵经基本相同，均诵读《古兰经》。

第五节　文学传统：英雄史诗与情歌

英雄崇拜——英雄史诗的内核　情歌的真善美

在草原民族口头文学传统中，以英雄崇拜为题材的英雄史诗和充满人间纯真情爱的情歌是它们的双璧。

所有的草原民族都崇拜英雄，因为在天灾人祸面前，只有英雄才能引领他们走出困境，因此，几乎所有的游牧民族都在吟唱着他们的英雄史诗。英雄是草原民族的脊梁，草原民族懂得，崇尚英雄的民族才是英雄的民族。

草原民族的历史可以说是一部各部族的征战史，英雄史诗是民间纪念战争中英雄人物的特有方式。哈萨克族的英雄史诗产生于 14、15 世纪至 19 世纪，其中《四十个英雄》记录了叶斯木、萨巴拉克、哈班巴依等英雄人物的事迹。哈萨克族的英雄史诗是以某一历史时期的战争和战争中出现的英雄为基本内容，在世代传承中丰富和发展起来。从形成于 11 世纪的《阿勒帕米斯》到形成于 19 世纪的《阿尔卡勒克》，每一部都包含了哈萨克族在一定历史时期的思维、情感和生活，是思想的宝库，亦是诗歌艺术的珍品，其代表作有《阿勒帕米斯》、《英雄塔尔根》、《骑黄马的猎手》等。史诗中的英雄都是热爱人民、家乡，与外来入侵者进行英勇战斗的人物，史诗所传达的往往是英雄在遭遇劲敌时决一死战的决心，而与英雄为伴的是其忠实的密友——骏马——"长着火塘般利蹄的马儿呀，如果不能飞驰如疾，则怨你无能；如果不能驰骋疆场，厮杀拼搏，则怪我怯弱"；"英雄啊，我们的行动是为了惩罚敌人 / 火和血象征着这次征途的艰辛 / 我们急着赶路，马群淌的汗就是血"。

英雄史诗《玛纳斯》被称为是柯尔克孜族民间文化的百科全书。最有名的玛纳斯演唱艺人是阿合奇县的居素甫·玛玛依。他用二十多种曲调演唱的《玛纳斯》共有八部，约二十万行。第一部《玛纳斯》，第二部《赛麦台依》，第三部《赛依台克》，第四部《凯耐尼木》，第五部《赛依特》，第六部《阿斯勒巴恰和别克巴恰》，第七部《索木碧勒克》，第八部《奇格台依》。内容主要是玛纳斯家族八代人的传奇故事。《玛纳斯》是一部传记性的英雄史诗，它通过动人的情节和优美的语言，生动地描绘了玛纳斯家族几代英雄的生活和业绩。史诗塑造了上百个具有不同性格特征的人物。在史诗中，玛纳斯不仅是一位力大无比的勇士，而且是一个雄才大略的部落首领。但同时，史诗也描绘了玛纳斯在节节胜利面前，理智控制不住感情，听不进别人的忠告，飞扬跋扈，结果在远征中受伤致死的情形。

《玛纳斯》所有情节、事件都围绕玛纳斯及其子孙八代共四十个英雄的活动展开，史诗的各部分各自独立，每一部描写一代玛纳斯家族的英雄，又有统一的结构关系。《玛纳斯》每一部分结构都形成相同的基本模式，即英雄的身世—征战—和平时期生活三大块。这种结构模式，对歌手来说，易于把握史诗的复杂结构，演唱可以在某一部分结束时停下来；对听众而言，线索清晰，情节系于人物命运，有更强的吸引力和感染力。

在卫拉特蒙古族诗歌中英雄史诗占有独特地位，《江格尔》是家喻户晓的英雄史诗。《江格尔》讲述的是蒙古族英雄江格尔及其十二"雄狮"、三十"虎将"、八千勇士与恶魔蟒古斯斗争的故事。《江格尔》由世代江格尔齐演唱、加工而不断丰富和完善。《江格尔》属长篇巨制型英雄史诗，现在见到的是搜集整理出版的十五章托忒蒙古文本，还有十三章等汉译本。其实，民间流传的《江格尔》远比这长得多。据一些蒙古族老艺人回忆，有一种七十回的手抄本在民间流传。蒙古族学者色道尔吉认为，《江格尔》产生于卫拉特四部之一的土尔扈特部，是土尔扈特人民集体的口头创作，是他们智慧和感情的生动反映，到明代，成了四卫拉特人民共同的精神财富。后来通过江格尔齐的演唱和各种手抄本的形式，流传到国内外蒙古族人民聚居地区。《江格尔》歌颂的是蒙古人的理想乐园——宝木巴以及以江格尔为代表的宝木巴众多勇士，并揭露了奴隶制社会现实的丑恶。富有神话传奇色彩的江格尔等人也成了反抗邪恶、铲除社会不公、创建和保卫宝木巴的象征，是他们心中最值得推崇的英雄。《江格尔》在世代流传中也融进了卫拉特蒙古族的社会生活、民族文化、民俗风情以及他们的思维方式、价值观念和审美情趣，是卫拉特蒙古民间文化的百科全书。《江格尔》中多处出现阿尔泰山、白头山、额什尔鄂拉山、额尔齐斯河、乌古伦河、奎屯河等山名、河名，这与卫拉特蒙古四部活动于这些地区有着密切关系，因为文学毕竟是现实生活的折射。

哈萨克情歌可以分为两种类型：一类是叙事长歌，另一类是抒情短歌。短歌又分为两种类型，一种是日常爱情生活的抒情歌，另一种是紧密伴随婚礼的抒情歌。

关于讴歌爱情的叙事长歌，在哈萨克族中传唱的有百部之多，其中《阔孜情郎与巴彦美女》、《克孜吉别克》、《萨里哈与萨曼》、《阿依曼与绍尔潘》等三十多部爱情长诗一直为"阿肯"们所传唱，其主题大都是年轻男女为追求婚姻自由、人身自由，与封建专制社会的斗争。而流传最广、传唱最久、脍炙人口的应当首推《阔孜情郎与巴彦美女》，这是一首三万多行，有十多种变体的爱情叙事长歌。长诗男女主人公是一对爱情忠贞、以死反抗压迫、争取自由的典型。牧羊青年阔孜为了实现和未婚妻既订的婚约，与巴依家求婚人决斗身亡，忠于爱情的巴彦为了信守婚约而自杀殉情，讴歌了哈萨克族青年男女忠贞不渝的爱情。《阔孜情郎与巴彦美女》据考证创作于公元 9—10 世纪，被无数阿肯歌手们传唱。

　　抒情短歌，伴随着哈萨克族人民丰富多彩的生活，呈现出了千姿百态的艺术表现。哈萨克族的抒情情歌都是即兴创作的，只要生活存在，抒情短歌就取之不尽，用之不竭，因此没有一个人能够一一历数哈萨克族情歌到底有多少首。以哈萨克族的婚礼歌为例，它分为"喜事序歌"、"萨仁"、"加尔—加尔"、"哭嫁歌"、"远嫁歌"、"劝嫁歌"、"揭面歌"等，是整个婚嫁仪式中不可或缺的部分。哈萨克族的婚礼是从提亲开始的，伴有订婚仪式、嫁娶仪式等。在整个过程中，婚礼歌存在于自始至终，新娘用歌向亲人告别，亲人用歌劝嫁，男方用歌迎娶新娘，来宾以歌唱助兴等。嫁女仪式中的"萨仁"歌并非单指唱给新娘的歌，其他一些古老的有哲理性、劝谕性的民歌也称为"萨仁"。由于"萨仁"歌在嫁女仪式开始当天由男方的两位伴郎齐唱，唱给新娘听，往往唱出男大当婚、女大当嫁的道理，有"晓之以理"的意味，因此"萨仁"也就成了具有劝嫁内容的嫁女仪式歌。而"加尔—加尔"是男方劝嫁、女方哭嫁的对唱，往往是男方曲调欢快、轻松，而女方凄楚、悲凉。婚嫁歌透露的是婚嫁习俗原型的信息，通过演唱形式凸现社会群体共同的心理意识，同时，长期积淀的婚嫁原型为婚礼歌奠定了雏形，同时婚礼歌也使婚嫁习俗成为哈萨克族精神世界的一部分。民俗与口传婚嫁歌是如此胶着在一起。

　　柯尔克孜族情歌内容丰富，形式多样，格调清新，特点突出。情歌歌唱了男女青年对爱情的向往和赞美，歌唱了恋人的内心世界的美和外貌装饰的美，歌唱了男女青年对美好、幸福、自由生活的向往与追求，以及他们对封建买卖婚姻的控诉与反抗。如："树上有夜莺才美丽，她只栖落在白杨树上唱歌；你若是听到妹妹的歌声，心里的烦闷就会遗忘。"传统民歌中的情歌凄婉低沉。

　　蒙古族民歌中最被称道的是长调民歌，其中情歌占有重要地位。这些长调常常是高低音同度一致的，但当两个或更多的蒙古人一起唱时，往往有出色的歌手唱出延长音，延长到他的肺活量的最大限度，然后由他继续把它唱下去，好似是其他歌手的回音一般，从而使这首抒情曲与复调多重唱相似。像土尔扈特蒙古的《伊犁河金色草原之歌》就是歌手即兴演唱的抒情长调，歌手反复用本嗓和假声演唱，歌词是歌手即兴吟成的，是对繁茂的伊犁河谷秋天的回忆。长调显然属于牧歌一类。蒙古族民歌中还有一种短调，因风趣幽默、节奏明快、曲调活泼，又称其为诙谐歌曲。察哈尔蒙古的《高山上的花》、《金纽扣》、《想念我的家乡》都属短调民歌。土尔扈特蒙古人的民歌除牧歌外，还有赞歌、酒歌、情歌、婚礼歌等多种形式，如《西部可汗》、《可爱的暗褐色小马》、《我可爱的小雄鹿》、《额林哈毕尔噶山》等。由于马在卫拉特蒙古人生产生活中的独特作用，它也成了情歌的重要意象。对马的情景描写实际上是暗指情人，如《花色马》："骑上我的花色马，一溜烟尘过大山。亲爱的哥哥讲的话，时刻铭记我心间。"还有《心爱的枣骝马》描写道："乘上心爱的坐骑枣骝马，在无垠的草原上飞速驰骋。我热恋的心上人哟，喁喁的情话镌刻在我心中。"这种看似雷同的现成思路，往往是随手拈来，即兴吟唱，无论是歌者还是听者都明了其意并不在马，而在于情愫。因感受、理解不同，同是对马的情景描写，各自成趣，毫不乏味。但是，在卫拉特蒙古人看来，骏马往往是和英雄相匹配的，于是有了那首歌唱土尔扈特人的英雄罗布桑察纳布及其骏马的民歌：

> 在白雪覆盖的高山之顶，
> 屹立着一所帐篷。
> 它白如白雪皑皑的山峰，
> 罗布桑察纳布在门口凝视着南方的地平线。
> 他的白色种马飞奔得比箭还快，
> 他骑上它追上了野鹿。
> 鹰靠强健的翅膀追捕野天鹅，
> 而罗布桑察纳布的敏捷胜过最强壮的鹰。
> 很多人都羡慕罗布桑察纳布，
> 但他们在战斗中才知道最伟大的要数黑色的鹰罗布桑察纳布。[7]

【注释】

① 贾合甫·米尔扎汗著:《哈萨克族历史与民俗》,新疆人民出版社,1999 年,第 225—226 页。

② 贾合甫·米尔扎汗著:《哈萨克族历史与民俗》,新疆人民出版社,1999 年,第 229 页。

③《哈萨克族简史》,新疆人民出版社,1987 年,第 18 页。

④ 苏北海:《哈萨克族文化史》,新疆大学出版社,1989 年,第 535 页。

⑤ 姜崇仑主编:《哈萨克族历史与文化》,新疆人民出版社,1998 年,第 205 页。

⑥ 德国学者冯特语,转引自《图腾与禁忌》,中国民间文艺出版社,1986 年,第 32 页。

⑦ [丹麦] 亨宁·哈士纶著,徐孝祥译:《蒙古人的人和神》,新疆人民出版社,1999 年,第 195—196 页。

第三章

近代移民文化

18 世纪后新疆的移民主要指境内西迁的汉族、回族、满族、锡伯族、达斡尔族等，以及境外东迁的乌孜别克族、俄罗斯族、塔塔尔族。西迁移民是清朝统一新疆并根据屯垦戍边需要从内地迁徙而来的，而东迁移民是伴随沙俄的殖民扩张而迁入的。这些移民的文化在新疆多民族文化中注入了新的文化元素，并以自己独特的文化品格丰富着新疆文化的内涵。

第一节　近代移民与移民文化的形成

迁徙背景　移民的分布　移民文化的基本特色

新疆近代移民分为西迁移民和东迁移民，其迁徙动因则完全不同。汉、回、满、锡伯、达斡尔等民族是在清乾隆朝平定新疆大小和卓和准噶尔叛乱之后，为稳定新疆采取的移民政策背景下西迁而来的，屯垦戍边是其主要目的。其中一部分是以旗屯形式驻扎的八旗和绿营官兵，还有一部分是以民屯形式招募来的汉、回移民。而东迁的乌孜别克族、俄罗斯族、塔塔尔族迁徙动因较复杂，一部分是以俄商身份经商的移民，而另一部分是俄国政权更迭时逃亡而来的。

　　清政府统一西域后在伊犁设置统辖新疆军政事务的伊犁将军，对新疆进行有效统辖。在此背景下，巴里坤、伊犁、塔城、乌鲁木齐、阿勒泰、吐鲁番都成为主要屯垦区，屯垦也由单纯的兵屯、旗屯增添为遣屯、民屯、回屯等多种形式，屯垦的民族除汉族、满族、锡伯族外，还有蒙古族、回族、达斡尔族等。西迁的屯垦移民主要分布在北疆和东疆地区。这些西迁民族呈现大杂居、小聚居分布。

　　汉族是新疆最早的定居民族之一。汉族大批进入并定居新疆地区，至少是从公元前 2 世纪的西汉武帝时期开始，此后为戍边、屯田、经商、避战乱而迁居天山南北的汉族居民历代不绝。但早期进入新疆的汉族人的后裔大部分都融合到当地各民族中了，现在生活在新疆的汉族人，基本上是在清代及其以后陆续由内地迁来的移民。由于来自内地各省，新疆汉族人文化一般保有较多的原籍色彩，同时各地文化相互吸收，并与当地其他民族习俗相互影响，文化的多元交融特征明显。

　　新疆的汉族以屯垦移民和绿营官兵为主，而且职业分布日益多样化，主要为官员、军人、商人、工匠和农民等。汉族农民主要居住于天山以北地区。一般农民的生活虽较清贫，但由于新疆地广人稀，人均占有土地较多。阿尔泰地区每户汉民种地多在百亩以上，耕作方法和种植技术先进，常能获得较好的收成。多数农民都有自己的耕畜和农具，有的人养有少量的专门食用的牛羊。每年五月下种，九月收获，冬闲时喂养牲畜。为灌水方便，耕地多在河道两旁或泉水周围，农户多伴田起屋，居住较分散，很难形成大的村落。甚至还有不少单独居住的所谓"一家村"。伊犁北部的塔兰奇山，有河谷十余条，屯田农户就水垦田，其中香房沟 20 余户，烧房沟 50 余户，白杨沟 8 户，新沟 6 户。生活在农村的"老户人家"，大多没有文化，纯朴、老实。如方静远在《阿山杂咏》中所记："山深地僻路漫漫，百姓淳良吏野蛮。老妇含冤遭巨掌，少妻告状被强奸。座衙屋顶随心判，跳舞街头着意欢"，"口操番语心思汉，父敬乡亲子怕官"。

　　清代进疆的汉人工匠有多种，如织工、木工、陶工、铜工、铁匠、砖瓦匠、珠宝匠、金银匠、裁缝、皮匠、矿工等，也有掌握新式手艺的，如钟表修理。以丝织为例：南疆各地皆植桑树，但能养蚕、缫丝、织绢者，仅有和田一地。清军收复南疆后，曾招募浙江湖州士民熟习蚕务者60名，带桑秧、蚕种及蚕具进疆，在哈密、吐鲁番、库车、阿克苏、喀什噶尔、和田等地设立蚕桑局，向当地人民传授江南地区的栽桑、育蚕、缫丝、织绸等技术，师徒皆按日计算报酬。阿勒泰有许多汉族采金人，每年四五月份上山，八九月份下山，经常一天在坑道、土洞里趟着泥水工作十几小时。半年下来，运气好的可以还上借债，携金回家，运气差的还完借债所剩无几，流落在会馆或破庙里安身，冬天为商号干些扫雪、劈柴、挑水等杂活糊口。

汉人的商业活动也很兴盛。椿园七十一在《西域闻见录》中描写18世纪后期的乌鲁木齐："其地为四达之区，以故字号店铺，鳞次栉比，市衢宽广，人民辐辏，茶寮酒肆，优伶歌童，工艺技巧之人，无一不备，繁华富庶，甲于关外。"南疆各城，几乎都有汉人开设的店铺，阿克苏一地即有内地商民建盖的铺面房110余间。

1876年清军入疆平阿古柏入侵势力，各路军队数量达六七万，西征路数千里之遥，军需供应困难。天津杨柳青一带的小本货郎，备置日用杂货和常用药，跟随西进军队售货，被称为"赶大营"。他们中的大部分以后落籍迪化（乌鲁木齐），其中一部分人搭棚设摊，继续从商，一部分人在城郊开辟园圃种植蔬菜。以后陆续出现了津、京、晋、鄂、湘、豫、秦、陇"八帮商户"，其中以津京商户（分津、京两帮）为最，晋商次之。北疆其他城镇汉族商人也很多。伊宁城的汉族人多集居于今新华东路和东梁一带，开设粮油加工、烧酒作坊、医务所、商店、药铺，当地人俗称为"汉人街"。

各省籍汉人主要的经济活动有所不同。山西商人多经营钱庄、银号、典当和驼队运输，踪迹遍及南北疆，其中迪化、奇台、吐鲁番三地为其大本营。在迪化，湖南、湖北、甘肃移民多从事农业，四川、陕西人多经营中药材，东北、山东人多从事手工业和修理行业。在奇台县，光绪年间，河北人除经商外又开辟田园，多种蔬菜，"两湖"人多务农并创办学校，甘、陕人经营农业。

回族西迁情况与汉族有所区别，虽然也是内地移民，但没有入旗的官兵，主要是贫苦农民，大部分是清朝后陆续从陕、甘、宁、青等地迁居来的。回族基本分布在北疆的城乡，也有一部分居住在东疆和南疆地区。

满族、锡伯族、察哈尔蒙古、达斡尔族是作为八旗官兵被征调西迁来新疆的。他们基本分布在北疆地区，之后满族八旗开始分布在全疆各地。满族八旗西迁新疆是从乾隆二十九年（1764）二月到乾隆三十九年（1774）初，先后经历 11 年时间分期分批陆续完成的，进疆后又经历了几次南北之间的调动。第一批满族军民 3300 多人，于乾隆二十九年二月初，分成三个队先后从甘肃武威（凉州）和永登（庄浪）出发，到乾隆三十一年（1766）六月最后一队到达了伊犁①。同年四月，第二批满族官兵 1032 人，从河北承德出发，于第二年抵达伊犁，至此，4300 余人进驻新建成的惠远城满营。惠远城满营共有 8 个旗 40 个牛录。乾隆三十四年（1769）初，根据新疆南部防守的实际需要，清政府从西安满族和蒙古族官兵中挑选 600 名不带家属派往喀什噶尔、莎车和乌什驻防。同年十二月，又有数百名满族和蒙古族官兵，携带一部分家属，奉命从西安出发，于次年 5 月初到达伊犁，被安置于伊犁惠宁城（今伊宁市巴彦岱镇）。乾隆三十五年（1770）十二月，从西安满族、蒙古族中挑选数百名官兵，携带部分亲属，于第二年 3 月底抵达伊犁惠宁城，编入惠宁城满营。惠宁城满营约有满族、蒙古族军民 12400 余人，分 8 个旗 16 个牛录，设有前锋兵、步兵、骑兵、炮兵、后勤兵、工兵等官兵 2100 多名。乾隆三十六年（1771）土尔扈特回归祖国后，清政府开始有意加强新疆东北部的防务，第二年从甘肃武威和永登又抽调一万多名满族和蒙古族军民迁到乌鲁木齐。迁到乌鲁木齐的满营军民，经过整编统称为乌鲁木齐满营，设官兵 3000 名，分 24 个牛录，其中满族 16 个牛录，蒙古族 8 个牛录，归乌鲁木齐都统管辖。乾隆三十九年（1774）清政府从西安调遣满族官兵 1000 名，携带家属迁到古城（今奇台县），组建了古城满营。大约乾隆三十九年左右，清政府还调甘肃等地满族官兵 1000 余人到巴里坤，建立了巴里坤满营，据乾隆六十年（1795）统计，巴里坤满营有官兵 1076 人，满族人口 4890 人。

乾隆二十九年（1764），清政府为了加强伊犁地区在准噶尔势力退出后的防务空虚，从盛京将军所属的盛京、辽阳、开原等十五处抽调锡伯官兵 1020 名，连同眷属 4000 余名（内有路途上降生 350 余人，悄然跟随而来 405 名），分成两个队，分别于同年 4 月上旬和中旬自沈阳出发，沿北方蒙古高原驿路，艰苦跋涉一年多时间，于次年 8 月两队军民分别抵达伊犁惠远境内。伊犁将军随即将原编十个扎兰（队）缩编为六个旗（牛录），开始队伍的修整和官兵的操练。第三年春趁伊犁河冰封迁移到现察布查尔地区。清政府随即将六个旗扩编为八旗，组建锡伯营，成为"伊犁四营"（索伦营、锡伯营、察哈尔营和额鲁特营）之一。锡伯营八旗和满营八旗相同，有正有镶，并分左右两翼。一牛录为镶黄旗，二牛录为正黄旗，三牛录为正白旗，四牛录为正红旗，五牛录为镶白旗，六牛录为镶红旗，七牛录为正蓝旗，八牛录为镶蓝旗。八旗设领队大臣 1 员，总管、副总管各 1 员，佐领（又称章京）8 员，骁骑校 8 名，领催 32 名，委蓝翎侍卫 4 名，委笔帖式 2 员，八旗左右两翼各设防御 2 员，每旗设披甲 120 名不等。佐领管理一个牛录的军事、生产、行政、财政等一切事务。

达斡尔族迁至伊犁河北后，与鄂温克族一起编入索伦营。索伦营初设六旗，乾隆三十二年（1767）增设二旗，完善八旗建制。营分左右两翼，左翼四旗为索伦（鄂温克族），在霍尔果斯河以西之奎屯、萨玛尔、齐齐罕、博罗呼济尔等地游牧，故又称西四旗；右翼四旗为达斡尔族，在霍尔果斯河以东的霍尔果斯、富色克等地或游牧、或耕种，故又称东四旗。

东迁民族除乌孜别克族在南北疆均有分布以外，俄罗斯族、塔塔尔族基本分布在北疆地区。这些东迁民族既有经商者，也有务农者，还有一些手工业者。

新疆的乌孜别克族是在 18 世纪 50 年代以后来新疆经商过程中定居在天山南北各地的。在经商过程中，乌孜别克人足迹所到之处，形成了大小不同的居留地，不少人置产安家，在新疆各地娶妻生子，成为当地居民。当时，乌孜别克人较集中定居在喀什噶尔、叶尔羌、英吉沙、阿克苏、乌什以及北疆的乌鲁木齐、伊犁等地。19 世纪中叶，乌孜别克人迁居新疆的除商人外，还有农牧民、手工业者、知识分子、宗教职业者和一些贫民。19 世纪 70 年代后期，浩罕、希瓦、布哈拉等汗国先后并入俄国。乌孜别克商人的贸易活动也被纳入沙皇俄国对中国新疆的贸易活动中。随着俄国在新疆贸易行动的扩大，商业贸易也发展成为除长途贩运至新疆在"热斯太"（乌孜别克语音，意为"商业繁荣区"或"集市"，是经常性的商业区）上销售外，还开办了许多"洋行"。当时在乌鲁木齐、喀什、伊犁、塔城等地都有由乌孜别克商人开办的"洋行"，在乌鲁木齐较大的 8 家洋行中有 5 家是乌孜别克人开的。这种新的大规模的贸易方式必须具有完备的设施，定点经营，设立货场、客栈、货运及饲养业等，客观上为乌孜别克商人在新疆的定居创造了条件。随着这种贸易的进一步发展，中亚的乌孜别克劳动者也就陆续来到新疆参加以贸易为中心的各种劳务活动，久而久之便在新疆定居下来。第一次世界大战以及战后很长一段时期内，战争、动乱和自然灾害交织困扰着中亚各地，致使一些居民逃避他乡或者移居国外，不少中亚乌孜别克人依靠定居在新疆的同族人的血缘关系和社会联系，纷纷迁到新疆定居。

新疆的俄罗斯族大约在 18 世纪末 19 世纪初迁入新疆。当时，俄罗斯的一批旧教徒因反对东正教而受沙皇政府和东正教教廷的迫害，于是他们中的一部分人便迁入了新疆阿尔泰地区。而清朝政府与沙皇俄国签订一系列条约更是加速了俄罗斯族的迁入，特别是 1851 年《中俄伊犁塔尔巴哈台通商章程》的签订，使沙俄可以单方面在伊犁、塔尔巴哈台两地设立领事，可以在中国沿边领土上以护卫商队为名派兵行走，沙俄甚至拥有可以在伊犁、塔尔巴哈台两地建立贸易圈、盖房、存货、居住、放牧等特权，这就为俄国商民的迁入提供了有利条件。此外，十月革命胜利后，溃败的白军和大批难民涌入新疆，尽管在苏联局势稳定后有一部分俄罗斯人被动员回国，但还是有相当数量的一批留了下来。自此，新疆境内就有了一支外来民族——俄罗斯族。

新疆的塔塔尔族是 19 世纪二三十年代以后陆续从沙俄统治下的喀山、乌法、图曼、西伯利亚、乌拉尔等地迁来的。塔塔尔族迁入我国的时间大体可分为三个时期：第一时期是在 19 世纪 20—30 年代。19 世纪以后，俄国的农奴制危机日益加深，农奴主加紧了对土地的掠夺。伏尔加河、卡玛河一带塔塔尔人的土地被大量侵占，迫使这些地区的塔塔尔人背井离乡，逃亡各地。一些塔塔尔人经过伏尔加河下游、西伯利亚、哈萨克斯坦来到我国新疆北部的布尔津、哈巴河等地，他们多数是贫困的牧民；有的南下到中亚，又通过塔什库尔干，进入我国新疆南部。此外，还有一些为了逃避沙皇政府沉重的捐税和兵役负担的人也迁来，人数不是太多，且大多是单身的青年。现在居住在阿勒泰、布尔津等地的塔塔尔族大多是这些人的后代。第二时期是在 19 世纪末到 20 世纪初。19 世纪中叶以后，沙俄加紧了对我国新疆的扩张。1851 年和 1881 年，中俄签订了《中俄伊犁巴哈台通商章程》和《中俄伊犁条约》，使沙俄攫取到在新疆通商贸易的许多经济特权。一时间，大批俄商接踵而至，喀山地区的塔塔尔商人也闻风而来，许多人因经商而居住在新疆，这一时期还有一些塔塔尔知识分子和宗教职业者也迁入新疆。这部分塔塔尔族商人和知识分子、传教士主要居住在城镇，分布比较零散。第三个时期是在 1914 年第一次世界大战爆发到 20 世纪 30 年代。这一时期迁入新疆的塔塔尔人数量较多。

清统一西域并设伊犁将军后，清政府的官方文化就成了新疆的主流文化，这种主流文化在新疆建省后得到了强化。当然，清朝的官方上层文化并非是纯粹的满族文化，而是满汉合璧的文化，推行到新疆这样的多民族地区，更有了多民族文化融合的特征。伊犁军府制时，清政府设总统伊犁等处将军，为最高军政长官，下设都统、参赞、办事、领队等各级大臣，分驻各地，管理军政事务。而对土尔扈特、哈萨克等游牧部落则实行封王赐爵的扎萨克制进行管理。满族、蒙古族、锡伯族等仍实行八旗制。到 1884 年新疆建省后统一实行州、县制，这完全是与内地相同的行政管理制度。在语文制度方面，清政府的官方语文也由起初的满文满语变成满汉语文同行。新疆建省后，各种文告一律使用汉、维两种文字，并在各部门配备一定数量的双语人才。

与官方文化形态相对应的是民间文化形态，这是屯垦文化中最具魅力的部分。清代伊犁屯垦各民族文化是多元的，它涵盖了汉、满、锡伯等民族的民间文化。汉、满、锡伯等民族的民间文化是随兵屯、旗屯、民屯的逐步发展扎根于北疆地区的。

清光绪初年到民国初年，从内地迁移进疆的汉人多是穷苦农民、小手工业者和小本经营的商人，为了互相联络和自我保护，以籍贯为纽带兴建各省会馆，公举有声望和办事能力的同乡任会首。会首对外代表会馆出关办事，对内主持会馆事务和处理同乡托办事宜，诸如调解同乡之间纠纷，举办社会公益事业，支援同乡发展农牧工商贸易，收管同乡绝户的财产，料理无后人的同乡丧事。会馆还在年节期间，按照家乡习俗，举办文娱活动，各会馆竞相比赛，为本省人争光。会馆开支来自会产（田业、房产租金）或向同乡募捐。会馆定期活动，称为"过会"。每个会馆均供奉本省的圣贤神位，如陕西会馆供奉黄帝，甘肃会馆供奉伏羲，两湖会馆供奉禹王，由各省会馆出资，修建有关帝庙、土地庙等，由会馆派人主持。过会时，同乡均到会馆，焚香敬神，捐赠布施，同乡聚餐，有时还要演戏 1—3 天，酬谢"保护平安"的神灵。每逢春节和重大节日，各会馆、公所组织"社火"上街演出。会馆文化是清代汉族文化的一大特色，具有浓重的乡土气息。

寺坊文化成为新疆回族文化的标志。居城的回族人口围绕清真寺居为街区，居乡的回族人口则自成村落，基本上形成了"大杂居、小聚居"的分布格局。大杂居是指回族居住的地域十分分散，散处在全疆各地；小聚居是指全疆各地散居的回族在一定范围内以清真寺为中心聚居的居住形式。在回民聚居区大体按照不同教派、地缘、血缘形成聚（家）族而居和围寺而居相结合的模式。在乌鲁木齐回族聚居区，寺坊具有很强烈的地缘色彩，来自内地不同地域的回民聚居形成不同的寺坊，比如天山区的陕西大寺、兰州大寺、固原寺、青海寺等等。回族把以清真寺为中心的聚居区称为"哲玛尔提"，这是阿拉伯语的音译，意为"聚集、集体、团结共同体"等，意译为"寺坊"。

在这些民间文化中，因锡伯族基本上是聚族筑城而居，形成相对封闭的社会环境，较多保留了本民族的文化传统。传统民居、服饰、食品、婚葬习俗、习惯法、信仰无一不与东北时期的传统文化有渊源关系。锡伯族在清代虽然被纳入八旗制度下进行管理，但还存在以血缘关系组成的氏族社会制度，其习惯法、婚丧制度以及信仰均受氏族社会制度左右。锡伯族的氏族社会是一个以哈拉、莫昆为核心的社会。哈拉，锡伯语意为姓，哈拉是从同一祖先繁衍，以血缘关系为纽带的生活共同体，而哈拉发展至五六代后便分化出若干个莫昆。一般来说，每个牛录都有二十几个哈拉和几十个莫昆。哈拉莫昆往往选举辈分高且德高望重者担任哈拉达、莫昆达（达，即为长）。哈拉达、莫昆达主持制定本哈拉、莫昆内的规章制度，处理民间纠纷，惩罚恶人坏事，设立公共墓地，祭祀祖先，修宗谱以及本哈拉和莫昆内成员的道德自律等。如清代佟姓莫昆的习惯法就规定：在莫昆中任何一个抛弃父母、不敬养父母、不养活妻儿、长期在外流浪不归家者，召集莫昆会议惩处，宗谱每五年大祭一次，并增添一次新生子孙等，这是惩罚一切不良行为和莫昆必做大事的条款式规定。甚至萨满教信仰也与哈拉莫昆制度有关。锡伯族的萨满本身就是氏族社会的产物，一般一个哈拉都有若干个萨满，男女均有，萨满都不是世袭的，不允许子承父业。满、锡伯、达斡尔等民族因为都编入八旗，所以他们的文化都属于旗屯文化之列。

新疆的屯垦文化无论是清政府的官方文化，还是汉族、锡伯族的移民文化，均深受汉文化影响。这除了清政府接受和推行汉文化等因素外，还与汉族移民与其他移民犬牙交错的分布和屯垦移民带来的汉文化不无关系。据撰写于清光绪三十三年（1907）至宣统二年（1910）间的《伊犁府乡土志》统计，伊犁地区在53000余屯垦人员中，汉族人口约占15000余人，这里包括屯田的农民、经商的商人、各类手工业者。他们不仅带来了内地的建筑、犁耕技术、各种商品和手工艺，还有信仰、民

图下 3-1　惠远城万寿官寺牌楼　马达汉摄于 1906 年

间娱乐等民俗文化。《伊犁府乡土志》所列举的伊犁地区汉族寺庙就有文庙、武庙、文昌庙、社稷坛、先农坛、祈谷坛、龙神祠、昭忠祠等，遍布于伊犁九城。汉族的年节习俗、社火庙会、戏剧小曲、小说诗词也广泛流传开来。像锡伯族的《三国之歌》等民间文学形式就是在汉文学影响下产生的。同时像汉族的曲子戏博采众长，是吸收融合各种音乐成分最杂最多的汉族剧种。在多民族文化氛围中，锡伯族的秧歌调、汉族和维吾尔族合璧的民歌都与汉文化有不解之缘。文化融合是这个时期多民族文化的显著特点。

东迁的乌孜别克族、俄罗斯族、塔塔尔族，由于宗教信仰、语言文字、生活习俗的差异，形成各自的文化表征。其中，乌孜别克族与塔塔尔族均信仰伊斯兰教，操突厥语，文化上的相似性大于差异性，而俄罗斯族文化与乌孜别克族、塔塔尔族文化之间的差异则较大。但是，在沙俄统治之下，乌孜别克、塔塔尔等族的文化受到了俄罗斯文化的冲击和深刻影响。信仰东正教，穿着西装、长裙的俄罗斯族从欧洲带来较为先进的农牧业、手工业和工业生产的技术，这不仅极大地提高了新疆地区的社会经济水平，而且对发展当地的多元文化交融起到了重要作用。但是信仰伊斯兰教、操突厥语的乌孜别克族和塔塔尔族仍然保留了自身的文化传统。

第二节　民屯社会的移民文化

汉族的修家谱、立家庙、祭祖坟　亲上加亲的回族家族社会　迥异的宗教信仰与仪式　传统习俗与入乡随俗　汉、回移民的商业文化　语言、民间文艺的交融

在新疆西迁移民文化中，汉族、回族文化均属于民屯移民文化范畴，由于他们广泛分布于城乡之间，因此，文化具有城市文化和乡村文化兼容的特点。

新疆汉族来自内地各个省份，在完全陌生的环境，维系其亲族、家族关系的办法只能是修家谱、立家庙、祭祖坟。清代巴里坤汉族社会的

修家谱、立家庙、祭祖坟就是典型例证。清康乾年间，巴里坤民屯的民户是以甘肃籍农民和贫民为主，河西走廊文化成了巴里坤民屯文化的源头。到了清道光年末（1850），这种移民潮仍以滚雪球方式发展，这时巴里坤的民屯人数已经达到 21000 多人。虽然乾隆四十五年（1780）大规模的民屯已经停止，但是一直到清同治年间（1862—1874），清政府取消兵屯，改为民屯后，巴里坤的甘肃籍移民开始以家族式的规模在发酵膨胀。后来者许多是迫于生计以投亲靠友方式来到巴里坤加入民屯行列的农民和贫民，清政府对这种自发的移民还是采取了鼓励的宽松政策。这样，来自某一区域的移民以姓氏为核心，组成起初的家族社会，家族文化开始盛行起来。在巴里坤汉族民屯社会中，有各种姓氏多达 200 余种，但是那些延续十几代的姓氏，主要是甘肃武威、张掖、酒泉等地的移民，他们形成了比较稳固的家族群体，在巴里坤社会中起着举足轻重的作用。

对于巴里坤民屯的家族姓氏，《巴里坤哈萨克自治县志》的记载是：

> 巴里坤的世居大家族的姓氏、普遍沿袭其祖先家谱，取的名字常含有"仁、义、礼、智、信"、"福、禄、寿、祯、祥"、"文、良、恭、俭、让"等，以祈光前裕后，世代不衰。全县 200 多姓氏中，后裔繁衍众多，影响较大者有：大河乡的赵、许、苏，花园乡的吴、倪、唐，石人子乡的曹、高、达，奎苏乡的白、刘、陈，三塘湖乡的吕、秦、姚，县城的张、李、韩等，这些家族迁来巴里坤的时间，长者已达 10 代，短者也有 6 代，人丁多达 200—1800 口。②

其中，除吴姓祖籍属于湖北武昌府马迹岭吴家堡，于乾隆二十八年（1763）发配而来以外（即遣犯），其他几乎全是甘肃籍的民屯和遣屯农民、贫民。现在三塘湖乡的吕、秦、姚姓是乾隆后期发配到巴里坤屯田的，这三姓占三塘湖乡总人口的一半以上。达、高、曹姓是清道光年间从甘肃固原招募来的，成为现在石人子乡的大姓，高家湖、曹家庄子、达家庄子留下了他们聚族而居的时代烙印。大河乡的白姓是清道光年间从甘肃民勤招募来的民户，繁衍生息至今。巴里坤大姓李氏原籍是甘肃靖远县，两代后，家业兴旺起来。

聚族而居的结果必然是家族文化的勃兴。巴里坤甘肃籍的移民几乎家家都有修家谱的传统，据一些在巴里坤进行田野调查者见到，他们的家谱不是装订成册，而是悬挂在墙上的彩绘白布。家谱大概长 1 米，宽60—70 厘米，上端写着高祖的名字，两侧写着曾祖、祖父、父辈的名字。布制家谱不是用钉子钉在墙上，而是在家谱的上方缝两个布扣，挂在墙上的钉子上。从盖好房子以后，家谱就一直挂着，时间久了，就用干布擦擦，或取下来抖几下。对巴里坤汉民族来说，这种悬挂家谱的方式或许更能够表达对祖先的怀念之情，这显然是供奉祖先牌位之举。一般来说，汉民族都有立祠建堂祭祀的传统，巴里坤汉民族也不例外。但是他们因地制宜，采用了一种特殊的立"佛阁"（即家庙）的方式：据三塘湖乡中湖村村民吕兆荣夫妇介绍，巴里坤曾经是清代前中期的军事重镇，曾经在这里驻守的高官贵人肯定有家庙，因为即使是普通百姓家都有所谓的"家庙"，只是不叫"家庙"，而叫"佛阁"。佛阁是设在上房中间的屋里，三间上房是一明两暗，中间屋的后半间做一个木隔断，这就是佛阁。佛阁里供奉着三尊神主，正中墙上供财神，左边的侧墙是家谱，右边的侧墙是灶神。佛阁家庙的祭祀活动是经常的，每天清晨的打扫必不可少，接下来就是献早茶和上早香，儿子、孙子要上香、磕头，女儿只磕头就行了，没儿子的家庭，女婿上香、磕头。显然，这与宗族祠堂还是有区别的，除民间信仰的神祇之外，家谱中的祖先神成了主要祭拜对象。定期祭祀祖坟也是巴里坤汉族社会的主要祭祀活动。每逢清明、农历七月十五、十月初一、除夕，家家户户都要烧纸祭祖，尤其是在清明和七月十五必须要去祖坟上坟。清明时节要从家里带上做好的饭菜、纸糊的锅到祖坟"交点"，即把各种饭菜往坟上撒一点，把纸糊的锅勺、纸钱等在坟前烧掉。七月十五则要带些水果到坟前，在三塘湖乡，人们就祭献一些哈密瓜、葡萄等新鲜水果。当然每次上坟烧纸时，嘴里总要念叨些什么，无非是一些保佑子孙平安，发财长寿之类。修家谱、立佛阁、祭祖坟，都是一种家祭的方式，虽然没有公祭方式那么隆重、盛大，但却有一种对祖先的殷切、真实的追念之情，从而增进了亲属之间的亲情，增强了子孙后代的家族意识，家祭需要的正是这种效果。

　　回族融合伊斯兰文化和儒家文化创立的亲属文化是其家族、家庭关系的基础。在回族社区，经济活动的简单和农业生产的自给自足使社区较封闭、稳定，社会分工程度低，因而以家庭、家族为核心的亲属关系具有满足回民基本需要的功能，如组织生产、文化娱乐和赡老抚幼等等。回族自诞生就处于父系制社会，新疆回族亲属关系是雅利安式亲属制度一夫一妻制度或者少数一夫多妻制度的产物。新疆回族亲属文化融合儒家文化和伊斯兰文化，而且地域上毗邻中亚，伊斯兰文化特色显著。新疆回族亲属关系深受儒家文化的影响，宗族关系是亲属关系的主干关系；同时由于回民姓氏中马姓居多，同姓不同宗的情况尤其突出。从亲属关系的角度来看，日常生活中的人情往来、婚丧嫁娶活动等强化了回民亲属关系。

由于回族严格实行族内婚，所以回族聚居区内互嫁互娶的婚姻关系历史悠久，这样就形成了聚居区内部几乎家家都是亲戚关系的局面。正如回族民谚所说"回回亲，亲套亲，砸断骨头连着筋"、"回回的亲，扯不断的根"、"亲连亲，亲套亲，回回绕弯子都是亲"、"苦丝蔓的根，根连根；老回回的亲，亲加亲"等等。这种婚姻使聚居区联结为一个亲属共同体。回民共同居住区、共同宗教信仰和亲属关系三位一体，形成了一个超稳定社会，支配着聚居区成员的物质生活和精神生活。在实际生活中，回族又有区分出近亲和远亲的习惯，一般都把直系血亲和直系姻亲作为近亲，除此以外为远亲。

新疆回族村庄家族共同体具有共同地域，并且地缘基本上与血缘同构。基本上每个家族都有自己的族居区域，大部分族居区域的形成都可追溯到家族祖先开创家业阶段，大部分是移民垦殖，由一家一户或几家几户在荒地上垦殖发展、繁衍后代，逐渐形成今天的家族。家族是亲属关系的主要部分。家族，即跨越了家庭的边界，以同姓同宗为标准的亲属群体。新疆回族家族亲属文化深受中国传统儒家文化的影响，崇尚大家族、联合家庭。但这种联合家庭模式并不是新疆回民主要的家庭模式，新疆回民传统上只要条件允许，倾向于分家析产，由幼子继承父辈遗产，所以并没有形成朝夕相处的大家族，而是形成了分家立户，相对聚居的家族。

新疆回族盛行三代同堂或四代同堂的联合家庭，人口在 10 人以上，统一经营，统一分配，统一收支管理，往往以此光宗耀祖。原因有四：

一是当时认为分家会造成财产外流；二是因为当时农业生产力落后，农业生产主要依靠劳动力的投入；三是当时社会动荡不安，匪患猖獗，联合大家庭有利于保卫家产和人身安全；四是把持村庄权力的豪门大户大家族的示范作用。回族谚语说，"树大分叉，人大分家"，新疆回民分家习惯是让最小的儿子和父母生活在一起，继承父辈遗产，从而形成主干家庭，主干家庭承担了赡养老人的义务；其他儿子则分家单过形成核心家庭。随着父母年老去世，主干家庭变成了核心家庭。家庭这个以亲属关系为纽带的社会基本单位，具有满足人们大多数社会生活需要的功能，在组织生产、文化娱乐、赡老抚幼等方面发挥重要的作用。

西迁来的汉族和回族的宗教信仰迥然不同，汉族的信仰是多元化的，除道教、佛教以外，还有基督教、天主教等，这是西方殖民者进行文化扩张的结果。而回族则只信仰伊斯兰教，形成一神教信仰传统。

新疆汉人继承了内地汉族信仰文化的传统，以信仰道教、佛教为主，多神崇拜，注重实用。加之各省文化相互影响，信仰内容更为驳杂，常常神佛同供，佛道不分，还有信仰萨满教、基督教和天主教的，但普遍为祖先崇拜，同时各行业还有自己的行业神。新疆各地凡有汉人群居的地方，一般都建有各种神庙。偶然还有神婆跳神、叫魂祛病等活动。

清朝以前道教传播范围不广，清统一新疆后，道教在新疆迅速发展，天山南北大部分地区都修建有道教的宫观，仅乌鲁木齐就有数十处。据《新疆图志》记载，清末有道士283人，道士、女冠人数多于僧尼，其行踪遍布各地。汉族民众在婚丧嫁娶、修建住宅时要请道士择选黄道吉日，尤其是家里死了人时，一定要请道士设道场，诵经开吊，超度亡魂，以表示哀痛和使亡故者免受地狱刀山之苦。每到正月初一春节、正月十五元宵节时，汉人要到各庙去进香，平时因事、因病，也要到各庙去打卦、抽签卜吉凶。每年正月初一，办事大臣率领文武官员，赴文昌帝君庙与关帝庙行三跪九叩礼。

道教庙观供奉神（包括天神、地祇和人鬼）和仙（有天仙、地仙和散仙）。来自不同地区的汉人敬奉的神、仙各有不同，河南人祀岳飞，山西人祀关羽，陕西人祀周文王、周武王及周公，两湖（湖北、湖南）

人祀禹王，四川人祀文昌君。不同职业者所敬神、仙也不同，商人敬财神，木匠敬鲁班，驼户敬马祖，铁匠、石匠敬老君，药店、郎中敬药王（孙思邈），纸坊敬蔡伦，鞋匠敬孙膑，成衣铺敬轩辕，烧坊敬龙王，厨房敬灶君，出外敬山神、土地神等。故各地皆庙宇繁多。一些地方佛、道往往不分。光绪年间的镇西（今巴里坤县），地藏王菩萨寺和观音阁为佛家寺院，却无和尚住寺，关帝庙为道家庙宇，僧、道却在一起住庙。其主要原因是关帝庙修得宏伟壮观，引来僧、道同住一庙。

清代庙宇中以关帝庙最多、最宏伟，关帝被认为可保佑人们消灾祛病、致福平安、抗敌守土。道光二十三年（1843）林则徐赴伊犁路过星星峡，在日记中写道："此地间于山峡，阴气森然，居民仅九家，闻之峡之西有魑魅，自建关帝庙，邪魔渐遁。"③各地还修有文庙（孔子被封为文圣）。清代新疆战乱频仍，每一汉人聚居的城镇都建有城隍庙，以望城池坚固。龙王庙、求子娘娘庙等也很普遍。阿克苏以南的浑巴什河旁有一"河神庙"，据林则徐《乙巳日记》记载：张格尔作乱时，"贼众数千猝至，而阿克苏仅数百兵，正恐难敌，忽大风从我军后起，尘沙蔽天，贼疑大兵继至，向西遁去，我军追杀无数。贼欲乘夜渡河，河忽大涨五六里，贼不得渡。及水稍减，贼方半济，而急湍忽至，淹毙者又无数，贼惧西奔，东四城遂得无恙。奏闻得旨秩祀"。

新疆各地多建有方神庙，敬奉湘军军士黄定湘。黄定湘为湖南长沙

图下 3-2　绥定城城隍庙
壁画　马达汉摄于 1906 年

县人，清嘉庆六年（1801）20 岁时替兄坐罪，充军入疆，驻防喀什。道光元年（1821），张格尔叛军进攻喀什，堵堤淹城，黄舍命泅入水中，破堤退水壮烈牺牲，受到南疆人民的崇敬，民间尊他为四乡之神，地方官每月初一、十五行香。光绪二十四年（1898），南疆地方官奏请将方神列入大清祀典规例，以后新疆各地建此庙，一年四时祭祀。

　　刘猛将军与八蜡庙是汉族垦民从内地引入新疆的"虫王"和"农神"。刘猛将军本名刘承忠，是元朝末年的带兵官，驻守江淮，素称"猛将"。有一年，当地发生蝗灾，刘承忠督兵捕逐，很快就消灭了灾害。后人为表彰他的功绩，奉为"虫王"，建庙祭祀。八蜡庙是我国古代祭祀"农神"的庙宇，一祭先啬神农，二祭司啬后稷，三祭地亩田畯，四祭农舍村道，五祭除害猫虎，六祭水坝堤防，七祭水庸沟渠，八祭昆虫免害。一年一度的"虫王"庙会和"农神"庙会，是乌鲁木齐四乡农民的秋收节。因为庙会是由农民集资举办，所以每年的气氛大不一样，每逢丰收年，庙会特别热闹，杀牲祭祀、酬神演戏，少则三天，多至七日，百商聚集，盛况若市。要是遇到歉收年，则冷火寒烟，路静人疏。

　　佛教在新疆分为汉传佛教和藏传佛教两种。汉传佛教曾经是新疆历史上流传时间最长、信教人数最多、社会影响最大、文化遗存最丰富的宗教。清代，新疆境内许多汉人信奉佛教，各地建有佛寺。在乌鲁木齐，乾隆四十四年（1779）在红山上修建寺庙，光绪年间又修观音阁、大佛寺等，庙宇宏伟壮观，塑有涂金佛陀、菩萨、罗汉、金刚、天王等泥像，信奉者多为汉人和满人。寺庙内无剃度出家的和尚，由出家的道人照管香火。

　　一般人家老人亡故，都要请和尚诵经做道场，超度亡灵。许多人家上房设有佛堂，上有佛龛，供奉如来、弥勒、观音等佛。在巴里坤的汉人中，生下男孩如多病，便将小孩拜给大庙的和尚，起名"赦僧"。孩子长到 12 岁时，又带着羊、鸡和香资，把孩子赎回，改名为"赎僧"。还有人把孩子小名起作"和尚"，以求菩萨保佑。每年农历二月十九日观音诞辰日，有的妇女便到"送子观音"庙去"求子"，第二年生了娃娃，又到"送子观音"庙去还愿。

　　佛教徒也有不同的团体，在乌鲁木齐就有理门公所、大乘佛堂、普度门佛堂、法幢学会及居士林等。理门公所是天津人自发成立的一种带有宗教迷信色彩的帮会组织，在北疆地区多县都有流传。该所信奉南海观世音菩萨，院内设有佛堂，佛堂内绸帐龛上或挂一菩萨画像，或置一观音的彩瓷塑像，设供案、香炉、蜡台等祭礼用具。佛事活动由常住所内的"当家的"主持，凡入理门者，需经老弟子引见"当家的"，获允准后，于某斋口日跪于佛前，"当家的"拉其左手，口诵誓词，便成为理门正式弟子。每月初一、十五信徒可自愿来所敬香，但每年二月十九、六月二十四、九月初九、十一月十二、腊月初八等五个斋口日信徒必至所上斋、敬香、拜佛、交纳布施。所规严明，严戒烟酒。斋口日，要进行早晚两次聚餐，交纳布施，商议所内事项，公布收支账目，并设赌场，收红钱作为公所收入。也有信徒只上布施，终年不至所内敬香，仍为理门忠实弟子。公所内有吹打器乐班，备有锣鼓、笙、管、笛、箫等乐器，每逢过斋口吹打一番。理门人家遇有丧事，也请乐班上门吹打，念经，超度亡灵。

清光绪以后至民国期间，英、法、俄、瑞典、丹麦等国家的传教士先后来新疆在一些地方传布基督教、天主教和东正教，主要由外国传教士在乌鲁木齐、昌吉、米泉、哈密、阿克苏、喀什、塔城、伊犁等地建立了一些教堂。据《新疆图志》记载，光绪二十二年（1897），有男教士二、女教士二在迪化（乌鲁木齐）传教，建天主教堂一，耶稣教堂一，有信徒 17 人。

回族是西迁而来的唯一信仰伊斯兰教的民族。

新疆回族伊斯兰教虽然有教派之分，但是都属于伊斯兰教的逊尼派，教法遵循哈乃斐教法学派。"从教义和教仪的角度，新疆回族分为格底木、门宦和伊合瓦尼三派"④。尽管新疆回族伊斯兰教存在上述的派别之分，但是民族认同远远大于教派认同。不同教派的回族之间，总是尽可能地求同存异，搁置差别。对于绝大多数回族穆斯林来说，差别已是细枝末节。

寺坊既是一种独特的社会结构单元，又是一个宗教活动中心。一个寺坊以一座清真寺为中心，形成一个独特的穆斯林居住区，它既是本坊教民的宗教活动中心，又是本坊成员教育、文化、经济与社会活动的中心。寺坊与清真寺一一对应，一个坊对应着一座清真寺。

寺坊是回族社会基层的宗教社区，除具有普通社区的特征外，更多地依靠共同的宗教文化来维系。寺坊制是回族保持本民族群体传承的一种组织形式。回族不像新疆其他少数民族那样拥有传统的聚居区，并与特定的地理区域相联系，而是以寺坊社区作为民族存在的形式。回族的寺坊，具有某种文化边界的意义。由于回族文化和以汉族为主体的文化有着诸多不同，因此回族寺坊社区形成了一种独特的文化。然而独特的文化内涵又可能使这个社区打破地理界限，具有地理上的广延性和文化上的内敛性：地理上的广延性是指一些回族家庭可能远在社区的地理边界之外，但在文化和心理上仍然归于这一寺坊；文化上的内敛性是指寺坊社区的主要衡量依据是文化，也就是说，即使有汉族家庭居住在寺坊边界之内，但他们在文化上也并不属于这个寺坊。正是这种立体文化结构筑起了回族社区"围寺而居，依坊而守，依坊而商"的模式，奠定了回族立足于汉文化社会的根底。

回族社会这种组织制度的变迁，是和回族社会自身变化的需要分不开的。对于最早进入中国的回族先民来说，一方面他们希望自己生活在一个全部信仰伊斯兰教的穆斯林世界里；另一方面，他们所持有的基于

图下 3-3　乌鲁木齐陕西清真大寺　据《新疆文物古迹大观》

宗教信仰而形成的独特的生活方式，必然会使他们保持高度的自身社会凝聚力。

新疆回族的"寺坊"有三个明显的特点：一是寺坊的独立性。凡有十几户、几十户或几百户回族居民的地区，只要人们有能力，便会建造一座清真寺，择聘一位阿訇任教长。这一区域便形成一个独立的寺坊，与其他的寺坊没有隶属关系。二是教长的聘请制。各寺坊的教长由本坊的教民在品学兼优的阿訇中择聘。教长任期一般是三年，可以连聘连任。寺坊制度对回族社会生活的各个方面产生了重要的影响。首先，有了寺坊制度，就使回族群众的宗教信仰有了一定的保障。他们的宗教活动，也就不再仅仅局限于个人单独进行，而是开始以寺坊为单位，在教长的统一领导下共同进行。这种统一的宗教活动一方面加深了回族群众对伊斯兰教的信仰，另一方面也使回族的宗教信仰得以一代一代地沿袭。其次，在寺坊制度的保护下，回族的经济、文化、教育传统得以确立。三是寺坊制度使伊斯兰教的各种习俗在回族中得以保存并世代流传。这些习俗，包括饮食、丧葬、服饰以及宗教仪式等，在寺坊制下，都逐渐演变成为回族全民族的风俗习惯，而开斋节、古尔邦节等宗教节日，也随之变成回族的民族节日了。

西迁的汉族、回族在保留本民族传统文化习俗的基础上，还入乡随俗，具有了与其他民族融合的特征，衣食住行方面习俗概莫如此。

汉式民居均为土木结构，土坯、土夯为墙，材料和建筑上采取了新疆传统的土坯房形式。但是建房时请"阴阳"先生或道士来看"风水"、择吉日动工、立木上梁时要庆贺、新房落成要请道士诵经"谢土"（土地神）、四合院建筑格局等，则是内地汉式建筑的通例。四合院布局，北房为住房，南房多堆放杂物或辟为磨房、厨房。光绪末年在北疆活动过的俄国人鲍戈亚夫连斯基说，一般三开间房，每间都有炕，吃饭睡觉、接待客人都在炕上。有钱人家的炕铺着毛毯，放几个像圆木头一样的硬枕头，白天供贵客抽鸦片时枕用，晚上供主人睡觉时用⑤。在博乐，炕上铺的多是用大米等农作物向蒙古族同胞换来的皮子，也有少数铺换来的毛毡。在阿勒泰，三四人一床被子。被子价格昂贵，做里的粗大布由南疆来，棉花来自吐鲁番。新疆冬季寒冷，汉人家中皆砌有土炕，冬季寒冷时在炕洞内煨火取暖，烧柴草和牛粪，后来采煤业兴起，城市改烧大煤（无烟煤）、生炭（烟煤）。家庭生活用具，多是就地取材，自己制造。

服装衣料上，汉人本尚丝绸，卑（轻视）布料，鲜用毛皮，但新疆丝帛珍贵，高档绸缎要从内地江、浙一带办运，价格昂贵，故丝帛仅为官宦和士绅穿着，一般人家以南疆土产棉布（也称褡裢布）做衣服和被褥。伊犁、乌鲁木齐都曾试种过棉花，但没有成功。布衣亦较珍贵，平时还舍不得穿，劳动时穿的是自己熟制的光板老羊皮。《哈密志》对当地汉人服饰记载："兵民间皆以布为衣，而无帛者。即殷富之家，亦仅棉绸川绸服一两件，惟新年及喜筵寿觞中着之，归即藏筪中，率以布为常。平时衣偶华美者，人皆骇异，以为过奢。"⑥

清末民初，新疆城镇汉人男子头戴帽，内穿白布衫，身着长袍马褂，扎（缠）黑腿带；冬季头戴毡帽，身穿长棉袍或挂布（或绸缎）面羊羔皮大衣。一般平民百姓及农村男子夏季头裹白色或蓝色包头巾，穿土布对襟上衣，下穿连腰大裆裤，系布腰带，缠黑腿带，脚穿布鞋；冬季戴羊皮或狗皮双耳帽，穿白板老羊皮大衣，或穿对襟短棉袄。这是适应新疆气候特点的服饰式样。

图下3-4　清代汉族服饰　马达汉摄于1906年

北疆冬季寒冷，鞋尤为重要，新疆汉人的鞋有棉布鞋、毡筒、皮靴等，内穿棉袜。贫穷农民多穿皮窝子。皮窝子的制法：宰牛时将牛小腿上的皮剥下晒干，用水泡软，按脚的大小凿一圈小洞，穿上皮条即成，内衬麦草，穿时，脚裹上羊毛或大布织成的裹脚（缠子），有称"毛练子裹皮窝子"。

受自然环境的限制和当地民族风俗的影响，新疆汉人大都以小麦面为主食，稻米次之，小米、黄米、玉米、豆类等杂粮较少，很少吃高粱面。主要饮食品种有蒸馍、面条、粥（小米作的稀饭）等。巴里坤三糖湖乡的汉人喜吃"米交面"，即在小米或黄米稀饭中下面条，有"三天不吃米面，心里干焦焦"之说。新疆汉人还多受当地少数民族饮食的影响，常食用馕，喜喝奶茶。汉人本以食猪肉为主，但受到当地信仰伊斯兰教的少数民族生活习俗的影响，普遍喜吃羊肉，较少食用鱼。喜吃水果与干果，主要品种为新疆地产的西瓜、甜瓜、葡萄、苹果、桃、杏、核桃等。饮食习俗正在发生渐进式的改变。

新疆汉民的婚丧习俗较多保留了内地汉族文化的传统。

新疆汉人在婚姻传统上基本沿袭内地的婚制，上层存在着妻妾制度，下层普遍流行一夫一妻制。因与异族交往较多，与异族通婚的现象也相对较多。在婚姻缔结方式上，除托媒求婚外，也有"童养媳"、"换门亲"、"招女婿"（即入赘）等形式。官府对遣户之间的婚姻，采用指配的办法，如《乌鲁木齐杂诗》所言："遣户男多而女少，争委禽者多雀角鼠牙之论，国同知立官媒二人司其事，非官媒所指配，不得私相嫁娶也。"由于新疆汉人男女比例严重失调，男多女少，买卖婚姻盛行，出现了不少以贩女为业的人口贩子。许多夫妻年龄相差很大，一些穷苦人家的大龄男性找不到配偶，极贫之户甚至出现伙妻制，即数男共养一妻，谓之"拉边套"。在一些偏僻的乡镇，还有收继婚习俗，即兄死，弟可续娶其嫂，以防夫方财产流失。寡妇再嫁很难，即使有合适主家，寡妇本人同意，也不能遣媒说合，只能"抢寡妇"，即乘其原夫家人不备，将寡妇强行娶去。夫家上告，官方只断给夫家以适当财物补偿了事。在京津籍人中，有"孝里赎"习俗，即男女双方婚约已订，在迎娶之前，男方父母亡故，因三年服丧期内不能完婚，男方托媒人向女方请求婚丧事一起办，女方多不拒绝。结婚之日，先按娶亲惯例迎娶新妇到灵堂前，新婚夫妇除去吉服，换上孝服，守灵片刻，起灵出殡。新婚夫妇哭送亡者到墓地安葬后，再除孝服，重着新人服装，入洞房。

　　汉族男女结婚普遍较早，一般初婚年龄男为17—18岁，女为15—16岁，20岁以后还未出嫁的女子很少见。由于新疆汉族男多女少，不少男子30岁以上，娶的媳妇只有15—16岁。儿女的婚事多由父母做主，媒人说合，经过提亲、合婚、订婚等仪式。嫁娶之前父母必须给新人准备聘嫁之礼。男方的聘礼，在博乐过去大致是耳环1对、戒指1对（多为银质）、白酒4瓶、挂面2把、肉1方（3公斤左右）。此外，还根据经济状况，或给女方做几套新衣，或送金手镯等贵重首饰。订婚后，每逢春节、端午、中秋等重大节日，未婚女婿均须备礼品送往女家贺节。结婚的前几天，男方要给女方过大礼（送礼），比如衣服、鞋袜、金银首饰、化妆用品、元宝、现金、牲畜、糖、烟、酒、糕点等。由于买卖婚姻盛行，有的聘礼很高。新疆汉人不太重女方陪嫁，父母为女儿陪送的嫁妆，一般为箱、柜、灯、镜、被褥、茶具等，有条件的还为女儿置些衣物，家境再穷，也要陪送1对镜子、1对灯、1对枕头和脚盆、脸盆。迎娶前几天，女孩的叔叔、舅舅等近亲均给女孩送些衣物，谓之"添箱"。

　　新疆各地的汉民迎亲习俗大同小异，以精河、博乐之俗为例：男方迎亲时遭女家年轻人阻挠，须散红包（开门钱），方准入室，被殷勤招待。新郎要在招待宴席上乘人不备偷1副碗筷（意为姑娘已出嫁，女家可以少用一副碗筷了）。新人向女方父母行叩头辞亲礼方可返回。返回前，娘家还要给女儿一对装满粮食的碗，带回婆家（表示女儿已嫁给婆家，口粮也转到婆家），同时还为女儿准备3天的饭，如两家距离不远，就每日给女儿送饭，连送3天（意为3天内不吃婆家的饭）。新娘起程出门时，女家给新郎披戴一条绿彩带（谓之"挂绿"），新娘的舅舅将新娘抱上轿车（意为不能带走娘家的土），出嫁的女儿将一把筷子撒在娘家大门外（意为吃饭不忘娘家人），娘家人将一盆水泼向轿车后面（意为嫁出的女儿泼出的水，跟女婿去吧）。婆家院中放一方桌，上置一木斗，内装粮食，上插秤和尺各1把、镜子1面、弓1张、箭5根、筛子1个，斗内四角还装有核桃、枣儿。新娘由伴娘扶引下轿，脚踩红毡，行至桌前，与新郎同拜天地，媒人宣读婚约，拜毕，将筛子挂在新房门右上方，5根箭插在筛子上，新娘由伴娘扶引跟随抱斗的新郎进入新房，身后还有一人口念祝词，向新婚夫妇撒红枣、花生和炉渣（意思是刹邪、早生贵子、白头偕老），围观众人争拾。入房坐定后，新郎新娘共饮交杯酒，点燃长命灯。年轻人闹新房，长辈在外面闹公婆。给公婆抹黑红脸，挂辣椒，尤其是逼令公婆倒骑毛驴，闹得大家捧腹大笑，至天黑方休。

新疆汉民丧葬习俗与内地汉人相同，实行棺木土葬，有一整套相对简化的丧葬仪式。清代，一些汉族"流寓"观念较深，人死后，亲人要扶灵柩入关，归骨故乡。有些地方无可葬之处，如在哈密，清同治以前无汉人墓地，汉人死后只能将棺椁运回内地安葬。自左宗棠驻军哈密后，始于汉城外戈壁荒滩划地为汉人墓地，自此，汉人去世后才能在当地入土。清及民国时期，北疆一些城镇有义园，即公墓，以省籍划分，各省义园由会馆管理。新疆汉人重丧礼，不论家庭穷富，都竭尽全力操办丧事，以表示子女孝心。但由于新疆世居数代的汉人有限，流动性较大，在丧葬礼仪上相对内地有所简化，而且各省籍的丧仪相互影响。

人去世后，要清洗全身，更换新寿衣（亦称老衣）。死者口中一般放一个铜钱或一点茶叶，富有者放一小块玉或微量金银，袖筒内放一个打狗鞭。尸体停放在中堂长条木板上，下铺麦草，谓之"落草"。被子为黄绸，褥子白绸，枕头做成元宝状，谓之"铺银盖金枕元宝"。脚朝里，头朝外，靠头近处放一小桌，放置果酒蔬菜，桌前放个祭奠纸盆。富有人家请纸匠制作童男、童女及房屋、家畜等各种纸货做殉葬物。

死者去世后，丧家即刻发丧榜，门前挂丧幡。一般家贫者仅妻（夫）与子女戴孝，家富者给内外亲戚全部散发白布，按辈分戴孝。死者家中设灵堂。次日死者移尸入棺，也叫"入殓"。一般人家停灵3日或5日，有钱人多停灵7天、半月，死者亲属须轮流跪地守灵。请僧道念经，做道场，超度亡灵。在焉耆，富裕人家除请道士外，还请一班蒙古喇嘛念经超度亡魂，这是入乡随俗的结果。守灵满，即须合棺，其间须举行孝子点主仪式，即由主持道士在孝子指上刺血点在祖先牌位上，非亲生子不得点主。再行"钉棺"礼，子孙与亡人哭别后将棺盖钉死。子孙环跪灵前，行"领牲"礼，即在一羯羊的头或背上倒一些酒水，燃黄表纸燎过，然后跪地祷告，直待羊浑身一抖，即算领牲。羊被宰杀后，取心肝用水稍煮，献于神位或亡者的祭桌上。领牲礼后即出殡。出殡时，先把一只白公鸡杀掉扔在门外做"路引"，棺材先出，讲究"活着脚出，死后头走"。灵柩出门，要摔碎一瓦盆，有的地方"长明灯"也随即被扔出。长孙手持引魂幡引路，亲属及送丧亲友随后，将纸扎成的人、马、金桥、银桥、金山、银山、摇钱树、聚宝盆等一并送至坟地。送葬沿途撒纸钱，遇桥和十字路口燃鞭炮。讲究棺木由人抬往墓地，孝子在前面扯纤，即所谓"高抬深埋"，意为此家人丁兴旺。离墓地远的也可用车拉。

　　墓穴方位由阴阳先生或道士相风水而定。墓穴有明穴、合葬穴、"撺堂"穴等。明穴只埋 1 棺，直上直下，以能放下棺材为宜，一般宽约 1 米，长约 2 米多，深约 2 米；合葬穴为一明一暗；"撺堂"穴直下，较明穴深，侧掘可容两棺的墓室，用砖或石条起拱砌成。墓内前面挖一小洞，洞内放一只碗（有的内装黄米饭，上插 3 根筷子，叫"头饭"）和一个放着五谷杂粮、酒、糖、茶的混合物的"宝食瓶"，然后掩埋。子女每人向墓内撒土 3 把，再由众人埋土堆坟。埋坟的人用的铁锹不能传下一人，而要扔在地下，别人拾起再干，意为再不干此事。坟成后将丧幡插于坟头，纸糊童男女在坟前烧化，送葬的人们尽哀而归。若死者的配偶

图下 3-5　喀什新城街市送葬队伍　马达汉摄于 1906 年

先期而亡，须合葬，将先亡者坟墓掘开，拣拾骸骨，另装一小匣，一块下葬。产妇死后，不能入祖坟。讲究者在坟上立碑。

葬后3日，孝子上坟、烧纸、献祭品，将坟土再行堆整，谓之"攒三"。以后每逢7日上坟烧纸一次，49日"尽七"，"百日"时再上坟。以后每年的祭日和清明及鬼节时去上坟烧纸，年三十在家门口烧纸，以寄哀思。孝子49天不剃头，孝女、儿媳"头七"之内不梳头。丧期一年内，该户成员不得有婚、嫁、庆典，违者以为不孝。

有句俗语说："回族有钱盖房，汉族有钱存粮。"说明回族人民经济富裕后首先改善居住条件。回回民族不仅在居住区域上有自己的特点，而且在住宅的造型、结构、设施及其他方面也有自己的习俗。

回族盖房，不看风水，只注意选择地势平坦、日光好、清洁和用水方便的地方。盖房动工之日，一般都选择主麻等吉祥的日子，有的还要干"尔埋里"，然后才动工。土木结构的平房和砖瓦房，一般都在打好地基的基础上，砌墙立柱，在墙里面要竖木立柱，回族俗称土柱、后联柱支梁，梁上接檩，顺檩搭椽，再铺苇笆或席，最后垫麦草涂泥。在支梁之日，回民讲究请阿訇用红纸写一段《古兰经》贴在大梁上，直到房子盖成也不轻易去掉，以求吉祥。回民这种土坯式房屋一般都能与木构架紧密结合，逐步成为构架式与土坯式的复合类型，再由土坯式逐步发展为砖瓦式。房子一般喜欢和习惯向阳背阴，房间不讲究单数、双数，根据经济条件量力而行，有盖两间的，有盖三四间的，也有盖五六间和七八间的，一些富裕户和阿訇有的还盖十几间，甚至几十间。民居多坐北向南，一般为一字形排列，或构成四合院，或虎抱头式。房基高出地面尺许。多以北房为堂屋，讲究的有檐廊，院落呈长方形。有的院落分前后院，前院为住房，后院为果园，或为厕所。也有洞穴式民居。内地回族民居房顶呈人字形铺瓦，城市则喜欢四合院式，散居者喜欢房连房，或相近而连成一片。回族民居一般都备有汤瓶、吊罐等沐浴设施。有的在主房的西头建厨房或其他的房间，形成一个转角，起到抵挡西北风的作用。有的地方回族民居还多有水房，另建有专门的储藏间、工具房等，畜圈、草房、厕所多建在房后或房的一侧。房子不论是三四间，还是六七间，中间两间一般为客房，也叫大房。其余都是单间的，按辈分和已婚状况分房住宿。男孩十二岁、女孩九岁以上都分开居住。有的家中有老人和宗教人员，还专门设有礼拜房。新疆回民还习惯盖高房子，即除了盖四五间平房外，再盖一间或两间二层小楼子，俗称小高楼或高房子。这种高房子多数是为家庭老人礼拜用的，以防小孩及他人打扰。

回族的住房讲究工艺和装潢，颇具民族特色。大门两侧有用阿文写的楹联。喜绿色、白色，门、门框、门楣、窗、梁、柱、斗拱等处喜用几何、植物花纹等雕刻或贴饰。有牡丹、葡萄等各种花卉图案，有抽象多变的几何形以及卷草式的植物纹样和象征吉祥如意的图案，有的就是用白灰抹过后请阿訇写上一段《古兰经》，古朴典雅，别具风格。有的回民还在大门口做一照壁，照壁用石灰石或水泥装饰，绘上秀丽的自然景色和各式图画。民居装饰的图案、色彩、造型、布局宁静而有生气，富有浓郁的伊斯兰特色。室内多悬挂绘有麦加克尔白（天房）图案的图片、画、毯，以及经文书法，汉文字画或以牡丹、松柏、梅花、荷花等草木花卉为内容的绘画，堂屋正中几案多摆设刻写有经文等的香炉、花瓶等。讲究美化庭院，设花圃，多栽种牡丹、鸡冠花、百合、指甲花、菊花等花卉。也注重软装饰，门窗喜贴剪纸。散居回族民居门楣一般贴有用阿拉伯文书写的"门杜瓦"，以示"清真"。进门正面的案桌上，正中有"炉瓶三设"，即香炉、香瓶、香盒，香瓶内插有香筷、香铲。有的在正中放经匣，装《古兰经》等经典。回族家庭的室内不置人物或动物画，一般以山水风景、花卉、几何图形、植物画代之，多挂阿拉伯文中堂字画。挂历一般是印有伊斯兰教历和公历对照的，图案多为著名的清真寺或天房、花鸟等，既便于查阅回族的传统节日，又便于欣赏。在回族家庭中，最有特色的装饰是用阿拉伯文或波斯文写成的匾额和条幅等，即通常所说的"都哇"（意为祈祷）。"都哇"的内容以"太思米"和"清真言"等为主。在城市，"都哇"还是回族家庭的标志，主人将"都哇"张贴或悬挂在门楣上，以表明自己是穆斯林。

回族的服饰，根据性别形成了男子服饰和女子服饰，且男女服饰区别很大。根据年龄形成幼儿服饰、成年服饰和老年服饰。回族女性服饰分未婚服饰、已婚中年服饰和已婚老年服饰；根据地区和季节、宗教职业形成不同的服饰等。

回回帽是一种无檐小圆帽，亦称"礼拜帽"，是回族传统男帽。回族在礼拜磕头时，前额和鼻尖必须着地，戴无檐帽行动更为方便，遂发展成为一种服饰习俗。回回帽从颜色上看，通常有白、灰、蓝、绿、红、黑等颜色，有的是纯色，也有很多带伊斯兰风格花边或图案、文字的，如星月图案、阿拉伯文的"真主至大"、"清真言"等，可根据季节和场合的不同选择戴哪种合适。一般春夏秋季戴白色帽最多，冬季戴灰色或黑色帽。最寻常的还是白色帽。结婚的新郎多戴红色帽子，以示喜庆。戴斯他勒，波斯语音译，意为清真寺的阿訇或教长头上缠的布。麦赛海袜，亦称麦赛袜子，是穆斯林老人冬天穿的一种皮制袜子。准白，阿拉伯语音译，意即"袍子"、"长大衣"，这是回族宗教人士和回族老人喜爱的服装。

回族妇女的衣着打扮也是很有特点的。一般头戴盖头（也叫搭盖头），一般少女戴绿色的，已婚妇女戴黑色的，有了孙子的或上了年纪的老年妇女戴白色的。回族妇女的传统衣服一般都是大襟为主，颜色不喜欢妖艳，一般老年人多着黑、蓝、灰等几种颜色；中、青年喜欢穿鲜亮的，如绿、蓝、红等颜色。回族妇女不论老少一般都备有节日服装，经常礼拜的人，还专门备有一套礼拜服。

新疆回族在自身的发展过程中，形成具有民族性和地域性的饮食文化，在新疆这片神奇的土地上，发挥自己伊斯兰文化和汉文化交融的优势，在与各民族长期友好相处中，在传播本民族优秀饮食文化的同时，也从对方汲取有益的养分，并勇于创新，丰富了新疆各族人民的饮食文化。如汲取汉族的"饺子"食品及制作方法，结合本民族传统的配料及口味创新出"酸汤水饺"；吸取维吾尔族"霍尔炖"和哈萨克族"纳仁"食品的特点创新出"大盘鸡"、"黄面喀瓦普"，等等。随着回族与兄弟民族的饮食文化交流越来越密切，这种创新更加丰富了新疆地域饮食文化的内涵。

历史上新疆回族家庭就有制作、贩卖清真食品的传统。由于新疆回族源流的多元性，其饮食也表现出强烈的地域特点，包括清真麻辣烫、酸汤水饺、手抓羊肉、清蒸羊尾、羊肉泡馍、油塔子、合汁丸子汤、清真糕点等清真食品在新疆均有回族经营。清真饮食在继承于元、明时期形成的范式基础上，吸收中国传统烹调文化和各民族、尤其是信仰伊斯兰教的民族传统饮食文化精髓并加以创造性发展后进入商业领域，获得了各民族的欢迎。一些老字号的清真饭庄发展成为大饭店。清真大菜系已发展到将近 300 个品种。清真糕点也已成为人们节日、祝寿等庆贺活动和探亲访友的礼节性食品。

新疆回族形成的饮食文化范式主要有以下几个方面：一是以面食为主，面食成为回族喜爱的传统饭食；二是肉类菜肴中牛、羊肉是主料，这与回族的宗教信仰、经济模式以及牛羊本身的特点有关；三是菜肴中调料用得多，味重，还根据不同地域环境形成不同口味；四是甜点副餐饮食习俗。回族人喜欢甜食，这一点是传承了先民的饮食特点。回民至今仍保留着在油炸食品或糕点馅中放糖的习惯。

新疆回族饮食主要分面食、糕点、菜肴三大部分。面食制作方法主要以蒸、煮、炸、煎、焖等为主，其风味主要以香甜、酸辣、脆酥和黏软等为特色；菜肴原料主要有清真肉类、蔬菜、瓜果、家禽蛋、乳油以及调料等，制作方法主要以爆、蒸、涮、烧、烩、卤、凉拌等为主。新疆回族传统面食中油炸面点种类繁多，常见的有油香、糖酥果、馓子、麻花、油炸糕、糖稀拧拧等。油香不仅是回族穆斯林的传统食品甚至可以说是回族人的文化标志，吉庆礼俗、逢年过节、走亲访友、馈赠邻里，油香是不可不有的食品。油香的制作和食用是很讲究的：一般都要请年长的、有经验的人来掌锅，掌锅人炸前要洗大小净，要在锅前放一碗清水，意为清净；油香厚，火不宜过大，油温太高，油香表皮容易炸焦，所以有"慢火炸油香，两面都发亮"的说法；油香炸好后，要面朝上放置；食用时要掰着吃。

西迁的汉族和回族的商业文化在新疆各民族文化中具有举足轻重的地位。清代新疆汉族的商业文化以津商八大行为代表。

津商八大行首推开业于 1885 年的同盛和，由天津杨柳青人周乾义创办，后由其子周玉丰孙周耀亭经营，店址位于南大街，位居津商八大行之首。1887 年前后开办的永裕德，创始人是郑永乾，店址在大十字东大街。复泉涌开办于 1886 年，店址坐落在南大街。1900 年德恒泰开业，店址在东大街。1909 年聚兴永开办，在东大街。公聚成于 1909 年创办，在南大街。升聚永 1908 年开业，在东大街。新盛和于 1910 年开办，在南大街。同盛和、永裕德、复泉涌、德恒泰、聚兴永、公聚成、升聚永、新盛和总称津商八大家，是清代乌鲁木齐中国传统商业文化的脊梁。从津商八大行的分布不难看出，他们的商号基本在大十字以东和以南区域。津商八大行在伊犁、喀什等地设有分号。津商八大行恪守中国传统的经商理念，这一点从其商号名称就可见一斑。津商八大行字号名称以德、和、聚等居多，这与中国传统的文化理念——和为贵、和气生财、德为先、聚力、协力等观念完全契合，而且将它作为经商的不二法则。津商八大行是中国传统家族式商号，父子相传。津商八大行都不是那种一夜暴富的暴发户，而是由赶大营的小本买卖起家的，都经过原始积累的艰难过程。他们在店面布局、货物流通、商业招牌、经营模式等方面恪守着中国传统文化的理念。

"无回不商，无商不苦，终年劳忙，人席不暖"是对新疆回族商业经济生活真实写照。在有清一代，随着新疆的进一步开发和经济的发展，回族商人苦心经营，开始在新疆商业贸易中崭露头角，其商业经济开始形成规模，在近代新疆商业中占有重要地位。

清代的回族商业经济更多地表现在与其生活密切相关以及社会急需的一些行业上。回族谚语曰："回回两把刀，一把卖牛肉，一把卖切糕"，"沙窝里买羊肉，山里头收皮头（畜产品）"，"回回三大行，羊肉、馒头、贩果粮"，"回回三大行，磨面、榨油、开栈房"。回族商业包括饮食业、皮毛业、牛羊业、屠宰业、制革业、贩卖山货和盐米油碳等。

20 世纪初，中国民族资本主义工业初步形成规模，推动了中国商品经济的发展，回族商业经营的地方性市场快速过渡到全国性市场，这必然直接刺激回族商业经济内部结构出现显著变化，从而使商业经济向高层次发展。商品种类繁多，经营地域广阔，遍及城乡邻里。民国时期出现了用商业资本兴办实业的新疆回族商人，其中不仅有资本相当雄厚的富商大贾开设的大型商号，如：哈密的"福义成"、"福泰永"、"益盛元"，吐鲁番的"德义生"、"永盛生"、"世兴德"、"益举成"，乌鲁木齐的"天盛生"等，也有本小利微或亦农亦商的小商小贩，如：奇台县有回族人口五百余户，其中"贸易者一百三十余家"，占总户数的

26%。经营的行业比以往都大大扩展，有皮革业、面粉业、醋酱业、客栈业、饭庄业、干果业、杂货业、药材业、驼运业等。其中皮革业为新疆回族商业的支撑行业，不仅分工愈来愈细，而且还利用新疆丰厚的牧业资源，形成了收购、加工、制作、销售的行业优势。此外，回族商人还经营新疆当地出产的棉布、铸造品、金银器、粮食、油料、食盐等；以及从内地和邻国运进的丝绸、海味、糖、菜、小农具、小五金、火柴、蜡烛、肥皂、毛巾等食品、用品和穆斯林群众的生活特需品。

带有近代资本主义性质商业的萌芽出现，是近代新疆回族商业经济发展的产物。晚清时焉耆回族商人马琳在父辈创业的基础上，创办了大型规模的制糕点、酿酱醋的复合性大作坊，并立"元盛斋"商号。起从雇工几个人，后到固定工和临时工近百人。产品最初只供应本地，后发展到南疆各地。民国初年，又请省发银票承领开办官钱局。其经营范围从最早的农业（种菜，租地给农民种）、加工业（"元盛斋"）、商业（产品出售），一直到服务业（官钱局），用的是一套带有浓厚封建色彩的资本主义经营管理方法。吐鲁番新城西大街的"益举成"商号，是回族商人何禄独资创办，拥有140峰骆驼走津晋商道，还在乌鲁木齐开店经营土特产，并有"聚宾"饭庄和"魁顺"客栈。但从总体来看，农业兼小商小贩仍是近代新疆回族商业经济中的普遍现象，80%左右的回民兼营季节性的小商贩，他们多在春秋务农，夏冬做买卖。

伊斯兰教教义对新疆回族穆斯林的经商道德产生了深刻的影响。回族商人信仰伊斯兰教，有着追求两世吉庆的传统意识，同时回族商人又受到中国传统文化中"以德经商"、"讲求信誉"、"公平贸易"、"济人利世"等思想观念的影响，他们经商不唯利是图，既考虑今世利益，也考虑来世幸福。这种信仰让回族商人更诚信、更宽容、更豁达。回族商人还有能吃苦、刚毅、宽容的特点，无论顺境、逆境，都能够忍辱负重、顽强拼搏，而且着眼长远，即使失败了也不甘落后、不沮丧，跌倒了爬起来再走；盈利了，为商号再发展做一些再投资。此外，回族商人还注重做善事，因为在乎"两世吉庆"，所以他们做的事为今生负责，也为后世负责。

新疆回族经商方式可分为民间集市、坐商、行贾三种。由于受地理、气候、民族人口以及交通条件等诸多特殊因素的制约，新疆民间集市贸易具有季节性、灵活性、时间性特点。传统的新疆民间集市其交易规模小，货物品种单一。主要交易方式包括以物换物的等价交易、以货物价值的货币交易和买卖双方协商定值的混合交易。在传统的交易中，既有小摊小贩直接进行的零售交易，也有牲畜、皮革、珠宝、绒毛、发菜以及大宗货物的批发交易。特别是牲畜、皮毛、粮食市场上，回族穆斯林生意人显得更加活跃。他们习惯于采用穆斯林传统的"袖筒里捏价"和"暗语论价"交易手段，回族商人称之为"掏麻雀"、"蒙羊皮"，这种古老方式不仅避免了买卖双方相互情感伤害，更重要的是保护了回族商人在传统皮货行业以及市场上的利益。

行贾是指流动性的商业经营方式，早在清朝时期回族行商就很著名，由于新疆的特殊地理环境，交通闭塞，千里戈壁，路途漫漫，"上至绸缎，下至葱蒜"贩运，全靠畜力。当时回族商人中有名气的商号都是靠行商、骆驼运输发的家。其道路之遥远行旅之艰辛，都是难以形容的。小行商主要是指那些走街串巷，拥有流动摊位的贩商们。

由于新疆回族聚居、民族习惯以及民族经济发展特点，新疆回族商业经营习惯于以店铺、摊点等坐商的方式进行。店铺一般表现为商家店面位置固定、开店歇铺时间固定、商品种类和服务类别固定等。新疆回族商业店铺具有三大特点：一为主要坐落在清真寺周围人流来往频繁的地方；二为店面基本上都有店标和招牌，反映出伊斯兰教的特点；三为经营种类主要是回族传统的商品，如：饮食类、服务类、穆斯林用品类和杂货类。摊点虽也有固定场所，但其规模和货物种类受气候季节条件的节制。因此，新疆回族商业摊点具有两大特点：一为货物应有尽有，"小小麻雀，五脏俱全"；二为货物更新换代快。

新疆回族商业交易民俗主要表现在：一为交易商品价格习惯。所有的商品都有明码标价，除饮食外，其余商铺的明码标价，顾客基本上是可以砍价的；二为交易过程中的议价习惯。这主要出现在摊点，在没有明码标价的情况下，卖方和买方在协商的基础上达成共识，最后确定所购买的商品价格。不一定所有商品都要有这个过程，这得要看实际情况，但有一个原则要把握，那就是互惠互利的原则。三为交易终结方式习惯。交易终结方式主要有现金结算方式和赊账方式两种。虽然这在所有民族商业习俗中都会出现，但不同民族中有着不同的表现方式和特征。在新疆回族商业交易中主要还是以现结方式为主，但在大宗贸易和伙伴生意的商家之间，还是存在赊账现象。

"口唤"是阿拉伯文的意译，其原意为"允许""赞成"。具体做法是：在穆斯林商人进行交易时，买主可以使用"口唤"提出口头契约内容，卖主接受后达成口头协议，买方一定在规定的时间内履行诺言。因为"口唤"是从伊斯兰教教义衍生出来的一种形式，所以在回族乃至新疆地区其他穆斯林民族的商业活动中，不仅具有对商业道德的规范作用，而且还有对商业行为的制约作用。在做生意的时候，有时在碰到资金周转不过来的时候，交易双方以"安拉"的名义立下"口唤"，"口唤"同文字契约合同具有同样的功效，如违反"口唤"，则要受到有声望的穆斯林商人们的审讯和裁判。

由于新疆汉族人口主要来自西北陕甘地区，故新疆汉语方言主要是在甘肃方言、陕西方言的基础上形成，并受到其他汉语方言及当地少数民族语言的影响。还有部分长期与其他民族杂居的汉族人能够用维吾尔、哈萨克等民族语言进行交际。

新疆汉语方言有北疆片、南疆片之分，北疆片以甘肃话作基础方言，南疆片以陕西话作基础方言。新疆南、北两片汉语方言对基础方言有继承也有变异。新疆方言中大量存在并普遍使用古汉语词，并对其他汉语方言或其他语言成分加以吸收，例如湖南话的"精脚"（赤脚）、"口水"（唾液），东北话的满语借词"埋汰"（肮脏），山东话的"打仗"（打架）等，大都被南、北疆各方言点吸收。一般初来新疆之人皆操乡音，时日已久，或到第二代以后，就主要使用新疆方言，而部分家乡话的词汇仍被保留下来，丰富了新疆方言的语汇。

新疆方言无论词汇还是语法方面，都明显地受到当地少数民族语言的影响，表现最明显的就是吸收了一些当地少数民族语言中的词汇。所吸收的词汇一般为名词，多为译音，可分为两种：一种是汉语词汇中没有的专用名词，如坎土曼、那仁、馕、冬不拉等；另一种是汉语词汇中有，但人们日常生活中已习惯使用的民族词汇，如皮牙孜（洋葱）、皮加克（匕首）、巴扎（集市）等。人们在口语中经常夹杂一些民族语言词汇，主要是维吾尔语词汇，形成一种半汉半维的混合语言。在句法上新疆话常常宾动倒置，如"吃饭了"说成"饭吃了"，这也是受到当地少数民族语言的影响。

新疆杂话，是与西北地区方言似而不同的近代新疆汉语方言。在新疆和西北几个省区，人们习惯把民谣、谚语、俗文俚句、顺口溜称为杂话。新疆杂话传承和发展了"溜杂话"的口头传统，在乌鲁木齐市、昌吉州等地流行。新疆杂话用新疆汉语方言讲说，吸收一些少数民族语言词汇，具有鲜明的地域性特点，联句成串，合辙押韵，幽默风趣。

新疆曲子剧是新疆惟一的汉语系地方戏曲剧种，又叫"小曲子"。是清朝末年陕西曲子（越调）、青海平弦（平调）、宁夏赋子（赋调）、兰州鼓子（鼓调）等"四大调"和西北民歌等流入新疆后，由民间艺人加以融合，吸收民歌俗曲以及回、撒拉、维吾尔、锡伯等民族音乐，逐步形成的具有独特风格的地方戏曲剧种。新疆曲子过去没有专门戏班，只是在民间流传。主要形式是坐唱，演出剧目以小戏折子戏居多，大都是只有小生、小旦、小丑3个角色的"三小戏"，由一把三弦、一把四胡、一个碰铃伴奏。一个"自乐班子"六七人即可，在街头巷尾、家庭院落均可登场做戏，人们称之为"地摊子"、"将就班子凑合戏"，很受欢迎。后来在民间坐唱的基础上不断探索、创新，发展成为融演唱、表情、动作于一体，具有新疆独特风格的曲子戏。随着曲子从坐唱到地唱，再搬上舞台的不断发展，曲子音乐也有所发展，民歌小调和打击乐等都成了曲子音乐不可缺的组成部分。新疆曲子的语言、唱腔受新疆地方方言、韵脚等方面的影响，具有鲜明的地方色彩。曲子艺人多为专门投师学艺，口口相传，无词曲记载。不少唱词似说似唱，易懂易记，如《小姑贤》中一段唱词："老身张氏，出嫁玉门。姥姥去世，独受苦辛。所留一子，名叫登支。娶下媳妇，好像仇人。女儿桂英，与她相亲。老身看来，多不称心。"新疆曲子音乐丰富，表演朴实，诙谐自然，具有浓郁的乡土气息和生活气息，演出形式生动活泼、短小精练，为群众喜闻乐见。在民间广泛流传的曲子戏，有《两亲家打架》、《蓝桥担水》、《花亭相会》、《张良买布》、《小姑贤》、《李彦贵卖水》等。

在"四大调"和西北民歌西渐到新疆演变成新疆曲子戏的过程中，锡伯族的"秧歌调"几乎全被新疆曲子戏吸收融合。"秧歌调"分"平调"和"越调"两种，它是锡伯族西迁前吸收汉族"秧歌调"演变而成的一种戏曲音乐。新疆曲子戏音乐中的"天山令"还吸取了哈萨克族音乐成分。新疆曲子戏的白口，完全是本地化的新疆汉语和方言俚语，不少还融进了维吾尔、俄罗斯等民族词汇，全国各地方言俚语也夹杂其中[⑦]。从语言上讲它成了新疆汉族或通晓汉语的少数民族都能听得懂的语汇。虽然，新疆曲子戏原型脱胎于眉户剧，但在演进中已非原来的音乐，它一旦与新疆各民族音乐杂交后就显出了自身的优势，这要归功于清代大规模屯垦移民带来的文化融合和文化勃兴。

新疆汉族的社火是民间流传的舞狮子、舞龙、龙灯、高跷、跑旱船、行马、跑驴、高台、大头娃娃、秧歌、腰鼓、霸王鞭等活动的统称。这些活动都是来自内地的各省区，清末民初传入新疆，并逐渐兴盛。社火活动主要在一年一度的春节期间举行。社火多由各地商会或各省会馆自办，各有特色。玛纳斯的社火号称居乌鲁木齐西路各县之首，有东北的秧歌、旱船，陕西的高台，两湖的龙灯，天津的高跷，四川的舞狮，甘肃的推车等等，花样繁多。在奇台，有山西会馆组织演出的汾阳大套、陕西会馆组织的高台、天津会馆组织的高跷。在乌苏，有陕西会馆的舞狮子和耍高台，四川会馆的耍龙和"柳木棍"（即1米多高的高跷），湖北会馆的矮高跷（高跷腿不到1米）等。各地的社火活动都有自己的特色。昌吉地区的高台，用木料制作约一米高的方台，台中心安一圆柱，高达数米，柱上端根据不同造型的需要安有铁芯，选一名10岁左右的小孩站在荷花上，玄妙惊险。表演时，有4个壮汉抬着，沿街游走。

每年的农历大年三十到正月十五晚，家家户户张灯结彩，以求吉祥。花灯式样繁多，有宝莲灯、孔雀灯、鲤鱼灯、宫灯、兔灯、牛灯、龙灯等，它们的彩扎、编结、裱糊、剪纸、雕刻、书法、绘画等，都是民间艺术的结晶。每年的正月十五，各地都要举办灯会，以示庆节日。奇台的冰灯最具地方色彩。其做法是选一铁制容器，盛满水，放置露天，待其外壳冻硬到所需厚度，拿回房中，稍溶后取出冰块，在其上部凿一小孔，倒出中间的水，遂成中空，用绳吊起，中间燃烛而冰灯不化，晶莹剔透，美观别致。

新疆城乡汉族聚居地均建有寺庙，定期举行庙会，善男信女赶庙会烧香。每至庙会日，除举行各种祭祀外，庙院住持请戏班唱戏，耍社火，商人借机进行集市贸易活动，交换城乡物资，庙会成为民间一大盛事。镇西（巴里坤）县庙多，从农历正月开始，月月有庙会酬神演戏，有时一月数会，规模大的唱戏三日。具有代表性的庙会有：正月十五老君庙、财神庙、凉州庙、无量庙等庙会；每年立春，农民抬泥牛，打"春官老爷"，在牛王宫唱戏；四月十九，娘娘庙会，城乡妇女蜂拥逛会；二月、八月，文庙祭孔；五月十三，关帝庙和武庙（关岳庙）祭典；五月十六和五月二十五，地藏寺、仙姑庙会期；六月六，三清庙会期；六月十五和七月七，文昌宫和魁星阁祭期，义学、私塾教师及学生进香，文人学士聚会；九月九，龙王庙会，农民酬谢龙君降雨除旱，五谷丰登；九月十五，马王庙杀马献牲酬神，同时，苏武庙（羊会、驼会）羊户、驼户祭祀；清明和十月初一，城隍各出府三日。以上庙会中以农历六月六日三清庙会最为热闹。这天，县城南的三清庙（供奉玉清元始天尊、上清灵宝道君、太清太上老君）诵经唱戏三天。县城文武官员，居民百姓倾城而至，三乡农民车载马驮，合家带着数日的食物赶来进香朝拜。庙宇四周车布阵，棚排行，商贩拥挤，人山人海，昼夜喧嚣。后来，哈密、奇台等地的商人和戏班每年此日也赶来贸易和唱戏。久之，六月六成了一个固定的物资交流会。

新疆汉族的这些民间文艺活动在新疆这样一个多元文化氛围中，已经是不分地域，不分民族了。社火表演中的秧歌队，扭秧歌者可能是来自各地的东北人、山东人，而吹唢呐者又可能是维吾尔族，观赏者则更不分哪个民族了。因此，从一隅封闭乡间走出来的社火文艺活动一旦融入到新疆这样八方移民汇聚、四面文化荟萃的开放空间中，民间文艺往往也就形成了全方位的开放体系。

第三节　旗屯社会的多民族文化

旗屯社会与氏族制度的形成　功能各异的城堡与民居　家族制度与家谱文化　扎根于民间的信仰　别开生面的生活习俗与人生礼仪　绚丽多彩的民间文艺

清代满族、锡伯族、达斡尔族的八旗社会是一种兵民合一的社会组织，特别是锡伯族等由于能够携带家眷，其民间社会的氏族制度形态就保留得更加完备一些。

锡伯族的八旗组织，虽然是官方军事性质的机构，但它和民间的氏族制度紧密结合在一起，其各级官员基本都来自大姓（哈拉）富户，他们一方面对上级官员负责，另一方面又向本哈拉莫昆负责，而哈拉达（长）和莫昆达（长）又向本哈拉官员负责。哈拉莫昆制是氏族社会的产物。哈拉系锡伯族姓之意，是以父系血缘为标志而组成的血缘共同体，即同一父系祖先繁殖的血缘集团。莫昆系锡伯语氏族之意，是同一哈拉内自然形成的血缘分支集团。因此，每个哈拉均分别由数个莫昆组成。有的哈拉规模大，有的小，大者有数百人，小者有几十户。

锡伯族的牛录是由不同的哈拉和莫昆组成的，每一牛录几乎都有二十余个哈拉几十个莫昆人家。随着哈拉成员的增多，哈拉规模越来越大，哈拉达权力因此而越来越削弱，地位越来越下降，因为莫昆的自立性日趋变强，哈拉达权力日益让位于莫昆达。每个莫昆都有一个莫昆达。莫昆达由本莫昆成员民主选举产生，一般也是德高望重、辈分最高、铁面无私、是非观鲜明的长者。莫昆达有至高无上的权力，本莫昆所有成员都必须服从他的意志，不得有半点抵触行为。

每年大年三十下午，莫昆达也和过去的哈拉达一样，在家里接受该莫昆男性成员的叩头跪拜，并把莫昆家谱挂在供桌前面，给莫昆成员讲解本哈拉该莫昆的发展情况，劝诫莫昆成员敬先崇祖、尊长爱幼。莫昆达平时又处理民事纠纷，如打架斗殴、不敬不孝、违礼施暴、弃儿抛亲等案件。莫昆达惩罚坏人坏事都要选公众场合，其惩治方法有杖打、鞭笞、鞋扇、掌脸、顶砖、罚跪、罚羊只、吐唾沫等。平时，本莫昆内有要事，由莫昆达通知各个家族长开会协商解决。每个莫昆都有成文或不成文的规章制度（有的把规章写在家谱之上）。莫昆规章比较详细，对一切不良行为都有惩罚的条款。例如，现存的图木尔齐哈拉的莫昆规章中规定："在莫昆中任何一个抛弃父母，不敬养父母，不养活妻儿，长期在外流浪不归家者，召集莫昆会议惩处。""同为兄弟而相互不睦，发生争吵，有失礼者，召开莫昆会议定罪，当众掌脸示众。""子媳之辈，在街道上与长辈或父母相遇而不下马下车让道行礼者，呈报莫昆后治罪。""宗谱每年大祭一次，并添写一次新生子孙。"又如，东北地区图克色里哈拉（佟姓）家谱中规定："敬祖先，睦宗族，以孝悌为本。凡族中子弟有不善者，皆得尽训诲之责，不可有亲疏之见。而子弟对族中尊长，均须恭顺，亦不可存亲疏之见。"⑧在哈拉莫昆功能开始削弱，家庭的社会功能增强的同时，莫昆和家庭之间已形成了具有社会功能的组织形式——乌克孙。它通常由同父或叔伯兄弟的家族群体组成，是血缘组织形式之一。

锡伯族的家庭是最小的社会细胞，又是一个经济单元，它是组成哈拉莫昆的基础。家庭中辈分最高的男子为一家之长，家内一切事务由其说了算，其他人没有决断的权力，女性在家庭中的地位尤为低下。锡伯族的传统习惯，女儿一旦出嫁，对家里的事务不可插手，因为她已成为别家的成员，有手艺之家宁传儿媳，也不传女儿。过去让女儿上学的几乎没有。锡伯族的家庭里，最小的儿子常受到爷奶、父母的宠爱，任何人不能打骂，被称为"罗古"。

锡伯族的家庭，一般都是三代同堂，也有四五代同住在一起的。父母在世时，儿子们不可分家；母亲一般和最小的儿子度晚年。过去，有儿子的人，和女儿度晚年，被认为是不太光彩的事。锡伯族以多子女为荣，一个家庭里，儿女越多，辈数越多，越被认为家庭兴旺发达，儿女多的家庭，往往被人仰慕。一个家庭的吵闹纠纷，如果传到外面，就会受外界嘲笑，故锡伯族最忌家丑外扬。

为巩固和维系哈拉莫昆内部的血缘关系，锡伯族的家谱文化传承有序。家谱是锡伯族形象记录一个哈拉或一个家族发源、沿袭的谱书，它包括哈拉家谱和莫昆家谱。追溯其源，具有悠久的历史。早在遥远的古代，锡伯族的祖先就会"刻木"记事，但因年长日久，记事的木头腐朽散失，后代无法知道祖先的承袭情况。后来，人们发明了可以形象地记录氏族世代传承的喜里妈妈。锡伯族的喜里妈妈仍然是一种形象的家谱，只是到了有文字以后锡伯人才开始以文字立家谱。创立家谱对锡伯族人来说，具有很重要的意义，其目的就是"发扬先祖之德，大昌祖宗之功"⑨。锡伯族家谱一般都设有记事栏，其中简略地记录先祖的生平轶事、嘉言懿行和其他一些与本族、本哈拉莫昆有关的重大事宜。家谱的书写多用锡伯文（满文），东北锡伯族的家谱有的为汉文或满汉合璧。

清代新疆的满族以八旗为单位筑城而居，伊犁九城就是八旗兵的驻防营地。惠远城是伊犁将军府所在地，完全是由城墙拱卫，建有钟鼓楼和府衙的汉式建筑，内设江南园林式亭台楼阁。满族人传统的民居多为草房，以土木为墙，以草苫盖房顶。还有一种平顶房，以较粗的圆木为檩，较细的圆木为椽，铺上秫秸或苇帘，然后再抹约半尺厚的泥，房檐用薄石板砌成。满族每个家庭的居屋一般是三间或五间，坐北朝南。三间大多是在最东一间的南侧开门，五间多在东起第二间开门，形如口袋，故俗称"口袋房"。三间的房屋，外屋一般筑南、北两个锅灶，灶热通里屋炕。满族人房屋一般都有三环炕。房屋的门、窗都有自己的特点。门为独扇的木板门，上有窗棂式的小格木，外面糊纸，下部安装木板。窗子较大。有的人家还开有西窗、北窗或东窗。窗子都糊以纸，纸糊在窗棂外面。室内陈设较有民族特色。外屋西侧，南、北两面为锅

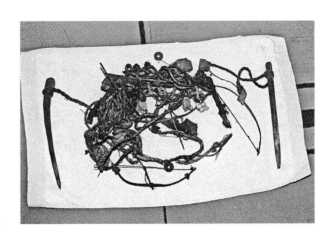

图下3-6　喜里妈妈　贺灵摄

台。锅台上方的西墙上供灶王爷。在偏西北的地中间，安石磨一盘。里屋的西墙上供奉祖宗板子，板上有两个匣子，一个收存家谱，一个收藏祭祖用的帐子。满族以西为贵，故西炕为尊，家人一般不能坐卧，来重要客人，让其坐卧。炕上置桌一张，左右陈条褥子，又置炕柜一个。满族人院落多以木栅栏围成，称木墙，木墙开木门。院内，除住人的正房外，两侧还建有仓房和牛马棚。满族的村庄有同姓村和异姓村，同姓村多世代相继，异姓村多为杂居，由多个姓氏组成。

锡伯族每一个牛录都是一座筑城而居的军事城堡，清代其主要功能是驻兵，而后成为民人聚居的村镇。牛录均围以高大的城墙，墙高近5—6米，宽4米左右，墙上面人可以来回巡逻。每一个牛录有四个大门，夜闭昼开，日夜有专人看管。看管者一般为老人。每个大门上都祭有门神（大门神），或置有佛的塑像。牛录的街道，基本都呈东西南北网状，其中呈南北走向的街道相隔的距离较宽，在一个牛录里有三四条不等；而呈东西走向的街道相隔的距离较近，一个牛录有十余条。每个牛录都有两条十字大街。其他街巷都和它相通。街道有的较宽直，有的较窄曲，但都能通过大车（马车）。街道两旁都植有杨树、榆树和柳树，各家各管自己的范围。

锡伯族民居的庭院大小不等，有的面积有三四亩，有的则有七八亩地。庭院都呈南北长方形，四周都栽有各种树木。庭院都用矮墙围成，以防牲畜家禽进入。庭院一般都以住房为中心分成前后两院。清朝时期，锡伯族住房形式具有自己的民族特点。平房（马架子）多向东，这和本民族信仰的萨满教有关，锡伯族萨满教认为，初升的太阳代表生机，因此，住房向东，具有祈求吉祥之意。同时，向东的房子可以充分采取午前的阳光。房屋多为三间，中间为厨房，两耳间是卧室。窗户较小，房内光线不足，较阴暗，但冬季暖和。墙壁均用湿土打成。这种房屋造价低，用工用料少，一般穷户都能造得起。人字形大屋顶房，其造型吸收了满族民居的方式。它的造价较高，用工用料较多。房屋的造法，先是用木料搭起房屋的骨架，然后用土坯垒起来抹泥、刷石灰。斜顶房一般也是三间，房顶很陡斜，廊檐很宽，门窗都用小格木制作，制造时需要较精湛的工艺。

　　锡伯族以西为贵。故西屋由长辈住。有爷辈的由爷辈住，没有爷辈的，由父母住。过去房屋都有"安巴纳罕"（大炕），这种火炕具有很浓厚的民族特色，它由三面环绕的南炕、西炕和北炕组成。南炕由爷奶或父母睡眠，北炕由客人睡眠，西炕一般不睡人，有贵客来时请之坐卧。一般客人和家人不能在西炕上坐卧，因为西炕靠山墙立祖宗龛板或佛龛。火炕高60—70厘米，造法很特殊，由五个烟道组成，火炕（环炕）的烟道都是互相通的，没有高超的技术是打不好的。

　　达斡尔人的屯落，一是向阳傍水，便于渔猎；二是依山，便于狩猎。三是屯基宽阔，并圈占一定面积的园田地。因家畜都是散放，故园田四周均筑围墙，以防牲畜入园践踏。达斡尔族院落四周围墙，富有者以木板围之，称"哈叠"；次者埋木杆为墙，称为"郭尔吉木勒"。院门两层或单层。宅园内为住房、仓房、碾房、畜圈、猪圈等。其配置视贫富而有别。富家的正房多为三间，还有五间者。正房两侧是厢房、仓房或碾房，东南、西南、东北、西北是畜圈或猪圈，正房近侧或正房南墙下是狗圈。

　　达斡尔族的住宅以二间为多，三间的在古老的屯落里可占五分之一以上。因为按达斡尔人的习惯，老人健在，兄弟不能分家，因此，三世同堂或四世同堂的家庭不少。达斡尔族以西屋为贵，南西北三面连炕，东屋为厨房。三间房则东屋为住室，由子媳居住。住室以多窗著称，二间房，西屋南墙三扇窗，西墙两扇窗，外屋房门两侧各一扇窗，共七扇窗。三间房则加上东屋阳面二扇窗，共九扇窗。每扇窗以横竖交错的细撑为架，裱糊窗纸喷油，以增强其亮度。达斡尔族烧火炕取暖，最冷时加火盆。

　　在西迁民族中，满族、锡伯族、达斡尔族除信仰藏传佛教之外，万物崇拜的民间信仰根深蒂固，同时保留着信仰萨满教的传统。

　　满族人信仰天地、日月、星辰、树木以及各种凶猛动物。"阿布卡恩杜里"（天神）被视为最高神，地祇叫"巴纳额真"，每家每户都在大门口立有它的神位，叫"土地神位"，逢年过节进行祭祀。祖先崇拜在满族中很盛行，凡是故去的先辈都成为崇拜和祭祀的对象，每个人家的堂屋西炕墙上都设有祖宗板，逢年过节要烧香叩头。关公是满族崇拜的武圣，满族聚居的村落过去都修有关帝庙，庙里塑有关羽巨大的形象，每年农历六月二十四日，人们纷纷到关帝庙烧香磕头，顶礼膜拜，过去的战争年代更是香火不断。"佛托妈妈"是满族信仰中保佑子孙繁衍的神灵，又叫"完立妈妈"或"万历妈妈"，由一条十来米的五彩绳索上系挂布条等物构成，所以又称"子孙绳"或"长命绳"，每年举行一次祭祀，以求子孙繁衍和安康。满族人自古信仰萨满教，在其中融合了满族人自然崇拜、图腾崇拜、祖先崇拜以及各种各样的神灵。在自然崇拜中，以天神为最尊，因此，祭天仪礼最为庄重。祭天多在春秋二季大祭中举行，其仪式基本上可分为备祀、祈福、献牲立杆、享鸦鹊、享祚等项内容。

　　锡伯族在长期从事狩猎、农牧业生产过程中，形成了万物崇拜观念，万物崇拜成为其精神生活的一部分。如猎神崇拜、渔神崇拜、天地神崇拜、牲畜神崇拜（海尔堪玛法）、喜林妈妈崇拜（保佑家宅平安和人丁兴旺的神灵）、祖先崇拜（男、女）、灶神崇拜、门神崇拜、娘娘神崇拜、土地神崇拜、痘神崇拜、狐仙崇拜等。在这些神灵崇敬中，保佑家宅、人丁平安兴旺的"喜林妈妈"和主司牲畜繁殖的"海尔堪玛法"，比较受推崇。在察布查尔还建有玛法妈妈庙（痘神庙），每年的正月间在尔琪的主持下举行送神（痘神）仪式。

　　锡伯族信仰萨满教的历史可以追溯到其母系社会阶段晚期。源自民间的萨满教属于原始宗教，它没有专习的教义，也没有专祭的寺庙，只有跳神时唱的萨满歌和萨满舞、萨满画。锡伯萨满弟子的产生也较奇特，有因久病不愈而许愿当萨满的，或者是从萨满世家后裔中隔代物色一人或自行产生。如有的人天生易激动，且动作极像萨满，其亲人常梦见萨满跳神或萨满法具，经萨满审视，认为与萨满有缘分，便收其为徒弟。后来从萨满分化出相通、尔琪、斗琪，分别职司神经病、小儿麻疹、疯病等疾病。

　　藏传佛教传入锡伯族始于元代，远比萨满教信仰晚得多。当时正处在科尔沁蒙古统治之下的锡伯族，同科尔沁蒙古一起信仰喇嘛教。康熙四十六年（1707），锡伯族军民自筹银两在盛京（今沈阳）修建一座喇嘛庙——太平寺（又称锡伯家庙）。西迁伊犁后，于乾隆四十五年（1780）在锡伯营镶白旗（孙扎齐牛录）驻地修建了靖远寺。锡伯族喇嘛除在本

图下 3-7　萨满 8 月 15 日祭祀萨满祖先　贺灵摄

教规定的日期念经外，在民间红白喜事、大人物寿辰、节日和国家大事之日还焚香念祷祈祝。此外，还举行送魔祟仪式。送魔祟仪式旨在告诫喇嘛教僧侣始终坚守本教派的戒律，不要被异教徒等引诱而堕落。所谓的魔祟指的是酒、色、贪、嗔、妄、杀六个字。举行仪式之前要制作象征魔祟的模具。仪式在每年的正月间举行，此前，众喇嘛须在寺庙里诵经满 21 天。送魔祟仪式非常隆重，将魔祟的模具置于用木板制作的"筐"内，四周围上黄土、五谷，供果品等物。当日在靖远寺主持大喇嘛指挥下，众喇嘛诵经、奏乐，组成浩浩荡荡的仪仗队伍，抬着"魔祟筐"绕寺院一周，缓缓走出北门，送到野外事先挖好的坑内进行焚烧。这一宗教仪式在锡伯族中逐渐演变为官员参与的驱逐世间一切邪恶灾害的活动，民间俗称"抛筐"仪式。这种活动不定期，一般选择收获不佳、疾患流行等天灾人祸较多之年举行。

达斡尔族有祭天习俗，但没有供奉的偶像，也不称它为巴尔肯（神）。达斡尔人的观念中，"天"（腾格尔）有"父天"（阿查·腾格尔）、"母天"（额倭·腾格尔），还有"公主天"（达列·喀托）及"官人天"（诺托尔·诺颜）等。祭天时，要请一位主祭人。祭天不跳神，所请主祭人不一定是雅达干，能念祷词的"巴格其"或"巴尔西"者可主祭。开始时，在大门外挂一双靴子，把大板门关严。没有大板门者，须在大门上挂渔网或网状的绳子，禁止人通过大门。出入者可跳墙而行。在正房的西南角，横置木杆，用被子将横木盖住。接着，把作为供物的牛（一般为两岁牛，据说，早期为白牛）或猪宰杀剥皮，在院内煮内脏，在屋内煮骨肉。主祭人念诵祭天祷词。祷词诵毕，大家一起吃肉，把骨头啃净，用簸箕收拾好，扔在院外，把脖颈骨插在木杆尖上，挂在大门旁。

达斡尔人的宗教信仰中保留有图腾崇拜的遗迹。例如，达斡尔人敬畏熊、虎并授以尊称。忌直呼熊"博博克"（或"博博格"），而称牡熊为"额特尔肯"（或"额特日肯"，"老头"之意），称牝熊为"阿提日堪"（老太婆）；禁呼虎"塔斯哈"（或"塔斯格"），而称其为"诺颜故热斯"（或"诺产·古热斯"，意即"兽王"）。人们除迫于自卫外，一般不猎取熊、虎。达斡尔人供奉狐仙"敖雷·巴尔肯"，禁呼狐狸的真名"乌奴棍"，而称之为"叟勒·巴尔肯"（有尾巴的神）。达斡尔人忌猎取狐狸，不穿狐狸皮制成的衣物，甚至见到他人猎取的活狐狸，亦解囊买下，并将其带至山野放生。

满族、锡伯族、达斡尔族的生活习俗与人生礼仪形成自己民族的特点，同时也随着时代发展而发生了某种变化。

在服饰方面，满族、锡伯族、达斡尔族共同点大于差异性。

满族服饰具有鲜明的特色，男女一年都有按季节分的袍服，由于清代满族被称为"旗人"，所以其袍服称"旗袍"。旗袍多用绸缎制作，分单、夹、棉、皮四类和男女式两种。满族妇女的头饰别具特色，先结发成辫，用红丝绳结辫根，婚前为鬐。发鬐插金银发簪，做成凤头、龙头等形状。鬐分两把头、架子头、大盘头等，其中两把头至今还盛行。满族的鞋也很特别，男子一般穿靴，用皮和布制作；女子穿旗袍时穿旗鞋，木质高底，前方后圆，称"马蹄鞋"、"花盆鞋"或"寸子鞋"，男女平时穿绣花单鞋或棉鞋。满族服饰对锡伯族、达斡尔族服饰产生了重大影响。

有清一代，锡伯族基本袭用满族服饰。例如，男人都喜用青、蓝、棕、黑等颜色布料，而且喜欢穿长袍、马褂、坎肩等。清代以后，锡伯族日益接受汉族文化，其服饰特点又发生了变化，吸收了汉族服饰短小、轻便、大方等优点。锡伯族老年男子内穿对襟小白褂，外穿长袍（冬天为棉的），个别人还套马褂，脚穿白袜、布鞋（春、夏、秋穿

圆口黑布鞋，冬天穿毡棉
黑布鞋，其鞋勒比春夏的
稍高一些（锡伯语称"扎
布萨布"），扎裤脚，头戴
礼帽。老年妇女的装束随
着年龄的增长而起变化。
多穿青、蓝、黑色旗袍，
长及脚面，扎裤脚，穿白
袜，春、夏、秋穿绣花黑
布鞋（冬季为棉高勒的），
冬天穿棉袍，戴棉帽，与

图下 3-8　清代新疆满族服饰　马达汉摄于 1907 年

汉族坤秋帽相似。年轻妇女的服饰样式较多，有各色花布和方格布旗袍
（多滚边）、绣花鞋、坎肩等。

　　达斡尔族的服装清代以前基本以兽皮制作，自各地交易来的布料多
制作成内衣、衬衫、衬裤等。清朝初期被编入八旗之后，达斡尔人很快
接受满族文化，男性穿长袍马
褂，扎腰带，腰带上佩匕首、
短剑、打火装置和烟袋等。妇
女的服装更是与满族妇女相
同，喜欢穿各色布料、缎子、
绸子制成的袍衣（冬天为棉
袍），但仍保持了本民族传统
的用贵重兽皮制作服装的特
点。年轻妇女还喜欢穿自己制
作的绣花鞋，不扎腰带，喜欢
佩戴珍珠、玛瑙和金银首饰。
女孩儿从小在母亲的指导下学
会缝纫，缝制布玩具，绣荷
包、枕套、头带、墙帏等。

　　满族、锡伯族、达斡尔族

图下 3-9　锡伯族妇女服饰　马达汉摄于 1907 年

在长期的共同生活中形成一些共同的饮食习俗，同时也吸纳了新疆其他民族的饮食习俗。

满族以面食为主，其中常食的"饽饽"和糕有好多种，如水煮饽饽、搓条饽饽、豆面饽饽、五花糕、盆糕、发糕、蜂糕、切糕等，多用小麦、高粱、玉米、谷子、大豆等面制作。满族的肉食以猪肉为主，新疆的满族兼食牛羊肉。猪肉做白肉火锅、红烧肉、腊肉、"白肉血肠"等，而有名的"满汉全席"中肉类也以猪肉为主。伊宁县潘津乡苏拉宫村满族继承祖先的传统，每当过年过节都要做"三样包子"（糖包子、油包子、菜包子）、"双合饼"、"锅贴"等食品。

锡伯族的主食是发面饼，其他还有死面饼（千层饼）、锅盔、馒头、面条、拉面等；馅食有包子、饺子、韭菜合子、肉馅饼等；米食有大米干饭、抓饭、小米稀饭（分三种：一种为清水煮，一种为肉汤煮，一种为牛奶稀饭）。这些饮食习俗处处可以见到各民族饮食文化融合的痕迹。锡伯族的副食品分肉类和菜蔬类。肉食以食牛羊肉为主，兼食猪、鸡肉。锡伯族从事渔猎生产由来已久，故捕鱼是其传统副业之一，做鱼的方法也各种各样，除了红烧、油炸、清炖外，还喜欢吃蒸鱼。锡伯族最喜欢吃而且常年吃的是韭菜和辣椒。韭菜拌进辣椒酱里吃，韭菜和青辣椒一起炒着吃，做韭菜合子，用韭菜拌凉菜，到秋后还要做花花菜，它是用韭菜（要老的）、红青辣椒与芹菜、黄萝卜、包心菜等腌制而成。

达斡尔族的饮食以食米食为主。米食原以稷子为主，稷子有两种加工法：一是将稷子在锅里蒸沸炕干后推成米，达斡尔语称"敖斯莫"，是由"哈乌顺·阿莫"音变而来的（意为蒸过的米）。这种米具有黏性，有轻微煳味，适作干饭或鲜牛奶粥等。二是未经蒸沸的稷子推成米，达斡尔语称"希基莫"，稍有黏性，除作干饭和牛奶粘粥，还可加工成面粉，制作糕点。荞麦除压成粉做面食外，还可在锅里蒸沸后炕干至八成时推成米，达斡尔语称"阿勒曼"，可与稷子米或小米作二米干饭，亦可做酸奶荞麦米粥。荞麦米还可以煮狍子肉粥。燕麦炕干后推成米煮的稀粥、燕麦米鲜奶粥和燕麦米狍子肉粥，这是达斡尔族最喜食品之一。燕麦米炒熟后磨成面，用粗罗或细筛过筛，漏下去的细面称为"哈格"，留在罗筛上的粒状部分称"新稗勒"。达斡尔族迁居新疆后主要种植小麦，以面食为主，做烤馕。达斡尔族的副食有肉食、奶制品、蔬菜。肉食主要以牛羊肉为主，尤以羊肉为最，达斡尔族素有用手抓肉款待亲友习俗。吃猪肉还有一种特殊吃法，将猪血拌进碎肉，加入盐、葱、蒜等佐料，制成灌肠，煮熟后切成片吃，其味道鲜美不腻。达斡尔族还喜食鱼，多为清炖和清蒸。

满族的婚姻为一夫一妻制。在清代，个别官员和富贵人家有纳妾现象。满族的婚姻讲究门当户对，过去的婚姻程序很繁杂，一般要经过相亲、提亲、许亲、成婚、回门几个过程。清代的满族婚姻有很多规定，仪式很繁琐，花费也较大。男女婚姻要父母一手包办。男子如果要娶某家女子，由父母请媒人前去说媒。说媒要多次登门，每次都带酒等礼物。说定后，算是两家已结为亲家，双方均不得反悔。经过一段时间的礼尚往来之后，要选择日期，女子送东西到男方"挂主"，一般送挂面、肉方子、两件衣服、瓶酒、十三花碟等。"挂主"之后媒人再到女家，由女家开单子向男家要彩礼，主要为一对镯子、四支或两支鬟花、四件衣服、全套内衣、几块料子等。这些物品送给女家后，就要择日举行结婚典礼。在准备结婚的前一天，男方还要送二斗米、猪、羊为女方祭祖并开迷魂锁用（满族的习俗，女子生下来便举行仪式戴迷魂锁，到出嫁时才开锁，表示属别家的人了）。结婚典礼一般要办四五天酒席，仪式也很繁琐。第一天要请亲朋邻里赴宴；第二天招待媒人；第三天迎嫁妆，晚上成亲；第四天大摆酒席全天请客。

锡伯族的婚姻习俗，清代有纳妾、童养媳、指腹为婚等现象，但基本保持着一夫一妻、妇随夫居的典型父权制婚姻形态。个别无子嗣者招婿入赘。同姓不婚，但偶有姨表、舅表、姑表兄妹婚配情况。新疆锡伯族在说亲、订婚、许婚、纳彩、婚礼、婚后生活等方面，虽然过去繁琐的仪式和冗长的过程已被简化掉不少，但仍保持着一些传统习俗。说亲须聘一位或男或女为媒妁。首次登门要携带礼酒，但往往不入正题。许亲要举行特殊仪式，男方成员和媒妁均向女方父母行磕头礼，并在女方家设小宴喝许亲酒。此次不送彩礼，因而称之为"虚磕头礼"。订婚时，男方在女方家设中型宴席，女方邀亲戚认准女婿，并接受男方给女方每个亲属的彩礼，此次送彩礼，故称"实磕头礼"⑩。媒妁参加整个过程。

订婚后男方筹备喜事。等条件具备后，男方父母与媒妁登女方家门，请求许婚日期，称"请命"。婚礼前夕，男方再聘有声誉、未曾丧偶、与女方关系密切且善于辞令、生肖与女方生肖相生的男女各一名担任"奥父"和"奥母"（意为迎亲爹和迎亲娘），委托他们处理迎送新娘和婚礼上的重要事宜。婚礼举行三天，首日为女方家小宴，次日为女方家大宴和男方家小宴。当天晚间，奥父和奥母带十几个能歌善舞的青年男女到女方家，与其朋友对歌对舞，称"打丁巴"。第三日为男方大宴，并接新娘入洞房。当天晚间，举行合卺仪式，把两个酒杯用红线联上，一杯盛酒，一杯盛水，新郎新娘相互交换三次后各喝一杯，如此重复三次。之后青年男女争相抢夺桌上的羊腿肉，称抢"博克多司"。翌晨，新娘早起给公婆点烟、敬茶。当日，新人在父母带领下上祖坟祭祖。第九天新人到娘家省亲。满月后，新娘回娘家住"对月"。

达斡尔族的婚姻实行一夫一妻制。到清末，有些人因妻子不育或未生男孩，怕断嗣，出现了纳妾续后代的现象。禁止哈拉内通婚是自古形成的原则。通婚讲究辈分，即不同哈拉的男女，有较近的亲属关系时，必须是同一辈分者才能婚配。婚姻过程为订婚、过礼和婚礼仪式三个阶段。订婚方式，由男方家长请一位与女方关系密切的人作为媒人，到女方家说亲。女方父母听了媒人的介绍，认为合适并得到女儿姑舅的同意后，便答应订婚，媒人就给女方的老人斟酒磕头，以表示感谢和祝贺。若不同意订婚，即不让媒人磕头，也不能留媒人吃饭。说亲要多次登门才能成功。订婚以后就要过礼（称送"恰安特"），即女婿同直车人（比女婿长一辈的人直车）把彩礼送到女方家。礼车到来之前，岳父家将大门紧闭，派人把守。女婿到来后，把门人喊话提问，由女婿的陪同人答复，然后才让进门。当天，莫昆（氏族）的人都来参加过礼酒宴，女婿要给岳父母和莫昆中的老年人磕头，老人们给女婿礼钱和钱褡子等物。富裕的岳父家还会送女婿马或给他换上更好的马骑回去。在酒宴上，男方送礼者先举杯致词，赞美女方的高尚品德，祝福新人，庆贺新禧。在此过程中，新娘要躲起来，不能见未婚夫。结婚仪式前一个月左右，双方议定婚期后，女婿还要送彩礼给女家，主要有布匹、成衣、钱、酒等。结婚前几天，女婿要来岳父家，岳父母叫女婿和女儿一起吃牛奶粥

（称"拉里"）或挂面，并请一位儿女双全的妇女陪客，祝福新婚夫妇儿女双全。婚礼仪式开始，即摆筵款待送亲客人。酒宴上，男方陪客者致词，其内容一般是欢迎送亲的男女傧相，祝福新婚夫妇等。然后，给亲家吃汤饺子。宾客们回去时，由胡朱日华达拿个碗或碟子、酒杯带走，男方除给他们拿些"莫吉"（带骨肉）外，还给一两口猪，并一一敬酒送到门外，女婿一直送到屯外才回来。

满族、锡伯族、达斡尔族的丧葬习俗也是互有异同。

清代新疆满族的丧葬风俗，大致可分为停尸、哭丧、报丧、开殃榜、入殓、祭奠、出殡、服丧等项内容。满族人断气，即为其穿寿衣。寿衣忌裘革，且不用缎，避谐音"断子"之意。灵床以三块木板架成，顺炕沿而放，高度以死者年龄而定。灵床前摆供食，足下点灯一盏，叫长明灯。此谓"停尸"。停尸后，举家穿孝服致哀，一齐大声号哭，称"哭丧"。号哭之后，即向四处派人通知亲友，此谓"报丧"。报丧要叩头。在报丧的同时，要请人制作招魂幡，幡用红布制作。"开殃榜"，就是请阴阳先生开列入殓的日、时，出殃的日、时，停灵的天数，出殡的日期等。装尸入棺的仪式叫做"入殓"，满族的棺材，盖如屋脊，中间隆起，两边倾斜，内部高大，棺头置一木质葫芦。入殓之后，要举行一系列哭祭仪式。并支搭月台和席棚。席棚内置桌椅，以接待前来祭吊的亲友。另外，还要请僧侣为死者念经超度。出殡，满族人的停灵时间有一七、三七、五七、七七不等。出殡前一天要举行"辞灵"、"起灵"仪式。出殡要选吉日起柩。起柩时棺材要从窗户抬出，起柩前还要先摔丧盆，在殡仪行列中有专人向空中抛撒纸钱。满族人死，其直系亲戚要服丧。满族人的葬俗分土葬和火葬两种。

锡伯族实行土葬，但也有在特殊情况下实行火葬和弃尸于野的习惯。每一个哈拉（姓）和莫昆有各自的墓地。老人去世，先予洗理，其间避免号啕大哭，等洗理停尸后开始哭灵、四处报丧，报丧时行跪礼。前来吊唁者带白纸钱、酒水等，在遗体脚后烧纸钱跪祭。与死者关系密切的男女老者，边哭祭边带特殊的音调述说与死者的情谊等，其哭腔几近歌调，称为"哭丧歌"。出殡选单日，并忌申时和午后。吊丧期多为三日，也有五至七日不等。墓堆上插两杆幡（一为纸幡，一为用红布或红绸幡）。丧期内忌串他家门，祭奠期分"一七"、"二七"、"三七"、"四十九日"和"百日"。四十九日远亲脱孝，百日则直系亲属脱孝。萨满、其他巫职人员和非正常死亡者要火葬。未婚男女棺材不做底，而用芦苇代之。幼儿死尸要弃于野外任凭飞禽走兽噬食。出外亡故者其尸体在村外入殓处理，而不可拉进村里。夫妻先后亡故后都要同墓异棺合葬，两棺间各凿一洞相"联"，妻棺稍低于夫棺。孝服尚白，分子辈、孙辈、曾孙辈、玄孙辈等多种服饰，玄孙辈的孝服为红色。目前，城市民众移风易俗，基本实行火葬。

达斡尔族的丧葬实行土葬。老人咽气后，先更换寿衣，洗、剃头。然后将尸体头南脚北地停入地下（地上垫板子），用绸哈达盖在死者脸上。头前放供桌，供鸡、饭菜、果品等。在尸体左侧放装着烟和烟袋，儿子和儿媳时而换装新烟。女儿蹲坐其头前，儿子、侄子和儿媳跪于其侧，长者在炕上，痛哭一场，接着向四处派人报丧。莫昆亲属及死者生前好友前来吊唁、哭灵。在出殡前日夜守灵，尤其是长子和长媳一昼夜举行数次哭灵仪式，每次都烧纸上供。停灵后第三日入殓。尸体要从东向西循太阳转向，连转三圈抬出房门。抬出房门时，长子跪在地上，摔破一个饭碗，装入棺材中，并随葬小锅、小木锹、烟袋、火镰、船桨等。达斡尔族在出殡前要举行成套祭灵仪式。祭灵以牛马为牺牲。杀马时，把马拴在灵前，长子跪于马前，在马蹄前洒酒，而后杀马。在出殡前晚开踩，先由一位年高的族人诵读祭文，其内容包括死者姓名、年龄、籍贯、得病和亡故日期、送葬金银箔、牺牲和亲友奠祭物的数目等，其他人在棺前或灵位前跪听。当晚以马肉招待亲友，称吃告灵饭。接着全体亲友守灵。起灵后，长子走在灵车之前，将马缰扛在肩上，其他人跟在车后，长者骑马或坐车，哭噱而去。灵车经过各家门口时，各家都往灵车前面洒点酒，烧些纸箔，意为送葬。到墓地前，把棺材放入预先掘好的墓穴内，先由亲子挖第一锹上，而后大家开始动手把棺材埋入土中，堆成一小土堆，安葬即告完毕。葬礼之后，死者家属将献祭的牛马肉和猪羊肉大部分做成手抓肉，少部分做菜，并准备大量酒，招待宾客。孝服种类及服孝期限因人而异，如死者妻室、亲子及亲侄穿全身的孝衣，其中长子外套白马褂，服孝期为三个月，脱下孝衣后，穿素服三年。达斡尔族原来每个莫昆都有自己的公共墓地，后来随着人口的增多，分化为家庭坟地。在葬制上，达斡尔族还有如下习俗：一是埋葬独身汉时，在其坟旁挖一深坑，里面埋一块大石头；二是另选墓地移灵时，在原坟坑里埋一只活公鸡和撒些小米。

达斡尔族按自己的想象，虚构了阴间的一切。老人死后，必须停灵，在室内地上垫数块木板，将死者置于板上。尸体胸前置一镜，镜面向着死者面部。口中放铜钱一枚，谓之"含口钱"，双脚以绳系缚，谓之"绊脚绳"。头前放一桌，点燃一盏油灯，供鸡、菜、果物等，意即人的一生撒了许多粮米，须叫鸡吃掉，以免到阴间受惩罚。为让死者在阴间犹如阳世一样，入殓时，用金箔纸剪成圆形，贴于棺木内左边，象征太阳；用银箔纸剪成月牙形，贴于右边，象征月亮。

扎根于民间的文学艺术是满族、锡伯族、达斡尔族传统文化中的重要一翼。

满族迁到新疆后，把东北和中原地区满族宫廷化的音乐也带进新疆，每当节假日和喜庆之时，用民间乐器进行聚族演奏，仍保存有东北风格。满族的萨满音乐极为有名，它是随着满族萨满进行跳神活动而形成的音乐，表现了氏族社会时期人们与自然界抗争、战胜各种病灾的情形。《莽式舞》是清代满族最流行的民间舞蹈，该舞男女都跳，双双对舞，其优美之处在双袖的舞姿上，旁人拍手击鼓伴歌，后来，《莽式舞》与《秧歌舞》融为一体。《笊篱姑姑舞》是满族民间最为流行的舞蹈之一，主要在元宵节跳，其形式是一个女孩扮笊篱模样，众人围她拍手、唱歌、跳舞，歌词内容为赞扬笊篱姑姑的勤奋、美丽。

民间文学作为锡伯族文学的重要组成部分，分为民歌、民间故事、谚语、谜语、格言等。民歌又分叙事歌、苦歌、萨满歌、颂歌、劝导歌、习俗歌、田野歌、打猎歌、情歌、婚礼歌、新民歌等。其中许多民歌形式与民族的迁徙、屯垦戍边、平定内乱等历史活动有关，具有鲜明的爱国、爱民族、爱家乡等积极向上的文化色彩。如叙事歌《离乡曲》、《告别盛京》、《西迁之歌》、《喀什噶尔之歌》、《拉西贤图》、《叶琪娜》、《海兰格格》等。民间故事区分为传说故事、生活故事、童话故事、动物故事、寓言故事、神话故事、谜语故事等。谚语内容包罗万象，其中多为教人谦虚谨慎、诚实讲信、团结友爱、礼行上进、勤劳节俭、荣誉名声、卫生健康以及讥笑懒惰、警告贪婪、褒贬好恶等方面的，思想上旗帜鲜明，爱憎分明。谜语主要表现为提高儿童智力、启迪其心智的内容，是老年人和妇女教育儿童的工具，分动物类、植物类、器物类、自然类、人体类和谜语故事等。

锡伯族的音乐分戏剧音乐和说唱音乐两类。戏剧音乐（称秧嘎尔牧丹），又分为平调和越调两种。平调的历史悠久，是锡伯族在东北时期就存在的音乐；而越调是锡伯族西迁与汉族有了频繁往来以后才形成的，其中有汉族音乐成分，因此，它的历史较短。所谓平调和越调，是以三弦的定弦为准。越调高，平调低。锡伯族的戏曲音乐既有本民族浓厚的特点，又有陕西、山西、甘肃一带流行的眉户音乐的成分。

近代锡伯族舞蹈的种类繁多，总体上可以分为两类，即古典舞和贝伦舞。古典类包括萨满舞、狩猎舞、射箭舞、蝴蝶舞、荷包舞、铁锹舞、手鼓舞、编席舞、马舞、猴子舞等；贝伦类包括面具舞、跛子舞、单点舞、双点舞、王玛舞、伊克尔德克、醉舞、八乡舞、请安舞等。古典舞形象洒脱，每个舞蹈都有连贯性，即具有故事情节。

第四节　农商兼营的东迁移民文化

村社街区与庭院居所　和谐的家族家庭关系　迥异的宗教信仰　以洋行为代表的商业文化　丰富多彩的文化习俗　别具特色的民间艺术

18世纪后东迁的乌孜别克族、俄罗斯族、塔塔尔族在新疆多民族社会中，由于人口少，基本上是大杂居小聚居分布，农村的居住以村落为单位，在城市以经商街区为单元居住。久而久之，形成一些以其族名命名的村落、街区。

乌孜别克人在新疆定居后，大部分集居在一条街或一个居民点上，被当地人称为"安集延街"、"安集延村"、"乌孜别克街"等。他们保留着乌孜别克族的语言及风俗。清朝康熙四十五年至四十七年（1706—1708）随着乌孜别克人数量的增加，在伊宁形成了一个乌孜别克族人集居的街道，在喀什、莎车等地也形成了安集延居民点及村。俄罗斯族起先是在塔城、伊宁等城市居住，后又有在北疆一些乡村中的分布。塔塔尔族东迁的历史是从 1830 年第一批从西伯利亚迁入我国新疆阿勒泰地区开始的。有一部分迁到阿勒泰额尔齐斯河流域，在哈萨克族的喀拉喀斯部落安家落户。19 世纪末，为了摆脱喀拉喀斯部落的束缚，这些塔塔尔族家庭开始向准噶尔盆地东南边缘迁徙，于 20 世纪初迁徙至吉木萨尔和奇台县交界处的白杨河两岸。其后又有一些境外和乌鲁木齐等地的塔塔尔族来此定居。这样就以奇台县和吉木萨尔交界处的白杨河流域为中心，形成了一个塔塔尔族相对集中居住的区域。其他还有在乌鲁木齐等地从事商业活动的塔塔尔人集中居住在经商的特定街区。

　　乌孜别克族、俄罗斯族、塔塔尔族保留了本民族传统的庭院居所模式。俄罗斯族的民居建筑对新疆建筑产生了多方面的影响。

　　随着乌孜别克人的迁入，他们也将许多中亚的建筑艺术和建筑风格带到新疆。南疆一些地区至今仍将被乌孜别克人称为"滑稽泥墙"的一种土围墙称为"安集延墙"，这是一种用栅栏将土坯连接固定成一个整体的建筑，适合在沙漠或沼泽地等地基不稳定的地带建造。乌孜别克族住房多为土木结构的平顶长形房屋，屋墙很厚，冬暖夏凉。屋外用土墙围成一个院落，院内离院门 1 米左右的地方通常砌有一堵土墙。庭院内栽种有花卉和果树。室内墙壁上挖有许多壁龛，壁龛周围用雕花石膏镶砌起来，形状多种多样。冬季多采用壁炉取暖。屋内彻炕或搭板床，上铺毛毡或地毯以供坐卧。乌孜别克族房屋建筑中有一种叫"阿瓦"的建筑形式，还遗留着古老的传统建筑艺术痕迹。"阿瓦"顶楼呈圆形，为防止漏雨，有的楼顶覆盖铁皮，并有玻璃窗，木门成拱形，有的还有拱廊。北疆伊犁地区的乌孜别克人的房屋，与南疆的略有差别。房屋比较高大宽敞，墙壁厚度一般在 0.5—0.8 米之间，也有的厚达 1 米。屋顶略有倾斜，屋檐外伸，主体房屋延伸出的廊檐很宽大，屋檐用青砖堆砌成各种图案，带有浓郁的伊斯兰建筑韵味。

　　俄罗斯族住宅讲究单门独院，传统的俄罗斯族风格房屋称"木刻楞"。"木刻楞"坐北朝南，完全由圆木和木板构成。墙体皆由圆木平垛，两头刻槽，相连处犬牙交错于槽内，平垛的圆木间皆用青苔填缝，牢固

图下 3-10　俄罗斯族民居
据《俄罗斯族简史》

密封。房顶为三角形屋脊，屋顶覆盖于"灯笼板"。窗户南开居多，房门大都北开，窗框二层木板装饰雕花，古朴艺术，窗外上有窗板，昼开夜关，遮风御寒。房门处有的连接有一凉房，冬季遮风，夏季改作厨房。一般俄式房屋屋内墙角都修建有高大的壁炉，冬季烧木柴或牛粪取暖。俄罗斯族非常讲究清洁卫生，屋内布置得十分整洁，窗户、桌子、床上被褥喜欢盖上白色绣花的窗帘、台布和床帏，显得素雅洁净。室内墙壁用沙泥抹平后粉刷石灰，洁白干净，一年至少要粉刷一次。由于俄罗斯族人信奉东正教，因此在"木刻楞"正厅屋墙角上方要设有神龛，供奉着基督耶稣和圣母玛利亚像。"木刻楞"中的取暖工具一般是红砖搭建的火炉和火墙，居室间隔也皆为火墙和木板分隔。在田园风光映衬下的"木刻楞"位于宽敞院落的中间或一侧，周围空地布有菜地、牲畜圈舍、储藏室和蒸汽浴房。

　　提到蒸汽浴房，这也是俄罗斯人的一大特色，俗称"黑澡堂"。"黑澡堂"是因澡堂内的炉灶没有烟囱，木柴燃烧产生的黑烟全部散发在室内而得名，其目的就是保温。"黑澡堂"一般为木质结构，盖在离正屋不远的院角。澡堂由更衣室和浴室两部分组成。浴室内砌有长约一米多、宽不到一米的大炉灶。灶膛上置铁板或架铁条，以便堆放石块。浴室中间是二至三层的可供人躺的木板架。木板架有塔形和梯形两种。洗澡时，将大炉灶用木柴点燃，烧至铁板（或铁条）和上边的石块通红作响时，再将备好的热水浇在通红的石块上，热水瞬间变成蒸汽，澡堂整个被水汽所迷漫。洗澡的人则躺在木板架上，手持用柔软的桦树细枝扎成的扫帚拍打全身，沐浴着这温暖的蒸汽。

居住在城市里的塔塔尔族居民，一般一家一户自成庭院，庭院内喜欢种植果树和花草，修有小道、走廊。房屋多为土木、砖木结构的平房。房门一般朝阴面开，屋顶多为人字形，也建平顶屋，上盖铁皮，刷成绿色等颜色，屋顶上铺有厚厚的草泥，在顶边置排水管道。墙壁砌得很厚实，外墙多用石灰刷成淡蓝色，住在这样的房子里冬暖夏凉，非常舒适。屋内铺花砖，有条件的铺木地板，屋项内粘贴雕刻图案的石膏。由于塔塔尔族主要居住在寒冷的北疆地区，非常讲究门窗的用料，正门一般用较厚的木料制成，窗户较大，多安装双层玻璃，内层为活动的，夏天可以取下，冬天再安上，窗户上还开有小孔，以便通风。此外，依街的房间多安装可关闭的两扇木窗门，用线雕、浅雕、透雕等技艺雕刻美丽的图案，既美观，还起到了防盗和保暖的作用。塔塔尔住宅一般由客厅、居室、餐室、储藏室等组成，住宅内布置得雅致整洁，墙壁刷成白色，墙上挂图案美观、色彩鲜艳的壁毯或墙围，窗户、室内门上多挂自己绣制的窗帘、门帘，地上铺地毯或花毡。塔塔尔人善于刺绣和钩织，通过室内的壁挂、墙围、床单、被褥、窗帘、桌布等装饰用品，处处可见塔塔尔妇女精湛的刺绣与钩织技艺。塔塔尔族最具代表性的民间住宅为伊宁市的诺盖依库提城，城内塔塔尔族居民的庭院都是以砖木结构为主的长方形建筑。院内院外的墙壁粉刷得雪白，庭院的大门门楣镂刻着塔塔尔族传统图案。院内除住房外，还配有厨房、库房、浴室、花池、果园、畜圈等。庭院内的房屋墙壁很厚，房檐下用红砖或青砖装饰，窗沿用蓝砖或青砖砌成，棱形窗框上精刻着各种奇特好看的花卉。庭院内的住房，一般是坐南向北，一明两暗三间房子。中间房子的门向外开，里面左右两间房子的门向里开；每个房子都设有壁炉，窗户为双层玻璃，窗上多挂窗帘，地上多铺地毯，布置得整齐、美观。居住在森林资源丰富的地方的塔塔尔人多住木房，分别用天蓝和橙紫色油漆刷顶棚和地板，墙壁上或窗户上开有空气流通孔，冬天可以紧闭，夏天再打开，既可防止木板腐烂，又可吸收新鲜空气，保持室内凉爽。牧区的塔塔尔族适应游牧生活，都住毡房，毡房形式及结构与哈萨克族基本相同。

乌孜别克族家庭、家族观念非常浓厚。传统的乌孜别克族家庭，大多数是以夫妻关系为基础的小家庭，家庭成员一般不超过祖孙三代人，四世同堂、五世同堂的家庭更是微乎其微。儿子成婚以后，父母就让他们分家出去，独立建立家庭，以培养后代勤俭持家的品格和能力。在牧区，儿子结婚后，在父母毡房旁另支一顶毡房，和父母分居，劳动、饮食仍和父母在一起。乌孜别克族人非常注重家庭和睦，讲究父慈母爱，子女孝顺，兄弟姊妹和睦相处。父母对子女负有命名、养育的责任，子女对父母有养老送终的义务。老人享有很高的威望和地位，受到家庭和社会普遍的尊重。家庭财产由父母支配，儿子成家时，父母分一部分家产给儿子，女儿出嫁也获得一份嫁妆。遗产由家庭直系亲属继承，女性在娘家有继承权，但所得财产是男子的一半。若死者没有子女，遗产就由旁系血亲继承，若没有继承人，遗产就捐给清真寺。

乌孜别克族家庭中，男性长辈具有绝对权力。父亲、丈夫在家庭中处于中心地位，是一家之主，掌握着家庭的经济大权和重大事务的决策权。妇女社会地位较低，妇女不能从事社交活动，甚至不能随便外出，若外出，须戴面纱，否则要受到丈夫、父亲甚至宗教职业者的管教。对妇女的约束，在富有阶层和宗教职业者家庭尤其严厉。在家庭里，妇女没有财产支配权，她们依附于男人，信奉着"在家从父，出嫁从夫，夫死从子"律条。

在传统的乌孜别克家庭中，认为生男生女都一样，即使没有儿子也很少招赘女婿。女儿同样承担着对父母的照顾、赡养义务，经常回家看望父母。父母对儿子和女儿的孩子一视同仁。乌孜别克族对不能生育的妇女比较宽容，不会因为不能生育孩子而影响夫妻关系，没有孩子的家庭往往从丈夫兄弟的孩子中过继孩子来抚养。

塔塔尔族家庭以一对夫妻和其子女生活在一起的核心家庭为主，几代人住在一起的大家庭很少见。儿子婚后一般与父母分居。父母对子女有抚养、教育和为之婚娶的责任，儿女对父母则有养老送终的义务。在家庭中，男性长辈是家长，家中的一切大事都由他做主和安排，生产管理、经济收入、收支也主要由其支配。男性长辈在家庭事务中起着举足轻重的作用。妇女在家中则处于无权或少权的地位。由于受迁入前其经济文化发展水平的影响，与新疆其他信仰伊斯兰教的民族相比，塔塔尔族妇女还多少能参加点社会活动。在家庭的经济生活中，男子主要从事放牧和商业活动，女性则主要在家里从事家务劳动，包括洗衣、做饭、带小孩、挤奶、捣酥油、打羊毛、织毡子等。男子不做家务，若做就认为有失男人的"尊严"，就要遭人嘲讽。家里接待客人由男人负责，女主人一般坐在床边随时给客人倒茶，不参与交谈和讨论。父亲享有绝对的权威，如父亲去世，长兄则继承父亲的权位，并承担类似于父亲的责任。

在东迁民族中，除俄罗斯族信仰东正教之外，乌孜别克族、塔塔尔族均信仰伊斯兰教。他们的宗教信仰影响着其社会生活的方方面面。

长久以来，伊斯兰教渗透到世俗文化和社会生活的各个方面，成为民族文化的价值核心，伊斯兰教的礼仪和禁忌已成为乌孜别克族生活习俗的一个组成部分。乌孜别克族群众的社会生活、社会生产、家庭生活和言行举止都处在教规的严格约束之下。

19 世纪末 20 世纪初以前，乌孜别克族教育基本上是经文教育，儿童和青年以受宗教教育为主。清真寺开办的学堂，主要讲授伊斯兰教教义。当时的一些乌孜别克族学校也具有宗教学校的性质，被称为"古兰经背诵学校"（初级学校），"高级经文学校"，学制三年到十年，甚至更长，由"穆代里斯"（伊斯兰教高级经文学校的教师）和"大毛拉"（伊斯兰教学识渊溥的人）任教。授课内容以《古兰经》等宗教知识为主，加授语言（阿拉伯文和波斯文）、文学、历史和法学等课程。初等宗教学校主要设在农村，主要功课有宗教仪式、祈祷文和阿拉伯字母《古兰经》节要、《古兰经》全文等。所用教材除部分是乌孜别克文，一般都是阿拉伯文、波斯文。高等学校设在城里，主要培养高级宗教职业者，教授宗教仪式、宗教律例、伊斯兰哲学和经典学科等，侧重于教义和经文的讲解。

塔塔尔族和其他突厥语民族一样，在接受伊斯兰教之前，曾经历过一个万物有灵的原始宗教崇拜的时期。至今，塔塔尔族民间还保留着佩戴狼牙饰物、珍藏狼的后脚踝骨等习惯，相信它们具有避邪的非凡超自然力。此外，还可以从塔塔尔族传统节日"撒班节"看出塔塔尔族对"犁铧"崇拜的痕迹。塔塔尔族大约在公元 10 世纪开始信仰伊斯兰教。迁入新疆以后，为了便于从事宗教活动，塔塔尔族在乌鲁木齐、伊宁、塔城和阿勒泰等地的居住地兴建清真寺，并在清真寺中附设宗教学校，传播宗教知识和培养宗教职业者，同时还传播科学文化知识。较大的清真寺有位于乌鲁木齐胜利路的塔塔尔（诺盖依）清真寺，位于伊宁市诺维依提塔塔尔聚居区的塔塔尔礼拜寺，位于塔城市北城区的塔塔尔礼拜寺等。它们都是在 19 世纪末兴建的，与其他民族的礼拜寺不同的是，寺顶为尖顶，系塔塔尔族建筑风格。

同一切伊斯兰教信徒一样，塔塔尔族信教群众也严格按照伊斯兰教义规定履行宗教义务。每天做五次礼拜，每个星期五到清真寺做聚礼，每年要"封斋"一个月，每年开斋节和古尔邦节清晨到清真寺参加节日会礼，并举行圣纪活动。圣纪日是希吉拉历三月十二日，相传该日为伊斯兰教先知穆罕默德的诞生日。这个月，从月初到月底，塔塔尔男女老少在礼拜寺或家里诵经赞圣。同时，各家准备油炸饼、烤包子及其他各种食物，款待诵经赞圣的人们，富人们为经文学校和普通学校的学生缝制专门的衣服，让他们为先知歌唱，学生家长们也纷纷参加，形成大的合唱团。

信仰东正教的俄罗斯族形成以东正教节日文化为代表的宗教习俗，其中以复活节最为重要，称为节中之节。"复活节"又叫"帕斯卡节"，是为了纪念耶稣死后复活，没有固定的日期，每年春分月圆后的第一个星期日举行，一般在 4 月 4 日至 5 月 10 日之间。复活节前一周俄罗斯人就开始准备工作了：粉刷房屋，浆洗衣物，各家都要烤制奶油小面包"布拉其给"、果酱甜点比罗哥和饼干等。尤其是每家都要烤制"古力其"，这是一种圆柱体的奶油甜面包，是一种祭祀性食品，一年中只在复活节烤制古力其，其他节日不烤制，因此，俄罗斯族又把古力其叫做巴斯尕，意思为"复活节蛋糕"。复活节还有一个标志性的食物——复活节彩蛋。复活节前夕，俄罗斯族每家都要煮许多鸡蛋，并把煮熟的鸡蛋染成五颜六色。这些被染上颜色的熟鸡蛋被叫做"复活节彩蛋"，俄语"克拉斯内耶亚依次"。关于复活节彩蛋，民间还流传着这样一个故事：耶稣被盯上十字架受难死去，3 天后的星期天早晨，一个农妇被一阵"咯咯"的鸡叫声惊醒，出去一看，原来是只母鸡下了一个红皮蛋。正在这时，村里传来"耶稣复活了"的消息。于是就有了用红鸡蛋在复活节纪念耶稣复活的习俗。复活节在民间又俗称鸡蛋节，有的地方要将彩蛋放一年，第二年的同一时刻再换两枚新的。对此有两种说法，一是放在"神龛"上的彩蛋不会变质，一年后拿下来还能吃；二是到第二年过复活节时将鸡蛋打破，如果蛋清和蛋黄已干了，则预示着这一年将出现旱灾；如果蛋清和蛋黄仍像鲜鸡蛋一样，则预示着这一年将会风调雨顺。

　　复活节前夕，俄罗斯族的人们还要带着古力其和彩蛋去教堂做祈祷，等待耶稣复活时刻的来临。到教堂后，把自家的古力其和彩蛋摆在祭坛前，听神甫诵经，众教徒一起唱圣歌。夜间 12 点整，由教士喊"耶稣复活了"，众教徒跟着喊"耶稣复活了"，众人相互拥抱，亲吻面颊，交换彩蛋。教堂要把少量的面饼和葡萄酒分给教徒吃，谓之领受"圣餐"，据说领受了"圣餐"的人会得到幸福。然后，人们再带着自己的古力其和彩蛋回家。一般，古力其和复活节彩蛋要放到复活节后第九天——祭扫亲人节才能食用。复活节早上，俄罗斯族见面后的第一句话要说"赫里斯托、瓦斯科列斯"，意为"确实复活了"。双方要互相拥抱，同辈间亲吻面颊三次，长辈对晚辈则亲吻额头。祝贺者不一定是熟人，只要是俄罗斯人都可以在这天相互拥抱、亲吻，以示祝贺。这天早晨俄罗斯人家还要喝牛奶，吃彩蛋，分吃经过祈祷祝福的古力其，这意味着斋期结束，人们可以开斋了。有的地方在吃彩蛋时，还有一个小小的仪式：长辈要把菜单放在晚辈的头顶上，用掌心按着顺时针方向滚动三圈，祈祷三遍"耶稣复活了"，然后把彩蛋交给对方。对方接过彩蛋也要说"耶稣复活了"，然后剥皮把蛋吃了。复活节彩蛋还要分送邻里以示同庆。复活节期间，俄罗斯族民众还要身着节日盛装，互相宴请，挨家挨户的聚餐，不断举行唱歌、跳舞、荡秋千等娱乐性活动。节日里无论过去相互间有多少意见、矛盾和怨恨，都将随着节日的气氛而烟消云散。孩子们的衣兜里装满了彩蛋，见面时各自掏出一枚，相互撞击，比试谁的彩蛋硬。吃剩下的蛋壳要埋在地里，是希望庄稼的籽粒长得也同鸡蛋一样大。

　　清代新疆的俄商八大洋行是沙俄对中国进行经济侵略的产物，与中国津商八大行形成对峙局面。俄商八大洋行的主体并不是俄罗斯族商人，而是乌孜别克族、塔塔尔族的商人。塔塔尔人胡赛因·哈桑兄弟俩开设的吉祥涌商行；塔塔尔人伊斯哈克兄弟开办的天兴行；乌孜别克族人伊敏江、吐尔逊巴巴开办的德盛行；乌孜别克人美尔沙里、拉合曼巴依开设的德和行；乌孜别克人满素尔江开设的吉利行；乌孜别克人塔居斯曼的仁中信行；塔塔尔人孜牙巴依开设的芝盛行；乌孜别克人的茂盛行，统称俄商八大行。严格地讲，俄商八大行是俄属中亚地区商人开设的商行，这些商行在斜米、塔城、吐鲁番、奇台等地设有总店或分号。到1907年，俄商洋行在乌鲁木齐已经发展到三十余家，商人八百多人⑪，这些洋行商号主要分布在乌鲁木齐南关一带。它们与津商八大行南北对峙。清代乌鲁木齐南关一带已经是俄国领事馆、俄商商铺、俄国侨民的领地了。对此，出版于1944年的《（日本）新修中国通志·新疆卷》（一）称："因光绪七年签订《中俄伊犁条约》，将此地辟作商埠，故南关一带设有苏联领事馆（实为侨民区），苏联商店鳞次栉比，街道整齐。商贾约有数百户。他们把新疆的农副产品采办回国，再把本国的机械、纺织品、日常用品输入到新疆。"⑫虽然这是苏联时期的情况，但是能够反证清代乌鲁木齐南关一带已经是俄国人的领地了。一座乌鲁木齐城俨然分成了两半，一半是传统的中国商业文化城市，另一半是俄式建筑林立的洋行街。而且俄国商品、日本商品正在向津商八大行渗透。这是清末中国半殖民地半封建社会的真实写照。在当时的乌鲁木齐形成了中西建筑的不协调组合，洋房、洋楼与古城墙对立共存，人们的衣食生活习俗中西杂糅。这就是俄商八大洋行楔入后，新疆城市商业文化的写照。

由于乌孜别克族和塔塔尔族在宗教信仰上、语言上、生活习俗上与新疆的维吾尔等民族相同、相近之处比较多，因此这些民族在文化习俗上彼此认同程度比较高。

乌孜别克人饮食习俗与维吾尔等民族并无二致，他们喜欢吃肉，多吃羊、牛、马肉，蔬菜食用量较少，且品种有限。而塔塔尔族的饮食习俗，除了与维吾尔族、乌孜别克族具有共同点之外，还在与俄罗斯族长期相处中，深受俄罗斯族饮食习俗影响。与维吾尔族一样——馕是乌孜别克人每天必不可少的主食。此外，乌孜别克族经常食用的特色食品有抓饭、清炖羊肉、烤肉、烤包子、拉条子等。他们特别喜爱糖浆与蜂蜜，奶皮、奶油、奶豆腐、干奶酪等均系常备食物。

塔塔尔族传统饮食十分丰富，主食有面包、馕、抓饭、库勒达玛、馅饼、各类糕点等；喜食牛羊肉，食用的蔬菜较少。最具特色的传统风味食品是"古拜底埃"和"伊特白里西"。"古拜底埃"是塔塔尔族最有名的馅饼，是将大米洗净后晒干，上覆奶油、杏干、葡萄干等材料，放在烤箱中烤制而成的一种糕饼，其特色是外皮酥脆，内芯松软，香甜可口。"伊特白里西"的做法与"古拜底埃"基本一样，所不同的是馅的原料以南瓜为主，再加入肉。塔塔尔族专门有一首描写这两种食物的民歌："古拜底埃嗡嗡响，哈巴克白里西（南瓜烤饼）哈哈笑，烤炉内的斋比白里西（烤包子），熟后待吃蹦蹦跳。"

在服饰方面，乌孜别克族、塔塔尔族与维吾尔族服饰也有许多相同、相似之处。乌孜别克男女老幼在春、夏、秋三季喜欢戴花帽，有十多个花色品种，乌孜别克语称"朵帕"。花帽为硬壳、无沿、圆形或四棱形，带棱角的可以折叠。花帽面料采用墨绿、黑色、白色、枣红色的金丝绒和平绒，帽子顶端和四边绣有各种几何和花卉图案。著名的花帽种类主要有"托斯朵帕"，即"巴达木朵帕"，绣有白色巴旦木图案，黑底白花，风格古朴；"台朵帕"，由土布制成，用各种色彩的丝线绣制各种图案，图案几乎覆盖了整个帽子，显得很有气派；"卡德克朵帕"，也称"奥里顿朵帕"，意为"金帽"，圆顶，上下四组用小金片贴缀成对称的图案，是花帽中最为贵重的一种；"麦里瓦依特朵帕"，帽顶呈圆形，顶心略尖，帽面用珍珠缝制成四组对称的图案，此帽不能折叠；此外，还有素面朵帕，多为老年男女戴。妇女戴花帽时，常在花帽外罩上纱巾。乌孜别克族妇女喜欢戴各种花色、面料的头巾。

乌孜别克族男子上身内穿白色立领套头衬衣，年轻人和小孩衬衣的领口、袖口和前襟开口用红、绿、蓝相间的丝线绣成各种美丽的彩色图案花边。外穿长到膝下的长装"也克太克"、"托尼"。"也克太克"布料多用白色，为单层，是夏天穿着的素净轻便的外衣。"托尼"长至小腿处，一般用较厚实的绒、绸、棉布等缝制，是春秋和冬季穿着的长外衣。外衣有两种款式，一种为直领、开襟、无衽，在门襟、领边、袖口上绣花边；另一种为斜领、右衽的长衣，腰束三角形的绣花腰带，一般年轻人的腰带色彩都很艳丽。老年人喜穿黑色托尼，腰带的颜色也偏于淡雅。对"托尼"的布料十分讲究，多用"伯克赛木绸"（一种质地厚软的布料）或金丝绒缝制。

乌孜别克族妇女喜欢穿宽大带褶的"魁依纳克"，即连衣裙。青年女子穿的连衣裙色彩艳丽，胸前绣有花纹和图案，并缀上五彩珠和亮片。老年妇女穿的连衣裙一般褶多宽大，颜色多为黑、深绿、咖啡等颜色。与维吾尔族一样，乌孜别克族妇女也非常喜欢用艾特来斯绸做连衣裙。上衣，比较短，无领，无袖，对襟，只及大腿部，下摆的正中和正面两边都开衩，形成两片宽带。襟和宽带的边都绣花。

塔塔尔族的服饰城乡略有差异。城市男性居民上穿宽袖直领、对襟开胸、领边和袖口上绣有花边的翻领白衬衫，外加黑色齐腰的短背心，或者是黑长衫，腰扎皮带。裤子一般也是黑色，宽裆紧腿。冬秋两季，身穿各式长短大衣、短袄和用动物的皮毛制作的皮大衣。脚上穿的是皮鞋或者是长筒皮靴，年长者在皮鞋或皮靴上加套鞋。夏天喜欢戴黑色或黑白两色丝绒绣花小帽，冬天则戴一种黑色卷毛皮帽。乡村牧区男性戴的小帽除黑色以外，还有红色的和绿色的，衣服上一般都要扎上一条布腰带。贫苦牧民常在一块牛皮上穿上绳子包脚当鞋穿（俗称皮窝子）。城市女性居民喜欢穿宽大的紧口裤和宽大的下边带皱边的连衫长裙，颜色多为白、黄、酱色。脚上多穿皮鞋。喜欢戴镶有珍珠的丝绒小花帽，少妇和年长的妇女还要在小帽上披丝头巾，以耳环、手镯、戒指、项链、

图下 3-11 乌孜别克族妇女服饰 马达汉摄于 1906 年

胸针等为装饰。农村牧区的女性一般都喜欢扎头巾，喜欢在连衣裙胸口上加一块围巾。

由于共同信仰伊斯兰教，婚丧嫁娶习俗方面，乌孜别克族、塔塔尔族与维吾尔族的相似性大于差异性。一夫一妻制是乌孜别克族、塔塔尔族的主要的婚姻模式，一夫多妻现象虽然存在，但数量极少，主要存在于富商、特权阶层里。实行民族内婚和宗教内婚，严禁同胞兄弟姐妹和同吃一母乳的非同胞兄弟姐妹通婚，除此之外，均可婚。盛行近亲结婚，姑表、姨表和堂兄妹之间可以通婚，只在结婚双方的近亲中没有合适的婚姻对象时，才在族内或族外通婚。结婚双方一般不受年龄、辈分限制。乌孜别克族、塔塔尔族门第观念较深厚。由于人数较少，客观上形成了本民族婚姻范围的狭小，故允许与维吾尔、哈萨克等习俗相近的民族通婚。乌孜别克族长期以来同维吾尔族交往密切，且习俗相近，与维吾尔族通婚不受限制。在北疆则与哈萨克、塔塔尔等民族通婚较多。

子女的婚姻大多由父母包办。青年男女一般无婚姻自主权，尤其是女子要深居闺房，严守贞操，学做各种操持家务的本领，不能自由恋爱，否则会引来非议，甚至受到惩处。但父母为儿女择偶非常慎重，比较注重对方的社会地位、经济状况、职业和道德品质、年龄和外貌长相等。许多父母事先会征求子女的意见，做子女的一般都听从父母的安排。实行早婚，乌孜别克族有句谚语："女孩子一帽子打不倒，就可以结婚。"男子十六七岁、女子十四五就必须成亲、出嫁，否则，父母就会受到舆论的指责。乌孜别克族有一句谚语："结婚分先后，秩序不可倒。"儿女中如果年长的未婚，年幼的不可先婚。如果年长的因故耽误了婚姻或不能先婚，年幼的才可先婚。

"兄亡弟及"的转房习俗在乌孜别克族生活中曾有发生，哥死后，弟如尚未娶妻，可以娶嫂为妻。弟如已婚，则不能娶其寡嫂。但是，弟死后，其兄无论有否配偶，均不能娶其弟媳为妻。"兄亡弟及"的习俗主要是为了抚养其兄的孩子，同时也可避免亡兄的家产落入他人之手，以保证家族的完整。此外，如果妻子死了，为了使孩子健康成长，不受继母虐待，避免家庭生活的矛盾，也有娶亡妻姐妹的。这些习俗都表现出了乌孜别克人对养育后代的高度重视。

乌孜别克族的婚俗中，还存在着一种被称作"卡依恰库达"的通婚形式。就是这一家的儿子娶另一家的女儿，而这一家的女儿又嫁另一家的儿子。形式和通常说的"换婚"相似，但实际上不同。这种婚姻习俗，目的在于维系家庭的世交友好，也可达到亲上加亲的目的。此外，也有招婿入赘的，上门女婿一般是孤儿或家中兄弟多，经济困难的。女方家将上门女婿当自己亲儿子一样看待。

塔塔尔族的婚俗与其他民族嫁姑娘不同，他们是先把新郎"嫁"出去，然后再"娶"回来。塔塔尔族婚姻的缔结通常要经过说亲、订亲、婚礼等程序。婚礼在新娘家举行。在婚礼的前几天，男方要把为新娘制作全部服装、炊具、陈设、婚礼时食用的食品和为新娘父母准备的礼物送到新娘家去。女方准备床上用品以及窗帘等物品。男方家和女方家各请一个"金哥"（女性），结婚期间主要由"金哥"来伺候料理新郎和新娘的生活起居。婚礼当天请阿訇念"尼卡"，分别询问新郎新娘是否愿意与对方结为夫妻，之后请新娘新郎共饮一杯糖水，象征甜甜蜜蜜，白头到老。中午亲戚朋友带着礼物纷纷到女方家祝贺。晚上身着新婚服的新郎在伴郎及亲朋好友的陪同下，坐着马车前往新娘家迎亲。小伙子们拉着手风琴，唱着"几尔"（塔塔尔民间歌曲），一路上歌声琴声不断，呐喊助兴声连天。歌中唱道："森林里多么欢闹，是百灵鸟在纵情歌唱。年轻人拉起手风琴，歌唱自己的爱情生活。眉毛黑呀，眼睛黑，眉毛眼睛不分离。热恋的情人成眷属，甜甜蜜蜜不分离。"迎亲队伍到女方家后会被拦住，需环绕新娘家的院走一圈，新郎还要在院前唱歌吟诗，并送上携带的钱财，方被准许进门。女方家宰羊煮肉，准备丰盛的筵席来接待来宾，青年人唱歌跳舞进行庆贺。

乌孜别克族、塔塔尔族的丧葬习俗与其他信仰伊斯兰教的民族完全相同，按伊斯兰教规实行土葬。人死后，马上通知所有亲友。实行速葬，一般是早亡午葬或午亡晨葬。参加葬礼的男子都在腰间束一条白带，头戴帽子；妇女则在头上缠一条白布（或围白色头巾）。死者葬前要净身，男性由男性净体，女性则由女性净体，然后用白布裹尸。阿訇为死者诵经时，妇女围尸哭泣，男子则立于户外。出殡时，将尸体放于长形木匣里，抬往清真寺，由阿訇祈祷，然后抬往墓地。墓穴先挖一个垂直的长方形的土坑，在坑的西侧挖一个洞穴，长宽可容纳尸体即可。尸体头北脚南面向西置于洞中，最后用土封好洞口。埋葬后在净尸的地方放一个花盆，点一盏长明灯。从这时起，此屋不能再住人。入葬后，死者子女必须戴孝 7 天。死后第三天、第七天、四十天、周年，都要举行"乃孜尔"。

在东迁新疆的民族中，俄罗斯族文化习俗完全属于另类，与信仰伊斯兰教的民族和信仰佛教民族的文化习俗形成强烈反差。但是在新疆这样一个多民族文化多元交融中，你中有我，我中有你，是在所难免的。

新疆俄罗斯族的饮食在许多方面既保留着早期在俄国生活的传统习俗，同时又与新疆其他民族的饮食习俗相互影响。新疆的俄罗斯族在用餐时既用俄式的刀、叉等餐具，又用中式的筷子。在食物种类上既有俄罗斯传统的列巴、馅饼、红菜汤，又吸收了哈萨克族的奶茶、汉族的拉面等。俄罗斯族最主要的食物是自己烤制的一种较硬的面包——列巴，可以说一日三餐都离不开它。吃列巴时，一般是将其切成片状，涂抹果酱或奶油，配以咖啡或牛奶。另外喝汤的时候，列巴也是必不可少的主食。俄罗斯有句著名的谚语："面包、盐、水是上帝的食物。"俄罗斯族把列巴当作最神圣的食物，当作自己的生命，因此人们总能看到在俄罗斯人迎接最尊贵的客人的时候总是端上放着列巴和盐的盘子。此外，"苏波汤"也是俄罗斯人最普通、最常吃当然也是最有名的一道汤菜了。在熬制这种汤时苏波叶（一种香料）在汤里起非常重要的作用，使汤有一种特殊的香味，如果没有这种树叶，那菜汤就没有什么特色了。俄罗斯人一般用盘子盛汤。配合这种汤菜的主食是列巴和"斯米旦"（经发酵后的生奶皮子），将"斯米旦"抹在列巴上再就着"苏波汤"一起吃。除了烹饪美食，俄罗斯人也十分善于制作各种饮料，其中甘姆波特、格瓦斯和啤沃是最有代表性的俄罗斯族特色饮料。甘姆波特是俄罗斯人自己用干果熬制的一种饮料，一般在吃过饭之后食用，具有助消化功用；格瓦斯是一种不含酒精的饮料，俄罗斯人在夏天非常喜欢饮用这种饮料；而啤沃则是俄罗斯族特有的啤酒。这三种饮料不仅是俄罗斯人的最爱，同时也深受与俄罗斯族聚居一处的其他各民族群众的喜爱。

俄罗斯族男人的传统服饰是上身穿白色直领汗衫或绣花衬衫，下身穿长裤或灯笼裤，腰扎带子，头戴八角帽；冬天穿皮衣和棉衣，戴羊皮剪绒皮帽，穿高筒皮靴或毡靴。近代以来的俄罗斯族男士基本上是以西服为基本装束，配以领带、衬衫和马甲，下着西裤。另外俄罗斯族男士普遍喜欢戴帽子，各种礼帽、鸭舌帽和皮帽较为流行。传统上俄罗斯族女性不穿长裤，一年四季都要穿裙子。夏天俄罗斯族妇女多穿淡色、短袖、半开胸、卡腰式、大摆绣花或印花的连衣裙，春秋季节多穿西服上衣或西服裙。在较为严寒的冬季，俄罗斯族妇女仍然身着毛呢长裙，足蹬皮靴或毡靴，外罩以裘皮或羊绒大衣，头裹各式方巾或皮帽，给人一种特别温暖的感觉。此外，俄罗斯族妇女普遍有戴头巾、披肩的习俗，其中头巾是她们日常生活中必备的服饰之一，几乎每个俄罗斯族妇女都拥有花色不同、质地不同的众多的头巾，以备不同季节、不同场合佩戴。俄罗斯族服饰在近代新疆引领着服饰文化的时尚，尽管有时显得不中不西、不土不洋。

　　与新疆其他民族的民间艺术形式完全不同的是俄罗斯族的歌舞艺术。新疆俄罗斯族民间音乐与俄罗斯民间音乐有着密切的关系，俄罗斯族各种传统的民间音乐形式一直保存在新疆的俄罗斯族生活中。俄罗斯族民歌叫"恰斯杜什卡"，是俄罗斯民间文艺的独特形式，这些流露着真情实感的民歌，不仅让我们可以了解到俄罗斯民族的风土人情，更能够了解俄罗斯民族深邃忧郁而又激情澎湃的个性。俄罗斯民间歌谣的语言通俗、简洁、诙谐，节奏明快，主要分为仪式歌曲、抒情歌曲、叙事歌曲和短歌四种，大多可以作为俄罗斯传统民间单人舞、踢踏舞的伴奏。《飞去的燕子》、《儿子战死在疆场》、《一个果园绿葱葱》、《被遗弃的少女》、《崎岖的阿尔泰山路》等歌曲都是俄罗斯族歌曲之经典，甚至在别的民族中也广为传唱。俄罗斯族的舞蹈多为集体舞，如踢踏舞、头巾舞、马车舞等，舞姿优美，参加的人多，具有强烈的民族特色。提到踢踏舞，这可是俄罗斯族百姓的最爱，俄罗斯人称其为"卡林努什卡"。跳踢踏舞时，众人会围成一圈，用脚尖、脚跟或脚掌的某一部位击地，发出踢踏响声。妇女们边跳边挥手绢，男人们边跳边吹口哨，拉琴者亦加入跳舞行列边拉边跳。节奏清晰多变，脚下动作灵活而响声大，场面活跃热烈。踢踏舞的表演者需要敏锐的音乐和舞蹈美感，一伸手，一投足，都是步步上点、丝丝入扣。不论是踢、踏、蹲、跳、转，还是手拍身体任何部位，都要紧紧扣在鲜明的音乐节拍中。越是节奏欢快，表演者动作越是丰富多样、变化多端。激烈的歌舞中，伴以周围人的口哨与呼号，油然呈现出一派沸腾炽热的竞赛情势，充分显示出俄罗斯族古朴淳厚、豪爽乐观的性格。踢踏舞自从搬上舞台后，仍然散发着民间歌舞的芬芳气息，观之如同是一幅流动的民族风俗艺术画卷。演员们淳朴、真挚之情和高度娴熟的艺术技巧真是动人心弦。因为俄罗斯族音乐舞蹈艺术特色与中国其他民族不同，他们所带来的那种特有的热情奔放与遒劲健美风格，受到新疆其他民族的喜爱。

塔塔尔族的歌舞在兼容新疆多民族歌舞艺术方面起了纽带作用，他们的歌舞吸收了俄罗斯歌舞的许多元素，同时，他们的歌舞艺术也被新疆其他民族所吸收。在塔塔尔族生活的地区流传着这样一句俗话："有音乐和诗歌的地方就有塔塔尔人，塔塔尔人生活的地方一定有音乐和诗歌。"塔塔尔族的音乐歌舞深受新疆各民族群众喜爱，维吾尔、哈萨克、乌孜别克等民族，只要举行庆典和婚礼，都少不了演奏塔塔尔族乐曲，唱塔塔尔族民歌，跳塔塔尔族舞蹈。塔塔尔族的踢踏舞以其欢快的节奏，活泼多变的动作，尤为受到人们的喜爱。踢踏舞由一人或几人随音乐节拍领舞，随后互相邀请形成分组对舞。男子跳踢踏舞时常常伴有拍手、拍胸、拍肩、拍腿或叉腰碎点步、大蹲、跳换伸腿等动作；女子则边跳边晃头巾或手帕；围观的人也边拍手边吹口哨。舞蹈以手风琴、曼陀琳等伴奏，常常将婚礼等场面的气氛推向高潮。

【注释】

①《军机处满文录副奏折》2149—36。

②《巴里坤哈萨克自治县志》，新疆大学出版社，1993 年，第 99 页。

③ 杨建新主编：《古西行记选注》，宁夏人民出版社，1987 年，第 450 页。

④ 谭吴铁主编：《新疆回族伊斯兰教史略》，1993 年，第 13 页。

⑤ [俄] 尼·维·鲍戈亚夫连斯基：《长城外的中国西部地区》，商务印书馆，1980

年，第 32 页。

⑥ [清] 钟方：《哈密志》卷一七《风俗》，转引自薛宗正主编《中国新疆古代社会生活史》，新疆人民出版社，1997 年，第 657 页。

⑦ 罗绍文：《新疆曲子戏》，《新疆社会科学》1989 年第 4 期。

⑧ 沈阳市民委民族志编纂办公室编：《沈阳锡伯族志·宗族家谱》，辽宁民族出版社，1988 年。

⑨ 沈阳市民委民族志编纂办公室编：《沈阳锡伯族志·宗族家谱》，辽宁民族出版社，1988 年。

⑩ 玉麟：《锡伯族的婚礼》，载《锡伯族史论考》，辽宁民族出版社，1986 年。

⑪ 包尔汉著：《新疆五十年》，文史资料出版社，1984 年，第 6—7 页。

⑫ 于维诚等编译：《（日本）新修中国通志·新疆卷》，新疆大学出版社，1994 年，第 52 页。

第四章

丰厚的新疆物质文化遗产

　　新疆地域辽阔，地形复杂，环境多样，地处丝绸之路中段、东西方文化交流的中介地带，其物质文化遗产既有相对独立的地域化特征，又兼具多元化融合的特色。北疆草原地区的遗迹和遗物，如史前石棺墓、大型封堆墓、胡须墓、原始宗教建筑、鹿石、石人、洞穴岩画以及文物中的陶器、铜器等都具有鲜明的草原文化特色。南疆环塔里木盆地周缘，遍布古代聚落、墓葬、宗教石窟、城镇建筑、军事堡垒等遗迹，见证着绿洲文明的进程。同时，干燥的气候环境，使得大量有机质文物良好保存，其数量众多，简、纸文书、木器、丝毛织品、皮革、草编器、金属器等，类型极其丰富，展示了古代新疆居民非凡的物质文化创造力和丰富多彩的精神世界，揭示了丝绸之路深远的文化内涵。

第一节　星罗棋布的古遗址

　　旧石器时代遗址　细石器遗址　青铜时代聚落遗址　早期铁器时代定居和游牧聚落　古铜矿与冶炼遗址　汉晋时期聚落遗址

　　新疆史前时期的遗址，从时代上可划分为石器时代、青铜时代和早期铁器时代三个阶段，各阶段的遗址发现数量虽不多，但到目前为止已经过科学调查和发掘的几处遗址，对揭示新疆史前文化面貌意义重大，因而一直为中外考古学界所关注。有史时期的遗址则为数众多，遍布天山南北，类型丰富多样，有城址、军事设施遗址、宗教建筑遗址、聚落址、矿冶遗址等，其中前三类遗址我们将以独立的篇幅专门介绍。

目前新疆发现时代最早的遗址属于旧石器时代晚期，这类遗址多未见明确的地层关系，遗物散布于地表。重要的地点有帕米尔高原塔什库尔干的吉日尕勒、交河故城沟西、和布克赛尔和什托洛盖镇的骆驼石等十多处。每个地点采集旧石器数件或数十件，最多的采集数百件。交河故城沟西台地旧石器遗物极其丰富，共采集 580 件，包括大量石片、石叶、石核和刮削器、锯齿状器、尖状器、钻器、雕刻器等，这些石器被认为属于石叶—端刮器工具类型。其中的一手镐，据说采自距地表 10 米的更新世晚期地层的剖面上。骆驼石旧石器遗址是近年新疆旧石器考古的重大发现，其遗址面积达数万平方米，是目前中亚北方草原地带最大的石器遗址点之一。遗址地表石器或集中或分散，可能是一处重要的石器制作工场。这里的石器主要是黑页岩，石片较多，还有尖状器、石核石叶、刮削器、手斧等。从石器工艺看，新疆的旧石器中见有欧洲旧石器时代晚期流行的勒瓦娄哇石片打制技术，这一发现表明早在数万年前，东西方文化已经有了接触。

因地理环境等多方面因素的制约，新疆的史前文化面貌独特，在这一辽阔的区域，从旧石器时代晚期，到距今一万年前后进入了广泛使用细石器的中石器时代，其后，人们始终以细石器为主要生产工具，发明弓箭、学会制作复合工具，过着狩猎采集的生活，直至青铜时代来临。新疆目前至少在四十多个地点发现有细石器，分布范围广泛。重要的遗址点有哈密三道岭、七角井、乌鲁木齐的柴窝堡、库鲁克山的英都库什、辛格尔、罗布泊畔、孔雀河两岸、吐鲁番的阿斯塔那、雅尔湖、疏附县乌帕尔的亚阔塘遗址等。一般一个细石器地点采集石器数十件，多者数百件，最多者近千件。其中亚阔塘遗址面积近 10 平方公里，是新疆规模最大的细石器遗址点之一，采集石器标本数百件，有预制石核、细石器、石叶、刮削器、石镞、石片、石杵，还有石砧、砍砸器等。哈密七角井也是重要的细石器地点，遗址范围约 20 万平方米，采集各类细石器近 700 余件，有石核、石片石器、石镞、石钻头以及大量的细石叶等。特别是一些石镞，加工成柳叶状，制作考究，可以看出新疆细石器加工技术达到了相当高的水平。

公元前 3000 年至公元前 1000 年初前后，是新疆的青铜时代。这一时期的遗址重要的有和硕县新塔拉遗址、伊犁河谷尼勒克穷科克遗址和喀拉苏遗址以及塔克拉玛干沙漠的腹地诸多相关遗迹。穷科克遗址分布在伊犁河支流喀什河南岸一级台地上，面积数万平方米，遗址文化层厚 1—2 米不等。在这里发现一处保存完整的石圈居址，居址平面略为圆形，直径在 7 米左右，用卵石围成，圈内有厚 5 厘米左右的活动面，向南面的扇形区域延伸。石圈西侧有一烧坑，南侧有祭祀坑，坑内有一只羊的骨架。遗址中出土大量陶片，基本为灰陶，器类有罐、杯、缸形器等，多平底器，相当一部分带有圈足。一些陶片上见有压印和刻划的纹样，主要是成排的三角纹样。喀拉苏遗址地处喀什河北岸的一个台地上，遗址中清理出一座面积达 110 平方米的居室，为半地穴式建筑，局部保存有用卵石垒砌的墙体，宽 30、残高 50 厘米。南墙中部开门，外连斜坡门道。屋内有台基、红烧面、圆坑、灶坑等。遗址内出土遗物主要为石器，有罐、锄、杵、马鞍形石磨盘、柱础、磨石等。从伊犁河谷这两处小型聚落遗址的遗迹、遗物看，当时的人们过着定居的生活，经营农业、畜牧业。陶器风格上表现出与欧亚草原地区安德罗诺沃文化的密切关系，当是安德罗诺沃文化的地方变体。

塔克拉玛干沙漠的腹心区域，史前时期绿洲相连，生态环境相对优越，是远古人类生息繁衍的地方。由于古今环境沧桑巨变，这里现在已经成为人迹罕见的死亡之海。近年来的沙漠考古，为我们探寻沙漠腹地早期人类活动提供了新线索。在尼雅河和克里雅河下游采集到大量陶器、铜器、石器等遗物。其中陶器多为夹砂红褐陶或灰陶，多平底器，有无耳或双环耳罐，器表以刻划或附加细泥条的方式，组成三角纹、弦纹、波折线图案装饰，或装饰"珍珠纹"。同时还发现有石权杖头、铜斧和青铜刀等重要遗物。遗址的年代为青铜时代晚期。这些发现表明，史前时期曾有人类在这些区域频繁活动。

公元前 1000 年初，新疆进入早期铁器时代。这一时期天山南北经济生活方式有了明显差别，天山以北草原地带主体为游牧经济，天山以南地区基本为农牧混合的绿洲经济。因环境和生产、生活方式的不同，天山南北出现了不同的聚落形态。绿洲上的定居居民常见生土建筑的聚落；草原地区的游牧民族则以帐篷为主要居住形式，定居的住址则为石构建筑。吐鲁番盆地发现的苏贝希聚落遗址，是绿洲居民的村落遗址。遗址沿吐峪沟河岸展开，其中一户家庭住宅由长方形相连的多开间房屋组成，房为半地穴式结构，地表以上用泥块垒砌。每间房屋的功用不同，有居住的住室，有圈牲畜的圈房，还有手工作坊，房前有小的院落，院落中有窑穴、灰坑等。同时清理出三条道路，其中两条道路通向沟底。哈密五堡乡焉不拉克遗址，也是定居的绿洲居民的遗存，遗址规模较小，为半地穴房址，地上见有用土坯垒砌的墙体。游牧民族的聚落则以近年发现的东天山北麓的巴里坤岳公台—西黑沟遗址群、东黑沟遗址群为代表。其中岳公台—西黑沟遗址群面积在 10 平方公里以上，遗址包括石筑高台 3 座、石围居址 120 余个，石构墓葬 300 余座，岩画 1000 余块。遗址规模巨大，可能是某一游牧民族或部族的统治中心——王庭所在地。遗址中最大的石围居址面积近 900 平方米，则可能是游牧部族的最高首领——王所居住的王帐。

新疆天山南北金属矿藏丰富，其中尼勒克县奴拉塞古铜矿就是欧亚大陆规模最大的铜矿开采冶炼遗址。它位于尼勒克县城南约 3 公里的喀什河南岸，遗存从青铜时代至早期铁器时代，分采矿遗址和冶炼遗址两部分。采矿遗址已经发现十余处竖井洞口，铜矿的矿壁陡峭，两侧用层层水平向原木支撑，矿内竖井内可能是互通，犹如网络。竖井内和洞口周围有大量石器，有圆形或扁圆形大石锤，石锤的特征与湖北大冶战国时期的铜矿遗址所见一致，是一种平衡和提升工具。冶炼遗址的堆积层中含矿石、炉渣、碎陶片以及经过粗炼的呈圆龟背形的冰铜锭，经光谱分析，铜锭含铜量高达 60%，是一处品位很高的富矿。该铜矿是一处具有多种技术特色的矿冶遗址，它以硫化铜矿为原料，使用冰铜熔炼工艺，冶铜技术高超，工艺流程是硫化矿—冰铜—铜，可以炼制铜砷铅合金。尤其是在冶炼过程加入砷或含砷矿物而冶炼出来的砷青铜引起国内

图下 4-1 距今 2400 年前尼勒克县奴拉赛铜矿 刘玉生摄

外学界的高度重视，因为含砷的青铜源于西方青铜技术传统，奴拉赛的发现，对研究欧亚早期青铜工业具有极其重要的价值。

属于早期铁器时代的矿冶遗址近年来有不少重要的新发现。库车县的提克买克曾发掘一处较大规模的冶炼遗址，遗址中有堆积的炼渣堆，出土大量用来冶铜的陶制流管，在 100 平方米的探方内有陶流管 2000 余件，可知这一冶炼遗址的规模之大。遗址内出土陶器为夹砂灰陶，有单耳罐、无耳罐、钵等，铜器有铜刀、铜环、铜轮状器等。遗址年代在汉代前后。库车县贝迪勒克遗址是冶铁遗址，遗址内有残窑址，有煤烧遗迹等。据调查统计，这一区域共有矿冶遗址 36 处，13 处为采炼遗址，21 处为炼铜遗址。表明龟兹古国是西域重要的冶炼中心。

新疆历史时期的聚落遗址，在塔克拉玛干沙漠南部的多条古河道的中、下游地段保存下来的为数不少，时代从汉晋到唐宋各个历史阶段都有，聚落的保存状态不一，有的仅在地面散落以陶片为主的各种遗物，有的规模大，绵延几公里，有的则遗迹类型丰富，保存有大面积的建筑遗址，其中最为著名的当属民丰县尼雅汉晋遗址。

尼雅遗址地处民丰县以北约 100 公里的塔克拉玛干沙漠南缘，古老尼雅河下游尾闾地带。沿尼雅河河道呈南北向带状分布，分布范围东西长约 30 公里，南北宽约 7 公里，其间散落房屋居址、佛塔、寺院、城址、冶铸遗址、手工业作坊、陶窑、田地、畜圈、墓葬、果园、水渠、涝坝等各种遗迹约百余处。遗址保存状态之好，文化内涵之丰富，规模之宏伟，世所罕见，被誉为"沙漠中的庞贝古城"、"梦幻般的城市"。

　　该遗址即史料记载的西汉时期精绝国故地，精绝国于东汉明帝时被鄯善兼并，成为鄯善国"凯度多"州，3 世纪受魏晋中央王朝节制，5 世纪初衰落。尼雅聚落由大量相对孤立的遗迹或遗迹群组成，受生态环境的强烈制约，形成小聚居而大分散的格局。其中地处整个遗址中心地带的佛塔遗址群，具有明显的中心聚落性质，附近有宏伟的官署建筑，开阔的广场，规划整齐、分布集中的大小房屋，表明这里是当时的宗教、政治、经济中心所在。其从属的居民点依尼雅河道南北散居。遗址最北部的聚落，地表遗存大量炼渣，发现窑址近 10 处，同时存在规模宏大的住宅建筑，出土佉卢文反映有王等上层官员信件来往，推测这里应该是专门从事冶炼、铸铜、烧陶等手工业生产的中心，同时还是成品交换的集散地。遗址最南端设有古桥，是具有防卫性质的交通设施。尼雅的房

图下 4-2　魏晋时期尼雅聚落遗址建筑　刘玉生摄

屋建筑均采用塔里木盆地流行的木骨泥墙结构，一些建筑工艺考究，有犍陀罗风格的木托架、雕花门框，有汉式的斗拱、雕花窗格等。遗址中发现遗物众多，其中最重要的是千余件佉卢文木简、百余件汉文木简，另外还有精美的纺织品、佛教壁画、陶、木、铜器等。这些遗物从不同侧面反映了古精绝国社会生活的各个方面，揭示出古代中国、印度、希腊、罗马、波斯文化在这里的交汇、融合的盛况。

第二节　古城址与文化兴衰

史前古城的发现　绿洲邦国与汉唐都城　汉晋时期重要城址　唐代城址与军政建置　草原帝国与蒙元古城　清代古城

新疆史前时期的古城发现很少，目前已知年代最早的城址是在哈密柳树泉农场焉不拉克村西发现的一座小城堡。城堡为长方形，面积约300平方米。夯土筑墙，局部用土坯垒砌，城垣宽3米，残高5米。城堡旁有面积约8000平方米的焉不拉克墓地，墓地年代从青铜时代早期延续至早期铁器时代，前后近千年之久。区域内不大的城堡是墓地晚期阶段墓主人生前的聚居地，也是当时社会经济文化发展到一定阶段的产物。中法考古学家在于阗克里雅河下游发现一座年代不晚于公元前1世纪的古城，命名为圆沙古城。该城呈不规则形，城垣周长995米，残高3—4米。由于自然条件的差异，其城垣结构与东疆哈密的城堡明显不同，是以两排胡杨木棍夹纵向红柳枝为墙体骨架，墙外用土块垒砌或以树枝、芦苇夹淤泥、畜粪堆积成护坡。南、东墙开城门，门两侧有立柱，形成门道，还保存有用胡杨木制成的门板和门框等。两座城址的资料虽很零星，却提供了史前西域古城形制的宝贵信息，其中圆沙古城具有一定的规模，可视为早期绿洲都城的雏形。

汉通西域以前，在塔里木盆地周缘绿洲、吐鲁番绿洲和天山北麓的一部分地区，有许多"城郭国"，它们以绿洲为中心建城筑堡，从事农耕，兼营畜牧。这些绿洲邦国，西汉时有三十六国、东汉时大致有五十余国，魏晋南北朝时经兼并扩展，最终形成以于阗、疏勒、鄯善、龟兹、焉耆、高昌六国为中心的政治格局。这一时期，随着丝绸之路的畅通，丝路中转贸易繁盛、人口集聚，西域绿洲城镇不断拓展，高昌"国内总有城十六"；于阗"都城方八九里，部内有大城五，小城数十"；焉耆"国内凡有九城"；疏勒"其都城方五里，国内有大城十二，小城数十"；龟兹王城"城有三重，外城与长安城等。室屋壮丽，饰以琅玕金玉"。至唐朝统辖西域，开辟了西域历史的新纪元，创伊、西、庭三州，下领诸县；纳西域诸邦国，实施府、州制度；设安西四军镇，扩北庭诸军旅；置安西、北庭两大都护府分治天山南北。逐渐形成了一套严密的军政一体的管理体制，保卫着丝路的畅通、边疆的安宁。随着不断完善的军政各级管理机构的设置，以及迅速发展的贸易、交通的需要，在西域各大绿洲、交通要隘，相继涌现出众多新的城郭、营垒。

在新疆境内，我们今天还能看到的汉唐时期的城址大大小小约有二百余座，其规模不一，形式多样，平面有方（长方）形、圆（椭圆）形、不规则形以及两重或三重城数种，其中以方（长方）城为主。城垣有夯筑、泥块垒砌、夯筑或泥块与红柳枝错层间筑、土坯或石块垒砌等构筑方法。有的还构筑角楼、马面、瓮城。历经千年沧桑，大部分城址仅存残破的城垣，城内完整的布局规划已难寻痕迹。总体来看，这时期西域的城郭建筑，较之史前时期，更多地接受了来自东西方的影响。其中圆形城郭明显带有中亚和印度地区希腊化城制的特点。汉以后方形城郭盛行，说明中原汉王朝城市建设上的"崇方"观念已远播西域。同时，中原精巧的建筑技术也开始为西域所追求，龟兹都城便仿效了长安城建造装饰得富丽堂皇。唐代，西域城市特别是一些大型都城的设计受中原城市的影响更为明显，同时兼有西域当地建筑特色。

汉唐城址中，规模宏大、地处绿洲中心或占据交通要冲的多为都城或重镇，这些城址往往经后世历代改造、沿用数百年甚至上千年之久，如驰名中外的楼兰故城、高昌故城、交河故城、龟兹故城以及北庭故城等。

位于罗布泊西北岸的楼兰故城，是楼兰国的都城。公元前77年楼兰更名为鄯善，迁都至扜泥城（今若羌绿洲）。此后，地处丝路楼兰道要冲的楼兰城，作为中原进入西域的桥头堡，成为两汉王朝屯兵戍守的重镇、魏晋至前凉时期西域长史的治所，在西域政治、经济文化上曾发挥过极其重要的作用，是丝绸之路上最具代表性和影响力的名城之一。5 世纪中叶，因河流改道、楼兰道衰微等原因，楼兰城沦为废墟。城址大致呈正方形，周长 1316 米。城墙残高 1—6 米不等，宽 2.5—8.5 米。四面城墙中部各有一缺口，似为城门。西城门外可能筑有瓮城。城墙夯筑，间以红柳枝层。城内建筑布局主要有佛寺区、官署区和住宅区。佛寺区在东北部，以高约 10 多米的佛塔为主体。佛塔东南有 6 间木构僧房遗址。官署区在城中偏西南部，是一组布局似"四合院"的宏大建筑，面积约 2000 平方米。内有三间土坯房屋最为醒目（俗称"三间房"）。三间房旁有一组木构建筑，方木框架上残存红色漆皮痕迹。其中一间面积 80 多平方米，支撑屋梁的立柱高达 4 米，附近地面上散落大量建筑构件。在这里和三间房以及附近的垃圾堆中，发现汉文简、纸文书达 300 余件。住宅区在城西南，残存十余处院落式、单间或多间排列的木构房屋，开间面积多在 10 平方米左右，均采用塔里木盆地常见的木骨泥墙结构。楼兰城自 1901 年被发现至今，先后出土大量汉文、佉卢文、粟特文等文书和简牍，以及陶、木、金属、骨、玻璃器等数以千计，文物类型多，数量大，保存好，具有极高的研究价值。

　　坐落在吐鲁番盆地中央平原的高昌故城，是新疆地区规模最大、延续时间最长、形制最复杂、影响最深远的一座名城。高昌城奠基于公元前 1 世纪，是汉魏以来河西及中原移民所营建的中心城市，先后为戊己校尉治所高昌壁、高昌郡城、高昌国国都、唐西州州治、高昌回鹘王国都城。从汉至元代 1400 余年，代代相因，高昌城在吐鲁番盆地的首府地位始终未变。现存城址由外城、内城和宫城三重城组成。外城平面呈不规则状，周长约 5 公里，墙基厚 12 米，高 11.5 米，夯筑间砌少量土坯，墙垣外筑马面、瓮城。内城在外城中间，周长约 3000 米。宫城在内城偏北，俗称"可汗堡"，周有高大墙体包围，东北耸立十多米高的土坯塔柱，旁有面积 100 平方米的地下庭院、宽 3 米多的隧道。最近的发掘显示，可汗堡是一处集地下、地上和空中建筑为一体的规格超凡的建筑群。高昌城自始建到废弃，多次改建，现大体可辨有居民区、寺院区、手工业作坊区等。总体考察，高昌国时期是高昌城市建设的关键阶段，此时在城内规划出坊区，并有了初步的功能区划。城垣上四面开门，城门的命名都以五行学说为依据，和北魏洛阳城、十六国时期的武威城一些城门的名字相同，城市设计上明显受到了中原城市的影响。随着城内坊市的扩大，高昌城的经济职能显著强化，盛唐时期成为国际贸易的重要市场。回鹘时期对古城进行了大规模的改筑扩建，增筑外城，形成内外三重结构，城内布局规划多与北宋东京城相同或相似，同时又体现出高昌回鹘自身的城建特点和水平，在新疆古代城建史中占有很高的地位。

营建在雅尔乃孜沟畔的交河故城，是高昌地区仅次于高昌城的第二大城，初为车师王城，高昌国、唐西州时在此设郡，安西都护府一度驻扎在此。古城营建在两河相汇的柳叶状台地上，"河水分流绕城下，故号交河"。台地南北长1700米，东西最宽约300米，两侧断崖高达30米，形成一座四周有深壕水沟、具有极强防御功能的天然城堡。古城的建筑方法十分罕见，整个城区街道、院落系从原生地表向下挖掘而成。窑洞在原生土中直接掏出，平房则多是挖掘原生土留出四壁，然后用木料搭

图下4-3　高昌故城全景　刘玉生摄

顶。不少建筑为多层，下面墙体是原生土，上面墙体为垛泥堆垒。吐鲁番先民们因地制宜的这一独创，表现出高度的智慧和建筑技巧。交河城不仅建筑方式独一无二，城市布局结构也独具匠心。古城不筑护城墙，在面积 22 万平方米带状展延的范围内，施行其总体规划。城内有一条轴线和三条主干道，轴线即中央大街，长约 340 米，宽 8—11 米，两侧是高大的生土墙。各功能区以对称形式作块状分割，衙署和寺院等宏大建筑据城内诸制高点，东部居民区多以高墙院落为建筑单元。城门三座，东城门长期使用，门里修出瓮城，城门蜿蜒曲折与中心大道成丁字状相连，这种设计凸现出明显的军事防御目的。在交河沟北、沟西寸草不生的台地上，分布有车师王陵和数以千计的交河晋—唐居民的坟茔。

位于库车河东岸、确勒塔格山南麓的龟兹故城，即汉时龟兹国都"延城"，唐时的"伊逻卢城"，唐安西都护府治所，曾是唐代天山南部和葱岭以西广大地区的政治、经济、军事中心所在。古城规模宏大，平面呈不规则方形，城墙迂回曲折，周长约 7 公里。北、东、南三面城墙夯筑，西侧无墙，可能以河为天然屏障。残墙最高处达 7.6 米，宽 16 米，局部用青砖和土坯修补，墙垣外筑马面。《大唐西域记》中记载，龟兹"国大，都城周十七八里"，城址规模与之基本相符。遗憾的是，古城与现在的库车县城基本毗邻，已遭严重破坏。在城中曾出土汉唐钱币和建筑装饰材料如子母砖、莲花纹、忍冬纹铺地方砖、莲纹瓦当、筒瓦、板瓦等，其中莲花砖与西安唐大明宫麟德殿所出地砖相似。另外还曾见有大型陶缸 30 多件以及铜兵器、铁锅残件等。

地处天山北麓、丝路北道要津的北庭故城，系由五座合聚一地的粟特城堡演变而来，隋至唐初，曾为突厥、铁勒、西突厥诸汗的王庭所在地，突厥另称之为别失八里。入唐后重修扩建形成现有规模，成为北庭大都护府治所，是唐代治理伊、西、庭三州和巴尔喀什湖以东、以南地区的最高军政中心。高昌回鹘时为其陪都。古城包括外城、内城以及内城中的小城，为三重城结构[①]。其中小城位于内城东北，周长 840 米，为原粟特城堡的残留。唐时新筑内、外两城平面均呈不规整的长方形，周长分别为 3008 米和 4937 米，并设角楼、敌台、马面。外城之北有方形子城，为军事防御设施。外城西城门外接周长约 2000 米的西延城。古城内曾发现唐金满县残碑、造像碑，唐蒲类州印、瑞兽鸾鸟纹铜镜，开元、乾元重宝铜钱，以及陶下水管、联珠纹方砖、筒瓦、瓦当、板瓦等建筑材料。

除上述外，西域城郭诸国还有一些知名的都城，经考古调查也发现些许蛛丝马迹。如且末县城南部的且尔乞都克古城之内城，有专家推测为鄯善国南迁国都扞泥城[②]。焉耆盆地规模最大的博格达沁古城，为焉耆国都员渠城故址，城周长3000多米，城内采集汉唐时期钱币、波斯银币、铜龟府以及金银饰物、料珠、陶器等大量文物。和田市西的约特干遗址，地表已不见建筑遗迹，地下文化层厚达3米多，出土大量汉至宋代文物，以人物、动物陶俑、历代钱币以及装饰波斯、希腊风格纹样的陶器最为引人瞩目，此处被认为有可能是汉于阗国都所在。塔什库尔干石头城，依山势以块石、土坯砌筑周长千余米的墙垣。结合文献看，当为唐朅盘陀王国首都、唐安西葱岭守捉所故址，地处中原与中亚、西亚及南亚各国交通的必经之地。

除都城外，天山以南汉唐城址中，为数众多的是形式多样的中小型城址。从时代和分布看，汉晋城址多散布于罗布泊、塔克拉玛干沙漠腹地，城的规模普遍不大，除楼兰城外，各城周长多在500—600米以下，如罗布荒漠中的楼兰古城、麦德克古城以及最新发现的小河西北古城等。圆形（或椭圆形）城也多集中在这一带，主要有山国重镇营盘古城、于阗国东境的安迪尔古城、精绝国尼雅南方古城等。由于自然和社会等综合原因，这些地处塔里木盆地东南部的绿洲城镇多在4—6世纪相继沦于沙海荒漠之中，其沧桑巨变的历史，无疑具有人与自然关系研究方面的特别价值。

塔里木盆地北缘以及天山北麓也有零星汉代城址发现。其一是东汉名将耿恭抗击匈奴、创造孤军苦守军事奇迹的要塞——疏勒城。该城位于今奇台县南、天山北麓山前丘陵地带的麻沟梁上，当地人称"石城子"。古城地处险要之地，控扼沟通天山南北的谷道。城垣依地势而建，呈不太规则的方形，西北两面存夯土墙垣，北墙长280米，西墙长155米，城垣最高处3.5米。城内现辟为耕地，随处可见汉代风格的卷云纹和几何纹瓦当、绳纹板瓦、筒瓦、方格纹砖及大量灰陶片等，还曾出有炭精虎符和完整陶器。其二是出有"汉归义羌长印"的沙雅玉奇喀特古城③。据《汉书·西域传》记载，西域各国自王以下官吏都由汉中央政府册封并颁赐印信，"汉归义羌长印"当是颁给羌族首领的印信。出土这件国宝级文物的玉奇喀特古城，位于大平原的戈壁上，北依白山，南邻塔里木河，气势雄伟。从其位置和建筑形制、规模看，当为龟兹地区地位举足轻重的军镇，也有人推测可能是古龟兹国都延城。该城三重，均已坍毁，但大部尚可辨认。外城特大，周垣约十里。西、南两面端直，北面略有弯曲，东面已被水冲毁无迹。外城与第二重城外均有沟壕。二、三两重城都很小，作不规则的圆形。有台基多处。古城建于汉代，是龟兹一带除龟兹故城外规模最大的一座城址。

　　唐代城址数量多，几乎遍及新疆各地，尤以塔里木盆地北缘的龟兹—焉耆地区以及西州、庭州遗存最多。其中一些城址由地望并结合遗迹、遗物考证，可与史籍及出土文书中的相关记载对应，无疑为唐代西域边政、军事、交通等诸多方面的研究提供了难得的实证。

　　唐朝统辖西域的军政建置，因地制宜。在汉人聚居区的伊、西、庭三州，实行与中原相同的州、县、乡制度。在安西都护府统管的龟兹、焉耆、于阗、疏勒四大城邦分设军镇（简称安西四镇），并实施都督府、州制度。伊、西、庭三州治所，地处当地政治、经济、文化中心，其中西州治所在高昌城，庭州治所在北庭城，伊州治伊吾，今哈密绿洲一带。各州下辖诸县城堡皆为区域性的行政中心，其城址有些还保留至今。西州领高昌、交河、天山、柳中、蒲昌五县。高昌县治所在高昌城、交河县治所在交河城，都设置在历史名城之中。柳中县治所在汉柳中屯城，同样也是西域名城之一。其地处今鄯善县鲁克沁，早在东汉时期是汉戊己校尉和西域长史的驻地，高昌国时期为田地郡治，麴氏高昌王封王子为田地公，镇守此地。时田地城与交河城、高昌城并为高昌国三大名城。现城址仅存小段墙垣，由残迹可测城周约 3000 米，局部仍见高达 12 米的夯筑城墙。庭州领金满、轮台、蒲类三县（后增置西海县）。金满县治所设在历史悠久的北庭古城。轮台县治所的具体位置，学术界有争议。一说为乌鲁木齐南端白水涧道上的乌拉泊古城；一说为天山北麓丝路北道主干线上的昌吉古城。乌拉泊古城保存较好，平面略呈长方形，周长约 2088 米。四角筑角楼，城墙马面密集，四城门各有瓮城。城内偏北有两个周长分别为 1200 米、800 米的小子城。相比之下，昌吉古城除局部残垣外，几乎无存，20 世纪 60 年代测得其城垣周长 3000 余米。蒲类县位于庭州之东、伊州之西，今奇台县城附近的唐朝墩古城规模居这一带诸城之冠，其周长 1700 米，据考证当为蒲类县治所④。伊州领伊吾、柔远、纳职三县，其中纳职地在今哈密市以西，四堡的拉甫却克古城为其故址。存南北两城，周长 1600 米，尚有高约 15 米的角楼。

安西都护府下辖龟兹、焉耆、毗沙（于阗）、疏勒四大都督府，龟兹府治设在龟兹古城。焉耆府治，从地望看，当为今焉耆四十里堡古城遗址⑤，现地表已无建筑遗迹。龟兹都督府下分九州，今轮台县南部荒漠中的阔纳协海尔古城，被认为系龟兹府所领乌垒州治所⑥。城略呈方形，夯筑城垣并经土坯修补，周长约 700 米，残高 3—7 米。筑马面、角楼，城内沿墙垣有大量居址。出土完整陶瓮、罐、铺地方砖、铁器等生产、生活工具，以及唐代内地和龟兹地方铸币、佛教塑像等。巴楚喀什噶尔河畔的托库孜萨来古城，为龟兹都督府下辖郁头州城故址，或称据史德城，是地处疏勒至龟兹之间的军事重镇、交通枢纽，也是重要的经济、宗教中心。古城依山而建，长方形，内外三重，城垣最长者 360 米，夯筑和土坯垒砌，城内可见建筑残迹。在其中佛寺遗址中发掘出土北朝至唐宋大量文物，有汉文、婆罗谜文、回鹘文和阿拉伯文文书，钱币、织品、大量木雕、泥塑佛、菩萨像以及壁画等佛教艺术品。

唐朝对西北边防十分重视，除设安西四镇外，还在北庭置瀚海、天山、伊吾三军（后又增二军），与安西四镇守军同属军级单位，下辖不同级别的军事建置，构成严密的军事防御体系，以确保西北边防的巩固。巴里坤大河古城就是唐景龙年间设在甘露川的伊吾军城故址，伊吾军辖兵 3000 人，马 300 匹。城为长方形，夯筑，城垣周长 1140 米，残高 10 米，为东西并列的主城和附城，设角楼、马面、瞭望台、护城壕。附城内有牲畜圈，当为饲养军马的养马城。城内曾出土陶器、石器、建筑材料及钱币等唐代遗物，特别是用于加工、储存粮食的大型石磨盘和陶瓮等容器，说明这里曾是一个规模较大的囤粮基地。

为保证军粮供应，唐朝沿袭汉晋驻军亦耕亦战的传统，各地各级驻军自营屯田，称为军屯。安西和北庭二府都设有主管屯田的最高官员，下领诸屯（屯是兵农合一的军事编制的生产单位）。有唐一代，西域驻军多，驻地广，屯田经营的发展达到了前所未有的规模。今处于渭干河流域新和、沙雅县境内的以通古斯巴什古城为中心的唐代城堡群，就是当时安西都护府所设"安西二十屯"的屯戍遗址之一。通古斯巴什古城为这一区域驻屯之首城，略呈方形，周长约 1000 米，墙垣残高约 7 米。四角筑角楼，四墙外筑马面 9 个，南、北各一门，均带大型瓮城，北瓮城内高台上有房屋基址。墙垣为夯筑和土坯砌筑相结合，或土坯和红柳枝层交相叠筑。城内散见大量陶片、铺地方砖、残磨盘、残铁器、炼渣以及碎布片。历年出土重要文物有唐代钱币，1995 年，在城内东北一隅曾一次发现约 3000 枚窖藏钱币；还有书"大历"年号的汉文书等。古城附近约 30 公里范围内分布大小城堡十余处，当为不同规格的屯堡遗址。屯堡内普遍出土有农具、农作物以及储藏谷物的陶瓮和窖穴，屯堡附近田埂、农渠遗迹相连。地处库车东南约 80 公里草湖地区的唐王城等一系列屯戍城堡，是与通古斯巴什东西呼应的另一处重要的屯戍遗址。唐王

图下 4-4　新和县唐代通古斯巴什古城　刘玉生摄

城与通古斯巴什城规模大体相当，唯城南墙外围筑周长约 700 米的养马城，说明该地不仅是屯田之地，同时为军马饲养之所⑦。

随着历史的变迁，唐朝驻军垦屯卫戍的城堡，许多逐渐演变为居民稠密的城市，为后世经济的繁荣作出了重要贡献。

13 世纪，成吉思汗率蒙古铁骑西征，横扫欧亚大陆，建立了庞大的蒙古帝国。他把所征服的辽阔的土地分封给他的四个儿子，二太子察合台的封地即在以伊犁为中心的今新疆和中亚大部分地区，是为著名的察合台汗国，其首府设在伊犁河谷的阿力麻里城。该城位于今霍城县内，占地面积约 25 平方公里，是当时中亚政治、经济、文化中心，被誉为"中亚乐园"，欧洲人称"中央帝国之城"。16 世纪中叶以后，逐渐荒废。城内出土大量珍贵文物，主要有元代龙纹青瓷盘、青花瓷碗、龙纹瓷碗等一批产自景德镇、龙泉窑的瓷器，叙利亚文景教徒墓碑及当地制造的察合台汗国金、银币等。阿力麻里城地表建筑遗迹虽然无存，但地下丰富的文物遗存对于中亚民族史、宗教史的研究仍具有十分重要的意义。据耶律楚材《西游录》记载，在阿力麻里城周围尚有"附庸城邑八九"。从考古调查看，这些附庸城邑分布在其西南和东南地带，现存的有霍城县磨河古城、三宫古城、索伦古城，另还有四座，可惜近十年内已被夷为平地。三城均作方形，城周长都在 1400—1500 米左右，筑有角楼、马面，城外有护城壕。地表多散见陶片、碎砖、瓷片等。察布查尔县的海努克古城亦为蒙元城址，形制与以上三城有所不同，规模也略大。该城筑成内外两重，外城墙仅余土埂，周长 2275 米。内城略呈长方形，周长 1642 米，夯筑，高约 2 米。城中曾发现元、明时期陶片及铜、铁器等。结合史籍考证，疑为伊犁蒙古宗王阿鲁忽的牙帐所在。位于北方草原道上的博乐达勒特古城也是察合台汗国时期的一处重要城址，初为唐双河都督府治所。城有内、外两重，均夯筑，外城长方形，周长约 2500 米；内城正方形，周长 320 米，筑有马面、瓮城。城内外地表散见大量夹砂红陶瓮、罐残片，曾出土金手镯、雕有虎头纹和草叶纹的金饰带、察合台汗国金币和银币、宋代"皇宋通宝"、金代"大定通宝"、铜炉、铜镜等物。

清乾隆年间，平定准噶尔部，统一新疆，设伊犁将军统辖天山南北广大地区。在伊犁、巴里坤、乌鲁木齐、喀什、塔城、库车、阿克苏、昌吉等地修筑了大规模的城镇，现存有霍城惠远城、巴里坤汉城和满城、喀什徕宁城、英吉沙城、疏勒县城、和田老城、阿克苏古城、库车老城、温宿古城、乌什老城、哈密回城、乌苏镇城、额敏镇城、塔什库尔干蒲犁厅城址等。其中霍城县内的惠远城，老城修筑于清乾隆二十八年（1763），由首任伊犁将军明瑞在伊犁河北岸择地修建，以作为伊犁将军的衙署和驻地。乾隆皇帝亲赐名曰"惠远"。此后一百多年间，惠远城一直是全疆政治、经济、军事和文化中心。其城高 3.6 米、周长 4.6 公里，是当时新疆的第一大城。城内四条大街直通四大城门，四十八条小街纵横有序。城中心钟楼雄伟，大小衙署百余，店铺林立，百货云屯，一时有"小北京"之誉。1871 年沙俄侵占伊犁，惠远城沦为废墟，现仅存断续残垣。清光绪八年（1882），收复伊犁，清政府在原惠远城西北重建新城。新城布局、规模大致仿旧城，面积比旧城小 1.95 平方公里，仍冠以惠远之名。伊犁将军府亦在新城中重建。新建的将军府，坐落在钟鼓楼以东东大街正中，坐北朝南，采用典型的中轴线布局。府内曾设有将军、都统、领队等 72 个大小衙门及火药、粮仓库等设施，现存正厅及东西厢房、金库、亭榭。如今，惠远新城的四面城墙、城内钟鼓楼、伊犁将军府、文庙、衙署等建筑皆得以保存。

第三节　宗教遗址与建筑文化

史前宗教遗址　佛教中心　佛教遗址与石窟寺　藏传佛教建筑　伊斯兰教清真寺与麻扎

新疆地区史前宗教的很多内容都包含在墓葬、岩画等不同类型的文化遗存中，如著名的小河墓地，以其神奇的地表建筑、墓葬结构和特殊的埋葬习俗，揭示了复杂的原始宗教内涵；早期铁器时代出现的胡须墓，地表有长达数十米到数百米的弧形石条带，这类特殊的遗存，很可能与古代人的天体崇拜有关；著名的呼图壁岩画则反映了史前时期的生殖崇拜理念。形式上相对单纯的史前宗教遗址，在新疆发现并不多，其中青河县三道海子史前祭坛是最为引人关注的一处。这是一座巨石堆形式的祭坛，是古人进行太阳祭祀活动的圣殿。它位于阿尔泰深山谷地中，所在地周围河道交叉、水泊环绕，景观奇丽神秘。祭坛中间为圆台状巨形石冢，高 17 米，直径 60 多米。巨石冢外围有很大的圆形石环，直径达 220 多米，石环的环宽 6 米左右，石环和石堆间修成呈"十"字状的石条，使整个巨石冢的外观像一个巨大的车轮。整个巨石建筑都是用长宽在 0.3—0.5 米之间的大小石块垒、铺而成。据推算，修建这样一座巨石冢的用石量当在 2 万立方米左右。类似的祭祀建筑在欧亚草原从青铜时代晚期到早期铁器时代广泛分布，三道海子祭坛是其中规模最大的一座。

公元 1 世纪前后，佛教从印度传入新疆，以新疆为中转站继续东传至中国内地。佛教传入新疆后，很快与当地传统文化融合，形成具有特色的西域佛教。随着西域佛教的兴盛，配合佛教弘法的建筑、雕塑、绘画等佛教艺术也迅速发展起来。新疆各地广建塔寺、开窟造像、彩绘壁画。塔里木盆地周缘的于阗、鄯善、疏勒、龟兹、焉耆、高昌各主要城郭国皆成为重要的佛教文化中心。昔日佛国盛迹，历千百年沧桑，遭自然风蚀、战争破坏，特别是 20 世纪初西方列强的染指掠夺，如今已是满目疮痍、残损不堪。目前新疆境内幸运保留下来的佛教遗迹，主要有开凿于丝路北道山间沟谷中的众多石窟，以及广布于南、北两道的佛塔、寺院建筑遗址。石窟由建筑、雕塑和壁画三部分有机组成，新疆的石窟雕塑多破坏严重，建筑和壁画遗存相对较多，是弥足珍贵的佛教文化遗产。以龟兹、高昌为中心的石窟建筑、壁画，代表了丝路北道佛教艺术的基本特色。于阗和鄯善，是丝路南道大国，也是西域较早信仰佛教和发展佛教艺术的地区，境内留存的佛教遗迹均为地面塔、寺建筑，与北道佛寺、石窟并存形式有异，两地佛教建筑以及残存的壁画、雕塑是丝路南道佛教艺术的代表。南北两道不同形式的佛教遗存，共同组成了体系完整、内容丰富、风格多姿的新疆佛教文化艺术宝库。

约在公元前后，于阗国由国王推崇建立佛教寺院，一千多年兴盛不衰。史籍记载这里"家家门前皆起小塔"；"伽蓝百有余所，僧众五千余人"；藏文文献中的古于阗佛寺更有 140 座之多。境内现存的佛教遗址均为地面建筑。重要的有墨玉库木拉巴特佛寺、和田买里克阿瓦提佛寺、布盖乌于来克佛寺、洛浦热瓦克佛塔、策勒丹丹乌里克佛寺遗址、老达玛沟以北众多塔、寺以及于阗喀拉墩佛寺等。热瓦克佛塔是于阗境内保存最好的佛教建筑，始建于 2—3 世纪，沿用至 10 世纪。土坯垒砌的大塔残高仍存 9 米，方形基座的四边中央筑踏道，圆柱体塔身，上有覆钵，顶已坍塌，整体形制与中亚迦腻色迦大塔相似。塔四周修筑长 45—50 米的围墙，形成方形塔院。院墙内外安置大型泥塑立佛像和菩萨像，立佛像高达 3 米，每隔六七十厘米一尊，共计 140 多尊，形成极其壮观的群体列阵。在每两尊立佛之间配置菩萨、供养人，基本呈对称排列。有的立佛和菩萨塑造精细，体型优美、"湿衣透体"，具有印度笈多艺术的韵律。塑像之间墙壁上彩绘壁画，门两侧壁上还绘出"守门"的世俗人像。丹丹乌里克佛寺遗址以出土精美的佛教壁画、木板画而闻名，遗址深处塔克拉玛干沙漠腹地。该遗址发现佛寺 15 处，多为唐代遗迹。其佛殿多采用于阗、鄯善地区普遍流行的"回"形布局，中有佛坛，周绕回廊，木骨泥墙结构。早年斯坦因在这里发现著名的"吉祥天女"壁画以及东国公主传丝木板画、鼠神木板画、摩醯首罗天和菩萨像木板画等一批重要文物，其画面清晰，遒劲流畅的线条再现了于阗画派的精细与风格。近年考古工作者在遗址区内又新清理出约 10 平方米的壁画，画面图像内涵复杂，印度文化、伊朗文化、佛教、祆教要素杂糅。

地处中西交通要冲的鄯善国（古楼兰国），2—3 世纪佛教达到全盛时，国中每个绿洲都有自己的"僧团"。境内现存佛教遗址形式基本同于阗，亦为地面塔、寺建筑，主要分布于城址、聚落之中或附近，多为 3—4 世纪遗存。著名的有若羌县的米兰佛教遗址、民丰县的尼雅遗址以及安迪尔遗址佛教寺塔，另外，楼兰、营盘聚落附近也有一些结构独特的佛塔、佛寺建筑残迹，出土有木雕佛像、佛塔等。鄯善最大的佛教艺术中心当属米兰佛教遗址，地处今若羌县东约 40 公里处，是西出阳关后丝路南道上第一处大型佛教寺院。包括 14 处建于 3—4 世纪的佛教建筑，有佛殿 4 处、佛塔（塔院）6 处、僧房院 2 处、讲堂 2 处⑧。其中二号塔院、三号、五号佛殿保存最好。二号塔院，长方形，主体佛塔上部已塌毁，仅存方形塔基，塔基正面为一列佛龛，佛龛中为菩萨像，两龛之间为半圆柱浮雕，在佛塔的一侧外墙排列着六尊跌坐无头的大佛像，佛像两膝盘坐，膝宽达 1.8 米，估计通体佛像高可达 2 米，考古人员曾在两佛膝部间发现了一跌落在地的佛头，佛头高约 50 厘米，由此可见此塔院的建筑规模。三号和五号佛殿，均为外方内圆式建筑，中为圆柱形佛塔，周绕圆形围廊，外有方形围墙，类似的佛殿在楼兰也有发现。在这两处佛殿内均发现有壁画，如著名的"须大拏太子本生"画、"有翼天使"画等，在寺院内还发现过梵文贝叶经和佉卢文题记。米兰佛教建筑从形制到壁画都带有鲜明的犍陀罗遗风，同时在绘画中又能见到明显的中国画法。位于尼雅大型聚落遗址中的编号 93A35 的佛寺，是鄯善国甚至整个塔里木南缘发现布局最为完整的佛寺遗址。它构筑在当年的尼雅河畔，河水环绕，绿树成荫。由五组单元建筑构成，布局规整，组合有序，符合佛教仪规。寺门东开，南有主体建筑——佛殿，构筑在高台上，平面也呈"回"字形。西有水井，西端是僧房和讲经堂；北有供会客或管理寺院事务住持居住的大型院落，东领畜圈和院门，南有用篱笆围起来的平台；这些建筑环绕着宽阔的广场。在佛殿中出土绘有佛像的壁画，佛身披田相式袈裟，双目微闭而俯视，两撇"八"字小髭很是特别。讲经堂出土的木柱头雕像，柱头的正背两面分别浮雕天人形象。雕刻简洁，造型粗犷端庄。

西域北道大国龟兹，3—4 世纪佛教已广为传布，成为丝绸之路上著名的佛教圣地。文献记载龟兹城中有塔庙千所，僧侣近万人。佛寺"修饰至丽，王宫雕镂，立佛形象与寺无异"。现存佛教遗址众多，石窟及地面佛教建筑皆有。其中佛教石窟散布龟兹全境，占全疆石窟总数的五分之三强，按境内东西走向的确尔塔格山划分，山北有拜城温巴什、克孜尔、台台尔石窟；山南有新和托平拉克埃肯、库车库木吐喇、克孜尔尕哈、玛扎伯赫、阿艾、苏巴什等石窟。加上古代隶属于龟兹的温宿、巴楚境内诸多分散的小石窟，洞窟总数达 600 余个，是世界上佛教石窟最集中的地区之一，堪与敦煌莫高窟媲美。龟兹石窟洞窟基本形制有中心柱窟、方形窟、僧房窟和大像窟。中心柱窟和大像窟用于礼佛观像，是雕塑和壁画的主要展示空间。其中，中心柱窟形制最具特色，被称为"龟兹式窟"。方形窟用于讲经说法，是传播经律的活动场所。僧房窟用于僧徒起居、禅修。龟兹石窟壁画主要是龟兹风格的壁画。龟兹风格壁画是在本地文化基础上吸收印度、犍陀罗和中原等艺术因素，形成了相对稳定的模式和特色，并对西域其他地区和中原佛教石窟艺术产生了深远的影响。唐代传入的汉风壁画基本上属于中原传统绘画，源于敦煌壁画，在唐代龟兹壁画艺术中占据重要地位。

龟兹地区最具有代表性的石窟首选克孜尔、库木吐喇石窟等。建于木札堤河北岸明屋达格山崖壁上的克孜尔石窟，是新疆石窟中规模最大、开凿时代最早、保存壁画面积（约 1 万平方米）最多的一处。石窟东西绵延约 3 公里，洞窟 269 个。石窟大体经历了初创期（3 世纪末—4 世纪中）、发展期（4 世纪中—5 世纪末）、繁盛期（6—7 世纪）和衰落期（8—9 世纪中）四个时期。洞窟形制多样，组合、演变有一定规律。早期以中心柱窟、大像窟和僧房窟为主；中期出现了较多的方形窟；晚期洞窟规模变小，形制和绘塑内容都趋于简化。壁画题材丰富，早、中期主要以表现释迦牟尼事迹的本生、因缘和佛传故事为主要内容，其中本生和因缘故事均有百余种，佛传故事也有 60 多种，集中反映了龟兹遵循的小乘佛教"惟礼释迦"的思想。晚期壁画出现了主要来自中原地区的大乘佛教题材。从壁画布局看，克孜尔壁画可谓新颖独到，纵券顶中脊绘天部，两侧为满铺菱格，内填绘本生和因缘故事画，前壁上方有弥勒说法图，左右两侧壁是方格佛传图，行道描绘涅槃及其有关的画面。绘画技法上，劲紧洒脱的线描与凹凸晕染法巧妙结合，达到线、形、色交错辉映的效果，突显出龟兹艺术的魅力。

图下 4-5　克孜尔石窟谷西区外景　刘玉生摄

库木吐喇石窟开凿于渭干河出确尔塔格山口东岸的崖壁上，洞窟112个，保存壁画约4000平方米。其建造年代略晚于克孜尔石窟，大致可分为三个时期：一期为龟兹王国时期（5—6世纪），此时早期壁画风格受犍陀罗艺术影响较深，洞窟形制以中心柱窟和方形窟为主，壁画题材内容与克孜尔石窟发展期相近，后期受汉风影响较多。保存较好的新2窟，穹窿顶部的壁画绘制精美，是早期龟兹风壁画的上乘之作。二期为安西大都护时期（7—8世纪），除了龟兹本地特色的洞窟和壁画外，出现了中原汉风壁画，题材有中原大乘佛教的"净土变"和"药师变"等经变画，画面宏大，气势磅礴。在人物造型、装饰风格、绘画构图上，都与敦煌莫高窟唐代壁画相近。龟兹风洞窟与汉风洞窟共存，两种风格的艺术彼此融合、共同发展，是库木吐喇石窟特有的奇观。三期为回鹘时期（9世纪及其以后），回鹘佛教艺术给龟兹石窟增添了新的内容，回鹘风洞窟内出现了汉文、回鹘文和龟兹文合璧的供养人榜题，是十分罕见的珍贵资料。库木吐喇石窟集中展现了龟兹古国五六百年的艺术风貌，被学者们誉为"龟兹历史的画廊"。

除石窟外，龟兹地面佛寺遗址也是当地佛教兴盛的见证，库车河出口两岸的苏巴什佛寺遗址，即我国古籍记载的"雀离大寺"，亦即昭怙厘大寺。遗址中断续相继的墙垣、高十余米的佛塔，仍显示出昔日龟兹佛寺的宏阔与庄严。库木吐喇石窟之南渭干河两岸的夏合吐尔和玉其吐尔寺院遗址，则可能是龟兹国著名的阿奢理贰伽蓝故址。

地处新疆东部吐鲁番地区的高昌，佛教早在公元3世纪前就已传入，9世纪末，回鹘王朝改奉佛教，高昌成为著名的回鹘佛教中心。与新疆其他地方相比，高昌佛教兴盛时间更长。这里寺院佛塔林立，石窟遍布山谷。据当地出土文书记载，当时皇室贵族各自有寺，望族大姓家家有寺，各民族和外国侨居者也纷纷设寺。境内存留佛教建筑，仅交河、高昌两城中保存寺、塔、佛殿等即达百余处。佛教石窟主要有吐峪沟、奇康湖、胜金口、柏孜克里克、拜西哈尔、雅尔湖等十几处，计有洞窟200多个。另外，高昌回鹘王国在其陪都北庭建造的王家寺院——北庭西大寺，也是高昌回鹘佛教的重要建筑遗址，其平面配置形制，在新疆地区独一无二。

　　高昌石窟艺术的精粹，主要集中在吐峪沟、柏孜克里克两石窟群当中，两窟群中壁画保存相对较好，且最具典型性。吐峪沟石窟地处火焰山吐峪沟峡谷中，洞窟建在沟谷东、西两侧的崖壁上，汉文史籍称其"丁谷寺"。这是高昌地区开凿年代较早的石窟，有洞窟46个，保存壁画主要为东晋至麴氏高昌时期（5—7世纪）。大部分洞窟依崖壁凿洞而成，个别窟前构筑土坯建筑。洞窟形制主要有方形穹隆顶窟、中心柱窟、长方形纵券顶窟，其中纵券顶窟数量众多，是反映高昌本地建筑特点的一种形制。保存最好的第44窟，壁面上有晋代在此设高昌郡时期汉僧的题记，证明汉地佛教在此影响之深。该窟方形穹隆顶，中凿隆起的圆形藻井，藻井中心浮雕与绘画结合组成一朵倒置的莲花，周围辐射条形幅分别绘有立佛和坐佛像，藻井外绘环形分布的千佛，四壁绘千佛、说法图、本生、因缘故事，从构图到风格都带有敦煌莫高窟艺术的印记。吐峪沟最为独特的是大量的禅窟和比丘禅观图，反映出高昌佛教早期禅学的盛行，这在西域乃至我国其他地区都极为罕见。柏孜克里克石窟地处火焰山中木头沟畔的陡崖上，绵延约1公里。是回鹘佛教石窟中保存最完整、规模最大、最具有代表性的一处，同时还保存有著名的摩尼教寺院遗迹。有洞窟83座，存有壁画的40多座，面积1200平方米。石窟约始建于5—6世纪的麴氏王朝时期，公元9世纪前发展成伊、西、庭州著名的窟寺——宁戎寺，回鹘高昌国时期（9—12世纪），成为回鹘王家寺院。窟型有中心柱式、长方形纵券顶式和穹隆顶带回廊式。唐西州以后至回鹘高昌时期的洞窟，利用土坯在崖壁上起券，表现出高超的建筑艺术水平。现存壁画以回鹘高昌王国时期的最为丰富，其绘画技艺在高昌传统艺术的基础上，进一步吸收、融合龟兹和敦煌艺术的精华，形成了具有本民族特色的独特风格。壁画内容以大型立佛为中心，周围天人、弟子、世俗人物等围绕的佛本行经变图最具代表性，画面敷彩热烈、用线雄劲有力，富丽堂皇，极富感染力。约有20多个洞窟中保存有供养人像，其形貌多是回鹘人形象。其中回鹘国王和王后头戴宝冠、服饰华丽，一派雍容华贵的王者气象，旁附回鹘文榜题，标明国王的身份，由此反映出佛教在高昌回鹘王国所占据的崇高地位。

　　此外，位于新疆最西部的疏勒，是佛教东传的第一站。著名的佛教遗址有莫尔佛寺和三仙洞石窟，更有以出土精美的佛教雕塑而闻名中外的图木舒克、托库孜萨来佛寺。与龟兹毗邻的北道重镇焉耆，和西域其他地区一样，统治者较早信崇佛教，唐代达到鼎盛。境内七个星佛教遗址群，包括南北大寺院和石窟，曾出土众多精美雕塑壁画、多种文字的佛经和手稿。

明朝时，新疆佛教势力衰落，早在元朝时就已信奉了藏传佛教（喇嘛教）的蒙古瓦剌部进入北疆。19 世纪末 20 世纪初，为加强与新疆蒙古贵族的联合，清政府拨出专款，在蒙古族集中的地区修建了一批喇嘛庙。在北疆的伊犁、塔城、阿勒泰地区，南疆巴州的和静、和硕、博湖县至今存留有为数不多的喇嘛庙建筑。伊犁昭苏的圣佑庙是新疆现存面积最大的喇嘛教寺院，始建于 1886 年，为蒙古厄鲁特营修建，建筑面积约 2000 平方米。寺院坐北朝南，对称布局，中轴线上自南而北依次为照壁、山门、前殿、大殿、后殿，前殿左右各有配殿和八角楼亭。大殿为二层歇山式建筑，殿前悬挂汉字书写的"敕建圣佑庙"金字匾额，后壁有佛像台座。整体建筑保持了我国传统佛教寺院的布局风格。和静县巴仑台黄庙是蒙古族满汗王之父布优门在位时建筑的一座规模宏伟的喇嘛教寺院，主建筑面积 2500 平方米。整个庙群建筑外表都涂为黄色，正殿矗立高达 8 米的塑金佛像，庙内绘有十三幅宗教壁画，有作男身的观音像、十六罗汉、吉祥天母、大威德金刚等。除蒙古族外，其他少数民族也有喇嘛庙留存下来。建于 1899 年的伊犁察布查尔县靖远寺，建筑面积 2811 平方米。从土木工程到泥塑、彩绘、木雕等都出自锡伯族工匠之手，锡伯语俗称"喇嘛苏木"。

10 世纪伊斯兰教传入新疆，至 16 世纪成为新疆南部居民的主要宗教信仰。伊斯兰文化典型的象征之一是各地高耸的清真寺。清真寺的建筑结构、装饰艺术，既遵循伊斯兰教义规范，又因地域和民族的不同而具有不同的风格。现存最早的清真寺是 15 世纪建造的喀什艾提尕尔清真寺。喀什是新疆伊斯兰教最早的活动中心，位于市中心的这座清真寺建筑结构、装饰风格，都体现出典型的伊斯兰建筑风貌。寺院规模宏大，占地面积约 25 亩，砖木结构，由气势宏伟的门楼、礼拜大殿、经文学校、净身水房、神职人员住所等组成。门楼高约 12 米，大门两侧各耸立一座高 18 米的圆柱形唤拜楼。正中礼拜大殿达 2600 平方米，由内、外殿和长廊组成，长廊有一百多根绿色雕花木柱支撑。内外大殿同时可容6000 余人做礼拜，重大节日时，寺内外做礼拜者达数万人之多。清代，随着伊斯兰教的发展，清真寺遍及全疆各地。南疆的清真寺基本同艾提尕尔清真寺，为典型的伊斯兰风格，如叶城加满清真寺、喀什欧达西清真寺、莎车阿孜尼米契提清真寺、加满清真寺、阿勒吾米契提清真寺、库车大寺等。其中库车大寺在寺内保留了宗教法庭的建筑，有审讯室和宗教法官办公室，是伊斯兰教实行政教合一统治时的历史见证。在哈密、吐鲁番、昌吉、伊犁、乌鲁木齐等地回族修建的清真寺，则多为典型的陕甘地区汉式建筑风格，如伊宁市陕西大寺、拜吐拉清真寺、鄯善东大寺、阜康土墩子清真寺及五运清真寺等。其中建于乾隆年间的伊宁市陕西大寺，初名宁固寺，占地 3000 平方米，建筑布局及风格仿西安化觉巷清真寺，为典型的中国宫殿式兼有阿拉伯装饰风格的建筑。

　　作为"圣人"、"伟人"陵墓的麻扎，也是伊斯兰宗教建筑的重要类型。位于阿图什市东北的苏里坦·沙土克·布格拉汗麻扎，安葬的是喀

图下 4-6　喀什艾提尕尔清真寺　刘玉生摄

拉汗朝中第一个信仰伊斯兰教的大汗。喀什市区的阿帕克和加麻扎（民间称香妃墓），始建于 17 世纪中叶，是伊斯兰教白山派首领阿帕克和加及其亲属的陵寝，占地面积两万平方米。巨大的方壁穹顶墓室，四隅环绕塔楼，建筑外壁以深绿色和宝蓝色釉砖贴面，显示出各种装饰图案和阿拉伯、波斯文警句。整个建筑庄严肃穆，风格鲜明，是新疆伊斯兰麻扎建筑的代表。喀拉汗朝时期著名的大学者、《突厥语词典》的作者麻赫穆德·喀什噶里的麻扎、名著《福乐智慧》的作者玉素甫·哈斯·哈吉甫的麻扎也都在今喀什地区。位于北疆霍城县的吐虎鲁克·铁木尔汗麻扎，安葬的是新疆历史上第一个信奉伊斯兰教的蒙古汗王。该麻扎为典型的伊斯兰风格砖木结构建筑，陵寝建筑面积 160 平方米，方形穹隆顶，正门墙壁用镶砌的彩色釉砖拼出多种图案，门额上有阿拉伯文的伊斯兰教颂词。位于伊宁县的速檀·歪斯汗麻扎，是成吉思汗第 11 代孙、察合台汗的后裔速檀·歪斯汗的陵墓。这座伊斯兰陵墓，结构完全采用了中原的亭阁样式。位于哈密市区的回王坟，是哈密历代回王及王室成员的家族墓地，占地约 20 亩。哈密回王是清代哈密维吾尔族地方政权头目的统称。现存回王墓建筑中，处于突出地位的高大建筑物是七世回王伯锡尔的大拱拜，建于清光绪初年。圆形拱顶兀立陵墓之上，造型宏阔、肃穆，为典型的伊斯兰建筑。在伯锡尔墓南侧有九世回王沙木胡索特拱拜和台吉（大臣）墓，这两座陵墓在建筑形式上则以伊斯兰穹隆圆顶为基础，同时吸收汉式八角攒尖顶及蒙古式盔顶的特点，融多种风格于一体，是当地多民族文化交流的产物，在伊斯兰教陵墓建筑艺术中别具一格。

除清真寺和麻扎外，建于吐鲁番市区之东的苏公塔，是新疆现存规模最大、最完整的伊斯兰古塔，堪称伊斯兰建筑艺术的经典之作。该塔是吐鲁番郡王苏赉满为纪念其父额敏和卓而建，成于乾隆四十二年（1777）。塔通体为砖结构，塔身呈圆柱形，向上逐渐收缩，高 37 米，底部直径 10 米。塔内有螺旋形阶梯 72 级通达顶部。塔表分层，叠砌出三角纹、四瓣花纹、水波纹、菱格纹等十几种平行的几何图案，简洁明快，素雅大方，体现出浓郁的伊斯兰装饰风格。塔门外侧立《额敏和卓修塔碑》，上用汉文、察合台文记载修塔的有关史实。苏公塔既是一座历史人物和事件的纪念塔，同时在建筑结构和艺术上具有较高水平，因而格外珍贵。

第四节　功用性的军事设施遗址

楼兰道亭燧　丝路干线守捉、戍堡、烽燧　西州鸊鹈镇　吐蕃戍堡
清代军城与卡伦

为保障丝绸之路这条中西交通大动脉的畅通无阻，早在西汉时起，中央政府就在丝路沿途要道上修筑了众多烽燧、亭障，既为军事防御之基层设置，又兼卫护交通的馆舍、邮驿。汉武帝时"自敦煌西至盐泽（罗布泊），往往起亭"⑨，这条绵延的亭燧线沿着孔雀河绿色走廊一直向西至龟兹并通达西域腹地。此线路即为早期丝路的主干线——著名的"楼兰道"。西汉初，匈奴控制着天山北麓地区，交通阻隔，汉朝通西域、联络东西方，只能利用"楼兰道"这一重要纽带。当丝路畅通之初，这条线路上来往使者不绝，"使者相望于道，一岁中多至十余辈"。现在我们仍可以看到的沿孔雀河谷、库鲁克塔格山南麓铺展的汉代亭燧，如不朽的路标，指示着这条千年古道的走向。

孔雀河汉代亭燧集中在孔雀河岸东、西两段。西段在东自营盘古城、西至库尔勒西尼尔水库之间的地域内，相间坐落 11 座，行程约 150 公里的亭燧线。东段地处孔雀河尾闾、罗布泊北岸，主要有斯坦因编号的遗址等。西段的亭燧，多沿孔雀河畔或在泉水附近、地下水较高的沼泽附近修筑；东段的建筑则一律构筑在高耸的雅丹高台上。亭燧之间，间隔有序，一般在 10—20 公里。其形制大多相同，主要有燧台、围墙及戍卒居住的房屋等组成。其建筑技术、风格都与敦煌及其东边长城沿线的边塞建筑大致相同，多为土坯砌筑，土坯层间夹胡杨木、芦苇及红柳枝等，少量为夯筑。经年累月的风蚀，使得这些亭燧不同程度被损毁，有的已完全坍塌。地处营盘古城西约 18.5 公里、孔雀河岸边的托西克吐尔烽燧是保存最好的一处，至今结构清晰。烽台底部 10 米见方，残高 9 米，由每 5 层土块间隔一层 5 厘米芦苇或罗布麻或胡杨木构筑而成。烽

南正中开门，宽 2 米，有斜坡烽梯直通烽顶，顶部有间内室，3.6 米见方。烽台周围环边长 24 米的方形围墙，墙宽 0.8—1.2 米，残高约 1—3.7 米，墙上多开三角形瞭望孔。位于楼兰故城东北 26 公里处的遗址（斯坦因编号 LF）是罗布泊北岸现存较完整的亭燧建筑，构筑在高约 30 米的陡峭的雅丹高台上。其围墙呈不规则长方形，周长 170 米，西开门，门道宽 1.5 米，还保存着木门框。依围墙内壁建房屋，仍可见倒落的胡杨木顶梁。围墙和房屋的墙壁都用硬泥块构筑，厚约 1.5 米。烽台居围墙中部，是个高 4 米多的原生土墩。在房内堆积中清理出佉卢文小木牍、汉文木简、汉文纸文书残片、五铢钱、金戒指、钻木取火器等。

进入唐代，国家繁荣，边疆统一，时通天山南北的丝路干线分为三条，东以敦煌为起点，北道经伊吾、庭州，向西经伊犁河谷至中亚；中道经伊州至西州，再经焉耆、龟兹、疏勒逾葱岭，至波斯；南道傍昆仑山北、塔里木盆地南缘向西，经且末、扜弥、于阗、皮山、羯盘陀，越葱岭到吐火罗等地。同时，三条大道的南北支线也已形成，整个西域交通网络纵横交错、四通八达，呈现出前所未有的繁盛景象。为维护社会安定，保证交通安全，唐朝政府在丝路沿线要隘关口设置了从守捉、城、镇①到烽、戍、铺等组织严密的基层防御机构，不同级别的建置各有

图下 4-7　孔雀河流域托西克吐尔汉代烽燧　刘玉生摄

所统，各司其职。目前在新疆各地考古调查发现的唐代戍堡、烽燧等相关军事设施遗址数以百计，这些实物遗存对于唐代西域边防史的研究弥足珍贵。

从文献记载看，唐代贯穿天山北麓的丝路北道主干线——碎叶路上有守捉十余处，沿天山南麓山前地带与塔克拉玛干大沙漠北缘绿色走廊前行的中道，焉耆至安西路段亦有东西相继的守捉六处。这两条路线的走向大致与今天的公路一致，部分守捉故址已被考古调查所证实。如：木垒油库古城为独山守捉，吉木萨尔双河村东北古城为沙钵守捉，吉木萨尔三台镇冯洛村北古城为冯洛守捉，阜康六运古城为耶勒城守捉，米泉下沙河古城为俱六城守捉，玛纳斯东阳巴葛逊古城为张堡守捉[11]。库尔勒市南孔雀河畔玉孜干古城为于戍守捉，轮台野云沟阿克墩戍堡为榆林守捉，轮台县城东南恰库木排来克戍堡为东夷僻守捉，轮台拉依苏烽戍遗址为西夷僻守捉，库车314国道旁大涝巴烽戍为赤岸守捉[12]。据研究，唐代守捉城的规模一般由边防军事形势决定，大者有兵六千，马一千；中等的有兵三千；小的仅有兵千余人[13]。实际情况亦如此，唐代北道即草原路逐渐兴旺，掌握这条东西大动脉的商道，成为各方面争夺的焦点。为加强对吐蕃、突厥的防范，北庭重兵屯驻的守捉、烽燧都分布在碎叶路干线上。这一线发现的守捉城址，周长普遍在1000—2000米以上。其中规模最大的独山守捉城和张堡守捉城，后世继续沿用并演变为人口密集的城市。中道焉耆至安西段的守捉城规模则相对较小，大城周长近千米，小城只有百余米。

此外，在中道焉耆—安西—拨换城（阿克苏）—据史德城（巴楚西北）一线，还发现"无名"唐代戍堡数十处，这也是这类遗存发现最多的地段。这些戍堡周长多在100—300米左右，形制有方有圆，还有二重堡垣，砌筑方法有夯筑、土坯或夹柴草砌筑，形制特征较统一，筑有角楼、马面等。与这些守捉、戍堡相邻，附近烽燧分布有序，从西夷僻守捉即轮台拉依苏烽戍向西至据史德城故址之间，尚存的烽燧依次有却勒阿瓦提烽燧—吐尔烽燧—依斯塔那烽燧—墩买乃烽燧—波斯坦托乎克烽燧—穷甫吐尔烽燧—克孜尔尕哈烽燧—阔空巴孜烽燧—伊西哈拉烽燧—柯西吐尔烽燧—吐孜吐尔烽燧—羊达库都克烽燧—喀拉墩烽燧—沙井子烽燧—齐兰烽燧—多埃梯木烽燧—亚依德梯木烽燧⑭。烽燧间距近者三五公里，远者十余公里，基本以相互望见为宜，其建筑工艺和这一带的戍堡基本相同。保存最好的克孜尔尕哈烽燧，兀立于库车盐水沟东岸台地上，底基长方形，残存 6×4.5 米，残高约 13 米，夯筑，中夹木骨层，顶部砌土坯。烽燧作为守捉、镇戍等基层军事机构的警戒报警系统，与之共同构成了严密的防御体系。中道龟兹路段众多唐代军事设施的发现，也充分印证了安西大都护府治下龟兹军镇所占据的重要地位。

地处吐鲁番盆地的高昌即唐之西州，是中道上重要的交通枢纽。据吐鲁番出土文书及其他相关资料，可知西州境内基层军事机构有 40 余处，这当然不是西州防御设施的全部。文献记录和现存遗迹有少部分可以对应，如鄯善县七克台古城为控扼西州东端门户的赤亭镇城，由于地处要冲关口，唐政府还在此置"赤亭烽"（七克台烽燧）；达坂城南部的白杨沟古城为守护西州"白水涧道"的白水镇城；托克逊阿拉沟戍堡为地扼西州进入焉耆盆地和伊犁河谷孔道的鸜鹆镇所在等等。其中，鸜鹆镇故址保存最为完整，同时出土有涉及该镇设置、军事防务等细节的残纸文书，因此备受国内外学界关注。该镇址构筑在天山腹地阿拉沟峡谷高达二三十米的河谷边，地势险要，登堡内烽台眺望，吐鲁番盆地平川、阿拉沟河谷一览无余。镇堡建筑略呈方形，南北 31 米，东西 30 米，堡墙以扁平卵石夹红柳枝砌筑，基宽 3 米，顶宽 1.2—1.5 米，现存最高处仍达 6 米，上部有胸墙，东墙内侧筑登墙阶梯。门东开，门道宽 2 米。堡内西南筑高约 15 米的四棱形烽台，基部 10×11 米，其建筑工艺和堡墙基本相同。戍堡内外均有建筑残迹，沿西、北内墙尚存房址 6 间。经清理发掘内外堆积，出土残纸文书、陶片、毛毡、皮革等遗物。经拼合、缀连，得纸文书计 9 件。出土文书直接表明该古堡即为鸜鹆镇所在，同时从多个层面反映了该镇的下属机构、防务实施、兵员、武器装备等，这对于研究唐代边防军镇的基层设施、防务运作是难得的珍贵资料⑮。

唐代丝路南道诸多地段，如今已湮埋在塔克拉玛干沙漠漫漫黄沙之中。沿和田河有一条穿越塔克拉玛干的南北通道，自汉代以来就曾有千军万马经这条路线来往于塔里木盆地南北缘。唐朝曾在此南北咽喉要道、历史上著名的军事重地麻扎塔格设"神山镇"，以神山为中心，沿河皆设有客馆。安史之乱后，吐蕃乘虚进占塔里木盆地，据此地顺山势构筑军事堡垒。戍堡大致呈正方形，占地 1100 平方米，以红色砂岩石板及土坯平砌而成，由南北两室、军营、通道、牲畜圈等部分组成，戍堡之西有高约 10 米的烽台一座。近代于此曾陆续发现大批文物，包括于阗文、藏文、回鹘文、阿拉伯文和汉文文书、木简，还有陶器、木器、皮毛制品等。南道东段的米兰绿洲，亦有一处吐蕃人在汉晋遗址的基础上改建的戍堡建筑，斯坦因曾在此古堡内攫获吐蕃文（古藏文）简、纸文书一万多件。新中国成立后，考古工作者亦在此发掘出土吐蕃文书 300 余件，另有相当数量的吐蕃人用来"占卜推算"的"卜骨"及其他珍贵文物。

　　清朝统一新疆过程中，高度重视军事防御体系的建设，在战略、交通要地修筑城堡，屯戍军队，构建军台、驿站和营塘，勘定道路；在沿边地区和交通要道设立各种卡伦，驻守军队，定期巡查。今巴里坤满城是清乾隆三十七年（1772）为携眷长驻的两千满族旗兵而建。该城平面长方形，周长 3626 米，夯筑，高 7 米，上筑女墙，四角设角楼，墙外设炮台、马面。三面中部各置城门，外有半圆形瓮城。巴里坤汉城是清雍正九年（1731）由宁远大将军岳钟琪平定准噶尔叛乱时兴建，原称"绿营兵城"，形制与满城基本相同。

　　"卡伦"一词，在满语以及蒙古语中都有"瞭望"、"哨所"、"台"、"站"之意。是清政府在北方边疆地区广泛设置的更番候望之所，又分常设、移设、添撤卡伦三种，具有守卫边防和内部治安两种性质，其主要职能是稽查行旅、管理游牧、拘捕逃犯、维护地方治安、保证交通安全等。各种卡伦在全疆星罗棋布，并与军台、驿站互相联系，构成一个严密的安全防范体系。清代在全疆共设立卡伦二百五十多座，前期在南疆喀什噶尔等地所设卡伦，至今尚有个别存留下来。同治年间（1862—1874），清政府被迫和沙俄签订一系列不平等条约，伊犁地区的大部分卡伦被划入俄国版图。中俄重新分界后，清政府又在沿边重要地段、隘口处重新安设卡伦。今察布查尔县、霍城县等地的许多卡伦遗址，如沙彦卡伦、多兰图卡伦、梧桐孜卡伦、阿布散特尔卡伦等即为此时所建。其

图下 4-8　察布查尔锡伯自治县清代阿布散特尔卡伦　李文瑛摄

建筑形制基本一致，一般都是坐北朝南，占地面积约一千平方米左右，为正方形的营垒。四周围立夯实的围墙，高约三四米，其上筑有垛口的女儿墙，四角有角楼，以备瞭望或流矢射击来犯之敌⑱。在人口稀少、防务薄弱的边疆地区，卡伦的设置，在维护地方治安、保证交通安全、促进经济发展和维护国家统一等方面都发挥了十分重要的作用。

第五节　探寻古墓葬

古墓葬的分布与特征　青铜时代墓葬　早期铁器时代墓葬　罗布泊—塔里木盆地汉晋墓葬　吐鲁番盆地汉唐墓葬

迄今为止，新疆地区调查发现古代墓葬近 15 万座，大多属于史前时期，部分为汉唐时期，宋元及其后的墓葬发现发掘的都很少。遍布天山南北草原、荒漠上的一座座无名古冢，是新疆大地数千年人类生命里程的终结点。古人相信灵魂不死，墓葬是生者为死者在另一个世界构筑的居室。墓地的布局、墓葬的形制结构、随葬物品等，都是当时社会文化生活重要的组成部分。

新疆目前尚未发现属于石器时代的人类遗骸，年代最早的墓葬集中在以哈密盆地为中心的东天山地区和孔雀河流域、罗布泊一带，墓地年代上限可推至公元前3000年末至2000年初前后，属于青铜时代的早期。至公元前2000年后，新疆青铜时代中晚期的墓葬则遍布天山南北，墓群多数规模较大，一处墓地常常有数百座甚至上千座墓葬，排列密集有序，这类墓地很可能是古代氏族或部落的大型公共墓地。至公元前1000年的新疆早期铁器时代，一些始自青铜时代的大型公共墓地还在延续使用，同时更多地出现了一些小型墓地。这些墓地墓葬常常只有数十座或十多座，有些仅一两座或数座，墓葬排列稀疏。古代墓地是当时社会的缩影，早期铁器时代小型墓地的流行可能与家族墓地的兴起有关，寓示着青铜时代那种规模较大的氏族或部落社会群落发生了分裂，社会组织集团逐渐趋向于小型化。历史时期的墓地，重要的发现主要分布在吐鲁番交河、高昌、楼兰、营盘、尼雅等著名都城和城镇附近，是这些城镇居民的世俗墓地。另外在一些宗教建筑附近，还发现一些僧侣的墓葬。伊斯兰教传入新疆后，麻扎建筑盛行，这些麻扎即为陵寝，同时还是伊斯兰信教群众进行宗教活动的圣地。

由史前到历史时期，不同时期和不同区域的古代墓葬，从墓地布局、墓葬结构、葬俗葬式到随葬物品都有明显变化，表现出不同的文化特征。史前墓葬依据其特征，可划分为不同的考古文化或考古文化类型；历史时期的墓葬，则可由墓地的位置大体推断其应属于哪个绿洲或草原王国所统辖区域的遗存，也可通过墓葬的规模和级别，以及墓葬中出土的文字材料及相关文物，研究墓主人的真实姓名、身份和社会地位等。

新疆史前墓葬数量众多。南疆环塔里木盆地的史前墓葬，主要分布在山间盆地、河谷两侧，天山南北两麓的山前坡地、台地和河流两岸的台地以及冲积扇上。北疆阿尔泰地区的古代墓葬，则沿山前绿洲台地以及山前草原地带广泛分布。史前墓葬大体上又可以划分为青铜时代和早期铁器时代两个时期，而且新疆不同地区青铜时代开始和结束的年代并不完全一致，早期铁器时代结束的年代则一般认为在纪元前后的汉代。不同区域考古发现与研究的进展不同，有些地区青铜时代的墓葬还可以区分出早晚两期。

以哈密盆地为中心的东天山地区，青铜时代的墓葬可以划分为早晚两个阶段。早期阶段的时代大体在公元前3000年末到2000年中叶前后，以哈密市的天山北路墓地为代表；晚期阶段从公元前2000年中叶开始，到公元前1000年的前半叶，以焉不拉克墓地的早期墓葬为代表。

天山北路墓地位于今哈密火车站附近，发掘墓葬700余座。墓地墓葬分布密集，为长方形竖穴土坑墓和竖穴土坯墓，墓向东北—西南向，以侧身屈肢单人葬为主。随葬品以铜器最多，其次为陶器、骨器、石器等。陶器手制，夹砂红陶为主，平底双耳陶器居多，其次为单耳器，器类有双耳罐、单耳罐、杯、盆等，彩陶发达。铜器数以千计，主要为装饰品，其次为生产和生活用具。装饰品类型丰富，有的用于日常装饰，有的则与原始宗教有关。以天山北路墓地为代表的文化遗存称之为林雅文化。从林雅文化的基本特征，特别是墓葬结构、埋葬习俗、陶器和铜器类型与作风看，它是源于黄河流域的彩陶文化和一支西来的文化在东天山地区相遇形成的地方性文化类型。

焉不拉克墓地位于哈密市西焉不拉克村附近，墓地规模较大，有墓葬上千座，发掘墓葬90座。墓葬可分为早晚期，早期墓葬属于青铜时代晚期，均为竖穴土坑墓，多用土坯围砌墓室，多单人侧身屈肢葬。随葬品中的陶器为夹砂红陶，手制，器型有双耳陶罐、腹耳壶、单耳钵、盆、陶豆等，多为彩陶。陶盆常钻孔洞。铜器有牌饰、锥、扣等。木器较多，数件木雕人像出土时还穿有衣饰。以焉不拉克墓地早期墓葬为代表的文化遗存称之为焉不拉克早期文化类型。该文化类型的主要文化成分源于林雅文化，同时又受到来自甘青和北方草原同时代文化因素的影响。属于这一文化类型的墓地，还有哈密五堡墓地、巴里坤南湾墓地等。

吐鲁番盆地尚未发现公元前2000年前半叶的墓葬，属于青铜时代的墓葬年代在公元前2000年末到公元前1000年初，以洋海一号墓地为代表。

洋海一号墓地位于吐鲁番东火焰山南，墓地规模大，墓葬排列密集，发掘墓葬一百多座。均为竖穴土坑墓，墓口棚盖木头，部分墓室内置尸床，多单人一次葬，仰身屈肢，个别尸体颅骨上有穿孔现象。洋海墓地的部分尸体保存良好，成为珍贵的古尸标本。其中一墓的墓主人手持铜斧，握着裹铜片的法杖；还有一墓墓主腿绑铜铃、铜管，推断他们生前的身份为萨满巫师。洋海墓地随葬品丰富，有陶器、木器、骨器、草编器、毛织品、皮制品、铜器、石器等。陶器为夹砂红陶，手制，以单耳平底器为主，常见有单耳罐、杯、钵等，彩陶发达，多以几何纹样构图。木器种类繁多，少数木器上阴刻几何或动物纹。皮制品大量出土，主要有衣物和装饰品。以洋海一号墓地为代表的文化遗存，称为洋海文化，这一文化基本分布于艾丁湖北岸、火焰山南麓的局部区域。从洋海文化的基本特征看，它是在哈密盆地彩陶文化西传的基础上，又接纳了其他文化因素而发展起来的地方性考古文化。

天山南麓一线的青铜时代遗存，可以早到公元前 2000 年中叶前后，属于这时期的墓葬有和静县察汗乌苏墓地和最近发掘的小山口墓地，这些墓地情况复杂，其中部分属于青铜时代的墓葬，文化特征表现出与欧亚草原安德罗诺沃文化的密切关系。经过大规模发掘的属于青铜时代晚期的墓地是察吾呼沟四号墓地。

察吾乎沟四号墓地位于和静县城西北三十多公里的天山南麓一山前坡地上，经过全面发掘，发掘墓近 250 座。墓地由祭祀区和墓区组成。墓葬为石围竖穴石室墓，合葬为主，葬式多仰身屈肢，多一次葬，死者的头骨上常见穿孔现象。随葬的生活用具主要有陶容器、木容器、粮食类食物、直柄小铜刀等。陶器为夹砂红陶，手制，器类丰富，常见的有单耳带流罐、单耳带流杯、釜、勺杯等，带流器约占三分之一，是察吾呼文化器物的标志性特征。彩陶十分发达，常见分区布局的几何纹样。随葬品中的生产工具和装饰品有骨、铜质的马具、纺轮、环首铜刀、铜镜、耳环以及各种形状的石饰和骨、铜饰等。以察吾乎沟四号墓地为代表的遗存称为察吾乎文化。察吾乎文化的主体来源于东天山彩陶文化，同时接受了北方草原文化的某些文化因素。属于这一文化的还有察吾乎沟五号墓地、一号墓地的早期墓葬等。年代在公元前 2000 年末到公元前 1000 年初。另外，轮台县群巴克墓群的一些墓葬也属于察吾乎文化范畴，只是群巴克的墓葬习俗十分特殊，这里的墓葬围绕着中心大墓布列小墓和祭坑，大墓施行火葬，火葬的方式是一边埋葬尸体，一边填土。随葬器物有陶、铜、骨器等，器类比较简单。

孔雀河流域、罗布泊一带在新疆史前文化上是一个特殊的区域。这里发现的近十处史前墓葬都属于青铜时代，年代在公元前3000年末到公元前2000年中叶前后。其中最重要的是小河墓地和孔雀河古墓沟墓地，为小河文化不同阶段的代表性遗存。

小河墓地位于孔雀河南部支流小河东岸，20世纪初发现，21世纪初进行了全面发掘，墓地有墓葬近400座，保存下来并经发掘的墓葬167座。墓地外观为椭圆形的沙山，高7米余，长74米左右，宽35米左右。中部有木栅墙将墓地分为南北两区，发掘的墓葬可分上下五层。墓葬多为竖穴沙室，内置胡杨木棺，形似无底的独木舟，棺上蒙盖牛皮。男性棺前竖桨形立木，象征女阴；女性棺前竖多棱立木，象征男根。部分墓前端还立有高达四五米的涂红木柱，柱顶悬挂牛头，柱根部置放芦苇和小捆羊腿骨等。一棺一般葬一人，死者头向东，仰身直卧，头戴毡帽，腰着腰衣，外裹毛织斗篷，随葬草编篓等。发掘4座具有祭祀性质的泥壳木棺墓，棺中均葬一女性，棺上竖长方形的木板室，其中放置木雕人像等遗物，木板室口部抹泥，周围栽竖6或8根高木柱。北区的北端有一座大型木房式墓葬，由长方形墓室和梯形"墓道"组成，墓室中部立隔板，形成前后室。墓主可能为女性。墓中出土圆形石质权杖头、骨雕人面像、圆形铜镜、彩绘木牌、多节的木雕人面像以及百余件牛头和羊头等，推测墓主人当是小河社会组织集团的首领。孔雀河古墓沟墓地位于孔雀河下游河岸，有两种类型的墓葬。多数墓葬为竖穴沙室木棺墓，棺上以羊皮或簸箕状草编物覆盖，均为单人仰身直肢葬，头向东。死者用毛毡包裹，头戴毡帽，帽上插羽毛，脚穿皮鞋，部分包裹于毛毯中。随葬草编小篓，篓内盛小麦及其他食物。部分墓葬随葬木或石人像，以及木盆、碗、杯、角杯、兽角和锯齿形刻木等日用器具。少量墓葬地表有7圈木围桩，内外粗细有序，向外呈放射状排列。后一类型的墓葬的年代晚于第一类型的墓葬，年代在公元前2000年中叶前后。小河和古墓沟墓地的发掘，对于研究新疆史前文化的基本结构具有十分重要

图下 4-9　史前小河墓地底层墓葬全景　刘玉生摄

的价值，特别是小河墓地举世罕见的奇特葬制，充满了浓郁的原始宗教文化氛围，极大地拓宽了我们认识史前人类精神文化的视野。

　　昆仑山地区发现的青铜时代的墓葬很少，近年来在帕米尔高原发掘的塔什库尔干下坂地墓地一号墓属于青铜时代，年代在公元前 2000 年下半叶。这一墓地墓葬分布密集，少数墓葬封堆下有多个墓室，墓底见有麦草或草捆，墓室口覆有盖木或石板。采用火葬和土葬两种方式，土葬墓为倦屈特甚的屈肢葬，部分墓室内不见人骨，但有葬具和随葬品。有一座墓封堆下有 4 个墓室，其中 3 个为"空墓"，另一墓室填土中见两节残指骨，还有 2 座竖穴土坑中埋葬有一堆小动物骨和零乱的马、羊骨等，比较特殊。火葬也有两种方式，一是将人骨在墓室中直接火烧并埋葬，另一种是将人骨火化后拣大块人骨集中埋葬。其中一墓"墓室"，是一条长 30 多米的埋藏沟，内置窄木板，墓底放三堆捡拾干净的骨灰，并每隔一段放置一组随葬品，共 24 组，葬俗十分奇特。随葬器物有陶、铜、石器等。陶器为夹砂灰陶，多为直壁或弧腹的缸形器。铜器常见喇叭口状铜耳环、铜手镯等。陶器和铜器明显受到了安德罗诺文化的影响，但其墓葬习俗则十分独特，可以认为是安德罗诺沃文化的地方变体。

阿尔泰山南麓草原地带，发现多处青铜时代墓地。这些墓地墓葬多零散分布，往往三五成群、相对集中，基本不见规模较大且排列密集的公共墓地。经过发掘，年代在公元前1000年前的重要墓地有今阿勒泰市的切木尔切克墓地。

切木尔切克墓地位于准噶尔盆地北部的额尔齐斯河北岸。墓地墓葬地表有矩形石圈，石圈内分埋多个墓室。墓室均为竖穴石棺，石棺用巨石板围成，有的墓前立有石人。葬式以仰身直肢为主，单人葬、合葬墓均有。随葬品简单，有陶器、石器和铜器，陶器为夹砂灰陶或灰褐陶，手制，多为无耳圜底器，平底器很少，常见器类有罐、豆等。器表多素面，个别器表刻以几何纹和水波纹。铜器有铜刀、铜矛、铜镞。石器有罐、钵和石臼等，发现1件铲的合范和匕首、锥的单石范。出土器物中以橄榄形陶器和石罐最具特征。以该墓地为代表的遗存，称为切尔木切克文化。该文化明显受到外阿尔泰地区阿凡那谢沃文化及其他北方草原文化的影响。

公元前1000年初开始，新疆不同的地区陆续进入早期铁器时代。发掘的属于早期铁器时代墓地数以百计。这一时期，南北两疆许多墓葬地表开始出现封堆标志，特别是到了公元前1000年中叶前后，具有较大封堆的墓葬在天山南北普遍流行，汉代前后主要在伊犁草原出现了一些有巨形封堆的土墩墓。墓葬中铁器普遍发现，彩陶开始衰退，游牧文化因素迅速传播，文化共性日益突显。

天山地区有代表性的早期铁器时代墓地是伊犁河谷的穷科克一号墓地，年代为公元前1000年的前半叶。墓地位于尼勒克县伊犁河支流喀什河南岸台地上。墓葬地表大多数有石围和石圈，有竖穴土坑墓和竖穴偏室墓两种，墓道内多填石。基本为单人一次仰身直肢葬，随葬器较少，有陶、铁、木、石、铜器等。陶器为夹砂红陶，手制，多无耳平底器或圜底，个别单耳器，常见器类有罐、杯和盆、钵等，部分为彩陶。铁器常见小铁刀。随葬的木盆中多放有羊骶骨。穷科克墓地铁器普遍发现，是研究新疆早期铁器的重要材料。以穷科克一号墓地为代表的文化可称为穷科克文化。属于穷科克文化的墓地还有穷科克二号墓地、别特巴斯陶墓地、吉仁托海墓地等。

图下 4-10　伊犁河谷汉代土墩墓　刘玉生摄

　　昆仑山南麓一线发掘史前墓葬数处，基本都属于早期铁器时代。文化特征相对一致，构成相对独立的文化区，显出与天山史前文化的明显区别。这一时期重要的发掘是且末县的扎滚鲁克一号墓地。

　　扎滚鲁克一号墓地位于且末县且末河流域。墓地墓葬排列密集，有长方形竖穴土坑墓、竖穴土坑棚架墓和单墓道竖穴棚架墓。少量墓中发现尸床，个别小孩尸体上盖木盆或用红色毛布包裹。单人仰身屈肢葬为主，男女头向相反或头皆朝墓室四壁，有的死者蒙面，嘴上盖有椭圆形金片饰，有的死者以彩色绘面化妆。部分死者随身衣物完好。服式多样，仅外衣就有套头长裙（连衣裙）、毛布筒裙、喇叭状裙、横缀裙、毛织裤、裁剪裤等数种。随葬品以陶器为主，其次是骨、角、草、铜、石、铁、金以及大量的食物。陶器为褐灰陶或褐红陶，器型主要为无耳的圜底器和单耳平底器。常见有无耳陶钵、单耳杯、单耳罐、圜底罐、带流罐等。骨、角和木器大量发现，器类繁多，生产和生活中的器物应有尽有。墓地的年代在公元前 7 世纪到公元前 3 世纪前后。以这一墓地为代表的文化遗存称扎滚鲁克文化。属于扎滚鲁克文化的墓地还有扎滚鲁克二号墓地等。

　　从公元前后汉代开始，新疆进入历史时期，目前发掘的历史时期的古代墓葬主要集中在汉唐阶段。特别是在吐鲁番盆地、塔里木盆地一罗布泊一带古楼兰鄯善区的汉唐墓葬中，发现大量各种文字的简、纸文书、木器、织物、食品等有机质的生产、生活用品和艺术品，奠定了吐鲁番学、楼兰学的基础。这些墓葬的发掘与分析，对新疆、中原以及中亚的历史，特别是对丝绸之路的研究具有十分重要的意义，是国际学术界长期致力探索的显学。

在古楼兰、鄯善地区，汉晋墓葬数量众多。在楼兰古城东北郊发掘两处汉代墓区。墓葬为长方形土坑竖穴墓和带斜坡墓道的土坑竖穴墓，单人葬或多人丛葬。随葬有陶器、木器、铜器、铁器、皮革制品、玻璃器等。织有"延年益寿大宜子孙"、"延年益寿长葆子孙"、"长乐明光"、"长寿明光"、"登高"、"望四海贵富寿为国庆"等吉祥语的织锦，以及绮、绢、刺绣、毛布、毯毡、棉布等引人注目。近年在楼兰故城东北、罗布泊北岸 LE 古城北、东、西方圆 5—10 公里的范围内调查发现数十座带墓道的洞室墓，或前后室或左右室，墓顶或拱顶或覆斗顶，其中清理了一座豪华壁画墓，被专家们称为"楼兰百年考古的重大发现"。墓葬构筑在 LE 方城西北约 4 公里处，带有长达 10 米的斜坡墓道，墓室为前后双室，均平顶。前室长 4 米，宽 3.5 米，高 1.7 米，中部立一直径 50 厘米、下有方形基座的圆柱；后室边长 2.8 米。前后室四壁丹青斑驳，满绘壁画。有六身横向排列的男女人物形象，手中持钵或高脚杯，服饰具有鲜明的西域特色；有着通肩袈裟盘腿而坐的礼佛供养人；有洋溢着浓厚生活气息的两驼相搏图，以及动感十足的独角兽、奔马形象；中心圆柱及后室四壁则满绘莲花图案。墓葬曾经严重被盗，发掘中清理出彩绘箱式木棺四五具，还有彩绘佛像、花卉、交领长袖宽口绢衫、下摆缀有贴金装饰的绢袍、刺绣手套、棉布袜以及双面栽绒的彩色毛毯、几何纹织锦、花纹若隐若现的绮，以及制作精细的木杯、彩绘箭杆、皮囊、马鞍冥器以及象牙篦、木梳等。该壁画墓或为 LE 城一贵族家族的合葬墓，或与楼兰道上活动的粟特人有关。

尼雅汉晋墓地位于尼雅遗址的北部，为竖穴沙室墓，葬具有四腿箱式木棺和船形树棺，单人葬或数人合葬，葬式仰身直肢。箱式木棺中有夫妻合葬，尸体保护较好，衣着华贵。特别是三号墓和八号墓（编号为 M3 和 M8 的墓葬），规格极高，墓主人当为古精绝国国王或上层贵族。

出土遗物丰富，有锦被、锦袍、锦裤、锦袄、绣花靴、勾花皮鞋、锦面衣、弓箭、陶罐、器座、晕染毛织袋、漆奁、料珠、铜镜、梳篦、革带、木柄铁刀、漆皮压花刀鞘、束发锦带、食物等。其中"五星出东方利中国"、"王侯合昏千秋万岁宜子孙"、"延年益寿长葆子孙"、"安乐如意长寿无极"、"登高"、"恩泽下"等吉祥文字织锦，织造工艺精湛，代表了汉魏丝织技术的最高水平，弥足珍贵。墓葬中众多风格各异的文物显示了古代尼雅绿洲在汉晋丝绸之路上所占据的重要地位。

洛浦山普拉墓葬群分布在昆仑山山前和和田河出山口后形成的冲积扇上。墓群分布范围相当大，分片布局，东西绵延长达6公里多，南北宽1公里。墓葬分早晚两期，早期年代为西汉至东汉晚期，晚期为东汉晚期至晋代。早期墓葬结构为长方形竖穴土坑墓、刀形土坑棚架墓两种，有小儿单人葬、合葬、数百人的家族丛葬等，还发现殉马坑。晚期以长方形竖穴土坑墓为主，箱式木棺为多。早晚期墓葬出土文物以各类木质的生产生活用具为多，镟削工艺成熟；另外还有陶、石、金属器，精纺、粗纺的毛织物和皮革制品更是山普拉文物的一大特色，其中的马人武士壁挂、树叶纹马鞍毯、毛裙上五颜六色的缂毛饰带等，都是丝路东西文化交融的精品。

营盘是丝路"楼兰道"上交通重镇，营盘人的公共墓地位于库鲁克塔格山前台地上，绵延1.5公里，计有墓葬300余座，发掘120座。有竖穴墓和偏室墓两类，竖穴墓中置有木质棺具，有倒扣的胡杨槽形棺和四足的箱式棺，部分箱式棺施有彩绘。多单人葬，个别的两人合葬或三人合葬。随葬器皿多为木器，也有少量陶器，还有来自莎珊王朝的玻璃杯，中原的釉陶碗、漆耳杯等。不少死者服饰色泽如新，长袍、短襦、筒裙、间色裙、灯笼裤等式样丰富。织物种类繁多，发现被认为是西域地产品的织锦。营盘15号墓引人注目，葬具为箱式彩棺，上盖彩色狮纹毛毯，棺内葬身材高大的青年男性，面戴白色麻质面具，额部贴金，衣着华丽、罕见，上身穿红地对人兽树纹罽袍，面料是来自中亚、西亚一带的精纺的高档毛织物，下身穿绛紫色花卉纹毛绣长裤，足蹬绢面贴金毡袜，胸前及左腕处各放一件绢质冥衣，左臂肘部系一蓝绢刺绣护膊，头下枕缀珍珠的"绮上加绣"的鸡鸣枕。墓主人地位显赫，疑为当时绿洲王国的贵族或来往于丝路古道上的富商。营盘墓地遗存，包含了丰富的东西文化因素以及绿洲城邦国家社会文化生活诸多方面的信息，许多方面填补了汉晋历史考古研究上的空白。

库车友谊路墓地，是近年新疆魏晋考古的重要发现。墓地位于今库车县城友谊路南端。有斜坡墓道单室隆顶墓和斜坡墓道前后双室穹隆顶砖室墓，有的墓壁砖面上以黑、红色绘出花卉、几何图案。均为多人多次葬，部分墓葬埋葬个体达20多人。随葬品有陶、铜、铁、金、玉、漆器等。陶器为夹砂灰陶，器类主要有大口罐、多系罐、单耳罐、细颈执瓶等；铁器有刀、钉、箭镞、环形器、铁镜；铜器有铜镜、铜簪、小铃等；金银饰件有宝钿花簪、金花饰、耳环；有两件白玉手镯残段；钱币有货泉、大泉五十、五铢、剪轮五铢、龟兹小钱等。库车友谊路墓葬与中原内地、尤其是甘青地区同时期的砖室墓基本相同。在遥远的西域腹地发现典型的汉风墓葬意义深远，魏晋十六国时期中原文化在西域的传播与渗透由此可见一斑。

吐鲁番地区汉唐时期的墓葬比较集中。重要的有交河沟北汉晋墓地、交河沟西晋唐墓地、阿斯塔那晋唐墓地等。交河沟北汉晋墓地，是车师统治者的陵墓区。墓葬规模大，结构复杂，有主墓室和陪葬墓，主墓室外围有土坯围墙，中心墓室内葬墓主人应为车师最高统治者，墓室墓道最深达9米，为单或双偏室的竖穴偏室墓。围墙内中心墓室外侧也见小墓室，埋葬的可能是王室成员。围墙外有大量的陪葬墓和成排的马驼坑，陪葬墓的主人可能也与王族有关，马驼坑内葬一或多匹完整的马，其中一座马坑中有一老年女性与马共室，可能是为王室养马的奴隶。沟北车师贵族墓葬曾被迁，遗留物有陶、铜、骨、铁、金器等。骨器中一件鹿首骨雕，精雕细琢，十分精美；金器中一件怪兽博虎金牌，表现格里芬芬的形象。交河沟西也发现有同时代的竖穴墓，出土有金冠饰、金项饰等，小为车师王族的遗物。交河沟北、沟西墓地的发掘对于研究车师王国的文化及其兴衰的历史弥足珍贵。

阿斯塔那—哈拉和卓古墓群位于吐鲁番市东胜金口南通向阿斯塔那乡的路边，戈壁滩上古冢累累、鳞次栉比，有"地下博物馆"之称，先后发掘墓葬500多座，年代从十六国至晋唐时期。墓葬形制有竖穴偏室墓和斜坡墓道墓两类，每座墓均葬一至三人，仰身直肢，有的墓室后壁绘有表现墓主庄园生活的壁画。随葬品极其丰富，仅出土文书一项，据不完全统计，总数即上万件，包括世俗的租佃、雇佣、买卖、借贷的契约，户籍、手实、计账、定户、受田、欠田、退田、差科等簿籍契据，还包括审理案件的辩词和录案、授官授勋告身、收发文簿、收支账历、行旅的过所和公验、符帖牒状等官府文书，还有历书、药方、经籍写本、私人信札、随葬衣物疏等，内容涉及政治、经济、军事、文化等方方面面，堪称高昌的历史档案库。出土丝、毛、棉、麻织物约千件，其中的锦、绮、纱、绫、罗、染缬、刺绣等各类品种繁多，色泽鲜艳，再现了昔日丝绸之路的繁荣景象。墓中所见绘画有壁画、版画、纸画、绢画、麻布画等多种形式，内容有人物画、花鸟画和天文图，尤其是人首蛇身的伏羲女娲图，内涵耐人寻味。出土的泥塑、木雕俑像千姿百态，栩栩如生，绢花、彩绘陶罐等颇具特色。钱币除中原王朝钱币外，还有东罗马金币、波斯银币。另外还有墓志、陶、木器皿、农作物、瓜果食品等数以万件。阿斯塔那—哈拉和卓墓地的发掘，为研究汉唐时期中原及西域政治、经济、文化、法律、交通、民族关系等提供了大量宝贵的实物资料，其研究价值不可估量。

第六节　岩画的文化讯息

岩画的发现与分布　阿尔泰山岩画和石棚绘画　天山岩画　昆仑山岩画

新疆古代岩画主要是指史前和历史时期生活在山地的居民雕刻在岩面上的岩刻画，在阿尔泰山前石棚岩洞里，还见有少量用赭石等绘在石面的绘画，也是古代岩画的组成部分。

新疆岩画的发现最早可以追溯到 18 世纪中叶，新中国成立后，随着文物调查工作的展开，在天山、昆仑山和阿尔泰山一带不断有新的岩画点发现。20 世纪末，在新疆境内的四十七个县、市发现岩画遗迹近 300 处。近年开始的第三次全国文物普查，在对已有岩画进行复查的同时，又新发现岩画点 200 余处，大大丰富了新疆岩画的内容。从岩画的分布情况看，阿尔泰山、天山一带以及准噶尔西部山区，岩画点发现较多，内容丰富；昆仑山地区岩画则分布相对较少。这一格局的形成，很可能与三大山系不同的自然地理条件、周边地区传统文化因素的影响以及经济生产方式的差异有关。岩画主要是古代游牧民族的文化要素之一，阿尔泰山和天山以北的草原地带，自古是游牧民族生息繁衍的地方；而天山南麓和昆仑山一带，则以绿洲经济为主，绿洲经济是农牧结合的特殊经济形式。而且，岩画风格的差异，也可能与各地区的经济方式有内在的关联。

阿尔泰山麓岩画，数量众多、绵延分布，形成一道宏伟壮观的岩画长廊。这里的岩画从绘法、内容和表现特征上，大体可以分为三类：第一类是在石棚和浅的岩洞内雕凿的岩刻画，这类岩画一般采用平面凹磨（或称研磨法）或线刻的方法，刻出体形较为硕大的动物，题材主要有牛，还有鹿、骆驼等，羊及其他动物较少，年代推断在青铜时代。如阿尔泰市敦德布拉克岩画，以线条勾勒出野牛肥壮的体形；富蕴布拉特岩画，则用平面凹磨的方法，在一岩面上表现一只或数只孔武有力的野牛，形象饱满、逼真、神形兼备。类似的题材在阿尔泰市杜拉特、汗德尕特、哈巴河加尔塔斯阔腊斯等岩画点也有发现，其中汗德尕特岩画因牛体刻绘过于肥硕，被称为孕牛图。第二类岩画主要采用线条或平面凹磨的方法，刻绘出人物与动物以及其他象征符号。与前一类型相比，这类岩画中的动物种类丰富，以羊的形象为主，其中常夹绘鹿、马、牛、驼等家畜，还有野猪等野兽。画面构图以单纯的动物群最为常见，一块石面上常常见数只、数十只、甚至上百只动物，以羊为多，有单只、有群羊，有的还夹有其他动物。其次比较常见的是手持弓箭的人物与动物画，这类岩画过去一般认为与狩猎巫术有关，但也有观点认为画面表达的是生殖崇拜的内涵。另外，还有单独由人物组成画面的。第二类岩画在整个新疆史前岩画中占有很大比例，甚至在整个欧亚北方山地普遍有发现，共性明显，其年代在早期铁器时代。第三类岩画，采用极简单的线条，勾勒出抽象或符号化的动物图形。这类岩画发现很少，常常零散地刻绘在一些相对独立的石头上，从中可以看到岩画艺术的衰落，其年代可能晚到历史时期。另外，阿勒泰地区是车辆题材岩画发现比较集中的区域，年代可能也晚到了早期铁器时代。车辆的发明与使用，是人类运输技术的一场革命，车辆最早出现在欧亚草原的西部，阿尔泰山车辆岩画的发现为车辆文化的东传提供了重要线索。

阿尔泰山特有的石棚绘画近来引起了人们的关注，比较有影响的如富蕴县唐巴勒斯洞穴绘画。其中唐巴勒斯一号石棚，高踞于半山腰之上，洞内彩绘内容十分丰富，均呈赭红色，颜色深浅不同，内容有"火炬"形、多个同心圆形，异形符号和徽记、似动物的图案、人面形等，图画布满洞穴之顶、侧壁及正上方，蔚为壮观，整个图形奇特、怪异，具有浓郁的原始宗教色彩。唐巴勒斯二号石棚，棚口宽 4.9 米、高 3.2 米、深 4 米，洞内彩绘人物 32 个，除一侧有一持弓箭人物外，其余人物排列四组，呈舞蹈状。在阿尔泰山西段哈巴河境内别列泽河谷的多尕特，发现七处洞穴岩画，岩洞中留有赭红色彩绘画面。其中一洞窟绘有猎人以投枪、长矛狩猎牛、马等食草类大型动物的场面。牛、马等在猎人的驱赶下狂奔，部分已被投枪刺中，两侧还绘有围栏、陷阱、手印和脚印图案。阿尔德敦布拉克发现四处岩棚画，其中一岩棚绘画中有一组人物滑雪飞驰的画面，研究者高度强调了这幅岩画对研究世界滑雪运动

图下 4-11　阿勒泰多尕特史前石棚绘画　王博摄

的起源所具有的重要意义。

关于阿尔泰的石棚绘画的年代，一些学者将其与欧洲旧石器时代洞穴绘画相比较，认为是旧石器时代晚期的作品，年代距今一万年到数万年间。但从石棚绘画的技法、内容看，更可能属于青铜时代。如唐巴勒斯二号石棚的舞蹈人物，与欧亚地区青铜时代彩陶上的连壁人物形象一致，其中夹绘对马纹样，对马形象在内陆欧亚，最早也出现在青铜时代。阿尔泰山地还有一些岩画构图奇特，如阿勒泰市骆驼峰岩画群中有一幅"羊鹤鱼图"，表现的是羊、鹤、鱼三种动物形象。图案与陕西宝鸡北首岭出土的"水鸟啄鱼图"以及河南临汝阁村出土的"鹤鱼石斧图"的图案结构相似，有观点认为其寓意可能同源。对于这种结构的图案，学术界有不同的解释，一般认为它是生殖崇拜图，鹤是男性的象征，鱼则是女性生殖的象征，鱼雕刻的很大，表现出很强的生育能力。鹤啄鱼象征男女结合，而羊则表现的是男女交媾能生育的愿望。中原地区发现的"水鸟啄鱼图"和"鹤鱼石斧图"早到新石器时代，而阿尔泰的上述发现，则可能晚到青铜时代或更晚。

天山岩画以动物题材为主，基本不见阿尔泰山特有的石棚绘画，也少有那类体态硕大的动物岩画。天山一带的岩画，动物更为神似，体态多纤细，具象表现的动物图形很少。除常见的家畜外，猛兽形象增多。虎和狼的躯体多用圆涡、曲线表示，其表现方式与青铜器上的同类动物图风格一致，年代可能早到青铜时代晚期至铁器时代初期。

人物题材的岩画，以1978年发现的呼图壁康家石门子岩画最为著名，该岩画堪称欧亚地区生殖崇拜岩画的经典之作。岩画所在岩面平整，画面展布东西长约14米，高约9米，面积120平方米，上满布大小不等、形态各异的人物形象，总数达二三百人。岩画最下层的刻像，距目前地面约2.5米；最上部的刻像，距地面高达10米。所刻人物形体大者过真人，小者仅10厘米。刻像有男有女，或站或卧，或衣或裸。岩画中最主要的刻像，集中在约60平方米的范围内。这一区域内有一列高大的群体刻像，其下方是两排体形很小的"连臂舞蹈"人；岩壁最上方是一列裸体女性图像，人像刻画的相对整齐，在每3人之间，刻有一组对马，女性像最高的达2.4米。这列女性像一侧，斜卧一男性形象，通体涂

朱，刻画出夸张的男根，男根指向女性。在男女性刻像之间夹刻有两组
对马，上下直立相对，一组通体涂朱，另一组刻出明显的生殖器。岩壁
下方，画面错落，画面中的男性都平伸出夸张的生殖器，或指向女性，
或男女一组，表现出交媾的场面。岩画左侧一女性，呈仰卧状，与右侧
裸露男根的男性组成交媾图。画面中的男性，腹中刻出人面。另外还有
同体双头人像，或同体三头人像。在画面中西部人像下还刻绘出老虎、
弓箭，间夹人面等。

　　呼图壁岩画发现后，多数学者同意将岩画的创作时间定在公元前 7
世纪前后，并认为是生活在天山地区的古代塞人所绘。近来有学者提出
该岩画的创作年代要早到公元前 2000 年初前后，很可能和这一时期由欧
亚草原迁入天山地区的原始欧洲人群集团活动有关[17]。

　　兴地岩画所在的库鲁克塔格山，也属于天山山系。这里的最大的一
幅岩画，南北约 4 米，高约 2 米。画面中有羊、双峰驼、马、手掌纹以
及人物、树木等形象。所绘动物或粗壮、或纤巧、或静态、或动态，人

图下 4-12　康家石门子史前生殖崇拜岩画　刘玉生摄

物或骑马或射箭，还有儿童追逐、玩耍、倒立。画面构图，一般认为反映的是一幅安居乐业、祥和自然的生活内容。

哈密沁城折腰沟争战岩画引人注目，整个画面充满肃杀之气。两方酣战，一方取攻势，跃马举矛，另一方招架应付处于守势。淋漓尽致地表现了古代部落间厮杀的场面。

昆仑山岩画发现的较少。除常见的猎人和动物题材外，大量的手印及其他符号是这里岩画最突出的特征。重要的如皮山桑株岩画，在一块巨大的石头上刻绘出人和动物。岩画的右上方一人双手举一五角星状物，左侧是一猎人，射出的弓矢正飞向前方，正前方有两个围猎者，下方有狗、山羊、骑马者、手印及其他刻划符号。

岩画研究中还有诸多问题需要进一步探索，诸如岩画的时代、类型、文化和族属等。西域历史考古研究中，岩画的研究是极为重要的一个方面，尤其是在揭示游牧文化内涵、探索山地居民信仰与宗教方面，岩画的研究价值无可取代。

第七节　草原遗踪：石人与鹿石

青铜时代石人　早期铁器时代石人　突厥石人　草原鹿石

石人是在柱状石上雕刻出人面，有的还刻出人的肢体。鹿石，一般指的是经过人工敲凿雕刻加工而成的一种碑状石刻，因雕刻有鹿的图案而得名。石人和鹿石是欧亚草原文化的代表性遗存，新疆发现的鹿石和石人主要集中在阿尔泰山地和西部天山北坡，其他地区很少。

新疆地区在墓葬地表立石人的习俗，始于青铜时代，经早期铁器时代延续到历史时期。石人雕刻技法或圆雕或浮雕，所刻人面神态古朴，寓意深刻。自清代徐松《西域水道记》中提到新疆石人，到近年来的多次文物调查，新疆发现的石人累计有200多尊。主要分布于阿尔泰草原和伊犁草原。时代上，可分为青铜时代石人、早期铁器时代石人和突厥石人。

青铜时代石人阿勒泰地区多有发现，重要的有阿勒泰市喀依纳尔一号墓地、二号墓地石人，切木尔切克 2、18、19 号石人，同类型的石人在布尔津、塔城、和布克赛尔等地也有发现。这些石人大多立在墓前，墓葬有石棺墓和石堆墓，时代推断在公元前 2 千纪。这时的石人造型上也有区别，有的形态简单，脸庞呈圆形或椭圆形，不表现髭和胡须，圆眼，鼻翼或宽或窄，一般只注重脸部的凿刻，忽略细部肖像的精雕，面部缺乏变化，表情呆板，风格程式化。而有的则圆形人面，刻出窝形的圆眼，面目轮廓线条变细，鼻、嘴小巧，并开始刻画出性别特征，主要以髭的有无来区别男女。女性石人颈部雕刻锯齿纹装饰，男性石人的装饰主要在肩胸部，有的装饰出动物图案，有的石人手持镰刀，这些动物图案和镰刀也都具有青铜时代器物特征。

早期铁器时代的石人也主要发现于阿尔泰山地，重要的有切木尔切克 10、11 号石人、喀腊塔斯石人等，年代在公元前 1000 年。雕刻技法上浮雕和阴刻兼有。石人面部显出轮廓线，面庞近圆形或方圆形，眼睛趋向于写实，同时注意到了男、女性面部的差异，女性眼睛写实性较强，面部呈卵圆形，男性石人仍保留了圆形的特点，然而眼睛边缘呈逐渐浮起状（早期眼睛边缘棱角明显），而且鼻子的翼部形状表现得也更为细致。这些石人也立在墓前，有的一座墓前并立双石，如切木尔切克 10、11 号石人，一男一女，同列于墓东，推断是夫妻像，很可能就是该墓墓主人的象征。

史前时期的石人，仅从面貌雕刻特征上很难准确判断它的种族属性。青铜时代的石人有的鼻翼较宽，像三角形，有的是直鼻，呈长方形。有学者据此认为它反映了欧罗巴人种和蒙古人种不同的面部特征。关于族属，一些学者认为石人是塞人的遗存，也有学者将阿勒泰石人与希罗多德《历史》中记载的"秃头人"联系起来，秃头人是"鬼国"人的一支，"鬼国"人是亚洲北部草原地区民族或部落的总称，因此，这些石人可能是鬼国文化遗存⑱。关于石人的用途，随葬在墓中的石人被认为是具有避邪神力的"祖先神灵"，无论是对生者还是对死者都有保护的含义⑲。墓前石人的含义解读多种多样，有石人英雄说、石人帝王说、石人首领说、祖先崇拜说等等。喀依纳尔一号墓地 3 号石人手持镰刀，被认为与早期草原的农耕文化崇拜有关。还有的学者认为史前石人虽然面孔有拟人化特点，但仍保留了兽的细部，像牛耳、牛角等，反映了与农业、畜牧业生活相适应的公牛崇拜，公牛往往象征太阳，因而也具有自然崇拜的内涵。

历史时期的石人主要集中在突厥汗国时期，是突厥文化的重要因素，一般称为突厥石人，时代基本处于隋唐时期。从整个内陆欧亚草原看，突厥石人不仅数量多，分布范围大，类型也很丰富，不同地方石人风格也有明显差别。昭苏县小洪那海石人是新疆突厥石人的典型代表。小洪那海石人露出地表2.3米，花岗岩质，形象非常威武。面东，脸长方、圆形下颌、弧眉、细眼、鼻窄而直、翼较宽，髭曲翘。头戴冠，梳辫，发辫多至10条，披于身后，垂至腰际。腰束带，右臂曲于胸，手中执杯，左手握刀，完全是一个能征善战的武士形象。石人腰部以下刻有粟特字铭文。经解读其中有"muxan可汗之孙，像神一样的……nri可汗"之语。muxan可汗是突厥国第三代王木杆可汗（553—572），nri可汗是他的子孙，即西突厥汗国的泥利可汗。铭文中还记有"持有王国二十一"。粟特铭文的解读，是突厥石人研究上的重大突破。小洪那海石人可确定为突厥可汗的形象。

鹿石出现在青铜时代晚期到铁器时代初期，广泛分布于内陆欧亚草原地带，绝对年代在公元前2000年下半叶到公元前1000年初。这类遗存19世纪末首先发现于蒙古国，据不完全统计，目前世界各地发现的鹿石有500到600通，以蒙古国最为集中。新疆鹿石最早发现于上世纪60年代初，迄今为止新疆发现的鹿石共

图下4-13　昭苏县小洪那海石人　刘玉生摄

有 50 多通，主要集中在阿勒泰的青河、富蕴等地。鹿石因时代、分布区域和鹿石图案、刻绘风格的不同，又可细分为典型鹿石、写实动物鹿石和非典型鹿石三大类。

典型鹿石指的是在碑形立石或方形立石的一面或多面上刻出神鹿形象，表现的是一种鹿鸟合体的想象动物。典型鹿石中的神鹿多成排布列，鹿首作鸟首状，鹿体修长、向上伸展出细长的鸟喙，鹿角特征突出，分多枝向后弯曲，长角飘动。整个神鹿的矩形曲线优美，似纵似飞，动态逼真，气韵通畅，被认为是古老的石雕艺术中的佳作。鹿石上端大多还配以其他装饰。这类鹿石主要发现于青河和富蕴两县。如恰尔格尔 1 号鹿石，通高 317 厘米，碑形立石宽面上部雕刻一圆环，圆环下是连点线。正面连点以下雕刻五只鹿，第一只作回首状，其余四只鹿首朝上。背面连点以下亦雕刻了五只鹿，鹿首皆朝上，第三只鹿的背部位置雕刻出弓囊。碑形立石的两个窄面，一个刻有五只鹿，另一个刻有四只鹿。鹿体雕刻非常细致，线条流畅。这类鹿石上鹿的表现方式基本统一，呈图案化特征。青河县塔城等地还发现过截面呈方形的典型鹿石，如什巴尔库勒 4 号鹿石，其正反面主要雕刻图案化的鹿纹，一面的上部雕刻带小柄的圆环，其下是五只鹿，最上面的一只横向，鹿首斜向下，其余四只鹿首向上。与其相对的另一面刻有六只鹿，偏上的四只鹿首向下，偏下的两只鹿首向上。另外的两个侧面，一面雕刻一把向上斜的刀，与之相对的另一面局部图案不很清楚，中部略偏上雕刻一内饰平行连续曲折纹的长方框。还有一种典型鹿石，碑体呈不规则形，鹿纹也有些变体，不像上面两型那样神鹿上下整齐地排列。如乌鲁肯达巴特鹿石，这通鹿石高 220 厘米，顶部加工成斜弧形，其余各面未作进一步的加工，仅在一侧面上雕刻了五只鹿和圆环图案，五只鹿皆首朝上，其中三只的啄状嘴接近上部边缘，圆环雕于两鹿首之间。鹿石制作相对简单草率。

写实鹿石在新疆发现的比较少，它是碑状石上一面或几面上刻出具象的动物图案，常见的有鹿、马、野猪等，碑石的上端还配以耳环、箭袋和其他工具装饰。还有的写实鹿石中并没有出现鹿的形象，只表现其他动物。青河县什巴尔库勒的几通鹿石均图案清晰，其中一通距地面高

图下 4-14　富蕴县恰尔格尔史前鹿石
祁小山摄

176 厘米，一面刻有一把斧和 3 只立式动物，另一面刻圆环、羊、弓、野公猪、马和鹿，野公猪作"蹄尖"站立状；另一通高 150 厘米，一面刻有圆环，另一面刻圆环、弓及鞘和 3 匹马，马蹄也作站立状。动物蹄表现为站立状，是早期斯基泰动物表现的突出风格特征，可见这类写实鹿石受到斯基泰文化的深刻影响。

非典型鹿石新疆发现的比较多。这种鹿石不表现任何动物，仅在碑的上端部刻出圆环、平行斜线、兵器、连点等，或者只刻出圆环或平行斜线。青河县和富蕴县发现一种非典型的鹿石，其截面多呈正方形或长方形，在碑的宽面刻有圆环、弓囊和简化的人面，人面多用三个圆点和一条短竖线代表眼、鼻、口。有的鹿石还刻出星辰，有北斗七星和其他星辰以及月牙形纹饰。还有的鹿石碑体不作任何加工，选用自然砾石，在相对的两个宽面和两个窄面上只刻出圆环、无柄长剑等。

鹿石是历史上哪个草原部族的遗存，学术界有不同的说法。西方学者多认为，鹿石属于斯基泰艺术中的"野兽纹风格"，判断是斯基泰人的文化遗存。中国一些学者把鹿石与文献传说中在这些地区活动的鬼方—狄人—丁零人联系起来，认为是这些族群的遗存。围绕着青河县三道海子"巨石冢"发现多通鹿石，这里三类鹿石均有，有的学者认为这一巨石建筑为希腊文献中提到的公元前 7 世纪生活在这一地区的独目人所建[20]。对于鹿石的文化含义，学术界的观点分歧更大，有拟人说、墓葬标志说、宇宙树说、祭祀祖先说、祭祀英雄说、生殖祭祀说、祭祀太阳说、祭祀月亮和土地说等等。也有学者研究了鹿石和亚欧草原地带常见的祭祀建筑——"克莱克苏尔"之间的关系，认为鹿石主要是立在这类祭祀建筑旁的神石，其上雕刻的动物具有通神的力量，特别是典型鹿石上刻绘的动物均是鸟和鹿的合体——鸟鹿，是当时人们臆造的神兽，它具有穿越天、地、人间三界的特殊神力，是原始巫师借助沟通天、地、人间的桥梁。所以鹿石是克莱克苏尔这种太阳神殿不可或缺的祭祀神具，是神殿的重要组成部分[21]。

第八节　寻常精致：织物与服饰

史前毛织物与服饰　汉晋时期花罽与彩毯　汉唐时期丝绸品种与图案

在新疆境内丝路沿线的古代墓葬中，发掘出土大批色泽鲜艳、保存良好的织物与服饰。其中既有新疆地区传统的皮、褐[22]、毡、罽[23]，也有我国中原汉唐时期的锦、绢、绫、罗，还有来自中亚、西亚充满异域风情的花罽、织锦。这些织绣珍品，品种多样，图案丰富，织造技艺、服装款式各具特色，生动反映了东西方纺织、服饰文化的相互交流、发展的盛况。

毛织物是新疆居民史前时期最基本的服饰衣料来源。从考古发现看，早到距今 4000 年左右的青铜时代早期，生活在罗布泊地区的古代居民已开始加工鞣制牛、羊皮，纺捻、染色羊毛，织制无需裁剪缝纫的原始衣装。在古墓沟和小河墓地发掘这一时期的墓葬百余座，出土了一批保存完好的干尸，他们头戴毡帽，身裹斗篷，腰围或如裙或似带的腰衣，足蹬短腰皮靴。毡帽毡质平匀、厚实，帽上围缀红毛线、鼬鼠皮，帽侧插禽鸟羽毛。毛织斗篷长而宽绰，不经缝制，出土时围绕或披挂在身上。斗篷织物为简单的平纹，组织粗疏，大部分斗篷通幅或局部还以通经断技法织出红色的纬向条纹。腰衣也常见用红色毛纱缂织出阶梯、直线、折线纹，其风格与墓地出土草编篓的图案特点一致。一般认为缂织技术起源于地中海地区，小河墓地的发现表明，这种技法至少在公元前 2000 年已成为新疆地区纺织品织造复杂花纹的主要方法。唐代出现的缂丝工艺即源于西域的缂毛技术。

在青铜时代晚期（距今 3000 年左右）到早期铁器时代（西汉以前）约 1000 年左右的时间内，新疆的皮毛加工、毛纺技术迅速提高。在哈密五堡、鄯善苏贝希、洋海、且末扎洪鲁克等古墓葬中出土了大量这一时期的新颖别致、色彩丰富的织物、服饰。这一时期，适宜西北地区气候环境和生活方式的传统的皮类衣装，在皮革的鞣制、裁制等方面都有了明显的进步，产生了真正意义上的衣装，皮制的长袍、短袄、帽、鞋、长腰和短腰皮靴、手套、护臂等类型多样。其中皮袍毛面朝里，前开襟，便于穿脱，且样式宽大，白天做衣，夜来当被，款式简约，相当实用。不同地区的皮袍在细节上又略有区别。哈密五堡的皮袍，窄袖，无袖口，仅在腕部开有椭圆形口，将袖与手套合为一体，构思巧妙。鄯善苏贝希皮袍，两袖又细又长，是一种手臂完全无法通过的装饰性"假袖"。皮下装以苏贝希的高统皮靴最具特色，其靴统长可至胯部，上穿孔，以绳绑于腰际。这种完全遮护了双腿的靴统，与中原农耕民族穿着的"胫衣"、套裤有相似之处。五堡墓地曾出土一件无腰无裆、只有裤管的毛质"胫衣"，显示了东方服饰文化对史前西域服饰的影响。苏贝希高统皮靴将套裤与皮鞋结合，无疑是西域骑马牧人的一大创造。

这一时期出土的毛织物普遍精细，毛纱均匀，组织致密。除了平纹外，还出现了斜纹的毛织物，又称"斜褐"，五堡墓地的斜褐，常以红、绿、黄、棕等不同的色线织出宽窄、大小不一的条、格，色泽鲜艳，纹路清晰，可以同现代机织的毛哔叽相媲美。这时还出现了新的品种——毛罗，其绞纱与平纹结合，实地与孔隙相间，具有良好的透气性，是当时高档的夏装面料。通经断纬的缂毛技法，此时应用十分普遍，织物图案也越来越丰富，有平行条文、三角、回纹、变体羊角、八角星形纹、波折纹等。受北方草原游牧文化的影响，还出现了羊、大角鹿等动物纹样，其中一些还保持着青铜器、皮雕、木雕纹样的一些基本特征。另外，还发现印染、扎染以及手绘图案的毛织物，其中手绘运笔自如，在原色织物上以红色颜料绘画，有的还以黄、黑等色点缀。图案有羊、骆驼、变体鱼纹、虎纹、涡旋纹、水波纹等。这时期还出现了大量各具工巧的手编毛织物。编织的方法复杂多样，成品有编织帽、发罩以及装饰衣边的毛绦，有时还用众多毛绦拼连形成色彩缤纷的毛绦缀裙。这时期的毛布衣装依然是不施裁剪，普遍采用按不同部位的需要而织制的"织成"料，这种重面料织造而轻款式的量体制衣的习好，使新疆地区服装式样的地域性差别很小，出现了基本定型的服式。上衣大致有前开襟式和套头式两种基本结构，式样多趋于宽大，裤装多为合裆长裤，裙装不同于中原以带代腰的无腰裙，均为套式的筒裙和喇叭状裙。

　　汉晋时期，随着丝路的开通，东西方不同的纺织技术、艺术风格在新疆出土的这一时期众多精美的毛织品上都有鲜明的展现。其中复杂组织的花罽，代表着当时毛纺织技术的最高水平。其组织有平纹纬重和双层结构两种，前者借鉴了中原平纹经锦的结构，只是将经显花变成了纬显花。尼雅出土的人兽葡萄纹罽、龟甲四瓣花纹罽，营盘出土的卷藤花树纹罽、鹰蛇飞人罽等都属此类。双层组织，上下两层平纹重叠，在花纹的边缘处接结换层，它首创于毛织物，唐代引进中原用于丝织。营盘对人兽树纹罽、山普拉葡萄纹罽都采用了双层组织。营盘的对人兽树纹罽是一件完整的袍服面料，其匹长 154 厘米，幅宽至少 160 厘米左右，属中亚毛织物"张"的规格之一，织物的提花方法与中亚以及新疆出土的纬锦一致。其纹样由以石榴树为轴的两两相对的裸体人物、动物组成，纹样风格表现出鲜明的古代希腊、罗马以及波斯艺术的特点。这件织物被推定来源于中亚的大月氏——贵霜王国。

　　缂毛工艺此时日臻成熟，色彩丰富协调，纹样表现更加细致入微。山普拉出土的缂毛实物最具代表性，多为长裙上的装饰带。图案纹样除大量几

图下 4-15　且末县扎滚鲁克墓地出土汉晋时期毛布长袍
据《古代西域服饰撷萃》

何纹外，还有角鹿、双峰驼、凤鸟等动物，树木、花草植物以及狩猎纹样，色彩对比鲜明，图案稚朴不俗。马人武士壁挂是山普拉缂毛织物中的来自葱岭以西的域外精品，其纹样缂织细腻，配色变化多端，人物面部晕染微妙，立体感极强。

汉晋时期的栽绒彩毯有普遍发现。这类织物在洋海墓地公元前6—7世纪的墓葬中就有出土。汉晋时期的栽绒毯，结扣除马蹄形扣、8字形扣外，还有单经扣，前两种仍是现代世界手工编织地毯的主要结扣。从出土物看，汉晋时期（个别标本时代略晚）彩毯，绒头色彩格外绚丽，有的多达十几种。其主体图案，一类为菱格填花式，菱格为骨架，内填几何纹、花卉枝叶、葡萄纹等，纹样严谨、规则，具有程式化的韵律感，经世代相传，至今仍是新疆地毯的传统纹样。另一类，纹样以动物或人物为主体。动物有狮有虎，营盘和楼兰均有出土。其中营盘狮毯造型相当生动，整个毡面充满了生气。人物纹毯，洛浦发现5件，时代晚至北朝，毯面上人物或背有双翼或服饰带有明显异域特点，其中3件坐垫毯上织有婆罗谜字母于阗文。可以看出，第二类地毯图案带有鲜明的外来文化因素，其中应该既有来自中亚、波斯一带的舶来品，也有新疆当地织工在吸收了异域文化的基础上自己的创造。

汉唐时期，丝绸作为对外贸易的商品或赠赐边地首领的礼品，源源运往古代新疆或更遥远的西方。在荒漠腹地的楼兰、营盘、尼雅、山普拉等汉晋墓葬以及吐鲁番盆地的阿斯塔那—哈拉和卓晋唐墓葬中发掘出大量丝织物，其品种锦、绮、绫、罗、缂丝、绢、纱、刺绣、染缬尽有。

丝绸中的织锦，织造费工费时，最能反映织造技术水平。从实物看，汉晋时期五色锦发现最多。织锦纹样为典型的云气动物纹，花纹流畅自如，极为华丽，代表了汉晋织锦的最高技术水平。尼雅出土"五星出东方利中国"锦、"恩泽下岁大孰"锦、"金池凤"锦等都是这方面的杰作。从这类织锦非同一般的铭文看，可能是皇家特制的产品。尼雅织锦有明确的出土单位，1995年发掘的3号墓和8号墓，据推测墓主即为两代精绝王。

北朝织锦在技术上多因袭汉晋织锦，但配色明快，布局也多采用对称结构，图案在整体风格上变化很大，使人明确感受到来自萨珊波斯、

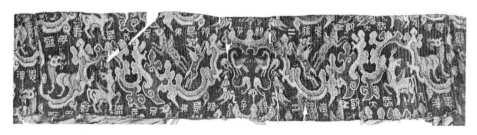

图下 4-16　尼雅出土汉晋时期"恩泽下岁大孰"织锦　刘玉生拍摄

粟特、印度的影响，纹样中出现了大量外来的珍禽异兽、人物和神祇形象，还有莲花、忍冬等植物纹样。营盘的一件织锦上见汉字"王"与佉卢文并存。北朝后期连珠动物纹逐渐增多，并成为隋和唐前期中国丝绸中最重要的装饰题材。阿斯塔那墓葬中出土这一时期的织锦最集中，也最为精美。此时新疆本地亦有织锦生产，其织造工艺和规格都很有特色。营盘出土方格动物纹锦缘，组织是我国传统的平纹经重，但所用丝线却加有 Z 向强捻，这种丝线可能为西域当地所产。新疆更为大量的绵经绵纬织锦采用的是平纹纬重组织，其色彩常见土黄、白、红、浅褐色等，幅宽有的 1 米左右，即以"张"为计量单位。其图案风格自成一派，典型的实物有扎滚鲁克云气动物纹锦、营盘对人对兽树纹锦、阿斯塔那红地人面鸟兽纹锦、"吉"字纹锦等。

　　唐代丝绸品种变化最多，织锦除沿用早期的平纹经锦外，还出现了斜纹经锦、斜纹纬锦以及双层锦。其中斜纹经锦在唐初发展迅速，阿斯塔那出土联珠小花锦、小型联珠对兽对禽纹锦等都采用了这一结构。初唐或更早，斜纹纬锦开始出现，但在阿斯塔那墓群中，斜纹纬锦大量出现是在 7 世纪中叶。这类纬锦的夹经，捻向上有 S 捻和 Z 捻之分，夹经的不同捻向反映了不同的产地。S 捻者，其图案以宝花或花鸟等题材为主，主要产于中原，吐鲁番出土的宝花纹锦和花鸟纹锦等属此类。Z 捻者，其图案多具明显的西域风格，其产地可能在中亚的波斯和粟特，吐鲁番出土联珠大鹿、联珠猪头、联珠骑士纹锦是这类织锦的典型代表。双层锦与毛织物中的双面罽结构相同，实物有阿斯塔那出土的白地朵花双面锦等多件，唐末宋初的新疆巴楚托库孜沙来遗址仍见新月和兔纹的双层织物。除织锦外，唐代丝绸中的一些新品种也引人注目，如阿斯塔那出土一条用作舞俑腰带的缂丝带，这是目前所知最早的有明确纪年的缂丝实物。还有一种以单层的彩条经斜纹作地，金黄色纬浮显花的织物，因其独特的装饰效果，被称为"锦上添花锦"。唐代的印染技术名扬千古，绞缬、夹缬、蜡缬、灰缬等物理的、化学的印花技艺日趋完善，阿斯塔那出土的绿纱地狩猎纹缬、黄纱地花树对鸟纹缬、绛纱地柿蒂纹缬等，再现了唐代印染技术的高超水平。唐代丝绸的图案在承继中国传统风格的前提下，从中亚西亚的装饰艺术中汲取了大量的营养，因此，这时期的图案远比前期丰富，其中尤以五彩缤纷的联珠团窠、花卉团窠为骨架填以主题纹样的图案，最能反映大唐雍容富贵的盛世面貌。阿斯塔那出土的各种连珠对禽、对兽纹锦、宝花纹锦、花鸟纹锦以及双珠团窠对龙纹绮、宝花立鸟纹印花绢等都是这方面的精品。

第九节　彩陶的文化意蕴

哈密盆地彩陶　吐鲁番盆地彩陶　焉耆盆地彩陶　伊犁河谷彩陶

近三十年来，在新疆史前墓葬中出土了数以千计的彩陶，比之一般的素陶，彩陶将线条、块面、色彩组织在陶器表面有限的空间里，让实用器承载了当时人们的信仰、情感与审美，具有更为丰富的文化内涵。大量考古新发现表明，新疆彩陶是黄河流域彩陶文化西渐的结果，它出现于青铜时代，延续至早期铁器时代或更晚。在黄河流域彩陶文化西渐新疆的过程中，沿途不断与其他文化交流、融合，逐渐形成新的地方性考古文化。在这些地方性考古文化中，彩陶的造型和纹样风格都各具特色。

新疆东部的哈密盆地，是黄河流域彩陶文化西进的第一站。大约在距今4000年前后，黄河流域彩陶文化（河西走廊马厂晚期文化和四坝文化）在哈密盆地与其他外来文化交汇，演变为林雅文化和稍后的焉不拉克文化。这两个文化的彩陶风格迥异，代表了哈密盆地彩陶前后发展的两个阶段。林雅文化陶器多为夹砂红陶，器型主要有双耳罐、单耳罐、桶形罐、腹耳壶等。陶器绝大多数施彩，多红衣黑彩，基本以几何纹样为母体构图。彩陶器中双耳罐和筒形罐最有特点。双耳罐，彩绘一般在口沿下、颈部或腹部三个区间，常见的有三角纹、网纹、菱格纹、平行线纹等，另外还有短线、十字纹、麦穗纹、草叶纹等，通常以器耳为界前后纹样基本对称。筒形罐，无颈，用长短不同的直线或曲线绘成纵横不一的通体图案。焉不拉克文化彩陶，器型及纹样风格同林雅文化相比，都发生了很大变化。彩陶器多豆、腹耳壶、单耳杯、单耳钵。不同的器型所施彩绘图案完全不同。豆，彩绘在豆盘内，用三条平行线绘成的十字双钩纹最具特征；腹耳壶器身多绘垂帐纹、锯齿纹、竖条带纹；单耳杯的器身多绘倒三角纹、锯齿纹、平行曲线纹；单耳钵的器身，多绘以垂帐纹、竖条纹、横向或竖向的平行曲线纹。在几何图案充斥的哈密彩陶中，发现一例人物形象的彩陶。一件彩陶罐在对称的双大耳上绘出几何化的男女人物形象，可能是两巫觋。

至少在距今 3000 年以前，彩陶文化继续向西传入了吐鲁番盆地，在吐鲁番盆地演变成洋海文化，稍后，洋海文化在新疆中部天山盆地和山谷地区演变为苏贝希文化。洋海文化陶器也都是夹砂红陶，手制，器型多样，以单耳平底罐为主，其次有杯、豆形罐等。单耳罐中有一种口沿上立"品形耳"的陶罐，造型奇特，为洋海文化独有的器型。洋海彩陶发现数百件，大多为红衣黑彩。图案同样以几何纹为主，绘于罐、杯、豆的器身。常见各种三角纹，仅以线勾勒的三角就有单线、双线、多重线条之分，还有网状三角、平涂的实体三角，通体的条带纹、锯齿形纹也很普遍。最为精美的是"品形耳"陶罐上的通体火焰纹，给人一种烈焰缭绕的动感，这种特殊造型的器物以及器表纹样可能有特殊寓意，或许与当时流行的宗教巫术观念有关。苏贝希文化是在洋海文化基础上发展起来的，其彩陶纹样千变万化，发现的数百件彩陶器中，几乎找不到结构完全相同的图案。施彩的部位有口沿内、外侧、颈部、腹部，口沿内、外最为常见，一般绘一周倒三角纹，器物颈部通常绘带状彩，腹部或上下或左右平行或对称形成小的独立的图案区，在各图案区或填以不同的几何纹，或是同一种纹样反复重现。构成图案的母体纹样主要为直线几何纹样，常见的有三角形纹、菱格形纹、圆涡纹。其中圆涡纹是苏贝希彩陶晚期最为流行的一种曲线几何纹样，它可能是由早期的弧边三角纹演化而来，这种圆涡常常是上下两排对称、交错，透视出一种律动

图下 4-17   吐鲁番出土史前彩陶   刘玉生摄

中的美感。

约在距今 3000 年前后，洋海文化彩陶通过中部天山的阿拉沟等通道进入了天山南麓，在这一地区与其他文化因素相结合发展形成察吾乎文化。这一文化的彩陶基本为夹砂红陶，手制，器型极有特色，最突出的是在器物口沿一侧通常修出一流嘴，器类有带流罐、带流杯、釜、盆、勺杯等。彩陶器表施黄色陶衣，上施红彩，可分通体彩和局部彩。其中局部施彩的方法尤其特殊，一般是将器腹不勾勒图案的地方平涂成红色，而将要绘纹样的地方空出来，据所要绘制的图案留成不同形状的"空地"，然后再在空地中填绘纹样。彩陶图案以几何纹为主，但构成图案的主要母体纹样复杂多变，不拘一格。通体彩，流行棋盘格纹、三角纹、折线纹、网纹，图案构思奇妙，布局考究，在陶器器表的方尺之间，用简略的几种几何纹样，勾画出颇具意境的画面。一件用三角组构成的通体图案，大小三角内外重叠、上下成排、左右布列、对应错落。三角本身也有花样，网格三角、折线三角、实体三角等变化莫测，整个画面群山重叠，犹如写意的风景画。一件折线纹彩陶，在通体密集的折线纹间，均匀地加数道彩带，彩带中勾勒成排的变形鸟纹，整个画面很像一列列大雁翱翔在天际。一件无耳陶壶，口沿和颈部绘上下两排网纹，器腹绘同心圆圈纹和简化的鱼纹，或许表现与渔猎巫术有关的内容。局部彩最具特色，可分为口沿下周带彩、口沿下块状彩、颈带彩、腹斜带彩、上腹彩、单侧口颈彩等多种图案布局方式。口沿下块状彩，在器物很小的局部空间填绘三角、卷草、回纹、变形鸟纹、写意的虫形纹等，其构思值得品味。斜腹带彩，专门用来装饰带流杯、带流罐等带流嘴的器物。这类器物流嘴斜出，整体造型不对称，而腹部斜带彩的构图方式，恰好和这种特殊的器体结合起来，在不对称的条件下，达到纹样和器型互补的艺术效果。上腹彩，在器物口沿下至上腹部的较大的空间里填绘不同的几何图案。一些上腹彩布局结构独特，赏心悦目。例如，一件无耳壶，在颈肩部位划分出五个不规则的小块空间，一些小空间被交

图下 4-18　察吾乎沟文化彩陶　刘玉生摄

错的线条分割，线条间零星地填以圆点，还有的小空间内填绘卷藤，藤上还结出带毛皮的圆形"果实"，很可能是一件与园圃式农业祭祀活动有关的艺术品。

苏贝希文化向西沿天山北坡的绿色通道，进入了伊犁河谷区，在伊犁河谷区融合了其他文化因素，演变成所谓的伊犁河流域文化。这一文化的陶器绝大多数为夹砂红陶，手制，器型以圜底的无耳和单耳器为主，常见罐、钵、杯。这里的彩陶没有前述的哈密、吐鲁番、天山南麓一线的彩陶发达，纹样单一、结构变化不大，以直线几何构图，主要为连续的叶脉纹、折线三角、交错的平行线三角等。

新疆彩陶，没有初级形式，一开始就显示出了复杂、成熟、规范化的特点，不同地区彩陶发展、流行的时期也不一致，大概到了战国前后，整个新疆彩陶开始走向衰落，纹样日渐草率，西汉以后彩陶在新疆基本绝迹。新疆彩陶是中国彩陶重要的组成部分，它不仅是史前西域艺术的珍品，同时也是欧亚古代艺术宝库中灿烂夺目的奇葩。

第十节　新疆古尸的文化价值

古尸的发现　古尸的成因　古尸的多学科研究

在新疆发掘的众多古墓葬当中，有时会发现形貌保存完好的古尸，这种古尸完全是在十分干旱的环境中自然形成，与古埃及人工制成的木乃伊、我国内地马王堆等古墓出土的经人工特殊处理形成的湿尸有别。古尸出土时，其衣冠服饰、葬具殉品等也往往如刚入葬一样，几乎完整保留。古尸遗存的完整性，大大拓展了人们对文献记载相对贫乏的西域历史文化的认识。因此，研究新疆的古尸遗存也逐渐成为西域历史研究中的一个关键环节[21]。

据不完全统计，迄今为止，新疆古尸发现近百具，其年代主要集中在汉晋时期以前。其中史前时期的古尸，主要发掘自罗布泊地区的小河墓地、古墓沟墓地、铁板河墓地，哈密五堡墓地，吐鲁番鄯善洋海、苏贝希墓地，且末扎滚鲁克墓地等。其中以小河墓地出土最多，近30具，而且部分古尸保存极佳。如，11 号墓女尸，身长 1.52 米，全身均匀涂抹乳白色浆状物。体态丰满，眼窝深陷，亚麻色长睫毛清晰可见，鼻梁高直，唇薄。一头浓密的亚麻色头发，自然中分，长至胸部。历史时期的古尸，主要发掘自吐鲁番阿斯塔拉—哈拉和卓晋唐墓地以及民丰尼雅、尉犁营盘汉晋墓地。其中尼雅 95 号墓地出土古尸 25 具，为数最多。

　　新疆古尸的形成得益于新疆特殊的气候地理环境。这些古尸基本出自天山以南、塔里木盆地周缘、塔克拉玛干沙漠、罗布荒漠腹地、吐鲁番

图下 4-19　史前小河墓地男性古尸　刘玉生摄

盆地、哈密绿洲等气候特别干燥的地区。干旱的环境，土壤中的微生物类群和数量极其稀少，活动能力也较弱。干旱区积盐较重，而高度盐化的土壤，也会明显抑制一些致腐微生物的生长。另外，从一些具体的墓葬看，墓穴不深，或上有盖木，封闭不严，使墓穴环境直接受外界极端干旱的大气、土壤环境影响，尸体可以迅速脱水干燥，使微生物失去生存的条件。同一处墓地，寒冷季节入葬的尸体更易干化。因为严寒，微生物一般停止代谢作用，处于休眠状态，在寒冷过去后，尸体已大量失水，随地温升高，迅速完全干燥，微生物再次失去活动环境，难能对尸体进行有效分解[25]。所有这些条件，都使得人体入葬后有机体分解的微生物活动被极大地削弱，甚至终止，故而得以千年不朽。

　　新疆古尸是难得的古代人体标本。20 世纪 80 年代曾对个别古尸进行过相关医学方面的解剖分析。其中铁板河女尸即所谓"楼兰美女"，年龄在 40—45 岁之间，O 型血。解剖观察各内脏器官都有不同程度的缩小、

变薄。肺泡腔内深积大量黑色颗粒状粉尘，表明当年风沙危害及燃料烟尘对楼兰人生活产生过直接影响。电子显微镜观察，死者死亡后体内曾同样发生过细菌繁殖过程。古尸头发近根部发现大量虱体和虱卵，密集度极高，非常人所能忍受。干旱缺水，无条件洗浴，史前楼兰居民艰难的生活境况由此可见一斑。

据体质人类学分析，古代新疆居民的种族构成是多元的，蒙古人种、欧罗巴人种以及两大人种混合类型的古代居民都曾活跃在这片神奇的土地上。其中欧罗巴人种的体质类型，又存在着古欧洲人类型、中亚两河类型、地中海东支类型的差异。古尸标本在族属分析方面形象、直观，有的古尸仅从体表特征就可以判定他们属于何种人种。例如，铁板河"楼兰美女"具有深目、高鼻、亚麻色头发等特征，经鉴定属古欧洲人类型的高加索人种。

20世纪末开始，对古人遗骸DNA分子遗传学的分析使新疆古尸研究进入一个新的发展阶段。小河墓地古尸DNA分析结果表明，小河人群的遗传构成非常复杂，包括欧洲成分、北亚成分、中西亚成分、东亚成分和南亚成分。特别是墓地早期人群带有东部欧亚谱系和西部欧亚谱系，暗示早在4000年以前，罗布泊地区就已存在东西方混合人群了。而且小河人群迁入塔里木盆地以后并没有与其他人群发生隔离，而是不断频繁地与周边人群发生基因交流，以至于改变了小河人群原有的遗传构成[20]。距今3000年左右的哈密地区和年代稍晚一些的吐鲁番盆地，也出现了欧洲人种与蒙古人种的相互混杂的现象，这种现象也得到了来自分子生物学的进一步证明。

古尸保存完整的随身衣物、随葬物品，蕴含着当时历史、文化、风俗等多方面的宝贵信息，可弥补文献记录的空白和不足。鄯善洋海青铜时代墓葬21号墓男尸，出土时仰身下肢略屈，头戴羊皮帽，身穿饰有几何图案的棕色毛布衣裤，外罩皮袍，足蹬皮靴，靴上饰铜扣。额部绕一圈缀有贝壳的彩色毛绦带，左右耳戴铜、金耳环，颈部戴绿松石项链。左手握一把木柄管銎战斧，右手握一根缠绕铜片的木棍。该墓主人被认为是当时的萨满巫师，木棍和战斧为法器。尼雅汉晋墓葬3号墓和8号墓均为男女合葬墓，出土时，男、女墓主人身着锦衣华服，其服饰面料高档精美，当是中原皇家作坊的产品。从"王侯合昏千秋万岁宜子孙"、"五星出东方利中国"非同一般的汉锦铭文看，更可能是特制的产品，所以这两墓的男性墓主，可能为两代精绝王[②]。墓中随葬大量华美汉锦，应系中原王朝的赠赐品。

　　新疆古尸受到国内外学界的高度重视，古尸的研究，是历史文化研究的重要方面，同时利用多种自然科学手段对古尸进行解剖分析，可以获得古代人类的饮食习俗、生存环境、生理与疾病、死亡年龄、性别结构等多方面的信息。通过人体测量和遗传学研究，使我们更加深刻地理解新疆不仅是东西文化的融合之地，也是重要的人种接触地带，这对于正确认识新疆的历史是多种族居民共同创造的这一历史史实，具有重要的现实意义。

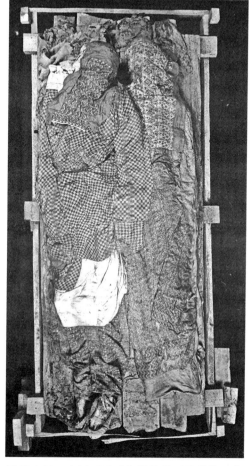

图下 4-20　东汉至晋时期服饰华丽的精绝王夫妇　刘玉生摄

【注释】

① 薛宗正：《丝绸之路北庭研究》，新疆人民出版社，2009 年，第 208 页。

② 孟凡人：《楼兰新史》，光明日报出版社，新西兰霍兰德出版有限公司，1990 年，第 91—94 页。

③ 关于"汉归义羌长"印的出土地，一直误为新和县乌什喀特古城，最近新疆博物馆的贾应逸、王博先生经核对查实，该印系 1953 年以武伯纶为组长的西北文化局新疆文物调查组在沙雅县进行文物调查时发现。

④ 薛宗正：《丝绸之路北庭研究》，新疆人民出版社，2009 年，第 226 页。

⑤ 王炳华：《唐代西拓厥关考》，《新疆社会科学研究》1987 年第 2 期。

⑥ 黄文弼：《塔里木盆地考古记》，科学出版社，1958 年；张平：《唐安西乌垒州治及相关遗址的考实》，《新疆历史与文化》，新疆人民出版社，2006 年。

⑦ 张平：《龟兹考古中所见唐代重要驻屯史迹》，《新疆文物》2006 年第 3—4 期。

⑧ 林立：《米兰佛寺考》，《考古与文物》2003 年第 3 期。

⑨ 亭，又称亭燧或燧，是烽台四周或附近设围墙的据点，用于驻兵防守。

⑩ 据《新唐书》卷五〇《兵志》记载："兵之戍边者，大曰军，小曰守捉，曰城，曰镇，而总之者曰道。"

⑪ 薛宗正：《丝绸之路北庭研究》，新疆人民出版社，2009 年，第 233—240 页。

⑫ 张平：《唐安西乌垒州治及相关遗址的考实》，《新疆历史与文化》，新疆人民出版社，2006 年。

⑬ 陈喜霖：《吐鲁番文书所见唐代镇戍守捉与烽堠》，《敦煌吐鲁番学研究论文集》1992 年，第 459 页。

⑭ 艾斯卡尔：《阿克苏所存的烽火台》，《新疆文物》（维文版）2002 年第 2—3 期。

⑮ 王炳华：《阿拉沟古堡及其出土唐鸜鹆镇文书》，《吐鲁番学研究》2002 年第 2 期。

⑯ 安英新：《清代伊犁卡伦概况》，《伊犁文史资料》第 22 辑，2006 年。

⑰ 刘学堂：《呼图壁岩画的年代与作者》，新疆师范大学"民间信仰与社会"学术研讨会论文，2006 年。

⑱ 王博、祁小山：《丝绸之路草原石人研究》，新疆人民出版社，1995 年，第 218 页。

⑲ 王博、祁小山：《丝绸之路草原石人研究》，新疆人民出版社，1995 年，第 243 页。

⑳ 林梅村：《谁是阿尔泰深山金字塔式陵墓的主人》，载林梅村著：《古道西风——考古新发现所见中西文化交流》，三联书店，2000 年，第 85—96 页。

㉑ 刘学堂、吕恩国：《新疆三海子金字塔式"巨石冢"的文化性质及其它》，《中国文物报》2002 年 8 月 23 日。

㉒ 褐，《诗经·七月》"无衣无褐，何以卒岁"，唐代少府监织署中有褐作，唐代西北出现斜褐，一直到元代仍有此名。从出土实物看，一般较为粗疏的毛织物统称为

褐。

㉓ 毲,许慎《说文》释作"西胡毲布",又称毲是"兽细毛"。东汉班固给当时在西域的弟弟班超信中云:"窦侍中前寄人钱八十万,市得杂毲十余张也",其中所言杂毲即指各种毲,且以张计量。汉晋时期文献中又见"细毲"、"花毲"等记载,可见,色织的、带有花纹的精细毛织物通常被称为毲。

㉔ 水涛:《新疆古尸研究的现状与展望》,《吐鲁番学新论》,新疆人民出版社,2006年。

㉕ 王炳华主编:《新疆古尸——古代新疆居民及其文化》,新疆人民出版社,2001年,第11—12页。

㉖ 李春香:《小河墓地古代生物遗骸的分子遗传学研究》,吉林大学边疆考古研究中心博士论文,2010年。

㉗ 俞伟超:《两代精绝王》,载赵丰等主编《沙漠王子遗宝》,香港艺纱堂/服饰,2000年,第18—20页。

第五章

纷呈的新疆非物质文化遗产

新疆,古称西域,这里自古以来就是东西方文化的交汇之地,世界上主要的古代文明几乎都在这个地区留下过自己的印记。数千年来,来自东西方的文化一波又一波地传播到这里,与本土文化冲撞、交流、互相吸收和借鉴,最终融合在西域大地上,形成了灿烂的古代西域文化。近代新疆多民族多元文化的存在,是古代西域历史和文化的延续和发展。东西文化冲撞融合,多元文化交汇成为新疆非物质文化遗产最重要的来源,也使新疆非物质文化遗产在中国非物质文化遗产中独树一帜,占有特殊的地位。

第一节 独具特色的民间文学

民间故事 民间传说 民间叙事诗 民歌 英雄史诗《江格尔》与《玛纳斯》 民间文学的特点

在新疆的非物质文化遗产中,新疆各民族民间文学题材多样,内容丰富,是新疆地域文化中富有特色的部分。新疆各少数民间文学中流传最为广泛的是民间故事、叙事诗、神话、传说、谚语、歌谣、笑话、谜语、讽刺小品等很丰富，歌颂劳动、友谊、爱情，颂扬爱国主义、英雄主义，反对压迫、反对外来侵略是新疆各少数民族民间文学的基本主题。

维吾尔族民间故事，内容广泛，风格多样，有的清幽淡雅，有的瑰丽神奇，有的机智幽默，有的寄寓深远，大多表现了劳动人民鲜明的爱憎是非观念和顽强、乐观、风趣的民族性格特征。如描述一个啬刁钻的巴依不许长工们在他门前树荫下歇凉，长工们集资买下荫影后，随着荫影的移动，跑到巴依院子里、屋顶上开怀作乐。使得巴依叫苦不迭的《桑树荫影的故事》，流传极广的《阿凡提的故事》，以及与之相类似的《毛拉则丁的故事》、《赛莱依·恰坎的故事》等，都显示了维吾尔族民间文学诙谐幽默的情趣。《三条遗嘱》之类的故事则具有较浓厚的讽喻色彩，它教育人们要依靠自己的双手，通过辛勤的劳动去谋求幸福。在维吾尔族民间流传的故事中，还有一类连环故事，如流传于南疆喀什、和田一带的包括36则故事的《鹦鹉的故事》、包括10则故事的《国王阿扎旦和巴哈提亚尔》等。它们在结构上、情节内容上，都明显反映出印度文学、波斯文学、阿拉伯文学的影响，这是由于新疆曾经处于丝绸之路的枢纽，维吾尔族汲取了各种文化精粹的结果。维吾尔族民间故事中还有包括动物故事在内的相当数量的寓言故事，它深刻而生动地反映了维吾尔族人民的道德观念和生活哲理，言简意赅，耐人寻味。

哈萨克族民间故事分神奇故事、生活故事、机智人物故事、动物故事等几类。神奇故事运用幻想的手法，描写猎人、牧民在具有神力的骏马、飞毛腿或大力士的帮助下战胜巨蟒、巫婆的英雄事迹。《骑黄羊的猎手》、《阿拉满与朱拉满》、《英雄托斯吐克》等神奇故事，几乎家喻户晓。生活故事在哈萨克民间故事中占有很大比重，它们歌颂劳动人民勇敢、勤劳、正直、善良的高贵品德，揭露可汗的残暴、巴依的贪婪、毛拉的狡诈。机智人物故事的主人公阿勒达尔库萨和霍加·纳赛尔，是哈萨克族中阿凡提式的人物。以他们为主角的故事，在民间广为流传。哈萨克人民长期过着游牧生活，所以动物故事较多。

在回族群众中流传的民间故事很多。有解释人类起源的故事，如《阿丹与好娃》、《人祖阿丹》、《阿丹和海尔玛》等；有反映人与自然斗争的故事，如《阿当寻火种》、《玛乃与木萨》、《插龙牌》、《李郎降龙》等。

《阿丹与好娃》讲述了这样一个故事：说古时候真主造化了阿丹圣人，随后又给他造化了配偶好娃。两个人最初在天堂生活，由于受到伊比利斯（魔鬼）的诱惑，偷尝了天堂中的禁果，触犯了天条，被真主贬到大地上来。从此，阿丹与好娃共同生活，生儿育女，成为人类的始祖。像这一类的神话故事与伊斯兰教有着密切的关系，它起源于《古兰经》中阿丹的故事，而《古兰经》中的这类神话又受《圣经》中亚当和夏娃故事的影响。回族民间还流传着许多口头创作的故事，有抒发对社会现实的看法及对未来憧憬的幻想故事，如《金雀》、《麦燕》、《不见黄河心不死》等；有以动物为题材，反映人类丰富思想感情的动物故事，如《狗与猫》、《动物与兔子》等；有以塑造回族劳动者形象为主的机智人物故事，如《阿卜都的》、《赛里买的故事》、《伊玛目的故事》等等。回族民间故事有反抗剥削压迫的故事、爱情故事、歌颂美好品德和鞭挞丑恶行为的故事，寻求美好生活的故事、革命斗争故事以及机智人物的故事等。优秀的有《伊布雷斯的故事》、《巧货》、《曼苏尔》、《弯弯棍》、《孛里哈的故事》、《金雀》、《阿卜杜的故事》等。

柯尔克孜族民间故事以生活故事为多，生活故事有歌颂劳动人民机智、勇敢、善良和揭露统治阶级愚蠢、阴险、残暴的作品，如《皇帝和傻子》、《聪明的姑娘》、《自作自受》等；有告诫人们要心地善良、莫做恶事的，如《好心眼的人和黑心肠的人》等作品；还有表现劳动人民忠贞爱情的。动物故事托物言情，寄寓颇深，如《两只小熊》、《狐狸和狼》、《狮子和兔子》等。

塔吉克族民间故事，有的描述了塔吉克族人民与残暴的国王、牧主、外国侵略者的斗争，如《鹰笛》、《吾拉孜英雄》、《神棍》、《钻天杨》；有的反映了塔吉克人民与汉族人民、柯尔克孜族人民的亲密友谊，如《公主堡的故事》、《彩云公主》、《大同人的祖先》；有的描述塔吉克人民热爱劳动、艰苦奋斗的精神和改造山河的意志，如《金色的田野》、《亮晶晶的酥油》、《杏林》；有的歌颂生死不渝的友谊，如《忠贞的友谊》、《可靠的朋友》。此外，还有许多爱情故事，如《白宝石》、《牧马青年》、《神秘的泉水》、《牧羊姑娘》、《三姐妹》等。

锡伯族民间故事也很丰富，其中《章京和他的女婿》讽刺了吝啬贪财的岳父；《燕子》、《三兄弟》歌颂了劳动人民的美德；《穷姑娘和富姑娘》斥责了贪婪和自私，教育人们要善良正直。而关于人参的许多传说则富于神奇幻想色彩。

乌孜别克族民间故事有历史故事、生活故事、动物故事、爱情故事、趣闻逸事等，内容丰富，渗透着乐观主义精神和为实现愿望不屈不挠的斗争意志。《有手艺的青年》、《巴赫拉姆和西尔扎德》是对劳动和创造、对劳动者高尚的品格和思想情操的颂歌；揭露帝王暴虐无道的故事《英雄三兄弟》、《暴君》、《愚蠢的国王》，显示了人民的英勇、机智，嘲讽了统治者的昏庸无能；《会说话的夜莺》、《克穆买提和祖姆莱提》、《穆克比勒掷石手》、《曲与直》塑造了战胜凶残邪恶势力，无私无畏，毫不动摇的英雄形象；《齐亚德巴图尔》、《约斯那巴特公主》歌颂了坚持正义、反抗暴政中劳动人民相互关怀的亲密友谊；《巴依和喀孜》揭露了封建制度与宗教迷信的荒谬；寓言故事《狐狸与大雁》、《狐狸的礼物》揭示了谎言与欺骗绝对不能长久；《猫、狗和松鼠》说明力量不在大小，只要同心协力就能取得成功。此外，机智幽默故事《阿凡提的故事》，长久以来，也在乌孜别克族中广泛流传。

塔塔尔族人民创作了许多优美的民间故事：如《幸福》、《失去亲妈的姑娘》等。前者短小精悍，寓意深刻，用生动的形象，明快简洁的语言表明幸福与勤劳是一对孪生子；后者风格深沉细腻，是"孤儿型"故事中的一篇佳作。

俄罗斯族民间故事有历史故事、神奇故事、生活故事、动物故事等。其内容除反映历史，歌颂勇士，讽刺暴君之外，有的还通过日常生活琐事来歌颂劳动人民善良敦厚、团结友爱的品质。如《老哥俩》就是一篇生活气息浓厚，语言朴实生动，饶有风趣的作品。它通过兄弟妯娌间互相关心、互相爱护，彼此瞒着互送粮食，结果双方都白费力气的情节，寓教于谑，颇具喜剧色彩。

哈萨克族民间故事，包括有关民族和部落名称、历史人物、风物习俗传说等方面内容。其中《哈萨克名称的传说》、《冬不拉的传说》等，有着浓郁的草原游牧民族的风采和特色。

回族民间传说是以回族的形成与发展为基本素材，用口碑的形式将历史和风土人情一代代传录下来。从内容上分：一类是关于回族源流的传说，如《回回的来历》、《宛尕斯的故事》、《灵州回回的传说》、《回汉自古是亲戚》、《回族结婚时追马的来历》等。这类作品一般是通过对历史上的真人真事的渲染和夸张，歌颂和赞美了回族先民智慧、机警的品格，从不同的角度展现了古代中国和阿拉伯人民的友好交往，体现了回汉民族的团结和回族从形成之日起就是中华民族一员的历史事实。一类是歌颂本民族杰出人物及伊斯兰教中"圣贤"人物的历史故事，如《赛典赤的传说》、《郑和的传说》、《杜文秀的传说》、《马来迟的传说》等等。这类传说故事多是真人真事，经一代代口耳相传后内容更加丰富、生动。一类是地方风物的传说，如流传于宁夏的《凤凰城》和宁夏银南地区的《发菜姑娘》、新疆焉耆回族自治县的《焉耆马》、云南的《飞来寺》等，都属于地方风物传说。

柯尔克孜族民间传说有解释族名、地名来源的，有反映广大牧民反对阶级压迫的，如《柯尔克孜族名的来源》、《苏莱卡乌奇坎山名的来源》以及柯尔克孜族人民反抗外来入侵者阿古柏的传说等。

塔吉克族风物传说也很丰富，关于自然界动物和植物的传说中，"山鹰"与"雪莲"是描述得最多的对象。如《聪明的山鹰》、《一个牧民和四只小鹰》、《红雪莲的秘密》、《美丽的花》等。关于慕士塔克（冰山）山的种种传说，也各具特色。有的传说中，慕士塔克山是一位塔吉克牧民老英雄的化身，它周围的座座冰峰雪岭，是他带领下的牧民在一次抵御外国侵略者的激战中，与他一道壮烈牺牲后变成的道道屏障。这个传说很是悲壮动人。有的传说慕士塔克山顶锁着一位美丽的仙女，她因同情一对塔吉克恋人而受到上天的惩罚，山巅的积雪是她在苦难中熬白的头发，山间的冰川是她流下的眼泪凝结而成。传说充满着浓郁的诗意和浪漫的色彩，表现了塔吉克人民丰富而奇特的想象力。

维吾尔族民间叙事诗以反抗封建婚姻、讴歌婚姻自主的爱情长诗居多。如《艾里甫和赛乃姆》、《塔伊尔与祖赫拉》等。这些流传于民间的爱情故事往往成为历代诗人、作家进行创作的传统题材，而许多作家的作品也回到民间流传开来，循环往复，形成民间文学与作家文学水乳交融的状况，这也是维吾尔族文学的一个特点。《赛依特好汉》等叙事诗则以对抗封建王朝的反动统治，反对压迫剥削为内容，歌颂了维吾尔族劳动人民的勇敢、机智和大无畏的斗争精神。

哈萨克族民间叙事长诗极为丰富，按内容可分为英雄长诗、爱情长诗、历史长诗等几类。英雄长诗中形成时间最早的是 10 至 11 世纪的《阿勒帕米斯》，11 至 12 世纪的《阔布兰德》，14 至 15 世纪的《英雄塔尔根》。这些长诗赞颂了为保卫部族安全而与敌人英勇奋战的英雄。17 至 18 世纪，民族意识的进一步觉醒导致一批新的英雄长诗的涌现，如《夏班巴依》、《哈邦拜》、《加尼别克》、《布甘拜》、《阿尔卡勒克》等，它们在哈萨克文学史上占有重要的地位。《阔孜库勒帕什与巴彦苏鲁》是哈萨克的爱情长诗中最古老的一部，这部三万行的长诗最初形成于 9 至 10 世纪，后经众多阿肯（歌手）的锤炼成为一部艺术珍品。其他脍炙人口的爱情长诗还有《吉别克姑娘》、《艾曼与巧勒潘》、《萨里哈与萨曼》等。哈萨克族历史长诗以叙述部落历史、谱系为主要内容，如《阿布莱》等。哈萨克族有不少长诗具有"串连"的特点。一部主要人物固定、情节连贯的"连环长诗"往往由几首、几十首长诗串连而成。如《巴合提亚尔》，直译为《巴合提亚尔的四十个枝》，叙述一个听信谗言的国王本要处死巴合提亚尔，在听了他连续 40 天所讲的 40 个故事之后，终于弄清了事实真相。《托特纳玛》，一名《鹦鹉讲述的故事》，也由 40 首长诗组成，讲一只鹦鹉在 40 天里每天给女主人讲一个故事，阻止了她在丈夫外出时变心。《四十个大臣》则由 80 首寓言诗组成，叙述这些大臣轮番给国王讲故事，以拖延对受诬王子的行刑期限，而诬陷王子的王妃则连续对讲 40 个相反的故事，力图置王子于死地。作品的这种结构形式，在新疆其他突厥语族民族中也有流传。

回族民间叙事诗以《歌唱英雄白彦虎》和《马五哥与尕豆妹》为代表。前者是回族人民反清起义斗争的忠实记录；后者是根据清末的真人真事编唱而成，热情地歌颂了尕豆与马五反抗封建礼教、追求婚姻自由的斗争精神。

柯尔克孜族民间流传的叙事诗有《考交加什》、《英雄托什吐克》、《英雄套勒套依》、《库尔曼别克》、《英雄塔尔兰》、《赛依特别克》、《吐坦》、《阔班》、《穷可》、《玛玛克和绍包克》、《加芮什和巴依什》、《奥勒交拜和克西木江》、《加额木尔札》、《库勒木尔扎》等。

塔吉克族长诗《古丽切赫莱》、《尼嘎尔·麦吉侬》、情歌《秋蔓荻》等，表现了塔吉克青年男女对理想、爱情、幸福的向往和追求，对封建婚姻制度的谴责和反抗。散韵结合的《唐朝公主》，内容别具一格，其韵文部分缠绵悱恻，哀婉动人。另一部叙事长诗《五兄弟》，叙述了社会地位不同的五兄弟的遭遇，形象地强调了任何人都离不开农民的道理。其中对神职人员先顾生活，后顾信仰，不惜以古兰经垫脚取饷的嘲讽，十分辛辣生动。

《拉希罕图》是一部以锡伯族口语创作的自由体民间叙事长诗。它产生于伍克辛（即"披甲"）当中，内容反映西迁新疆后的军旅戍边生活。《喀什噶尔舞春》，长1500多行，描述英帝国主义支持的和卓后裔张格尔的叛乱及锡伯族官兵在讨平叛乱、生擒张格尔的斗争中的英勇战绩。民间长诗《迁徙之歌》，以及关于守卫卡伦（即哨所）台站和民族英雄图伯特带领民众开凿察布查尔大渠的种种传说，真实而生动地再现了锡伯族人民跋涉千里来到祖国西陲，保卫边疆、建设边疆的历史生活场景，因而具有珍贵的史料价值。

乌孜别克族叙事诗有《阿依苏罗》、《阿孜古丽》、《西琳与希凯》、《昆都兹和优勒都孜》、《郭尔·欧克利》等等。这些作品多是来自民间口头创作，经整理加工成为书面文学，又回到民间被群众广泛传诵。如《郭尔·欧克利》，不仅在乌孜别克人民中，在土库曼、阿塞拜疆以及其他民族中也有流传。它通过英雄郭尔·欧克利反对侵略、保卫祖国的英勇斗争，反映了乌孜别克人民热爱祖国、仇恨敌人的感情，歌颂了真诚的友谊和崇高的理想。作品塑造了郭尔·欧克利、艾山、艾外孜、尤努斯帕利、古勒切赫莱、茜比勒伊力等英雄的群像。

维吾尔族民歌内容丰富，数量众多。就其功能而言，可分为爱情歌、习俗歌、历史歌、劳动歌四种。其中又以前两种最多。（1）维吾尔族民间的爱情歌反映的大都是青年男女对爱情的坚贞信念，对旧社会封建包办婚制度的反抗等内容。其中流传最为广泛的有《古兰木汗》、《青牡丹》、《黑眼睛的姑娘》、《我的愿望》、《莱丽古力》、《天上有没有月亮》等。（2）维吾尔族习俗歌，指维吾尔族日常生活、习俗中常常演唱的歌曲。其中较为著名的有婚嫁习俗中演唱的《婚礼歌》，丧葬习俗中演唱的《送葬歌》、《哀悼歌》，宗教习俗中演唱的《封斋歌》，节庆习俗中演唱的《迎春歌》、《迎雪歌》，日常习俗中演唱的《巴拉提歌》等等。（3）维吾尔族历史歌是反映维吾尔族重大历史事件的歌曲，例如反映维吾尔族19世纪末背井离乡的《迫迁歌》等。（4）维吾尔族的劳动歌曲较多采用民谣体散板性节拍、节奏。最为常见的有《收割歌》、《犁地歌》、《打场歌》、《采棉歌》等。此外，在维吾尔族还有一些反映劳动行当的歌曲，例如《车夫歌》、《挖渠歌》、《矿工歌》。总的看，维吾尔族民歌多数套用民间传统的曲调、民谣即兴编唱。通常，每段唱词由2句或4句正词（每句7—12个音节，其中以7个音节最为常见。）或若干衬词（长短不一）组成，并且常常采用比兴手法，寓意深刻。

哈萨克族是一个酷爱音乐的民族，素有"骏马和歌是哈萨克的翅膀"之说。民歌在哈萨克族民间音乐中占有非常重要的地位，哪里有哈萨克族的毡房，哪里就有歌声。哈萨克族民间音乐按照传统可分为"奎衣"和"安"两大类，所谓"奎衣"就是器乐曲，"安"就是歌曲。"奎衣"主要是用冬不拉演奏，一般说这些乐曲都是单个的小型乐曲，也有由若干个乐曲联结演奏的套曲。"安"（歌曲）又可以根据内容和演唱场合而分成若干类。从音乐上讲，"安"一般都比较短小，曲调优美动听，易于上口。"安"类民歌包括牧歌、渔歌、狩猎歌、情歌、宗教歌等，演唱形式有独唱和冬布拉弹唱两种。曲调热情、奔放，节拍以2/4、3/4为主，以带有副歌的单二部曲式为最常见的结构形式。按照习惯，在祝贺新生婴儿诞生时要唱"祝诞生歌"；婚礼中要唱一整套的"劝嫁歌"、"揭面纱"等饶有风趣的"婚礼歌"；亲友离别时要唱"别离歌"；节假日亲朋相聚要相互对唱；亲人去世要唱"送葬歌"。从这个意义上说哈萨克人的一生都是伴随着歌声度过的。

新疆回族民歌较为丰富，依其功能大致可以分为"花儿"（山歌）、小调、劳动歌等几类。（1）花儿。"花儿"是最具有回族特色的回族的民间歌谣，特别是新疆一带的回民，有手搭耳后、面对青山唱"花儿"的习惯。一般禁止在家里和村庄唱"花儿"，只能在野外唱。除了平时唱"花儿"外，各地还逐步形成了一些"花儿"会。"花儿"一般多为四句、六句，歌词也多是即兴创作，因而富有较强的口语化痕迹，且不避俚语俗词，但文字优美、格律谨严、生动活泼，据说它的主调"令"多达100余种，旋律、节奏、唱腔都有着独特的风格。回族花儿除具有一般花儿所具有的特征外，还具有新疆地域特色。(2) 小调。回族小调品种繁多，内容广泛。民间一般将其分为：风俗、抒情、游艺（包括游戏歌、诙谐歌、儿歌）等几类。风俗类小调——民间俗称"宴席曲"（也叫"家曲"），通常只在婚礼、节庆民间聚会活动中由"唱家子"（即歌手）演唱。此类歌曲包括散曲、叙事曲、酒曲、打歌等多种。宴席曲的内容主要以民间传说、故事为主线，同时不乏搞笑或诙谐的成分。一般认为，此种曲调来源于汉族或其他少数民族。回族宴席曲，是回族民间的说唱艺术，集文学、表演、音乐为一体，叙事与抒情兼备，属于一种综合性很强的文学艺术表现形式。在新疆广泛流传的回族宴席曲，用于婚礼宴会及其他重大的喜庆场合。宴席曲的曲调一般是一词一调，演唱形式有独唱、对唱、合唱、随唱等。演唱时还经常伴有舞蹈动作。抒情类小调——以社会、历史、生活为主要表现内容，倾吐人们憧憬与爱憎之情的回族民间歌曲。(3) 劳动歌。由于回族居住地域的广泛，在他们中流传有曲调各异的劳动歌曲，其中尤以夯歌和叫卖调在新疆回族中最为流行。

　　新疆的蒙古族是有着自己独立的历史和传统文化的民族，新疆蒙古族与内蒙古不完全相同。同样，新疆蒙古族的民歌也与内蒙古不尽相同。蒙古族民歌的主要体裁有狩猎歌、牧歌、赞歌、思乡曲、礼俗歌、短歌、叙事歌、摇儿歌和儿歌等。蒙古族民歌很丰富，有《牧歌》、《习俗歌》、《谚语歌》、《思亲歌》等。从音乐特点和风格上，蒙古族民歌又可概括为长调和短调两类。新疆蒙古族民歌的调式中以徵调式为主，不同于内蒙古的羽调式。新疆蒙古族的民歌以长调为主，短调辅之。长调是一种散板的牧歌式的歌曲，它音域宽阔，音调悠长，有极鲜明的地方性和部落性，从不容混淆，内容极其丰富；短调则是一种有节拍的，形式短小的歌曲，它不仅在音乐上以此区别于长调歌曲，而且其流行方式也不同于长调，它无任何部落和地方性，同一民歌广泛流传于所有蒙古族部落中。长调的曲调悠长，节奏自由，曲式篇幅较长大，带有浓厚的草原气息，牧歌、赞歌、思乡曲及一部分礼俗歌属长调范畴；短调曲调较紧凑，节奏整齐，曲式篇幅较短小，狩猎歌、短歌、叙事歌及一部分礼俗歌属于短调。

　　柯尔克孜族的民歌同样散发着草原的新鲜气息。柯尔克孜族民歌按内容分类，有反抗歌、劳动歌、习俗歌、情新和新民歌等。习俗歌中又分为摇篮歌、游戏歌、劝嫁歌、结婚歌、离别歌、迎客歌、哭丧歌等多种。柯尔克孜族民歌都是格律诗，押脚韵，其歌曲、歌词大多由"阿肯"创作、加工和传播。其中《什勒尔当》、《别克努凯依》、《打场歌》、《守圈歌》、《牧工怨歌》、《姑丽逊怨歌》等是广泛流传的传统民歌。

　　塔吉克族民间歌曲，富有高原民族热情奔放的音乐风韵。塔塔尔族的民间歌曲以节奏轻松，富于抒情而著称，又因广泛使用了手风琴、曼陀林、吉他等乐器伴奏，更丰富了歌曲的感情色彩。著名的塔塔尔族民歌《巴拉米斯肯》、《白天鹅抖动翅膀》等，以其华丽跳荡的旋律，特别受到各民族青年的喜爱。

　　锡伯族人民运用自己的语言，创作了相当丰富的民间歌曲，保留着北方少数民族民歌中常见的呼唤式的牧歌音调等特点。民间歌曲中有《打猎歌》、《田野歌》等劳动歌曲；有《飘飘雪花如蝶飞》等叙事歌曲，有《亚奇那》等习俗歌，也有《沙林舞春》之类的情歌。《萨满舞春》、《亚奇纳》、《猎歌》等，是流传至今的古老民歌，反映锡伯人祖先早期的渔猎生活。"舞春"是锡伯语歌曲或歌谣的意思。《萨满舞春》的特点是，每一种舞春都有其主歌和副歌，主歌由一人独唱，每唱完一段，由众人合唱副歌来呼应。《乌辛舞春》（田野歌）更是受人喜爱，流传很广，独唱、对唱、合唱均可，歌词全由歌者即兴创作，富于抒情气氛。这种舞春的特点是，每首两行，首、尾押韵，第一行十二个音节，多为比兴，第二行十六个音节，点明本题。习俗歌如《沙林舞春》（婚礼歌）、《丁巴歌》（迎亲歌）和《金纽扣》（送亲歌）等，保留了古老的民族习尚。

　　乌孜别克族民歌歌词内容极其广泛，具有浓郁的生活气息。乌孜别克族民间歌曲中有抒情歌曲与歌舞曲，抒情曲结构庞大，如《木那佳提》等，歌舞曲结构短小，素材集中，较为流行的有《黑眉毛的姑娘》等。乌孜别克民歌细腻、柔美，表情含蓄，深沉。多采用迂回级进的旋律，很少有大幅度的跌宕起落。民间音乐曲调婉转悠扬，一般速度比较急促，演出的形式主要是独唱，有的歌手自唱自奏，表达情感十分自如。

塔塔尔族的民间音乐较为丰富，民间歌曲是主体。塔塔尔族民歌在新疆各族人民中享有盛名。塔塔尔族中流传着这样一句话："有诗歌的地方就有塔塔尔人，在塔塔尔人生活的地方一定有诗歌。"以体裁形式分类，民间歌曲大致可分为歌舞歌曲和抒情歌曲等两类。歌舞歌曲是塔塔尔民歌的主体，不仅数量多，而且流传甚广；抒情歌曲在塔塔尔民歌中为数较少。塔塔尔族民歌，纯朴而幽默，富有抒情格调，长于抒情，节奏明快。如《你的眼睛》、《思念》、《树上的夜莺在歌唱》、《草原上的人都这样唱》、《小河》、《梦中见到了你》、《姑娘的心愿》、《巴拉米斯肯》（意为"可怜的小伙子"）、《艾比拜》等。塔塔尔民族具有热情豪放、活泼乐观、幽默诙谐的性格。正是这一性格特点，才使这类歌曲成为现今新疆各民族青年在节日或喜庆之日联欢跳舞时必不可少的曲目。其中《巴拉米斯肯》等在新疆各民族中流传很广，已成为新疆地区的流行歌曲，婚礼、节日普遍采用。此外，《天鹅进行曲》、《白河边》、《那冈》等民歌也为新疆各族人民所喜爱。

俄罗斯族口头文学中，歌谣及民间故事颇为丰富。歌谣有抒情歌、舞蹈歌、习俗歌等。其中习俗歌又分为婚礼歌、丧礼歌等，婚礼歌《飞去的燕子》唱出了亲人对姑娘出阁离去时的惜别心情。而姑娘安慰年迈的双亲及难舍难离的姊妹的歌则由宾客代唱。出嫁的新娘如果是孤女，客人还要以孤女及其故去的母亲的口吻，唱出表达母女此刻互相思念的民歌《孤女的婚礼》。这些作品除文学价值外，还具有民俗学价值。《孩子与小鸟》这首民谣，通过被捕捉的小鸟与孩子的对答，表现了俄罗斯族人民"宁栖风雪枯枝"，"不图金丝樊笼"的爱自由、爱民主的民族性格。情歌多乐观豪放，热烈的感情通过幽默诙谐的调侃或爽朗明快的表白加以传达。俄罗斯族歌曲婉转悠扬，其中如《山楂树》、《红莓花儿开》、《莫斯科郊外的晚上》等也深受其他民族喜爱。

在卫拉特蒙古诗歌中英雄史诗占有独特地位，《江格尔》是家喻户晓的英雄史诗。《江格尔》讲述的是蒙古族英雄江格尔及其十二"雄狮"、三十"虎将"、八千勇士与恶魔蟒古斯斗争的故事。《江格尔》由世代江格尔齐演唱、加工而不断丰富和完善。《江格尔》属长篇巨制型英雄史诗，现在见到的是搜集整理出版的十五章托忒蒙古文本，还有十三章等汉译本。其实，民间流传的《江格尔》远比这长得多。《江格尔》产生于卫拉特四部之一的土尔扈特部，是土尔扈特人民集体的口头创作，是他们智慧和感情的生动反映，到明代，成了四卫拉特人民共同的精神财富。后来通过江格尔齐的演唱和各种手抄本的形式，流传到国内外蒙古族人民聚居地区。《江格尔》在世代流传中也融进了卫拉特蒙古的社会生活、民族文化、民俗风情以及他们的思维方式、价值观念和审美情趣，是卫拉特蒙古民间文化的百科全书。

规模宏伟、家喻户晓的《玛纳斯》，是一部英雄史诗，描绘了柯尔克孜族社会的各个方面，使它成为柯尔克孜族语言、历史、宗教、文化、政治、经济、哲学、美学、军事、医学、习俗的百科全书。它通过动人的情节和优美的语言，描绘了玛纳斯家族几代英雄的生活和业绩，主要反映了历史上柯尔克孜族人民反抗卡勒玛克人奴役的斗争，表现了古代柯尔克孜族人民争取自由渴望幸福生活的理想和愿望。

新疆各民族的民间文学是一个广阔的海洋，内容丰富，形式多样，色彩斑斓，影响广泛，是各民族文学的重要组成部分。民歌、民间故事、叙事诗、史诗以及寓言、谚语、格言、谜语等等，每一个民族都是很丰富的，反映了各民族自己的历史发展、经济生活和风土人情。

由于新疆一些民族的文化和波斯、阿拉伯、中亚的各国家、民族有

图下 5-1 演唱《江格尔》场面 据《新疆文化艺术集锦》

较长期的联系，因此，反映在新疆民间文学中，从内容、题材、体裁、风格和表现手法上，都有许多近似之处，而又带着各自的特点。比如《阿凡提的故事》和土耳其的《霍加·纳斯尔丁的故事》、《波斯趣闻》等就很相近；许多民间故事的生动曲折、神奇多姿、就有些类似《天方夜谭》；有些故事的结构方式，如哈萨克长诗《幸福的四十根树枝》等，也近似于《天方夜谭》的连环结构的形式，它以统一而又各自独立的故事，构成了一个有40首长遍叙事诗的规模宏大的长诗。广泛流传于喀什和和田一带的、包括36则故事的《鹦鹉的故事》、包括10则故事的《国王阿扎旦和巴哈提亚尔》等，是一类连环故事，无论是结构还是情节，抑或是内容上，都带有某些印度文学、阿拉伯——波斯文学的痕迹。各民族文学之间日益增强的联系，对蒙古族历代文学的发展产生了深远影响。史诗《江格尔》所代表的新疆蒙古族民间文艺的民族风格和地方色彩，其中就或隐或显地反映出民族文学之间相互联系、相互影响的鲜明印记。

新疆各民族民间文学是世代传承的。如哈萨克族漂泊不定的游牧业生产和生活，历史上连绵不断的战争，这些极大地阻碍了文字功能的发挥，所以，哈萨克族几乎是用口头方式传授知识、记录历史、诉说民族感情、传承民族精神。

一个民族的民间文学，在其形成、发展、变化过程中，影响其内容、表现形式、风格特点的因素是多方面的。除了自然环境条件和宗教文化的影响外，本民族以及其他民族之间的历史活动，也是影响其民间文学各具特点的重大因素。维吾尔族、哈萨克族做的面饼称为馕，它是这两个民族的民间故事中出现最多的食物。蒙古族民间故事《奶酪的由来》，记述了他们的炊事传统和饮食习惯。蒙古族、哈萨克族等还用羊皮制成皮碗。在回族民间故事《缠河的故事》、《锁蛟》、《青龙潭》中，不约而同地把缠头作为构成故事情节的重要道具，或者作为与自然斗争的武器，或者作为源远流长的回汉情谊的象征。哈萨克族的冬不拉，蒙古族的马头琴等等，都是民间故事中常常出现的乐器。在许多民族的作品中，还反映了他们在狩猎归来、农业丰收、婴儿降生、少年入社、血亲复仇、婚姻喜庆和社交活动中常常用来表达愿望和喜悦的娱乐形式——舞蹈。在维吾尔族、哈萨克族民间故事中，这方面的艺术形式尤为显著。音乐和舞蹈在民间故事中的交叉出现，大大丰富了民间故事的内容，表现了少数民族独特的文化生活情趣和健康的审美意识。

第二节　民间音乐的魅力

民间器乐　说唱音乐　宗教音乐　维吾尔族木卡姆

新疆各少数民族传统音乐源远流长、枝繁叶茂、绚丽多彩，民族特色浓厚，是中华艺术宝库中的重要组成部分。新疆各少数民族都有自己的发展历史和文化背景，在此基础上形成的各民族音乐文化，有着品种纷繁的音乐体裁。和汉族一样，各少数民族的音乐从表演形式上可分为民歌、民间器乐、民间歌舞、民间说唱艺术、民间戏曲音乐。新疆各民族传统音乐以自己独特的风格特征丰富着祖国音乐文化的宝库，它们犹如绚丽的百花遍地盛开，美不胜收。

维吾尔族的民间乐器种类繁多，较为著名的吹管类有巴拉曼（又名皮皮）、卡奈依、唢呐、雀拉（类似陶埙）、口弦，拉弦类有艾捷克、萨它尔、胡西它尔、哈密胡琴（胡胡），弹拨类有热瓦甫、弹拨尔、都它尔、卡侬，打击乐类有达甫（手鼓）、纳格拉（铁鼓）、冬巴克（大型纳格拉）、萨帕依、塔什（石片）、柯舒克（木勺）以及萨巴依（铁环）等。这些乐器大多数可以独奏，亦可合奏，还可组成诸如木卡姆、麦西莱甫等乐队组合形式。（1）艾捷克。球行弓拉弦鸣乐器。通常分刀郎艾捷克、新型艾捷克等数种。刀郎艾捷克流行于新疆南部多朗人聚居区，形似板胡，为刀郎乐队中唯一的弓弦乐器。椰木琴杆，沙枣木共鸣箱，琴面蒙羊皮或驴皮，张一缕马尾弦为主奏弦。在琴杆中部两侧设6—10根钢丝共鸣弦。演奏时将琴立于左腿之上或夹在两膝之间，其音量较小，低音浑厚、优美。新型艾捷克流行于新疆维吾尔族、乌孜别克族地区。（2）萨它尔。梨形弓拉弦鸣乐器。萨它尔为十二木卡姆乐队的主奏乐器，形制与弹拨尔较为近似，共鸣箱较大、成瓢状，全长约148厘米，通常用桑木制成。除指板上缠有18个丝弦品位外，面板上还粘有竹制高音品位，按十二平均律排列，能演奏各调乐曲。马尾弓置于弦外拉奏，只奏主弦，不奏共鸣弦，共鸣弦只起加强共鸣和美化音色作用。传统演奏方法：左手扶琴直立于左腿之上，用食指、中指按音，主要技巧有揉、擞、打、滑等。右手持弓方法与艾捷克相同，常用弓法有长、短、连、顿、颤等。（3）胡西它尔。梨形弓拉弦鸣乐器。流行的胡西它尔全长约68厘米，由琴头、轴、颈、指板、琴玛、系弦板、琴弦、琴弓以及共鸣箱等部分构成，张7条钢丝弦；定弦一般可依据其所演奏的乐曲的调式而定。胡西它尔采用通常坐姿演奏，音色优美、动人。（4）热瓦甫。瓢形拨奏弦鸣乐器。热瓦甫就其流行地区、形制、定弦等的不同而分为以下几种：喀什热瓦甫主要流行于喀什等南疆维吾尔族地区。由头、干、轴、马、弦、共鸣箱等部分构成。琴身通常采用完整的桑木挖刻，琴长130厘米，共鸣箱呈半球形状，上蒙以羊皮、驴皮或蟒皮。琴头在弦槽部位向后卷曲，指板缠有13—28个丝弦品位，按十二平均律排列。演奏采用站、立姿均可，琴身横于胸前，右手持拨子弹奏，左手按弦。多朗热瓦甫流行于南疆麦盖提、巴楚、莎车等地区。共鸣箱分为葫芦形、圆形等多种。均用金属琴弦，弦数因地而异。常见的有设3根旋律弦，5—7根共鸣弦。演奏时将琴置于右腿，左手持琴按弦，右手持拨子弹奏。乌孜别克热瓦甫根据喀什热瓦甫改革而成。共鸣箱较大，张金属弦5根、中外弦各用2根，同发一音，里弦1根。均可奏旋律及和弦。热瓦甫常用于独奏、合奏及伴奏。著名的传统乐曲有《夏地亚耐》、《塔什瓦依》、《衮地帕依》等，创作乐曲有《我的热瓦甫》等。（5）弹拨尔。梨形拨奏弦鸣乐器。弹拨尔由头、杆、轴、弦和马子等组成，共鸣箱呈瓢形，用核桃木或桑木制作。由于地域不同，形成了以下两大分支：南疆弹拨尔琴长约130厘米，指板缠有16个丝弦品位；北疆弹拨尔长约147厘米，指板缠有18个丝弦品位。共鸣箱面板上另设8—10个竹制高音品位。弦轴至共鸣箱底部张钢弦5根，旋律弦两根，共鸣弦3根。弹拨尔的演奏方法与技法丰富多彩，20世纪60年代以后创制了中音弹拨尔。较著名的乐曲有《乌扎勒》、《艾介姆》、《奥夏克》和《沙巴》等。（6）都它尔。瓢形拨奏弦鸣乐器。都它尔一般可分为大中小三种，面板通常用桐木、桑木和松木制作而成。指板设15—18个丝弦品位，按十二平均律排列，上张丝弦两根，采用五度、四度或同度定弦。演奏时将音箱置于右腿上，琴杆斜置胸前，左手扶琴颈，用食、中、无名、小各指按音，拇指按内弦和音。右手可用击弦、勾弦等多种奏法，左手则用揉、打、扣、滑、勾弦等手法。音色柔和悦耳，音量较大，用于自弹自唱或伴唱。较著名乐曲有《库尔特》、《麦浪》、《艾介姆》等。（7）卡龙。异形弹拨弦鸣乐器。卡龙广泛流行于新疆维吾尔自治区的麦盖提、和田、哈密等地，是"刀郎赛乃姆"和"哈密木卡姆"的主要伴奏乐器之一。卡龙琴身酷似一个斜向切去一角的长方扁箱，面板采用皮或木制。琴弦可从63至84根不等，但均以3根弦为一组。定音主要取决于"木卡姆"的调式结构。音色清晰明亮，特别擅长演奏上下行间的装饰性乐句。演奏时，将琴置于膝上，双手食指带义甲弹拨，右手奏旋律，左手奏低音。演奏者的两手形成平行八度，但由于左手比右手触弦稍晚，使之产生既协和又交错的奇妙音响。著名曲目有《刀郎舞曲》、《恰尔朵木卡姆间奏曲》等。（8）萨巴依。棒形摇击体鸣乐器。传统萨巴依一般需用羚羊角作为主要制作材料，角的中部缀一大铁环，并在环上串有4—6个小铁环。演奏时，右手执羊角下端，靠上下、前后的摇动或拍肩，使铁环撞击羊角而发出声音。演奏时，右手执木棒下端摇震或碰击左手、双肩等部位，使大铁环撞击木棒发出声音。与之同时，小铁环也随之发出有节奏的音响。在大铁环碰棒处镶有铁皮，以保护木棒和使音响清脆。20世纪50年代以前，萨巴依多为街头艺人使用。20世纪50年代以后，则较多作为民间歌舞的伴奏乐器。传统器乐曲中，较为著名的乐曲有《艾介姆》、《林派代》、《夏地亚娜》、《牧羊曲》、《拉克木卡姆太孜麦尔乌力》、《乌夏克木卡姆第一达斯坦麦尔乌力》等。

哈萨克族民间器乐有着鲜明的民族特色。冬不拉和胡布孜、斯布孜合等是主要民族乐器，冬不拉尤其受哈萨克族群众喜爱。用桦木等材料做琴身，用羊肠制弦。过去琴身有铲子形和马勺形两种，现在有了将这两种形式糅合在一起的民间新式冬不拉。哈萨克族的各种乐器都便于携带、易于演奏。歌曲演唱具有广泛的群众性。冬布拉是哈萨克族最普及、最流行的一种拨弦乐器。琴身像梨子的形状，大都用整块木头凿成，由琴头、琴杆、琴身三部分组成。琴身用桑木、红柳木或桦木制作。有两根弦，一般用羊肠制作。音位分8个、11个和13个三种，分高、中、低音。弹奏时，左手按弦，右手弹拨，可以独奏，也可以为吟诗、对唱及各类习俗歌曲伴奏。这种乐器十分轻巧，音质优美，音色铿锵动听。有的雕刻精细，镶嵌美观，由专门的匠人制作。哪里有帐篷，哪里就有冬布拉的琴声和哈萨克人的歌声。几乎每首冬布拉乐曲都有美妙动听的民间传说故事，弹唱十分动人。新疆的哈萨克族喜欢在冬不拉的伴奏下跳一种叫"哈拉交勒嘎"的民间舞蹈，每当这种舞曲响起，男女老少无人不动。

由于历史的原因，回族的传统的民间器乐较少。就新疆回族民间乐器而言，现在最为常见的有泥瓦呜（埙）、口嚼子（口弦）、咪咪子（管子）、角笛（牛角号）、果核（口笛）、芦笛（筚篥）、羊头弦子（阮类）等十余种。均以演奏民间小调为主。现仅择选以下两种加以介绍。泥哇呜（埙）又称"泥箫"，其形制多样，如秤锤形、牛头形、蝴蝶形等，均用黄胶泥捏制而成。直径约9厘米，腹径8厘米，通常在顶端设一圆形吹孔，正面开四个音孔。"泥哇呜"音色古朴、幽怨，是回族牧童最为喜爱的吹奏乐器之一。泥哇呜除演奏一些常见的民歌、小调外，还常常吹奏一些带有伊斯兰风味的即兴曲调。口嚼子（口弦）又称为"口衔子"（即"衔"在口中演奏之意）。口弦也是一种较为古老、并且滥觞于世界绝大多数民族之中的吹管汽鸣乐器。回族口弦分为竹胎竹簧、金胎金簧两种形制。竹制口弦长约10厘米左右，像一把带柄的短剑，在竹片中间削出其薄如纸的竹簧，簧端系有长线，演奏时左手执柄，口含簧片，用右手扯线使簧片振动发音。铁制口弦长约7公分，像一把尖端带钩的音叉，演奏时用嘴含住铁叉，用手拨动尖端的钩簧发音。在西北一些回族聚居地区，妇女几乎人手一个，在平日还喜欢把系有彩穗的口弦挂在胸前作饰物。她们不但能用口弦唱歌奏曲，还能用来对话斗嘴。

蒙古族民间乐器主要有马头琴、四胡、三弦、笛、雅托格（类似汉族筝）、好毕斯、托甫秀尔、林布、冒顿·潮尔以及文献上记载的弹拨乐器胡拨（即火不思）等。其中最为著名的有马头琴、四胡、火不思。马头琴是最能体现蒙古民族气质、文化内涵、音乐色彩的民间乐器之一。从总体上看，马尾弓毛、马尾琴弦、梯形共鸣箱、琴杆顶端均雕塑马头或鳌头，以及弓在两弦之上（不在弦间）拉奏等是马头琴的主要（共同）

特点。马头琴的音色圆润、委婉、如歌如诉，极富感染力。它不仅能表现凄婉、含蓄的情绪，亦可演奏明亮、高亢的旋律，同时还擅长表现蒙古民族坚韧、刚毅的民族个性。"胡尔"（四胡），即四胡，蒙古族弓弦乐器。"胡尔"形制与二胡较为类似，张四弦、马尾弓，主要用于独奏、伴奏和合奏。艺人说书时的伴奏方式是边拉奏边用弓杆敲击琴筒，强调节奏，营造气氛。四胡较为著名的传统曲目有《八音》、《阿斯尔》等。火不思曾主要流行于新疆、内蒙古一带。此外，在蒙古族宗教音乐使用较为平凡的乐器还有唢呐、大铜角等。

柯尔克孜族的民族乐曲（库依）和乐器，是他们最珍贵的文化遗产之一。目前在民间流传的乐器有"库姆孜"、"奥孜库姆孜"、"克雅克"、"秋吾尔"、唢呐、"多兀勒"（手鼓）、"巴斯"（铜钹）、"邦达鲁"等。柯尔克孜人喜爱使用本民族特有的弹拨乐器库姆孜作为主要的伴奏乐器，它那和谐丰富的琴声，伴和着曲调明快、节拍自由的歌唱，听来别有一番韵味。民歌伴奏乐器以库姆孜为主。库姆孜是柯尔克孜族地区广为流传的弹拨乐器，木制音箱，以琴杆为指板，无品，张三根弦，按四、五度关系定弦。以左手按弦，右手拇指、食指弹拨，或五指刮、扫、轮奏，一般为自弹自唱，加之生动诙谐的表演，生动活泼、妙趣横生。

在帕米尔高原上，塔吉克牧民常常吹起用鹰翅骨做的短笛"那艺"（即鹰笛），在手鼓、热朴甫的伴奏下，引吭高歌，一唱众和，曲调悠扬，令人陶醉。塔吉克族特有的乐器有"纳依"（即"那艺"）、巴郎孜阔木（弹拨的七弦琴）、热朴甫（弹拨的六弦琴），其中，纳依和热朴甫是塔吉克族最喜爱的两种乐器。

乌孜别克族乐器大都为弹拨乐器和打击乐器，其中以三角形的"斜格乃"琴，音色优美，最为动人。"独他尔"、"热瓦甫"、"坦布尔"和手鼓等，与维吾尔族的乐器在构造、音响效果方面基本相同，这充分反映出新疆各族人民在文化艺术方面的相互交流和影响。

塔塔尔族乐器种类很多，有"库涅"（二孔直吹的木箫）、"科比斯（置于唇间吹奏的口琴）、二弦小提琴等。歌唱和跳舞时多用手风琴、曼陀林等伴奏。

俄罗斯族能歌善舞，主要乐器有手风琴及曼陀林、小提琴、钢琴、三角琴、班吉拉等。其中三角琴（琴身主体呈三角形而得名）和班吉拉（近似吉他，琴身和琴把较吉他更为简便）具有特色。

维吾尔族传统的民间说唱形式有"达斯坦"、"库夏克"、"埃提西希"、"麦达"等多种。其中以"达斯坦"、"库夏克"最为著名。（1）达斯坦是一种维吾尔族民间唱、奏、说综合一体的叙事套曲形式。迄今在维吾尔族聚居区流传的达斯坦有几十部，最为著名的有以爱情为题材的《艾里甫与赛乃姆》、《帕尔哈特与西琳》，以英雄为题材的《玉素甫·艾合买提》、《好汉色衣提》等。一部达斯坦一般都有完整的故事情节与人物，唱词冗长（长达几十行甚至几百行不等）、曲调结构庞大。通常由2—3名达斯坦艺人自持沙塔尔、弹拨尔、都它尔随木卡姆演唱，亦可在家庭聚会上由艺人单独弹唱。（2）"库夏克"为民间歌谣之意，有些是由简单故事情节的歌谣组合，音乐曲调单一，规模较小。通常由库夏克艺人手执热瓦甫或都它尔自弹自唱。库夏克歌词多为带有简单故事情节的歌谣体组诗，因此，它与达斯坦相比，篇幅显得较为短小、精悍。其唱词多以男女之间的爱情为内容。库夏克中较为著名的有《古兰木汗》、《肉孜来木》、《马和骆驼的故事》等。（3）"麦达"则主要是说书，以历史故事、宗教战争、神话故事为内容，基本上没有唱，表演者绘声绘色，以渲染气氛。（4）"埃提西希"是说唱之意，单人或双人表演，以说为主，

图下 5-2　柯尔克孜族库姆孜演奏场面　尚昌平摄

间或有少量以热瓦甫伴奏
的演唱，内容与库夏克大
体相同。

阿肯弹唱是深受哈
萨克族群众喜爱的一项
说唱音乐。阿肯是既能弹
唱又能即兴作诗的民间歌
手和诗人。阿肯弹唱是两
位歌手的对唱，其特点是
即兴作诗并演唱，是一种
激烈的赛歌过程。歌手

图下 5-3　哈萨克族阿肯弹唱　新疆画报社提供

们对唱时，发挥自己的聪明才智，在对唱现场自编歌词，相互比智、比
才、比勇、比谋、比创作能力。对手们以急风暴雨般的歌唱向对方发起
猛烈的攻击，竭力压倒对方，尽量让对手措手不及，难以招架。对唱内
容并无固定的范畴，歌手们可以谈天说地，理论是非，歌颂故土山川、
风俗习惯，赞美优秀人物，以此交流感情，表明对各种人和事物的态度
和观点。阿肯弹唱会是检验阿肯的知识、经验和艺术才华的盛会，同时
也是传播知识、启迪思想的活动。这种对唱活动常常吸引着众多牧民的
参加，在现场，弹唱双方相持不下，通宵不倦，听众更是聚精会神，乐
而忘返。

蒙古族说唱艺术源远流长，其音乐形式多样，内容丰富，具有较强
的吟诵性。流传至今的有"陶力"（史诗）、"好来宝"、"乌力格尔"等。
（1）陶力（英雄史诗赞）是蒙古族说唱艺术中较为古老的形式之一。"陶
力"主要在"潮尔奇"（说唱艺人）、"江格尔奇"（专门唱诵《江格尔传》
的艺人）或为数不多的民间说唱艺人中传承，较为著名的有内容冗长、
结构庞杂的《江格尔传》、《格斯尔传》、《勇士谷诺干》等；内容较为短
小的传统赞词、诗歌、叙事诗甚至民间故事等。同时它也是蒙古民族中
最为喜闻乐见的表演形式之一。其表演通常用甫秀尔边弹边唱，有的艺
人也较多采用徒歌形式进行。其音域较窄、节奏工整、具有较强的宣叙
性，常用宫调式和徵调式。（2）好来宝，从其表演形式看可将其分为单

口、对口两种。前者通常由艺人陪以四胡自拉自唱，后者则由两人联袂表演（没有伴奏），蒙古语称"岱日勒查"（相互联词），通常是彼此考问知识，带有（语言、智力、反应）等方面的即兴竞技特征，直至决出胜负为止。好来宝常用的曲调有十余首，但往往一部优秀的好来宝往往只用一首曲调。(3) 乌力格尔通常由"胡尔奇"（四胡演奏者）手持低音四胡自拉自唱（带有念白）。内容除蒙古族长篇叙事诗《格斯尔传》、《青史演义》外，主要演唱《三国演义》、《水浒传》、《红楼梦》等汉族古典小说。经多年发展、积累，曲调的安排形成了一定的规律，常见的顺序是：《序曲》、《叙事曲》、《间奏曲》、《行军曲》、《受难曲》、《打仗曲》和《收尾曲》等。

柯尔克孜族说唱音乐相当发达、极为丰富。民间的"阿肯"（弹唱艺人）、"额尔奇"（民歌手）、"库姆孜奇"（琴手）等艺人通过多种演唱形式丰富了人民的生活。

锡伯族音乐分戏剧音乐和说唱音乐两类。戏剧音乐称秧嘎尔牡丹，分平调和越调。基本为引进后加工为本民族化的内容。说唱音乐具有浓厚的民族特点。

维吾尔族宗教音乐，一般指维吾尔人在各种伊斯兰教活动中所使用的音乐，以及一些完全以宣扬伊斯兰教义为内容的音乐。分为以下两类：(1) 巴克希作法（原始拜物教遗存）音乐。巴克希作法时使用的音乐大致可分"阿也特"（咒语）吟诵调、"托合"（布幡）转圈歌舞曲两种。前者是一种无伴奏的徒歌，其节拍自由、曲调富宣叙性；后者是一组由慢渐快、由平稳至激烈的歌舞套曲，采用大小不一的手鼓组伴奏，组合形式及节拍、节奏、曲调、旋法因维吾尔族各聚居区传统音乐的风格不同而有所差异。(2) 一般性宗教音乐，即指"阿赞"、"吾苦买提"（唱经调）、"克里埃特"（诵经调）以及"拉木尚调"（封斋调）等。此类音乐均为"徒歌"形式，曲调则以散板、自由节拍、混合节拍居多，旋律带有较强的呼唤性、吟诵性或陈述性。与维吾尔族传统音乐有着千丝万缕的联系。

新疆回族的宗教音乐，包括寺院仪式性与民间仪式性两类，前一类包括"招祷歌调"（召唤教民到寺礼拜时吆喝的歌调，俗称宣礼词、班克或班歌）、"双节歌调"（即在"开斋"和"宰牲"两大节日之盛大庆祝活动中集体咏唱、赞美真主的歌调）、"礼拜歌调"（包括每天五次礼拜和一些民俗活动中念诵经文的音调）；后一类则包括弘扬教义，赞美真主以及为部分民俗活动而创编的各种"民俗歌调"。

蒙古族的宗教音乐主要有"博"（萨满）教音乐、喇嘛教音乐两类。（1）"博"（萨满）教音乐。"博"即男萨满之意（属父系社会的产物），与"乌达根"女萨满（母系社会的产物）相对。在蒙古语中，萨满教被称为"博希幸"，即博教之意。蒙古博以"翁古达"和"赛胡斯"为崇拜偶像，并且与口传心授的方式传播其教义。从业者平时在家务业，做法行博时往往充当人神间的中介角色，代表神界为信徒们捉鬼、驱邪、消灾、解厄；代表信众向神界祈福、求寿、护祐人畜平安。（2）喇嘛教音乐。众所周知，元代以后，蒙古族改信喇嘛教。世祖忽必烈不仅将萨迦派宗师八思巴封为"国师"，还诏书全国将藏传佛教定为"国教"。从此后，藏传佛教音乐由藏区源源不断地输入蒙古族地区。因此，蒙古族此部分宗教音乐（例如诵经调、乐器、演奏方式等等）均与西藏相同。但也有些寺院的则吸收、融合了部分蒙古族、汉族音乐文化的元素，从而也呈现出其多元文化的某些特征。

维吾尔族民间音乐以木卡姆最负盛名，传统的音乐有木卡姆、库夏克、埃提西希、麦达等。维吾尔木卡姆艺术是流传于新疆各维吾尔族聚居区的各种木卡姆的总称，是集歌、舞、乐于一体的大型综合艺术形式。维吾尔木卡姆艺术在其文化空间的发展历程中形成了最具代表性的十二木卡姆、吐鲁番木卡姆、哈密木卡姆、刀郎木卡姆流派。（1）十二木卡姆由十二套大型乐曲组成，其中的每一套包括"穹乃额曼"（意为"大曲"，系列叙咏歌、器乐曲、歌舞曲）、"达斯坦"（系列叙事歌、器乐曲）和"麦西热甫"（系列歌舞曲）三大部分。每套含乐曲二十至三十首，十二套共近三百首，完整地演唱需要二十多个小时。十二木卡姆集音乐、舞蹈、演唱、文学、生活习俗为一体，包括互不相同的 36 个曲调。喀什、和田、阿克苏和伊犁等地流传的十二木卡姆虽然同源，但在结构模式、旋律风格、乐器使用等方面却又各具特色。十二木卡姆是维吾尔民众最喜爱的艺术形式，在各种公众或家庭聚会中演唱和舞蹈。（2）吐鲁番木卡姆主要流传于吐鲁番地区鄯善县鲁克沁镇及周边吐鲁番市和托克逊县。吐鲁番木卡姆有"拉克木卡姆"、"且比亚特木卡姆"等11部，完整演奏一次约需10个小时。每套木卡姆由"木凯迪满"、"且克特"、"巴西且克特"、"亚郎且克特"、"朱拉"、"赛乃姆"、"尾声"等八部分组成。除有伴奏以外，还有用鼓吹乐表演的形式。吐鲁番木卡姆，无鼓不歌、无舞不乐的艺术特色是古代高昌及高昌回鹘汗国的音乐遗风。作为东西方乐舞文化交流的结晶，吐鲁番木卡姆记录和印证了不同乐舞文化之间相互传播、交融的历史。在吐鲁番木卡姆中既能见到我国中原音乐和漠北草原音乐的因素，也能见到中亚、南亚、西亚、北非等国家、地区音乐的影响。它的特殊音乐节奏、节拍及律制是维吾尔音乐理论体系形成的重要基础。吐鲁番木卡姆的唱词多为民间歌谣，也有中世纪文人墨客的诗作，它汇集了吐鲁番维吾尔民间口头文学和察合台汗国历史时期古典诗歌的精华，成为研究古代高昌回鹘人和近代维吾尔族生活哲学、伦理道德、民俗民风、文学艺术等诸种文化表现不可多得的活态资料。(3) 哈密木卡姆是流传在新疆东部哈密地区的一种历史悠久、篇幅宏大、结构完整的大型维吾尔音乐套曲，共有"琼都尔木卡姆"、"乌鲁克都尔木卡姆"等12套，其中7套包括两个乐章（即两套曲目），共有258首曲目、数千行歌词。哈密木卡姆在其形成和发展过程中，在西域"伊州乐"的基础上，不同程度地吸收了来自中原、中亚及西亚的音乐艺术营养，在歌词、风格、结构等方面体现了文化多元性的特点。哈密木卡姆在历史上经过了从民间到王宫、最后又回到民间的流传整合过程，经由民间艺人的不断演唱和整理规范，形成了结构完整的套曲形态。每套木卡姆均由散板的序唱和4/4、7/8、5/8节奏的多首歌曲及2/4节奏的多首歌舞曲的结构序列组成，体现了典型的完整性特征。哈密木卡姆的命名方式保持了维吾尔族的传统，每套木卡姆的名称一直到现在都保留着维吾尔族的名称，如"乌鲁克都尔木卡姆"、"嗨嗨哟兰木卡姆"、"加尼凯姆木卡姆"等，在新疆各地木卡姆中显得十分独特。(4) 刀郎木卡姆主要分布在塔里木盆地西北部以叶尔羌河至塔里木河流域为中心的刀郎地区，尤以麦盖提县为盛。刀郎木卡姆据说原有12套，现在能收集到9套，其中包括"巴希巴雅宛木卡姆"、"孜尔巴雅宛木卡姆"、"区尔巴雅宛木卡姆"等。每套刀郎木卡姆都由"木凯迪满"、"且克脱曼"、"赛乃姆"、"赛勒凯斯"、"色利尔玛"五部分组成,为前缀有散板序唱的不同节拍、节奏的歌舞套曲。每部刀郎木卡姆的长度约为6到9分钟,9套总长度约一个半小时。刀郎木卡姆的唱词全都是在刀郎地区广为流传的维吾尔民谣,充分表达了刀郎维吾尔人的喜、怒、哀、乐,同时反映出维吾尔族社会生活的各个方面,内容丰富多彩,曲调高亢粗犷,感情纯朴真挚。新疆麦盖提县维吾尔刀郎木卡姆是麦盖提县独具地方特色的民俗文化,与其他各地流传的刀郎木卡姆和新疆境内的各种维吾尔木卡姆有着千丝万缕的联系,同时又有相对独立的艺术特色,具备较高的艺术价值。

第三节 歌舞之乡与舞蹈传统

维吾尔族舞蹈　哈萨克族舞蹈　蒙古族舞蹈　柯尔克孜族舞蹈　塔吉克族舞蹈　锡伯族萨满舞

新疆被称为歌舞之乡,各少数民族素有能歌善舞的传统。对于他们,舞蹈不是生活之外的装饰而是生活本身,是生活中不可或缺的有机部分。无论宗教祭祀、婚丧嫁娶、丰收节庆、社交恋爱、游戏娱乐,乃至生活中的各种重要事件,每每都有歌舞相随。民族传统舞蹈是代表各个民族的风格特征,新疆比较有代表性的民族传统舞蹈有维吾尔族舞蹈、汉族舞蹈、哈萨克族舞蹈、蒙古族舞蹈、柯尔克孜族舞蹈、塔吉克族舞蹈、锡伯族舞蹈、塔塔尔族舞蹈等。

维吾尔族以能歌善舞闻名中外,舞蹈轻巧、优美,以旋转快速和多变著称。女子舞姿轻盈优美,旋转快速多变;男子动作热烈奔放,强悍刚劲。维吾尔族男女老幼都能歌善舞,无论结婚、节日、欢迎贵客以及一切喜庆的日子,人们都会聚在一起又歌又舞。维吾尔族传统舞蹈有顶碗舞、大鼓舞、铁环舞、普塔舞等多种。维吾尔族的舞蹈非常丰富,传统民间舞蹈中以赛乃姆舞、多朗舞、夏地亚纳舞、萨玛舞、纳孜尔库姆舞为代表。此外有执具舞,如盘子舞、萨巴依舞、手鼓舞、萨玛瓦尔舞等；有习俗舞，如婚礼舞、麦斯舞等；有模拟舞，如猴舞、击石舞、火舞、鸡舞等；有劳动舞，如巴布卡舞、织毯舞等等。在维吾尔族的传统舞蹈中，历史悠久的喀什"萨玛舞"是与维吾尔族传统的"赛乃姆舞"、"刀郎舞"、"夏迪亚纳舞"和"纳孜尔库姆舞"并列的五大民间舞蹈之一。"赛乃姆"是最普遍的民间舞蹈形式，多即兴表演，有时一人独舞，有时二人对舞，有时三五人同舞。在乐队伴奏之下，围坐成圆圈的群众拍手唱和。当音乐节奏由中速转为快速，舞步也越来越急促时，"凯——那"（加油）、"巴力卡勒拉"（妙啊）的呼声随之四起，舞蹈者的情绪也更加炽烈。各地的"赛乃姆"具有自己的风格，通常冠以地名。如"喀什赛乃姆"、"伊犁赛乃姆"等，以示区别。流行在全疆尤其盛行于南疆的"夏地亚纳"，意为欢乐的舞，是一种民间集体舞蹈，参加人数不限，队形也不固定。不同地区的"夏地亚纳"，曲调各有特点，有的欢腾华丽，有的浑厚有力。"夏地亚纳"的基本步伐以小跳步为主，两臂上举，手掌内外快速抖动，给人以欢乐、轻快之感。被誉为民间艺术之花的"刀郎"舞，是富有劳动人民生活气息的舞蹈，内容表现了古代麦盖提一带人民的狩猎活动。舞蹈动作剽悍、刚劲、热情奔放、节奏感强。伴奏"刀郎"舞的音乐，称为"刀郎木卡姆"、"刀郎赛乃姆"，曲调结构朴实、演唱风格宽广、豪迈，具有浓郁的草原情调。还有流行于吐鲁番、鄯善、哈密等地的"纳孜尔库姆"，用舞蹈动作表现活泼、诙谐的内容，充分反映出维吾尔族人民乐观开朗的性格。吐鲁番的"纳孜尔库姆"（"鹅舞"），是模仿鹅的各种动作、表情达意的舞蹈形式，时而诙谐幽默，时而耐人寻味，表现内容十分丰富。鹅舞兼具表演和自娱自乐功能，形式自由随意，而且也不受时间、场地的限制，随时随地想跳就跳。鹅舞进行中，往往有人难免技痒，要当众表演一下自己的拿手绝技，以博得人们的喝彩。哈密的"鸡舞"（"纳孜尔库姆"）在天蓝草绿、树茂果甜的时候举行，此时，善于感受生活之美的哈密人，聚集在草地上、果园里，弹琴、唱歌、跳舞。鸡舞开始，一女性饰母鸡，一男性饰公鸡，相互逗引，妙趣横生。无论表演者还是欣赏者，在欢笑中将生活中的辛苦和忧愁一扫而光。任何人都可以加入舞蹈，或扮演老鹰，或扮演乌鸦、老猫，或扮演小鸡小虫，表演内容丰富多彩。哈密维吾尔人历史上曾被称为高昌回鹘，有独具特色的文化遗存。至今哈密维吾尔人仍保留着高昌回鹘人的鸡崇拜，视鸡为具有神力的瑞物。在哈密维吾尔人的春节祭青苗仪式上，全村人视为圣物的那盘青苗中，就插着一只纸剪的公鸡。每逢古尔邦节和肉孜节，在喀什艾提尕尔广场都会有成千上万的维吾尔族群众参加集体舞会——萨玛舞，随着乐师们铿锵有力的鼓点和清亮高亢的唢呐声，人们纷纷跳起了萨玛舞，使整个广场都沉浸在欢乐的气氛中。跳萨玛舞者都是男性，大人孩子都可以参加，甚至一些银须垂胸的老人也会情不自禁地和大家一起跳。他们的动作朴实有力，舞姿别具一格。

　　哈萨克人是马背民族，他们的舞蹈就以表现游牧生活为主。舞蹈多以骑马生活为题材，双臂多用动肩，步法上多用马步，舞蹈语汇中常见挤奶、剪羊毛、擀毛毡等。舞蹈动律性强，表演风格粗犷、剽悍，草原气息浓厚。传统的哈萨克族舞蹈，多以模仿飞禽走兽的动作为特征，夸张幽默，惟妙惟肖，生动传神，有极强的表现力和感染力，有广泛的群众基础。哈萨克舞蹈分模拟舞、劳动舞、执具舞和习俗舞等，其中以《哈拉交勒卡》为代表。《哈熊舞》是一个著名的哈萨克族民间舞蹈，舞者反穿皮衣装扮成熊，模仿熊的习性和动作。这个舞蹈既是民间艺术活动，又是在向人们传授狩猎知识。《孤雁舞》是哈萨克人运用艺术思维观察与

图下 5-4　麦西莱甫中的"纳孜尔库姆"表演　韩连赟摄

表现生活的体现。通过活灵活现地表现一只孤独的大雁，表达天人合一的思想，宣传集体意识。

　　萨吾尔登舞是卫拉特蒙古最主要的民间舞蹈，历史源远流长，是带有古代西域草原特征的游牧民族舞蹈，新疆蒙古族无论男女老少，几乎人人都会跳。"萨吾尔登"既是新疆蒙古族民间舞曲和歌舞曲的曲牌名称，又是卫特拉蒙古族民间舞蹈的统称，同时又不仅仅是舞蹈，还包含有对歌、边歌边舞等形式。"萨吾尔登"舞常在蒙古人喜庆节日、男婚女嫁、迎宾送客等娱乐活动中出现。场地、人数不限。一般多在毡房里或毡房附近的草地上进行。由一位"托布秀尔"琴手奏响乐曲，随着音乐声起，围坐成圈的男女老少自然地合着乐曲拍手歌唱，歌声悠扬。歌声中，人们徐徐上场，开始起舞。这个特点反映了草原牧民们日常交往的方式，在歌声和舞蹈中共同娱乐。"萨吾尔登"舞蹈没有特定程式，也不要求动作一致，在"托布秀尔"琴的音乐节奏中，参与的人们随着情绪起伏变化，即兴发挥。"萨吾尔登"舞蹈的动作十分丰富，大都与蒙古牧民的生产和生活有着密切的关系，有些舞蹈动作直接从生活和生产动作中来，比如有表现挤奶、捣奶、套马、献茶、敬酒、擀毡、播种、收割等劳动的舞姿；有表现妇女生活的舞姿，如照镜、描眉、梳辫等；更有一些舞蹈动作，模仿草原上各类动物的动作，如翱翔的雄鹰，奔跑的山羊，跳跃的田鼠；由于蒙古民族对马的特殊热爱和感情，有很多舞蹈动作模仿马的各种步伐；当然，舞蹈动作中表现草原年轻人爱情，模拟各种人物形象的也很多。可以说"萨吾尔登"舞蹈浓缩了新疆蒙古族人民草原生活的各个方面和他们对大自然感知的丰富情感。"萨吾尔登"舞蹈形式也很丰富，由徒手跳、持具跳、载歌载舞跳和对歌对舞跳等多种形式。舞蹈中对歌是"萨吾尔登"舞蹈的一大特色，参与者边歌、边舞、边表演，往往把参与者和观看者的情绪调动到极致。有些地方，人们跳舞跳到兴致极高时，往往分成男女两队，每队各出一人开始对歌。对歌采用问答形式，唱词即兴编出，有时也唱蒙古族的民歌。答歌者除要迅速准确地用歌声唱出答案外，语言幽默、诙谐是一个基本要求。如果答歌者拖延了时间，或是答歌的内容非所问，观看者就会哄笑他（她），答歌者当场认输，这时本队中马上会有新人站出来顶替他（她）。对歌时的舞蹈动作随歌词内容自由发挥。观看者常为对歌者一句美妙的提问或一种奇特的对答而高声喝彩，使得对歌气氛愈加活跃。

　　由于受生活、居住环境及服饰穿戴的影响，萨吾尔登舞蹈下肢动作比较简单，基本以"半蹲踏步"、"踏步挪转"、"拖步"为主。主要风格体现在上肢。手、腕、肩、臂的弹、压、推、拉、揉、绕；以腰为轴前俯后仰；肩前推则肘后顶，肩后顶则肘前推；脚慢手快，棱角分明；每一动作双膝始终带弹性地屈伸颤动。萨吾尔登舞曲旋律简单，节奏复杂而富于变化，每首舞曲基本由一、两句贯穿始终，构成带有即兴性的旋律。伴奏乐器主要用托布秀尔。托布秀尔常由一人演奏，但由于与舞蹈紧密配合，又有群众伴唱，因而具有强烈艺术效果。此外，在阿勒泰地区布尔津县哈纳斯—禾木蒙古民族乡和哈巴河县的白哈巴乡，则主要用一种古老的拉弦乐器——依克勒为萨吾尔登舞伴奏。蒙古族人民世代生息在我国北方辽阔的大草原上，自古以来崇拜天地山川和雄鹰图腾，由于长期的游牧狩猎生活和受草原的地理环境和气候条件的影响，蒙古族与其他民族差异很大，形成了强悍、矫健的体魄和桀骜不驯、勇往直前的性格，同时也创造了富有草原文化气息的、具有游牧民族特色的草原游牧舞蹈——蒙古族舞。他们的民间舞蹈热情奔放，稳健有力，节奏欢快，具有粗犷、剽悍、质朴、庄重的鲜明特点，洋溢着来自大自然的勃

图下 5-5　卫拉特蒙古舞蹈
马达汉摄于 1907 年

勃生机，呈现出一派豪放与自信的"天之骄子"的气概。新疆蒙古族的用肩动作不及内蒙古多，表演幅度没有内蒙古那样大。特别是舞蹈中吸收了维吾尔、哈萨克的舞蹈语汇，从而形成了新疆蒙古族舞蹈的独特风格。新疆蒙古族男女老少能歌善舞，传统的舞蹈除了"沙吾尔登"，还有"安代"、"酿酒舞"等，其中以《交拉哈勒》、《巴里津开勒》、《崩崩尔腔》和《奥里克特克》最具特色。"沙吾尔登"是新疆蒙古族独具特色的一种古老歌舞形式，共有少女、母亲、山羊、汗臣刀伦沙吾尔登等15种，新疆已经挖掘了12种。这几种舞蹈多用"抖肩"，步伐多用"马步"，舞蹈节奏性强，表演风格粗犷、剽悍，有极浓郁的草原气息。

柯尔克孜族称舞蹈为"比依"。舞蹈内容多反映他们的牧业、农业、手工业、狩猎等生产和生活情况。其中，反映牧业生产和生活的舞蹈较为普遍。柯尔克孜族舞蹈有单人舞、双人舞、集体舞、男女对舞或合舞等多种，他们的习俗舞、生活舞、生产舞，除具有活泼剽悍、节奏性强的特点外，还十分接近生活。柯尔克孜民间舞蹈中，《古莱莱》、《赶毡舞》较流行。柯尔克孜舞蹈中少有低头弄目的戒规。由于历史上长期与蒙古族融合，因此舞蹈中吸收了蒙古舞中的语汇。柯族舞中的"挑肩"最具特色。此外，女性舞蹈中常有吹"口弦"的动作，颇具特色。

居住在雪域高原帕米尔山脉上的塔吉克人以活跃于帕米尔高原上的山鹰为本民族的图腾。音乐与舞蹈起源于山鹰——主要的乐器鹰笛系由山鹰的翅骨制成，传统舞蹈鹰舞是模仿山鹰的动作而形成的。婚礼、节日或者来了贵客，大家就会跳起优美的鹰舞。为鹰舞伴奏的是鹰笛和手鼓，男子吹鹰笛，女性敲手鼓，大家一起歌唱。塔吉克人的乐曲是别的民族少用的7/8拍节奏，踏着这个节奏舞蹈时脚步轻盈飘逸，手上的动作是模仿山鹰的飞翔。塔吉克舞蹈两膝弯曲，多用耸肩，舞姿模拟鹰的动作，舞蹈多为双人舞形式。塔吉克舞蹈节奏鲜明有力，舞姿刚健，风格纯朴。舞蹈形式多样，除了鹰舞，还有习俗舞、模拟舞、傀儡舞和歌舞戏等。

锡伯族从远古的时候就崇信萨满教，认为可以通过萨满与自然天地沟通，取得佑护。萨满作法要通过跳神，跳神时随着神器（主要是额姆琴鼓）的节奏时而缓慢、时而急促地跳萨满舞。萨满跳神起初带有明显的氏族部落祭祀仪式的痕迹，后来逐渐演化成一种民间艺术形式，融歌舞为一体，锡伯族萨满舞就从萨满跳神走向了大众，成为锡伯族民间舞蹈的一个重要组成部分。

萨满跳神的神器——额姆琴鼓，鼓框扁圆形，用木制成，高3.5—4厘米，框内置有数十个小铁片。鼓面直径45—50厘米，单面蒙以驴皮。鼓面绘有颇富民族特色的花纹图案，鼓心为一轮红色太阳，在太阳中卧坐着一只黑色雄狮般的獒狗，太阳外围有七片莲花瓣纹，这种图案与锡伯族历史传说和锡伯人的自然崇拜有密切关系。鼓框内置有十字形铁架，鼓框外围缀有丝制黄缨。演奏时，舞者左手持握鼓框内十字铁架，右手执木制鼓槌敲击鼓面，既有咚咚的鼓声，又有铁片碰撞鼓框的金属声响，发音浑厚、响亮。无固定音高。额姆琴鼓原只用于萨满教祭祀仪式场合中，是宗教乐器，现已用于各种节日、庆祝丰收和民间集体舞蹈中。

萨满舞蹈深刻地反映了锡伯人对生活、生命的深刻体会，也反映了他们与自然和谐的精神取向。锡伯族的萨满舞最突出的特点是质朴、生动，风格粗犷遒劲，动作刚猛有力。对于外来人，萨满舞者跳舞时似乎没有"章法"，动作像是乱蹦乱跳，还大喊大叫，而对于锡伯人来说，萨满舞蹈动作中包含了深刻的哲理，这些哲理随着很强烈的人体律动，所有动作遵循特定的节奏在进行，重与轻、快与慢、停顿与连续都有机地联系在一起，构成独特的舞蹈语言。最初萨满舞表现萨满在与超自然精灵鬼神沟通时内心情绪起伏变化的舞蹈动作随意性很大，萨满在表演中的这一类即兴发挥，给萨满舞带来一些新的变化。而且萨满舞蹈常在众人围观的场合举行，所以也受到锡伯族民间舞蹈"贝伦"的一些影响，舞蹈里加入贝伦的抖肩、踏步、颠步等舞蹈动作，鼓点里也增加了锡伯族民间乐器墨克纳琴（口弦）的伴奏。

萨满舞蹈的基本动作有：扭动腰部左右甩响腰铃、踏着鼓点节奏磋步前进、额姆琴鼓在胸前上下翻飞、左脚垫步右脚前后挪动、原地碎步正反旋转、空中大跳转、手甩额姆琴跳踢踏舞步等。在萨满舞的整个过程中，额姆琴鼓起着至关重要的作用，因此，也有人称萨满舞为额姆琴鼓舞，每场舞均以鼓响舞起，鼓收舞止。

图下 5-6　锡伯族贝伦舞　贺灵摄

　　锡伯族舞蹈多用动肩，手部多用"挑腕"、步法常用"踢踏步"。动肩、挑腕与踢踏步的结合运用是锡伯族舞蹈的基本规律。锡伯族有《模拟舞》、《执具舞》、《宗教舞》等民间舞。其中以《贝伦舞》和《萨满舞》为代表。

第四节　民间娱乐中的传统曲艺

新疆曲子戏　锡伯族汗都春　哈萨克族阿依特斯

　　作为新疆多民族非物质文化遗产类型之一的传统曲艺同样是新疆各个民族的宝贵精神财富和文化遗产。新疆的传统曲艺在很大程度上反映了各个民族民间艺术互相学习、互相交融，在交融基础上吸收和创新的特点。

　　新疆曲子是新疆近代以来多民族曲艺和戏曲文化交融的结晶。主要分布在新疆北部的昌吉、哈密和乌鲁木齐等地区，是新疆唯一的汉语言地方曲种和剧种。新疆曲子产生于新疆北部、东部的汉族村落，其要素来源于汉族、回族和锡伯族的民间曲艺和民间戏曲中，其源头糅合了一百多年前的陕西"曲子"（越调）、兰州"鼓子"（鼓子调）、青海"平弦"（平调）以及西北地区多种民歌、民间俗曲，又受到新疆汉语方言字调（包括回族话语调）的影响。可以说，新疆曲子是新疆多民族共同创作、共同演出、娱乐于多民族群众的地方戏曲品种。

起源于民间，流行于民间是新疆曲子的主要特点。早在清光绪元年（1875），随左宗棠督师进疆平定阿古柏叛乱的官军和随军商人、家属、民间艺人把上述来自陕、甘、青的各种民间俚歌小调带进了新疆，在新疆多民族环境中出现了一种新的民间艺术形式——"曲子"，"曲子"适应新疆地理生态环境，以绿洲人们的生活和情趣为内容，糅合进了当地民间故事、民族民间音乐舞蹈成分和方言俚语，逐步演变成为了具有新疆本土特色的民间艺术形式，并出现了一批又一批的民间曲子艺人和奔走演唱在民间的曲子班子。

新疆曲子表演以唱为主，音乐基调、旋律主要是糅合在一起的西北地区多种民歌、民间俗曲的音乐元素，也加进了新疆本土的民族音乐素材。有研究者认为，新疆曲子从音乐结构上看，可以分为"平调曲子"和"越调曲子"两种。平调曲子是一个曲目，不管内容多长，只有一个曲牌或曲调反复唱到底，没有太明显的变化。平调主要来源于西北各省民歌俚曲以及本地形成的民歌小调。越调曲子主要出现在曲目的开头和结尾，用"越头"和"越尾"曲调。中间部分依据唱词内容选择其他曲牌和曲调连缀演唱。越调音乐成分主要来源于陕西"曲子"（越调）、兰州"鼓子"（鼓子调）、青海"平弦"（平调），曲牌比较复杂。另外，新疆曲子的音乐中吸收了其他少数民族的音乐，如来自维吾尔民歌、撒拉族民歌的音乐成分。

新疆曲子的曲目内容大体分为雅、俗两类。民间戏称为"素曲子"和"荤曲子"。前者的内容比较正统、高雅，语言比较规范，虽有嬉闹而不下流，讽刺而不谩骂，这一类曲子往往可登"大雅之堂"，由戏班子的演出为多。后者更多地带有乡土社会的特征，诙谐幽默而语言粗俗，表演夸张而低俗，一般出现在田头地角及人数不多的场院之中，作为人们消闲娱乐的方式。

　　新疆曲子的唱词受西北各地戏曲唱词的影响比较重，以七字句和十字句为多，其间插有衬词，衬词多从地方方言中而来。总体上曲子唱词词句通俗易懂，男女老少都能接受。由于受到当地文化元素的影响，有些唱词句子中出现了前半句是汉语语词，后半句是维吾尔语语词的现象，如"头戴缨盔托马克（"托马克"维吾尔语意为"帽子"），身穿战袍阔耐克，（"阔耐克"维吾尔语意为"大衣，袍子"），足蹬朝靴约提克（"约提克"维吾尔语意为"靴子"），手持大刀皮加克（"皮加克"维吾尔语意为"刀子"）"。这反映了曲子在发展过程中吸收了当地民族语言因素，也反映出新疆各民族文化要素对于曲子的影响。新疆曲子的词格大体可分为上下句体、四句体和长短体三种。

　　由于它的民间性极强，曲子的演唱方式也因时因地而不同。坐唱和走唱是最为常见的两种。坐唱可以是一人自弹自唱、两人对唱和多人坐唱。走唱一般出现在比较正规的演出场合，有专门的伴奏乐队（人员），有专门的演唱区，演员人数可多可少，但一般在2—3人以上。走唱者须简单化妆并着行头，扮演剧中的各种人物，秧歌式的表演动作为最多见，演出时载歌载舞，有时手中还持有简单道具。

　　新疆曲子的剧目既有西北地区民间戏剧的曲目，也有本地生产生活情节演化而来的剧目，但都十分贴近草根社会的欣赏习惯和审美需求。曲子演奏需用的乐器也因演出地点和时间不同而不同，早期的乐器一般有一把三弦和一副瓦子（四页瓦）即可，后来随着剧目趋于复杂，增加了四胡、碰铃（俗称"甩子"）等。

　　18世纪锡伯人从东北长途迁徙来到新疆伊犁河谷后，一直处于多民族文化的社会文化氛围之中，不断吸收周边的其他民族的文化成为新疆锡伯人生存和发展的重要策略。锡伯"汗都春"（又称锡伯秧歌）就是新疆锡伯人在吸收西北汉族戏曲中的平调和越调的基础上，按照锡伯族民间艺术的特点和审美要求，不断改进、完善和提高而形成的一种新的戏曲剧种。

　　民国初期，许多锡伯族文艺爱好者纷纷到新城（今霍城县水定镇）和伊宁市学艺，锡伯营八旗牛录官员对此大力支持，并为学艺者支付一定的学艺费。此外，锡伯营总管还请来高师，付以高薪，组织起戏班子，在八个牛录演出，使曲子戏很快普及。

"汗都春"是新疆锡伯族历史上与蒙古族、满族、俄罗斯民族、汉族、维吾尔族、哈萨克族等周边民族的文化交流和碰撞的结果，这种交流和碰撞使新疆锡伯族具有了在多元文化环境中所持有的对他文化的尊重和吸收，进而丰富自己民族的文化视野，也反映了锡伯族祖先西迁新疆后保持自己的族群意识、发展锡伯族文化的文化自觉意识，形成了锡伯族群所具有的"兼容并蓄、不失本我"的文化品格。

历史上哈萨克人主要从事游牧为主的畜牧业生产，绝大多数哈萨克人过着逐水草而居的游牧生活，游牧生计方式为哈萨克文化提供了独特的社会和自然生态环境条件，从而在很大程度上决定着哈萨克传统文化的特质。广泛流传在草原上的"阿依特斯"就是在这样的生态环境和游牧社会中存在和发展了上千年。

"阿依特斯"历史悠久，它的起源时间和地点目前尚无定论，但是大部分研究阿依特斯的学术界人士认为，它的产生不晚于九、十世纪，因为那个时期流传下来的爱情类克萨（叙事诗）《阔孜情郎与巴艳美人》、《吉别克姑娘》中，都出现了关于阿依特斯的描述。作为广受哈萨克人喜爱的民间说唱形式，阿依特斯是哈萨克族历史的记录方式、文化的生动写照和民族精神的载体，也是哈萨克人精神民俗生活中不可或缺的重要组成部分。

阿依特斯作为哈萨克文化中最古老的口头传承方式，一直起着记录、传承哈萨克族历史文化的方式。哈萨克族的历史，特别是各个部落的历史以及历史上的重大事件、重要人物，通过阿依特斯口头传承至今；哈萨克人的伦理道德通过阿依特斯在草原上流播，每一位阿依特斯的演唱者都是传统伦理道德的传播者；哈萨克人的风俗习惯，同样通过阿依特斯的演唱者代代相传；哈萨克人的喜怒哀乐也是阿依特斯演唱者唱词的重要内容。实际上，哈萨克人通过阿依特斯把他们对于自然、生活、生产和社会中各种事物的感知和理解记录下来、代代传承下去。可以说，如果把哈萨克阿依特斯演唱的全部唱词收录起来，可以编成一部"哈萨克族传统社会和文化百科全书"。

图下 5-7　哈萨克族阿依特斯演唱　据《新疆文化艺术集锦》

　　阿依特斯又反映了哈萨克人与古代丝绸之路、古代西域文化交流和欧亚草原文化交流的事实。一方面，阿依特斯从上述文化形态中吸取了养分，包括思想和音乐养分；另一方面，阿依特斯也为丝绸之路、草原文化和古代西域文化的发展做出了自己的贡献。

　　阿依特斯以竞技性对唱作为其主要的表现形式。对唱者称为"阿肯"，造诣高的对唱者被誉为"阿依特斯阿肯"。对唱参与者可以是两人、也有四人（两人为一方）。

　　哈萨克阿肯是草原上的诗人、歌手、雄辩家和艺人，也是哈萨克社会的"草根法官"、"伦理道德教师"。有男性阿肯，也有女性阿肯，哈萨克女性阿肯人数众多。阿肯才华出众，具有特殊的天赋，如即兴作词、现场音乐表现、雄辩、诙谐能力等。阿肯们来自草原，草原智慧和哈萨克人开朗、乐观、善恶分明的天性在他们身上得到了集中的体现。

　　阿肯们在表演时即兴赋诗作词，他们的唱词内容广泛，涉及人与自然关系、天文历法、部落历史、伦理道德、部落习惯法、传统技艺、口传文学、追求真善美、赞美故土家乡、追求男女平等和社会和谐等方方面面。几户所有的哈萨克民间文学形式，如习俗歌、戏谑歌、宗教歌、知识歌、谜语歌、山歌、水歌、地歌、渔歌、狩猎歌、四畜歌、谎言歌等，都在阿肯们的唱词中得到了充分的运用和表达。唱词结构严谨、题材广泛，音乐旋律优美动听多变。

依据内容的不同，阿依特斯分为"传统对唱"和"阿肯对唱"两种。

"传统对唱"有着极为广泛的民间基础，往往与哈萨克人的传统习俗、喜庆活动、各种民间节日相关。只要是喜爱对唱，口才比较好的人均可参加。"传统对唱"内容涉及哈萨克人生活的方方面面，诸如婴儿出生时的对唱（什勒迭哈纳）、摇篮礼仪、骑马礼仪、割礼仪式等日常生活礼仪上都可以看到"传统对唱"。在传统对唱中最为吸引人的是哈萨克男女青年向对方表达爱情的对唱，青年男女不一定是传统意义上的阿肯，他们或是使用传统对唱中的有关唱词，或是即兴创作新的唱词，这对于男女双方都是了解对方、向对方表达情愫的机会和挑战。传统对唱还常用于哈萨克人迎送宾客等社会交往场合、喜庆节日和日常娱乐活动中，相比而言，传统对唱在这些场合，显得比较轻松，唱词诙谐有趣，音乐热情多变。

"阿肯对唱"是一种竞技性很强的对唱，是两个阿依特斯阿肯之间智慧、语言表现能力、音乐水平和其他素质综合体现的艺术竞赛。这种对唱形式比较规范，唱词内容广泛。从歌体上又分为"吐热阿依特斯"和"苏热阿依特斯"两种。它们的区别在于前者是双方一段一段问答式对唱，内容没有固定的范围，在唱词、题材和音乐上的选择性比较大；后者是一种高层次的、规范的对唱，阿肯们可以随意发挥，在唱词段落上没有限制，对唱时间的长短也没有刻意的限制，可以使水平高的阿依特斯阿肯的水平得到全面而充分的发挥。

好骑手必须有一匹好马，阿肯们也有着自己的伴奏乐器——冬不拉。冬不拉伴随着阿肯一生，阿肯们用冬不拉弹奏出自己的心声。冬不拉音乐在阿肯对唱中是不可或缺的。

值得特别一提的是哈萨克阿依特斯中的知识弹唱。这是哈萨克社会文化传承的最主要的方式之一，几户哈萨克社会中所有的传统知识都可以通过阿依特斯的知识弹唱这一形式得到传播。在草原上，阿依特斯阿肯们把哈萨克族的传统文化，包括各个方面的知识，通过对唱传播到听众中去，在他们中间引起回响与思考，在历史上，有一些名望很高的阿依特斯阿肯，甚至起到了调解民间诉讼，裁决、排解纠纷的作用。

第五节　民间体育、竞技、游艺与文化传承

分类与特征　共性关系　文化传承

新疆各少数民族在其不同的历史发展中，形成自己独特的民族传统体育、竞技和游艺，而且每个民族都有几种乃至数十种民族传统体育、竞技和游艺活动项目。这些项目形式多样，紧张又不乏轻松风趣，自由奔放，极具民族风格。而且，新疆少数民族传统体育、竞技和游艺项目活动的开展都具风俗特点，一般都是在众大盛会、婚宴庆典、丰收喜庆时举行，同时还伴有自己独特的民族器乐、歌舞及美丽的服装、发式。因此，这些重大的喜庆活动能吸引众多的海内外游人。这正为发展新疆民族体育、竞技和游艺产业提供了契机。

新疆各少数民族传统体育、竞技和游艺是在长期的历史发展过程中，由于各民族居于不同的政治、经济、语言、风俗习惯和自然地理环境而形成的凝聚各自不同的社会生活和文化传统内涵的特色体育、竞技和游艺文化项目。新疆各少数民族传统体育、竞技和游艺的构成从活动内容、形式来看，主要包括以竞技求胜为主体的竞赛类体育活动、"自娱、娱人"的表演类体育活动、民间传统体育和以游艺为主要表现形式来满足人们娱乐需求的民间游艺活动等。

竞赛类活动一般为新疆各少数民族传统体育、竞技和游艺项目。有着较强的竞技性特点，并有较为规范的场地、规则以及胜负评判标准，对抗较为激烈。参与者多为各族男性青壮年，在乡间村落开展多由族群中受人尊敬老者组织、评判，活动同时伴有音乐、歌舞，设有特定的场地，所需器械取自生产劳作工具或当地丰富的自然资源。这种竞赛类活动主要包括：民族式摔跤（搏克、北嘎、且力西、格、绊跤、库来西）、叼羊、速度赛马、赛走马、赛骆驼、跑马拾哈达、射箭、秋千、武术、押加（背式拔河）等。与现代竞技体育相比而言，新疆各少数民族传统体育的竞技色彩并不浓郁，但其竞技与娱人、健身功能紧密结合，其中的赛马与马术、摔跤以及射箭等项目都具有竞技比赛的功能，并且蕴含着"健身强于争胜、崇德胜于崇武"的纯朴价值取向。

图下 5-8　赛马活动　日本探险队摄于 1902 年

　　表演观赏性活动并没有严格的比赛规则和方法，有一些由于具有较高的惊险性，不容易在人民群众中推广。此类活动的参与者多为各族青年男女，但根据不同项目的要求，老人儿童也可参与其中。场地一般为乡间村落无安全隐患的平坦空地，参与者身着本民族传统节日盛装，民族特色鲜明；活动现场伴随有音乐歌舞，具有极强的观赏性。这种表演观赏性活动一般包括达瓦孜、马上角力、马上拾银、马术、姑娘追、跑马射箭、射弩、恰克皮来克、帕卜孜、比腕力、击木、沙哈尔地（空中转轮）、民族式摔跤、斗羊、斗鸡、斗狗等。表演类活动展现了新疆各少数民族对美好爱情的向往和对英雄人物的崇拜。该类活动一般为有组织的节日庆典活动，无专门的规则限定，项目的观赏性和娱乐性突出，旨在“娱人、娱己”。“姑娘追”就是哈萨克族青年男女表达忠贞爱情的一项民族传统体育活动。互相爱慕的青年男女骑着骏马在草原上追逐驰骋，姑娘高高扬起皮鞭，却轻轻落在心上人身上，表达了自己委婉的爱意和疼爱。而维吾尔族传统体育项目“达瓦孜”则表达了对传说中英雄人物乌不力的崇拜和怀念之情。

　　在长期的历史进程中，新疆各少数民族传统体育、竞技和游艺形成了以非竞技项目为主体，以健身娱乐为目的的民间体育活动形式，内容多样，风趣活泼。主要包括骑术类，跑、跳、投类，武术角力类，射击类，水上运动类，棋艺类和舞蹈类等活动形式。（1）骑术类：哈萨克、柯尔克孜、蒙古等民族以游牧为主要生产生活方式，造就了形式内容丰富多样的骑术类传统体育活动。如：赛马、马上拾银、马上拾哈达、飞马骑射、马上角力；赛骆驼、赛驴等，能够充分体现游牧民族高超的生活手段和技巧。（2）跑跳投类：此类项目一般存在于以农耕为基本生产方式的维吾尔、塔塔尔等民族日常生活中，多是农忙季节田间小憩时劳动者为活跃气氛，在空闲地头进行。（3）武术、角力类：以农耕为生产方式的民族在生产劳动休息时，自发聚集演练武术套路，或者分组进行角力，相互手握坎土曼等生产工具或树枝木棍，直至把对方拉起为胜利。该类活动源自生产劳动，因简便易行而深受群众欢迎。（4）射击类：此类活动源自以狩猎为基本生存手段的原始民族，现在锡伯族及部分游牧民族中广为流传。如锡伯族的射箭、蒙古族的射元宝。（5）球类：多为集体对抗性项目，两边分为对等人数开展活动。活动用球一般采用沙枣木、杏木、榆木削制而成，有一定的场地要求和活动规则。（6）棋艺类：此类项目是以健脑为目的的活动项目，是各族群众智慧的结晶，对于训练思维能力、开发启迪智力大有裨益，在各族老人中尤为普及。（7）舞蹈类：新疆自古就是歌舞之乡，各民族自幼能歌善舞，在节日庆典、婚礼聚会时常常载歌载舞，跟随音律通过身体的协调舞动，达到健身娱乐的目的。具有典型代表性的如维吾尔族的刀郎舞、麦西莱甫，蒙古族的筷子舞以及塔吉克族的鹰舞。

新疆各少数民族传统体育、竞技和游艺活动的健身娱乐功能突出。民间游艺活动场地要求不高、随意性较强；一般由年长者提议后众人积极响应，参与者争先恐后，围观者指点评论，跃跃欲试并自得其乐。各种活动多在劳作间歇或是冬季农闲季节开展，具有突出的"自娱"和"娱人"性质。

新疆少数民族传统体育、竞技和游艺是长期流传在新疆各民族民间的以身体运动为基本手段促进身心发展的各种活动。由于所处的地理环境、历史条件、文化水平、宗教以及民俗等有所不同，新疆少数民族传统体育、竞技和游艺在内容和表现形式上呈现出与其他民族不同的特色和独有的文化内涵。从项目的起源发展、内容形式上表现出以下鲜明特征。

新疆各少数民族生活在形态各异的自然环境和地域中，形成了不同风格的传统体育、竞技和游艺活动。新疆的游牧民族，居无定所，骑马放羊，随着羊群流动而举家迁移，被称为"马背上的民族"。生活在草原牧区以游牧生活为主的哈萨克、蒙古、柯尔克孜和塔吉克等民族，自古至今马是他们赖以生存的工具。由于精骑善战，性格粗犷彪悍，体格强健，在劳作余暇逐渐从必需的生活技能中演化出赛马、叼羊、姑娘追、马上拾银、马上角力等马上传统竞技娱乐活动。而从事农业以及兼营狩猎业的维吾尔、锡伯等民族，则形成了陆地上摔跤、射箭、斗鸡、斗羊类体育活动。

与民族风俗习惯紧密联系也是新疆各少数民族传统体育、竞技和游艺的特征之一。在每年金秋举办的蒙古族那达慕大会和哈萨克族阿肯弹唱会的开幕式上，赛马、摔跤和射箭等项目的表演都是固定内容，经久不衰。在各民族传统节日、婚礼和大型活动上，也都会举行少数民族传统体育活动表演。在伊斯兰教传统节日古尔邦节、肉孜节上，各族群众打起手鼓，跳起欢快的麦西莱甫，举行摔跤、斗鸡、斗羊和斗狗等活动以庆祝节日。射箭也是中国伊犁州察布查尔锡伯族自治县西迁节上的必有项目。而在新春伊始的节庆活动上，各民族也进行赛马、马上角力、摔跤等项目的竞赛。新疆和硕县那音克乡是蒙古族聚居区，传说当年成吉思汗在长途征战欧亚大陆时，有一支鲜为人知又战功显赫的卫拉特蒙古驼兵队留在了这里。多少年来，这支蒙古驼兵部队的后裔，不忘先辈习

图下 5-9　飞马拾花　据《新疆文化艺术集锦》

俗，至今保留着养驼、驯驼的习惯，而且每个男人都是赛驼的能手。锡伯族的射箭、游牧民族的骑马等都是对生存技能的一种传承和培养，这实质上就是一种潜移默化的教育过程。在吐鲁番的"葡萄节"、喀什的"达瓦孜节"上，各族人民喜闻乐见、形式多样的传统体育项目成为其中最为丰富和重要的内容。

新疆各族人民生活环境和生产劳作中的传统体育、竞技和游艺活动具有鲜明的娱乐价值。新疆各少数民族自幼能歌善舞，其中以维吾尔族"麦西莱甫"、哈萨克族"阿肯弹唱"和塔吉克族"鹰舞"最为典型。维吾尔族性格粗犷，热情奔放，且男女老少均能歌善舞，并对新疆其他民族产生了深远影响，各民族许多传统体育项目在比赛或表演过程中，常常伴有节奏强劲、明快的音乐和歌舞，急骤的鼓点伴随着表演者的身形变化而跌宕起伏，体育与歌舞艺术融为一体。此外还有麦西莱甫、十二木卡姆等多种歌舞形式在历史发展过程中各民族相交流、互融合，逐渐受到各族人民欢迎和喜爱，并逐渐为其他民族接受和参与。

新疆少数民族传统体育、竞技和游艺项目是在各民族征服自然、生产劳作和传统节日活动中产生、发展和演变而成。各民族传统体育项目的举办方式和规则不尽相同。如蒙古、哈萨克和柯尔克孜族的赛马项目都有自己独特的规则、方法，不同的民族也各自拥有自己本民族的独特的摔跤方式。如维吾尔的且里西、哈萨克的库热斯、蒙古的博克以及回族的绊跤，活动要求大同小异、各具特色，因此对场地的要求自然也存在或多或少的差异。新疆各少数民族传统体育项目产生于各族人民生产劳动过程中，在田间、地头均能随时随地开展，具有很强的随意性。所需的场地、器材简便易行，活动因地制宜，任何一块平坦的山坡、草地、场院都可以成为比赛、表演活动的场所，活动所需器材大多是生产、生活用具或者就地取材制作而成。如维吾尔族的"踢花帽"，仅需一块空地，将戴于头上的小花帽挂于一定高度，轮番高踢，不中者即被淘汰。

由于新疆少数民族传统体育、竞技和游艺在长期的历史发展过程中，形成了明显的地域性、民族性和多元性，因此，新疆少数民族传统体育、竞技和游艺作为非物质文化遗产一个重要的组成部分，也具有相同的文化特征。

　　首先，新疆各民族传统体育、竞技和游艺项目的产生主要是受本民族主体文化的影响。如哈萨克、柯尔克孜、蒙古、塔吉克等游牧民族主要是以马、牛、骆驼等牲畜作为劳动生产、交通运输的重要工具，同时受战争和宗教习俗等方面的影响，在游牧民族的休闲活动中，形成了以赛马、赛骆驼、叼羊、摔跤等为重要形式的体育、竞技和游艺活动。新疆各少数民族也在庆祝传统节日的时候，会赋予节日浓重的体育、竞技和游艺文化的色彩。例如：柯尔克孜族在"肉孜节（开斋节）"、"古尔邦节"、"诺鲁孜节"、"马奶节"、"喀尔戛托依节"等时节，举行各种娱乐活动，除了唱歌、跳舞、说唱、讲故事外，常见的还有叼羊、摔跤、赛马、马上角力、跑马取物、马上打靶、拔河、荡秋千、月下赛跑等内容丰富的民族体育、竞技和游艺娱乐活动。他们对马怀有很深的感情，并且倍加喜欢，还视马为吉祥的象征。

　　其次，由于地缘和人文因素，同时血缘关系、宗教信仰、民俗民风、语言交流等多方面相近相似，各民族间的通融性、认同感强，新疆少数民族传统体育、竞技和游艺在形式和特征方面，始终传承和保持许多文化上的共性。例如：哈萨克人强悍豪放，热情好客，擅长骑术，能歌善舞，没有歌舞不成节日，每逢节假日都搞各种文体活动，如弹唱、

图下 5-10　摔跤
据《百年新疆》

对唱、跳舞、猜谜、踢毽、放风筝，还举行赛马、摔跤、姑娘追、叼羊、马上角力、射箭等各种比赛。

最后，新疆少数民族传统体育、竞技和游艺文化，从产生的历史渊源、社会健身功能、特征等方面都十分的相近和相似，具有明显的共性。部分竞技性较强的传统体育项目在形式和内容上和现代体育项目较为接近，如：锡伯族的射箭，哈萨克族、蒙古族等草原民族的赛马，维吾尔族和蒙古族的帕普孜球、摔跤等。哈萨克族舞蹈受游牧文化的影响，舞蹈运动有较多的肩部起伏动作，轻快、活泼有力、柔中带刚。在哈萨克民族体育舞蹈中较具代表性的有"黑走马"、"鹰舞"，俄罗斯族有大家都熟知的踢踏舞，包括其他跨界民族体育舞蹈在舞蹈的表达形式上，所蕴涵的文化特点及表达形式都非常相近相似。

从文化学的角度来看，新疆各少数民族传统体育、竞技和游艺遗产是一种"活人文化遗产"，这种"活态"表现为创生并传承它的那个族群在自身长期奋斗和生产劳作中创造、凝聚成的特有的民族精神和民族心理，并"集中体现为共同信仰和遵循的核心价值观"。新疆各少数民族传统体育、竞技和游艺项目集竞技性、娱乐性、趣味性于一身，同时具备规则简单、场地器械简易等适于在群众中普及推广的物质基础。项目活动强度、时间自由度大，易于调整运动量。

"姑娘追"是哈萨克族非物质文化遗产之一，有着悠久的历史，受到哈萨克族人民和新疆其他民族群众的喜爱。

"姑娘追"源于古代哈萨克人氏族、部落或地区的男女青年的马背上的民间娱乐，哈萨克族民间流传着不少关于"姑娘追"的传说。其中一则说：很早很早以前，哈萨克族曾有两个部落头人结成儿女亲家。在姑娘过门的那天，来接亲的人当中有一个快嘴的，夸自己头人的儿子坐骑是从许多马里挑选出来的一匹千里马驹。这件事传到了姑娘父亲的耳朵里，姑娘的父亲为了夸耀自己的马和女儿的骑术，便说："我的姑娘骑马向你们接亲去的相反方向跑，如果你们的小伙子追上了我的姑娘，那么今天就过门，否则改日再谈。"来接亲的小伙子迎亲心切，也不甘示弱就答应了这一挑战式条件。两个青年人立即翻身上马，姑娘在前策马奔跑，小伙子在后紧紧追赶。当他追上姑娘并绕到前面时，姑娘提出让小伙子在前面往回跑，自己从后面追，这样由追姑娘变成了姑娘追。

　　"姑娘追"一般以一男一女两人一组。活动开始，二人骑马并辔走向指定地点。去的时候，小伙子可以向姑娘逗趣、开各种玩笑，甚至可以拥抱姑娘，按习惯，怎么嬉闹逗趣姑娘也不会生气。到达指定地点以后，小伙子立即纵马急驰往回返，姑娘则在后面紧追不舍，追上后便用马鞭在小伙子的头上频频挥绕，甚至可以抽打，以报复小伙子的调笑，小伙子不能还手。不过姑娘一般是不会真打的，特别是如姑娘本来就喜欢小伙子，那她就会把马鞭高高举起，轻轻落下。但如果是姑娘不喜欢的小伙子，在去的路上又说了许多脏话或做了不少过分的动作，那姑娘就会毫不客气，挥鞭狠狠抽打。

　　在过去，此项马上体育活动是哈萨克族男女青年反抗宗法封建礼教、摆脱父母包办婚姻和自由恋爱的一种方式，许多人就是通过这种戏谑性的追逐互相认识、互相了解而萌发了爱情，最终结成伴侣的。而今它已成为一项饶有风趣的群众性体育活动了，不少已婚的成年男女也喜欢参加。

　　"姑娘追"具有浓郁的草原文化特点，反映了哈萨克人开朗、幽默的

图下 5-11　哈萨克族
姑娘追　林木摄

性格和热爱生活的精神追求。

"叼羊"是新疆哈萨克族、柯尔克孜族、塔吉克族十分喜爱的一项民间体育竞技活动，往往在重大节庆活动时举行，有时候在婚庆活动时也可以看到规模不等的叼羊比赛，民间的参与性很高。

"叼羊"与草原文化有着十分密切的关系。据说，这种竞技游戏最早是在阿尔泰山区的哈萨克游牧民中兴起的，如今，不仅在哈萨克族牧民社会十分流行，而且在柯尔克孜族、塔吉克族中也十分流行。

叼羊是一种集体性的民间竞技活动，参与者人数不等，但是都需要表现出力量和勇气，反映出参与者高超的马术和骑术。举行"叼羊"的这一天，草原上、绿洲里的各民族群众，不论男女老少，都穿着节日的盛装，喜气洋洋地来到指定地点，习惯而自觉地站成一个大圈，进行围观。

在新疆，叼羊比赛有着严格的规则，首先有一个在当地有名望的人出任主持人，主持人把一只割去头的羊放在指定处。他发出开始的口令后，参与的两队骑手共同向羊飞驰而去，先抢到羊的同队队员互相掩护，极力向终点奔驰，对方骑手们施展各种技巧，围追堵截，拼命抢夺。叼着羊先到达终点的为胜方。获胜者按照当地的习俗，将羊当场烤熟，请众骑手共享，称为"幸福肉"。

叼羊的形式是很多的，但最主要的有三种：一种是两人叼，一人抓住羊的一端，拼命争夺，谁夺到羊，谁就为胜。二是分组叼，一个部

图下 5-12 草原上的叼羊比赛 肖木摄

落为一组，部落与部落之间进行争夺，获胜者为部落的光荣。三是集体
叼，一只羊被主持者扔在地上，谁叼到手不被别人抢去，而且又把这只
羊能扔到某一家的毡房，谁就是胜利者。集体叼：参与叼羊的双方组成
队，以密切的配合和娴熟的技艺参与。主持者先将一只已经宰了头、扒
掉内脏的"阔克拉合"即青灰色的山羯羊尸体，放在场子中央，各路骑
手便在周围排成两队，当主持人发令后，英勇的骑手就急驰出发，绕场
一周后，猛烈地冲向场子中心去抢羊。众多的骑手在交锋，互不示弱，
各不相让。一边叼，一边跑，直到把羯羊尸体上的皮毛剥尽，由最后叼
到手的骑手提着羊尸，环绕目的地一周，再飞马回到人围中来，将羊尸
放到原处，才算真正的胜利者。这种胜利，是以力量和速度得来的，牧
民们无不拍手叫好，心悦诚服。

叼羊是一项勇敢者的运动，当地有句谚语："摔跤见力气，叼羊见勇
气。"

第六节　流彩的民间图案与刺绣

哈萨克族民间图案　维吾尔等民族民间刺绣

作为非物质文化遗产的新疆传统
美术的类别有哈萨克族民间图案和维
吾尔等民族民间刺绣工艺等。

哈萨克族民间图案主要分布在新
疆的伊犁哈萨克自治州、木垒哈萨克
自治县、巴里坤哈萨克自治县等地。
在多民族民间刺绣工艺中，维吾尔族
刺绣主要分布在新疆的和田、喀什、
哈密和吐鲁番等地区；回族刺绣主要
分布在焉耆回族自治县北大渠乡、永
宁镇、焉耆镇、五号渠乡等地；哈萨
克族刺绣主要分布在伊犁、塔城、阿

图下 5-13　哈萨克族布袋图案　国外资
料　仲高提供

勒泰等地区。当然，还有不少其他民族的刺绣，种类繁多。

悠久的哈萨克图案艺术是地域情结和意志的物化之一。不同的物品上所选择与设计的图案是不一样的，如地毯中是植物纹，在木制器皿上则绘有几何形、日月形和简单的花卉，在房屋的房檐上或大门的门头上却是连续的花形纹或连续的三角纹，在木箱或木柜上是规则的几何纹。哈萨克族图案艺术在服饰上最丰富多变，上衣或裙子、衣领、袖口、前襟等都有专门的装饰图案。虽然图案样式各异，但它们的形式特征却以对称和重复为主。哈萨克图案中的对称既表现为整体图案的对称，又表现为每个单独纹样的对称。装饰的第一原理是重复，一系列等距的图案重复如同音乐中主题旋律的重复一样，本身就具有一种韵律和节奏。

哈萨克图案在长期的经验积累下形成了更多的形式、色彩和样貌。在现代调色技术的支持下，哈萨克图案逐渐摆脱了民间自制的染料，色彩变得更加丰富。如哈萨克族小挂毯，其制作手法有绣制、编织、剪贴和雕刻等。绣制是用各种颜色的线将不同的图案绣在毡子或织物上。编织图案常见于毛织品如马衣、马褡、布袋等，图样以方形、三角形、菱形等为主。剪贴图案在花毡上用得最多，将不同颜色的毡块和布块剪出多样的图形缝制在一整块毛毡或布料上构成图案，既庄重又美观。

新疆民间刺绣是在农牧社会基础上产生的一种民间艺术，是农牧民思维与物质观念的产物，它的题材、内容、艺术形式都是为适应农牧民生活而产生的，具有浓厚的乡土气息和地方特色，具有形式多样、题材广泛、构图饱满、造型夸张、线条简练、色彩鲜明等艺术特点。针法有平绣、结绣、盘绣、扎绒绣、补花、拼贴、掏花等多种。无论哪种针法，都以细密精致、纹样清晰活泼为特点。新疆民间刺绣的载体几乎包括所有的纺织用品和装饰品，如服

图下 5-14　维吾尔族刺绣　据《维吾尔族装饰图案》

装、花帽、帷帘、壁挂、墙围、盖单、褥子、床单、被头、枕头、衣物袋、杂物袋等。

手工刺绣是维吾尔族的传统工艺，是一种在织物上以穿针引线穿刺，按照设计纹样通过运针将线条组织成图案的工艺，是用针线来完成图案纹样的艺术。刺绣俗称"绣花"、"扎花"、"文秀"、"稀锈"。历来手工刺绣是由绣工一针一线绣出。

焉耆的民间刺绣主要是指回族的刺绣，回族的刺绣题材广泛，形式多样，多见于日常生活用品，有衣裙、腰带、汗巾、手帕、枕头、茶包、钱袋、针线包、花鞋、裹肚、鞋垫等，回族生活中的香包也是刺绣品的普遍题材。针法有平绣、结绣、盘绣、扎绒绣、补花、拼贴、掏花等多种。色彩冷暖相照，对比鲜明，在色彩的运用上，其换色、变色，追求大平面色彩对比效果的丰富手段，堪称一绝。浓，则达致饱和；艳，则艳到极致；亮，则亮中见喜；雅，则雅致富丽。回族妇女喜欢以黑、白、藏青、深紫色作为底色，将红、黄、蓝、绿等作为花色，用色之大胆、新奇，使作品具有饱含大自然光与影的印象派绘画之意境，从而形成了独特的风格。刺绣阿拉伯文时，则以素雅为妙，但也强调色彩对比，如绿与白、蓝与白等，因而具有较强的质感，显得比较厚重。在纹样选材上，植物花卉以牡丹、茶花、夹竹桃、鸡冠花、梅花为多，动物以蝴蝶、蜜蜂、喜鹊、孔雀、凤凰为多。许多图案吸收了传统刺绣内容，如象征吉祥的"凤凰来仪"、"孔雀开屏"、"百鸟朝凤"、"狮子滚绣球"等，象征爱情的"蝴蝶双飞"、"蜜蜂采花"等。从中可见回族妇女心灵手巧之一斑。

图下5-15　回族刺绣　据《新疆民族民俗画册》

　　回族的刺绣富有想象力和艺术魅力。虽然伊斯兰教义禁止崇拜偶像，禁止在造型艺术中表现有生命的物体（人和动物），但她们创作日常生活用品和鸟类动物时，往往绣成一种错综复杂的图形，使鸟类等形体交织在花草图案中，以求最大限度地形似。

　　哈萨克族刺绣是哈萨克族服饰中最有代表意义的一种装饰工艺，无论是哈萨克族的衣服、裙子，还是鞋帽、帕包以及床炕上、室内的装饰用品，都点缀着哈萨克族妇女的精湛绣品。哈萨克妇女自古擅长刺绣艺术，并将其用于家庭生活的方方面面。如小到提包、手绢、荷包；大到被褥、帷帐、饰巾；尤其是妇女的衣领、袖口和头巾，处处都能见着主妇刻意绣织的精美图案。这些图案严格讲与其他民族的区别不太大，不同的只是刺绣品所表现出的寓意而已。如哈萨克族地毡、毡房内壁毯、饰帘的刺绣，以及用于连接各栏杆的彩带和马具的刺绣，真可谓一绝。特别是毛毡的刺绣，往往体现了一个家庭主妇聪明智慧、心灵手巧的才能。客人入座首先映入眼帘的就是花毡，所以哈萨克妇女特别注重绣花毡，以图案设计精美、色泽醒目协调为荣。姑娘出嫁前都要自己动手绣花毡，花毡是必不可少的陪嫁品；贤惠的妻子还要给丈夫坐骑鞍鞯绣上各种各样的花色图案。

　　哈萨克族刺绣既接受了内地的刺绣工艺，又结合了本民族的特点，逐渐形成自己独特的风韵，不刻意追求写实，而追求美的幻想和夸张，无论是图纹还是配色，都带有浓郁的民族特色。其刺绣图纹主要取材于各种动物、花果及吉祥喜庆的哈萨克文、汉字等，往往连环对称。所用的彩线有的是自纺自染，染料是由各种有色植物和矿石制成的。一件精美的哈萨克族刺绣，要花数十个甚至上百个工日才能完成。他们在绸缎、呢绒、皮革、毛毡上用挑、刺、绣、补、钩等工艺技术加工成的装饰图案，构思奇巧，色彩艳丽。用这种原料制作成的服装、鞋靴、被褥、壁毯华丽炫目，美观大方。特别是以日月星辰、云水花草等形象装饰出的手工制品上的图案更是着色浓郁，对比鲜明。

第七节　民间智慧与传统工艺

土陶工艺　桑皮纸工艺　花帽制作技艺　艾德莱斯绸织染技艺　马鞍制作技艺　服饰制作技艺

　　作为非物质文化遗产的新疆传统民间手工技艺的类别主要有维吾尔族模制法土陶烧制技艺，维吾尔族桑皮纸制作技艺，维吾尔族花帽制作技艺，维吾尔族艾德莱斯绸织染技艺，柯尔克孜族毡房搭建技艺，哈萨克族、蒙古族、柯尔克孜族马鞍制作技艺，俄罗斯族民居营造技艺，多民族传统服饰制作技艺等。本节将选择以下几个有代表性的传统民间手工技艺非物质文化遗产进行重点描述。

　　维吾尔族土陶技艺所在区域为新疆维吾尔自治区南部的喀什地区和东部的吐鲁番地区。维吾尔族使用的土陶制品，大到陶缸，小至碗、碟、纺线托，在生活中曾十分普及。维吾尔族模制法土陶烧制技艺有两千多年的历史，它随着丝绸之路的开通而兴起，其间不断发展创新，一直流传。它以手口方式传承，没有详细的文字记录。从制作方式上，维吾尔族土陶器可分为素陶、釉陶和彩绘釉陶三种。素陶器有花盆、花缸等；釉陶是单色陶器，主要为粮缸和储物缸；维吾尔族土陶器中还有大

图下 5-16　维吾尔族土陶　马达汉摄于 1906 年

量的壶型器物，都用彩釉装饰得五彩缤纷。与制土陶相关的器具制品有：陶土、陶轮、拍花木模、陶窑、彩釉、木制镂刻工具。土陶制品现在只有花盆和作为旅游纪念品的各类壶、碗还在市场上有售。

维吾尔族聚居的新疆南部和东部气候炎热，水土资源丰富，宜于农桑，自古民间便有植桑采果的传统。桑皮纸是用当地的桑树皮为原料制作的一种纸。桑树遍野，为桑皮纸的制作提供了原料保障。至迟在唐代，便有用桑树枝嫩皮为原料造纸的手工行业。

维吾尔族用桑树皮造纸，除了原料充足的原因外，还因为桑枝内皮有黏性，纤维光滑细腻，易于加工。桑树皮经剥削、浸泡、锅煮、椎捣、发酵、过滤、入模、晾晒、粗磨而成桑皮纸，成纸呈正方形，长高各50厘米左右。造纸时，先将桑树枝放在水中浸泡，然后剥去表面的深色表皮，取出里层白色的树皮，将其放入加满水的大铁锅中煮，边煮边搅，一直到树皮煮熟软烂，再加入胡杨土碱。捞出煮熟的桑皮放在一块长方形的薄石板上，匠人跪在石板前，在自己的双腿上盖一块布，然后举起一种柄短头长的木制榔头砸桑皮。边砸边翻，直至将桑皮砸成泥饼后放进一个半埋在地下的木桶内。接着，拿起一根头上有一个小十字的木棒伸进木桶里搅拌。过一会儿，桑皮浆被搅匀了，其中的渣滓也被专用筛子过滤后，再用一个大木瓢伸进木桶里舀出一大勺纸浆，然后将一种用来拦住纸浆的沙网状、大小约40—50厘米的木制模具放在一个小水坑里。将纸浆倒在模具里，并用那根头上有一个小十字的木棒不停地搅动，使纸浆均匀地铺在模具上。待纸浆铺均匀后，再把模具平端着拿出小水坑，放到阳光可以充足照射到的地方。等纸浆在模具上晒干后，撕下来的就是一张地道的桑皮纸了。据悉，每5公斤桑树枝可以剥出1公斤桑树皮，1公斤桑树皮可做成桑皮纸20张。用这些传统工艺制造出来的桑皮纸呈黄色，纤维很细，有细微的杂质，但十分结实，韧性很好，质地柔软，拉力强，不断裂，无毒性而且吸水性强，在上面写字不浸，如果墨汁好，一千年也不会褪色，不会被虫蚀，并且可以存放很长时间。

维吾尔族绣花帽技艺所在区域主要为新疆南部和东部。维吾尔族花帽以棉布为主要材料，维吾尔族花帽的形成应当是在公元9世纪中叶西迁并成为定居的农耕民族之后。

维吾尔族花帽的纹样全部为几何图案或花卉图形，而没有诸如吉祥动物、图腾动物或人形的图形，说明维吾尔族花帽纹样的定型是在这个民族皈依了伊斯兰教以后；因为伊斯兰教严格禁止表现"有灵魂"的物体。绣花帽工艺比较复杂，一般程序是选料、描画稿、隔行抽去经纬线、绣花、插入桑皮纸卷、连缀合成、装饰帽底沿等，一顶花帽大约要制作一个来月的时间，快手也得十几天。

图下 5-17　维吾尔族制作桑皮纸工艺　（上）李芝庭摄，（中、下）沈桥摄

艾德莱斯绸产于洛浦县吉亚乡，位于洛浦县西北部，以及玉龙喀什河中下游东岸地区。公元前 2—3 世纪和田的丝绸贸易就已兴旺，两汉至魏晋南北朝时期，丝绸贸易更加繁荣，唐代进入鼎盛时期。艾德莱斯绸图案纹样据说是古代维吾尔人信奉萨满教崇拜树神、水神的宗教意识的反映，也有人说是巴旦木纹、梳子纹以及民族乐器变形纹样。

艾德莱斯绸质地柔软，轻盈飘逸，尤其适于夏装。布料一般幅宽仅 40 厘米。图案呈长条形，有的呈二方连，错落有致地排列；有的为三方连，交错排列。艾德莱斯绸图案富于变化，样式很多，采用植物图案的有花卉、枝叶、巴旦木杏、苹果、梨等。采用饰物图案的有木梳、流苏、耳坠、宝石等。采用工具图案的木槌、锯子、镰刀等，采用乐器图案的有热瓦甫琴、独它尔琴等。

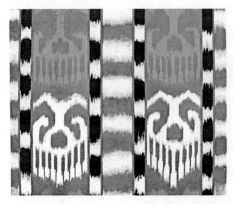

图下 5-18　维吾尔族艾德莱斯绸　据《维吾尔族装饰图案》

艾德莱斯绸是新疆极富民族特色的独特产品，是维吾尔族妇女最喜欢做衣裙的绸料。有两大产区：一是喀什、莎车的绸，以色彩绚丽、鲜艳著称。图案细腻严谨，常用翠绿、宝蓝、黄、青莲、桃花等颜色。二是和田、洛浦的绸，讲究黑白效果，色彩简单而有虚实变化，纹样粗犷奔放。新疆的艾德莱斯绸按传统的名目可分为四大类，即：黑艾德莱斯、红艾德莱斯、黄艾德莱斯、莎车式艾德莱斯（即综合式）。

马鞍制作一般是游牧民族擅长的技艺，如哈萨克族、柯尔克族、蒙古族等。做马鞍第一步是选材，一般用桦木、榆木，在南疆用杨木或松木；第二步是给马鞍包皮；第三步是制作鞍具的装饰。从外观看，马鞍的前舌部分基本做成两种形状：一种用粗铁条弯成椭圆形，一种用上好的桦木或榆木料雕刻成"人"字形或椭圆形。"人"字形的大都用皮包制，椭圆形的用银、宝石镶嵌。后舌是半圆形，斜外翘，有镶嵌的、包皮的，皮子上有压花、嵌铜镶银工艺。木制鞍的镶嵌工艺特别讲究，有金、银、各类宝石。而图案纹样大多由草原山水和花草变形抽象而来，工艺非常讲究。马鞍中间有皮垫、皮褥，一副好马鞍往往还要配上一副好的马笼套。

蒙古马鞍由鞍桥、前鞍鞘、前皮捎绳、夹垫、鞦、吊镫皮条、镫、带卡子、揳、肚带、鞍垫、鞍泡钉、后鞍鞒、银泡子（鞍饰）、鞍板、鞍屉、鞍鞯、后皮捎绳、马鞍扯肚等部分组成。鞍木、光鞍子由鞍板、前鞍鞒、后鞍鞒、接缝等四个部分组成。马笼头、马鞭、褡裢等马具用鬃毛、皮革、帆布以及玉石、金属等制作。马具的制作涉及木工工具、铁匠工具、皮匠工具、刺绣工具等多种工具，因此，它是集木工工艺、金属工艺、刺绣工艺及皮件编织等独特工艺于一身的蒙古族民间手工艺。马具的制作技术，伴随着"马背民族"自远古一直延续到今天。

新疆各民族传统服饰色泽艳丽，五彩缤纷，种类繁多。维吾尔族、哈萨克族等少数民族妇女爱穿色彩鲜艳的连衣裙，外套坎肩。维吾尔族、乌孜别克族连衣裙宽大，胸前多褶，而哈萨克族、柯尔克孜族连衣裙下端多皱裥，塔吉克族妇女喜欢在裙子

图下 5-19　草原民族马鞍　据《新疆民间美术丛书·民间器物》

外系上围裙。维吾尔、乌孜别克等民族的男子多穿过膝、无领、无袋的"袷袢"（外衣），喜欢在腰间系一条腰带。蒙古族、达斡尔族喜欢穿袍子，腰扎红、黄、绿彩色缎带。维吾尔、哈萨克、柯尔克孜、塔吉克等民族还非常喜欢在衣服的领口、胸前、袖口、肩、裤脚等处用各种彩线绣上各种精美的花卉花纹图案，有时缀上彩珠和各色亮片等装饰品。维吾尔族服饰：城市妇女多穿西装上衣和裙子；农村男子穿长袍，妇女多在宽袖连衣裙外套黑色对襟背心；男女老少都爱戴四楞小花帽；耳环、手镯、项链是妇女喜爱的装饰品。

第八节　传统医药

维吾尔族传统医药　哈萨克族传统医药　蒙古族传统医药

作为非物质文化遗产的新疆传统医药的类别主要有维吾尔族传统医药和哈萨克族、蒙古族传统医药等。新疆传统医药的主要特征是对人的身体和精神两个领域进行治疗。

维吾尔族医药（简称"维药"）是祖国医药学不可分割的组成部分，也是伊斯兰医药学的重要组成部分。维吾尔族人民在防病治病的过程中，积累了丰富的应用植物、动物、矿物防病与治病的实践经验和生产技术，逐渐形成了独具维吾尔民族文化特色的药物学。维吾尔族医药学主要是由

气质学说、体液学说、器官学说组成。维族医学认为人体的病灶主要是由气质失调，异常黑胆质所致，要治病，首先要清除病体内的异常黑胆质。维医维药对预防肿瘤、心血管病、皮肤病、糖尿病有独特效果。

维吾尔族传统而独特的治病理念和世代相传的祖传秘方，融合现代医药理念的研究和开发，产生了复方麝香口服液、香妃强心剂、依木萨克片及治疗白癜风、糖尿病等世界疑难病的 13 个剂型、147 个民族医药品种。维医药物品种繁多，常用药有 1100 多种，其中矿物药 80 多种，植物药 1000 多种，动物药 50 多种。

治则，即治病时必须遵循的基本原则，是维医逐步总结出来的治疗规律，是通过七诊，对疾病进行全面分析，综合判断，针对病情确定相应的治疗方法的准则。维医有关治则的内容十分丰富，其基本原则包括调整失调气质、表根缓急、助防祛邪、七因制宜、及治防变等。治法，即在治则指导下治病的基本方法。因疾病的变化较多，故维医治疗法也较多。如非体液型失调气质调整法、体液型失调气质调整法等。维吾尔族传统医药的特色疗法有：埋沙疗法、接骨疗法、鸡蛋疗法、雪莲食疗、白癜风治疗等。

哈萨克医药历史悠久。追溯其渊源，它与古希腊的希波克拉底（公元前 460—373 年）有直接联系，因为希波克拉底曾在塞种部落中生活过，受到塞种人的哲学思想和文化的滋养，而塞种人是哈萨克人的祖源之一。在古希腊，塞种医生备受欢迎。哈萨克医学的"六原学说"，即天、地、明、暗、寒、热，与亚里士多德的四大基本物质（水、火、土、气）和万物"四性"（干、冷、湿、热）非常相似。

哈萨克民族医药学有比较系统和完整的理论，收录在新疆古籍出版社出版的《奇帕格尔巴彦》一书中。1473 年，一位名叫乌太波依达克·特列吾哈布勒的医生撰写了这部介绍哈萨克民族医药学的经典著作。该书详细记载了哈萨克民族医药学的理论体系，阐述了人的生理、解剖、病理、免疫、诊断、护理、预防、治疗和药物学内容，还包括历史、哲学、天文学、地理、美学等，是一部包罗万象的医药学巨著。哈萨克医药学认为，时间、万物和人类生命的起源、繁育、发展和消亡过程，必定有一个特定的所属。

蒙古族医药是在长期的医疗实践中逐渐形成与发展起来的，其历史悠久，内容丰富，是蒙古族同疾病作斗争的经验总结和智慧结晶，也是一门具有鲜明民族特色、地域特点的医学科学。它不仅有着丰富的医疗实践，而且具有独特的理论体系和诊疗经验。

蒙医药是蒙古族丰富文化遗产的一部分，也是祖国医学的重要组成部分。蒙医以"三根"学说为主要理论基础（三根——赫依、希拉、巴达干），同时还包括阴阳五行及五元学说、七素及六基症学说。蒙医治病方法，除药物治疗以外，还有传统的灸疗、针刺、正骨、冷热敷、马奶酒疗法、饮食疗法、正脑术、药浴、天然温泉疗法等。蒙古灸疗术、蒙医外伤治疗与正骨法、蒙古族饮食疗法等均使用较早。在药物学方面，蒙医药家们创造了适合于本地区实际情况的独特的配制法和用药法等。蒙医诊断学是以《四部医典》为理论依据，以问、望、切三诊为主的诊断学。

第九节　传统聚会与节日习俗

聚会中的麦西莱甫　传统的肉孜节与古尔邦节　象征春耕的诺鲁孜节　锡伯族的西迁节　塔塔尔族的撒班节

新疆的传统聚会、节日习俗作为新疆非物质文化遗产的重要组成部分，鲜明地反映了新疆各个民族人们在漫长的历史发展过程中社会生产、生活的特点，也与这个地区独特的自然生态环境有着密切的关系，更反映了各个民族之间互相交流、互相学习和文化互融的特征。

在新疆维吾尔族群众中，存在着一种以歌舞和民间娱乐融为一体的民俗活动形式，称为"麦西莱甫"。"麦西莱甫"在维吾尔语里是"集会"、"聚会"之意。关于麦西莱甫的起源，维吾尔族学者认为"其起源可以追溯到古代的祭祀、祈祷、庆典活动"。11世纪著名学者麻赫穆德·喀什噶里的《突厥语大词典》中记载，古代突厥人中有举办晚会和冬季轮流举办宴会，男女一起唱歌跳舞、饮酒作乐的风习，称为"索尔丘克"和"苏合迪提"。学者们认为，现在维吾尔群众的麦西莱甫就是从这些古老的仪式和民间风俗演变而来。

麦西莱甫主要以激发人们欢乐为目的，每一场麦西莱甫的参加人数不等，依据麦西莱甫的性质、场地和举办的时间季节，可多可少，有数十人参加的，也有数万人参加的。一般在节假日、喜庆日或在休闲时举行。参与者不分年龄和性别，男女老幼都可以参加。

麦西莱甫一般由三部分组成：舞蹈、游戏和惩罚活动。

舞蹈以具有浓郁地域特色的《木卡姆》音乐演奏为序曲，随后在都它尔、弹布尔、卡龙、艾捷克、热瓦甫、达甫（手鼓）等组合成的乐队伴奏下，在场的男男女女开始结对起舞。

游戏是在歌舞间隙，为消除乐师和歌舞者的疲劳，调节参加者的情绪，展现参加者的才华而开展的活动内容。游戏内容有抢"黛莱"、猜谜、歌谣朗诵、鹅游戏、骆驼游戏、老人游戏、"审判游戏"、摔跤游戏等；表演节目有动物模拟舞、击石舞、顶碗舞、说唱表演等。

惩罚是麦西莱甫中的一种带有教育色彩的娱乐形式，具有喜剧色彩，以娱情悦性、针砭生活现实为目的，由承担各类职责的人员组织和实施"惩罚"。"哈孜"负责检查纪律并根据主持人及群众的意见判罚违纪者，"米尔瓦孜"负责介绍节目和艺人、念说赞颂词、搜集和分配钱物，"衙役"（维吾尔人对旧时衙门里当差者的称呼汉语音译而来）负责执行判罚。惩罚活动分经济惩罚和动作惩罚两种形式，经济惩罚要求被惩罚者拿出水果、食品等供大家享用，或罚他举办一次"道歉麦西莱甫"、"消除成见麦西莱甫"。

聚居在塔里木盆地周缘绿洲地区的维吾尔族人民，由于可供生存的绿洲面积非常有限，在欢庆丰收、喜迎佳节、祝贺新禧、闲暇消遣之时，总是通过麦西莱甫这一歌舞娱乐形式来创造欢快的气氛，抒发对美好未来的期盼和追求，以此使生活的压力得到释放，情绪上感到一种快乐，精神上获得一种满足。

麦西莱甫又是对维吾尔人，特别是对青年进行道德教育、传统习俗教育、文化教育、集体主义精神教育的一种教育活动。

麦西莱甫凝聚了维吾尔族文化中民间习俗文化的精华，是一种集歌舞弹唱、民间游戏、风俗习惯、伦理道德、宗教信仰于一体的民俗文化活动，在维吾尔人民的精神生活中占有极重要的地位。它在历史发展进

图下 5-20　维吾尔族麦西莱甫表演　韩连赟摄

程中兼收各方民俗文化之精华，代代传承，具有浓郁的民族特点和地域特色，民俗风格别具一格，文化内涵丰富。它如同一所民俗学校，男女老少在这里既得到了娱乐，又接受了对维吾尔族古老民俗传统的熏陶和浸润。

　　新疆 13 个世居民族中，7 个民族信仰伊斯兰教，它们是维吾尔、哈萨克、回、柯尔克孜、乌孜别克、塔吉克和塔塔尔族。伊斯兰教对于这些民族的文化习俗有着重大的影响，最集中的表现是在节庆民俗里。古尔邦节和肉孜节就是其中两个最重要的节日。

　　古尔邦节在阿拉伯语中称作"尔德·古尔邦"，或称为"尔德·阿祖哈"。"尔德"是节日的意思，"古尔邦"和"阿祖哈"都含有"牺牲"、"献身"的意思，所以一般把这个节日叫"牺牲节"或"宰牲节"。过节前，家家户户都把房舍打扫得干干净净，忙着精制节日糕点。节日当天的上午，男性穆斯林们进行沐浴全身的"大净"，然后盛装到清真寺参加礼拜。礼拜活动结束后，各家各户到墓地去祭奠逝去的祖先，为逝去的亲人祝福。人们回家后的第一件事就是杀牲。在过古尔邦节的时候每户穆斯林都得至少宰杀一只羊，有的还宰牛、骆驼、马（萨克族与柯尔克孜族），如果家庭由于贫困不能够宰杀羊，则有清真寺主持把从穆斯林那里募集而来的羊肉或牛肉分割后送给这些家庭。维吾尔族在古尔邦节时，无论是城市或农村的广场上都要举行盛大的麦西莱甫歌舞集会。在喀什噶尔，节日清晨，人们到艾提尕尔清真寺做完节日礼拜后，艾提尕广场上都会有成千上万名维吾尔族群众参加集体舞会——跳萨玛舞。乐师们在清真寺屋顶上开始敲起纳格拉鼓和吹起唢呐，随着铿锵有力的鼓点和清亮高亢的唢呐声，人们纷纷跳起萨玛舞，即刻，整个广场都沉浸在欢乐的气氛中。哈萨克、柯尔克孜、塔吉克、乌孜别克等民族，节日期间还举行叼羊、赛马、摔跤等比赛活动。古尔邦节期间大家都要相互串门贺节，每到一户，主人为客人奉献上丰盛的食品，包括馓子等，也有清炖大块羊肉。亲朋好友相聚，饭后弹琴、唱歌、跳舞。维吾尔民间的拜节是维吾尔人增强社会联系，严守礼尚往来这一准则的重要组成部分。

肉孜节也称为"开斋节"，是阿拉伯语"尔德·菲图尔"的意译。在新疆地区，开斋节称肉孜节，"肉孜"是波斯语，意为"斋戒"。每年伊斯兰教历九月，称为斋月。封斋第29日傍晚如见新月，次日即为开斋节；如不见，则再封一日，共为30日，次日为开斋节，庆祝一个月的斋功圆满完成。是日，穆斯林前往清真寺参加会礼，听伊玛目宣讲教义。教法还规定在开斋节日进行下列七件事是受到嘉许的行为：一是拂晓即吃食物，以示开斋；二是刷牙；三是沐浴；四是点香；五是穿洁美服装；六是会礼前交"菲图尔·赛德盖"（开斋施舍）；七是低声诵念赞主词。在斋月期间，穆斯林们在每日的日出之前都要吃好封斋饭，日出之后的整个白天，无论怎样饥饿，不准吃一点东西、喝一口水，平时抽烟的人也要暂时戒烟，谓之封斋。此外，还要求穆斯林在斋月期间禁房事，克制一切私欲，断绝一切邪念，以示笃信真主安拉。小孩和老弱者可以不封斋，妇女在经期中也可以不封斋，但要节制饮食，绝不能在公开场所吃喝。有病、赶路的人可以不封斋，但日后要补斋，不能补的以交纳财物作为罚赎。到了晚上，当封斋将要结束时分，清真寺开斋的钟声当当响起，情况就与封斋时完全不同，人们可以饮食说笑，左邻右舍可以团聚一桌，甚至行路的陌生人感到饥饿时，随便走到素不相识的人家，都会受到主人的热情招待。

诺鲁孜节（由于各个民族语言差异，这个词语的汉语译音采用"诺鲁孜"）是新疆维吾尔、哈萨克、柯尔克孜、乌孜别克、塔吉克、塔塔尔等民族的重要传统节日，每年自 3 月 21 日起，延续 3 天至 15 天不等。诺鲁孜节是一个十分古老的传统节日。过去，这些民族的祖先都有过游牧的历史，以往过着游牧和半游牧生活的人们在冰雪消融、草木返青、牲畜产仔的时节，都会以这一传统佳节欢庆新生活的开始。目前主要盛行于当地乡村。过节期间，人们指望来年有个好收成。这是为进入春耕生产，绿化、美化、净化环境做准备的节日。

诺鲁孜节仪式在节日的黎明更开始。那一天，男女老少都要着民族盛装举行各种节日活动。各家的家长首先起床，在房屋正中燃烧起一堆松柏树枝，将冒烟的树枝在每人头上转一圈，预祝他们在新的一年中平安快乐。然后，家长把冒烟的松枝带到牲畜圈门口，让畜群在烟上通过，祈求新的一年里，牲畜膘肥体壮，迅速繁殖。节日当天日出更以后，各个民族的家庭要做"诺鲁孜饭"，家家户户用剩余的粮食和食物，加上多种佐料煮成稠粥。从当天午时起，人们成群结队地相互拜贺。到日落更以后，每户请客吃饭，男女老少分别跳舞和唱歌，尽兴表达对新春的欢悦之情。诺鲁孜节过后，在农村，紧张的春耕生产就开始了。

锡伯族是新疆世居的 13 个民族之一，主要分布在新疆伊犁河谷的察布查尔锡伯族自治县、霍城县、伊宁市、塔城市和乌鲁木齐市。西迁节是锡伯人民的传统节日，西迁节庆祝活动在每年的农历 4 月 18 日举行。

西迁节是二百多年来新疆锡伯族人民的民族传统节日。在 16 世纪之前，锡伯族先民世世代代生活在松嫩平原和呼伦贝尔大草原上。据史料记载，乾隆二十九年（1764）的农历四月十八日，清朝政府从盛京（今沈阳）等地征调锡伯族官兵 1018 人，连同他们的家属共 3275 人，由满族官员率领，西迁新疆的伊犁地区进行屯垦戍边。经过一年零五个月的艰苦跋涉，到达新疆伊犁河谷地区，开始了他们戍边卫国的艰苦岁月。

图下 5-21　塔吉克族诺鲁孜节拜年　韩连赟摄

察布查尔锡伯族自治县就是他们当年的驻地。

从此，每逢农历四月十八日这一天，新疆的锡伯人都要在寺庙内拱灶，杀猪，吃高粱米饭，每户的当家人参加聚餐，以此来纪念锡伯族祖先西迁的历史壮举，畅叙和赞颂祖先保卫祖国西北边疆的业绩，缅怀离别的骨肉同胞。这一天遂成为锡伯族的传统节日。

西迁节的庆祝活动丰富多彩，包括野炊、射箭、比武、唱歌、跳舞等内容。特别是以独唱和合唱形式演唱以西迁过程为主要内容的西迁之歌。这首歌唱词达四百余行，三节为一乐句，全曲十二小节。历经二百多年的丰富、加工和创作，西迁之歌已有 7 种之多，传承至今，成为西迁节最独特的文化表现形式。西迁节这一天，锡伯族的男女老少都要穿上盛装，欢聚在一起，弹响"东布尔"，吹起"墨克调"，尽情地跳起舞姿刚健、节拍明快的"贝勒恩"。姑娘们的"抖肩"、小伙子们的"鸭步"均惟妙惟肖，他们以此表达对故乡的思念和对未来美好生活的憧憬。这种节庆活动集中展示了锡伯族灿烂悠久的文化传统、民族心理、民族情感、民间信仰、民风民俗及各种工艺和歌舞艺术，有丰富的文化内涵和宝贵价值。

　　塔塔尔族是我国人口较少的少数民族，也是新疆世居的 13 个民族之一。2009 年，塔塔尔族人口约为 4800 人左右。历史上新疆塔塔尔人主要从事农业生产，他们的风俗习惯很多与农耕有关。

　　撒班节是塔塔尔族特有的传统民间节日，"撒班"是塔塔尔人犁地的工具的名称。按照塔塔尔族的传说，"撒班"的发明，促进了塔塔尔农业生产的发展，给人们带来丰盛的食物，因此，撒班节通常是在冻雪消融，大地回春的晴朗的日子，即在每年春播和夏收之间的某一天举行节日活动，祝丰收的好年景，祝福美满的新生活。

　　为筹备过节，妇女们准备烤饼、饼干等食物，少女们凑在一起边唱歌，边用麻线和棉线织手帕、围巾，刺绣衬衣，以交给节目主持人。

　　撒班节这一天，乡亲们聚在野外，男女老少载歌载舞，开展各种体育活动。除最隆重的活动赛马外，还有摔跤、赛跑、跳跃比赛、跳水渠比赛等。在这些习俗活动中，最受欢迎的是"赛跳跑"。每个参加者口衔一个匙子，匙内放着鸡蛋。口衔匙跑时鸡蛋不能落地。主持人将妇女们准备的各种物品，奖给优胜者。

　　节日里，塔塔尔族各家准备"古科底诶"（大米加奶酪杏干烤制的一种饼）、"伊特白里西"（材料以南瓜为主，再加大米和肉）、油煎肉等，在节日聚会时人们围坐在一起，分享各家带来的这些美食。

　　由于人口较少，居住以与其他民族人们混杂居为主，新疆塔塔尔族的撒班节节日礼俗及其民俗活动就成为了其民族凝聚和民族认同的重要途径和风俗。

　　达斡尔族是一个古老的民族，主要居住在东北嫩江流域一带，古时以渔、猎为生，崇尚大自然，信仰萨满教，崇拜图腾和祖先的亡灵。乾隆二十九年（1764），清廷调黑龙江索伦达呼尔官兵 1018 户来新疆伊犁驻防，组成索伦营。后来又迁至新疆塔城地区驻防守边，目前新疆达斡尔族主要居住在塔城市的阿西尔达斡尔乡。

　　达斡尔族自古就有举行敖包沃其贝（敖包祭）的传统习俗，这与古老的萨满教信仰有直接关系。"沃其贝节"是新疆达斡尔族由传统的祭祀活动相延而成的一种全民族共同参与的节日性民俗活动。由于特殊的历史背景和生活环境的改变，迁至塔城的达斡尔族的一些传统生产、生活习俗早已有所改变，但他们仍然保持着较强的传统文化观念，斡包节就是这种传统文化观念的集中体现。每年农历六月八日，是达斡尔族一年一度的沃其贝节，为纪念先辈西征新疆而举办，因此也叫"西征节"。

祭祀：新疆达斡尔族人选择春秋两季的良辰吉日，以哈勒或莫昆为单位，到离住地不远的高岗和有水、有树林的地方或田间地头用石头、土堆积二期的敖包，宰羊、牛举行祭祀，感谢天地山川诸神显示威灵，免除一切灾情。另外祭祀时也研究解决群众中发生的纠纷等问题，帮助、解决、救济生活困难的人家，以增进族内团结。祭祀现在称为敖包会，仍保留传统的形式，但是增添了新鲜内容和活动。

族会：族会在达斡尔族基层社会组织莫昆内举行，由具有同一氏族关系的各个家庭成员聚集在一起，追念祖先，起到维系族内团结和认同的作用。

庆祝：庆祝活动主要围绕着达斡尔人从黑龙江迁徙到新疆的历史壮举，举行各种活动，追念祖先西征的历程，讴歌祖先在西征中不畏艰险的精神，怀念祖先戍边卫国的功绩。在庆祝活动中，人们围绕着"新疆达斡尔族西征纪念碑"，一边向碑体撒酒，一边唱起西征时传下来的歌曲，缅怀祖先，激励后人。在这个仪式结束后，人们围坐在一起，把带来的食品摊放在毡毯上，分享美食。然后唱歌跳舞，一直到太阳落山为止。

第六章

丝绸之路与文化交流

　　丝绸之路，这条让世人魂牵梦绕的贯通东西方的古代陆路大通道，负载着太多的文化信息。本来丝绸之路并不是一条人工开凿的路，确切讲，是一条人的双脚和驼印踏出来的路。沿着欧亚大草原和塔里木盆地南北缘，人们靠脚步和驼印走出了当时世界上最长的贯通东西方的贸易通道，由于其承载的文化信息量巨大，它又似一条连接东西方的文脉绵延不绝，贯通古今。

第一节　丝绸之路：绵延的文脉

丝绸之路的形成　丝绸之路的走向　丝绸之路的功能与意义

　　人们习惯把通过丝绸之路中段西域的路段称之为草原丝绸之路和绿洲丝绸之路，其实这是平行的三条路段，绿洲丝绸之路沿塔里木盆地南北缘分为南北两道，而草原丝绸之路恰与绿洲丝绸之路平行，不过它在天山以北草原牧区而已。在时段上，草原丝绸之路早于绿洲丝绸之路开通，公元前5世纪左右已经是人流、驼影如梭，而绿洲丝绸之路的出现则到了西汉时期。

　　草原丝绸之路北线东起西伯利亚，经蒙古高原向西，经过咸海、里海、黑海，直达东欧；其南线，东起辽海，沿蒙古高原、天山北麓、阿尔泰草原，西去中亚、西亚和欧洲。对于草原丝绸之路的形成，一些学者提出生态环境成因说："环境考古学资料表明，欧亚大陆只有在北纬40度至50度之间的中纬度地区，才有利于人类的东西向交通。这个地区恰好是草原地带，东起蒙古高原，向西经过南西伯利亚和中亚北部，进入黑海北岸的南俄草原，直达喀尔巴阡山脉。在这条狭长的草原地带，除了局部有丘陵外，地势比较平坦，生态环境比较一致。中国北方草原地区正好位于欧亚草原地带上，其生态环境与欧亚草原的其他地区基本相同。这条天然的草原通道，向西可以连接中亚和东欧，向东南可以通往中国的中原地区。"①而绿洲丝绸之路自玉门关、阳关出西域有两道：从鄯善，傍南山北，波河西行，至莎车为南道，南道西逾葱岭则出大月氏、安息。自车师前王庭，随北山，波河西行至疏勒为北道。北道西逾葱岭则出大宛、康居、奄蔡。北道上有两条重要岔道：一是由焉耆西南行，穿塔克拉玛干沙漠至南道的于阗丝绸之路；一是从龟兹西行过姑墨、温宿，翻拔达岭，经赤谷城，西行至怛罗斯。由于南北两道穿行在白龙堆、塔克拉玛干大沙漠，条件恶劣，道路艰难，东汉时在北道之北另辟一道，隋唐时成为一条重要通道，称新北道。原来的汉北道改称中道。新北道由敦煌西北行，经伊吾（哈密）、蒲类海（今巴里坤湖）、北庭（今吉木萨尔）、轮台（半泉）、弓月城（今霍城）、碎叶（托克玛克）至怛罗斯。在丝绸之路中段的西域，传统的绿洲丝绸之路是两条，即塔里木盆地南缘的于阗道和北缘的龟兹道。但是由于绿洲丝绸之路行程艰险，又常常受到南下的草原游牧部族的袭扰，时绝时通。尽管如此，由于绿洲城郭国主要分布于塔里木盆地的南北缘，因此无论是古代商贸交易，还是文化的交流，绿洲城郭国在丝绸之路上的重要性都是草原行国无法替代的。

　　丝绸之路不仅促进了丝绸、香料等贸易的兴盛，更重要的是促进了丝绸之路城市文化的兴起。如果我们把丝绸之路比作那串珠之线的话，那么坐落在丝绸之路沿线的那些古代城市就是灿若星辰的明珠。丝绸之路文化就是由这些点线演绎的，从东到西，洛阳、长安、敦煌、楼兰、

图下 6-1　天山大坂山口
马达汉摄于 1907 年

龟兹、于阗、高昌、撒马尔罕、木鹿、托克马克、君士坦丁堡等等，都
成为连接东西方文化的重要城市。这些古代城市在陆路丝绸之路贯通的
一千年间成为最耀眼的明珠，充满了无限的活力。它们是一些地理位置
特殊、文化多元、神庙林立、人种驳杂的城市，曾经在丝绸之路贸易交
往和文化交流中居于枢纽或中介地位。丝绸之路上的古代城市绝对不是
像现代一样增加一些人或几所房子式的所谓的城市，"而古代的城市绝不
是以人数或房屋数量的逐渐增加形成的。他们一旦建城，所有的东西便
都在其中了。而构成城市的要素则须事先准备，这是最难，通常也是最
大的工作。一旦家庭、胞族、和部落同意联合并祭祀同一个神灵，便立
即建城作为他们共同祭祀的神庙，因此，城市的创建总是一种增加性行
为"②。作为丝绸之路上古代城市的出现，起初也并不是为了商品贸易
交换为目的，而的确是作为共同祭祀同一个神灵而建立神庙出现的。对
古人来说，没有比信仰更重要的东西，因为信仰是人类思想的产物："它
是我们自己创造的，我们却并不了解它；它是人，我们却以为它是神；
它是我们力量的结果，却比我们更有力；它就存在于我们之中，须臾不
离，不停地指挥着我们；它让我们服从，我们便服从；它若强加给我们
义务，我们就遵守。"③因为信仰的力量，所以古代城市的核心部分就是
神庙，这是所有城市人的信仰的居所。帝王的君权神授也好，普通百姓

的祈福消灾也罢，神庙就是他们信仰的化身。这是古代城市文化的灵魂。

千百年来，丝绸之路之所以留在人们的记忆深处，还在于来往其间的商旅等创造的无数的神话意象，它们丰富着丝绸之路文化的内涵。在古代世界，还从来没有一条道路像丝绸之路那样，把世界上三大洲的陆路交通如此紧密地连接在一起，而且把不同质的文化联系在一起，形成一个如此广泛的文化网络。在这个网络中，世界上各个地区和各个民族的文化呈现出如此绚丽的色彩。丝绸之路上的人们创造了无数充满智慧和想象力的神话意象和生活意象，而且这些意象常常交织在一起，在丝绸之路上扮演着重要的角色——意象尽情宣泄着他们的情感和追求。在丝绸之路上，那些往来的商旅、僧人、使者、诗人都在有意无意之间充当了这些意象的传播者。这些意象来源于他们认识的大千世界，也来自他们的想象，传丝公主、大小龙池、龙女、恶鬼幽魂、各种神祇、山川地理、怪兽猛禽、奇珍异物等等，所有这些都无形当中成为关于丝绸之路的包罗万象的知识体系，自然也就成为丝绸之路文化不可或缺的部分。

对于丝绸之路的文化功能和文化交融机制，中外学者的见解有异曲同工之处。法国学者认为："丝绸之路变成了欧亚大陆民族之间相互交流的象征。……'丝绸之路'一词于是便概括了东西方之间不同性质的交流。这一切都变成了异种文化发展繁荣的证据，也是近代世界似乎受之启发的一种历史对话的象征。"[④]美国学者持有相同的见解："（通过丝绸之路）唐朝怎样将自身的艺术和风俗传给了它的邻人——中世纪的远东地区，尤其是日本、朝鲜、突厥斯坦、吐蕃和安南——对我们来说已经耳熟能详。……印度的宗教与天文学、波斯的纺织图案与金属工艺、吐火罗的音乐与舞蹈、突厥的服饰与习俗等等，都对唐朝的文化产生过影响。"[⑤]在西域进行探险的瑞典人斯文·赫定对丝绸之路的感受更真切一些："可以毫不夸张地说，这条交通干线是穿越整个旧世界的最长的路。从文化—历史的观点看，这是连结地球上存在过的各民族和各大陆的最重要的纽带。"[⑥]中国学者认为："以丝绸贸易为主要媒介的丝绸之路所反映的不仅仅是东西方的经济交流，更重要的是东西方文明之间的联系与交流，这种关系才是丝绸之路的文化价值所在。"[⑦]丝绸之路承载的东西方文化信息博大精深，包括宗教信仰、音乐舞蹈、角牴百戏、工艺技术、天文学、文化习俗、价值体系、神话与传说等等，无所不包。我们发现，在丝绸之路上文化传播的最初中介者总是那些驰骋于欧亚草原的游牧部族和往来的商旅。塞人、吐火罗人、粟特人无疑成了最主要的文化传播者，宗教的传播最初就是假他们之手。塞人，这个丝绸之路上的黄金部族，是他们把火祆教传播到西域，先是天山以北地区，然后是天山以南绿洲。伊犁河流域、阿拉沟出土的塞人举行火祆教圣火仪式的祭祀铜盘，至少表明早在公元前5世纪左右火祆教已经通过塞人传入西域。佛教传入西域也不似人们想象的那样是从印度直接传入丝绸之路南北道的，而是由吐火罗人充当了推手。吐火罗人就是中国史籍中的大月氏人，西汉时期，游牧的大月氏被匈奴击败而西迁，征服了巴克特里亚以及恒河流域，建立了贵霜王朝，也就是西方文献中的大夏。是他们在中亚地区首先信仰了佛教，然后"佛教由印度西传至大夏，再由大夏向偏东方向流布，直到疏勒，然后再向东进向龟兹和焉耆"⑧。吐火罗人向东传播佛教的主要方式佛教造像和吐火罗文佛教文献，是佛教在西域成功播布的基本条件。对此，法国学者彼诺认为："由于地理方位及其对于印度文化的依附性，所以吐火罗语文献的撰写者扮演了一种文化和文风形式传播者的角色，向东方和北方更远的地方传播，也就是向汉人和突厥人保持接触的地方传播。"⑨佛教的传播成为丝绸之路上最具影响力的文化事件。再后是粟特人又一次将火祆教、佛教、摩尼教传入突厥人、回鹘人中。佛教在汉代传入西域，其影响不仅是凸显在信仰方面，佛教文化还渗入到文学、美术、音乐、舞蹈诸多领域，这是丝绸之路上文化交流开先河的伟大时代。丝绸之路文化交流的另一个辉煌时代是唐代，盛唐成为唐朝全方位开放的标志。

第二节　汉晋丝绸之路文化的初兴

物种的交流　西域乐器的东传　杂技百戏流入中原　犍陀罗艺术、希腊罗马艺术的东渐　中原石雕艺术中的西方因素

张骞出使西域是绿洲丝绸之路正式开通的标志，东西方政治、经

济、文化的交流进入到一个崭新的历史阶段。不同物种的交流丰富了西域与内地人民的物质生活，西方乐舞艺术、百戏的传入为内地人民精神生活增添了新的内容。

苜蓿的中心起源地是伊朗。在古代伊朗，苜蓿是极重要的农作物，它与饲养良种马有密切关系。公元前138年和前119年，汉武帝两次派遣张骞出使西域，张骞在带回有名的大宛马、汗血马的同时，也带回了苜蓿种子，并在长安御苑种植，用于饲养马匹。汉语中的苜蓿一名也来自古代西域大宛国语。我国古代的栽培葡萄，也是外来的物质文明。葡萄原生地在黑海和东地中海沿岸一带及中亚细亚地区，大约五六千年以前，在埃及、叙利亚、伊拉克、南高加索以及中亚地区已开始栽培葡萄和进行葡萄酒的酿制。张骞出使西域，引进葡萄品种，内地葡萄种植的范围开始扩大，葡萄酒的酿造也开始出现，葡萄、葡萄酒有关的文化逐渐发展起来。两汉魏晋南北朝时期，从西域引进的还有胡桃（核桃）、胡瓜（黄瓜）、安石榴（石榴）、胡荽（芫荽）等农作物。两汉魏晋南北朝时期传入中原的香料种类很多，《三国志·魏书》引《魏略·西戎传》记载，仅大秦传入的就有"一微木、二苏合、狄提、迷迷、兜纳、白附子、薰陆、郁金、芸胶、薰草木十二种香"。当时由西域传入的香料主要有阿拉伯沿岸的乳香、北非大秦的迷迭香、东非西亚的紫檀、没药、芦荟、苏合香、安息香等。

从西域诸国输入的毛织品著名的主要有罽、毲、氍、氍毹等。罽是有花纹狮舞毛布，许慎《说文解字》曰"西胡毛布"。毲是斜纹组织的毛布，服虔《通俗文》云："织纹曰罽，斜交曰毲。"氍、氍毹都是毛织的毯子。当时，不但西方诸国的毛织品东来，其织染毛织技巧也随之进入东方。1997年，新疆考古工作者在尉犁县营盘古墓葬中发现了十分罕见的织金锦和织金罽，墓主人身穿希腊罗马艺术风格的罽袍。《后汉书·西域传》记载：大秦国"刺金缕绣，织成金缕罽、杂色绫"。营盘文物的出土，使人们重新见识了罗马纺织艺术品的风采。斯坦因在塔里木盆地的墓葬中，也不但发现了此种希腊罗马式织染技巧的中亚毛织物，而且发现了希腊式与汉式有翼马混合的毛织物。大约在汉以后，希腊罗马织染技术逐渐进入中原。

《汉书·西域传》赞曰："闻天马、蒲陶则通大宛、安息。自是之后，明珠、文甲、通犀、翠羽之珍盈于后宫，蒲梢、龙文、鱼目、汗血之马充于黄门，钜象、师子、猛犬、大雀之群食于外囿。殊方异物，四面而至。"表现了丝绸之路开通以后，西域珍宝奇兽充盈于后宫的情形。狮子原产于非洲和西亚。《汉书·西域传》记载，乌弋山离国有狮子、犀牛。《三辅黄图》卷三记长安奇华宫附近的兽圈内豢养有狮子、大鸟，这两种动物就是来自西域的狮子和鸵鸟。在苏州虎丘和汉元帝陵寝遗址都发现了带翼狮子的雕刻作品，山东嘉祥武氏石阙、四川芦山杨君墓以及雅安高颐墓前均立有东汉时期的石狮子。中国史籍中称鸵鸟为大爵、大鸟。《史记·大宛列传》记载，汉武帝时，安息使者以"大鸟卵及黎轩善眩人献于汉"。《汉书·郊祀志》记："（泰液）池中有蓬莱、方丈、瀛洲、壶梁，象海中神山龟鱼之属。其南有玉堂璧门大鸟之属。"及至唐代，石鸵鸟竟为神道石刻所必备，每陵一对，形成定制。西极马、汗血马是西域地区的名马，向为汉朝青睐，李广利伐大宛得千里马，马名蒲梢，武帝作歌曰："天马来兮从西极，经万里兮归有德。承灵威兮降外国，涉流沙兮四夷服。"西域优良马输入汉朝提高了中原地区的农业生产力和骑兵的战斗力。

大约在罗马玻璃技术出入汉朝的同时，中原地区的凿井技术也传到了西域。据《史记·大宛列传》记载，公元前102年，武帝遣李广利二次伐大宛，汉军知大宛城中无井，用水依赖城外河水，于是遣水工断其水源，围困之。后"贰师闻宛城中新得汉人知穿井，而其内食尚多"。于是，答应了大宛贵族议和的请求。

乐舞艺术的交流在两汉魏晋时期东西方交流中占据着重要的地位。据文献记

图下 6-2　营盘古墓出土汉晋时期织锦　刘玉生摄

载，细君公主出嫁乌孙时，随从人员数百人，其中不少就是乐舞艺人。龟兹王绛宾更是仰慕汉朝的礼仪制度，元康元年偕夫人第史来长安入贡，返回时，汉武帝"赐以歌吹数十人"。后多次来汉朝贺，"乐汉衣服制度，归其国，治宫室，作檄道周卫，出入传呼，撞钟鼓，如汉家仪"。成为中原与西域文化交往中的一段佳话。

在艺术交流方面，我们现在了解的更多的是西域艺术的东传。域外的艺术传入中原后，受到了内地人们的喜爱，中原的艺术家还在吸收西域艺术的基础上，创造出新的艺术形式，丰富了内地艺术的内容。这在音乐、杂技、造型艺术等方面表现得尤为突出。

回顾中国古代音乐史，人们会发现中国传统音乐在汉代发生了重大的变化，即雅乐的衰落和俗乐的兴起，究其原因，与西域音乐，包括乐曲、乐器的传入有极大的关系。汉代由域外传入中原的乐器就有箜篌、琵琶、筚篥、胡笛、胡笳、胡角等，它们的传入改变了中原传统音乐的形式，后逐步成为我国民族音乐的有机组成部分。

竖箜篌源出于波斯，更上溯则滥觞于亚述，是从西方传入之乐器。箜篌即由"cank"译音得名，在波斯萨珊王朝喀斯卢二世的狩猎、宴游浮雕中就有竖箜篌的图像。波斯的竖箜篌如何传入我国，文献无载，但很可能是伴随着西域商人和艺人的东来传入的。近年新疆鄯善洋海墓地和且末扎滚鲁克墓地等地先后出土了数架竖箜篌，或可知新疆在竖箜篌的东传过程中曾经起着重要的作用。《后汉书·五行志》载："灵帝好胡服、胡帐、胡床、胡笔、胡饭、胡箜篌、胡笛、胡舞，京都贵戚皆竞为之。"《孔雀东南飞》中就有刘兰芝"十五弹箜篌"的诗句，可知箜篌这种乐器在汉代已经相当普及。

琵琶也是一种弹拨乐器。据《通典》卷 144 记载，我国古代有三种琵琶：一是秦琵琶，"俗谓之'秦汉子'，圆体修颈而小，疑是弦鼗之遗制"，是我国中原地区自己制造的。二是曲项琵琶，"曲项，形制稍大，本出胡中"。三是五弦琵琶，"稍小，盖北国所出"。据日本学者林谦三氏和岸边成雄研究，曲项琵琶源自西亚，是波斯、印度、中亚地区重要的乐器之一。新疆米兰出土的属于三至四世纪的木板画中就有曲项琵琶。据学者研究，前凉张重华据有凉州时，曲项琵琶传入我国北方，

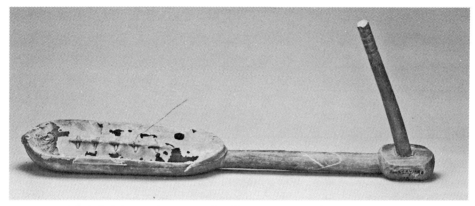

图下 6-3　洋海古墓出土公元前 5—公元前 3 世纪箜篌　刘玉生摄

梁大宝二年（551）传入我国南方，后来成为我国南戏的主奏乐器。曲
项琵琶出于西域，故又称胡琵琶，我国学者常任侠认为胡琵琶即是龟
兹琵琶。《通典》卷 146 记载，后魏时，"有曹婆罗门，受龟兹琵琶于商
人，代传其业，至孙妙达，尤为北齐文宣所重，常自击胡鼓和之"。《北
史·恩幸传》称："曹僧奴、僧奴子妙达，以能弹胡琵琶，甚被宠遇，俱
开府封王。"曹氏三代世传琵琶，受到统治上层的恩幸，势必有利于此
种胡乐在中原地区的传播。五弦琵琶亦出自西亚，大约是在北朝时由北
方少数民族传入中原。曲项琵琶和五弦琵琶传入中原后，在隋唐部乐中
显示出其重要的作用，成为西凉、龟兹、疏勒、安国、天竺、高丽及唐
代高昌等部乐演奏中不可或缺的乐器。

　　两汉魏晋时期传入中原的西域乐器还有羯鼓、筚篥等。羯鼓是一种
打击乐，据《通典》载："羯鼓，正如漆桶，两头俱击，以出羯中，故号
羯鼓，亦谓之两杖鼓。"羯鼓在北朝时颇为流行，《隋书·音乐志下》记
载北魏流行的《龟兹乐》、《疏勒乐》中均有羯鼓。筚篥是古代吹奏乐器，
初传入时，写作"必栗"，后才有悲篥等称呼。《通典》载："筚篥，本名
悲篥，出于胡中，声悲。或云儒者相传胡人吹角以惊马，一名笳管。以
芦为首，竹为管。"据唐段安节《乐府杂录》载："筚篥者，本龟兹国乐
也。亦云悲篥，有类于笳。"在隋唐部乐中，西凉乐、高昌乐、龟兹乐、
疏勒乐、安国乐、天竺乐多用此乐器。

　　文化的传播从来都不是单向的，乐舞艺术也不例外。从西域传入中

原的多种乐舞在受到人们追捧的同时，也经过人们的改造、创新，逐渐融入中原的乐舞体系之中，成为中原乐舞有机的组成部分。

中国的传统杂技称为角抵。汉代，西域各种杂技表演艺术也随着丝绸之路的开通纷至沓来，发展成为名目繁多的"百戏"，角抵与百戏成为杂技艺术的总称。汉代杂技节目主要有缘杆、走索、倒立、扛鼎、跳丸、弄剑、吞刀、吐火以及鱼龙变化、戏狮搏兽等。节目表演时以音乐相伴，增加了娱乐性。缘杆就是头顶高杆或立杆于地于车，艺人在杆上表演；走索就是今天的走钢丝；扛鼎即是举重；跳丸又称弄丸，就是向上抛接圆球，数目可多至五或七个；弄剑是抛接短剑，三五柄不等；戏狮搏熊是驯兽；鱼龙变换或是以一种魔术表演。西域杂技魔术的传入极大地丰富了汉代的杂技艺术。

明王圻《三才图会》说："百戏起于秦汉，有弄瓯、吞剑、走火、缘竿、秋千等类，不可枚举。今宫中之戏亦如之，大率其术皆西域来尔。"《汉书·西域传》记载，西汉武帝时安息、大宛就将"犁靬眩人献于汉"。《汉书》颜师古注曰："眩读与幻同。即今吞刀吐火，植瓜种树，屠人截马之术皆是也。本从西域来。"《三国志·魏书·乌丸鲜卑东夷传》引《魏略》说，大秦"俗多奇幻，口中出火，自缚自解，跳十二丸巧妙"。《魏书·乐志》载，北魏天兴六年（403），魏武帝"诏太乐、总章、鼓吹增修杂伎，造五兵、角抵、麒麟、凤皇、仙人、长蛇、白象、白虎及诸畏兽、鱼龙、辟邪、鹿马仙车、高絙百尺、长趫、缘橦、跳丸、五案以备百戏。大飨设之于殿庭，如汉晋之旧也。太宗初，又增修之，撰合大曲，更为钟鼓之节"。

由西域传入的杂技魔术进入皇家宫廷的同时，也流入了民间社会，从而使其更加丰富多彩。在山东、河南、四川等地考古发现的画像石上，我们可以看到跳丸、吐火、弄蛇、走绳、角抵、缘竿等表演的画面。张衡《西京赋》中有对杂技魔术表演的精彩描写："乌获扛鼎，都卢寻橦。冲狭燕濯，胸突铦锋。跳丸剑之挥霍，走索上而相逢。"简短几字就包括角力、缘杆、钻圈、弄丸、弄剑等杂技。《魏书·西域传》悦般国条说："真君九年（448），遣使朝献，并送幻人，称能割人喉脉令断，击人头令骨陷，皆血出，或数升，或盈斗，以草药内其口中，令嚼咽之，须臾，血止，养疮一月复常，又无痕斑。世祖疑其虚，乃取死罪囚试之，皆验。云中国诸名山皆有此草，乃使人受其术而厚遇之。又言其国有大术者，蠕蠕来抄掠，术人能作霖雨盲风大雪及行潦。蠕蠕冻死漂亡者十二三。"所记幻术，较之吞刀吐火，更为惊险。当时上自封建统治者，下至市井平民对杂技百戏都甚为喜好，促进了这一艺术在更为广大的范围里流传。

犍陀罗艺术是学术界对公元 1 世纪至 6 世纪犍陀罗地区佛教建筑、绘画、雕塑艺术的总称。犍陀罗地区实际上包括今天的巴基斯坦北部及与其毗连的阿富汗东部地区。公元前 326 年，马其顿亚历山大侵入该地，建立大夏王国，统治 130 余年，其地深受希腊文化影响。公元 2 世纪中叶，贵霜迦腻色伽王在位时，佛教兴盛，大兴佛教寺院，在本地艺术的基础上，大量吸收希腊罗马雕刻艺术，塑造佛陀形象，从而形成犍陀罗艺术的主体。其造像特征为，人物头部呈希腊男子面容，脸型椭圆，深目薄唇，弯眉细长，鼻梁挺直，五官端正，眼睛微闭，表情平淡，显现出沉思肃穆的精神状态。头顶肉髻覆盖希腊式卷发，身披通肩袈裟，衣纹交叠，衣料质感清晰。3 世纪贵霜王朝瓦解后，犍陀罗艺术依然相沿不衰，并因受到印度笈多王朝秣菟罗艺术和波斯萨珊艺术的影响而有所发展。犍陀罗艺术在佛教东渐的过程中，影响巨大，公元 2 世纪犍陀罗艺术传入新疆，进而传播到我国内地。有翼天使的形象是西方艺术的经典样式，新疆米兰佛寺遗址中就发现过有翼天使的壁画，令它的发现者惊叹不已⑩。有翼人物、动物造型广泛地出现在波斯艺术、希腊艺术和欧亚草原游牧民族艺术之中，米兰有翼天使和有翼人物及动物形象直接受到希腊罗马艺术和犍陀罗艺术的影响。须大拏太子本生故事是佛教常见的一个表现题材，米兰发现的该题材壁画的表现形式与犍陀罗雕塑在继承希腊罗马古典绘画的基础上，结合东方的艺术传统，创造出一个东西方艺术有机结合的"米兰画风"。

凹凸画法最早源于犍陀罗艺术，该画法依靠晕染产生视觉效果，而晕染又依附于线描轮廓。这种线描法东西方存在不同的传统。北齐画家曹仲达，本粟特胡人，世居中国，以工于天竺佛像著名。他的画法就是在吸收犍陀罗笈多艺术的同时，受中国东方艺术的影响，从而创造出具

图下 6-4　米兰发现的 2 世纪有翼天使壁画　国外资料　刘玉生提供

有天竺风格的"曹家样"佛教造型艺术。"曹衣出水"成为对其艺术形式最为著名的形象描述，这种衣纹的塑造方式是犍陀罗艺术、希腊罗马艺术的传统，该种艺术风格在米兰、克孜尔石窟、敦煌石窟、云冈石窟中都能找到相近的例证。曹仲达还善于雕塑，画史上称其为南北朝隋唐时期佛教艺术"四大家"之一。魏晋南北朝隋唐时期，犍陀罗艺术、希腊罗马艺术在其东传的过程中，不断与各地的原有艺术相融合，形成了既有联系又有区别的艺术文化类型，在西域南道就形成了以龟兹为中心的以克孜尔石窟、库木吐喇石窟、克孜尔尕哈石窟、图木舒克遗址为代表的具有阿富汗巴米扬艺术和犍陀罗艺术特征，同时具有本地特色的龟兹佛教艺术；在西域北道以于阗为中心形成了以热瓦克遗址、丹丹乌里克遗址、约特干遗址为代表的具有西北犍陀罗艺术及本土艺术特征的于阗佛教艺术；在高昌地区形成了以交河故城、高昌故城、柏孜克里克石窟、胜金口寺院、吐峪沟千佛洞为代表的具有一定汉文化因素的高昌佛教艺术[①]。同样，犍陀罗艺术、希腊罗马艺术还大量地表现在西域于阗、龟兹、楼兰、鄯善等地发现的建筑、雕塑、陶器、木雕、织物等作品上。

　　汉代画像石中有不少有翼人物像，在内容题材、表现手法和艺术构思等方面，显然接受了古代波斯艺术和希腊罗马雕刻艺术的影响。一些人首兽身有翼的雕刻画像，则受到古代亚述和波斯艺术的影响。汉画像石中还有一些裸体人像，溯其源头，当来自希腊罗马的裸体石雕和绘画艺术。希腊罗马雕刻和绘画艺术中盛行裸体神像和人物像，爱神厄洛斯和有翼天使多作裸体。而中国的裸体人像最早大约出现在西汉末年。在新疆和田买力克阿瓦提遗址发现的红陶肩负小罐的裸体人物陶片，可能就是希腊罗马裸体人物艺术向东传播的证据。汉代制作的铜镜，时常采用西域传入的动植物如葡萄、有翼兽、石榴、狮子、犀牛、孔雀等做装饰图案，明显受到印度和西方风格的影响。通常称为海兽葡萄镜或海马葡萄镜的汉代铜镜，内层刻有翼飞马和海兽，外层刻各种珍禽，并以葡萄和石榴作装饰图案。

　　与世界其他古文明相比，我国古代的大型金石雕像艺术兴起较晚。学者研究认为，我国的大型金石雕像艺术是在其原有的基础上，受欧亚草原文化影响，尤其是阿尔泰语系游牧人古代艺术的影响，在张骞通西域以后，又得以和中亚希腊化艺术乃至波斯艺术进行交流的结果[12]。

第三节　隋唐丝绸之路文化的勃兴

丝绸之路上的汉文化及其影响　作为中介的粟特文化　波斯文化的传播　印度文化的东渐

　　隋唐时期丝绸之路文化交流处于全盛期，西域由于其独特的地缘优势，在此充当了文化交流的中介角色。中原的汉文化、中亚的粟特文化，乃至西亚的萨珊波斯文化、南亚的印度文化都汇聚于西域。这些文化与西域文化之间相互碰撞、融合，整合出带有地域特色和民族特色的西域文化。东西两个方向的文化汇聚于西域，早在先秦时期已经开始，到了两汉时期形成第一个高峰，隋唐时期是文化交流的第二个高峰，无论是广度还是深度都是前所未有的，盛唐气象也由此可见一斑。在东西方文化中，由于汉唐统一西域，汉文化对西域文化的影响尤为深远。

　　隋唐时期汉文化在西域的扎根是继汉代汉文化西披的新一轮高潮，特别是在唐朝在西域实行郡县制的伊、西、庭三州地区，汉文化成为主流文化。由于这些地区是汉族居民的聚居区，汉文化成为主流文化自然是顺理成章的事。现在的问题是，通过丝绸之路汉文化在西域其他族群聚居区和更远的范围内产生了什么样的影响，或者说，与这些地方的文化是如何交流的，这才能反映丝绸之路上东西文化交流的盛况。既然是丝绸之路上的文化交流，那么丝绸的大宗贸易，或者说是西传，就不仅仅是丝绸作为商品的意义，而是文化影响力问题了。汉代到魏晋南北朝时期丝绸贸易活动频繁是不争的事实。到了唐代以后，丝绸的西披和回传已经形成新一轮高潮，但是回传的丝绸不是原来的中原丝绸了，而是变成了西域锦、粟特锦、波斯锦，这是中国丝绸文化强力辐射的结果。

在西域，经过汉代的丝绸之路，传到西域的中原丝绸以其品种多、色彩丰富、传播范围广而著称，楼兰、于阗、疏勒、龟兹等地都是中原丝绸传播的区域。而从北朝到唐代，西域的于阗、疏勒、龟兹、高昌等地都成了主要的丝绸产地。唐代西州的丝绸织物代表了这个时期的工艺水平和图案风格。6世纪前的高昌织锦单位图案单行排列，作横幅相间的祥瑞兽纹，形成瑞兽纹锦、狮纹锦等，图案内容和布局与汉锦相似，但动物形态或卧或立，都比较稳定，是汉锦风格的延续，而到了唐代，西州有两种织锦的图案风格居于主导地位：一种是遍地散花式和散点连续植物图案；另一种是连珠对兽、对禽图案。其中的"宝相花斜纹经锦"是唐代的主流图案。所谓宝相花图案原本是指中原盛行的在金银器、铜镜上镶嵌珠宝类花，在中心花蕊及花蕊和花瓣交接处镶嵌以宝石和珍珠，图案上用佛教艺术的退晕色方法，以放射对称的格式组成盛开、半开、含苞的花与花叶等富丽堂皇的团花。唐代，这种本来用在金银器和铜器上的纹样，又出现在织锦上，显其织锦富贵典雅。这类织锦非常受西域各民族上层人物喜好，穿着这种织锦的服饰也成了他们地位的象征。阿斯塔那唐代古墓出台一件云头锦鞋，鞋面就是宝相花图案：系用宝蓝、墨绿、橘黄、深棕四色在白地上织出八个中心放射状图案花纹的斜纹织锦，中心部分为六个花瓣组成的圆形朵花，围绕着中心朵花则是簇拥八个放射对称的如意勾藤，在对称如意的地方，缀以花蕊及花叶。实际上，这是一种中原式图案和西域式图案的完美结合，花的图案是雪花的变形，宝相花图案是中原汉民族意象中的祥瑞的象征，合起来其意表达的是"瑞雪兆丰年"、"雪花献瑞"的象征寓意。汉晋以后，塔里木盆地南北缘的绿洲上层就流行中原的文字锦，其中的汉文主要有："延年益寿大益子孙"、"韩仁绣文宏吉子孙万世"、"万世如意"、"长乐明光"等吉祥文字，这与当时这些绿洲居民的"祈福赐祥"心理不无关系。

粟特和波斯是丝绸之路上较早接触中国丝绸的民族，他们吸收中国丝绸工艺和织法后，根据本民族的审美需求，织出了粟特锦、波斯锦。粟特锦、波斯锦的最主要特征是锦纹的对称图案，是一种联珠对兽、对禽图案。由于粟特人是丝绸之路上的主要商旅，他们和中国、波斯、拜占庭文化的交流十分密切，因此，粟特丝绸工匠也常常以中国、波斯、拜占庭的图案风格装饰他们的丝绸产品。中国中原和南方地区为了满足粟特人和波斯人的需求，也织作粟特、波斯织锦的图案——即联珠纹图案。唐代西州时期的墓葬中就出土了大量联珠纹图案的织锦。在这些织锦中，往往以联珠缀成的圆圈作为主纹的边缘，圆圈内常填以对马纹、对鸟纹、对鸭纹等。这些织锦未必全部来自昭武九姓和波斯地区，也有相当一部分是中国内地出产的织锦，如蜀锦。阿斯塔那墓葬出土的一件“胡王锦”就是蜀锦，它采用倒置循环提花法织成上下对称的图案，米黄色地上有橘红、绛红色显花，在椭圆形联珠花环内填饰正、倒相对的骆驼、牵驼人和汉字“胡王”，牵驼人手执长鞭，深目高鼻，花环之间饰以复合忍冬四叶纹。“胡王锦”显然是中国内地的产品，但从图案看，可能是专为昭武九姓或波斯王室定做的。本来，忍冬纹、葡萄纹都是西来的纹样，但在文化交流频繁的唐代，也很快被唐锦吸收。西域成了吸纳东西方文化最活跃的地区，怪不得从东西两个方向来的织锦都会汇聚于此。而且，其纹样也广泛流行于西域诸绿洲，使这些地方居民的审美取向向多元化发展。

图下 6-5　晋唐时期高昌对羊对鸡纹织锦　胡湘利摄

如果从文化传播视角看，隋唐时期汉文化的影响已经远远超出了西域范围，开始远披到中亚、西亚、南亚的核心地区。中国文化的西披，不仅包括丝绸工艺、钱币制造、造纸术、建筑技术等，还涵盖了儒家经典、汉语文、

美术等，可以说，汉文化从物质文化、制度文化到精神文化全方位辐射
到了西域以及更远的以西地区：丝绸是昭武九姓的粟特人转手输送到西
方的；粟特人所在的撒马尔罕一度成了中亚、西亚最大的造纸中心，而
且中国的造纸术又从中亚地区传播到阿拉伯和欧洲；穆格山出土的属于
8世纪的汉文文书是西传中亚的汉文字材料；唐末的中国美术作品也传
播到这些地区；安西四镇之一的碎叶是唐代汉式建筑西披最远的地方。
所有这些，都可以以出土文物进行佐证。最典型的是在北高加索山区两
座墓葬区中出土了许多唐代中国文物。其中，莫谢瓦亚·巴勒卡墓葬区
出土丝绸143件；而哈萨乌特墓区也出土了丝绸织品65件。这些丝绸织
品，除粟特丝绸占60％以外，20％是中国和拜占庭丝绸。"在全部出土
文物中，最引人注目的文物有二：一是圆珠纹样的锦袍，一是中国绢画
和文书。锦袍是用萨珊王朝以后的波斯锦缝制的，内衬沿边缝上了有兰
花纹样的昭武九姓丝绸，领口前方镶以小块矩形的拜占庭丝料，袍带或
饰钮是用中国生产的黑底浅花的羽纱制作的。中国绢画属唐末画风，残
存山间骑者和马头形象；汉语文书残片之一存字三行，墨书，草体，……
从字迹看，文书与唐代敦煌、吐鲁番文书相近"⑬。这种文化传播与唐朝
势力所达区域完全吻合，这些地方，绝大多数是唐朝传统的羁縻州，均
在唐朝政府的统辖之下。

　　文化交流总是双向的，正当唐朝汉文化西披时，粟特文化、波斯
文化、拜占庭文化也在东渐。而且这种文化交流超过了历史上的任何时
期。单是各类物品的东传，据美国学者谢弗所著《唐代的外来文明》就
罗列了十八类，一百七十种之多，其中，最典型的是香料、食物、药
物、纺织品、颜料、金属制品、宗教与世俗器物、矿产品等。而且这些
物品主要是通过西域传播到中原地区的。当然，唐朝时期传入的还有外
来的宗教信仰、音乐舞蹈、雕塑绘画、语言文字等精神文化。在所有这
些文化交流中，粟特人充当了主要的文化使者的角色。

　　隋唐时期，粟特聚落几乎遍于中原及西域的许多地方。从文献记载
和出土文物看，西域的西州、龟兹、于阗、罗布泊地区都分布着粟特人
的聚落。这些地方恰恰是丝绸之路的交通要冲，经商便利是无疑的，同
时也是各种文化接触最频繁的地区。粟特人的这些聚落由其集团首领萨

宝主持，由于粟特人信仰火祆教，所以在其聚落中设有火祆祠。唐政府把实行郡县制的粟特聚落改为乡里，唐西州就有粟特人聚居的崇化乡安乐里。而在不设乡里的地方仍然保持其原有形态，如唐贞观年间，康国首领就在西域鄯善先设有石头城，后又设立葡萄城、萨毗城等，聚族而居。筑城方式、风俗习惯和宗教信仰都保持着粟特本土的文化。在这些地方，粟特人都将火祆教寺院建在城的中央，寺内供奉着火祆教诸神阿胡拉·玛兹达、祖尔万、密特拉、娜娜等的素画像，一些地方的粟特人每年还要举行祭祀性质的"赛祆"活动。火祆教是与粟特人有着亲缘关系的塞人于公元前4世纪传入西域的。摩尼教信仰传入西域也是粟特人所为。在向西域传播宗教方面，粟特人功不可没。

粟特人传入西域，并且影响最大的还是他们的乐舞和美术等艺术形态。昭武九姓的胡旋舞、柘枝舞、胡腾舞和音乐等传入西域后，很快被西域南部绿洲居民所吸收、融合，催生了诸如龟兹乐舞、于阗乐舞、疏勒乐舞、高昌乐舞等。粟特人的美术以素画见长，这些素画在新疆都有出土。斯坦因在和田丹丹乌里克遗址发现的《神鼠图》、《传丝公主图》、《波斯菩萨图》、《龙女图》等，其绘画技法都是素画技法，均属于七八世纪的作品，可能与于阗画派同时受印度和粟特画风影响有关。如果这些素画不是出自粟特画师之手，也起码是当地画师借鉴和吸收了粟特人的素画技法创作的。在丝绸之路南北道，粟特乐舞和美术的影响是深远的。

粟特文化对西域文化的影响几乎涉及所有文化领域。其金银器制作工艺和丧葬习俗影响是重要方面。粟特人的金银器制作在丝绸之路上是负有盛名的。新疆焉耆、库车都曾经出土过粟特人的金银器，最有代表性的是被称之为"颇罗"的银盘、银碗。其中焉耆锡克沁出土的七鸵纹银盘，盘内饰有七只鸵鸟，底心一只，四周六只，皆为单线平錾，阴文内涂金。七只鸵鸟的身姿既有重复，也有变化。与银盘同时出土的还有一件饰有铭文的银碗，英国语言学家西姆斯·威廉姆斯博士对铭文的解读是，这件器物属于得悉神……达尔斯玛特神，银重30斯塔特（staters）。得悉神是粟特人的女神，由此可见，银盘、银碗都应该是"颇罗"之类的酒杯无疑，是祭祀用的酒器。关于粟特人祭祀得悉神的习俗，《隋书·西域传》曹国条记载："国中有得悉神，自西海以东诸国并敬事之。其神有金人焉，金破罗阔丈有五尺，高下相称，每日以驼五头、马十匹、羊一百口祭之，常以千人食之不尽。"用金颇罗祭祀得悉神是昭武九姓诸国的普遍习俗。在新疆出土的银颇罗表明，粟特人在西域仍然信仰他们独有的神祇。只是隋人不明其里，误以为颇罗是煮器，而且夸张到将它直径说成一丈五尺，能够同时煮百十来头驼、马、羊了。但是，颇罗作为酒器，在西域绿洲上层是普遍使用的，至于是否祭祀神祇，不得而知。

粟特人的盛骨瓮丧葬习俗对西域诸部族的影响是不能低估的。在天山南北都曾经出土过盛骨瓮，一般都是陶制的。在苏巴什古城出土的盛骨瓮，被佛教徒称之为舍利盒，这些舍利盒均为游牧民族的毡房式，这与中亚和伊犁河流域出土的突厥等游牧民族的火祆教盛骨瓮如出一辙。火祆教在 3 世纪之后就在塔里木盆地南北缘的绿洲传播，这里的农耕居民就是由草原游牧部族转化为绿洲定居民的，所以在信仰佛教后还保留着以前信仰火祆教的习俗是正常的，故舍利盒也就仿照了火祆教的盛骨瓮就不足为怪。大德高僧死后使用这种制作精美的舍利盒是肯定的，是其身份的标志，而普通百姓的火葬则简单得多。考古工作者在库车南面塞克桑塔木古城遗址北郊的墓地出土了这类骨灰罐，一般都是素面的陶罐。表明当时的普通百姓死后是将尸体焚化后，再把骨灰装入骨灰罐埋葬的，也是二次葬。粟特人的丧葬习俗不仅影响着普通百姓，而且连佛教徒也深受影响。因为，火葬习俗不是佛教创立的，而是源自火祆教的丧葬习俗。

波斯文化在丝绸之路文化交流中具有举足轻重的地位，其文化交流早在安息王朝时期已经十分

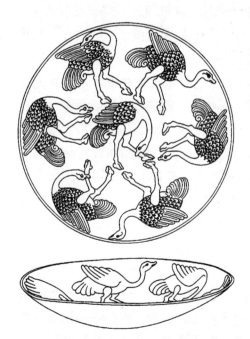

图下 6-6　焉耆锡克沁出土晋唐时期鸵鸟纹银颇罗　据孙机《中国圣火》

频繁，而到了萨珊波斯王朝时期出现了文化交流的第二个高峰。虽然隋唐时期萨珊波斯已经走向衰落，但是其文化余韵犹存。波斯人的建筑艺术、绘画艺术、织锦艺术、金银器艺术对西域文化的影响不可低估。在克孜尔石窟等佛教建筑中，人们常常可以看到一种穹窿形建筑，这种建筑形制不见于印度传入的建筑形制中，而在萨珊波斯建筑中常见。克孜尔石窟建筑分三期，第一期是中心柱窟式，这种建筑形制源自印度佛教石窟；第二期是方形穹隆顶窟，其数量超过中心柱窟，这是典型的萨珊波斯寺院的建筑风格；第三期是新型和改建石窟，是本土化的建筑。方形穹隆顶窟风格建筑也见于高昌乃至西州时期的寺院建筑，其时佛教和摩尼教寺院大都采用这种建筑形制。高昌故城 K 遗址就是由四个穹隆顶组成的一组建筑，其中被德国吐鲁番考察队命名为"藏书室"的建筑就是一间正方形的穹隆顶建筑。经勒柯克考证，这些建筑是高昌的摩尼教寺院。摩尼教虽然是粟特人传入西域的，但创立摩尼教的是波斯人，故摩尼教建筑采用波斯建筑形制也是顺理成章之事。伊斯兰教建筑的穹隆顶也主要是受萨珊波斯建筑艺术影响的结果。

　　萨珊波斯的绘画作品在本土几乎不存，而在西域和中亚的摩尼教壁画中，还能见到萨珊波斯绘画的踪迹。波斯人的绘画上承摩尼教绘画传统，下载信仰伊斯兰教以后的细密画艺术。在西域及中亚佛教艺术中，除印度画风和犍陀罗艺术壁画以外，还有一种波斯风格的壁画。在克孜尔石窟中，我们就能见到波斯风的壁画艺术，其中的海马洞、画师洞壁画中的人物全都是用白描线画，一些装饰性花纹也全是白色。白描画是起源于萨珊波斯的，波斯风的壁画大量出现是在吐鲁番的高昌王国时期的摩尼教寺，而且这种画风的传播自魏晋南北朝时期起，一直影响到隋唐时期。高昌摩尼教寺院中几乎全部都是波斯风的壁画，这些壁画的题材主要有：1. 生命树与死亡树交会图；2. 七重宝树明使图；3. 宝树果园图；4. 日月宫图；5. 高师斋讲图；6. 行者观想图；7. 阴阳人图；8. 断爱欲图。壁画的画风完全是萨珊波斯的画风，线条主要用白描手法，但已经不是传统的白画，而是开始着色了。壁画主题都是阐释摩尼教教义的。摩尼教本身是从波斯经中亚传入西域的，在传播过程中，连同摩尼教信仰和仪式传入的是它们的载体——绘画艺术，这种绘画艺术成为西域宗教艺术的重要组成部分。

　　对西域产生过重大影响的还有波斯人的织锦工艺和金银器艺术。波斯锦的最显著特点是，其织法上采用斜纹的重组织，纬线起花，夹经常用双线；图案纹样上用联珠圆圈分隔成各个花纹单元；其形式是联珠对鸟、对兽纹。波斯锦的图案成了魏晋南北朝到隋唐时期中原和西域地区的主流图案之一。粟特锦也是受波斯锦影响创制的。波斯金银器主要是指萨珊波斯的金银器，这些金银器的造型主要有日常生活器皿，如盘、壶、杯、碗、罐等和金银币。这些金银器造型和雕刻工艺十分精湛，题材可以分为表现世俗题材的宫廷艺术和具有一定象征意义的宗教题材艺术。唐代中原的金银器吸收了萨珊波斯金银器的器型、纹样、制作工艺和装饰风格。甚至连一些瓷器也吸收了萨珊波斯金银器的造型，又采用中土龙凤纹样作装饰，这是一种中外合璧的新的艺术风格。

　　丝绸之路上的文化交流莫过于中印文化交流，特别是印度佛教自汉代由中亚传入西域，再由西域传入中原，其文化影响广泛涉及文化的各个领域，已经远远超出了宗教信仰本身。虽然，隋唐时期印度文化的影响力不似佛教传入时的盛况，但是远不是走向衰落。以印度佛教文化对龟兹文化的影响为例，佛教在龟兹被奉为国教后，其影响已经深入到龟兹文化的方方面面，特别是人们的思想观念、审美情趣和信仰系统都在佛教的左右下，发生了深刻的嬗变。在克孜尔石窟中，有一种"湿衣带水"的菩萨形象，如188窟中的菩萨形象为：细眉、峭鼻、红唇，头披蓝色纱巾，雪白的披帛从头顶飘下，上身袒露，下着的绿色长裙似"湿衣出水"，神态虔诚、安详。一些裸体舞伎更是细腰、丰乳，头部向右倾侧，胸部转至左侧，而臀及腿部又转向右方，这种造型被称为"三道弯式"。龟兹早期石窟壁画很有可能是按着犍陀罗佛教艺术和秣菟罗佛教艺术的摹本绘制的。这种"湿衣带水"和裸体形象已经远非技法问题，而恰恰是和龟兹人的审美情趣相契合的结果。在克孜尔石刻壁画中，就连王妃也是裸体形象，"在龟兹艺术家的理想里，表现一个具有高贵身份的王妃，她的地位与躯体的美好是统一的，唯其表现了王妃的优美的人体，才能使她的形象更加光彩。对于龟兹人来说，裸体既是艺术的要求，也是社会观念的要求"⑭。当然，这些裸体绘画在借鉴印度佛教艺术

的过程中，还注入了龟兹人的审
美体验，出现了龟兹文化本土化
的过程。

隋末唐初，印度的秣菟罗佛
教艺术和笈多佛教艺术在本土盛
兴了几百年后，成了印度佛教文
化的最后余韵，但是对西域文化
的影响已是十分深远。同犍陀罗
艺术一样，秣菟罗艺术和笈多艺
术是影响西域佛教艺术的主要流
派。秣菟罗艺术和笈多艺术传入
西域的时间相当于我国的魏晋南
北朝到隋唐时期。从我国佛教石
窟自西向东分布就很容易看出，
新疆的克孜尔石窟、柏孜克里克
石窟、甘肃的莫高窟、山西的云
冈石窟、河南的龙门石窟等，差

图下6-7　6世纪克孜尔石窟第188窟菩
萨像　刘玉生摄

不多都出现在秣菟罗艺术和笈多艺术东渐以后。

如果说，印度的秣菟罗艺术、笈多艺术与犍陀罗艺术有什么差异，
关键还是膜拜对象的不同。犍陀罗艺术对象是佛塔和佛像，而秣菟罗艺
术和笈多艺术膜拜对象以佛像为主。这样，在中亚和西域，这种大型佛
像十分盛行，成为僧众的膜拜对象。阿富汗的巴米扬大佛分为东西两
佛，是建于3—5世纪的佛像，从僧衣的贴身来看，完全是那种湿衣带
水式，属于笈多式佛像。唐玄奘于629年抵达梵衍那国时见到这两尊佛
像。《大唐西域记》描绘道："（西大佛像）高百四五十尺，金色晃耀，宝
饰焕烂。"[⑮]当时佛像是贴有金箔的，而且佛身上佩有许多装饰品，可见
是一尊冠饰佛。

随着大唐王朝的结束，西域正在进入新一轮的文化转型期，伊斯兰
文化正以强劲的势头自西向东开始步步为营传入西域，西域文化正面临
一个新的文化整合期。

【注释】

① 张景明：《草原丝绸之路与草原文化》，《光明日报》2007 年 2 月 6 日。

② [法] 菲斯泰尔·德·古朗士著，吴晓群译：《古代城市：希腊罗马宗教、法律及制度研究》，上海世纪出版集团，2006 年，第 162 页。

③ [法] 菲斯泰尔·德·古朗士著，吴晓群译：《古代城市：希腊罗马宗教、法律及制度研究》，上海世纪出版集团，2006 年，第 160 页。

④ [法] 于格著，耿昇译：《海市蜃楼中的帝国——丝绸之路上的人、神与神话》，喀什维吾尔文出版社，2005 年，第 2—3 页。

⑤ [美] 谢弗著，吴玉贵译：《唐代的外来文明》，中国社会科学出版社，1995 年，第 2—3 页。

⑥ [瑞典] 斯文·赫定著，江红等译：《丝绸之路》，新疆人民出版社，1996 年，第 215 页。

⑦ 沈福伟：《丝绸之路与丝路学研究》，《丝绸之路研究丛书》（第二版）总序一，新疆人民出版社，2009 年。

⑧ 季羡林：《佛教传入龟兹和焉耆的道路和时间》，《龟兹学研究》（第三辑），新疆大学出版社，2008 年。

⑨ [法] 彼诺：《西域的吐火罗语写本与佛教文献》，《龟兹学研究》（第三辑），新疆大学出版社，2008 年。

⑩ [英] 斯坦因著，巫新华等译：《西域考古图记》，第一卷，广西师范大学出版社，1998 年，第 296 页。

⑪ 李青：《古楼兰鄯善艺术综论》，中华书局，2005 年，第 400 页。

⑫ 林梅村：《古道西风——考古新发现所见中西文化交流》，三联书店，2000 年，第 149—165 页。

⑬ 转引自张广达：《文本、图像与文化流传》，广西师范大学出版社，2008 年，第 7 页。

⑭ 吴焯著：《佛教东传与中国佛教艺术》，浙江人民出版社，1991 年，297—298 页。

⑮ [唐] 玄奘、辩机原著，季羡林等校注：《大唐西域记校注》，中华书局，1985 年，第 130 页。

主要参考文献

1. 《阿不都热依木·那扎尔爱情故事诗选》，新疆人民出版社 1987 版。

2. 《柏朗嘉宾蒙古行记》，耿昇、何高济译，中华书局 2002 年版。

3. 《大唐西域记》，玄奘、辩机著，季羡林等校注，中华书局 1985 年版。

4. 《福乐智慧》，优素甫·哈斯·哈吉甫，民族出版社 1986 年版。

5. 《古西行记选注》，杨建新主编，宁夏人民出版社 1987 年版。

6. 《汉书》，中华书局 1962 年版。

7. 《后汉书》，中华书局 1965 年版。

8. 《回疆志》，台湾成文出版社 1968 年版。

9. 《旧唐书》，中华书局 1975 年版。

10. 《历代西域诗钞》，吴霭宸选辑，新疆人民出版社 1982 年版。

11. 《历史》，（古希腊）希罗多德著，王以铸译，商务印书馆 1959 年版。

12. 《林则徐日记》，中华书局 1962 年版。

13. 《马达汉西域考察日记》（1906—1908），中国民族摄影艺术出版社 2004 年。

14. 《马可波罗行纪》，河北人民出版社 1999 年版。

15. 《龟兹史料》，吴平凡、朱英荣辑，新疆大学出版社 1987 年版。

16. 《全唐诗》，中华书局 1999 年版。

17. 《山海经·穆天子传》，郭璞注，岳麓书社 1992 年版。

18. 《史集》，（波斯）拉施特著，余大钧、周建奇等译自俄文版，商务印书馆 1986 年版。

19. 《史记》，中华书局 1959 年版。

20. 《宋史》，中华书局 1977 年版。

21. 《通典》，中华书局 1988 年版。

22. 《突厥语大辞典》，麻赫穆德·喀什噶里，民族出版社 2002 年版。

23. 《西突厥史料》，（法）沙畹著，冯承钧译，中华书局 2004 年版。

24. 《西域图志校注》，钟兴麒等校注，新疆人民出版社 2000 年版。

25. 《新疆回部志》，兰州古籍书店 1990 年版。

26. 《新疆图志》，上海古籍出版社 1992 年版。

27. 《新疆乡土志稿》，全国图书馆文献缩微复制中心 1990 年版。

28. 《新唐书》，中华书局 1975 年版。

29. 《新五代史》，中华书局 1977 年版。

30. 《一切经音义》，慧琳，上海古籍出版社 2008 年版。

31. 《中西交通史料汇编》第 1—4 册，张星烺编注，中华书局 1977 年版。

32. 《阿尔泰文明与西域人文》，牛汝极著，新疆大学出版社 2003 年版。

33. 《安西与北庭——唐代西陲边政研究》，薛宗正，黑龙江教育出版社 1995 年版

34. 《巴里坤哈萨克自治县志》，新疆大学出版社 1993 年版。

35. 《草原帝国》，（法）勒内·格鲁塞著，蓝琪译，商务印书馆 1998 年版。

36. 《敦煌"瑞像记"、瑞像图及其反映的于阗》，张广达、荣新江，《于阗史丛考》，上海书店 1993 年版。

37. 《敦煌吐鲁番文献研究论集》，中华书局 1982 年版。

38. 《访古吐鲁番》，王炳华，新疆人民出版社，2001 年版。

39. 《佛教传入龟兹和焉耆的道路和时间》，季羡林，《龟兹学研究》第三辑，新疆大学出版社 2008 年版。

40. 《佛教东传与中国佛教艺术》，吴焯，浙江人民出版社 1991 年版。

41. 《浮屠与佛》，季羡林，《中印文化关系史论集》，三联书店 1982 年版。

42. 《〈福乐智慧〉与祖国文化传统》，陈恒富，《福乐智慧研究论文选》（二），新疆人民出版社 1993 年版。

43. 《古道西风——考古新发现所见中西文化交流》，林梅村，三联书店

2000 年版。

44. 《哈萨克族简史》，《哈萨克族简史》编写组，新疆人民出版社 1987
年版。

45. 《哈萨克族历史与民俗》，贾合甫·米尔扎汗，新疆人民出版社 1999
年版。

46. 《海市蜃楼中的帝国——丝绸之路上的人、神与神话》，（法）于格
著，耿昇译，喀什维吾尔文出版社，2005 年版。

47. 《汉唐西域与中国文明》，林梅村，文物出版社 1998 年版。

48. 《回鹘之佛教》，杨富学，新疆人民出版社 1998 年版。

49. 《库车县志》，新疆大学出版社 1993 年版。

50. 《楼兰新史》，孟凡人著，光明日报出版社、新西兰霍兰德出版有限
公司 1990 版。

51. 《蒙古人的人和神》，（丹麦）亨宁·哈士纶著，徐孝祥译，新疆人
民出版社 1999 年版。

52. 《沙海古卷释稿》，刘文锁，中华书局 2007 年版。

53. 《鄯善县洋海一号墓地发掘简报》，新疆文物考古研究所等，载《新
疆文物》2004 年 1 期。

54. 《沈阳锡伯族志·宗族家谱》，沈阳市民委民族志编纂办公室编，辽
宁民族出版社 1988 年版。

55. 《世界征服者史》，志费尼著，何高济译，内蒙古人民出版社 1999
年版。

56. 《丝绸古道上的文化》，（德）克林凯特著，赵崇民译，新疆美术摄
影出版社 1994 年版。

57. 《丝绸之路》，（瑞典）斯文·赫定著，江红等译，新疆人民出版社
1996 年版。

58. 《丝绸之路北庭研究》，薛宗正，新疆人民出版社 2009 年版。

59. 《丝绸之路草原石人研究》，王博等著，新疆人民出版社 1995 年版。

60. 《丝绸之路艺术研究》，仲高，新疆人民出版社 2009 年版。

61. 《丝绸之路与丝路学研究》，沈福伟，《丝绸之路研究丛书》（第二版）
总序一，新疆人民出版社 2009 年版。

62. 《斯坦因西域考古记》，向达译，中华书局、上海书店 1987 年版。

63. 《唐代长安与西域文明》，向达，三联书店 1987 年版。

64. 《唐代的外来文明》，（美）谢弗著，吴玉贵译，中国社会科学出版社 1995 年版。

65. 《唐代九姓胡与突厥文化》，蔡鸿生，中华书局 1998 年版。

66. 《吐鲁番学新论》，殷晴主编，新疆人民出版社 2006 年版。

67. 《维吾尔族简史》，《维吾尔族简史》编写组，新疆人民出版社 1992 年版。

68. 《文本图像与文化流传》，张广达，广西师范大学出版社 2008 年版。

69. 《西域的吐火罗语写本与佛教文献》，（法）彼诺：《龟兹学研究》第三辑，新疆大学出版社 2008 年版。

70. 《西域考古图记》，（英）奥雷尔·斯坦因著，中国社会科学院考古研究所译，广西师范大学出版社 1998 年版。

71. 《西域南海史地考证译丛》（1—3 卷），冯承钧，商务印书馆 1995 年版。

72. 《西域文化史》，（日）羽田亨著，耿世民译，新疆人民出版社 1981 年版。

73. 《西域文化史》，余太山主编，中国友谊出版公司 1995 年版。

74. 《新疆古尸——古代新疆居民及其文化》，王炳华主编，新疆人民出版社 2001 年版。

75. 《新疆曲子戏》，罗绍文，载《新疆社会科学》1989 年第 4 期。

76. 《新疆史纲》，苗普生、田卫疆主编，新疆人民出版社 2004 年版。

77. 《新疆文史论集》，耿世民，中央民族大学出版社 2001 年版。

78. 《新疆文物调查随笔》，史树青，载《文物》1960 年第 6 期。

79. 《新疆五十年》，包尔汉，文史资料出版社 1984 年版。

80. 《中国新疆山普拉——古代于阗文明的揭示与研究》，新疆维吾尔自治区博物馆、新疆文物考古研究所编，新疆人民出版社 2001 年版。

81. 《中西文化交流史》，沈福伟，上海人民出版社 1988 年版。

索　引

说　明：

一、本索引是主题词索引。原则上，作为索引条目的主题词是本卷的研究对象、重点展开论述或详细介绍的内容，分为以下几类：1.人名。包括本省籍文化名人，非本省籍但曾居于本省、对本省文化产生重要影响者；2.地名。只录本省内对文化产生过重大影响的地名。文中人物籍贯的古今地名均不收录；3.篇名。包括有重要影响的著作、诗文、书画等；4.文化遗产名（包括非物质文化遗产）或遗迹名；5.其他专有名词，包括器物名、学派名以及具有地域文化特色的文化现象等。

二、索引条目按第一个字的汉语拼音（同音字按声调）顺序排列，同声同调按笔画顺序排列；第一个字相同，按第二个字音序排列。以下据此类推。

三、条目后的阿拉伯数字表示该条目所在的页码。

四、总绪论、绪论、注释、参考文献、图注、后记、跋不做索引。

后 记

即将出版的《中国地域文化通览》是一项泽被后世的文化积淀工程，由新疆承担的《中国地域文化通览·新疆卷》在新疆维吾尔自治区人民政府、中央文史馆的支持与关心下，在新疆社会科学院、新疆文史馆等单位的通力合作下，经过各民族专家学者三年的不懈努力，将要付梓，与读者见面，它将给新疆文化建设工程抹上一笔浓墨重彩。

《新疆卷》主编为吴福环，执行主编为仲高，副主编为刘国防。

《新疆卷》各章节的撰写人员是：

仲高撰写绪论、上编第三章、上编第五章第四节；

刘学堂撰写上编第一章；

刘国防撰写上编第二章；

贾丛江撰写上编第四章；

吴福环撰写上编第五章第一节、第二节、第三节；

周轩撰写上编第五章第五节、第六节、第七节；

古丽巴哈尔撰写下编第一章；

迪木拉提·奥迈尔、艾莱提·吐洪巴依、那木吉拉、西仁··库尔班撰写下编第二章；

李晓霞、王平、贺灵、古丽巴哈尔、迪木拉提·奥迈尔撰写下编第三章；

李文瑛撰写下编第四章；

崔延虎、阿布都热扎克·沙依木、库来西·塔依尔撰写下编第五章；

仲高撰写下编第六章第一节、第三节，刘国防撰写下编第六章第二节。

全书由执行主编仲高修改、统稿，总其成。

图版由刘玉生等摄影提供。

李行力、铁来克做了大量编务工作。

《新疆卷》在章节目录、初稿、修改稿、定稿完成过程中，《中国地域文化通览》编委会组织有关专家提出了许多宝贵意见、建议，同时《新疆卷》广泛征求了新疆有关部门和新疆各民族专家学者的意见。在此基础上，由执行主编仲高对章节目录、著述结构进行了较大调整，对全书内容进行了大幅增删，对文字进行了润色，最终形成定稿。但是由于撰写任务紧，时间仓促，头绪多，历史跨度大，地域文化错综复杂，挂一漏万和错讹之处在所难免，敬请读者批评指正，以待再版时修改。

2010 年 12 月 10 日初稿

2012 年 5 月 15 日定稿

跋

　　《中国地域文化通览》34卷系国家重点文化工程。经过六年的努力，终于出版发行。我谨代表《通览》组委会和编委会，向参与《通览》撰稿的500多位专家，参加讨论和审稿的各位专家，以及以各种方式给予本书关心、支持和帮助的领导及朋友们，向精心编校出版本书的中华书局，表示衷心的感谢和崇高的敬意！

　　在这部约1700万字的巨著公开发行之际，我有三点想法愿向读者请教：

　　《通览》是我国第一部按照行政区划梳理地域文化，学术性、现实性和可读性兼备的大型丛书。在大量可信资料的基础上，《通览》各分卷纵向阐述本地文化发展的历史脉络，横向展示各地独具魅力的文化特色和亮点，可视为系统、准确地了解我国地域文化底蕴的读物。2008年7月，在确定《通览》作为国家重点文化工程时，国务委员兼国务院秘书长马凯明确指出："希望精心准备，通力合作，成为立意高远、内容殷实、史论结合、特色鲜明的传世精品。"本着这一指导方针，中央文史研究馆和各省、自治区、直辖市文史研究馆、文化机构或文化组织，均高度重视、精心组织实施，并在当地政府的指导下，聚集各领域的专家学者，协力攻关。这是《通览》编写工作得以顺利推进的重要原因。香港卷、澳门卷、台湾卷亦在各方社会贤达和学界名家的参与和支持下完成。

　　《通览》编撰历时六年，先后召开规模不同的各种论证会、研讨会、审读会上千次。袁行霈馆长亲任主编，国务院参事室原副主任陈鹤良和12位中央文史研究馆馆员任副主编，主编统揽全局，副主编分工联系各分卷，从草拟章节目录到审定修改书稿的各个阶段，他们均亲自参与，非常认真负责，严守学术规范。全书普遍进行了"两上两下"的审改，有些分卷达三四次之多。各卷提交定稿后，编委会还进行了集体审读，各卷根据提出的意见做了最终的修订。贡献最大的还是各位撰稿人与各卷主编，他们研精覃思，字斟句酌，不惮其烦，精益求精，这是本书水平的保证。中华书局指定柴剑虹编审提前参加审稿讨论，收到书稿后又安排了三审三校。中华书局的一位编审感慨地说："像《通览》这样集体编撰的大部头著作，能有如此严肃认真的态度，近年来确实不多见。"

建议各地运用电视、广播、网络、报刊等，对本书加以必要的推介、宣传、加工和再创作。可根据《通览》的内容，改编为中小学的乡土教材，以加强对青少年了解家乡、热爱家乡的教育。可用人民群众喜闻乐见的多种形式，让中华优秀传统文化滋润民众的心田。地域文化所蕴含的优秀传统文化基本元素，更普遍更有效地融入社会道德文化建设，必将有助于提升全体国民的道德素质和文化修养。

当前，地域文化研究如何深入？一是可对近百年来地域文化的发展脉络做出梳理，也就是撰写《通览》的续编。我们鼓励有条件的地方政府，率先独立负责地启动《通览》续编的工作。若能为《通览》补上1911年后的百年之缺，无疑是件大好事。二是拓展地域文化的科学研究，进一步探讨中国地域文化发展变化的规律，努力建设扎根于民间、富有时代特征、紧密服务于经济社会发展的地域新文化。文化大发展大繁荣，不能割断历史，不能超越历史，而只能在继承优良传统的基础上有所创造、有所创新。三是要探讨中华地域文化同世界文明的关系。今日之中国已同世界各国一道进入了经济全球化和信息化快速发展的新时期，只有放眼世界，博采众长，才能建设好我国的新文化。

总之，我们希望各地重视这部书，充分利用它，并进行地域文化的更深入研究。

《通览》生动展现了中华地域文化的多样性，揭示了中华文明多元一体的大格局。正确认识和处理统一性和多样性的关系，非常重要。这不仅是发展地域文化的要求，也是中国现代化建设的基本要求。一个国家、一个民族，尊重和倡导多样性，才能源源不断地激发全社会的创新活力，否则势必导致单一、呆板、停滞和退化。历史和现实表明，尊重和倡导多样性，对今天的国人来说，实在是太重要、太紧迫了。无庸置疑，社会主义为经济、文化、社会发展的多样性，开辟了前所未有的巨大空间。一方水土养一方人，一方水土孕育一方文化。当地域文化所蕴含的中华民族固有的道德、智慧和审美，渗透到人们的思想、行为、情感和性格中去，渗透到经济活动、城乡建设、社会管理等领域中去，那么我们的经济建设、政治建设、文化建设、社会建设、生态文明建设必将呈现出更加生机勃勃的繁荣景象。我们期待着，无论是历史名城还是新兴城市，都拥有自己的独特风格和文化内涵，如城市建筑再也不要从南到北都是"火柴盒"式的高楼林立。我们还期待着，在文化和艺术领域能涌现出越来越多植根于乡土的传世佳作，使中华文明的百花园更加绚丽多姿。当神州大地现代化建设万紫千红、异彩纷呈的时候，也就是中华民族真正强大和受人尊敬的时候。

综观数千年，中华文化不仅源远流长，博大精深，而且峰峦迭出，代有高峰。弘扬中华文化是 21 世纪的中华儿女共同肩负的神圣使命。我们愿为此贡献绵薄之力。

陈进玉

2012 年 11 月 21 日